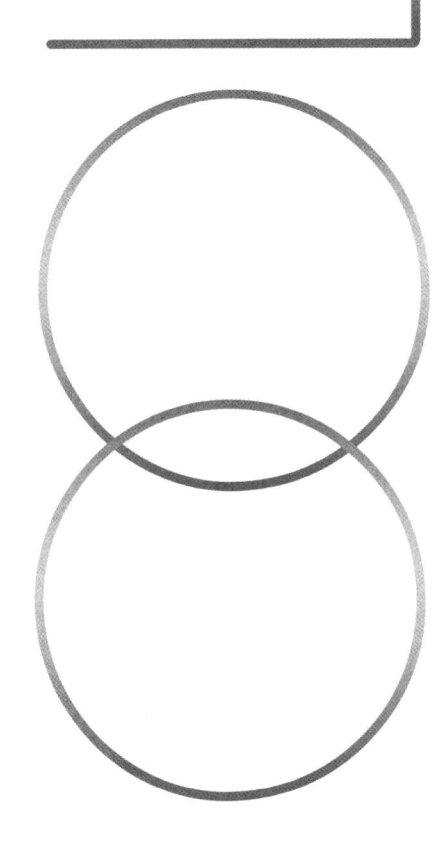

非法吸收公众存款类案无罪辩护一百例

案情、指控、辩护、判决和评析

100
CASES OF INNOCENT DEFENSE
IN CASES OF ILLEGAL ABSORPTION
OF PUBLIC DEPOSITS

CASE, ACCUSATION, DEFENSE,
JUDGMENT, AND EVALUATION

李伟　郭华
胡楠　万浩盛　著

北京大学出版社
PEKING UNIVERSITY PRESS

图书在版编目（CIP）数据

非法吸收公众存款类案无罪辩护一百例：案情、指控、辩护、判决和评析 / 李伟等著. -- 北京：北京大学出版社, 2025. 8. -- ISBN 978-7-301-36482-6

Ⅰ. D924.335；D925.210.5

中国国家版本馆 CIP 数据核字第 2025K16X06 号

书　　　名	非法吸收公众存款类案无罪辩护一百例 ——案情、指控、辩护、判决和评析 FEIFA XISHOU GONGZHONG CUNKUAN LEIAN WUZUI BIANHU YIBAI LI——ANQING、ZHIKONG、BIANHU、PANJUE HE PINGXI
著作责任者	李　伟　郭　华　胡　楠　万浩盛　著
组稿编辑	陆建华
责任编辑	韦赛楠　费　悦
标准书号	ISBN 978-7-301-36482-6
出版发行	北京大学出版社
地　　　址	北京市海淀区成府路 205 号　100871
网　　　址	http://www.pup.cn　http://www.yandayuanzhao.com
电子邮箱	编辑部 yandayuanzhao@pup.cn　总编室 zpup@pup.cn
新浪微博	@北京大学出版社　@北大出版社燕大元照法律图书
电　　　话	邮购部 010-62752015　发行部 010-62750672 编辑部 010-62117788
印　刷　者	三河市北燕印装有限公司
经　销　者	新华书店
	650 毫米×980 毫米　16 开本　32.25 印张　508 千字 2025 年 8 月第 1 版　2025 年 8 月第 1 次印刷
定　　　价	98.00 元

未经许可，不得以任何方式复制或抄袭本书之部分或全部内容。
版权所有，侵权必究
举报电话：010-62752024　电子邮箱：fd@pup.cn
图书如有印装质量问题，请与出版部联系，电话：010-62756370

前　言

　　非法吸收公众存款罪发轫于我国市场经济的发展与繁荣时期,国家需要对市场上出现的非法集资行为予以规制,以便维护金融秩序。1995年出台的《中华人民共和国商业银行法》(已修改)最早规定"非法吸收公众存款"构成犯罪的,应当依法追究刑事责任。1997年修订后的《中华人民共和国刑法》(已修改)将其作为独立罪名纳入刑法。1998年7月,国务院公布的《非法金融机构和非法金融业务活动取缔办法》(已失效)将"非法吸收公众存款"定义为"未经中国人民银行批准,向社会不特定对象吸收资金,出具凭证,承诺在一定期限内还本付息的活动"。2010年通过的《最高人民法院关于审理非法集资刑事案件具体应用法律若干问题的解释》(已修改)将非法吸收公众存款罪的罪状细化为,"(一)未经有关部门依法批准或者借用合法经营的形式吸收资金;(二)通过媒体、推介会、传单、手机短信等途径向社会公开宣传;(三)承诺在一定期限内以货币、实物、股权等方式还本付息或者给付回报;(四)向社会公众即社会不特定对象吸收资金"。2020年公布的《刑法修正案(十一)》将非法吸收公众存款罪修改为"非法吸收公众存款或者变相吸收公众存款,扰乱金融秩序的,处三年以下有期徒刑或者拘役,并处或者单处罚金;数额巨大或者有其他严重情节的,处三年以上十年以下有期徒刑,并处罚金;数额特别巨大或者有其他特别严重情节的,处十年以上有期徒刑,并处罚金";"有前两款行为,在提起公诉前积极退赃退赔,减少损害结果发生的,可以从轻或者减轻处罚"。将原来的两个量刑档次调整为三个量刑档次,并将原来的最高刑10年提高到15年,罚金采用无限额罚金制。

　　针对《刑法修正案(十一)》对非法吸收公众存款罪的调整和2021年国务院公布的《防范和处置非法集资条例》对非法集资行政处罚幅度的提高,2010年通过的《最高人民法院关于审理非法集资刑事案件具体应用法律若干问题的解释》(已修改)于2022年作出修正,第一条第一款第一项修改为,"未经有关部门依法许可或者借用合法经营的形式吸收资金",第二项修改为,"通过网络、媒体、推介会、传单、手机信息等途径向社会公开宣传"。将第二条第八项修改为,"以网络借贷、投资入股、虚拟币交易等方式非法吸收资金的",第九项修改为,"以委托理财、融资租赁等方式非法吸收资金的",增加一项作为第十项,"以提供'养老服务'、投资'养老项目'、销售'老年产品'等方式非法吸收资金的",原第十项、第十一项改为第十一项、第十二项。将第三条修改为,"非法吸收或者变相吸收公众存款,具有下列情形之一的,应当依法追究刑事责任:(一)非法吸收或者变相吸收公众存款数额在100万元以上的;(二)非法吸收或者变相吸收公众存款对象150人以上的;(三)非法吸收或者变相吸收公众存款,给存款人造成直接经济损失数额在50万元以上的。非法吸收或者变相吸收公众存款数额在50万元以上或者给存款人造成直接经济损失数额在25万元以上,同时具有下列情节之一的,应当依法追究刑事责任:(一)曾因非法集资受过刑事追究的;(二)二年内曾因非法集资受过行政处罚的;(三)造成恶劣社会影响或者其他严重后果的"。增加一条作为第四条,"非法吸收或者变相吸收公众存款,具有下列情形之一的,应当认定为刑法第一百七十六条规定的'数额巨大或者有其他严重情节':(一)非法吸收或者变相吸收公众存款数额在500万元以上的;(二)非法吸收或者变相吸收公众存款对象500人以上的;(三)非法吸收或者变相吸收公众存款,给存款人造成直接经济损失数额在250万元以上的。非法吸收或者变相吸收公众存款数额在250万元以上或者给存款人造成直接经济损失数额在150万元以上,同时具有本解释第三条第二款第三项情节的,应当认定为'其他严重情节'"。增加一条作为第五条,"非法吸收或者变相吸收公众存款,具有下列情形之一的,应当认定为刑法第一百七十六条规定的'数额特别巨大或者有其他特别严重情节':(一)非法吸收或者变相吸收公众存款数额在5000万元以上的;(二)非法吸收或者变相吸收公众存款对象5000人以上的;(三)非法吸收或者变相吸收公众存款,给存款人造成直接经济损失数额在2500万元以上的。非法吸收或者变相吸收公众存款数额在2500万元以上或者给存款人造成直接经济损失数额在1500万元以上,同时具有本解释第三条第二款第三项情节的,应当认定为'其他特别严重情节'"。增加一条作为第六条,"非法吸收或者变相吸收公众存款的数额,以行为人所吸收的资金全额计算。在提起公诉前积极退赃退赔,减少损害结果发生的,可以从轻或者减轻处罚;在提起公诉后退赃退赔的,可以作为量刑情节酌情考虑。非法吸收或者变相吸收公众存款,主要用于正常的生产经营活动,能够在提起公诉前清退所吸收资金,可以免予刑事处罚;情节显著轻微危害不大的,不作为犯罪处理。对依法不需要追究刑事责任或者免予刑事处罚的,应当依法将案件移送有关行政机关"。2021年出台的《最高人民法院、最高人民检察院关于常见犯罪的量刑指导意见(试行)》对非法吸收公众存款罪作了规定,"1.构成非法吸收公众存款罪的,根据下列情形在相应的幅度内确定量刑起点:(1)犯罪情节一般的,在一年以下有期徒刑、拘役幅度内确定量刑起点。(2)达到数额巨大起点或者有其他严重情节的,在三年至四年有期徒刑幅度内确定量刑起点。(3)达到数额特别巨大起点或者有其他特别严重情节的,在十年至十二年有期徒刑幅度内确定量刑起点。2.在量刑起点的基础上,根据非法吸收存款数额等其他影响犯罪构成的犯罪事实增加刑罚量,确定基准刑。3.对于在提起公诉前积极退赃退赔,减少损害结果发生的,可以减少基准刑的40%以下;犯罪较轻的,可以减少基准刑的40%以上或者依法免除处罚。4.构成非法吸收公众存款罪的,根据非法吸收公众存款数额、存款人人数、给存款人造成的直接经济损失数额等犯罪情节,综合考虑被告人缴纳罚金的能力,决定罚金数额。5.构成非法吸收公众存款罪的,综合考虑非法吸收公众存款数额、存款人人数、给存款人造成的直接经济损失数额、清退资金数额等犯罪事实、量刑情节,以及被告人主观恶性、人身危险性、认罪悔罪表现等因素,决定缓刑的适用"。同时,2022年修订的《最高人民检察院、公安部关于公安机关管辖的刑事案件立案追诉标准的规定(二)》第二十三条规定:"非法吸收公众存款或者变相吸收公众存款,扰乱金融秩序,涉嫌下列情形之一的,应予立案追诉:(一)非法吸收或者变相吸收公众存款数额在一百万元以上的;(二)非法吸收或者变相吸收公众存款对象一百五十人以上的;(三)非法吸收或者变相吸收公众存款,给集资参与人造成直接经济损失数额在五十万元以上的;非法吸收或者变相吸收公众存款数额在五十万元以上或者给集资参与人造成直接经济损失数额在二十五万元以上,同时涉嫌下列情形之一的,应予立案追诉:(一)因非法集资受过刑事追究的;(二)二年内因非法集资受过行政处罚的;(三)造成恶劣社会影响或者其他严重后果的。"

基于上述规范性法律文件的修改、调整与变动,我们针对这一时期的非法吸收公众存款案的出罪案件进行了梳理。其中,单位吸收公众存款无罪案件 26 例,涉及单位设立目的与主要活动的判断(揭开法人面纱 12 例)、犯罪主体的确定(自然人犯罪与单位犯罪的区分 7 例)、单位经营模式的甄别(7 例);自然人吸收公众存款无罪案件 74 例,涉及身份视角下自然人出罪的判断(投资者 7 例、管理者 14 例、从业人员 25 例)、自然人行为模式的定性(28 例)。通过对上述无罪案例的查询、分析和评判,不仅能够为非法吸收公众存款案无罪辩护的辩护思路提供有益参考,还能够对非法吸收公众存款案进行类型化的无罪分析,更有益于有的放矢地把握该罪重点。为此,本书对 2014 年 1 月 1 日至 2021 年 12 月 1 日期间非法吸收公众存款案无罪判决的裁判文书和不起诉决定书进行分析,通过展现非法吸收公众存款无罪典型特征的 100 个案例,以犯罪主体为单位无罪还是自然人无罪进行划分,对涉案主体特征和行为模式进行类型化分析,管窥非法吸收公众存款罪的全貌,洞悉其疑难与分歧,从而保障无罪的人不受刑事追究。

一方面,针对单位非法吸收公众存款无罪的案例,主要围绕三个层面展开讨论:一是单位设立目的与主要活动的判断,这关系到单位存在非法吸收公众存款的情形时是否以单位论罪;二是犯罪主体的确定,这关系到自然人犯罪和单位犯罪的区分;三是单位经营模式的甄别,这关系到非法吸收公众存款与合法集资经营模式的界限划分。通过案情、指控、辩护、判决与评析,了解非法吸收公众存款案出罪的真实过程,借助于理论分析与评价,理解非法吸收公众存款案出罪的理论支撑和法理依据。

另一方面,针对自然人非法吸收公众存款无罪的案例,主要围绕两个层面展开讨论:一是对不同身份自然人出罪的案例进行归类,通过对投资者、管理者和从业人员不同身份的归纳,总结同一身份群体在不同情形下的出罪路径;二是对自然人涉非法吸收公众存款罪的行为模式进行定性,得出非法吸收公众存款退赃退赔出罪的标准和非法吸收公众存款与正常民间借贷行为之间的区分,使得刑事措施不介入、不干预民事经济纠纷,介入也能够及早撤出、及时撤案,从而为非法吸收公众存款案无罪辩护提供类案同判的实践经验和辩护智慧,也为市场经济发展创造良好的经济环境。

目 录

上篇 单位吸收公众存款案无罪26例

一、单位以投资到期可归还本金并获取投资为诱饵吸收资金
无罪案 ··· 003
　　三门峡亿通经济信息咨询有限公司灵宝分公司等非法吸收公众
　　存款案 ······································· 003

二、合作社各村镇代办员让群众投资入股合作社无罪案 ········· 008
　　晋州市三丰果蔬种植专业合作社等非法吸收公众存款案 ······· 008

三、投资管理公司承诺在一定期限内偿还本金并按月支付1.3%至
2%不等的月息,向社会不特定对象吸收资金,与投资人签订借
款合同无罪案 ································· 013
　　青海金某投资管理有限公司等非法吸收公众存款案 ············ 013

四、以投资公司名义吸收存款无罪案 ···················· 017
　　河北某某投资有限公司、张某某非法吸收公众存款案 ········· 017

五、专业合作社吸收资金"以楼抵债""以酒抵债"无罪案 ········ 022
　　曲周县鼎兴中药材种植专业合作社、韩某某非法吸收公众
　　存款案 ······································· 022

六、以个人名义签订《借款合同》、以公司为担保人吸收存款无罪案 ··· 026
　　四川人人康投资有限公司、崇州文井医院、四川诗艺园林绿化
　　工程有限公司等非法吸收公众存款案 ··················· 026

七、公司借用委托管理资金的形式吸收公众存款无罪案 ·········· 045
　　安平县万某投资咨询有限公司、徐义召非法吸收公众存款案 ··· 045

八、以公司实际控制人及其公司为借款人向社会公众借款,以融资
性担保机构提供担保、"某项目"开发楼盘房产作抵押吸收存款无

罪案 ……………………………………………………………… 051
　　被告人周某、何某、周某1非法吸收公众存款案 ……… 051
九、以公司实际负责人或单位名义签订投资回报分红合同书、借款
　　协议、借条的形式吸收存款无罪案 …………………………… 061
　　曹应祥、伍明良非法吸收公众存款案 …………………… 061
十、公司采用"消费赠送"模式吸收存款无罪案 ………………… 067
　　江苏百分百商贸有限公司、殷伟、徐学中等非法吸收公众存款、
　　集资诈骗案 ………………………………………………… 067
十一、公司依托手机APP等平台，通过"某支付""某公益"等营销
　　　模式吸收存款无罪案 …………………………………… 076
　　　重庆A信息技术有限公司非法吸收公众存款，组织、领导传销
　　　活动和集资诈骗案 ……………………………………… 076
十二、公司宣传项目需要资金周转，公司提供担保吸收存款无罪案 … 079
　　　重庆某甲公司非法吸收公众存款案 …………………… 079
十三、以公司借款名目并以高利为诱饵吸收存款无罪案 ………… 081
　　　吉林省鸿宇粮食仓储有限公司等非法吸收公众存款、合同
　　　诈骗案 …………………………………………………… 081
十四、以单位名义吸收存款用于单位，证据缺失无罪案 ………… 092
　　　某有限公司、张某甲等非法吸收公众存款案 ………… 092
十五、不具备法人资格的运输服务站以支付高于银行利息的方式
　　　面向社会公众吸收存款无罪案 ………………………… 099
　　　韩保英等非法吸收公众存款案 ………………………… 099
十六、个人独资企业以该厂生产经营需要资金为由，以高利息向
　　　当地群众吸收存款无罪案 ……………………………… 104
　　　唐山市丰润区永烽钢管厂等非法吸收公众存款案 …… 104
十七、合伙人对外借款形成借后款补前款及利息恶性循环无罪案 … 110
　　　盘县平关平迤煤矿等非法吸收公众存款案 …………… 110
十八、通过口口相传等形式进行宣传以承诺给付月息1.2%至5%
　　　为诱饵，采取借款约定回购，投资入股等形式吸收公众存款
　　　无罪案 …………………………………………………… 118
　　　李开兴非法吸收公众存款、合同诈骗案 ……………… 118
十九、分支机构线上以金融产品、债权转让方式吸收存款无罪案 …… 138

善林(上海)信息科技有限公司五台分公司、智敏非法吸收
公众存款案 ……………………………………………… 138

二十、公司部分提供房产抵押或珠宝质押,通过出具借据或签订
借款协议等方式吸收存款无罪案 …………………… 143
上海某有限公司等非法吸收公众存款案 …………… 143

二十一、以实控公司名义虚构借款资金用途,委托融资公司向社会公众
借款无罪案 ………………………………………… 151
四川天府瑞兴实业有限公司等非法吸收公众存款案 ………… 151

二十二、挂靠人以公司名义签订借款合同、借款人居间服务合同向
民间募集资金无罪案 ……………………………… 175
四川金某房地产开发有限公司、汪小杨非法吸收公众
存款案 ………………………………………………… 175

二十三、互联网金融公司网络借贷吸收存款法定不起诉案 …… 179
南京××投资管理有限公司非法吸收公众存款案 …… 179

二十四、公司以虚假项目为名许诺到期还本及高额利润回报吸收
存款法定不起诉无罪案 …………………………… 182
南京××投资管理有限公司非法吸收公众存款案 …… 182

二十五、单位内设机构吸收存款法定不起诉无罪案 …………… 184
重庆××建设有限公司非法吸收公众存款案 ………… 184

二十六、有限责任公司通过互联网融资平台发布融资包吸收存款
酌定不起诉无罪案 ………………………………… 186
深圳市×××基因技术有限公司非法吸收公众存款案 ……… 186

下篇 自然人吸收公众存款案无罪74例

二十七、有限合伙人协助网络借贷平台发布部分虚假标的吸收
存款无罪案 ………………………………………… 191
谢晓明等非法吸收公众存款案 ……………………… 191

二十八、转让股权的股东吸收存款无罪案 …………………… 200
杨素良、方为民、王永利等非法吸收公众存款案 …… 200

二十九、股东以借款和入股形式吸收资金无罪案 …………… 207
尚小飞非法吸收公众存款案 ………………………… 207

三十、隐名股东吸收存款无罪案 …… 212
　　康某甲非法吸收公众存款案 …… 212

三十一、未公开宣传,所获得资金大部分用于经营及为家人治病
　　　　无罪案 …… 214
　　杨某某非法吸收公众存款案 …… 214

三十二、公司职员成立非融资性担保有限公司任股东吸收存款
　　　　无罪案 …… 216
　　赵某某非法吸收公众存款案 …… 216

三十三、股东原实际负责人招商加盟吸收存款存疑不诉无罪案 …… 219
　　尹某某、李某某非法吸收公众存款案 …… 219

三十四、以公司名义与客户签订合同,承诺高额回报,吸引加盟开汽车
　　　　租赁体验店、办理会员消费卡、代理形象大使、投资公司开发老
　　　　年人山庄等吸收存款公司财务负责人无罪案 …… 223
　　孙某某非法吸收公众存款案 …… 223

三十五、吸收存款公司人事和行政管理负责人无罪案 …… 232
　　巴中同享实业有限公司、张浩、向文平等非法吸收公众
　　存款案 …… 232

三十六、公司法定代表人提供担保非法吸收公众存款无罪案 …… 241
　　凌燕非法吸收公众存款案 …… 241

三十七、法定代表人吸收存款法定不起诉无罪案 …… 245
　　董某某非法吸收公众存款案 …… 245

三十八、公司非法集资,法律顾问、会计指导、监事无罪案 …… 247
　　宋延武、苏雄才、梁勇等非法吸收公众存款案 …… 247

三十九、半价购车营销模式吸收存款挂名股东无罪案 …… 256
　　周某飞非法吸收公众存款案 …… 256

四十、公司非法吸收公众存款挂名法定代表人法定不起诉无罪案 …… 258
　　李某某非法吸收公众存款案 …… 258

四十一、分公司股东以员工名义向投资群众出具借款借条吸收存款
　　　　无罪案 …… 260
　　郑某丁非法吸收公众存款案 …… 260

四十二、公司以三进一五折购车、五进一三折购车的形式向社会不
　　　　特定人群吸收购车资金,区域代理法定不起诉无罪案 …… 263

张某某非法吸收公众存款案 ·················· 263
四十三、公司副总经理吸收存款无罪案 ············· 265
  彭某甲、谢某某非法吸收公众存款案 ·········· 265
四十四、公司非法吸收公众存款法定代表人法定不起诉无罪案 ··· 267
  法定代表人姚某某非法吸收公众存款案 ········· 267
四十五、公司非法吸收存款经理酌定不诉无罪案 ········ 269
  王某某非法吸收公众存款案 ··············· 269
四十六、风险提示吸收存款存疑不起诉无罪案 ·········· 271
  周某某非法吸收公众存款案 ··············· 271
四十七、区域团队长、地区负责人股权投资吸收存款存疑不起诉
  无罪案 ·························· 273
  陈某某、沈某甲非法吸收公众存款案 ·········· 273
四十八、公司非法吸收公众存款,前台接待、业务经理无罪案 ··· 276
  万某、周某某非法吸收公众存款案 ············ 276
四十九、公司非法吸收公众存款会计无罪案 ··········· 288
  乐山市红中车业有限公司、胡宗云、王玲君等非法吸收公众
  存款案 ························· 288
五十、银行业务工作人员秘密转走储户存款无罪案 ······· 294
  范丽曼、董泽霞、张菁等非法吸收公众存款案 ······ 294
五十一、公司吸收公众存款会计法定不起诉无罪案 ········ 316
  刘某某非法吸收公众存款案 ··············· 316
五十二、公司销售理财产品吸收存款数据专员法定不起诉无罪案 ··· 318
  方某某非法吸收公众存款案 ··············· 318
五十三、投资管理有限公司分公司业务员吸收存款业绩挂名法定不
  起诉无罪案 ······················· 321
  张某某非法吸收公众存款案 ··············· 321
五十四、分公司财务人员吸收存款法定不起诉无罪案 ······ 323
  李某甲非法吸收公众存款案 ··············· 323
五十五、分公司非法吸收公众存款,从事电脑、网络维护工作、
  担任驾驶员的人员法定不起诉无罪案 ·········· 326
  杨某甲非法吸收公众存款案 ··············· 326
五十六、担保公司在未经金融监管机构批准,无资质从事吸收公众

　　　　存款业务的情况下利用项目吸收资金客户经理法定不起诉
　　　　无罪案 ·· 329
　　　　　　张某某非法吸收公众存款案 ································· 329
五十七、公司吸收存款后勤保障人员法定不起诉无罪案 ············ 332
　　　　　　孙某某非法吸收公众存款案 ································· 332
五十八、公司吸收存款负责公司日常管理的人员法定不起诉
　　　　无罪案 ·· 334
　　　　　　陈某某非法吸收公众存款案 ································· 334
五十九、公司以"出借咨询与服务协议"形式吸收社会公众存款，业务
　　　　人员法定不起诉无罪案 ·· 336
　　　　　　侯某某非法吸收公众存款案 ································· 336
六十、公司向社会公众宣传"鑫年通""双季宝""月盈宝"等保本理
　　　　财产品，以年息10%至15%为诱饵，以虚假房屋抵押债权为担
　　　　保向不特定人员吸收资金，普通业务人员法定不起诉无罪案 ··· 338
　　　　　　张某1、刘某甲、袁某1、朱某某、袁某2、宋某某、孙某某、张某2等
　　　　　　非法吸收公众存款案 ·· 338
六十一、公司设立投资网点，采取网上融资，工作人员法定不起诉
　　　　无罪案 ·· 341
　　　　　　王某某非法吸收公众存款案 ································· 341
六十二、公司吸收存款培训人员法定不起诉无罪案 ·················· 343
　　　　　　王某某非法吸收公众存款案 ································· 343
六十三、公司以高额利息和现场返现为手段吸收存款，财务人员
　　　　法定不起诉无罪案 ··· 345
　　　　　　刘某某非法吸收公众存款案 ································· 345
六十四、法定代表人公开宣传存疑不诉无罪案 ························· 348
　　　　　　冯某某非法吸收公众存款案 ································· 348
六十五、业务员吸收存款酌定不诉无罪案 ································ 350
　　　　　　刘某某等非法吸收公众存款案 ····························· 350
六十六、一人有限责任公司吸收存款，主管、业务员、部长酌定不诉
　　　　无罪案 ·· 353
　　　　　　林某某、蒋某某、曾某某、杨某甲、许某某、孟某甲、刘某某等
　　　　　　非法吸收公众存款案 ·· 353

六十七、养老平台采取非法集资经营模式吸收存款大厅营业员酌定
　　　　不起诉无罪案 ································· 356
　　　　杜某某、朱某某、文某某、赵某某、叶某某、万某某、张某某、
　　　　王某甲、董某某、兰某某、翟某某、赵某甲、吴某某、唐某某
　　　　等非法吸收公众存款案 ··························· 356

六十八、公司非法吸收公众存款,宣传人员不起诉无罪案 ····· 362
　　　　莫某某、蒋某某、陈某某非法吸收公众存款案 ········· 362

六十九、公司非法吸收公众存款团队经理存疑不起诉无罪案 ··· 364
　　　　张某某非法吸收公众存款案 ······················· 364

七十、公司非法吸收公众存款前台酌定不起诉无罪案 ········ 366
　　　　夏某某非法吸收公众存款案 ······················· 366

七十一、分公司业务员吸收存款酌定不起诉无罪案 ·········· 369
　　　　陈某某、任某某非法吸收公众存款案 ················ 369

七十二、业务员吸收存款酌定不诉无罪案 ·················· 372
　　　　苏某某非法吸收公众存款案 ······················· 372

七十三、分公司业务员吸收存款酌定不诉无罪案 ············ 374
　　　　王某某非法吸收公众存款案 ······················· 374

七十四、"散布吸储"吸收存款无罪案 ······················ 377
　　　　林金杯非法吸收公众存款、破坏金融管理秩序案 ······· 377

七十五、提供抵押担保吸收存款无罪案 ···················· 384
　　　　杨文德非法吸收公众存款、集资诈骗案 ·············· 384

七十六、出入境检验检疫局出纳员为同事提供高息存款无罪案 ··· 391
　　　　易难非法吸收公众存款、集资诈骗案 ················ 391

七十七、帮助吸收存款无罪案 ···························· 396
　　　　潘驰达、周莉莉非法吸收公众存款案 ················ 396

七十八、业务员非法吸收公众存款违法数额未达标无罪案 ···· 404
　　　　尚相彬等集资诈骗、非法吸收公众存款案 ············ 404

七十九、投资炒外汇吸收存款无罪案 ······················ 417
　　　　夏斌诈骗、非法吸收公众存款案 ···················· 417

八十、合伙人借款吸收存款无罪案 ························ 426
　　　　张勇、周贤山非法吸收公众存款案 ·················· 426

八十一、挂靠人共同承包工程吸收存款无罪案 ·············· 431

廖文非法吸收公众存款案 ··· 431

八十二、向他人借款后再以月息 6 分出借给非法吸收公众存款人，
借此从中赚取利差吸收存款无罪案 ···················· 436
谈顺香非法吸收公众存款案 ······································ 436

八十三、公司股东、董事在网络借贷平台注册账号，以资金需求、
资金周转为由，通过发借款标的形式吸收资金无罪案 ········· 441
郑敏郴非法吸收公众存款案 ······································ 441

八十四、为承包建设工程向工友吸收存款无罪案 ················· 451
盛昌桂非法吸收公众存款案 ······································ 451

八十五、为经营烟酒门市向熟人及熟人介绍其他人吸收存款
无罪案 ··· 455
刘某非法吸收公众存款案 ··· 455

八十六、法定代表人、经营人、分公司在未取得建设工程施工许可证、
建设工程规划许可证、商品房预售许可证的情况下，以签订
借款协议的方式公开销售楼房变相非法吸收公众存款法定不
起诉无罪案 ·· 461
纪某某非法吸收公众存款案 ······································ 461

八十七、抵账协议当事人在不具备真实销售楼房能力的情况下通过售楼
处及自己对外销售楼房吸收存款无罪案 ···················· 463
李某某非法吸收公众存款案 ······································ 463

八十八、为经营粮食收购点资金周转并支付利息吸收存款全部归
还法定不起诉无罪案 ··· 465
郑某某非法吸收公众存款案 ······································ 465

八十九、传销组织的参与者通过传销模式吸收存款法定不起诉
无罪案 ··· 467
王某甲非法吸收公众存款案 ······································ 467

九十、向本县不特定老年人以开会宣讲形式公开宣传众筹，数额未达标
法定不起诉无罪案 ·· 469
杜某某非法吸收公众存款案 ······································ 469

九十一、传销参与人微信朋友圈投单传销吸收存款法定不起诉
无罪案 ··· 473
蒙某某非法吸收公众存款案 ······································ 473

九十二、投资者代表签订股权投资理财协议吸收存款无罪案 …………… 476
  王某某非法吸收公众存款案 ………………………………… 476
九十三、经营者民间借贷吸收存款法定不起诉无罪案 ………………… 478
  陈某某非法吸收公众存款案 ………………………………… 478
九十四、将他人存款借贷给非法集资人员酌定不诉无罪案 …………… 481
  陶某某非法吸收公众存款案 ………………………………… 481
九十五、为赌博、挥霍吸收存款存疑不诉无罪案 ……………………… 483
  黄某甲非法吸收公众存款案 ………………………………… 483
九十六、非法吸收公众存款退赔违法所得酌定不诉无罪案 …………… 485
  修某某非法吸收公众存款案 ………………………………… 485
九十七、借款人形成资金池吸收存款酌定不诉无罪案 ………………… 487
  陈某某非法吸收公众存款案 ………………………………… 487
九十八、借款委托人吸收存款化解债务酌定不诉无罪案 ……………… 490
  周某某非法吸收公众存款案 ………………………………… 490
九十九、非法吸收公众存款提起公诉前积极全部退赔酌定不诉
  无罪案 ………………………………………………………… 493
  薛某某、王某某非法吸收公众存款案 ……………………… 493
一百、专业合作社业务员协助吸收存款酌定不诉无罪案 ……………… 496
  朱某某、马某某非法吸收公众存款案 ……………………… 496

上篇

单位吸收公众存款案无罪26例

一、单位以投资到期可归还本金并获取投资为诱饵吸收资金无罪案

三门峡亿通经济信息咨询有限公司灵宝分公司等非法吸收公众存款案[①]

【基本案情】

2012年6月,宁某某、宁某甲(二人已判刑)在河南省三门峡市成立三门峡亿通经济信息咨询有限公司。同年11月,三门峡亿通经济信息咨询有限公司在灵宝市注册成立三门峡亿通经济信息咨询有限公司灵宝分公司,办公地点设在灵宝市车站路西段金池花园门面房,由宁某某、宁某甲聘任于希英担任该公司总经理,口头任命张延山为该公司副总经理,杨菊苗为公司业务经理,于希英、张延山、杨菊苗三人在公司中分工负责,管理经营。未经有关部门批准,三人以向社会公众宣称投资三门峡市鸣腾肥业有限公司,到期可归还本金并获取投资为诱饵吸收资金,从2012年12月1日至2013年7月31日,先后吸收存款599笔,共计6558.4万元人民币,其中371笔,共计3697.9万元人民币存款未兑付。

案发后,经灵宝市处置三门峡亿通经济信息咨询有限公司灵宝分公司非法集资专案组依法追缴,于2014年1月20日、6月9日,两次分别向存款人发放金额共计690.12万元人民币。

【检察院指控】

灵宝市人民检察院指控:三门峡亿通经济信息咨询有限公司灵宝分公司未经有关部门依法批准,向社会公众以高额利息为诱饵吸收资金,从2012年12月1日至2013年7月31日,先后非法吸收公众存款599笔,共计

[①] 参见河南省灵宝市人民法院刑事判决书(2014)灵刑初字第149号。

6558.4万元人民币,其中371笔,共计3697.9万元存款未兑付。认定上述事实的证据如下:被告人于希英、张延山、杨菊苗及同案犯宁某某、宁某甲的供述和辩解;被害人陈述;证人证言;司法鉴定意见书;书证合同书、聘书、营业执照、户籍证明、情况说明等。被告单位三门峡亿通经济信息咨询有限公司灵宝分公司非法吸收公众存款,扰乱金融秩序,数额巨大,被告人于希英、张延山、杨菊苗作为直接负责的主管人员和直接责任人员,其行为均已触犯了《刑法》(2011年)第一百七十六条,应当以非法吸收公众存款罪追究其刑事责任。请求依法判处。

【辩护意见】

被告单位三门峡亿通经济信息咨询有限公司灵宝分公司对指控事实及罪名不持异议。

被告人于希英对指控事实及罪名不持异议。

被告人张延山对指控事实及罪名不持异议。其辩护人王某、赵某提出的辩护意见是:(1)张延山在公司中不负责非法吸储和违法放贷的业务,在犯罪过程中所起的是次要作用;(2)张延山系初犯、偶犯;(3)张延山当庭认罪、悔罪;(4)张延山犯罪情节较轻,应当适用缓刑。

被告人杨菊苗对指控事实及罪名不持异议。其辩护人李某某提出的辩护意见是:(1)杨菊苗在公司中应被认定为其他责任人员;(2)杨菊苗系从犯,应当从轻、减轻处罚;(3)杨菊苗系自首,可以从轻或减轻处罚;(4)杨菊苗系初犯、偶犯,主观恶性较小;(5)杨菊苗及其亲属自愿将被告人杨菊苗所得的非法获利予以退还,减少被害人的经济损失。

【法院裁判】

法院认为,被告人于希英、张延山、杨菊苗违反国家金融管理法律规定,非法吸收公众存款,数额巨大,其行为均已构成非法吸收公众存款罪,应予惩处。公诉机关指控被告人于希英、张延山、杨菊苗犯非法吸收公众存款罪的事实清楚,证据确实、充分,指控罪名成立。被告人于希英、张延山、杨菊苗所在的被告单位三门峡亿通经济信息咨询有限公司灵宝分公司的主要业务是非法吸收公众存款,根据《最高人民法院关于审理单位犯罪案件具体应用法律有关问题的解释》(以下简称《单位犯罪解释》)第二条规定:"个人为进行违法犯罪活动而设立的公司、企业、事业单位实施犯罪的,或者公司、企业、事业单位设立后,以实施犯罪为主要活动的,不以单位犯罪论处。"故公诉机关指控被告单位犯非法吸收公众存款罪不成立。

被告人于希英辩称其不是三门峡亿通经济信息咨询有限公司灵宝分公司的实际负责人,该辩解与查明事实不符,不予采纳。

被告人张延山的辩护人提出张延山在公司中不负责非法吸储和违法放贷的业务,在犯罪过程中所起的是次要作用。经查,被告人张延山作为三门峡亿通经济信息咨询有限公司灵宝分公司的副总经理,在分公司中负责人事管理及财务管理,对财务支出有决定性作用,故对该辩护意见,不予采纳。

被告人杨菊苗的辩护人提出杨菊苗应被认定为该公司其他责任人员,系从犯。经查,被告人杨菊苗在公司经营过程中主要负责管理吸收公众存款业务及向业务员发放奖金提成,故对该辩护意见,亦不予采纳。被告人于希英、张延山尚能如实供述自己的罪行,可以从轻处罚。被告人杨菊苗犯罪以后自动投案,尚能如实供述自己的罪行,是自首,可以从轻处罚。依照《刑法》(2011年)第一百七十六条第一款、第二十五条第一款、第六十七条第一款、第三款、第五十二条、第五十三条的规定,判决如下:

一、被告单位三门峡亿通经济信息咨询有限公司灵宝分公司无罪;

二、被告人于希英犯非法吸收公众存款罪,判处有期徒刑五年,并处罚金人民币15万元;

三、被告人张延山犯非法吸收公众存款罪,判处有期徒刑四年六个月,并处罚金人民币15万元;

四、被告人杨菊苗犯非法吸收公众存款罪,判处有期徒刑四年,并处罚金人民币10万元。

【案例简析】

该案公诉机关认为,三门峡亿通经济信息咨询有限公司灵宝分公司非法吸收公众存款,扰乱金融秩序,数额巨大,触犯非法吸收公众存款罪,被告单位三门峡亿通经济信息咨询有限公司灵宝分公司对指控事实及罪名不持异议,法院认为被告单位的主要业务是非法吸收公众存款,根据《单位犯罪解释》第二条判决被告单位三门峡亿通经济信息咨询有限公司灵宝分公司无罪。该单位犯罪的出罪适用了单位犯罪主体人格否定制度,即公司、企业、事业单位设立后,以实施犯罪为主要活动的,不以单位犯罪论处。

单位主体人格扩张不得超越从事国家禁止经营的业务,当单位在公司登记主管部门处申请核准从事的合法经营业务被完全虚置,单位主体独立人格即消失。概言之,公司、企业、事业单位设立后,并未从事核定经营的业务,而是从事法律所禁止的行为,且行为本身违反法律规定。是否构成非法吸收公众存款罪单位犯罪的关键在于主要业务的认定,即单位主要活动与正常经营范围的偏离及单位主要业务的违法性。三门峡亿通经济信息咨询有限公司灵宝分公司于2012年11月份由三门峡亿通经济信息咨询有限公司在灵宝市注册成立,作为分公司,其经营范围应当被总公司的经营范围所包含,其业务应当在经济信息咨询范围内,然而三门峡亿通经济信息咨询有限公司灵宝分公司未经有关部门依法批准,以高额利息为诱饵向社会公众吸收资金,从事了非法吸收公众存款行为,违背正常经营范围,故否认其单位人格,直接规定不以单位犯罪论处。

【问题探讨】

从上述该案指控、辩护和判决来看,存在以下四个需要讨论的问题:

一是非法集资犯罪通常有公司总部和公司分部,以及总公司、子公司和营业部的结构性组织,如何认定这些主体是否涉嫌非法集资。三门峡亿通经济信息咨询有限公司与其在灵宝市注册成立的三门峡亿通经济信息咨询有限公司灵宝分公司之间属于"总公司"与"分公司"的关系,分公司不具有独立法人资格,其是否构成非法吸收公众存款罪。对此,可按照《最高人民检察院关于办理涉互联网金融犯罪案件有关问题座谈会纪要》(以下简称《互联网金融犯罪纪要》)认定。就目前而言,以单位名义实施犯罪的案件,认定为自然人犯罪的案件占99.66%。为了解决辩护区分单位犯罪与自然人犯罪的认定困难,2022年修正的《最高人民法院关于审理非法集资刑事案件具体应用法律若干问题的解释》(以下简称《非法集资司法解释》)和《最高人民检察院、公安部关于公安机关管辖的刑事案件立案追诉标准的规定(二)》(以下简称《立案追诉标准规定(二)》)第二十三条对非法吸收或者变相吸收公众存款的刑事责任追究标准(立案追诉标准)不再区分为单位和个人,统一变为:(一)非法吸收或者变相吸收公众存款数额在一百万元以上的;(二)非法吸收或者变相吸收公众存款对象一百五十人以上的;(三)非法吸收或者变相吸收公众存款,给集资参与人造成直接经济损失数额在五十万元以上的。

但是,对具备以下情形且具有独立法人资格的单位,可以以单位犯罪追究:(1)犯罪活动经单位决策实施;(2)单位的员工主要按照单位的决策实施具体犯罪活动;(3)违法所得归单位所有,经单位决策使用,收益亦归单位所有。对不具有独立法人资格的分支机构,是否追究其刑事责任,可以区分为两种情形处理:(1)全部或部分违法所得归分支机构所有并支配,可以将分支机构作为单位犯罪主体追究刑事责任;(2)违法所得完全归分支机构上级单位所有并支配的,不能将分支机构作为单位犯罪主体追究刑事责任,而是应当对分支机构的上级单位(符合单位犯罪主体资格)追究刑事责任。

二是将分支机构认定为单位犯罪主体的,该分支机构相关涉案人员应当作为该分支机构"直接负责的主管人员"或者"其他直接责任人员"追究刑事责任。仅将分支机构的上级单位认定为单位犯罪主体的,该分支机构相关涉案人员可以作为该上级单位的"其他直接责任人员"追究刑事责任。

三是单位设立后专门或者主要"业务"是从事违法犯罪活动的,无论以何种名义,均应以自然人犯罪追究刑事责任。对于公司设立后,虽然有过一些正常的经营活动,但从一个相对确定的时间开始,以实施一种或者多种犯罪为主要活动,不再从事正常经营活动的,应当认定为"公司在设立后,以实施犯罪为主要活动"。依照《单位犯罪解释》规定,个人为进行违法犯罪活动而设立的公司、企业、事业单位实施犯罪的,或者公司、企业、事业单位设立后,以实施犯罪为主要活动的,不以单位犯罪论处。该规定不以单位犯罪论处,而以自然人犯罪定罪处罚,是指虽然形式上符合单位犯罪构成条件,但具有上述两种情形之一的,不以单位犯罪论处,而是作为自然人犯罪处理。这是因为,在这种情况下,单位意志实质上就是犯罪分子个人的意志,单位本身只是犯罪分子实施犯罪的工具,无论是从犯罪的主观方面,还是客观方面进行界定,均符合自然人犯罪的特征,因而不以单位犯罪论处。

四是对于单位与个人资产混同或者财务混乱的,或者个人作为单位的实际控制人没有合法经营业务或违法所得主要由个人支配、处分的,即使是以单位名义吸收公众存款,一般也视为自然人犯罪。

二、合作社各村镇代办员让群众投资入股合作社无罪案

晋州市三丰果蔬种植专业合作社
等非法吸收公众存款案①

【基本案情】

晋州市三丰果蔬种植专业合作社于2010年成立,张某为法定代表人,该合作社的经营范围是果品蔬菜种植销售和组织采购,供应成员所需的生产资料。2013年至2015年,该合作社为非法获利,未经国家有关部门审批,非法在晋州市15个村镇设立代办点,发展18名代办员,通过各村镇代办员以让群众投资入股合作社的方式非法吸收809名群众存款,共计金额约1850.1101万元。张某身为合作社的法定代表人,委派其儿子张某甲(上网追逃)负责收取代办点的资金,以年利率百分之七点五为诱饵向群众承诺利息,后归还群众81.0536万元。其中,王某(另案处理)为庄合寨村代办员,共吸收存款686.7263万元;严某(另案处理)为马坊头村代办员,共吸收存款280.7764万元;苏某、李某(均另案处理)为于家庄村代办员,共吸收存款227.93万元,已归还12.7536万元;马某(另案处理)为河头村代办员,共吸收存款205.58万元;茹某(另案处理)为盐厂村代办员,共吸收存款194.1974万元;黄某为东台村代办员,共吸收存款22.2万元;刘某为西平乡村代办员,共吸收存款57.9万元,已归还9.9万元;黄某甲为北白水村代办员,共吸收存款30.3万元;任某为北辛庄代办员,共吸收存款7.9万元;韩某为西队村代办员,共吸收存款28.5万元;吴某为安家庄代办员,共吸收存款6.1万元,已归还4万元;曹某为城关镇代办员,共吸收存款27.3万元,已归

---

① 参见河北省晋州市人民法院刑事判决书(2016)冀0183刑初第157号。

还17万元;李某甲为城关镇代办员,共吸收存款10.9万元,已归还3万元;贾某为城关镇代办员,共吸收存款23.5万元,已归还13.8万元;苏某甲为十里铺村代办员,共吸收存款29.3万元,已归还14.6万元;苏某乙为李家庄村代办员,共吸收存款6万元,已归还6万元;王某为王石碑庄村代办员,共吸收存款5万元。案发后,致使群众1769.0565万元存款未能归还,被害群众先后报案。

【检察院指控】

晋州市人民检察院指控:被告单位晋州市三丰果蔬种植专业合作社和被告人张某非法吸收公众存款,扰乱金融秩序,数额巨大,其行为均已触犯了《刑法》(2015年)第一百七十六条,应当以非法吸收公众存款罪追究其刑事责任。请求依法判处。

【辩护意见】

被告单位晋州市三丰果蔬种植专业合作社对指控事实及罪名不持异议。

被告人张某对指控事实及罪名不持异议。

被告人辩称合作社所吸收的款项大部分用于投资其他担保投资公司和租地种植果树。

【一审裁判】

一审法院认为,被告人张某注册成立晋州市三丰果蔬种植专业合作社,担任合作社的法定代表人。合作社成立之后,为超越公司经营范围盈利,以让群众投资入股合作社的名义,以高回报率为诱饵,通过各村镇代办员向社会公众募集资金,其儿子张某甲负责收取代办点资金,违法所得由其个人和家庭成员所有。被告人个人为非法获利赚取利息使投资款项未能追回,明显体现了被告人个人以实施犯罪为主要活动,且被告人个人盗用合作社名义实施犯罪,根据《单位犯罪解释》第二条、第三条的规定,应依照刑法有关自然人犯罪的规定定罪处罚,不应以单位犯罪论处。故公诉机关指控被告单位犯罪不当,法院不予支持。

被告人张某作为晋州市三丰果蔬种植专业合作社的法定代表人,在明知该公司无金融从业资格的情况下,为个人和家庭非法获利,通过发展代办员,以高额利率为诱饵,以投资入股的方式非法吸收公众投资,数额巨大,吸收公众存款的对象500人以上,具有其他严重情节,其行为构成非法吸收公众存款罪,应予惩处。晋州市人民检察院指控被告人张某犯罪的事实清楚,证据确实充分,指控罪名成立,应予支持。鉴于被告人张某自愿认罪,可酌情从轻处罚。依照《刑法》(2015年)第一百七十六条、第二十五条、第五十二条、第五十三条、第六十四条、2012年《最高人民法院关于适用〈中华人民共和国刑事诉讼法〉的解释》(已失效)第二百八十八条、第二百四十一条第一款第(三)项之规定,判决如下:

一、被告单位晋州市三丰果蔬种植专业合作社无罪;

二、被告人张某犯非法吸收公众存款罪,判处有期徒刑七年,并处罚金三十万元;

三、对被告人张某的违法所得1769.0565万元予以追缴。

【检察院抗诉】

晋州市人民检察院抗诉认为:本案应认定为单位犯罪;原判对张某的违法所得1769.0565万元予以追缴不当,应责令张某将该资金退赔给集资群众;原判未追缴代办员的违法所得;对案卷中冻结的张某银行卡上的11694.35元未作处理存在错误,应判决按比例返还集资群众。

【二审裁判】

本院认为,晋州市人民检察院抗诉认为应按单位犯罪处理的理由,经查,原审被告人张某注册成立合作社后,虽然进行了租地、种植、建冷库等经营活动,但主要进行的是吸收公众存款活动,且主要资金来源为吸收公众存款所得。为此,其行为符合《单位犯罪解释》第二条、第三条之规定,应以自然人犯罪论处,故对抗诉机关的此抗诉理由,本院不予采纳;抗诉机关提出原判对张某的违法所得1769.0565万元予以追缴不当,应责令张某将该资金退赔给集资群众之理由,本院应予采纳;抗诉机关提出原判未追缴代办员的违法所得之理由,因本案未涉及代办员的刑事责任,故应作另案处理;抗诉机关认为对案卷中冻结的被告人张某的财产应在判决中作出处理的理由,本院予以支持。

综上,本院认为,原判认定被告人张某犯非法吸收公众存款罪的事实清楚,证据充分,定性准确,量刑适当,审判程序合法,应予维持。对原判判处追缴部分应予明确,对冻结财产予以没收,返还集资群众。依照《刑事诉讼法》(2012年)第二百二十五条第(一)项、第(二)项、第二百三十三条之规定,判决如下:

一、维持河北省晋州市人民法院(2016)冀0183刑初第157号刑事判决的第一项、第二项,即:被告单位晋州市三丰果蔬种植专业合作社无罪;被告人张某犯非法吸收公众存款罪,判处有期徒刑七年,并处罚金三十万元。

二、撤销河北省晋州市人民法院(2016)冀0183刑初第157号刑事判决的第三项,即对被告人的违法所得1769.0565万元予以追缴。

三、原审被告人张某的违法所得1769.0565万元予以追缴,退赔集资群众。

四、对侦查机关冻结的原审被告人张某银行卡上的资金予以没收,退赔集资群众。

本判决为终审判决。①

【案例简析】

该案张某作为晋州市三丰果蔬种植专业合作社的法定代表人,在晋州市15个村镇设立代办点,发展18名代办员,未经国家有关部门审批,突破果品蔬菜种植销售和组织采购的经营范围,以让群众投资入股合作社的方式,非法吸收809名群众存款,金额达1850.1101万元。其行为构成非法吸收公众存款罪,检察院对单位和个人均作出了起诉,而一审法院判决单位无罪,张某承担非法吸收公众存款的刑事责任。

法院的裁判理由援引了《单位犯罪解释》第二条、第三条的规定,同时适用了以违法犯罪目的设立公司或以实施犯罪为主要活动与盗用单位名义实施犯罪,违法所得由实施犯罪的个人私分的情形。被告人张某的儿子张某甲负责收取代办点的资金,违法所得由其个人和家庭成员所有,表明违法所得都由实施了非法吸收公众存款的个人即被告人张某与张某甲私分,虽然被告人辩称合作社所吸收的款项大部分用于投资其他担保投资公司和租地种植果树,但事实并不成立。晋州市三丰果蔬种植专业合作社于2010年成立后,虽然有过一些正常的经营活动,但从2013年开始,就以实施非法吸收公众存款为主要活动,应当认定为"公司在设立后,以实施犯罪为主要活动"。

【问题探讨】

在该案中,专业合作社是否构成单位犯罪需要考虑两个问题。一是专业合作社是否属于《刑法》中单位犯罪所称的"单位"。依照《刑法》第三十条的规定,公司、企业、事业单位、机关、团体实施的危害社会的行为,法律规定为单

---

① 参见河北省石家庄市中级人民法院刑事判决书(2017)冀01刑终187号。

位犯罪的,应当负刑事责任。同时,根据《全国人民代表大会常务委员会关于〈中华人民共和国刑法〉第三十条的解释》规定:"公司、企业、事业单位、机关、团体等单位实施刑法规定的危害社会的行为,刑法分则和其他法律未规定追究单位的刑事责任的,对组织、策划、实施该危害社会行为的人依法追究刑事责任。"《单位犯罪解释》进一步细化了"公司、企业、事业单位"的界定,"公司、企业、事业单位"既包括国有、集体所有的公司、企业、事业单位,也包括依法设立的合资经营、合作经营企业和具有法人资格的独资、私营等公司、企业、事业单位。专业合作社作为一种不同于企业法人、社会团体法人的互助性经济组织,并不属于如上所列的单位范畴。从是否具有法人资格的角度来看,专业合作社属于《刑法》中单位犯罪所规定的"单位"范畴,《农民专业合作社法》第五条规定,农民专业合作社依照本法登记,取得法人资格。

二是"盗用单位名义"和"违法所得所有"的界定。《全国法院审理金融犯罪案件工作座谈会纪要》指出:"以单位名义实施犯罪,违法所得归单位所有的,是单位犯罪。"《单位犯罪解释》第三条规定:"盗用单位名义实施犯罪,违法所得由实施犯罪的个人私分的,依照刑法有关自然人犯罪的规定定罪处罚。"由此,判定单位犯罪的关键在于,是否以单位名义从事该违法犯罪活动和违法所得是否归单位所有。

"以单位名义"实际上所表征的是行为与单位意志之间的联系。在具体案件中,不能仅从行为对外明示的单位身份上判断,还应从行为的决策主体和决策程序等方面考察。如果经过单位法定决策机构和决策程序,由单位的理事会、董事会等集体作出决定,或者由单位的董事长、总经理等个人代表单位作出决定的,那么,该决定应当被认为代表单位意志。换言之,"以单位名义"是确定被指控行为中单位意志的形式要件,而单位意志是单位犯罪成立的一个实质要件。"违法所得归单位所有"是为单位谋取不正当利益实施犯罪活动所呈现出来的客观结果。从违法所得的归属可以倒推出某个特定的犯罪行为是否为了单位利益,从而体现出单位意志。因此,"违法所得归单位所有"也是为了证明单位意志的存在。由于单位意志和单位利益具有整体性,"违法所得归单位所有"是指归单位全体成员享有,而不是归少数几个单位决策者或者具体实施人员享有。因而"以单位名义"是单位犯罪的形式构成要件,"盗用单位名义"是"在单位意志支配下"的实质要件不成立。因此,盗用单位名义实施犯罪,违法所得由实施犯罪的个人私分的,不以单位犯罪论处。

三、投资管理公司承诺在一定期限内偿还本金并按月支付1.3%至2%不等的月息,向社会不特定对象吸收资金,与投资人签订借款合同无罪案

青海金某投资管理有限公司等非法吸收公众存款案[①]

【基本案情】

2011年5月31日,贾某某注册成立青海金某投资管理有限公司,并任法定代表人。2014年8月,该公司法定代表人变更为贾某丽。公司由贾某某实际控制,经营范围为:项目投资、风险投资、理财服务、投资管理策划与咨询服务。该公司成立后,承诺在一定期限内偿还本金并按月支付1.3%至2%不等的月息,向社会不特定对象吸收资金,与投资人签订借款合同。至2015年4月,共向20人吸收资金751万元。上述资金转入贾某某注册成立的西宁金汇聚小额贷款有限公司用以对外发放贷款。至该案侦办期间,所吸收资金已全部归还投资人。被告人贾某某经公安人员劝导,于2015年3月20日向公安机关投案。

【检察院指控】

公诉机关指控,被告单位青海金某投资管理有限公司于2011年5月31日经青海省工商局批准注册成立,被告人贾某某作为青海金某投资管理有限公司的实际负责人,在公司未取得中国人民银行、银监会等相关部门依法批准的情况下,擅自经营吸收公众存款业务,且以保本付息,月息5%的高额利率为诱饵,向社会不特定对象共20人募集资金709.5万元,并将非法吸

[①] 参见青海省西宁市城西区人民法院刑事判决书(2016)青0104刑初242号。

收的709.5万元投入西宁金汇聚小额贷款有限公司用以对外发放贷款。被告人贾某某在案发前及取保候审期间,已将吸收的资金709.5万元全部退还给被害人。

针对上述指控的事实,公诉人出示、宣读了受理案件登记表,立案决定书,接受证据材料清单,抓获经过,青海金某投资管理有限公司工商登记资料,中国银行业监督管理委员会青海监管局文件,青海金某投资管理有限公司投资总客户名单,借款合同资料,补充侦查报告书,退款明细,退款转账电子回单,证人朱某某、吴某某、董某某、汪某某、陈某某、严某某等人的证言,张某、葛某英等人的陈述,被告人贾某某的供述与辩解等证据。公诉机关据此认定被告单位青海金某投资管理有限公司、被告人贾某某的行为构成非法吸收公众存款罪,应依照《刑法》(2015年)第一百七十六条的规定,提请法院依法惩处,并建议对被告单位青海金某投资管理有限公司、被告人贾某某判处罚金。

【辩护意见】

被告单位青海金某投资管理有限公司对指控的犯罪事实和罪名均不持异议,未作辩解。

被告人贾某某辩称,主动到公安机关供述了公司的犯罪事实,应视为自首;自首前后退清了吸收的全部资金,符合最高人民法院相关司法解释中可免予刑事处罚的规定;请求在适用罚金刑时酌情给予轻判。

【法院裁判】

法院认为,被告人贾某某未经银行业监督管理机构批准,非法吸收公众存款,扰乱金融秩序,其行为构成非法吸收公众存款罪。关于公诉机关指控构成单位犯罪及数额问题,依照《单位犯罪解释》的规定,个人为进行违法犯罪活动而设立的公司实施犯罪的,或者公司设立后,以实施犯罪为主要活动的,不以单位犯罪论处。经查,贾某某成立公司的主要目的是向社会公众吸收资金,公司成立后以实施非法吸收公众存款为主要经营活动,不应当以单位犯罪论处。依据公诉人出示、庭审质证的证据,贾某某与投资人签订合同的金额应为751万元。公诉机关指控的单位犯罪不能成立,犯罪数额应予以纠正。被告人贾某某在尚未受到讯问、未被采取强制措施时,主动到公安机关投案,归案后如实供述犯罪事实,属自首,对其应当减轻处罚;所吸收资金主要用于正常的经营活动,且已及时退清,对其可酌情从轻处罚。其关于自首、资金全部清退、适用罚金刑时酌情轻判的辩解意见予以采纳。鉴于吸收资金的数额及犯罪情节,不足以免予刑事处罚,关于免予刑事处罚的辩解意见不予采纳。综合被告人贾某某的悔罪表现等情节,宣告缓刑对其所居住社区没有重大不良影响,可以对其适用缓刑。依照《刑法》(2015年)第一百七十六条、第六十七条、第七十二条第一款、第三款、第七十三条第二款、第三款、第六十四条、《刑事诉讼法》(2012年)第一百九十五条第(二)项之规定,判决如下:

一、被告单位青海金某投资管理有限公司无罪;

二、被告人贾某某犯非法吸收公众存款罪,判处有期徒刑一年,缓刑一年,并处罚金50000元;

三、扣押在案的两张银行卡,依法没收。

【案例简析】

该案贾某某作为青海金某投资管理有限公司的实际负责人和法定代表人,在公司未取得中国人民银行、银监会等相关部门批准的情况下,突破项目投资、风险投资、理财服务、投资管理策划与咨询服务的经营范围,擅自经营吸收公众存款业务,且以保本付息,月息5%的高额利率为诱饵,向社会不特定对象共20人募集资金751万元,构成非法吸收公众存款罪。公诉机关对被告单位青海金某投资管理有限公司、被告人贾某某提起公诉,而法院判决被告单位无罪,对被告人判处有期徒刑一年,缓刑一年,并处罚金。

法院认定贾某某成立公司的主要目的是向社会公众吸收资金,公司成立后以实施非法吸收公众存款为主要经营活动,适用《单位犯罪解释》第二条,不以单位犯罪论处。对组织、策划、实施非法集资犯罪活动的人员,以自然人犯罪论处。2014年8月,该公司法定代表人虽然由贾某某变更为贾某丽,贾某某不再担任公司的法定代表人,但贾某某仍是公司的实际控制人,属于组织、策划、实施非法吸收公众存款犯罪活动的人员,应以自然人犯罪追究。

庭审中被告人贾某某辩称,主动到公安机关供述了公司的犯罪事实,应视为自首;自首前后退清了吸收的全部资金,符合最高人民法院相关司法解释中可免予刑事处罚的规定;请求在适用罚金刑时酌情给予轻判。法院对其关于自首、资金全部清退、适用罚金刑时酌情轻判的辩解意见均予以采纳。而对于"免予刑事处罚"的辩解意见,法院作出裁量,认为鉴于吸收资金的数额为751万元及犯罪情节,不足以免予刑事处罚。

【问题探讨】

该案在公诉、辩护与审判过程中均需注意以下问题：

一是如何判断"以实施犯罪为主要活动"。公司成立以实施犯罪为主要活动将否认单位人格，导致单位意志与犯罪分子的个人意志趋同，而以自然人犯罪论处。在金融犯罪审判实践中，从是否认定为个人犯罪来看，全国约有 99.66% 的法院都将公司在设立以后，以实施犯罪为主要活动的情形认定为个人犯罪，约有 0.34% 的法院未将其认定为个人犯罪。对此，"以实施犯罪为主要活动"可根据 2019 年《最高人民法院、最高人民检察院、公安部关于办理非法集资刑事案件若干问题的意见》（以下简称《非法集资案件意见》）的规定认定，判断单位是否以实施非法集资犯罪为主要活动，应结合单位实施非法集资的次数、频度、持续时间、资金规模、资金流向、投入人力物力情况、单位进行正当经营的状况以及犯罪活动的影响、后果等因素综合考虑认定。在司法实践中，非法集资案件多以公司、有限合伙企业等单位为依托，自公司、企业成立之日起，即着手实施非法集资犯罪活动，或者在公司、企业成立后，仅实施非法集资犯罪活动及与之相关的经营行为，比如将非法吸收的存款用于风险投资等，一般不将其认定为单位犯罪，而以自然人犯罪论处。由此，以上两种情形均可以被认定为以实施犯罪为主要活动。

二是不以单位犯罪论处后，自然人犯罪的追究。《单位犯罪解释》规定个人为进行违法犯罪活动而设立的公司、企业、事业单位实施犯罪的，或者公司、企业、事业单位设立后，以实施犯罪为主要活动的，不以单位犯罪论处。而刑事责任的追究应当向自然人追究，这里所谓的自然人即个人，应当依据《非法集资案件意见》的规定，理解为单位中组织、策划、实施非法集资犯罪活动的人员。

三是非法吸收公众存款免予刑事处罚情节的把握。2010 年《非法集资司法解释》（已修改）第三条第四款规定，非法吸收或者变相吸收公众存款，主要用于正常的生产经营活动，能够及时清退所吸收资金，可以免予刑事处罚。2022 年修正的《非法集资司法解释》第六条第二款规定，非法吸收或者变相吸收公众存款，主要用于正常的生产经营活动，能够在提起公诉前清退所吸收资金，可以免予刑事处罚；情节显著轻微危害不大的，不作为犯罪处理。该规定将清退吸收资金可以免予刑事处罚的节点明确为提起公诉前，为非法吸收公众存款的出罪辩护提供了清晰的指引。

四、以投资公司名义吸收存款无罪案

河北某某投资有限公司、
张某某非法吸收公众存款案[①]

【基本案情】

张某某与崔某某(另案处理)因投资工程缺少资金便商议,由崔某某在河北省邯郸市注册成立河北某某投资有限公司,张某某以河北某某投资有限公司的名义在大名县设立集资点,雇佣代办员吸收公众存款。经邯郸市华文会计师事务所审计,共吸收103名群众存款3432520元,造成实际损失3221364元。

【检察院指控】

大名县人民检察院指控:2013年7月至2017年7月期间,张某某在未取得任何相关手续的情况下与崔某某(另案处理)约定,以河北某某投资有限公司的名义在大名县非法吸收公众存款。经邯郸市华文会计师事务所审计,河北某某投资有限公司、张某某非法吸收公众存款共计3432520元,所吸收存款投资到邯郸市某集团有限公司在邯郸、武安等地的工程中。群众存款到期后经催要无法偿还,造成实际损失3221364元。公诉机关提交的证据有:户籍证明、专项审计报告等书证、证人杨某1、韩某1等人的证言、被告人张某某的供述和辩解。公诉机关认为被告人张某某非法吸收公众存款,数额巨大,其行为已触犯《刑法》(2017年)第一百七十六条之规定,应以非法吸收公众存款罪追究其刑事责任。

【辩护意见】

被告单位河北某某投资有限公司的诉讼代表人胡某民对公诉机关指控

[①] 参见河北省大名县人民法院刑事判决书(2018)冀0425刑初36号。

的犯罪事实无异议。

被告人张某某对指控的犯罪事实供认不讳。

辩护人郭某的辩护意见:(1)该案系单位犯罪,数额未达到起诉书所指控的数额巨大;(2)被告人张某某如实供述罪行,可予以从轻处罚。

辩护人提交的证据:蒋某2、王某2的谅解书,证明存款户与邯郸市某集团有限公司达成还款计划,蒋某2、王某2对张某某进行了谅解。

【法院裁判】

以下证据均经法庭举证、质证,证据来源合法,内容客观真实,证据内容能够相互印证上述事实,法院予以确认。

1. 同案犯崔某某供述。证明2013年年初其了解到邯郸市某集团有限公司在邯郸包了一些工程,韩某1说有钱可以投资工程,工程结算后给其分红。其与张某某商量,因当时没钱,其提议注册一家投资公司,在民间吸收资金。张某某也同意了。后其与张某某口头协商,由其在邯郸注册投资公司,张某某在大名县设立集资点,具体负责吸收存款,开设集资点的费用由张某某垫付,吸收的资金扣除张某某的垫付款后投到韩某1的工程中,工程结算后的分红由二人平分。2013年3月份,其在邯郸市邯山区注册了河北某某投资有限公司,张某某在大名县某某路租赁门市设立集资点吸收群众存款,存款一年的利息1.2分,给群众开具河北某某投资有限公司的股金证。

2. 证人杨某1证言。证明2013年其丈夫张某某在大名县设立河北某某投资有限公司的集资点,雇佣代办员在民间吸收资金,群众存款后给群众开具河北某某投资有限公司的股金证。2015年群众来取钱时无法取出,集资点就关门了。

3. 证人韩某1证言。证明2013年夏天,崔某某或张某某对其说想向其公司投钱,算作工程入股,以后参与分红,其同意了。崔某某和张某某自2013年夏天至2014年秋天,陆续向他的个人银行卡汇入资金。2014年4月份,张某某和崔某某对其说他们的钱是以河北某某投资有限公司的名义在大名县吸收的群众存款。

4. 证人王某1证言。证明2014年夏天,杨某1找到其让其做河北某某投资有限公司的代办员,并说河北某某投资有限公司是做工程建设项目的,存款利息高,存取自愿,每介绍一万元,提成360元好处费。其同意了。其向群众宣传河北某某投资有限公司,张某某还组织代办员到某公司的钢厂参观,经过其向河北某某投资有限公司存款80多万元,获得好处费28000元左右。

5. 证人蒋某1证言。证明2013年6、7月份,张某某让其担任河北某某投资有限公司的代办员,为公司吸收群众存款,每介绍一万元给其200元好处费,其同意了。后来有二十多户群众通过其向河北某某投资有限公司存款,大约有70万元,河北某某投资有限公司给存款群众开具了河北某某投资有限公司的股金证。存款到期后,群众要钱时,公司没有能力偿还了。

6. 证人王某2证言。证明2014年2月份,王某1对其说河北某某投资有限公司有实力,现需要资金扩建,让其有钱可以存到河北某某投资有限公司。2014年2月份,其在河北某某投资有限公司存了6万元,王某1给其两张河北某某投资有限公司的股金证。2014年6月28日,其又在河北某某投资有限公司存了5万元。2015年2月份,存款到期后,其通过王某1要回了5万元,没有给利息。后其多次找王某1,王某1说公司资金周转不过来,无法兑现本金和利息。目前其实际损失6万元。

7. 证人王某3、王某4、刘某等88人关于其在河北某某投资有限公司大名县集资点存款的事实与证人王某2的证言基本一致。

8. 河北某某投资有限公司的股金证在卷佐证。

9. 邯郸市华文会计师事务所有限公司邯华文专审字(2017)第053号专项审计报告、邯华文专审字(2017)第128号补充审计报告、华文专审字(2018)第307号专项审计报告。载明河北某某投资有限公司吸收群众存款共89人报案,涉及103人,实际存款金额3432520元,兑付本金179305元,支付利息或好处费31851元,实际损失3221364元。

10. 河北某某投资有限公司的设立登记资料在卷佐证。

11. 被告人张某某供述。证明其与崔某某是合作关系,2013年3、4月份,崔某某与其商议,用崔某某的名字在邯郸市注册公司,由其在大名县设立集资点,吸收群众存款,后把钱投到韩某1的工程上,赚钱后二人平分,其同意了。后崔某某在邯郸市注册了河北某某投资有限公司,其在大名县设立集资点,与崔某某商量后,确定存款周期一年月息1.2分,不足一年存款按活期3厘计算。其雇佣代办员向群众宣传,吸收群众存款300多万元,吸收的资金都被其和崔某某投资到邯郸市某集团有限公司在邯郸和武安的工程了。

法院认为,被告人张某某违反国家金融管理法律规定,未经国家金融主管机关批准,向社会不特定对象非法吸收公众存款,数额巨大,其行为已构成非法吸收公众存款罪,公诉机关指控罪名成立。被告单位河北某某投资有限公司成立的目的是非法吸收公众存款,其成立后以非法吸收公众存款作为其主要活动,根据《单位犯罪解释》的规定,该案不应以单位犯罪论处,系自然人犯罪。鉴于被告人张某某如实供述自己的罪行,依法可从轻处罚,被告人张某某得到部分存款户的谅解,可酌情予以从轻处罚。为打击犯罪,保护国家金融信贷秩序,依照《刑法》(2017年)第一百七十六条第一款、第五十二条、第六十四条、第六十七条第三款之规定,判决如下:

一、被告单位河北某某投资有限公司无罪。

二、被告人张某某犯非法吸收公众存款罪,判处有期徒刑三年三个月,并处罚金人民币6万元。

三、责令被告人张某某退赔集资群众3221364元。

【案例简析】

被告单位河北某某投资有限公司的诉讼代表人胡某民对公诉机关指控的犯罪事实无异议。而法院认定被告单位河北某某投资有限公司成立的目的和主要活动都是非法吸收公众存款,从而适用《单位犯罪解释》的规定认为不应以单位犯罪论处,系自然人犯罪。在刑事责任追究过程中,追究了组织和实施非法吸收公众存款的单位内部人员张某某的刑事责任。其原因在于,张某某虽然没有注册河北某某投资有限公司,但设立该公司时其与同案犯崔某某口头协商,具有设立公司实施非法吸收公众存款的意图,其在大名县租赁门市设立集资点,雇佣代办员,具体负责吸收存款活动,依然是单位中组织、策划、实施非法集资犯罪活动的人员。

被告人张某某对指控的犯罪事实供认不讳。其辩护人郭某提出的辩护意见为:该案系单位犯罪,数额未达到起诉书所指控的数额巨大。2010年《非法集资司法解释》(已修改)中,非法吸收公众存款单位犯罪和自然人犯罪的"数额巨大"认定标准存在差异,个人非法吸收或者变相吸收公众存款数额在100万元以上的为"数额巨大",而单位非法吸收或者变相吸收公众存款数额在500万元以上的才为"数额巨大"。从单位犯罪的角度出发进行辩护有利于减轻被告人的责任,从情节上来说,当在自然人犯罪时被认为是"数额巨大"的,可能在被认定为单位犯罪时不被认为是"数额巨大"的,存在减轻处罚的空间。而2022年修正的《非法集资司法解释》对单位犯罪与自然人犯罪"数额巨大"的标准不再进行区分。

【问题研讨】

该案在公诉、辩护与审判过程中需要注意的问题是：

一是不以单位犯罪论处后，个人刑事责任追究的确定。《非法集资案件意见》规定：个人为进行非法集资犯罪活动而设立的单位实施犯罪的，或者单位设立后，以实施非法集资犯罪活动为主要活动的，不以单位犯罪论处，对单位中组织、策划、实施非法集资犯罪活动的人员应当以自然人犯罪依法追究刑事责任。

因此，此时对自然人刑事责任的追究不应以其在单位中所处的职位和权限直接判断其为自然人犯罪的主体，而是需要判断其在非法集资犯罪活动中是否起到组织、策划、实施的作用。对于个人是单位的实际控制人，或者个人以单位名义实施非法集资行为，没有合法经营业务，违法所得只要由个人任意支配、处分的，应当依法以个人犯罪论处。

二是非法集资单位犯罪与自然人犯罪"数额巨大"认定标准的变化。2010年《非法集资司法解释》（已修改）规定，个人非法吸收或者变相吸收公众存款，数额在100万元以上的为"数额巨大"，而单位非法吸收或者变相吸收公众存款，数额在500万元以上的才为"数额巨大"。依照2022年《非法集资司法解释》的规定，非法吸收或者变相吸收公众存款，具有下列情形之一的，应当认定为刑法第一百七十六条规定的"数额巨大或者有其他严重情节"：（一）非法吸收或者变相吸收公众存款数额在500万元以上的；（二）非法吸收或者变相吸收公众存款对象500人以上的；（三）非法吸收或者变相吸收公众存款，给存款人造成直接经济损失数额在250万元以上的。因此，在量刑档次上不再区分单位和个人，设定不同的数额标准。

五、专业合作社吸收资金"以楼抵债""以酒抵债"无罪案

曲周县鼎兴中药材种植专业合作社、韩某某非法吸收公众存款案①

【基本案情】

曲周县鼎兴中药材种植专业合作社于2012年11月15日成立,韩某某担任法定代表人。曲周县鼎兴中药材种植专业合作社成立后,先后在曲周县南里岳乡设立了分社,分别由李某某、邓某某、李某1、刘某、董某(在逃)负责日常事务。2013年4月至2014年9月,韩某某、李某某、邓某某、李某1、刘某、董某在未经中国人民银行批准的情况下,以曲周县鼎兴中药材种植专业合作社的名义发放宣传单,以高息为诱饵,出具存款凭证,承诺在一定期限内还本付息,面向社会不特定对象吸收资金。2016年11月27日,经曲周德信联合会计师事务所审计,曲周县鼎兴中药材种植专业合作社吸收公众存款共计人民币(以下币种同)26753480元。其中经手韩某某、李某某、邓某某、李某1、刘某、董某分别吸收3956400元、6760700元、6079480元、4440000元、3470100元、2046800元。2013年7月至2014年2月间,曲周县鼎兴中药材种植专业合作社通过河北京钰集团设立的子公司邯郸市宏洋农业科技有限公司,先后将吸收的存款1100万元出借给河北京钰集团,后河北京钰集团归还500万元,剩下的600万元由河北京钰集团以其在魏县"水景苑"小区的部分楼房予以抵顶。截至2014年9月,已退还20691080元,尚有6062400元未予退还。曲周德信联合会计师事务所审计完毕后至法院审理该案期间,曲周县鼎兴中药材种植专业合作社

---

① 参见河北省曲周县人民法院刑事判决书(2018)冀0435刑初37号。

采用"以楼抵债""以酒抵债"、归还现金等方式将剩下的6062400元集资款全部归还集资参与人。

另查,韩某某、李某某、邓某某在尚未受到讯问、未被采取强制措施时,分别于2016年4月15日、2016年7月20日、2016年7月20日主动向侦查机关投案,并如实供述了自己的主要罪行。李某1被抓获后如实供述了自己的主要罪行。

【检察院指控】

公诉机关认为韩某某、李某某、邓某某、李某1非法吸收公众存款,数额巨大,其行为已触犯《刑法》(2017年)第一百七十六条之规定,应以非法吸收公众存款罪追究其刑事责任。但鉴于韩某某、李某某、邓某某、李某1认罪认罚,韩某某、李某某、邓某某具有自首情节,被告人李某1具有坦白情节,请求法院适用速裁程序并提出适用缓刑的量刑建议。

【辩护意见】

韩某某、李某某、邓某某、李某1自愿认罪认罚。

【法院裁判】

法院认为,被告人韩某某、李某某、邓某某、李某1违反国家金融管理法律规定,未经有关部门批准,通过发放宣传单等方式公开宣传,承诺在一定期限内还本付息,向社会不特定对象吸收资金,数额巨大,其行为均已构成非法吸收公众存款罪。公诉机关指控韩某某、李某某、邓某某、李某1的犯罪事实清楚,证据确实、充分,罪名成立,应予支持。在共同犯罪过程中,韩某某起主要作用,系主犯,应当按照其组织、指挥的全部罪行处罚;李某某、邓某某、李某1系从犯,依法均应对其予以从轻处罚。鉴于韩某某、邓某某、李某某在尚未受到讯问、未被采取强制措施时,主动投案,并如实供述了自己的罪行,构成自首;李某1在侦查阶段如实供述自己的罪行,属于坦白;案发后,四名被告人能够积极归还集资款,最大限度减少集资参与人的损失,依法均可对其从轻处罚,并对其适用缓刑。韩某某设立曲周县鼎兴中药材种植专业合作社后,以实施犯罪为主要活动,根据《单位犯罪解释》第二条"个人为进行违法犯罪活动而设立的公司、企业、事业单位实施犯罪的,或者公司、企业、事业单位设立后,以实施犯罪为主要活动的,不以单位犯罪论处"之规定,该案应以自然人犯罪处理,曲周县鼎兴中药材种植专业合作社不构成非法吸收公众存款罪。综上,根据韩某某、李某某、邓某某、李某 1 的犯罪事实、性质、情节和对于社会的危害程度,依照《刑法》(2017年)第一百七十六条第一款,第二十五条第一款,第二十六条第一款、第四款,第二十七条,第六十七条第一款、第三款,第七十二条第一款、第三款,第七十三条第二款、第三款,第五十二条,第五十三条第一款,《刑事诉讼法》第二百条第(二)项之规定,判决如下:

一、被告单位曲周县鼎兴中药材种植专业合作社无罪。

二、被告人韩某某犯非法吸收公众存款罪,判处有期徒刑三年,缓刑五年,并处罚金人民币五万元。

三、被告人李某某、邓某某、李某 1 犯非法吸收公众存款罪,均判处有期徒刑二年,缓刑三年,并处罚金人民币三万元。

【案例简析】

韩某某注册成立合作社,以曲周县鼎兴中药材种植专业合作社的名义发放宣传单,并以高息为诱饵,出具存款凭证,承诺在一定期限内还本付息,面向社会不特定对象吸收资金。因投资生产,非法向公众吸收存款。截至案发,尚有 600 余万元赃款无法归还。案发后检察院积极促使其退赃退赔,韩某某采用"以楼抵债""以酒抵债"等方式还清了赃款,且认罪认罚。韩某某被提起公诉后,曲周县人民检察院申请适用速裁程序并提出适用缓刑的量刑建议,被法院采纳。法院判决被告单位曲周县鼎兴中药材种植专业合作社无罪。韩某某起主要作用,系主犯,按照其组织、指挥的全部罪行处罚;李某某、邓某某、李某 1 系从犯,从轻处罚。

【问题研讨】

该案需要讨论如下问题:

其一,速裁程序的适用。该案的认罪认罚和积极退赃退赔是适用速裁程序及从轻处罚的主要原因。根据《人民检察院刑事诉讼规则》第二百七十三条规定,犯罪嫌疑人认罪认罚,人民检察院经审查,认为符合速裁程序适用条件的,应当在十日以内作出是否提起公诉的决定,对可能判处的有期徒刑超过一年的,可以延长至十五日。根据《刑事诉讼法》第二百二十二条规定,基层人民法院管辖的可能判处三年有期徒刑以下刑罚的案件,案件事实清楚,证据确实、充分,被告人认罪认罚并同意适用速裁程序的,可以适用速裁程序,由审判员一人独任审判。人民检察院在提起公诉的时候,可以建议人民法院适用速裁程序。

其二,退赃退赔的过程中,"以楼抵债""以酒抵债"的效力问题。该案退赃退赔的过程中,韩某采用了"以楼抵债""以酒抵债"等方式,实际上属于以物抵债。而以物抵债是当事人意思自治的结果,如果当事人没有约定将物的交付作为以物抵债协议的成立要件,只要双方当事人的意思表示真实,协议内容不违反法律、行政法规的强制性规定,以物抵债协议即为有效。故以物抵债协议属于诺成合同,而非实践合同,不以抵债物的交付为成立要件。检察院和辩护人在积极促使犯罪嫌疑人或被告人退赃退赔的过程中,需要注意和被害人的沟通。

六、以个人名义签订《借款合同》、以公司为担保人吸收存款无罪案

四川人人康投资有限公司、崇州文井医院、
四川诗艺园林绿化工程有限公司等
非法吸收公众存款案①

【基本案情】

王鸿(另案处理)系被告单位四川人人康投资有限公司(以下简称"人人康公司")、四川诗艺园林绿化工程有限公司(以下简称"诗艺园林公司")、崇州文井医院(以下简称"文井医院")、四川今日田园食品有限公司(以下简称"四川今日田园公司")的法定代表人。另外,王鸿也系崇州市玖禧实业有限公司(以下简称"玖禧公司")、成都今日田园投资管理有限公司(以下简称"成都今日田园公司")的法定代表人,成都西蜀巧妹农业发展公司(以下简称"西蜀巧妹公司")的实际控制人。

2013年5月至2014年12月期间,在未经金融监管机关批准的情况下,王鸿与肖莉(另案处理)经共同谋划,以人人康公司计划募集资金建设智能化养老基地及扩大诗艺园林公司、文井医院、四川今日田园公司经营为由,公开向社会公众募集资金。王鸿任命肖莉为人人康公司的总经理,负责对外融资。肖莉以给付一定比例的返点、提成的形式,陆续招募被告人向兴平、陈南、周碧霞、胡志英、张桂英、唐玉容、王家明、胡蓉、樊培钦、王萍、江继富、邓新华、朱亚辉、赵述华、徐晓瑜、周德远、张化琼、吴海云、余秀兰等人作为中间人协助吸收存款,以支付集资参与人每月3%至5%的高息为诱饵,以设立办公点、口口相传等方式,面向社会不特定人群进行宣传和吸收资金。集资的具体方式是:王鸿以个人名义与集资参与人签订《借款合

---

① 参见四川省崇州市人民法院刑事判决书(2016)川0184刑初209号。

同》,以人人康公司、诗艺园林公司、文井医院、四川今日田园公司作为保证人,吸收程泽朴、钟先成等2200余名集资参与人的存款共计约4.47亿元,造成集资参与人经济损失约3.62亿元。

人人康公司所吸收的资金全部存入王鸿、肖莉指定的王鸿、王小艳、陈朝霞、李杰等人的20张个人银行卡账户,由王鸿、肖莉支配使用。募集的资金主要用于支付集资参与人的返本付息、支付各中间人的提成返利以及用于王鸿名下各公司的日常开销、项目投资等。对于集资款的使用,王鸿与肖莉事先约定:首先,由肖莉提取集资款的26%作为返点,由肖莉按照各中间人吸收资金的数额、期限等支付各中间人10%至25%不等的返点,中间的差额作为肖莉的收入。其次,由肖莉负责按照合同约定的3%至5%的月利率,按月支付集资参与人利息及退还到期的本金。再次,由肖莉根据王鸿的资金需求,通过转账的方式拨款至王鸿、王某1等人的个人银行卡账户,作为王鸿投资项目或公司经营使用。根据人人康公司会计记载的《资金情况分析表》,用于支付中间人的返点为2.4亿元,拨款给王鸿使用的资金为1.46亿元。

王鸿在收到肖莉的拨款后,由王某1负责记载《现金日记账》,记录将拨款使用到王鸿名下的各公司,包括人人康公司、文井医院、诗艺园林公司、四川今日田园公司、玖禧公司等各公司及各项目的支出情况。经对王某1所记载的《现金日记账》进行会计鉴定显示,2013年5月3日至2014年12月31日,收入来源为王某1、王鸿、肖莉转入的资金共计约2.16亿元,其中由王某1转入1.26亿元,王鸿转入8332万元,肖莉转入650万元;支出为2.16亿元。经王鸿辨认,支出的2.16亿元资金中投入公司经营及项目的资金约为1.4亿元,代肖莉支付中间人及集资参与人本息的资金为4285万元,支付前期借款本息为1345万元,归还银行贷款为296万元。

2014年8月,王鸿的资金链出现问题。2015年2月,王鸿无力再向集资参与人支付本息。集资参与人多次与王鸿、肖莉等人协商无果后,2015年4月20日,集资参与人程泽朴等人报案至崇州市公安局。

崇州市公安局于2016年9月6日在《四川法制报》刊登公告,要求涉案集资参与人尽快报案。

案发后,被告人邓新华、胡蓉、周德远、张化琼主动到公安机关投案。其余被告人均系公安机关抓获归案。

另查明,人人康公司成立于2013年6月28日,系有限责任公司,注册资本5000万元,王鸿系公司法定代表人,股东有王鸿、孔志全、钟林、李某1。公司注册时,由王鸿一人出资,其余三名股东均未实际出资。该三名股东参与公司经营管理,但王鸿向社会公众集资的事项未经过股东会决议。2014年6月,钟林离职,孔志全、李某1主要负责投资项目的运作,三人均未参与集资事项。

文井医院成立于2011年3月18日,系合伙企业,实缴出资金额为880万元,王鸿系法定代表人,何某2系合伙人。公司注册时何某2未实际出资,也未实际参与公司经营管理,系挂名合伙人,公司事宜由王鸿一人决策。

诗艺园林公司成立于2011年1月4日,系有限责任公司,王鸿系法定代表人,注册资本1000万元,其中王鸿出资150万元,占公司股份的75%,罗某出资50万元,占公司股份的25%,后投资人由罗某变更为余某1。余某1未实际出资及参与管理,公司事宜实际由王鸿一人决策。

四川今日田园公司成立于2011年12月12日,投资人为诗艺园林公司,出资800万元,法定代表人系王鸿,公司事宜实际由王鸿一人决策和管理。

王鸿使用吸收的资金投资情况主要如下:

1. 投资养老基地情况:2013年12月3日,崇州市旅游发展指挥部与人人康公司签署《关于建设崇州市玖禧颐养中心项目的战略合作框架协议》,协议内容为:人人康公司投资建设玖禧颐养中心项目,分期建设智能化颐养公寓、全科保健康复中心等六大子项目。2014年1月15日,人人康公司与崇州市道明镇政府签订协议,协议主要内容为人人康公司出资20万元,由道明镇政府委托有资质的规划编制单位先期完成道明镇斜阳村和红旗村村庄规划,并通过规划部门的审批。2013年12月至2014年1月,人人康公司支付道明镇政府关于红旗村、斜阳村项目工作前期费用共约30万元。道明镇政府将该30万元资金用于支付四川新中城城市规划设计有限公司村庄设计费9.8万元;支付成都西南交通大学设计研究院有限公司村庄设计费10万元;用于开展此项目产生的工作经费11万元。2014年8月21日,崇州市国土资源局出具《审查意见书》,同意玖禧颐养中心一期工程选址于崇州市道明镇斜阳村4组、7组,项目区规划占地面积约22.77亩,有效期二年。2014年8月25日,玖禧公司就玖禧颐养中心一期工程向崇州市发改局申请投资项目备案,获得通过。

2. 投资崇州市稻香国际酒店建设项目情况:2014年7月,王鸿投资收购成都西蜀巧妹品牌推广有限公司(后更名为成都西蜀巧妹农业发展公司),由李某1担任法定代表人。2014年7月22日,李某1以个人名义与崇州市新农村建设指挥部、崇州市集贤乡政府签订《崇州市稻香国际酒店建设项目投资协议书》,三方约定由李某1投资位于崇州市集贤乡的崇州市稻香国际酒店建设项目,项目用地面积约560亩,项目内容包括崇州稻香广场及乡村度假酒店、新农村建设企业总部经济区和颐养中心共三部分,项目总投资约2.1亿元。并约定协议签订后5日内,李某1应向崇州市新农村建设指挥部支付500万元作为履约保证金。当日,由王鸿出资,通过王某1的个人账户转入李某1的个人账户500万元,再转至崇州市新农村建设指挥部指定的崇州市蜀兴投资有限公司(以下简称"蜀兴公司")的对公账户,作为该项目的履约保证金。2014年9月22日,西蜀巧妹公司向崇州市新农村建设指挥部指定的蜀兴公司的对公账户转款40万元,蜀兴公司记载为"土地款"。

3. 投资首钢拆除项目情况:2014年7月14日,玖禧公司向青岛同三机械化施工有限公司首钢拆除项目部缴纳"首钢买断预付款"200万元,资金最终流入云津产业投资基金管理公司法定代表人朱某的个人账户。2014年9月26日,玖禧公司与青岛同三机械化施工有限公司首钢拆除项目部签订《北京首钢旧址拆建工程内部联合施工协议》,由玖禧公司承包首都钢铁厂院内旧厂房的拆除工程,包括厂区内的全部建筑物、附属物、设施、设备等。后该协议未能履行,玫禧公司亦未能进场施工。2015年春节期间,朱某退还给王鸿30万元,剩余170万元经公安机关追查,未能追回。

4. 投资成都艺术职业学院青神校区项目情况:2014年10月16日,西北电力建设第四工程公司(以下简称"西北电力四公司")为完成与成都艺术职业学院签订的《"成都艺术职业学院青神校区项目"施工合同》,与玖禧公司签订《成都艺术职业学院青神校区项目商业合作协议》,约定由西北电力四公司负责该项目的施工组织与管理,玖禧公司负责提供项目在施工过程中所需资金投入。2015年1月31日,玖禧公司与西北电力四公司签订《终止协议》,约定2014年10月16日签订的《成都艺术职业学校青神校区项目商业合作协议》终止,双方对涉及项目的劳务、混凝土、钢材等经济问题进行了结算,经双方确认,玖禧公司在该项目中总投入为254.38万元。在经过王鸿委托同意扣除钢材价款后,西北电力四公司书面确认,玖禧公司剩余资金为724536元(公安机关已冻结)。

5. 投资成都今日田园连锁酒店情况：2014年1月3日，王鸿租用王莎莉位于崇州市街子镇金鱼东街205号的房产用于开办"成都今日田园连锁酒店"，共计1100平方米，租期15年。2015年8月1日至2016年7月31日，王鸿委托其债主罗某涛经营并交纳了一年的租金10.8万元。其后因未支付租金，2016年9月，王莎莉收回了该房产及房产内的资产。2014年3月11日，王鸿向马育英购买位于崇州市鸡冠山薤子村一组的农家乐一处，并支付购房款80万元（已追回）。2014年4月，王鸿向李小文购买位于崇州市鸡冠山薤子村一组的农家乐一处，并支付购房款20万元（已追回）。

6. 王鸿使用集资款购买了3辆车，分别登记在余艳（王鸿的妻子）和白宇名下。案发前，原"车主"白宇名下的车，车主已变更。

7. 人人康公司成立后的主要收入来源是王鸿等人的集资款。2011年起，四川今日田园公司在四川省遂宁市射洪县瞿河乡桅杆村11组租用农民土地，投资经营养殖场。2013年5月，王鸿开始非法集资后，将部分集资款投入到该养殖场。另外，王鸿将部分资金投入到诗艺园林公司、文井医院的经营中。

综合集资参与人的报案记录、银行交易流水、鉴定报告及各被告人的供述，被告人向兴平是被告人周碧霞、吴海云的上线，被告人徐晓瑜是被告人周德远的上线，被告人陈南是被告人胡蓉的上线，被告人周碧霞是被告人余秀兰的上线，被告人张化琼是被告人王萍的上线。法院认定各被告人的犯罪数额如下：被告人向兴平吸收489人5306万元（含周碧霞、吴海云的集资额），造成损失4054万元；徐晓瑜吸收250人4395万元（1817+1970+19+589）（含周德远的集资额），造成损失3580万元；陈南吸收91人2499万元（含胡蓉的集资额316万元，已扣除王家明的集资额901万元），造成损失2070万元；唐玉容吸收79人2331万元，造成损失2044万元；周碧霞吸收173人2233万元（含余秀兰的集资额），造成损失1717万元；周德远吸收92人1970万元，造成损失1646万元；樊培钦吸收93人1795万元，造成损失1261万元；张桂英吸收1523万元，造成损失1157万元；张化琼吸收60人1220万元（含王萍的集资额1031万元），造成损失1005万元；江继富吸收78人1183万元，造成损失1035万元；王家明吸收20人1075万元，造成损失878万元；王萍吸收38人961万元（已扣除陈淑妮及王小琴的70万元），造成损失792万元；朱亚辉吸收59人562万元，造成损失458万元（已含武汉籍集资参与人的集资额257万元）；赵述华吸收51人488万元，造成损失 411 万元;邓新华吸收 5 人 467 万元,造成损失 374 万元;胡蓉吸收 15 人 316 万元,造成损失 251 万元;胡志英吸收 29 人 266 万元,造成损失 192 万元;吴海云吸收 16 人 177 万元,造成损失 138 万元;余秀兰吸收 5 人 58 万元,造成损失 46 万元。

被告人李杰、陈朝霞、王小艳系王鸿、肖莉聘用的人人康公司的工作人员,李杰系办公室主任,主要负责对外宣传集资业务、接待投资客户等,王小艳负责制作融资账目表,陈朝霞负责填写《借款合同》。

公安机关及法院已扣押部分被告人或中间人退缴的违法所得,其中:赵述华 75 万元,王家明 51 万元,周德远 403061.3 元、邓新华 22.4 万元、朱亚辉 8 万元、唐玉容 5 万元、胡蓉 7.98 万元、陈朝霞 3 万元、王小艳 3.9 万元、李杰 4.6 万元、王萍 1.6 万元、余秀兰 1.02 万元;其他中间人樊立退缴 5.4 万元。

公安机关分别于 2018 年 4 月 25 日、2018 年 10 月 16 日冻结西北电力四公司(现更名为"中能建西北城市建设有限公司")的账户余额共计 724536.74 元;于 2018 年 5 月 31 日、6 月 25 日,追回王鸿向李小文、马育英支付的购房款共计 100 万元(由法院暂扣);2018 年 8 月 14 日,扣押文井医院的部分办公用具。

公安机关已查封房屋 14 套、地下车库 1 个,分别为:(1)2015 年 5 月 4 日查封王鸿与余艳位于崇州市崇阳镇房屋一套;(2)2015 年 4 月 30 日查封肖莉位于成都市成华区房屋一套;(3)2017 年 5 月查封肖莉位于都江堰市商业房 1 套;(4)2015 年 4 月 30 日查封陈南与刘文超位于成都市青羊区房屋一套;(5)2015 年 4 月 30 日查封陈南位于成都市青羊区房屋一套;(6)2015 年 4 月 30 日查封陈南位于成都市高新区房屋一套;(7)2015 年 5 月 4 日查封向兴平与赵秦敏位于崇州市崇阳镇房屋一套;(8)2015 年 5 月 4 日查封周碧霞位于双流县东升街道房屋一套;(9)2015 年 4 月 30 日查封樊培钦与余国林位于成都市成华区房屋一套;(10)2015 年 5 月 4 日查封赵述华位于双流县房屋一套;(10)2015 年 5 月 4 日查封赵述华位于双流县房屋一套;(12)2015 年 5 月 4 日查封吴海云位于崇州市梓潼镇房屋一套;(13)2016 年 12 月 14 日查封徐晓瑜位于成都市武侯区房屋一套;(14)2016 年 12 月 14 日查封徐晓瑜位于成都市武侯区地下车位一个;(15)2018 年 1 月 17 日查封张桂英位于成都市房屋一套。

2018 年 3 月 29 日,公安机关已限制交易王鸿名下的车,以及余艳名下的两辆车。

崇州市公安局已于2016年5月12日函告蜀兴公司,说明李某1所缴纳的500万元履约保证金系人人康公司非法吸收公众存款案涉案资金,应当退还至崇州市公安局待结案、代管资金专用账户,但蜀兴公司未给予答复。

因邓玉芳、张成路与四川今日田园公司之间存在民间借贷及工程款纠纷,经过四川省射洪县人民法院及成都高新技术产业开发区人民法院受理案件后,分别于2015年7月3日、2015年9月28日查封了四川今日田园公司在射洪县瞿河乡桅杆村养殖基地的地上构筑物——猪舍、鱼塘等。2016年7月28日,崇州市公安局发函至四川省射洪县人民法院、成都高新技术产业开发区人民法院,请求法院审查正在审理的民事案件所查封的射洪养殖基地的财物是否属于人人康公司非法吸收公众存款案的涉案物品。2016年8月5日,射洪县人民法院复函,认为人人康公司法定代表人王鸿涉嫌非法吸收公众存款罪,与该院审理的两起民事案件的执行没有关联,且该院执行的是四川今日田园公司的财产,而非人人康公司或其法定代表人王鸿的财产,故该院将对被查封的财产进行处置。后经拍卖,于2017年2月23日、2017年3月10日分别将该地上构筑物作价173万余元及51万余元交付申请执行人邓玉芳及张成路,不足部分继续清偿。

根据鉴定报告书,王鸿等人的20张银行卡在不明原因的情形下转出共计4.58亿元,资金主要转入王某1(8404万元)、魏某(1815万元)、李世富(1077万元)、李建萍(989万元)、冯艳(965万元)等1561人的银行卡账户。经公安机关查询,魏某、李世富、李建萍、樊欣伟、冯艳等人的银行卡账户现已无大额资金。公安机关对鉴定报告书中4.5亿元不明原因资金支出中的206人3.2487亿元的支出情况进行了调查,调查结果显示部分人员已收到个人投资还本付息款,而大部分人员已无法联系或不予配合,无法核实大部分资金的去向。

根据鉴定报告书,肖莉的银行卡在不明原因的情形下转出共计1.05亿元,主要转入莫丽华、何树生、杨红霞等人名下。经公安机关追查,未能查明莫丽华的下落。

【检察院指控】

四川省崇州市人民检察院指控:2013年5月至2014年12月期间,王鸿利用担任人人康公司、诗艺园林公司、文井医院、四川今日田园公司法定代表人的身份,伙同肖莉、被告人向兴平、周碧霞、陈南、胡志英、李杰、陈朝霞、王小艳、吴海云、余秀兰、王家明、胡蓉、唐玉容、张桂英、樊培钦、王萍、江继富、邓新华、朱亚辉、赵述华、徐晓瑜、周德远、张化琼等人,以募集资金投资智能化养老基地为由,以人人康公司的名义,以诗艺园林公司、文井医院、四川今日田园公司作担保,以每月3%至5%的高息向社会公众吸收资金。王鸿、肖莉及各被告人的涉案金额分别如下:王鸿、肖莉34047.38万元,向兴平5160万元,陈南4275万元,周碧霞2215万元,胡志英248万元,李杰1192万元,陈朝霞554万元,王小艳144万元,吴海云1100余万元,余秀兰117万元,王家明1034万元,胡蓉276万元,唐玉容2312万元,张桂英1742万元,樊培钦1439万元,王萍1037万元,江继富893万元,邓新华467万元,朱亚辉446万元,赵述华394万元,徐晓瑜2000余万元,周德远1970万元,张化琼1000余万元。

2018年5月4日,公诉机关追加起诉部分被告人的犯罪事实,新增611名集资参与人报案,集资金额8760万元。其中追加起诉王鸿、肖莉的涉案金额8760万元、樊培钦涉案金额238万元、江继富涉案金额414万元、唐玉容涉案金额19万元、向兴平涉案金额162万元、徐晓瑜涉案金额589万元、赵述华涉案金额60万元、周碧霞涉案金额200万元、朱亚辉涉案金额130万元、吴海云涉案金额32万元。

2015年6月29日、2015年10月20日、2016年12月16日、2017年6月9日,被告人邓新华、胡蓉、周德远、张化琼分别主动到公安机关投案。

公诉机关认为被告单位人人康公司、文井医院、诗艺园林公司、四川今日田园公司,被告人王鸿、肖莉、向兴平、陈南、周碧霞、胡志英等人的行为扰乱金融秩序,应当以非法吸收公众存款罪追究刑事责任。其中,王鸿、肖莉、向兴平、周碧霞、陈南、李杰、陈朝霞、王家明、唐玉容、张桂英、樊培钦、王萍、江继富、徐晓瑜、周德远属数额巨大,被告人胡志英、王小艳、吴海云、余秀兰、邓新华、朱亚辉、赵述华、樊立、胡蓉、张化琼属数额较大。在共同犯罪中,王鸿、肖莉系主犯,其余被告人均系从犯。

开庭审理过程中,公诉机关变更上述起诉书中指控各被告人的犯罪数额及犯罪事实为:王鸿、肖莉作为公司的主要负责人员,组织吸收并支配了全部资金,吸收资金的人数和数额均认定为2200余人44951.94万元,造成集资参与人损失36212.33万元。其余各被告人协助王鸿、肖莉非法吸收资金的人数和数额分别为:向兴平吸收489人5306万元,造成损失4054万元(已包含周碧霞、吴海云的集资额);徐晓瑜吸收250人4395万元,造成损失

3580万元(已包含周德远的集资额);陈南吸收91人3400万元,造成损失2400万元;唐玉容吸收79人2331万元,造成损失2044万元;周碧霞吸收173人2233万元(含余秀兰的集资额),造成损失1717万元;周德远吸收92人1970万元,造成损失1646万元;樊培钦吸收89人1720万元,造成损失1207万元;张桂英吸收1523万元,造成损失1157万元;张化琼吸收60人1220万元(含王萍的集资额1031万),造成损失1005万元;江继富吸收78人1183万元,造成损失1035万元;王家明吸收20人1075万元,造成损失878万元;王萍吸收40人1031万元,造成损失837万元;朱亚辉吸收59人562万元,造成损失458万元(已包含武汉籍集资参与人15人的集资额257万元);赵述华吸收51人488万元,造成损失411万元;邓新华吸收5人467万元,造成损失374万元;胡蓉吸收15人316万元,造成损失251万元;胡志英吸收29人266万元,造成损失192万元;吴海云吸收16人177万元,造成损失138万元;余秀兰吸收5人58万元,造成损失46万元。被告人李杰、陈朝霞、王小艳系王鸿、肖莉聘用的人人康公司的工作人员。被告人李杰系办公室主任,主要负责对外宣传集资业务、接待投资客户等。被告人王小艳负责制作融资账目表,被告人陈朝霞负责制作《借款合同》。以上三人应作为从犯处理。

【辩护意见】

四个被告单位的诉讼代表人对公诉机关指控的事实和罪名均无异议。

被告人向兴平对指控的事实无异议,辩称自己不知道是犯罪行为,案发后自己代公司垫付了部分集资参与人的本息。辩护人符某认为向兴平无吸收存款的犯意,不构成共同犯罪。

被告人陈南及其辩护人李某2对罪名无异议,但对指控的数额有异议,认为王家明最初100万元的犯罪数额与陈南有关,之后的均与陈南无关。

被告人张桂英及其辩护人刘某1对指控的数额有异议,提出吸收资金中有一部分是其家人的存款;认为张桂英在公安机关讯问笔录上的签字并非真实意思表示;张桂英曾代公司垫付100多万元的本息。

被告人唐玉容及其辩护人郑某对指控的数额有异议,提出唐玉容自己也有投资,也是受害者。

被告人王家明及其辩护人杨某对指控的数额有异议,认为只有六人是通过王家明集资;王家明自己也有投资,也有损失。

被告人樊培钦自愿认罪,但认为当初不知道是犯罪行为,且只对自己的亲朋好友进行过宣传,所起作用较小,其中有一部分是其家人的投资款。

被告人王萍辩称自己不是公司聘请的经纪人;也是投资者、受害人;没有有意进行宣传;对部分指控的数额有异议。

被告人江继富对指控的事实和罪名无异议,自愿认罪,在案发前替公司垫付200多万元本息。

被告人邓新华在第一次庭审中对指控的事实和罪名均有异议,辩称自己没有介绍他人参与集资,控告她的集资参与人她均不认识。在第二次庭审中,邓新华表示自愿认罪,对指控的事实无异议。

被告人朱亚辉自愿认罪,但对指控的数额有异议,认为武汉籍的投资人不应计算在她的名下。

被告人赵述华及其辩护人张某2对指控的数额有异议,认为大部分集资参与人赵述华都不认识,只认可60多万元指控数额。

被告人徐晓瑜及其辩护人秦某对指控的数额有异议,认为应将韩纪正名下集资参与人的数额予以扣除;案发后徐晓瑜替公司垫付本息97万;自己也有投资和损失。

被告人张化琼对指控的数额有异议,认为王萍的集资额不应计算在她的名下,因为她将返利全部给了王萍,并没有从中获利。

被告人周碧霞、周德远、胡志英、胡蓉、吴海云、余秀兰、李杰、陈朝霞、王小艳及辩护人对指控的事实和罪名无异议,自愿认罪。

庭审中,各被告人及其辩护人当庭出示和宣读了下列证据:(1)《借款合同》、借据等,证实各被告人或其亲属在人人康公司也有投资,也有损失,也是该案受害者的事实。(2)被告人王萍及其辩护人提交的亲属关系证明,证实集资参与人中陈淑妮和王小琴是王萍的母亲和妹妹,二人的集资数额共70万元应从其犯罪数额中予以扣除。(3)被告人周德远提交的借条一张,收条三张,证实周德远曾以个人名义借款32.3万元给王鸿用于返本付息,曾代公司退还三名集资群众的本金35000元。(4)被告人徐晓瑜的辩护人秦某提交的《借款合同》、借据、收条等,证实徐晓瑜曾代为退还了集资群众的本金97万元,并以个人名义借给王鸿借款200万元;《租赁合同》,证实2014年5月1日前太升南路办事处的负责人是韩纪正,韩纪正的客户不应计算在徐晓瑜的名下;《劳动合同》,证实徐晓瑜是人人康公司聘用的工作人员。(5)被告人张桂英的辩护人刘某1提交的《借款合同》,证实张桂英曾代为退还集资参与人八人76万元的本金,有积极清偿投资人的行为;亲属关系证明,证实李淑珍、张红军、张建明、苏菊仙、文静、张爱玲、张桂群、刘新、刘小清、刘波、李婷婷、黄翠兰等人系张桂英的亲属,苏菊仙系张桂英的弟媳。(6)被告人樊培钦的辩护人余某提交的《公证书》,证实集资参与人龚灿明的配偶是樊培钦配偶的哥哥,冯玉珍、樊华钦、郭春、谢丽娟为樊培钦的直系亲属;谅解书五份,证实五名集资参与人对樊培钦表示谅解。

【法院裁判】

法院经审查认为,各被告人在人人康公司均有"投资",其身份既是中间人也是集资参与人,确为事实,但作为"投资"人,应当自行承担相应的"投资"风险。

被告人王萍及其辩护人周某1提交的亲属关系证明,能够证实陈淑妮与王小琴是王萍的直系亲属,对其意见予以采纳。

被告人周德远、张桂英、徐晓瑜代为退还集资群众部分本金的证据,法院认为,因公诉机关并未指控该部分犯罪事实,因此代为退还的部分不能从其犯罪数额中予以扣除,亦不能从其违法所得中予以扣除,可作为有悔罪表现,量刑时酌情予以考虑。

被告人徐晓瑜的辩护人秦某提交的《劳动合同》,证明徐晓瑜是公司聘用的工作人员,不影响徐晓瑜构成犯罪的事实。徐晓瑜的犯罪数额是根据集资参与人的报案及徐晓瑜的供述等证据来认定的,并不是根据成都市太升南路的办公地点来认定的,因此,《租赁合同》与证明徐晓瑜的犯罪数额并无关联。

被告人张桂英的辩护人刘某1提交的亲属关系证明中的人员,除苏菊仙投资30万元外,其余人员的集资数额均未计算在张桂英的犯罪数额内。苏菊仙系张桂英的弟媳,非直系亲属,也不予扣除。

被告人樊培钦的辩护人余某提交的《公证书》中的人员,除龚灿明投资30万元外,其余人员的集资数额均未计算在樊培钦的犯罪数额内。龚灿明非樊培钦的直系亲属,其集资数额也不应予以扣除。《谅解书》证明樊培钦取得了部分集资参与人的谅解,量刑时酌情予以考虑。

针对被告人及辩护人在法庭审理中提出的辩解、辩护意见及该案存在的问题,根据该案事实和证据,评判如下:

(一)关于该案是单位犯罪还是个人犯罪。

公诉机关指控该案为单位犯罪,经过审理,法院认为该案应当属于个人

犯罪,而非单位犯罪,主要理由如下:

(1)从犯罪行为的实施主体来看。单位犯罪应当是以单位名义实施的犯罪。虽然该案是以单位名义进行宣传,但所有的《借款合同》均是由王鸿个人与集资参与人签订,所吸收的资金也进入了王鸿指定的个人银行账户,没有进入单位账户,四个被告单位仅是作为保证人承担还款担保义务,并非该案非法集资的直接责任人。

(2)从单位的决策与管理机制来看。单位犯罪应当由单位决策机构产生单位意志,由单位成员在单位决策意志范围内实施犯罪行为。而该案四个被告单位虽然名为有限责任公司或合伙企业,但其余股东、合伙人或为挂名、未参与公司实际经营或者经营决策不经过股东会决议,由王鸿一人而非单位决策。涉案非法集资的行为也未经过股东大会决策或者合伙人同意,并非单位意志,而是王鸿的个人意志及个人决策,且集资款的使用也是由王鸿一人决策,其他股东并未参与。

(3)从违法行为的获益者来看。单位犯罪中,按照决策机构的决定,实施的行为必须是为了单位的利益,犯罪后的违法所得应当归单位所有,而该案非法集资的资金全部进入了个人银行账户,由王鸿一人掌控,肖莉听从王鸿的指挥分配资金。即使按照王鸿所述,集资款约4.47亿元中用于项目投资及公司经营的支出约为1.4亿元,但也仅占集资总额的31%,剩余约3亿元,约占集资总额的69%,被用于支付集资参与人的本息、中间人的佣金、归还个人借款等非生产经营性支出。由此可知,该案非法集资行为的主要获益者是个人(含中间人及集资参与人),而并非单位。

(4)从资金的管理使用来看。所有的集资款全部流入个人银行账户,用款支出也使用个人银行账户结算,即便是单位用款也普遍使用个人银行账户交易,进入单位账户结算的资金量及交易笔数很小,财务账簿记载不规范,单位财务状况混乱,造成大量资金去向不明。

综上,王鸿是利用单位名义,未经单位决策,实施名为"为单位生产经营募集资金",实为"为个人谋取利益"的行为,应当属于个人犯罪,不应认定为单位犯罪。故对公诉机关指控该案系单位犯罪的公诉意见,不予采纳。四个被告单位不应构成犯罪。

(二)关于各被告人犯罪数额的认定问题。

被告人向兴平、徐晓瑜、张桂英、唐玉容、王家明、朱亚辉、赵述华、张化琼及其辩护人均在当庭对指控的数额提出异议,认为指控数额与实际不

符,很多集资参与人他们都不认识。法院认为:

(1)是否认识集资参与人并不是构成该案犯罪的必要条件,该案非法集资主要的宣传方式就是通过口口相传的方式,由亲戚、朋友带动更多的亲戚、朋友,形成由点到线、由线到面的辐射效应,因此被告人很有可能不认识自己名下的所有"客户"。

(2)各被告人在侦查阶段已对指控的数额予以确认,表示无异议,也与集资参与人的报案记录相互印证,并有银行交易记录、鉴定意见等予以佐证,足以证实各被告人的犯罪数额,而各被告人及辩护人当庭提出的异议并未提供证据证明,故对上述被告人及其辩护人提出的有关犯罪数额的异议,不予采纳。

各被告人均提出自己或家人也有大量的资金投入在公司,自己也是受害者。法院认为,各被告人作为投资者"投资"给王鸿,应当自行承担相应的"投资"风险,对于所造成的经济损失可通过对集资参与人的救济渠道加以解决,而不能在该案中从其犯罪数额中予以扣除。

被告人张化琼及其辩护人涂某提出王萍的集资额不应计算在她名下,因为张化琼并未从中获利。法院认为,王萍的集资额是通过张化琼的账户进入王鸿等人的个人银行账户,返利也是通过张化琼的个人银行账户返给王萍,张化琼对王萍的集资额部分起到了帮助作用,应认定为张化琼的犯罪数额,张化琼是否从中获利不影响对犯罪数额的认定。

被告人张桂英、樊培钦及其辩护人刘某1、余某均提出集资款中部分是其家人的存款。经查,二被告人所提直系亲属的存款并未包含在指控的犯罪数额内。被告人陈南及其辩护人李某2提出后期王家明的犯罪数额与陈南无关,应将王家明后期的犯罪数额从陈南的犯罪数额中予以扣除的意见;被告人王萍及其辩护人周某1有关陈淑妮、王小琴系王萍的直系亲属,应将二人的集资数额从王萍的犯罪数额中予以扣除的意见,经查属实,予以采纳。对二被告人及其辩护人关于集资数额的其他意见,不予采纳。故被告人陈南的犯罪数额变更为2499万元,被告人王萍的犯罪数额变更为961万元。对公诉机关指控的其他被告人的犯罪数额予以确认。

(三)各被告人的违法所得认定问题。

各被告人均为中间人,协助王鸿、肖莉吸收资金,目的就是获取高额的返利、佣金。根据肖莉的供述和当庭的指认,由肖莉直接支付返利的有被告人徐晓瑜、陈南、樊培钦、朱亚辉、胡志英、唐玉容、赵述华、张化琼、江继富、王家明,支付的返利比例为18%至23%,而上述被告人均辩解还要向其下线或集资参与人分配所得佣金。综合肖莉及上述被告人的供述,各被告人的违法所得来源于肖莉支付给各被告人的返利与各被告人支付给其下线或集资参与人之间的价差收入,获取佣金的价差比例至少不会低于3%,因此认定直接与肖莉结算的上述被告人获取返利的比例为各自参与集资数额的3%,如果自认数额高于3%的,以自认数额为准。其余的被告人以其自认数额来计算。由此认定该案各被告人的违法所得情况如下:

向兴平159万元,徐晓瑜218万元,陈南80万元,唐玉容69.93万元,周碧霞54.37万元,周德远40.30613万元,张桂英228万元,樊培钦53.85万元,王家明51万元,王萍22.1万元,江继富35.49万元,邓新华22.4万元,朱亚辉16.86万元,赵述华75万元,胡蓉7.98万元,胡志英7.98万元,张化琼36.6万元,吴海云2.9万元,余秀兰1.02万元,李杰4.6万元,陈朝霞3万元,王小艳3.9万元。

(四)被告人邓新华构成犯罪的认定问题。

认定被告人邓新华构成犯罪的证据主要如下:(1)五名集资参与人钟先成、付芝仙、李小东、向雪梅、陈莹的报案记录或陈述,均明确中间人是邓新华;(2)根据人人康公司工作人员记载的《融资公司客户投资明细表》,其中记载钟先成投资40万、钟先富投资10万、陈莹投资5万、向雪梅投资35万、付芝仙投资30万等的中间人是唐玉容、邓新华,证实邓新华是中间人之一;(3)被告人邓新华在公安机关的第一次供述,供称"人人康公司按照投资人投资款的5%至6%给我返点,是和唐玉容口头约定的,唐玉容通过转款支付给我返点,每次介绍人到公司投资,我都给唐玉容打电话,说某某是我介绍的,她就会把返点打给我。后来我又通过介绍人到人人康公司投资得了大概5万元的返点费,我愿意将5万元退出来;(4)暂扣款凭证,证实邓新华已向公安机关退出违法所得5万元;(5)被告人唐玉容的供述,供称"邓新华有自己的投资客户,有些是她的亲戚,她的有些客户又继续发展出来其他的客户,人数比较多。她拿过提成款,曾经人人康公司的王小艳生病,公司的工作人员将邓新华的提成款打给我,让我帮忙转给她",证实邓新华是中间人之一;(6)银行交易记录及鉴定报告,证实2013年8月至2014年7月期间,唐玉容通过个人银行账户转款56笔,共259万元给邓新华,二人对交易的内容,供述相互矛盾;(7)辨认笔录,肖莉曾辨认出邓新华是中间人,集资参与人钟先成辨认出邓新华是介绍他在人人康公司投资的人。以上证据相互印证,已形成证据锁链,足以证实被告人邓新华是中间人,参与了非法集资,已构成非法吸收公众存款罪。

法院认为,被告人向兴平、徐晓瑜、陈南、唐玉容、周碧霞、周德远、张桂英、樊培钦、王家明、王萍、江继富、邓新华、朱亚辉、赵述华、胡蓉、胡志英、张化琼、吴海云、余秀兰协助王鸿、肖莉,面向社会不特定公众吸收存款,其行为违反了国家金融管理制度,构成非法吸收公众存款罪,系共同犯罪。四川省崇州市人民检察院指控上述被告人犯非法吸收公众存款罪的事实和罪名成立,予以支持。被告人李杰、王小艳、陈朝霞系王鸿、肖莉聘用的工作人员,明知王鸿、肖莉等人从事非法集资业务,仍然听从王鸿、肖莉的指挥办理相关集资事务,对非法集资的行为起到帮助作用,亦构成共同犯罪,但三人未直接向集资参与人吸收存款,对公诉机关指控三被告人吸收公众存款的犯罪事实,不予支持,对公诉机关指控三被告人犯非法吸收公众存款罪的罪名,予以支持。

关于各被告人的量刑情节。该案系个人犯罪而非单位犯罪,根据法律规定,个人犯非法吸收公众存款罪,犯罪数额达到100万元,即属于数额巨大。被告人向兴平、徐晓瑜、陈南、唐玉容、周碧霞、周德远、张桂英、张化琼、樊培钦、王家明、王萍、江继富、朱亚辉、赵述华、邓新华、胡蓉、胡志英、吴海云的集资数额均在100万元以上,属于"数额巨大",均应当处以三年以上十年以下有期徒刑。

在共同犯罪中,各被告人均系帮助王鸿、肖莉吸收存款,起到帮助作用,系从犯。对于从犯,予以从轻或减轻处罚。被告人胡蓉、周德远、张化琼在案发后主动到公安局投案,并如实供述犯罪事实,系自首;被告人邓新华在自动投案后如实供述犯罪事实,第一次庭审中予以翻供,拒不认罪,第二次庭审中又自愿认罪,亦认定为自首,均予以减轻处罚。被告人周德远、王家明、胡蓉、陈朝霞、王小艳、李杰、邓新华、赵述华在案发后积极退赃,被告人唐玉容、朱亚辉、王萍退出部分违法所得,予以从轻处罚。庭审中各被告人均自愿认罪,有悔罪表现,予以从轻处罚。

被告人周德远、王家明、江继富、朱亚辉、邓新华、赵述华、胡蓉、胡志英、吴海云、余秀兰、李杰、王小艳、陈朝霞犯罪情节较轻,有悔罪表现,无再犯罪的危险,宣告缓刑对其所居住的社区无重大不良影响,决定适用缓刑。

根据各被告人犯罪的事实、性质、情节以及对于社会的危害程度,依照

《刑法》(2017年)第一百七十六条、第二十五条第一款、第二十七条、第六十七条第一款和第三款、第五十二条、第五十三条、第六十四条、第七十二条第一款、第三款和2010年《非法集资司法解释》(已修改)第一条第一款、第二条、第三条第一款、第二款、第三款之规定，判决如下：

一、被告人向兴平犯非法吸收公众存款罪，判处有期徒刑五年，并处罚金十万元。

二、被告人徐晓瑜犯非法吸收公众存款罪，判处有期徒刑四年八个月，并处罚金九万元。

三、被告人陈南、唐玉容、周碧霞犯非法吸收公众存款罪，判处有期徒刑三年八个月，并处罚金八万元。

四、被告人樊培钦、张桂英犯非法吸收公众存款罪，判处有期徒刑三年，并处罚金七万元。

五、被告人张化琼犯非法吸收公众存款罪，判处有期徒刑二年十一个月，并处罚金六万元。

六、被告人江继富犯非法吸收公众存款罪，判处有期徒刑二年十一个月，缓刑三年，并处罚金六万元。

七、被告人周德远犯非法吸收公众存款罪，判处有期徒刑二年六个月，缓刑三年，并处罚金六万元。

八、被告人王萍犯非法吸收公众存款罪，判处有期徒刑二年五个月，并处罚金六万元。

九、被告人王家明、朱亚辉、胡志英犯非法吸收公众存款罪，分别判处有期徒刑二年四个月、二年三个月、二年二个月，缓刑二年六个月，并处罚金五万元。

十、被告人赵述华犯非法吸收公众存款罪，判处有期徒刑二年，缓刑二年六个月，并处罚金五万元。

十一、被告人李杰犯非法吸收公众存款罪，判处有期徒刑二年，缓刑三年，并处罚金五万元。

十二、被告人吴海云犯非法吸收公众存款罪，判处有期徒刑二年，缓刑二年，并处罚金五万元。

十三、被告人邓新华、胡蓉犯非法吸收公众存款罪，判处有期徒刑一年九个月，缓刑二年，并处罚金四万元。

十四、被告人陈朝霞、王小艳犯非法吸收公众存款罪，判处有期徒刑一年六个月,缓刑二年,并处罚金三万元。

十五、被告人余秀兰犯非法吸收公众存款罪,判处有期徒刑十一个月,缓刑一年,并处罚金二万元。

十六、被告单位人人康公司、文井医院、诗艺园林公司、四川今日田园公司无罪。

十七、扣押在案的各被告人退缴的违法所得,其中:赵述华75万元,王家明51万元,周德远403061.3元、邓新华22.4万元、朱亚辉8万元、唐玉容5万元、胡蓉7.98万元、陈朝霞3万元、王小艳3.9万元、李杰4.6万元、王萍1.6万元、余秀兰1.02万元;其他参与集资参与人员樊立退缴的5.4万元;售房人李晓文、马育英退出的购房款20万元及80万元,共计3292061.3元,发还各集资参与人。

各被告人未退缴的违法所得,继续予以追缴,其中向兴平159万元,徐晓瑜218万元,陈南80万元,唐玉容64.93万元,周碧霞54.37万元,樊培钦53.85万元,张桂英228万元,张化琼36.6万元,江继富35.49万元,王萍20.5万元,朱亚辉8.86万元,胡志英7.98万元,吴海云2.9万元,发还各集资参与人。继续追缴王鸿使用集资款向崇州市新农村建设指挥部缴纳的保证金500万元,土地款40万元;向西北电力四公司支付的工程款724536元(已冻结);向朱某缴纳的170万元保证金;王鸿使用集资款购买的车(已限制交易);已查封的文井医院的财产,用于退赔各集资参与人。

【案例简析】

王鸿利用担任人人康公司、诗艺园林公司、文井医院、四川今日田园公司法定代表人的身份,伙同肖莉等22人,以个人名义与集资参与人签订《借款合同》,以人人康公司、诗艺园林公司、文井医院、四川今日田园公司作为保证人,吸收程泽朴、钟先成等2200余名集资参与人的存款共计约4.47亿元,造成集资参与人经济损失约3.62亿元。公诉机关以非法吸收公众存款罪起诉王鸿及肖莉等22人与人人康公司、诗艺园林公司、文井医院、四川今日田园公司四个单位,四个被告单位的诉讼代表人对公诉机关指控的事实和罪名均无异议,而法院判决被告单位人人康公司、文井医院、诗艺园林公司、四川今日田园公司无罪。

法院从犯罪行为的实施主体、单位的决策与管理机制、违法行为的获益者和资金的管理使用四个方面对本案是否构成非法吸收公众存款罪的单位犯罪进行了综合判断。

首先,从犯罪行为的实施主体出发,单位犯罪是以单位名义实施,以单位为主体的犯罪。本案的特殊之处在于虽然是以单位名义进行宣传,但所有的非法吸收公众存款行为即《借款合同》均是由王鸿个人与集资参与人签订,四个被告单位仅是作为保证人承担还款担保义务,并非该案非法集资的直接责任人。

其次,从单位的决策与管理机制出发,单位犯罪应当由单位决策机构产生单位意志,由单位成员在单位决策意志的范围内实施犯罪行为。而该案四个被告单位虽然名为有限责任公司或合伙企业,但其余股东、合伙人或为挂名、未参与公司实际经营或者经营决策不经过股东会决议,由王鸿一人决策而非单位决策。涉案非法集资的行为也未经过股东大会决策或者合伙人同意,并非单位意志,而是王鸿的个人意志及个人决策,且集资款的使用也是由王鸿一人决策,其他股东并未参与。

再次,从违法行为的获益者出发,单位犯罪中,按照决策机构的决定,实施的行为必须是为了单位的利益,犯罪后的违法所得应当归单位所有。而该案非法集资的资金全部进入了个人银行账户,由王鸿一人掌控,肖莉听从王鸿的指挥分配资金。即使按照王鸿所述,集资款约 4.47 亿元中用于项目投资及公司经营的支出约为 1.4 亿元,但也仅占集资总额的 31%,剩余约 3 亿元,约占集资总额的 69%,被用于支付集资参与人的本息、中间人的佣金、归还个人借款等非生产经营性支出,由此可知,该案非法集资行为的主要获益者是个人(含中间人及集资参与人),而并非单位。

最后,从资金的管理使用出发,所有的集资款全部流入个人银行账户,用款支出也使用个人银行账户结算,即便是单位用款也普遍使用个人银行账户交易,进入单位银行账户结算的资金量及交易笔数很小,财务账簿记载不规范,单位财务状况混乱,造成大量资金去向不明。综上,王鸿是利用单位名义,未经单位决策,实施名为"为单位生产经营募集资金",实为"为个人谋取利益"的行为,应当属于个人犯罪,不应认定为单位犯罪。而肖莉等 22 人既是非法吸收公众存款的中间人,也是非法集资的参与人,作为非法吸收公众存款的中间人,其是王鸿非法吸收公众存款共同犯罪的从犯。

【问题研讨】

该案在公诉、辩护与审判过程中需要注意的问题是:

一是非法集资单位犯罪构成要件的适用。本案中,人人康公司、诗艺园林公司、文井医院、四川今日田园公司虽然被公诉机关起诉作为被告单位,但其在本案中并非吸收公众存款的主体,四个被告单位仅是作为王鸿个人与集资参与人签订《借款合同》的保证人,承担还款担保义务。依照《非法集资案件意见》的规定,单位实施非法集资犯罪活动,全部或者大部分违法所得归单位所有的,应当认定为单位犯罪。因此可以从违法所得、犯罪主体,以及单位意志三个要件出发,认定非法集资单位犯罪是否成立。值得注意的是,核心要件是单位意志(决策机制)和违法所得归属(是否归单位所有),资金未用于单位经营管理仅是判断利益归属的证据之一,而非绝对标准。

二是行为人经公开宣传后,既向社会公众募集资金又向亲友募集资金的,该集资行为具有合社会性特征。从行为人的主观故意来看,其向社会公开宣传集资信息,反映了其具有向社会公众吸收资金的概括故意。从具体行为对象来看,其既向社会公众募集资金又向亲友募集资金,则反映了其并未将集资对象限定在亲友这一特定范围内。从亲友的属性来看,亲友本身也属于社会公众的一部分,无论是亲友还是社会公众,均是行为人在上述同一个犯意支配下实施非法吸收公众存款行为所指向的对象。因此,亲友和其他社会公众的地位和属性,在行为人看来是相同的,都包括在"社会公众"范畴内。

三是非法吸收公众存款犯罪中,中间人数额的认定。肖莉等22人既是非法吸收公众存款的中间人也是非法集资的参与人,其吸收的存款中包括自己的存款和直系亲属的存款,对于这部分犯罪数额应该依照《非法集资案件意见》的规定进行严格认定。《非法集资案件意见》规定,非法吸收或者变相吸收公众存款构成犯罪,具有下列情形之一的,向亲友或者单位内部人员吸收的资金应当与向不特定对象吸收的资金一并计入犯罪数额:(一)在向亲友或者单位内部人员吸收资金的过程中,明知亲友或者单位内部人员向不特定对象吸收资金而予以放任的;(二)以吸收资金为目的,将社会人员吸收为单位内部人员,并向其吸收资金的;(三)向社会公开宣传,同时向不特定对象、亲友或者单位内部人员吸收资金的。非法吸收或者变相吸收公众存款的数额,以行为人所吸收的资金全额计算。集资参与人收回本金或者获得回报后又重复投资的数额不予扣除,但可以作为量刑情节酌情考虑。

七、公司借用委托管理资金的形式吸收公众存款无罪案

安平县万某投资咨询有限公司、徐义召非法吸收公众存款案①

【基本案情】

2012年2月22日,徐义召在安平县工商管理部门注册成立安平县万某投资咨询有限公司(以下简称"万某公司"),法定代表人为徐义召。2014年6月17日,该公司的法定代表人变更为徐某峰,实际经营者仍为徐义召。徐义召先后成立深州市万某投资咨询有限公司(以下简称"深州万某公司")和饶阳县万某投资咨询有限公司(以下简称"饶阳万某公司")。公司成立后,徐义召利用网络、报纸、在街道设立广告牌、散发传单等方式,向社会公开宣传万某公司是青岛"福元运通"投资公司的加盟店,并宣传到万某公司投资理财的益处,称客户只要把钱存在万某公司就可以获得月息1.5%至3%不等的利息,以支付高利息为诱饵,用万某公司的名义与存款人签订"民间借贷服务协议"(合同),吸收安平县、安国市、深州市、饶阳县等地公众的现金,或由集资人将资金直接打入徐义召名下的银行卡内,形成资金池,部分虚构了用款第三方。徐义召从公司成立至案发,通过万某公司吸收姚某等250余名集资参与人资金人民币121076237元(以下货币计算单位均为人民币),通过深州万某公司吸收贾某松等人资金1560000元,共计吸收资金122636237元。并将该公司非法吸收来的款项用于支付客户利息或以万某公司的名义高息借出,投资歌厅、酒店等。截至案发,造成姚某等140余人实际经济损失26599166.5元。

2015年6月26日,王某6第一次与万某公司签订服务协议,当日王某

---

① 参见河北省安平县人民法院刑事判决书(2018)冀1125刑初376号。

6从自己的银行卡将700000元转至徐义召的银行卡上,万某公司向王某6提供了不是何某2、王某7本人签字的民间借贷合同、借款借据、同意质押声明、保证住所声明、共同还款声明、具结书、借贷业务文件领取表以及何某2、王某7的身份证复印件、房产证复印件,约定何某2、王某7向王某6借款700000元,借款期限至2015年12月26日,以二人名下的两处房产作为抵押,约定月利率为17‰,每二个月付息一次,每次23800元。2015年8月27日,徐义召按月息2%支付王某6利息28000元。2015年8月28日,王某6第二次与万某公司签订服务协议,当日王某6从自己的银行卡将700000元转至徐义召的银行卡上,万某公司向王某6提供了不是崔某3本人签字的民间借贷合同、质押合同、借贷业务文件领取表,以及崔某3的身份证复印件、房产证复印件,约定崔某3向王某6借款700000元,借款期限至2016年2月28日,以崔某3名下的房产作为抵押,约定月利率为2%,每二个月付息一次,每次28000元。徐义召以万某公司的名义,两次吸收王某6存款1400000元,造成王某6实际经济损失1372000元。

2015年1月27日,陈某2与万某公司签订服务协议,当日陈某2用其母王某9的银行卡转款至徐义召的银行卡上,万某公司向陈某2提供了有"赵某1"签字的民间借贷合同、质押合同,约定"赵某1"向陈某2借款500000元,借款期限至2015年5月27日,约定月利率为1.5%,期间徐义召支付利息30000元。借款到期后,双方又在原"服务协议"和"利息表"上多次续期,约定月利率为2.5%,至2015年10月27日,陈某2银行卡共又收到徐义召支付的利息62500元。2015年8月9日,陈某2第二次与万某公司签订服务协议,当日陈某2用其母王某9的银行卡转款至徐义召的银行卡上,万某公司向陈某2提供了不是何某3、吕某欣本人签字的民间借贷合同、质押合同,约定何某3、吕某欣向陈某2借款100000元,借款期限至2015年9月8日,约定月利率为2.5%,期间徐义召支付利息2500元。借款到期后,双方又在"利息表"上续期一个月,约定月利率为2.5%,至2015年10月9日,陈某2银行卡又收到徐义召支付的利息2500元。2015年4月16日,徐义召归还陈某250000元。被告人徐义召以万某公司的名义,共计吸收陈某2存款600000元,造成陈某2实际经济损失452500元。

2015年1月4日,李某3第一次与万某公司签订服务协议,由李某3向曹某武、刘某提供借款200000元,双方签订了民间借贷合同、质押合同,约定借款期限至2015年4月3日,月利率为20‰,当日李某3即将200000元转至曹某武名下的银行卡上,期间徐义召分三次向李某 3 支付利息 12000 元,合同到期后,又在原来与万某公司签订的服务协议上两次续期,徐义召又多次支付李某 3 利息 28000 元。2015 年 1 月 14 日,李某 3 第二次与万某公司签订服务协议,由李某 3 向刘某 6、李某尊提供借款 300000 元,双方签订了民间借贷合同、质押合同,约定借款期限至 2016 年 1 月 13 日,月利率为 20‰,以刘某 6、李某尊名下的房产和土地作为抵押担保,并到房管部门办理了不动产抵押登记(抵押权人为李某 3),当日李某 3 即将 300000 元转至刘某 6 名下的银行卡上,期间徐义召向李某 3 支付了八个月的利息共计 48000 元。

【检察院指控】

安平县人民检察院指控,2012 年 12 月至 2015 年 11 月间,被告单位万某公司,在被告人徐义召的实际控制和操作下,假借"福元运通加盟店"的名义,利用报纸、广告、传单等方式,向社会公开宣传其公司的投资理财业务,并许以高息,后以万某公司名义先后向姚某、刘某 3、李某 2 等 246 人吸收存款累计达 12262.9287 万元,后将所吸收资金用于支付客户利息、出借给他人、投资歌厅、酒店等,造成其中 138 人的存款 2659.91665 万元无法返还。

其后检察院变更指控。2015 年,被告人徐义召以非法占有为目的,虚构他人借款事实,骗取王某 6 存款 140 万元,造成王某 6 损失 137200 元。原起诉书认定非法吸收公众存款数额应核减 140 万元,损失数额应核减 137200 元。

公诉机关同时提交了相关的证据,认为被告单位万某公司在被告人徐义召的实际控制和操作下,违反国家金融管理法律规定,非法向社会公众变相吸收存款,数额巨大,给存款人造成了巨大经济损失并产生了特别恶劣的社会影响,其行为触犯了《刑法》(2017 年)第一百七十六条的规定,犯罪事实清楚,证据确实、充分,应当以非法吸收公众存款罪追究被告单位万某公司及被告人徐义召的刑事责任。本次审理过程中,公诉机关提出涉及集资参与人王某 6 的部分事实属于集资诈骗,应当对被告人徐义召数罪并罚。

【辩护意见】

被告单位万某公司对指控的犯罪事实和罪名均无异议。

被告人徐义召对指控的犯罪事实无意见,对指控的非法吸收公众存款罪无意见,但提出其不构成集资诈骗罪。其辩护人张某14提出的辩护意见是:(1)被告人徐义召不构成集资诈骗罪;(2)被告人徐义召具有自首情节,应从轻、减轻处罚;(3)被告人徐义召得到部分集资参与人的谅解,应酌情从轻处罚;(4)被告人徐义召表示可以变卖现有资产偿还集资参与人,应酌情从轻处罚。

庭审中,被告人徐义召的辩护人提交了证据;宋某霞等42名集资参与人对徐义召的行为表示谅解。

【法院裁判】

法院认为,被告人徐义召在不具备公开向社会吸收资金资质的情况下,以其实际控制的"万某公司"和"深州万某公司"的名义,借用委托管理资金的形式,向不特定对象250余人非法吸收公众存款,数额巨大,其行为构成非法吸收公众存款罪。公诉机关指控的罪名成立,应予惩处。

公诉机关指控被告单位万某公司犯非法吸收公众存款罪。经查,该案系被告人徐义召在单位设立后,以实施非法集资为主要活动,不应以单位犯罪论处。对在单位中组织、策划、实施非法集资犯罪活动的被告人徐义召依法追究刑事责任,故该指控意见不予采纳。公诉机关变更起诉指控被告人徐义召以非法占有为目的,虚构他人借款事实,骗取王某6存款140万元,造成其损失1372000元,应当以集资诈骗罪追究其刑事责任。经查,在吸收集资参与人王某6存款的过程中,虽然虚构了一些事实,但其目的还是吸收存款用于维持其资金链条的完整性,现有证据不能充分证实被告人徐义召对王某6的资金具有非法占有目的,公诉机关指控的罪名欠妥,应予纠正。关于起诉书指控的被告人徐义召的犯罪事实中,集资参与人李某3通过万某公司借给刘某6、李某尊30万元,系由李某3直接将借款转到借款人账户,且办理了不动产抵押登记,属于正常的民间借贷,故该30万元不应计算在徐义召的犯罪数额中,实际损失252000元亦不应由被告人退赔。综上,被告人徐义召非法吸收公众存款的犯罪数额应认定为122336237元,造成集资参与人实际经济损失的数额应认定为26347166.5元。被告人徐义召在案发后主动到公安机关投案,并如实供述其主要犯罪事实,系自首,依法可从轻处罚。被告人的辩护人提交谅解书一份,经核实,谅解人均予以否认,法院不予认定。综上所述,根据被告人犯罪的事实、性质、情节和对于社会的危害程度,并考虑被告人的认罪悔罪态度及在庭审中的表现,依照《刑事诉讼法》第四十九条、第二百条第(二)项,《刑法》(2017年)第一百七

十六条、第五十二条、第五十三条、第六十四条、第六十七条第一款之规定,并经法院审判委员会讨论决定,判决如下:

一、被告单位万某公司无罪。

二、被告人徐义召犯非法吸收公众存款罪,判处有期徒刑八年,并处罚金三十万元。

三、依法处理扣押在案的涉案财物,相应款项返还给集资参与人的实际损失,不足部分,责令被告人徐义召继续向姚某等集资参与人予以退赔(集资参与人损失共计 26347166.5 元)。

【案例简析】

徐义召在安平县工商管理部门注册成立万某公司,利用网络、报纸、在街道设立广告牌、散发传单等方式,向社会公开宣传万某公司是青岛"福元运通"投资公司的加盟店,并宣传到万某公司投资理财的益处,称客户只要把钱存在万某公司就可以获得月息 1.5% 至 3% 不等的利息,以支付高利息为诱饵,用万某公司的名义与存款人签订民间借贷服务协议(合同),吸收安平县、安国市、深州市、饶阳县等地公众的现金,后以万某公司名义先后向不特定对象 250 余人吸收存款,后将所吸收资金用于支付客户利息、出借给他人、投资歌厅、酒店等,造成较大损失无法返还。

公诉机关提起公诉以非法吸收公众存款罪追究被告单位万某公司及被告人徐义召的刑事责任。被告单位万某公司对指控的犯罪事实和罪名均无异议。

而法院最终判决被告单位万某公司无罪。

该案系被告人徐义召在单位设立后,以实施非法集资为主要活动,不应以单位犯罪论处。对在单位中组织、策划、实施非法集资犯罪活动的被告人徐义召依法追究刑事责任。

【问题研讨】

该案在公诉、辩护与审判过程中需要注意的问题是:

一是集资诈骗罪与非法吸收公众存款罪的区分。集资诈骗罪除了在行为方式上有一定的欺骗性之外,在集资行为的其他客观方面与非法吸收公众存款罪有许多相似之处,两罪最主要的区别就在于行为人主观上是否具有"非法占有目的"。集资诈骗罪的行为人在主观上"以非法占有为目的",其行为侵犯的是复杂客体,不仅侵害了国家的金融管理秩序,也侵了集资参与人的财产所有权;与之相对,非法吸收公众存款罪的犯罪目的一般是企图通过吸收公众存款的方式进行使用(如经营、投资、转贷等),并意图归还利息,通常具有营利性质。在主观上不具有直接占有(所有)公众存款的目的。非法吸收公众存款的行为若以非法占有为目的,虚构他人借款事实,骗取财产,将构成集资诈骗罪。

二是如何认定"以非法占有为目的"。对于"以非法占有为目的"的认定,应当依据《非法集资司法解释》第七条规定,使用诈骗方法非法集资,具有下列情形之一的,可以认定为"以非法占有为目的":(一)集资后不用于生产经营活动或者用于生产经营活动与筹集资金规模明显不成比例,致使集资款不能返还的;(二)肆意挥霍集资款,致使集资款不能返还的;(三)携带集资款逃匿的;(四)将集资款用于违法犯罪活动的;(五)抽逃、转移资金、隐匿财产,逃避返还资金的;(六)隐匿、销毁账目,或者搞假破产、假倒闭,逃避返还资金的;(七)拒不交代资金去向,逃避返还资金的;(八)其他可以认定非法占有目的的情形。

三是,集资诈骗罪中的非法占有目的,应当区分情形进行具体认定。第一,从集资过程中来说,在一些非法集资案件中,行为人最初确因经营需要进行非法集资,后期因为经营不善,在明知自己已经没有偿还能力的情况下,依然隐瞒自身经济状况,继续非法集资,非法占为己有或者"拆东墙补西墙"。此时对前期的非法集资行为以非法吸收公众存款罪认定,对后期的非法集资行为以集资诈骗罪认定;第二,从集资款项来说,行为人的部分非法集资行为具有非法占有目的的,对该部分非法集资行为所涉集资款以集资诈骗罪定罪处罚,对于没有非法占有目的的集资行为所涉集资款以非法吸收公众存款罪定罪处罚;第三,从参与人员来说,非法集资共同犯罪中部分行为人具有非法占有目的,其他行为人没有非法占有集资款的共同故意和行为的,对具有非法占有目的的行为人以集资诈骗罪定罪处罚,对没有非法占有目的的行为人以非法吸收公众存款罪定罪处罚。

八、以公司实际控制人及其公司为借款人向社会公众借款,以融资性担保机构提供担保、"某项目"开发楼盘房产作抵押吸收存款无罪案

被告人周某、何某、周某1非法吸收公众存款案[①]

【基本案情】

周某系甲公司原法定代表人,与被告人周某1系父子关系。2011年12月9日,周某以周某1的名义注册成立被告单位某公司,由周某1任公司董事长、法定代表人,何某任公司总经理,周某为公司实际控制人。2012年1月16日,某公司获得湖南省人民政府金融工作办公室颁发的《融资性担保机构经营许可证》,有效期至2017年1月16日。某公司成立后,因与商业银行相关业务对接未成功,无法开展经营许可证上规定的相关担保业务。

在此期间,周某以甲公司名义开发的郴州市北湖区"某项目"楼盘出现资金周转困难,周某遂想到向社会公众融资,在与何某商量好以后,开始利用某公司向社会公众非法吸收存款,方式为周某以其本人及甲公司为借款人向社会公众借款,以某公司作担保、"某项目"开发楼盘房产作抵押,月利率为3%至5%不等。集资参与人将款项转账或现金交给某公司相关工作人员,工作人员为集资参与人办理好借款及保证手续。所有非法吸收的款项,在支付某公司的员工工资、业务开支等费用和部分还本付息后,均交由周某个人控制使用,主要用于"某项目"楼盘的开发建设。何某及公司其他业务员负责向亲朋好友宣传,通过口口相传的方式使社会公众知悉周某需要借款的信息,扩大吸收存款规模。期间,为了防止某公司法定代表人、董事长周某1对被告人周某的借款担保不认账,2013年七八月份的一天,应公司多名业务员的要求,周某1出具授权委托书,写明授权委托陈某为某公

[①] 参见湖南省安仁县人民法院刑事判决书(2018)湘1028刑初34号。

司代理人,为甲公司融资借款提供担保,即对周某的借款担保予以认可,委托期限为2013年2月1日至2013年12月30日,授权委托书落款时间为2013年2月1日;2014年1月1日,周某1在授权委托书上注明"延期至2014年6月30日止"。经司法鉴定,2012年12月7日至2015年12月31日期间,周某以其本人及甲公司为借款人,以被告单位某公司为担保人,面向社会以月息2%至5%向曹某等382人融资借款,累计借款金额为11558.81万元,其中:息转本278.51万元,"砍头息"10.73万元,实收本金11269.57万元。截至2015年12月31日,已归还本金3337.55万元,累计实际支付利息675.82万元,未归还本金为7932.02万元。

同一期间,被告人周某以其个人名义,向社会公众非法吸收存款。经司法鉴定,2012年12月7日至2015年12月31日期间,周某以其个人名义,面向社会以月息3%至10%向刘某等25人融资借款,累计借款金额为8545.13万元,其中:息转本3303.9万元,"砍头息"43.7万元,实收本金5197.53万元。截至2015年12月31日,尚未归还本金及支付利息,未归还本金为5197.53万元。另查明,某公司成立后,并未开展正常业务,仅为周某非法吸收公众存款进行融资及提供担保。2016年3月10日,周某到安仁县公安局说明某公司帮其向社会公众融资的事情;2016年8月18日下午,郴州市公安局北湖分局燕泉派出所民警在郴州市燕泉路某饭馆将网上追逃的周某抓获。2016年6月27日,何某到安仁县公安局说明某公司向社会公众融资的事情;2016年8月12日,何某在公安机关询问时已主动交代自己的主要罪行;2017年9月7日,安仁县公安局民警前往何某家中将其传唤至安仁县公安局。2017年12月23日11时许,衡阳铁路公安处郴州西站派出所民警在郴州火车西站将网上追逃的周某1抓获。2018年5月24日,安仁县公安局对甲公司两个土地使用权证依法予以查封(轮候查封);2018年6月5日,安仁县公安局对湖南省郴州市北湖区城建综合开发有限公司郴北国用(2016)第016号土地使用权证依法予以查封,对周某的前妻彭某的两处不动产依法予以查封。

同时查明,在审理过程中,周某2、胡某、阳某、刘某1等121名被害人出具谅解书,表示对周某的犯罪行为表示谅解,并请求对其从轻处罚。

【检察院指控】

湖南省安仁县人民检察院指控:2012年1月份,周某与被告人周某1成立某公司,周某1为公司法定代表人,被告人何某被聘用为公司总经理。某公司注册成立后,因未与银行对接成功,根据相关规定不能开展担保业务。周某为筹集资金用于"某项目"楼盘开发,在未经有关部门依法审批的情况下,与何某商量向社会公众非法吸收存款。吸收公众存款的形式为周某个人向公众借款,每月支付3%至5%不等的利息作为回报。何某和其他业务员负责向亲朋好友宣传,通过口口相传的方式使社会公众知悉周某需要借款的信息。通过一段时间,为进一步取得存款人信任,扩大吸收存款规模,周某与何某商量以某公司作担保和以周某开发的甲公司房产作抵押的形式向社会公众借款。在这期间,为防止被告人周某1对周某的借款不认账,2013年2月1日应多名业务员要求,由周某1出具授权委托书,写明周某1本人授权陈某为某公司代理人,为甲公司融资借款提供担保,对周某借款予以认可。2012年12月7日至2015年12月31日期间,周某以其本人及甲公司为借款人,面向社会以月息2%至5%向382人融资借款,累计借款金额为11558.81万元,其中:息转本278.51万元,"砍头息"10.73万元,实收本金11269.57万元。截至2015年12月31日,已归还本金3337.55万元,累计实际支付利息675.82万元,未归还本金7932.02万元。同一期间,被告人周某以其个人名义,面向社会以月息3%至10%向刘某等25人融资借款,累计借款金额为8545.13万元,其中:息转本3303.9万元,"砍头息"43.7万元,实收本金5197.53万元。截至2015年12月31日,已归还本金0元,累计实际支付利息0元,未归还本金5197.53万元。为证明上述指控的犯罪事实,公诉机关当庭宣读、出示了受案登记表、立案决定书、扣押决定书及扣押物品、文件清单、被害人提供的借条、身份证复印件、担保抵押借款合同等复印件、某公司账本、某公司和甲公司工商注册资料、某公司报批金融办批复资料、授权委托书、到案经过、户籍证明、证人证言、被告人供述、鉴定意见等证据。

湖南省安仁县人民检察院认为,被告单位某公司和周某违反国家金融管理法规,非法吸收公众存款,数额巨大,已构成非法吸收公众存款罪。被告人周某1、何某作为被告单位直接负责的主管人员或直接责任人员应当对此承担刑事责任,均已构成非法吸收公众存款罪。在共同犯罪中,被告人周某、何某系主犯,被告人周某1系从犯,提请法院依法判处。

【辩护意见】

被告单位某公司诉讼代表人阳某对公诉机关指控被告单位的犯罪事实和罪名均无异议,请求从轻处罚。

被告人周某对公诉机关指控的犯罪事实和罪名均无异议,请求从轻处罚。

辩护人何某1的辩护意见是:(1)对公诉机关指控被告人周某的罪名、犯罪事实均无异议,但对公诉机关认定非法吸收存款的数额、人数及利息支付、息转本、"砍头息"金额等存在异议。6041.6万元存在重复计算、集资不符合借款证据规则、大额借款无转账凭据和银行流水等情形,应予扣减;集资参与人数应以安仁县公安局所作询问笔录的292人为准,其中黄某等9人的借条是由陈某出具的,不应计入集资参与人数;从询问笔录中计算出292名债权人认可的已支付利息、息转本、"砍头息"金额共计1144.0405万元应予扣减。(2)被告人周某借款的目的和初衷是盘活某项目、挽救公司,主观恶性较小。"某项目"目前销售市值为2.7亿元,足以清偿民间借贷。因欠以张某为首的黑恶势力团伙所控制的乙公司500万元套路贷,导致"某项目"在2013年主体完工久拖至今无法扫尾。(3)被告人周某在接到安仁县公安局的电话后主动投案,并如实供述全部犯罪事实,系自首。(4)被告人周某系初犯、偶犯,无前科劣迹,积极配合政府和司法机关盘活项目资产,且向债权人表达了清偿全部债务的诚意,自愿认罪认罚及悔罪态度深刻,并取得了部分受害人的谅解。请求对被告人周某从轻、减轻处罚,并建议适用缓刑。并提交了安仁债权债务统计表、甲公司向张某1的借款合同(乙公司担保)、向张某1还款的清单及银行凭证、乙公司法定代表人张某出具的保证书复印件、刑事谅解书等证据。

被告人何某对公诉机关指控的罪名和主要犯罪事实均无异议,其辩解自己系为某公司工作,并未占有所非法吸收存款的款项,是从犯,并有自首情节,请求从轻处罚。

辩护人刘某1的辩护意见是:(1)对公诉机关指控被告人何某的罪名、基本犯罪事实均无异议。(2)被告人何某在该案犯罪中所起作用较小,系从犯。起诉书所指控的被告人周某与被告人何某商量向社会公众非法吸收存款,没有证据支撑,也不符合客观事实;该案中所吸收的资金全部转至周某手中,被告人何某除了正常薪酬外没有参与分配犯罪所得,而且其夫妇也借给周某148.3万元,并用其唯一房产为周某的借款提供担保;被告人何某作为公司员工,按公司和被告人周某的安排完成一些具体的事项,目的是赚取薪水,其主观恶性较小,在犯罪完成过程中只起到帮助作用。(3)被告人何某在未被采取强制措施前,在侦查人员的询问中已如实交代了犯罪事实,应认定为自首。(4)被告人何某参与的犯罪数额应以其本人介绍给被告人周某的借款数额为准。(5)被告人何某系初犯、偶犯,年纪较大且身体状况不佳,请求对被告人何某从轻处罚。

被告人周某1对公诉机关指控的犯罪事实和罪名均无异议,请求从轻处罚。

辩护人胡某1的辩护意见是:(1)对公诉机关指控被告人周某1的犯罪事实和罪名均无异议。(2)被告人周某1只是某公司挂名法定代表人,并未实际参与公司的管理和运营,公司的实际控制人是其父亲被告人周某,在该案中,周某1没有获得任何经济利益;被告人周某1在公司业务员的要求下,才被动在业务员已打印好的授权委托书上签名、捺手印,系从犯,其犯罪被动性较强,犯罪情节较轻。(3)对部分大额借款未经银行转账应予核减。(4)被告人周某1如实交代了自己的犯罪事实,认罪态度好,有悔罪表现。请求对被告人周某1从轻处罚,并建议适用缓刑。

【法院裁判】

综合考虑公诉机关的公诉意见、被告人的辩解和辩护人的辩护意见,根据庭审认定的证据、查明的事实和相关法律规定,就控辩双方争议的焦点问题,法院评判如下:

(一)被告单位某公司是否构成单位犯罪。

从本案的证据和事实来看,被告人周某系被告单位某公司的实际控制人,其利用该公司非法吸收公众存款的犯罪活动均是在该公司进行。某公司成立后,因与商业银行业务对接未成功,无法开展经营许可证上规定的相关担保业务,仅为被告人周某的非法吸收公众存款活动进行融资和提供担保。根据《单位犯罪解释》的规定,个人为进行违法犯罪活动而设立的公司、企业、事业单位实施犯罪的,或者公司、企业、事业单位设立后,以实施犯罪为主要活动的,不以单位犯罪论处。根据《非法集资案件意见》的规定,个人为进行非法集资犯罪活动而设立的单位实施犯罪的,或者单位设立后,以实施非法集资犯罪活动为主要活动的,不以单位犯罪论处,对单位中组织、策划、实施非法集资犯罪活动的人员应当以自然人犯罪依法追究刑事责任。故对公诉机关起诉被告单位某公司犯非法吸收公众存款罪的指控,依法不予支持,但对公司中组织、策划、实施非法吸收公众存款犯罪活动的人员应当以自然人犯罪依法追究刑事责任。

(二)被告人周某非法吸收公众存款的犯罪数额。

根据《非法集资案件适用法律意见》的规定,办理非法集资刑事案件中,确因客观条件的限制无法逐一收集集资参与人的言词证据的,可结合已收集的集资参与人的言词证据和依法收集并查证属实的书面合同、银行账户交易记录、会计凭证及会计账簿、资金收付凭证、审计报告、互联网电子数据等证据,综合认定非法集资对象人数和吸收资金数额等犯罪事实。经侦查机关委托,湖南省鹏程司法鉴定所根据该案的涉案公司财务资料、集资参与人询问笔录、银行交易流水等相关证据资料,作出湘鹏程司鉴字〔2017〕第013号《关于周某涉嫌非法吸收公众存款的司法鉴定意见书》,证实被告人周某非法吸收公众存款的数额为16467.1万元。该司法鉴定意见书由具有法定资质的专业司法鉴定机构作出,程序合法,并有其他证据予以佐证,被告人亦未提出申请重新鉴定,依法可以采信。故对辩护人何某1提出被告人周某犯罪数额应部分核减的辩护意见不予采纳。根据《非法集资案件意见》的规定,非法吸收或者变相吸收公众存款的数额,以行为人所吸收的资金全额计算。集资参与人收回本金或者获得回报后又重复投资的数额不予扣除,但可以作为量刑情节酌情考虑。

(三)被告人何某的犯罪地位。

从该案的事实和证据来看,被告人周某利用其所实际控制的某公司非法吸收公众存款,被告人何某作为公司总经理,负有对公司进行日常管理和运营的职责。在非法吸收公众存款犯罪中,被告人何某积极参与组织、策划、实施非法吸收公众存款的犯罪活动,起主要作用,应当为主犯。故对被告人何某及其辩护人提出的被告人何某系从犯的辩解和辩护意见不予采纳。但是,鉴于被告人何某所参与的犯罪活动是听从于公司实际控制人周某的指使和安排,且该案中违法所得款项均由被告人周某所占有和支配,相对于被告人周某而言,被告人何某的罪责应当较轻。

法院认为,被告人周某违反国家金融管理法规,未经有关部门依法批准,以承诺还本付息的方式向社会不特定对象407人非法吸收存款16467.1万元,已归还本金3337.55万元,已实际支付利息675.82万元。其中,被告人何某、周某1帮助被告人周某向社会不特定对象382人非法吸收存款11269.57万元,已归还本金3337.55万元,已实际支付利息675.82万元。被告人周某、何某、周某1的行为均已构成非法吸收公众存款罪,且数额巨大,公诉机关指控三被告人犯非法吸收公众存款罪的罪名成立。被告单位某公司成立后,并未开展正常经营业务,而是以实施非法吸收公众存款犯罪为主要活动,依法不以单位犯罪论处。在共同犯罪中,被告人周某、何某均起主要作用,系主犯,应当按照其所参与或者组织、指挥的全部犯罪处罚,但被告人何某的罪责相对较轻;被告人周某1起次要作用,系从犯,依法应当从轻、减轻处罚或者免除处罚。被告人周某、周某1到案后如实供述犯罪事实,系坦白,依法可从轻处罚。该案中对集资参与人收回本金或者获得回报后又重复投资的数额不予扣除,但可以作为量刑情节酌情予以考虑。

辩护人何某1提出被告人周某有自首情节的辩护意见,经查证与事实、证据不符,虽然被告人周某在公安机关询问时主动交代自己的主要罪行,但后来公安机关多次电话通知其到案而未主动到案,公安机关对其网上追逃后,被郴州市公安局北湖分局燕泉派出所民警抓获,因此,不能视为自动投案,不属于自首,故对此辩护意见不予采纳。辩护人何某1提出被告人周某非法吸收公众存款的目的是盘活"某项目",且系初犯、偶犯,无前科劣迹,并向债权人表达了清偿全部债务的诚意,自愿认罪认罚及悔罪态度深刻并取得了部分被害人的谅解的辩护意见,经查证属实。被告人周某在案发后配合"某项目"楼盘的善后处置工作,得到部分被害人的谅解,有悔罪表现,依法可以酌情从轻处罚,故对此辩护意见予以采纳。

辩护人刘某1提出被告人何某有自首情节的辩护意见,经查证与事实、证据相符,被告人何某在公安机关询问时已主动交代自己的主要罪行,在公安民警传唤时配合传唤,应当视为自动投案,属于自首,依法可以从轻或者减轻处罚,故对此辩护意见予以采纳。辩护人刘某1提出被告人何某的犯罪数额应以其本人介绍给周某的借款数额为准的辩护意见,经查证与事实、证据和法律不符。某公司在被告人周某的实际控制下,为其非法吸收公众存款而融资及提供担保,被告人何某作为某公司的总经理,负责公司的业务管理,并参与组织、策划、实施了非法吸收公众存款犯罪活动,应当对某公司所参与的非法吸收公众存款犯罪活动的全部数额负责,故对此辩护意见不予采纳。辩护人刘某1提出被告人何某未分配犯罪所得,且系初犯、偶犯,可酌情从轻处罚的辩护意见,经查证属实,故对此辩护意见予以采纳。

辩护人胡某1提出被告人周某1系从犯的辩护意见,经查证与事实、证据相符,且与公诉意见一致,被告人周某1担任某公司董事长、法定代表人,实际并未参与公司的经营管理,但其在公司业务员的要求下,签署授权委托书,授权委托陈某代理公司为非法吸收公众存款进行担保,对该案非法吸收公众存款的犯罪活动起到一定的帮助作用,被告人周某1的犯罪被动性和从属地位较为明显,故对此辩护意见予以采纳。

鉴于被告人周某非法吸收社会公众存款数额巨大,且至审判时造成集资参与人13129.55万元本金尚未归还,被告人周某1参与非法吸收社会公众存款数额巨大,且至审判时造成集资参与人7932.02万元本金尚未归还,均属情节严重,依法不能适用缓刑。故对辩护人何某1提出建议对被告人周某适用缓刑的辩护意见以及辩护人胡某1提出建议对被告人周某1适用缓刑的辩护意见,均不予采纳。

该案中,被告人周某向社会非法吸收的资金均属违法所得,以吸收的资金向集资参与人支付的利息、分红等回报,以及向帮助吸收资金人员支付的代理费、好处费、返点费、佣金、提成等费用应当依法追缴。集资参与人本金尚未归还的,所支付的回报可予折抵本金。对被告人周某的违法所得和依法应当追缴的涉案财物,应返还给集资参与人,不足全部返还的,按照集资参与人的集资额比例返还。

据此,对被告单位某公司适用《单位犯罪解释》第二条以及《刑事诉讼法》第二百条第二项之规定;对被告人周某适用《刑法》(2017年)第一百七十六条第一款、第二十五条、第二十六条第一款、第四款、第六十七条第三款、第五十二条、第五十三条第一款、第六十四条、第四十七条以及《刑事诉讼法》第二百条第一项之规定;对被告人何某适用《刑法》(2017年)第一百七十六条第一款、第二十五条、第二十六条第一款、第四款、第六十七条第一款、第五十二条、第五十三条第一款、第四十七条以及《刑事诉讼法》第二百条第一项之规定;对被告人周某1适用《刑法》(2017年)第一百七十六条第一款、第二十五条、第二十七条、第六十七条第三款、第五十二条、第五十三条、第四十七条以及《刑事诉讼法》第二百条第一项之规定。判决如下:

一、被告单位某公司无罪。

二、被告人周某犯非法吸收公众存款罪,判处有期徒刑六年,并处罚金人民币十万元。

三、被告人何某犯非法吸收公众存款罪,判处有期徒刑二年六个月,并处罚金人民币五万元。

四、被告人周某1犯非法吸收公众存款罪,判处有期徒刑二年,并处罚金人民币五万元。

五、责令被告人周某退赔违法所得,返还给各集资参与人。

【案例简析】

该案的被告人周某与被告人周某1分别作为某公司的实际控制人和法定代表人,在未与银行对接成功,根据相关规定不能开展担保业务的情况下,为筹集资金用于某房产楼盘开发,在未经有关部门依法审批的情况下,与被告人何某商量向社会公众非法吸收存款。非法吸收公众存款的形式为周某个人向公众借款,每月支付3%至5%不等的利息作为回报。被告人何某和其他业务员负责向亲朋好友宣传,通过口口相传的方式使社会公众知悉周某需要借款的信息。一段时间后,周某与何某商量以某公司作担保和以周某开发的甲公司房产作抵押的形式向社会公众借款。以周某本人及甲公司为借款人,面向社会以月息2%至5%向382人融资借款,累计借款金额为11558.81万元。同一期间,被告人周某以其个人名义,面向社会以月息3%至10%向25人融资借款,累计借款金额为8545.13万元。公诉机关起诉指控被告单位某公司和被告人周某构成非法吸收公众存款罪,周某1、何某作为被告单位直接负责的主管人员或直接责任人员也应当对此承担刑事责任。被告单位某公司诉讼代表人阳某对公诉机关指控被告单位的犯罪事实和罪名均无异议,请求从轻处罚,而法院最终判决被告单位某公司无罪。其缘由是法院查明被告单位某公司成立后,并未开展正常业务,仅为被告人周某非法吸收公众存款进行融资及提供担保。虽然提供担保并非直接实施了非法吸收公众存款的行为,但其依然属于违法犯罪活动。根据《单位犯罪解释》的规定,个人为进行违法犯罪活动而设立的公司、企业、事业单位实施犯罪的,或者公司、企业、事业单位设立后,以实施犯罪为主要活动的,不以单位犯罪论处。

【问题研讨】

该案在公诉、辩护与审判过程中需要注意的问题是:

一是以实施犯罪为主要活动的界分。本案中,被告单位某公司成立后,并未开展正常业务,仅为被告人周某非法吸收公众存款进行融资及提供担保。虽然没有以单位名义实施非法吸收公众存款的行为,但单位的主要活动仍然是为非法吸收公众存款的行为提供融资和担保,属于犯罪活动,因此可以认定该公司设立后是以实施犯罪为主要活动的,从而不以单位犯罪论处。

二是非法吸收公众存款犯罪数额的确定。依照《非法集资案件适用法律意见》的规定，办理非法集资刑事案件中，确因客观条件的限制无法逐一收集集资参与人的言词证据的，可结合已收集的集资参与人的言词证据和依法收集并查证属实的书面合同、银行账户交易记录、会计凭证及会计账簿、资金收付凭证、审计报告、互联网电子数据等证据，综合认定非法集资对象的人数和吸收资金数额等犯罪事实。

三是行为人在案发前支付的利息，是否计入非法吸收公众存款的数额，应区别情况对待。被告人吸收存款后，依照约定期限向集资参与人支付利息，此时被告人支付的利息不应从犯罪数额中扣除。从犯罪构成要件的角度分析，此种情况下被告人非法吸收公众存款的行为已经完成，已经构成非法吸收公众存款罪，其后支付利息的行为正是非法吸收公众存款罪特征中利诱性的体现，故该已支付的利息数额不应从犯罪数额中扣除，但可以在量刑时酌情从轻考虑。

实践中出现较多的另一种情况是，被告人收到集资参与人本金的同时即已经将利息事先予以扣除，甚至在收到本金之前已经预先支付了利息，此时该利息应当从犯罪数额中扣除。因为对于集资参与人在给付借款时虚增出的这部分金额，该部分款项并没有实际交付给被告人，被告人也没有吸收到该部分资金，因此不应计入被告人的犯罪数额中，法院也应以被告人实际吸收的资金数额来认定被告人非法吸收公众存款的数额。

九、以公司实际负责人或单位名义签订投资回报分红合同书、借款协议、借条的形式吸收存款无罪案

曹应祥、伍明良非法吸收公众存款案[①]

【基本案情】

2010年3月12日起,曹应祥在没有获得政府金融办、银监局等金融部门的审批许可并获得相关融资资质的情况下,于2013年11月13日注册成立被告单位云南森赠投资有限公司(该公司同样没有获得政府金融办、银监局等金融部门的审批许可并获得相关融资资质),公司登记的法定代表人为伍某1,公司的实际负责人为曹应祥,曹应祥或以其个人名义,或以被告单位云南森赠投资有限公司名义,以签订投资回报分红合同书、借款协议、借条的形式,按照2%至3%不等的月利率向社会不特定公众45人吸收存款2879万元。其中,已归还本金1849万元、利息699.746万元,未归还本金1210万元。以上资金流动主要通过曹应祥个人的银行账户以及曹应祥以李某4、曹某6的名义设定的4个银行账户进行。

曹应祥于2009年8月14日,因犯故意伤害罪、故意毁坏财物罪被原文山县人民法院判处有期徒刑三年,缓刑五年,并处罚金1万元,缓刑考验期自2009年8月14日至2014年8月13日止。

【一审裁判】

法院认定,被告人曹应祥自2010年3月12日起,在没有获得政府金融办、银监局等金融部门的审批许可并获得相关融资资质的情况下,并于2013年11月13日注册成立被告单位云南森赠投资有限公司,公司登记的

[①] 参见云南省文山市人民法院刑事判决书(2018)云2601刑初376号。

法定代表人为伍某1,公司的实际负责人为被告人曹应祥,被告人曹应祥或以其个人名义,或以被告单位云南森赠投资有限公司名义,以签订投资回报分红合同书、借款协议、借条的形式,按照2%至3%不等的月利率向社会不特定公众45人吸收存款2879万元。其中,已归还本金1849万元、利息699.746万元,未归还本金1210万元。以上资金流动主要通过被告人曹应祥个人的银行账户以及曹应祥以李某4、曹某6的名义设定的4个银行账户进行。

被告人曹应祥于2009年8月14日,因犯故意伤害罪、故意毁坏财物罪被原文山县人民法院判处有期徒刑三年,缓刑五年,并处罚金1万元,缓刑考验期自2009年8月14日起至2014年8月13日止。

法院依照《刑法》(2017年)第一百七十六条、第三百零三条、第二十五条第一款、第二十七条、第六十七条第一款、第六十九条、第七十七条第一款、第七十二条第一款、第六十四条,2010年《非法集资司法解释》(已修改)第一条,《最高人民法院关于处理自首和立功具体应用法律若干问题的解释》第一条第二款,《刑事诉讼法》第二百条第(二)项之规定,判决:

一、被告单位云南森赠投资有限公司无罪。

二、被告人曹应祥犯非法吸收公众存款罪,判处有期徒刑三年,并处罚金七万元;犯赌博罪,判处有期徒刑二年,并处罚金二万元。撤销文山县人民法院(2009)文刑初字第169号刑事判决书中对被告人曹应祥犯故意伤害罪、故意毁坏财物罪宣告缓刑五年的决定,将前罪判处执行有期徒刑三年,罚金一万元与非法吸收公众存款罪、赌博罪数罪并罚,总和刑期八年,并处罚金十万元,决定执行有期徒刑七年,并处罚金十万元。

集资参与人蒋某退缴的利息4.44万元,袁某退缴的利息1.253万元,李林蔓退缴的利息1.6万元,罗某退缴的利息12.55万元,周某2退缴的利息5万元,张某3退缴的利息2万元,李某8退缴的利息2.4万元,唐映碧账户内的13.7999万元,依法予以追缴退赔集资参与人。

随案移送的曹应祥的一张银行卡的存款余额1284.99元,曹某6的两张银行卡的存款余额1227.52元,李某4的两张银行卡的存款余额12222.15元,依法予以划扣赔偿集资参与人。从被告人伍明良处扣押的3.9万元,从孔庆甜处扣押的7902元,依法折抵罚金,余下的1.9万元返还被告人伍明良。被告人曹应祥的犯罪所得,依法继续追缴。

【检察院抗诉】

文山市人民检察院提出抗诉:认为一审判决未对随案移送的财物作出判决,属于漏判涉案财物,遗漏犯罪事实,判决错误。

文山壮族苗族自治州人民检察院的支持抗诉意见是:一审判决遗漏了对随案移送涉案物品及查封扣押冻结财物的处理,文山市人民检察院提出抗诉正确,予以支持,并补充一审判决未对赌博犯罪中已随案移送的作案工具等涉案财物依法予以没收,对周某1处扣押随案移送的20万元,应作为追赃扣押在案的曹应祥的财产,应依法追缴退还集资参与人的抗诉意见。

【二审辩护意见】

原审被告人曹应祥以其行为不构成非法吸收公众存款罪,一审遗漏了对其妻周某1缴付的20万元款项及其退还其合法财产的判决为由提出上诉。曹应祥的辩护人提出的主要辩护意见与曹应祥的上诉意见一致。

【二审裁判】

二审法院认为,上诉人曹应祥以营利为目的,违反国家金融管理规定,未经金融监管部门许可,擅自向社会不特定人群非法集资人民币2879万元,其行为已扰乱国家金融管理秩序,造成严重危害后果,构成非法吸收公众存款罪。上诉人曹应祥及原审被告人伍明良、孔庆甜、曾世福、马波以营利为目的,聚众赌博的行为,构成赌博罪。应依法惩处。上诉人曹应祥及原审被告人伍明良在赌博罪中具有自首情节,依法可从轻处罚。原审被告人孔庆甜认罪态度较好,可以从轻处罚;被告人曾世福、马波在赌博犯罪中听从孔庆甜的安排,在犯罪中起次要作用,属从犯,可以从轻处罚。原审被告人伍明良、曾世福、马波符合缓刑的适用条件,可以对上述三被告人适用缓刑。被告单位云南森赠投资有限公司无对公账户、设立后以实施非法吸收公众存款为主要活动,且全部或者大部分违法所得未归被告单位云南森赠投资有限公司所有,故被告单位云南森赠投资有限公司无罪。曹应祥向社会非法吸收的资金,及其以吸收的资金向集资参与人支付的利息属于违法所得,应当依法追缴。

关于上诉人曹应祥及其辩护人提出曹应祥的行为不构成非法吸收公众存款罪的意见。经查,在伍某芳等人的证人证言、被告人曹应祥的供述与辩解、银行流水、鉴定意见、行政事业单位资金往来结算票据等证据能相互印证证实上诉人曹应祥在未经国家金融监管部门许可,未获得相关融资资质的情况下,擅自向社会不特定人群非法集资,数额巨大,其行为已扰乱国家金融管理秩序,造成严重危害后果,符合非法吸收公众存款罪的构成要件,已构成非法吸收公众存款罪。故其所提上述上诉意见不能成立,法院不予支持。

关于上诉人曹应祥及其辩护人提出一审遗漏了对曹应祥之妻周某1缴付的20万元款项及其退还曹应祥合法财产的判决的上诉意见。经查,被告人曹应祥从非法吸收公众存款至案发,尚有1210万元所吸收的资金未归还被害人。故上诉人曹应祥被查封、冻结的合法财产应当用于赔偿被害人损失和执行财产刑,如存在剩余,再返还其。曹应祥之妻周某1缴付的20万元款项,经查属该案违法所得的赃款,应予以追缴。故上诉人曹应祥提出的上述意见不能成立,不予支持。原判定罪准确,量刑适当,审判程序合法。但对部分涉案财物漏判不当,应予以改判。文山市人民检察院的抗诉意见及文山壮族苗族自治州人民检察院的支持抗诉意见成立。法院予以采纳。据此,依照《刑事诉讼法》第二百三十六条第一款(二)项、第二款及《刑法》(2017年)第一百七十六条、第三百零三条第一款、第二十五条第一款、第二十七条、第六十七条第一款、第六十九条、第七十七条第一款、第七十二条第一款、第六十四条,2010年《非法集资司法解释》(已修改)第一条,《最高人民法院关于处理自首和立功具体应用法律若干问题的解释》第一条第二款,《刑事诉讼法》第二百条第(二)项之规定,判决如下:

一、维持文山市人民法院(2018)云2601刑初376号判决第一、二、三、四、五、六、七、九、十、十一项。即被告单位云南森赠投资有限公司无罪;被告人曹应祥犯非法吸收公众存款罪,判处有期徒刑三年,并处罚金七万元;犯赌博罪,判处有期徒刑二年,并处罚金二万元。撤销文山县人民法院(2009)文刑初字第169号刑事判决书中对被告人曹应祥犯故意伤害罪、故意毁坏财物罪宣告缓刑五年的决定,将前罪判处执行有期徒刑三年,罚金一万元与非法吸收公众存款罪、赌博罪数罪并罚,总和刑期八年,并处罚金十万元,决定执行有期徒刑七年,并处罚金十万元;被告人孔庆甜犯赌博罪,判处有期徒刑二年三个月,并处罚金一万元;被告人伍明良犯赌博罪,判处有期徒刑二年,缓刑三年,并处罚金二万元;被告人曾世福犯赌博罪,判处有期徒刑一年六个月,缓刑二年,并处罚金五千元;被告人马波犯赌博罪,判处有期徒刑一年六个月,缓刑二年,并处罚金五千元;被告人孔庆甜的犯罪所得十万元,依法予以追缴,上缴国库;随案移送的曹应祥的一张银行卡的存款余额1284.99元,曹某6的两张银行卡的存款余额1227.52元,李某4的两张银行卡的存款余额12222.15元,依法予以划扣赔偿集资参与人;从被告人伍明良处扣押的3.9万元,从孔庆甜处扣押的7902元,依法折抵罚金,余下的1.9万元返还被告人伍明良;被告人曹应祥的犯罪所得,依法继续追缴。

二、撤销文山市人民法院(2018)云2601刑初376号判决第八项。即集资参与人蒋某退缴的利息4.44万元,袁某退缴的利息1.253万元,李林蔓退缴的利息1.6万元,罗某退缴的利息12.55万元,周某2退缴的利息5万元,张某3退缴的利息2万元,李奎退缴的利息2.4万元,唐映碧账户内的13.7999万元,依法予以追缴退赔集资参与人。

三、对集资参与人蒋某退缴的利息4.44万元,袁某退缴的利息1.253万元,李林蔓退缴的利息1.6万元,罗某退缴的利息12.55万元,周某2退缴的利息5万元,张某3退缴的利息2万元,李奎退缴的利息2.4万元,文山市公安局依法冻结的唐映碧账户内的13.7999万元,谭某账户内的2.8万元,伍某1账户内的4.2133万元,陈某2账户内的6万元,借贷人冯跃提交的借款5万元。依法予以追缴退赔集资参与人。

四、从周某1处扣押的20万元,属于被告人曹应祥的违法所得,依法予以追缴退赔集资参与人。

五、文山市公安局扣押的孔庆甜的一辆宝马740轿车,依法退还车辆所有人孔庆甜。

六、从周某1、伍明良、孔庆甜、云南森赠投资有限公司扣押的其他涉案物品中,作案工具及违禁品依法没收,涉案证据登记在案,其余物品予以发还。

本判决为终审判决。①

【案例简析】

该案被告人曹应祥注册成立被告单位云南森赠投资有限公司,公司登记的法定代表人为伍某1,公司的实际负责人为被告人曹应祥,在没有获得政府金融办、银监局等金融部门的审批许可并获得相关融资资质的情况下,被告人曹应祥或以其个人名义,或以被告单位云南森赠投资有限公司名义,以签订投资回报分红合同书、借款协议、借条的形式,按照2%至3%不

---

① 参见云南省文山壮族苗族自治州中级人民法院刑事判决书(2019)云26刑终95号。

等的月利率向社会不特定公众吸收存款 2879 万元。一审法院认为被告单位云南森赠投资有限公司无对公账户、设立后以实施非法吸收公众存款为主要活动,且全部或者大部分违法所得未归被告单位云南森赠投资有限公司所有,判决被告单位云南森赠投资有限公司无罪。本案由检察院抗诉提起二审,认为一审漏判涉案财物,遗漏犯罪事实,判决错误,而二审法院维持了一审被告单位云南森赠投资有限公司无罪的判决。

【问题研讨】

该案在公诉、辩护与审判过程中需要注意的问题是:以实施非法吸收公众存款为主要活动的辅助判断。行为人设立公司、企业或子公司、分公司后,以实施非法集资犯罪为主要活动的,以个人犯罪论处。而常见的情形是:个人资产与公司、企业等单位财产混同,财务制度不规范,此时即使非法集资行为以单位名义实施,一般也视为自然人犯罪。

就此种情形的认定而言,除以单位名义签订投资回报分红合同书、借款协议、借条的形式非法吸收公众存款外,公司有无对公账户也可以辅助判断公司是否以非法吸收公众存款为主要活动。无对公账户就意味着正常业务的资金无法进入单位,单位无法进行日常的经营,也意味着个人资产与单位财产混同。

十、公司采用"消费赠送"模式吸收存款无罪案

江苏百分百商贸有限公司、殷伟、徐学中等非法吸收公众存款、集资诈骗案①

【基本案情】

2016年6月,徐学中在参加培训过程中获知其他公司采用"消费赠送"、区域代理、油卡销售等经营模式,觉得有利可图,遂纠集殷伟、祁雨成、罗某、卜某峰、张某甲和张云飞(另案处理),经商议,决定由徐学中、殷伟、罗某、卜某峰、张某甲和张云飞共同出资,成立江苏百分百商贸有限公司(以下简称"百分百公司"),准备运营"消费赠送"、区域代理、油卡销售等经营模式。根据出资额,徐学中、殷伟、罗某、卜某峰、张某甲和张云飞分别占公司40%、13%、10%、12%、10%、10%的股份,祁雨成获得5%的干股,张云飞于2016年12月底退出公司。2016年11月16日,百分百公司正式推出"百分百联盟商城"网上平台,以召开酒会、集中讲课、发布广告、口口相传等方式向社会不特定公众进行宣传,在未经批准的情况下,采取"消费赠送"的模式,即公众在"百分百联盟商城"网上平台注册成为会员后,向在平台中注册的商家进行消费,商家以消费额的16%作为佣金缴纳给平台,百分百公司承诺分期全额向会员返还消费额、全额向商家返还佣金,变相吸收公众资金。截至2017年6月19日案发前,百分百公司以消费赠送的方式共计吸收资金人民币24945009.36元。此外,百分百公司还以收取代理费的名义向公众出售代理权,承诺按所购买代理区域内的商家营业总额为依据给予各级代理提成。截至2017年6月19日案发前,以出售代理权的方式共计吸收资金人民币1217000元。百分百公司以上述两种方式共计吸收资金人民币26162009.36元。百分百公司吸收的资金,用于注册会员、商家返

---

① 参见江苏省淮安经济技术开发区人民法院刑事判决书(2018)苏0891刑初229号。

还和提成共计人民币 16596907 元。案发后,徐学中通过殷伟、祁雨成返还给投资人徐某凤、聂某、司某文、顾某奎、王某甲、彭某茹、张某荣、朱某燕、苏某军、李某远、尹某平、程某峰、张某荣、王某乙、何某英、钱某珍、杜某萍、胡某凤人民币 1034222 元。此外,百分百公司吸收的资金还用于员工工资、股份分红、办公场所租赁等办公费用支出、税款缴纳,少部分用于投资。

徐学中作为百分百公司董事长,负责公司全面工作;殷伟作为百分百公司副董事长,负责市场开发等工作;祁雨成作为百分百公司顾问,负责宣传资料审核等工作;罗某作为百分百公司 CEO,负责公司的管理、对外接待、营销开发等工作,后于 2017 年 4 月离开百分百公司;卜某峰作为百分百公司副董事长,负责市场维护等工作;张某甲作为百分百公司财务负责人,负责财务工作;陈某甲作为百分百公司商学院负责人,负责对外讲课宣传、后台充值管理等工作。

另查明,2017 年 6 月 19 日,孙颖等人到公安机关报案称其有资金投入百分百公司,现百分百公司停止返现,公司相关负责人逃跑、失联,公安机关于 2017 年 6 月 20 日立案侦查。2017 年 6 月 23 日,殷伟主动投案;2017 年 6 月 26 日,祁雨成主动投案;2017 年 6 月 27 日,徐学中主动投案;2017 年 8 月 16 日,卜某峰主动投案;2017 年 8 月 18 日,罗某主动投案;2017 年 8 月 29 日,陈某甲主动投案;2017 年 8 月 30 日,张某甲主动投案。

【检察院指控】

淮安经济技术开发区人民检察院指控:

(一)非法吸收公众存款罪。

2016 年 6 月,被告人徐学中、殷伟、祁雨成、罗某、卜某峰、张某甲经商议,决定成立百分百公司,准备运营"消费赠送"、油卡销售等经营模式。2016 年 11 月 16 日,百分百公司正式推出"百分百联盟商城"网上平台,以召开酒会、集中讲课、发布广告、口口相传等方式向社会不特定公众进行宣传,在未经批准的情况下,采取"消费赠送"的模式,即公众在"百分百联盟商城"网上平台注册成为会员后,向在平台中注册的商家进行消费,商家以消费额的 16% 作为佣金缴纳给平台,百分百公司承诺分期全额向会员返还消费额、全额向商家返还佣金,变相吸收公众资金。截至 2017 年 6 月 19 日案发前,共计吸收人民币 24945009.36 元。此外,百分百公司还以收取代理费的名义向公众出售代理权,承诺按所购买代理区域内的商家营业总额为依据给予各级代理提成,共计吸收代理费人民币 1643000 元。其中:被告人徐学中作为百分百公司董事长,负责公司全面工作,非法吸收公众存款的涉案金额为人民币5735852元;被告人殷伟作为百分百公司副董事长,负责市场开发等工作,涉案金额为人民币26588009.36元;被告人祁雨成作为百分百公司顾问,负责宣传资料审核等工作,涉案金额为人民币26588009.36元;被告人罗某作为百分百公司CEO,负责公司的管理、对外接待、营销开发等工作,后于2017年4月离开百分百公司,涉案金额为人民币14232727.82元;被告人卜某峰作为百分百公司副董事长,负责市场维护等工作,涉案金额为人民币26588009.36元;被告人张某甲作为百分百公司财务负责人,负责财务工作,涉案金额为人民币26588009.36元;被告人陈某甲作为百分百公司商学院负责人,负责对外讲课宣传、后台充值管理等工作,涉案金额为人民币26588009.36元。所吸收款项最终有20124866.68元未能返还。

(二)集资诈骗罪。

2017年1月28日至2017年6月19日期间,被告人徐学中隐瞒百分百公司真实运营状况,以高额回报为诱饵,授意或默许会员、加盟商虚构商品交易,直接向"百分百联盟商城"网上平台缴纳费用,谋取高额返利,致使大量资金无法返还,涉案金额共计人民币3803957.86元。

为证实上述指控,公诉人当庭出示了相关证据,据此认为被告单位百分百公司变相吸收公众存款,扰乱金融秩序,数额巨大,被告人徐学中、殷伟、祁雨成、罗某、卜某峰、张某甲、陈某甲系直接负责的主管人员,应当以非法吸收公众存款罪追究其刑事责任。被告人徐学中以非法占有为目的,使用诈骗方法非法集资,数额特别巨大,应当以集资诈骗罪追究其刑事责任。被告人徐学中触犯两罪,应当数罪并罚。被告人徐学中、殷伟、祁雨成、罗某、卜某峰、张某甲、陈某甲共同故意实施犯罪,系共同犯罪。被告人徐学中、殷伟、祁雨成在共同犯罪中起主要作用,系主犯;被告人罗某、卜某峰、张某甲、陈某甲在共同犯罪中起次要作用,系从犯,应当减轻处罚。被告人殷伟、祁雨成、罗某、卜某峰、张某甲、陈某甲主动投案并如实供述罪行,系自首,可以从轻处罚。提请法院依照《刑法》(2017年)第一百七十六条第一款、第二款,第一百九十二条,第二十五条第一款,第二十六条第一款,第二十七条,第六十七条第一款,第六十九条之规定定罪处刑。

【辩护意见】

被告单位百分百公司没有提出辩解意见。被告单位的辩护人提出如下辩护意见:(1)非法吸收公众存款的数额为26588009.36元,已经返还投资人1000多万元,实际损失未达到20124866.68元;(2)被告单位应当认定为自首。

被告人徐学中对起诉书指控的非法吸收公众存款罪没有异议,但辩称不构成集资诈骗罪。被告人徐学中的辩护人提出如下辩护意见:(1)非法吸收公众存款的数额有误,应当扣除几名被告人自己投入的资金;(2)被告人徐学中没有以非法占有为目的,也没有采取欺骗的方法集资,不构成集资诈骗罪;(3)被告人徐学中具有自首情节。

被告人殷伟辩称:(1)对非法吸收公众存款的数额及损失数额有异议;(2)我不是主犯。被告人殷伟的辩护人提出如下辩护意见:(1)对非法吸收公众存款的数额有异议;(2)被告人殷伟应当认定为从犯;(3)被告人殷伟具有自首情节。

被告人祁雨成辩称:我不是主犯。被告人祁雨成的辩护人提出如下辩护意见:(1)非法吸收公众存款的数额没有指控数额这么多;(2)被告人祁雨成应当认定为从犯;(3)被告人祁雨成具有自首情节。

被告人罗某对起诉书指控的犯罪事实没有异议。被告人罗某的辩护人提出如下辩护意见:(1)该案应当认定为单位犯罪;(2)被告人罗某应当认定为从犯;(3)被告人罗某具有自首情节。

被告人卜某峰对起诉书指控的犯罪事实没有异议。被告人卜某峰的辩护人提出如下辩护意见:(1)非法吸收公众存款的数额应当计算至被告人卜某峰离职前一天;(2)被告人卜某峰系从犯;(3)被告人卜某峰具有自首情节。

被告人张某甲对起诉书指控的犯罪事实没有异议。被告人张某甲的辩护人提出如下辩护意见:(1)对非法吸收公众存款的数额有异议;(2)被告人张某甲应当认定为从犯;(3)被告人张某甲具有自首情节。

被告人陈某甲对起诉书指控的犯罪事实没有异议。被告人陈某甲的辩护人提出如下辩护意见:(1)非法吸收公众存款的数额应当计算至被告人陈某甲离职前一天;(2)被告人陈某甲应当认定为从犯;(3)被告人陈某甲具有自首情节。

【法院裁判】

针对控辩双方意见,结合该案事实、证据以及法律规定,现综合评判如下:

(一)本案不应当认定为单位犯罪。

被告人徐学中、殷伟、祁雨成、罗某、卜某峰、张某甲等人成立百分百公司,目的就是以"消费赠送"、区域代理、油卡销售等经营模式非法吸收公众存款,客观上在公司成立后也主要是从事非法吸收公众存款的犯罪活动,至于将使极少量资金用于投资,也是为非法吸收公众存款的犯罪活动服务。依据《单位犯罪解释》第二条,个人为进行违法犯罪活动而设立的公司、企业、事业单位实施犯罪的,或者公司、企业、事业单位设立后,以实施犯罪为主要活动的,不以单位犯罪论处。故法院认为该案不应当认定为单位犯罪。对公诉机关的指控及被告人、辩护人提出该案系单位犯罪的意见,法院不予支持。

(二)认定被告人徐学中构成集资诈骗罪的证据不足。

从公司的成立目的来看,被告人在参加培训过程中得知其他公司在采用"消费赠送"、区域代理、油卡销售等几种经营模式,通过这几种经营模式吸收公众资金后分二三十个月返还给投资人,公司有一段时间沉积一定的资金量,几名被告人可以利用沉积的资金进行投资,投资收益再用来返还客户,目的还是用于经营;从客观行为来看,被告人徐学中在集资宣传过程中并没有实施欺骗和隐瞒事实真相的行为;从吸收资金的用途来看,大部分资金用于返现和提成,少部分用于员工工资、办公场所租赁等办公费用支出、投资、税款缴纳,用于股份分红的占比很小;从该案基本情况来看,百分百公司停止返现后,被告人徐学中、殷伟、祁雨成将手中留存的资金用于弥补集资参与人的损失,并没有私吞,集资参与人报案后,几名被告人均能主动到案,配合公安机关查清案件事实,交待罪行。公诉机关庭审中出示的证据尚不能证明被告人徐学中在犯罪过程中有欺骗和隐瞒事实真相的客观行为,亦不能证明被告人徐学中主观上具有非法占有的故意,法院认为公诉机关指控被告人徐学中构成集资诈骗罪的证据不足。

(三)本案非法吸收公众存款罪的数额认定问题。

江苏方正税务师事务所有限公司淮安分公司就百分百公司已认证用户及商家信息表、后台充值表、网银充值表、会员提现表、货款提现表、代理情况统计表、涉案人员银行卡交易流水、百分百公司停业后返款明细表等客观证据进行了分类、汇总,并出具了统计报告,证实上述被告人非法吸收公众存款的数额、提现数额及其他资金去向。公诉机关指控百分百公司吸收代理费人民币1643000元,经查,公诉机关指控的部分代理费没有百分百入账证据,仅有集资参与人的证词及代理合同,法院认为该部分代理费用认定为犯罪,证据不足,不予采纳。经法院重新核实,百分百公司实际入账代理费人民币1217000元。被告人及辩护人提出认定非法吸收公众存款的犯罪数额应当扣除自己已投入的数额,经查,几名被告人吸收资金的对象不特定,既有向单位职工也有向社会公众集资,整个吸收存款的行为是在同一个犯意的支配下统一进行的,单位内外人员都符合其主观意愿,法院认为,按照主客观相一致原则,应当全额认定非法吸收公众存款的数额。

(四)被告人殷伟、祁雨成应当认定为从犯。

在共同犯罪中,被告人徐学中最先提起犯意并纠集其他同案犯,系最先及最大出资者,在公司运营初期,积极宣传推广,在犯罪过程中,负责全面工作,也是最大受益者,其在共同犯罪中起主要作用,系主犯。其余被告人虽然各负其责,但相较于被告人徐学中,在共同犯罪中均起次要、辅助作用,依法应当认定为从犯。被告人殷伟、祁雨成及其辩护人提出两名被告人系从犯的辩解、辩护意见均予以采纳。

(五)被告人徐学中应当认定为自首。

被告人徐学中主动投案后虽然对起诉书指控的集资诈骗罪的犯罪事实予以否认,但对非法吸收公众存款罪的基本犯罪事实予以供认,故应当认定被告人徐学中具有自首情节。

被告人卜某峰、陈某甲辩称其犯罪数额应当认定至离职前一天。经查,被告人卜某峰、陈某甲在庭审前未供述过提前离职,且两名被告人在庭审中的辩解,被告人殷伟当庭否认,该辩解无其他证据印证,故对该辩解,法院不予支持。

法院认为,被告人徐学中、殷伟、祁雨成、罗某、卜某峰、张某甲、陈某甲,违反国家金融管理法律规定,未经依法批准,通过举办酒会、集中讲课、发布广告、口口相传等方式,以高额回报为诱饵,向社会不特定对象吸收资金,扰乱金融秩序,数额巨大,其行为均已构成非法吸收公众存款罪,属共同犯罪。被告人徐学中在共同犯罪中起主要作用,系主犯;被告人殷伟、祁雨成、罗某、卜某峰、张某甲、陈某甲在共同犯罪中起次要、辅助作用,系从犯,根据在共同犯罪中的具体作用、涉案数额,依法对被告人殷伟、祁雨成、卜某峰、张某甲从轻处罚,对被告人罗某、陈某甲减轻处罚。被告人徐学中、殷伟、祁雨成、罗某、卜某峰、张某甲、陈某甲主动投案自首,依法可以从轻处罚。被告人徐学中刑满释放后不思悔改,再次犯罪,应当酌情从重处罚。被告人陈某甲案发后积极配合公安机关查清案件事实,认罪悔罪,适用缓刑不致再危害社会,可宣告适用缓刑。

依照《刑法》(2017年)第一百七十六条,第二十五条第一款,第二十六条第一款、第四款,第二十七条,第六十七条第一款,第七十二条第一款、第三款,第七十三条第二款、第三款,第六十四条以及2010年《非法集资司法解释》(已修改)第一条第一款,第三条第二款第(一)项、第三款之规定,判决如下:

一、被告单位百分百公司无罪。

二、被告人徐学中犯非法吸收公众存款罪,判处有期徒刑五年六个月,并处罚金人民币十二万元。

三、被告人殷伟犯非法吸收公众存款罪,判处有期徒刑四年六个月,并处罚金人民币十万元。

四、被告人祁雨成犯非法吸收公众存款罪,判处有期徒刑四年,并处罚金人民币八万元。

五、被告人罗某犯非法吸收公众存款罪,判处有期徒刑二年六个月,并处罚金人民币六万元。

六、被告人卜某峰、张某甲犯非法吸收公众存款罪,判处有期徒刑三年,并处罚金人民币七万元。

七、被告人陈某甲犯非法吸收公众存款罪,判处有期徒刑二年,缓刑三年,并处罚金人民币五万元。

责令被告人徐学中、殷伟、祁雨成、罗某、卜某峰、张某甲、陈某甲按本金损失比例退赔各集资参与人。

【案例简析】

该案的被告人徐学中、殷伟、祁雨成、罗某、卜某峰、张某甲经商议决定成立百分百公司,准备运营"消费赠送"、油卡销售等经营模式。徐学中作为董事长,负责公司全面工作,殷伟、祁雨成、罗某、卜某峰、张某甲、陈某甲分别作为公司副董事长负责市场开发等工作,公司顾问负责宣传资料审核等工作,公司CEO负责公司的管理、对外接待、营销开发等工作,公司副董事长负责市场维护等工作,公司财务负责人负责财务工作,商学院负责人负责对外讲课宣传、后台充值管理等工作。2016年11月16日,百分百公司正式推出"百分百联盟商城"网上平台,以召开酒会、集中讲课、发布广告、口口相传等方式向社会不特定公众进行宣传,在未经批准的情况下,采取"消费赠送"的模式,即公众在"百分百联盟商城"网上平台注册成为会员后,向在平台中注册的商家进行消费,商家以消费额的 16% 作为佣金缴纳给平台,百分百公司承诺全额向会员返还消费额、全额向商家返还佣金,变相吸收公众资金,截至 2017 年 6 月 19 日案发前,共计吸收人民币 24945009.36元。此外,百分百公司还以收取代理费的名义向公众出售代理权,承诺按所购买代理区域内的商家营业总额为依据给予各级代理提成,共吸收代理费人民币 1217000 元。此外,百分百公司吸收的资金还用于员工工资、股份分红、办公场所租赁等办公费用支出、税款缴纳,少部分用于投资。

据此,公诉机关认为被告单位百分百公司变相吸收公众存款,提起公诉,被告单位百分百公司没有提出辩解意见。被告单位的辩护人提出了百分百公司非法吸收公众存款的数额未达到指控数额和应认定为自首的辩护意见。而法院最终判决被告单位百分百公司无罪。法院从两个角度进行了论证:其一,从公司的设立目的出发,被告人徐学中、殷伟、祁雨成、罗某、卜某峰、张某甲等人成立百分百公司,目的就是以"消费赠送"、区域代理、油卡销售等经营模式非法吸收公众存款;其二,从公司的实际活动出发,客观上公司在成立后也主要是从事非法吸收公众存款的犯罪活动,至于将极少量资金用于投资,也是为非法吸收公众存款的犯罪活动服务。对部分投资用于正常经营活动进行目的分析,判定其属于非法吸收公众存款犯罪活动的辅助活动,不妨碍以实施犯罪为主要活动的判断。

【问题研讨】

该案在公诉、辩护与审判过程中需要注意以下问题:

一是非法集资单位犯罪的认定。《非法集资案件意见》就认定单位犯罪和个人犯罪作了进一步明确:一是单位实施非法集资犯罪活动,全部或者大部分违法所得归单位所有的,应当认定为单位犯罪。二是个人为进行非法集资犯罪活动而设立的单位实施犯罪的,或者单位设立后,以实施非法集资犯罪活动为主要活动的,不以单位犯罪论处,对单位中组织、策划、实施非法集资犯罪活动的人员应当以自然人犯罪依法追究刑事责任。

二是正常经营活动对于判断以实施犯罪为主要活动的影响。"以实施犯罪为主要活动"和"主要用于正常的生产经营活动"是两个不同的概念,前者是单位犯罪的否定要件,后者是免予刑事处罚的条件。是否以实施犯罪为主要活动将影响是否以单位犯罪论处的判断,而单位中必然存在不属于犯罪的活动,这部分活动的多少将影响到"主要"犯罪活动的判断,在量上区分犯罪活动于正常活动的多少将陷入单位活动多方位考量的复杂计算,因此除却工作量的判断,对于这部分活动的考量还应当将其性质与犯罪活动相联系,考察其是否与犯罪活动相关联。依照《非法集资案件意见》的规定,判断单位是否以实施非法集资犯罪活动为主要活动,应当根据单位实施非法集资的次数、频度、持续时间、资金规模、资金流向、投入人力物力情况、单位进行正当经营的状况以及犯罪活动的影响、后果等因素综合考虑认定。

三是单位犯罪中单位的诉讼权利及其保障。单位构成犯罪,依法追究单位相应的刑事责任,在刑事诉讼中,依法保障单位的诉讼权利十分重要。具体而言,包含以下几个方面。

第一,单位涉嫌非法集资犯罪的,一般应当指定单位在职员工作为诉讼代表人参与诉讼活动,以充分维护被告单位的诉讼权利。如果单位在职员工确实无参与诉讼活动的能力或者条件,或者相关人员均涉案而不能作为诉讼代表人的,可以由其委托熟悉单位情况的离职、退休人员或者法律顾问等作为诉讼代表人参与诉讼。

第二,涉嫌非法集资犯罪的单位确实无适合人员担任诉讼代表人的,不得将单位列为被告,但对该单位中直接负责的主管人员或者其他直接责任人员,可以按照单位犯罪追究刑事责任。对于相关人员附加判处财产刑的,一般应当按照个人违法所得或者犯罪行为造成他人财产损失数额的一定比例或者倍数予以确定。

第三,对于单位涉嫌非法集资犯罪但没有起诉的,如果其名下确有一定数额的财产或者违法所得,在单位相关人员被定罪处罚后,可以根据所认定的犯罪事实,依法追缴或者责令单位退赔并发还集资参与人。

第四,对于应当认定为单位犯罪的非法集资犯罪案件,检察院应当以单位犯罪起诉,如果作为自然人犯罪起诉的,法院应当及时与检察院协商,建议对犯罪单位补充起诉。

十一、公司依托手机 APP 等平台，通过"某支付""某公益"等营销模式吸收存款无罪案

重庆 A 信息技术有限公司非法吸收公众存款，组织、领导传销活动和集资诈骗案①

【基本案情】

2015 年 6 月 3 日，骆某乙、李某某、毕某某和秦某某（另案处理）成立被不起诉单位重庆 A 信息技术有限公司（以下简称"重庆 A 公司"），李某某为法定代表人，公司经营范围不包含金融业务。2015 年底，犯罪嫌疑人王某某加入重庆 A 公司成为股东之一。2016 年 3 月，骆某乙、王某某等人以开展华南片区业务为名，成立深圳 B 信息技术有限公司（以下简称"深圳 B 公司"）。重庆 A 公司和深圳 B 公司成立后，依托手机 APP 等平台，通过"某支付""某公益"等营销模式，以实施非法吸收公众存款、集资诈骗为主要活动。

【审查起诉】

本案由重庆市公安局江北区分局侦查终结，以被不起诉单位重庆 A 公司涉嫌非法吸收公众存款罪，组织、领导传销活动罪和集资诈骗罪，于 2018 年 4 月 16 日向重庆市江北区人民检察院移送审查起诉。该院于 2018 年 5 月 28 日转至重庆市人民检察院第一分院审查起诉。检察院受理后，于 2018 年 5 月 28 日已告知被不起诉单位有权委托辩护人，审查了全部案件材料。因该案部分事实不清、证据不足，检察院分别于 2018 年 7 月 13 日、9 月 28 日两次决定退回重庆市公安局江北区分局补充侦查，该局补充侦查后，于 2018 年 8 月 13 日、10 月 28 日重新移送检察院审查起诉。因基本案情重

---

① 参见重庆市人民检察院第一分院不起诉决定书渝检一分院刑不诉[2018]6 号。

大、复杂,检察院于2018年6月28日、9月13日、11月28日三次决定延长审查起诉期限半个月。经检察院依法审查查明,具体事实如下:

(一)非法吸收公众存款罪。

2016年1月,犯罪嫌疑人骆某乙、王某某共谋利用重庆A公司和深圳B公司开发的"某支付"APP,以"某某宝"等名义向不特定人群公开承诺给予日息0.05%、月息1.5%,以吸收公众存款。2016年2月1日至2017年5月16日,共计吸收资金人民币61745.71万元。

(二)集资诈骗罪。

2016年9月,犯罪嫌疑人骆某乙、王某某、李某某、毕某某共谋利用由重庆A公司和深圳B公司开发的"某公益"等,以与"中国××事业发展基金合作社"合作公益项目的名义,通过网络宣传、集中培训宣传、书面宣传及口口相传等方式,宣称"某公益"是网络电商平台,以消费即可获得高额返利为诱饵,引诱他人缴纳"门槛费"获得消费资格。同时,按照普通会员、普通孝友、至尊孝友、县级代理、市级代理、省级代理从低到高形成层级,直接或间接以平台发展的人数为计酬和返利依据。在经营"某公益"期间,骆某乙、王某某、毕某某、李某某共谋通过篡改后台数据、虚增孝分、缴纳让利款"刷单"或不缴纳让利款"刷空单"等方式虚构交易额,骗取公众缴纳"门槛费"和"消费款",随后四人再以消费返利为名从平台骗取"消费款"。截至2017年2月,骆某乙、王某某、李某某、毕某某通过以上方式共计发展各级代理618人,至尊孝友4884人,普通孝友44684人,以"门槛费"为名骗得人民币13483.5万元(其中分配给各级代理、孝友人民币4641.38058万元)。2016年10月至2017年4月,共计骗取"消费款"人民币3454.69万元。

【不起诉决定及理由】

检察院认为,被不起诉单位重庆A公司成立后以实施犯罪为主要活动,根据《单位犯罪解释》第二条的规定,不应当以单位犯罪论处。依照《刑事诉讼法》第一百七十七条第一款的规定,决定对重庆A公司不起诉。

【案例简析】

该案是由检察院审查起诉后决定法定不起诉的案件。犯罪嫌疑人骆某乙、李某某、毕某某和秦某某(另案处理)成立重庆A公司,其中李某某为法定代表人,公司经营范围不包含金融业务。其后,犯罪嫌疑人王某某加入重庆A公司成为股东之一。骆某乙、王某某等人以开展华南片区业务为名成立深圳 B 公司。犯罪嫌疑人骆某乙、王某某共谋利用重庆 A 公司和深圳 B 公司开发的"某支付"APP，以"某某宝"等名义向不特定人群公开承诺给予日息 0.05%、月息 1.5%，以吸收公众存款。2016 年 2 月 1 日至 2017 年 5 月 16 日，共计吸收资金人民币 61745.71 万元。检察院认为，被不起诉单位重庆 A 公司成立后以实施犯罪为主要活动，不应当以单位犯罪论处。因而对重庆 A 公司作出不起诉决定。

【问题研讨】

该案在审查起诉过程中需要注意的问题是：公司成立后以实施犯罪为主要活动的，不应当以单位犯罪论处的情形。公司、企业、事业单位设立后，以实施犯罪为主要活动，是指基于不存在任何合法的经营业务所带来的单位主体独立人格的消失，其在公司登记主管部门处申请核准从事的合法经营业务被完全虚置。概言之，公司、企业、事业单位设立后，并未从事核定经营的业务，而是从事刑法所禁止的行为，该业务行为本身违反刑法规定，当然不以单位犯罪论处。如本案中，被告人完全脱离了其核准经营的业务内容，直接从事了刑法禁止的非法吸收公众存款与非法集资行为，应认定为公司、企业、事业单位设立后，以实施犯罪为主要活动的，不以单位犯罪论处。

十二、公司宣传项目需要资金周转,公司提供担保吸收存款无罪案

重庆某甲公司非法吸收公众存款案①②

【基本案情】

2010年2月,陈某某等人出资注册成立了重庆某乙公司。陈某某系主要股东,任法定代表人。2014年5月,陈某某注册成立了重庆某甲公司,2014年7月,在江津区××号楼租用邱某某的门面筹备开业,2014年9月,正式开始从事经营活动。陈某某任法定代表人。

自2010年以来,陈某某、杜某某以重庆某乙公司、重庆某甲公司为平台,以月息2分至8分不等的高额利息为诱饵,向社会不特定群众宣传其在重庆市江津区嘉平投资农业园、在贵州省桐梓县从事建筑工作以及在老挝等地投资项目需要资金周转,向480余人借款人民币25937.465万元。

【审查起诉】

本案由重庆市江津区公安局侦查终结,以被不起诉单位重庆某甲公司涉嫌非法吸收公众存款罪,于2015年11月10日向重庆市江津区人民检察院移送审查起诉。重庆市江津区人民检察院受理后,于2015年12月25日报送重庆市人民检察院第五分院审查起诉,重庆市人民检察院第五分院于2016年4月25日交由重庆市江津区人民检察院审查起诉。重庆市江津区人民检察院于2015年11月10日、2016年4月25日已告知被告人依法享有的诉讼权利,依法讯问被告人,审查了全部案件材料。因事实不清、证据不足,重庆市江津区人民检察院于2016年2月9日、2016年6月9日将该案退回补充侦查,重庆市江津区公安局于2016年3月9日、2016年7月8

---

① 参见重庆市江津区人民检察院不起诉决定书渝津检刑不诉[2016]95号。
② 参见重庆市江津区人民检察院不起诉决定书渝津检刑不诉[2016]96号。

日再次移送审查起诉。因案件复杂,重庆市江津区人民检察院于2015年12月11日、2016年5月18日、2016年8月4日延长审查起诉期限十五日。

【不起诉决定及理由】

检察院认为,重庆某甲公司系陈某某、杜某某为向社会不特定群众借款而成立的公司,该吸收公众存款的行为不应以单位犯罪论处。因此,重庆某甲公司不构成犯罪。依照《刑事诉讼法》(2012年)第一百七十三条第一款之规定,决定对重庆某甲公司不起诉。

检察院认为,被不起诉单位重庆某甲公司不构成犯罪。陈某某、杜某某以重庆某甲公司等为平台,向社会不特定群众借款,并非重庆某甲公司向社会不特定群众借款,重庆某甲公司只对部分借款承担担保责任,且借款并未用于公司的经营管理。因此,被不起诉单位重庆某甲公司没有犯罪事实,依照《刑事诉讼法》(2012年)第一百七十三条第一款之规定,决定对重庆某甲公司不起诉。

【案例简析】

该案中,陈某某作为重庆某乙公司的主要股东和法定代表人,注册成立了重庆某甲公司后,在江津区××号楼租用邱某某的门面正式开始从事经营活动。自2010年以来,陈某某、杜某某以重庆某乙公司、重庆某甲公司为平台,以月息2分至8分不等的高额利息为诱饵,向社会不特定群众宣传其在重庆市江津区嘉平投资农业园、在贵州省桐梓县从事建筑工作以及在老挝等地投资项目需要资金周转,向480余人借款人民币25937.465万元。检察院从非法吸收公众存款罪的主体、单位在非法吸收公众存款行为中起到的作用和所吸收存款的流向三个角度进行判断,认为重庆某甲公司没有犯罪事实,因此对重庆某甲公司作出法定不起诉决定。

【问题研讨】

该案在审查起诉过程中需要注意的问题是:

单位是否存在非法吸收公众存款的犯罪事实需从三个方面综合判断。其一,是否为非法吸收公众存款罪的主体。以单位名义实施非法吸收公众存款行为,单位可能成为非法吸收公众存款罪的主体,而如果单位只对部分借款承担担保责任,可以认定单位不是非法吸收公众存款罪的主体。其二,单位在非法吸收公众存款行为中起到的作用,是否可以与单位为非法吸收公众存款罪的主体相互印证。其三,非法吸收存款的流向。若借款并未用于单位的经营管理,则违法所得没有归单位所有的可能,因此,单位没有非法吸收公众存款罪的犯罪事实。

十三、以公司借款名目并以高利为诱饵吸收存款无罪案

吉林省鸿宇粮食仓储有限公司等
非法吸收公众存款、合同诈骗案①

【基本案情】

2001年8月16日,郭忠凯通过竞买以人民币(以下币种相同)635万元取得一汽九台铸造厂全部财产,同日长春市二道区公证处对此进行了公证。2006年10月,九台铸造厂更名为吉林省鸿宇粮食仓储有限公司(以下简称"鸿宇公司")。因九台铸造厂的资产包括铁路专用线产权由九台市中泰粮油经销有限公司使用,2006年12月4日,九台市工业局及工业总公司同意将九台市中泰粮油经销有限公司的铁路专用线产权变更为鸿宇公司。2007年6月8日,鸿宇公司与李某甲签订房产租赁合同,约定鸿宇公司将其面积69682.2平方米,包括厂区内所有厂房、场地、仓库、铁路专用线、货位、站台及其他所有附属设施及全部生产设备全部租赁给李某甲(其中铁路专用线于2009年5月24日开始生效),租期20年。租赁期内,鸿宇公司不得擅自将已租赁给李某甲的厂房、场地、铁路专用线及生产设备、附属设施转租给他人。鸿宇公司于2001年5月8日开始陆续向李某甲借款,用于购买厂房、设备、维修等支出,因无力偿还,2008年9月,鸿宇公司法定代表人郭忠凯被迫与王瑞、李某甲、刘晓峰、王洪涛签订抵债协议及补充抵债协议。2009年3月,郭忠凯将鸿宇公司的土地、房产过户给李某甲等人。

2009年9月,郭忠凯向公安机关举报被李某甲等人敲诈勒索,九台市公安局于2009年11月立案。吉林省公安厅于2010年7月11日指定辽源市公安局侦办九台市谭顺林等人涉黑案件。后辽源市龙山区人民法院于

---

① 参见吉林省长春市九台区(市)人民法院刑事判决书(2014)九刑重字第1号。

2011年6月21日作出(2011)龙刑初字第121号刑事判决书,认定:2001年,谭顺林以月利5分借给郭忠凯60万元,并安排张君华及李某甲按时向郭忠凯收取利息,后由于郭忠凯不能按时偿还本息,将借给郭忠凯的60万元转到李某甲名下,李某甲又于2008年以月利5分,多次借给郭忠凯共计155万元。谭顺林、李某甲先后累计借给郭忠凯本金215万元,至2008年8月,郭忠凯共计欠谭顺林、李某甲本息680万元。2008年10月,李某甲采取威胁手段让郭忠凯出具欠条,郭忠凯所借钱款本息增加到1400万元,并逼迫郭忠凯分别给王瑞、刘晓峰及李某甲、王洪涛(为张君华担名)出具欠条,将欠款转到上述四人名下。为了达到采用诉讼方式非法占有郭忠凯经营的鸿宇公司财产的目的,又不惜替郭忠凯偿还银行贷款本息576万元及办理贷款的费用24万元。之后张君华、刘晓峰、王瑞及李某甲带人到郭忠凯家中,拿出事先拟定好的郭忠凯用鸿宇公司抵债2000万元的抵债协议,逼迫郭忠凯及其妻子周某甲在抵债协议上签字。为了使非法占有的形式合法化,2009年3月,王瑞、刘晓峰、张君华(以王洪涛名义)及李某甲向九台市人民法院起诉郭忠凯,九台市人民法院作出(2009)九民初字第475号调解书,确认郭忠凯与李某甲等人签订的抵债协议有效。后因郭忠凯欠九台市社保局及其他个人债务,九台市社保局对九台市人民法院作出的(2009)九民初字第475号调解书提出异议并提交诉状,九台市人民法院裁定调解书中止执行。其间,为了排除障碍,王伟宏出面,以替郭忠凯偿还九台市社保局及其他个人欠款400万元为条件,让九台市社保局撤诉。调解书中止执行后,谭顺林及李某甲并未就此结束对郭忠凯合法财产的侵犯,将鸿宇公司的财产以买卖的形式转移到谭顺林妻子王艳等人名下。王伟宏及李某甲带领十余名手下,强行接管了鸿宇公司,鸿宇公司资产被谭顺林实际占有,在过户到王瑞、刘晓峰、李某甲、王洪涛名下后,又转至吉林省中天粮食仓储有限公司(原鸿宇公司)。经评估,吉林省中天粮食仓储有限公司在2009年12月的资产价值为4664.57万元。

在郭忠凯被敲诈勒索期间,2008年2月1日,被告人郭忠凯、周某甲以其父母名义从娄某乙处借款20万元,借条系向姚某某出具,娄某乙作为证明人签字。后李某甲为了顺利接管鸿宇公司,代替郭忠凯偿还了娄某乙的20万元本金。之后郭忠凯因偿还不上娄某乙的利息,经娄某乙介绍通过向姚某某借款偿还娄某乙,于2008年11月26日给姚某某出具18万元的借条。2009年1月10日,郭忠凯通过娄某乙介绍从姚某某处借得8万元,约定利息4万元,郭忠凯出具了12万元的借条。郭忠凯、周某甲(甲方)曾与姚某某(乙方)签订如下协议:经协商,甲方在乙方处借得20万元,用甲方天吊、地动衡、烘干塔(建完后)作抵押,如甲方不能按期还款付息,乙方有权收取天吊、地动衡、烘干塔(建完后)。甲方还清乙方借款,乙方自行把天吊、地动衡、烘干塔(建完后)使用权归还甲方。甲方郭忠凯、周某甲和证明人娄某乙在协议上签字。该协议无签订时间、还款时间。

又查明,郭忠凯于2001年至2009年,以建设、维修原九台铸造厂及鸿宇公司的名义,并承诺高利息,从宋某某、苏某某、贾某某、孙某某、历某某、历凤岐、王大起、孔海燕、陶某甲、郝某某、卢某某、唐某某、娄某甲、郭某乙、郭森、李某乙、郑某甲处借款。其中,被告人周某甲在给出借人宋某某、郝某某、娄某甲、王大起、郭森、郑某甲、唐某某出具的借条上签字。

【检察院指控】

吉林省九台市人民检察院指控:被告人郭忠凯、周某甲于2007年6月开始陆续向郑某甲借款人民币37万元钱。后二人无力偿还,于2008年5月1日,将鸿宇公司铁道南侧大库(4000平方米)以及院内中间路西侧风雨棚及北侧水泥场地租赁给郑某甲,租期15年,顶替所欠郑某甲的37万元借款及利息。经查,郭忠凯、周某甲在2007年5月8日已将此公司全部生产设备和设施租赁给了李某甲,租期二十年,郭忠凯、周某甲将同一场地重复租赁,骗取郑某甲租金人民币37万元。

被告人郭忠凯、周某甲于2008年11月份,以鸿宇公司的天吊、地衡、烘干塔等作抵押向姚某某借款20万元,月利5分。但郭忠凯于2008年9月份已将此公司抵债卖给李某甲。郭忠凯、周某甲又将公司抵押,没有履行合同的能力,骗取姚某某人民币20万元。

被告人郭忠凯、周某甲于2008年5月份开始,陆续向唐某某借款共计人民币58万元。因其二人没有能力偿还,于2009年1月1日,将鸿宇公司(原铸造厂)院内铁道南侧大库(4000平方米)以及院内中间路西风雨棚和地衡租赁给唐某某12年,顶替所欠唐某某的58万元人民币,但其二人在2007年6月8日已将鸿宇公司的所有厂房及附属设施,生产设备租赁给李某甲,租期二十年。郭忠凯、周某甲将同一场地重复租赁给多人,骗取唐某某租金人民币58万元。

被告人郭忠凯、周某甲于2001年至2009年期间,以建设、维修鸿宇公司的名义,并以高利为诱饵,从孔海燕、苏某某、贾某某等二十余人处借得人民币783.06万元,其中周某甲参与借款296.81万元。至今上述欠款仍未偿还。

吉林省九台市人民检察院认为,被告单位鸿宇公司法定代表人郭忠凯,以维修、建设鸿宇公司的名义,并以高利为诱饵向多人非法吸收公众存款,数额巨大,出纳员周某甲参与非法吸收公众存款,数额较大。其二人的行为触犯了《刑法》(2011年)第一百七十六条之规定,犯罪事实清楚,证据确实充分,应当以非法吸收公众存款罪追究其刑事责任。被告单位鸿宇公司法定代表人郭忠凯、出纳员周某甲,以非法占有为目的,隐瞒事实真相同多人重复签订租赁合同骗取租金,数额巨大。其二人的行为触犯了《刑法》(2011年)第二百二十四条之规定,犯罪事实清楚,证据确实充分,应当以合同诈骗罪追究其刑事责任。

【一审辩护意见】

被告人郭忠凯的辩护人的辩护意见为,起诉书指控被告单位鸿宇公司构成非法吸收公众存款罪及合同诈骗罪不能成立。理由如下:(1)关于非法吸收公众存款罪:被告单位所借款项来源于本单位内部职工、朋友、亲属,并不是社会不特定对象,且均用于单位的生产、经营、投资建设及工人开支,没有挥霍和用于个人消费,主观上没有不想归还所借款项和扰乱金融秩序的想法。导致其没有及时还款的原因是被李某甲等人敲诈勒索,李某甲等人的敲诈行为已经辽源市中级人民法院判决。(2)关于合同诈骗罪:首先,被告单位在与郑某乙、姚某某、唐某某签订合同过程中没有占有三人的财物,主观上没有骗取财物的意图。其次,与李某甲签订的租赁合同并非被告人真实的意思表示,是被胁迫签订的,是无效的。最后,被告人与三人签订的合同并没有影响原有的债务关系,完全属于民事纠纷。

被告人周某甲辩护人的辩护意见为,公诉机关指控周某甲合同诈骗郑某甲人民币37万元事实不清,证据不足,郭忠凯实际上是向郑智慧借款,并非向郑某甲借款,租赁合同并非被告人的真实意思表示。公诉机关指控被告人周某甲合同诈骗姚某某人民币20万元的事实不清,证据不足。公诉机关指控被告人周某甲合同诈骗唐某某人民币58万元属指控错误。公诉机关指控被告人周某甲非法吸收公众存款293.81万元的部分事实不清,证据不足。被告人周某甲在共同犯罪中起次要作用,系该案从犯。被告人主观恶性不深,社会影响并不严重,能如实供述自己的犯罪事实,认罪态度较好,应从轻、减轻处罚。

【一审裁判】

法院认为,公诉机关指控被告单位鸿宇公司的法定代表人郭忠凯、出纳员周某甲以非法占有为目的,在签订、履行合同过程中骗取姚某某、唐某某、郑某乙财物,被告人郭忠凯、周某甲合同诈骗数额巨大。被告单位鸿宇公司构成合同诈骗罪,被告人郭忠凯作为直接负责的主管人员、被告人周某甲作为直接责任人员应以合同诈骗罪追究其刑事责任。公诉机关指控的被告人郭忠凯、周某甲向被害人姚某某、唐某某、郑某乙借款的事实成立。但公诉机关指控鸿宇公司构成合同诈骗罪不妥,经合议庭评议认为,被告人郭忠凯、周某甲虽系被告单位鸿宇公司直接负责的主管人员及直接责任人员,但是在二被告人将鸿宇公司设备、场地租赁给郑某甲、唐某某、姚某某用于抵偿欠款的租赁协议及借条中均未加盖鸿宇公司公章,且被告人郭忠凯在向三被告人借款时未持鸿宇公司授权委托书等相关证明文件,故二被告人的借款行为系个人行为,不能代表鸿宇公司。二被告人供述称涉案所得钱款用于鸿宇公司的经营、建设,但没有相关账目及其他证据佐证,无法认定涉案钱款被用于鸿宇公司经营、建设。综上认为,鸿宇公司不构成合同诈骗罪,合同诈骗罪的犯罪主体应认定为被告人郭忠凯、周某甲个人。

公诉机关指控,被告人郭忠凯将鸿宇公司部分资产重复租赁给郑某甲、唐某某抵顶所欠款项的行为构成合同诈骗罪不妥。经合议庭评议,认为被害人郑某乙、唐某某的陈述,郭忠凯、周某甲给二人出具的借条及租赁合同均证实,郭忠凯向二被害人借款的行为发生在签订租赁合同之前,在郭忠凯向二人借款时并没有非法占有的目的,也没有欺骗行为。虽然郭忠凯在明知鸿宇公司已在李某甲的实际控制之下,仍与郑某乙、唐某某签订租赁合同,导致唐某某、郑某甲无法实现其租赁权,也无法实现逐步用租金抵顶债权的目的。但是郭忠凯将鸿宇公司部分资产重复租赁给上述二人时并未收回其给二人出具的欠条,故二人在无法通过租赁权抵债的情况下,仍可通过诉讼或协商等途径实现其债权,其债权并未因此受到侵害或消失,郭忠凯亦未因此而免除债务或获得其他利益,故该两起事实不应认定为合同诈骗罪。被告人郭忠凯、周某甲向被害人郑某乙、唐某某借款的行为系非法吸收公众存款扰乱金融秩序的行为,符合非法吸收公众存款罪的构成要件,应认定为非法吸收公众存款罪。

公诉机关指控被告单位鸿宇公司的法定代表人郭忠凯、出纳周某甲以建设、维修鸿宇公司的名义,并以高利为诱饵非法吸收公众存款、被告人郭忠凯非法吸收公众存款数额巨大、被告人周某甲非法吸收公众存款数额较大，被告单位鸿宇公司构成非法吸收公众存款罪，被告人郭忠凯作为直接负责的主管人员、被告人周某甲作为直接责任人员应以非法吸收公众存款罪追究其刑事责任。公诉机关指控的犯罪事实成立。但公诉机关指控被告单位鸿宇公司构成非法吸收公众存款罪不妥，经合议庭评议认为，被告人郭忠凯、周某甲虽系被告单位鸿宇公司直接负责的主管人员及直接责任人员，但是被告人郭忠凯、周某甲在向该案被害人借款时未持鸿宇公司授权委托书等相关证明文件，被告人郭忠凯、周某甲在给该案被害人出具的借条中均未加盖鸿宇公司公章；欠条均为郭忠凯、周某甲签名或郭忠凯单独出具，故二被告人的借款行为系个人行为，不能代表鸿宇公司。现有二被告人供述称涉案所得钱款用于鸿宇公司的经营、建设，但没有相关账目及其他证据佐证，无法认定涉案钱款被用于鸿宇公司经营、建设，故在无法证实涉案赃款用于鸿宇公司经营、建设的情况下，不应认定该公司构成单位犯罪。该案涉及非法吸收公众存款罪，应属于被告人郭忠凯、周某甲个人犯罪行为，综合该案的事实及证据，被告人郭忠凯非法吸收公众存款的犯罪数额为793.89万元，被告人周某甲参与非法吸收公众存款的犯罪数额为411.19万元。根据2010年《非法集资司法解释》（已修改）第三条第二款第（一）项之规定，个人非法吸收或者变相吸收公众存款，数额在100万元以上的，属于刑法第一百七十六条规定的"数额巨大或者有其他严重情节"，故公诉机关指控被告人周某甲非法吸收公众存款的数额较大不妥，被告人郭忠凯、周某甲非法吸收公众存款均应认定为数额巨大。

被告人郭忠凯辩解称，在公司发展中，借亲戚朋友的钱，并将钱投入到企业中，不应该指控其犯合同诈骗罪，其就是和亲戚朋友之间发生了借贷关系。非法吸收公众存款罪不属实，都是向亲戚朋友借钱，没有超出公司法约定的人数，也没有作任何宣传。法院认为，公司总价值超出借款数额十倍，公司当时的经营状况也是良好的，这些借款都属于民间借贷的辩解没有事实及法律依据，不予支持。关于被告人周某甲认为其没有参与公司经营、所有需签字的协议及欠条，均不知晓事情经过的辩解，因无事实及法律依据，不予支持。关于被告人郭忠凯的辩护人认为被告人郭忠凯的行为不构成非法吸收公众存款罪及合同诈骗罪的辩护意见，不予采信。关于被告人周某甲的辩护人认为被告人周某甲的行为不构成非法吸收公众存款罪及合同诈骗罪的辩护意见，不予采信。关于被告人周某甲的辩护人认为被告周某甲系从犯的辩护意见,不予采信。关于被告人周某甲的辩护人提出,被告人周某甲如实供述自己的罪行,应从轻、减轻处罚的辩护意见,没有事实及法律依据,不予采信。关于被告人周某甲的辩护人认为被告人周某甲没有骗取唐某某财物的辩护意见,经合议庭评议认为,经鉴定,被告人郭忠凯与唐某某签订的租赁合同上的手印并非周某甲所按,但是被害人唐某某的借条是郭忠凯、周某甲共同出具的,有周某甲的签字,故此笔唐某某的借款应认定为周某甲共同参与犯罪,对辩护人的此点辩护意见不予采信。依照《刑法》(2011年)第一百七十六条、第二百二十四条、第三十条、第三十一条、第六十四条、第六十九条、第五十二条、第五十三条,《刑事诉讼法》(2012年)第一百九十五条第(二)项,1998年《最高人民法院关于执行〈中华人民共和国刑事诉讼法〉若干问题的解释》(已失效)第二百四十一条第(三)项之规定,判决如下:

一、被告人郭忠凯犯非法吸收公众存款罪,判处有期徒刑八年,并处罚金人民币20万元,被告人郭忠凯犯合同诈骗罪,判处有期徒刑四年,并处罚金人民币20万元,数罪并罚决定执行有期徒刑十一年,并处罚金人民币40万元。

二、被告人周某甲犯非法吸收公众存款罪,判处有期徒刑年四年,并处罚金人民币10万元,被告人周某甲犯合同诈骗罪,判处有期徒刑四年,并处罚金人民币20万元,数罪并罚决定执行有期徒刑七年,并处罚金人民币30万元。

三、被告人郭忠凯、周某甲的违法所得人民币813.89万元(非法吸收公众存款793.89万元+合同诈骗20万元)予以追缴。

四、被告单位鸿宇公司无罪。

【检察院抗诉】

原审判决认定的合同诈骗部分事实清楚,证据确实、充分,应予维持;关于非法吸收公众存款部分,现有证据不能证实郭忠凯、周某甲系向社会公开宣传以及向社会不特定对象吸收资金,该部分事实不清,证据不足,郭忠凯、周某甲不构成非法吸收公众存款罪。

【二审辩护意见】

上诉人郭忠凯的辩护人认为:(1)合同诈骗部分:郭忠凯将鸿宇公司抵债给李某甲等人的事实已被辽源市龙山区人民法院认定为敲诈勒索罪,抵债是无效的,不构成重复抵押,郭忠凯不构成合同诈骗罪。且郭忠凯被敲诈勒索的公司资产收回后,不存在没有履约能力的问题。(2)非法吸收公众存款部分:郭忠凯借款的对象是特定的,没有向社会公开宣传,也未以口口相传的方式公开募集资金,其行为不构成非法吸收公众存款罪。

【二审裁判】

关于上诉人郭忠凯、周某甲上诉及郭忠凯的辩护人提出"郭忠凯、周某甲均不构成合同诈骗罪"的上诉理由和辩护意见。经查,郭忠凯、周某甲因被李某甲等人敲诈勒索而将鸿宇公司抵债给李某甲等人,因抵债协议存在非法性,即使郭忠凯在抵债协议签订之后以鸿宇公司的资产抵押,也不能据此认定其具有非法占有的目的。且郭忠凯、周某甲与姚某某签订的抵押协议没有市场经营活动内容,没有签订时间和还款时间,娄某乙、姚某某、郭忠凯的言词证据之间的矛盾不能排除合理怀疑,抵押协议中的20万元借款是否实际交付给郭忠凯事实不清,是否发生抵押借款一事事实不清,故郭忠凯、周某甲不构成合同诈骗罪,该上诉理由和辩护意见予以采纳。

关于上诉人郭忠凯、周某甲上诉提出"郭忠凯、周某甲不构成非法吸收公众存款罪"的上诉理由。经查,郭忠凯、周某甲借款及通过亲友向他人借款的对象特定,且未向社会公开宣传,应属民间借贷,二上诉人的行为不构成非法吸收公众存款罪,故该上诉理由予以采纳。

吉林省长春市人民检察院所提的"二上诉人不构成非法吸收公众存款罪"的意见,应予支持;该院所提的"对二上诉人应认定为合同诈骗罪"的意见,不予支持。

法院认为,上诉人郭忠凯、周某甲在与姚某某签订、履行协议的过程中不具有非法占有他人财物的目的,该协议中的20万元借款是否实际交付给郭忠凯事实不清,是否发生抵押借款一事事实不清,二上诉人的行为不构成合同诈骗罪。被告人郭忠凯、周某甲借款及通过亲友向他人借款的对象特定,且未向社会公开宣传,应属民间借贷,二上诉人的行为不构成非法吸收公众存款罪。吉林省九台市人民检察院起诉书中虽列明了被告单位鸿宇公司,但并未指控该被告单位有何犯罪事实、构成何种犯罪,且根据现有证据无法证实鸿宇公司构成单位犯罪。综上,原审判决认定被告单位鸿宇公司无罪,适用法律正确,应予维持;认定被告人郭忠凯、周某甲合同诈骗、非法吸收公众存款的事实错误,应予改判。依照《刑事诉讼法》(2012年)第二百二十五条第一款第(三)项及第一百九十五条第(二)项之规定,判决如下:

一、维持吉林省九台市人民法院(2014)九刑重字第1号刑事判决的第(四)项,即被告单位吉林省鸿宇仓储粮食有限公司无罪。

二、撤销吉林省九台市人民法院(2014)九刑重字第1号刑事判决的第(一)项,即被告人郭忠凯犯非法吸收公众存款罪,判处有期徒刑七年六个月,并处罚金人民币二十万元,被告人郭忠凯犯合同诈骗罪,判处有期徒刑四年,并处罚金人民币二十万元,数罪并罚决定执行有期徒刑十年六个月,并处罚金人民币四十万元;第(二)项,即被告人周某甲犯非法吸收公众存款罪,判处有期徒刑三年六个月,并处罚金人民币十万元,被告人周某甲犯合同诈骗罪,判处有期徒刑三年六个月,并处罚金人民币十五万元,数罪并罚决定执行有期徒刑六年,并处罚金人民币二十五万元;第(三)项,即被告人郭忠凯、周某甲的违法所得人民币七百六十五万一千九百元(非法吸收公众存款七百四十五万一千九百元+合同诈骗二十万元)予以追缴并返还被害人。

三、上诉人(原审被告人)郭忠凯无罪。

四、上诉人(原审被告人)周某甲无罪。

本判决为终审判决。①

【案例简析】

该案的被告人郭忠凯、周某甲作为被告单位鸿宇公司直接负责的主管人员及直接责任人员,即公司法定代表人与出纳员,将公司所有厂房及附属设施、生产设备租赁重复买卖、抵押给多人;以建设、维修公司的名义,用出具高利息借条的形式向李某甲等17人吸收资金,其中被告人郭忠凯非法吸收人民币793.89万元,周某甲参与非法吸收人民币411.19万元。

将同一厂房及附属设施重复买卖、抵押给多人,以建设、维修公司的名义出具借条、吸收公众存款的行为显然构成合同诈骗罪和非法吸收公众存款罪,其问题在于犯罪主体的确定,是单位还是个人,还是单位和个人都是犯罪主体。要点在于个人行为与单位行为的认定和区分。对此的判断有两个步骤,其一,借款是否为以单位名义,即借款是否为公司行为;其二,非法收益是否用于单位,即非法借款是否用于公司经营、建设。在严格的商事外观主义下,公司与其他民事主体进行交易活动,其意志表现为法定代表人或代理人使用公司公章等行为足以让第三人相信其行为代表公司,其外观表

---

① 参见吉林省长春市中级人民法院刑事判决书(2015)长刑终字第00303号。

现在授权委托书等相关证明文件。在仅有公司法定代表人或代理人签名或单独出具合同时,并不能使善意第三人相信其代表公司,其行为是公司行为。本案中,二被告人将鸿宇公司设备、场地租赁给郑某甲、唐某某、姚某某用于抵偿欠款的租赁协议及借条,向李某甲等被害人出具的借条中均未加盖鸿宇公司公章,且被告人郭忠凯借款时未持鸿宇公司授权委托书等相关证明文件,因此可以认定借款及租赁等行为是被告人个人行为,而非公司行为。第二,经过商事外观主义的判断,确认非法行为确系公司行为,若涉案赃款用于公司经营,公司也难逃其罪。而涉案赃款用途的判断就转化为事实层面证据的审查,在疑罪从无的原则下,若没有证据证明涉案赃款用于公司经营,则无法认定公司构成单位犯罪。本案中没有相关账目及其他证据佐证,无法认定涉案钱款被用于鸿宇公司的经营、建设,因此本案被告单位不构成犯罪。

【问题研讨】

该案在公诉、辩护与审判过程中需要注意以下问题:

一是非法吸收公众存款罪中单位行为与个人行为的区分。非法吸收公众存款罪的客观行为通常表现为签订借款合同,判断是否以公司名义遵循一般的商事规则。具体而言,不以借款一方直接负责的主管人员或直接责任人员的身份进行判断,而以出具的借条中是否加盖公司公章,在借款时是否持有公司授权委托书等相关证明文件进行判断。而从单位犯罪"以单位名义"和"单位意志"的构成要件出发,"以单位名义"实际上所表征的是行为与单位意志之间的联系,在具体案件中不能仅从行为对外明示的单位身份上判断,而应从行为的决策主体和决策程序两方面考察。如果经过单位法定决策机构和决策程序,由单位的理事会、董事会等集体作出决定,或者由单位的董事长、总经理等个人代表单位作出决定,那么该决定应当被认为代表单位意志。

二是合同诈骗罪以非法占有为目的的否定。第一,抵债协议的非法性否认资产抵押的非法占有目的。在因被他人敲诈勒索而将公司抵债给他人,因抵债协议存在非法性,即使在抵债协议签订之后以公司资产抵押,也不能据此认定其具有非法占有的目的。第二,抵债协议的无效性否认合同诈骗行为。当签订的抵押协议没有市场经营活动内容,没有签订时间和还款时间,协议签订双方的言词证据之间的矛盾不能排除合理怀疑,且抵押协议中的借款是否实际交付事实不清,则是否发生抵押借款一事事实不清,合同诈骗行为的事实不清，不构成合同诈骗罪。

三是民间借贷行为与非法吸收公众存款行为的区分。本案中，借款及通过亲友向他人借款的对象特定，且未向社会公开宣传即被认定为民间借贷，因为借贷对象特定将决定民间借贷不会造成严重的社会危害性，公开宣传是非法吸收公众存款罪"公开性"的要件之一，《非法集资司法解释》第一条第一款第二项中的"向社会公开宣传"，包括以各种途径向社会公众传播吸收资金的信息，以及明知吸收资金的信息向社会公众扩散而予以放任等情形。若不满足公开宣传，则不构成非法吸收公众存款罪。

四是关于"口口相传"是否属于公开宣传，以及能否将"口口相传"的危害后果归责于集资人的问题。要根据主客观相一致的原则进行具体分析，区别对待。"口口相传"一般是指行为人通过亲朋好友或相关集资户，将集资信息传播给社会不特定人员，以扩大集资范围。认定"口口相传"是否具有公开性，要从该行为是否系集资人以明示或暗示的方式主动授意，集资人获悉存在"口口相传"现象时是否进行控制或排斥，对闻讯而来的集资参与人是否加以甄别，是否设法加以阻止等主客观方面进行综合分析，查明集资人吸收资金的行为有无针对性，是否属于只问资金、不问来源。对于那些以吸收资金为目的，明知存在"口口相传"现象仍持放任甚至鼓励态度的，对集资参与人提供的资金均予以吸收的，应认定为以"口口相传"的方式向社会公开宣传，具有公开性。该案中，郭忠凯、周某甲的借款及通过亲友向他人借款，虽存在口口相传的现象，但对象特定，未向社会公开宣传，属普通民间借贷行为，不构成非法吸收公众存款罪。

十四、以单位名义吸收存款用于单位,证据缺失无罪案

某有限公司、张某甲等非法吸收公众存款案①

【基本案情】

2010年7月至2012年9月,张某甲因承揽工程缺少资金,以支付高额利息为诱饵,向庄某等社会不特定对象吸收存款共计657.9万元。(1)其中,通过卢某甲介绍,向庄某借款人民币20万元。(2)通过卢某甲介绍,向刘某借款人民币10万元。(3)通过卢某甲介绍,向任某借款人民币20万元。(4)通过张某乙介绍,向高某借款人民币11.5万元。(5)通过张某乙介绍,向蒋某甲借款人民币5万元,已归还0.3万元。(6)通过张某乙介绍,向魏某借款人民币10万元,已归还0.9万元。(7)通过卢某甲介绍,向王某甲借款人民币6万元,已归还0.54万元。(8)通过卢某甲介绍,分两次向卢某乙借款计人民币13万元。(9)通过卢某甲介绍,向卢某丙借款人民币10万元。(10)先后分两次向冯某借款人民币70万元,已归还31万元。(11)通过张某乙介绍,分两次向张某丙借款人民币36万元。(12)通过冯某介绍,向张某丁借款人民币20万元,已全部归还。(13)分两次向蒋某乙借款计人民币34.4万元。(14)通过章某介绍,向仲某借款人民币35万元,已归还2万元。(15)通过蒋某乙介绍,向周某甲借款人民币4万元。(16)通过蒋某乙介绍,向徐某借款人民币5万元。(17)通过张某乙介绍,向张某庚借款人民币10万元。(18)分两次向章某借款计人民币106万元,已归还8万元。(19)通过张某乙介绍,向张某辛借款人民币13万元。(20)通过张某乙介绍,向张某壬借款人民币30万元。(21)通过张某乙介绍,向臧某借款人民币12万元。(22)通过蒋某甲介绍,向李某借款人民币

---
① 参见江苏省沭阳县人民法院刑事判决书(2013)沭刑初字第1253号。

2万元。(23) 通过徐某军介绍,向张某戊借款人民币60万元,已全部归还。(24) 向王某乙借款人民币90万元,已归还9万元。(25) 通过张某乙介绍,向张某己借款人民币25万元,已归还9万元。案发后,被告人张某甲退赔赃款517.16万元。

【检察院指控】

沭阳县人民检察院指控:2010年7月至2011年12月,被告人张某甲因承揽工程缺少资金,以支付高息为诱饵,向庄某等社会不特定对象吸收存款共计人民币175.5万元。2012年3月至9月,被告单位某有限公司因经营资金短缺,承诺给付高额利息,由被告人张某甲向张某丙等社会不特定对象吸收存款共计人民币552.4万元。

公诉人在庭审中出示了被告人的供述及辩解、证人证言以及相关书证。公诉机关认为,被告人张某甲非法吸收公众存款,数额巨大,严重扰乱国家金融秩序,其行为已触犯《刑法》(2011年)第一百七十六条第一款之规定,已构成非法吸收公众存款罪。被告单位某有限公司非法吸收公众存款,数额巨大,严重扰乱国家金融秩序,其行为已触犯《刑法》(2011年)第三十条、第三十一条、第一百七十六条第一款、第二款之规定,已构成非法吸收公众存款罪。被告人张某甲为被告单位某有限公司实施非法吸收公众存款行为直接负责的主管人员和直接责任人员,应当以非法吸收公众存款罪追究其刑事责任。被告人张某甲犯数罪,根据《刑法》(2011年)第六十九条之规定,应当数罪并罚。

【辩护意见】

被告单位的诉讼代表人张某乙对被告人张某甲对外借款的事实没有异议,但称不知道借款的实际用途,即对涉案借款是否用于某有限公司并不清楚。辩护人认为,根据被告人张某甲以往的供述,其所借款项并非用于某有限公司,故某有限公司不构成犯罪。

被告人张某甲对起诉书指控其犯非法吸收公众存款罪的基本事实和罪名没有异议。但辩解:(1) 向张某庚(10万元)、张某辛(13万元)、张某壬(30万元)、臧某(12万元)等人所借的款项共计65万元已归还;(2) 未从王某乙处借款90万元;(3) 未从朱某处借款70万元;(4) 起诉书认定单位犯罪中其所借大部分款项以及个人非法吸收公众存款小部分借款用于某有限公司经营使用。

被告人张某甲的辩护人认为:(1)被告人张某甲向张某庚(10万元)、张某辛(13万元)、张某壬(30万元)、臧某(12万元)等人所借款项已归还;(2)被告人张某甲未向王某乙借款;(3)被告人张某甲未向朱某借款;(4)在案发前被告人张某甲已归还部分借款人的本金,并愿意继续退赔被害人的经济损失;(5)被告人张某甲对外借款是用于经营活动,并非用于个人消费。综上,建议对被告人张某甲从轻处罚。

被告人张某甲及其辩护人提出:被告人张某甲向张某庚、张某辛、张某壬、臧某等人所借的款项共计65万元已归还,被告人张某甲及其辩护人当庭提供了一份于2012年6月1日向张某辛账户上打款65万元的电汇凭证,以证明其已将向张某庚等人所借的65万元归还;被告人张某甲未从王某乙处借款90万元,并当庭提供王某乙从某酒店领取消费卡的记录以及耿某出具的关于90万元借据系被告人张某甲向银源公司借款600万元而出具的利息欠条的证明,以证明被告人张某甲未向王某乙借款90万元。

【法院裁判】

经查:证人张某庚、张某辛、张某壬、臧某等人均一致证实被告人张某甲所借款项未归还,否则四张借据就应该收回。同时,证人张某辛的证言证明被告人张某甲向其账户上打款65万元属实,但该款系归还之前的借款,且借该款时,张某乙在场。该证言得到了证人张某乙的证言证实。

2012年6月初,张某甲从耿某的银源公司分三次实际借款共400万元,约定利息为五分,期限四个月。但证人王某乙的证言证实了自己于2012年6月至8月间陆续借款给被告人张某甲使用,同年8月1日,被告人张某甲出具一张共计90万元的欠条。为证实自己证言内容的真实性,证人王某乙提供了所筹集资金的来源、向被告人张某甲的打款记录、银行交易记录、相关借据等证据予以证实,同时也得到了证人周某乙、张某乙、周某丙的证言予以证明,上述证据相互印证,足以证明王某乙借款90万元给被告人张某甲使用这一事实。同时,证人王某乙证言的并不否认从被告人张某甲处领取了酒店消费卡的事实,但认为自己是帮忙推销。而被告人张某甲也曾经供认给王某乙消费卡作为好处费,同时,证人耿某的证言也证实了这一事实。被告人张某甲也承认王某乙打款28.5万元给其会计周某丙的事实,而王某乙的证言证实该笔转账款是90万元借款中的一笔。结合该项指控的全部证据,足以认定被告人张某甲向王某乙实际借款90万元的事实。被告人张某甲的上述辩解以及辩护人的辩护意见,与已查明的事实不符,均不予采信。

其中,第1起至第16起、第18起、第22起至第23起、第25起的事实,被告人张某甲当庭供认其以高息为诱饵,向庄某、刘某等人借款的时间、金额以及双方约定利息的情况。该供述得到证人卢某甲、张某乙、庄某、刘某、任某、高某、蒋某甲、魏某、王某甲、卢某乙、卢某丙、冯某、张某丙、张某丁、蒋某乙、仲某、周某甲、徐某、章某、李某、张某戊、张某己等人的证言以及相关书证等证据予以证明,足以认定上述事实。

上述的第17起、第19起至第21起的事实,被告人张某甲当庭供认其以给付高息为诱饵,分别从张某庚、张某辛、张某壬、臧某等人处借款的事实。证人张某庚、张某辛、张某壬、臧某的证言证明其是经张某乙联系,借款给被告人张某甲使用、双方约定的利息以及到目前为止被告人张某甲尚未归还上述借款等事实。上述证言得到证人张某乙的证言以及相关书证予以证明。

第24起的事实,证人王某乙的证言证明其于2012年6月至8月间,分多次借款给被告人张某甲使用,其中,28.5万元是打在被告人张某甲会计周某丙的银行卡上,36万元是打在被告人张某甲指定的账户名为张某辛的银行卡上,双方约定利息为月息5‰,所借大部分款项是周某乙提供的,后被告人张某甲在2012年8月1日向其出具了借款90万元的借据。该证言得到证人周某乙、张某乙、周某丙的证言、银行交易记录、相关借据等证据予以证明。

起诉书指控2012年9月16日,被告人张某甲以支付高息为诱饵,通过张某乙介绍向朱某借款人民币70万元。经查,被告人张某甲一直否认从朱某处借款,并称是从朱某处转包了门窗工程,是应朱某的要求而向其出具了180万元欠条作为好处费,并当庭提供了转包合同等书证。证人朱某的证言证明其与被告人张某甲不存在工程转包关系,其借款70万元是经张某乙介绍后借给张某甲使用,是在2012年七八月份借出,到2012年9月16日由被告人张某甲出具借据,借款时张某乙在场。证人张某乙的证言证明是经其介绍,被告人张某甲向朱某借款,后来听说是借款70万元。结合上述证据:(1)证人朱某的证言与证人张某乙的证言之间就借款时证人张某乙是否在场存在矛盾;(2)证人朱某陈述其借款是在2012年七八月份借出,且借款是经张某乙介绍,而被告人张某甲于2012年9月16日才向其出具借据有悖常理;(3)被告人张某甲当庭提供的书证可以证明其是从朱某处承包了蓝天公寓门窗工程。综上,起诉书指控被告人张某甲于2012年9月16日向朱某借款70万元的事实,证据不足。对被告人张某甲的辩解及其辩护人的这一辩护意见,予以采纳。

　　法院认为,被告人张某甲非法吸收公众存款,数额巨大,其行为已构成非法吸收公众存款罪。公诉机关指控被告人张某甲犯非法吸收公众存款罪的基本事实清楚,证据确实、充分,指控罪名成立,予以支持。同时起诉书还指控被告人张某甲作为被告单位某有限公司实施非法吸收公众存款行为直接负责的主管人员和直接责任人员,应当以非法吸收公众存款罪追究其刑事责任,并应当数罪并罚。经查,在庭审中,公诉机关未能提供被告单位某有限公司以单位名义非法吸收公众存款并将该款用于本单位的证据。同时实际借款经手人张某甲在庭审中虽然辩解大部分资金用于被告单位某有限公司,但作为法定代表人的被告人张某甲却又未提供该资金用于本单位的证据。被告单位某有限公司的另一名股东张某乙也否认该资金用于单位。而被告人张某甲也曾向侦查机关供述上述借款被其用于本单位以外的工程,故现有证据无法认定被告人张某甲的上述对外借款是用于单位,从而构成单位犯罪,故对公诉机关的上述指控,法院不予采纳。鉴于被告人张某甲对基本犯罪事实能认罪、悔罪,并能全额预缴退赔款,依法酌情予以从轻处罚。对被告人张某甲的辩护人提出的与上述观点相同的辩护意见,予以采纳。经考察,对被告人张某甲宣告缓刑对其所居住的社区没有重大不良影响。综上,对被告人张某甲依法适用缓刑。据此,依照《刑法》(2011年)第一百七十六条第一款、第七十二条第一款、第三款、第七十三条第二款、第三款、第六十四条以及《刑事诉讼法》(2012年)第一百九十五条第(三)项之规定,判决如下:

　　一、被告人张某甲犯非法吸收公众存款罪,判处有期徒刑三年,缓刑五年,并处罚金人民币十五万元。

　　二、被告单位某有限公司无罪。

　　三、责令被告人张某甲退赔庄某人民币二十万元;退赔刘某人民币十万元;退赔任某人民币二十万元;退赔高某人民币十一万五千元;退赔蒋某甲人民币四万七千元;退赔魏某人民币九万一千元;退赔王某甲人民币五万四千六百元;退赔卢某乙人民币十三万元;退赔卢某丙人民币十万元;退赔冯某人民币三十九万元;退赔张某丙人民币三十六万元;退赔蒋某乙人民币三十四万四千元;退赔仲某人民币三十三万元;退赔周某甲人民币四万元;

退赔徐某人民币五万元;退赔张某庚人民币十万元;退赔章某人民币九十八万元;退赔张某辛人民币十三万元;退赔张某壬人民币三十万元;退赔臧某人民币十二万元;退赔李某人民币二万元;退赔王某乙人民币八十一万元;退赔张某己人民币十六万元。

【案例简析】

该案的被告单位"某有限公司"因经营资金短缺,承诺给付高额利息,由被告人张某甲向张某丙等社会不特定对象吸收存款共计人民币552.4万元。被告人张某甲因承揽工程缺少资金,以支付高息为诱饵,向庄某等社会不特定对象吸收存款共计人民币175.5万元。张某甲是被告单位某有限公司的法定代表人。公诉机关起诉张某甲和某有限公司构成非法吸收公众存款罪,认为被告人张某甲为被告单位某有限公司实施非法吸收公众存款行为直接负责的主管人员和直接责任人员,应当以非法吸收公众存款罪追究其刑事责任。诉讼代表人张某乙的辩护人提出了涉案借款是否用于某有限公司的事实不清,故某有限公司不构成犯罪的辩护意见。而法院最终判决被告单位"某有限公司"无罪。其原因在于现有证据无法认定被告人张某甲的上述对外借款是用于单位,因而不构成单位犯罪。具体而言,一方面,承担举证责任的公诉机关未能提供被告单位某有限公司以单位名义非法吸收公众存款并将该存款用于本单位的证据。另一方面,关于大部分资金是否用于被告单位某有限公司,被告人在庭审中的辩解与在侦查机关时的供述相冲突,无法提供该资金用于本单位的证据。另外,被告单位某有限公司的另一名股东张某乙也否认该资金用于单位。因此,综合判断涉案借款是否用于"某有限公司"的事实不清,根据疑罪从无的原则,不构成单位犯罪。

【问题研讨】

该案在公诉、辩护与审判过程中需要注意以下问题:

其一,"违法所得归单位所有"的认定问题。依照《全国法院审理金融犯罪案件工作座谈会纪要》的规定,根据《刑法》和《单位犯罪解释》的规定,以单位名义实施犯罪,违法所得归单位所有的,是单位犯罪。而《非法集资案件意见》规定,单位实施非法集资犯罪活动,全部或者大部分违法所得归单位所有的,应当认定为单位犯罪。由此可见,"违法所得归单位所有"是单位犯罪成立的重要条件。而"违法所得归单位所有"的认定除却单位账户等实物证据的证明外,还应和被告人供述、证人证言等言词证据相印证。若证据之间不能相互印证或无证据证明违法所得归单位所有,则根据疑罪从无的原则,不能认定构成单位犯罪。

其二,案发前后已归还的数额仍应计入犯罪数额问题。根据统计,有约73.13%的案件未将案发前后归还的数额,作为量刑情节予以考量。有约26.87%的案件将案发前后归还的数额,作为量刑情节予以考量。从犯罪构成要件来看,非法吸收公众存款罪是行为犯,不属于占有型犯罪。被告人只要违反国家金融管理法律规定,实施了向社会不特定公众非法吸收公众存款的行为,其对国家金融管理秩序的破坏就已经形成,即符合非法吸收公众存款罪的构成要件,其所吸收的资金应认定为非法吸收公众存款罪的犯罪数额。对于案发前后被告人向集资参与人归还的数额,属于被告人对所吸收资金的事后处分,不影响犯罪性质的认定。将已归还数额计入犯罪数额可以更为全面客观地反映非法吸收公众存款的资金规模,更准确地判断其社会危害性的严重程度。从被告人归还的目的看,非法吸收公众存款罪的一个显著特征就是利诱性,是一种有偿集资行为,被告人向集资参与人承诺给付高额利息,在吸收到集资参与人存款之后也会给付一部分本金,目的是显示其自身实力,增强投资信心,从而留住现有的集资参与人,并且吸引更多投资者继续参与投资,其案发前归还部分本金的目的是便于其更进一步地从事非法吸收公众存款行为。因此,《非法集资司法解释》第六条第一款规定,非法吸收或者变相吸收公众存款的数额,以行为人所吸收的资金全额计算。在提起公诉前积极退赃退赔,减少损害结果发生的,可以从轻或者减轻处罚;在提起公诉后退赃退赔的,可以作为量刑情节酌情考虑。《非法集资案件意见》第五条第二款再次规定,非法吸收或者变相吸收公众存款的数额,以行为人所吸收的资金全额计算。

十五、不具备法人资格的运输服务站以支付高于银行利息的方式面向社会公众吸收存款无罪案

韩保英等非法吸收公众存款案①

【基本案情】

2000年1月至2014年3月,韩双山(已死亡)分别依托武安市大正洗煤有限公司、武安市大正教育经贸有限公司、武安市大正教育运输服务站,以支付高于银行利息的方式面向社会公众非法吸收存款,用于公司经营。期间,韩保英担任武安市大正洗煤有限公司法定代表人,韩保利在武安市大正洗煤有限公司、武安市大正教育经贸有限公司、武安市大正教育运输服务站对财务工作进行监管。经审计,武安市大正洗煤有限公司共吸收公众存款125783545元,武安市大正教育经贸有限公司共吸收公众存款17009722元,武安市大正教育运输服务站共吸收公众存款14588360元,无法明确单位名称的公众存款28390000元,三公司共计非法吸收公众存款1.7亿余元。

【检察院指控】

公诉机关认为,被告单位武安市大正洗煤有限公司、武安市大正教育经贸有限公司、武安市大正教育运输服务站非法吸收公众存款,数额巨大,严重扰乱社会金融秩序,被告人韩保英、韩保利与其父亲韩双山非法吸收公众存款,数额巨大,严重扰乱国家金融秩序,其行为已触犯《刑法》(2011年)第一百七十六条第一款之规定,已构成非法吸收公众存款罪。

【一审裁判】

一审河北省武安市人民法院认为,被告单位武安市大正洗煤有限公司、

---

① 参见河北省武安市人民法院刑事判决书(2014)武刑初字第434号。

武安市大正教育经贸有限公司、武安市大正教育运输服务站非法吸收公众存款,数额巨大,严重扰乱社会金融秩序,被告人韩保英、韩保利与其父亲韩双山非法吸收公众存款,其行为均已构成非法吸收公众存款罪,公诉机关指控罪名成立。依照《刑法》(2011年)第一百七十六条、第三十条、第三十一条,判决如下:

一、被告单位武安市大正洗煤有限公司、武安市大正教育经贸有限公司、武安市大正教育运输服务站犯非法吸收公众存款罪,各判处罚金50万元;

二、被告人韩保英犯非法吸收公众存款罪,判处有期徒刑八年,并处罚金20万元;被告人韩保利犯非法吸收公众存款罪,判处有期徒刑五年,并处罚金20万元。

【检察院抗诉】

邯郸市人民检察院检察员的出庭意见为韩保英、韩保利的上诉理由不成立,原判对二人的定性准确,量刑适当,建议维持对二上诉人的定罪量刑;并提出原审被告单位武安市大正教育运输服务站不具备单位犯罪的主体资格,建议依法纠正。

【二审辩护意见】

上诉人(原审被告人)韩保英、韩保利上诉均提出非法吸收公众存款行为是其父亲韩双山实施的,其没有参与,不构成非法吸收公众存款罪。

韩保英的辩护人辩护提出韩保英并非武安市大正洗煤有限公司真正意义上的法定代表人,也没有实际从事非法吸收公众存款的行为,不构成非法吸收公众存款罪。

韩保利的辩护人辩护提出武安市大正洗煤有限公司等三公司的涉案行为不符合最高人民法院司法解释中对非法吸收公众存款罪关于向社会公开宣传的要件,且所吸收的资金未用于转贷牟利,不构成非法吸收公众存款罪;韩保利不是三个公司直接负责的主管人员和直接责任人员,也未具体参与吸收存款,应宣告无罪。

【二审裁判】

对于上诉人(原审被告人)韩保英、韩保利上诉所提非法吸收公众存款是其父亲韩双山实施的,其没有参与;韩保英的辩护人所提韩保英并非武安市大正洗煤有限公司真正意义上的法定代表人,也没有实际从事非法吸收公众存款的行为;韩保利的辩护人所提韩保利不是三个公司直接负责的主管人员和直接责任人员,也未具体参与吸收存款的上诉和辩护意见,法院综合评判认为:韩保英系经合法登记确认的武安市大正洗煤有限公司的法定代表人,多名证人证言均可证实其法定代表人身份是公开并被他人所知悉的,相关书证证实其本人也曾代表武安市大正洗煤有限公司对外出具担保函,并有证人李某3、任某等人证言证实韩保英对韩双山依托武安市大正洗煤有限公司对外吸收公众存款明知且部分参与,故可以认定上诉人(原审被告人)韩保英作为武安市大正洗煤有限公司的法定代表人,明知韩双山依托该公司非法吸收公众存款而予以放任,并部分参与的事实;根据韩保利本人供述以及证人任某、野芙华等人的证言,可以认定上诉人(原审被告人)韩保利在武安市大正洗煤有限公司、武安市大正教育经贸有限公司、武安市大正教育运输服务站共用的财务室担任会计,负责要账及对财务的监管工作,并参与制定三公司吸收公众存款利率等工作。故上述上诉和辩护意见均与事实不符,不予采纳。

法院认为,原审被告单位武安市大正洗煤有限公司、武安市大正教育经贸有限公司非法吸收公众存款,扰乱金融秩序,数额巨大,均已构成非法吸收公众存款罪。上诉人(原审被告人)韩保英系原审被告单位武安市大正洗煤有限公司的法定代表人,系该公司非法吸收公众存款单位犯罪直接负责的主管人员;上诉人(原审被告人)韩保利系原审被告单位武安市大正洗煤有限公司、武安市大正教育经贸有限公司负责财务监管的会计,系二公司非法吸收公众存款单位犯罪的直接责任人员。二上诉人的行为亦均构成非法吸收公众存款罪。

对于韩保利的辩护人辩护提出武安市大正洗煤有限公司等三公司的涉案行为不符合最高人民法院司法解释中对非法吸收公众存款罪关于向社会公开宣传的要件,且所吸收的资金未用于转贷牟利,不构成非法吸收公众存款罪的意见。经查,证人野来元证实韩双山见人就口头宣传往公司存钱出2分利,证人郭某甲证实韩双山让武安市东马庄村的村民介绍自己的亲戚往公司存款,证人王某甲证实听朋友说往韩双山的公司存款给的利息很高后,前往该公司存款,证人马某所、师某某等人均证实经他人介绍,知道韩双山的公司给的利息很高后将钱存到韩双山的公司。故可以认定韩双山采取口口相传的方式对外广泛宣传,以高息为诱饵吸收公众存款的行为,其行为符合2010年《非法集资司法解释》(已修改)中关于非法吸收公众存款罪公开性的规定。至于所吸收的资金是否用于转贷牟利,并非认定非法吸收公众存款行为的要件。故该辩护意见不予采纳。

对于邯郸市人民检察院检察员提出原审被告单位武安市大正教育运输服务站不具备单位犯罪的主体资格的意见,经查,根据卷内武安市大正教育运输服务站的营业执照及组织机构代码证的记载,武安市大正教育运输服务站不具有法人资格,不属于我国刑法规定的单位犯罪的主体,故原判认定原审被告单位武安市大正教育运输服务站构成非法吸收公众存款罪,并处以罚金不当,应予纠正。对检察员的该意见予以采纳。

原判决认定上诉人(原审被告人)韩保英、韩保利及原审被告单位武安市大正洗煤有限公司、武安市大正教育经贸有限公司犯非法吸收公众存款罪的事实和适用法律正确,量刑适当,审判程序合法。依照《刑事诉讼法》(2012年)第二百二十五条第一款第(一)项、第(二)项、第二百三十一条、第一百九十五条第(二)项、第二百三十三条的规定,判决如下:

一、驳回上诉人(原审被告人)韩保英、韩保利的上诉,维持武安市人民法院(2014)武刑初字第434号刑事判决对原审被告单位武安市大正洗煤有限公司、武安市大正教育经贸有限公司和上诉人(原审被告人)韩保英、韩保利的判决部分,即被告单位武安市大正洗煤有限公司、武安市大正教育经贸有限公司犯非法吸收公众存款罪,各判处罚金50万元。被告人韩保英犯非法吸收公众存款罪,判处有期徒刑八年,并处罚金20万元。被告人韩保利犯非法吸收公众存款罪,判处有期徒刑五年,并处罚金20万元;

二、撤销武安市人民法院(2014)武刑初字第434号刑事判决对原审被告单位武安市大正教育运输服务站的判决部分,即被告单位武安市大正教育运输服务站犯非法吸收公众存款罪,判处罚金50万元;

三、原审被告单位武安市大正教育运输服务站无罪。

本判决为终审判决。①

【案例简析】

韩双山依托武安市大正洗煤有限公司、武安市大正教育经贸有限公司、武安市大正教育运输服务站,以支付高于银行利息的方式面向社会公众非法吸收存款,用于公司经营。其中武安市大正洗煤有限公司共吸收公众存款125783545元,武安市大正教育经贸有限公司共吸收公众存款17009722

---

① 参见河北省邯郸市中级人民法院刑事判决书(2015)邯市刑终字第191号。

元,武安市大正教育运输服务站共吸收公众存款14588360元,无法明确单位名称的公众存款28390000元,三公司共计非法吸收公众存款1.7亿余元。韩保英作为武安市大正洗煤有限公司的法定代表人,韩保利作为武安市大正洗煤有限公司、武安市大正教育经贸有限公司、武安市大正教育运输服务站的会计属于非法吸收公众存款单位犯罪的直接责任人员,构成非法吸收公众存款罪。韩双山已经死亡,根据《刑事诉讼法》第十六条的规定,犯罪嫌疑人、被告人死亡的,不追究刑事责任。一审法院判决被告单位武安市大正洗煤有限公司、武安市大正教育经贸有限公司、武安市大正教育运输服务站构成非法吸收公众存款罪,而二审中检察院提出原审被告单位武安市大正教育运输服务站不具备单位犯罪的主体资格,建议依法纠正,二审法院查明根据武安市大正教育运输服务站的营业执照及组织机构代码证的记载,武安市大正教育运输服务站不具有法人资格,撤销一审法院对原审被告单位武安市大正教育运输服务站的判决部分,判决武安市大正教育运输服务站无罪。

【问题研讨】

该案需要注意的问题是:根据《刑法》第三十条之规定,单位犯罪的主体包括公司、企业、事业单位、机关、团体。根据《单位犯罪解释》第一条之规定,公司、企业、事业单位,既包括国有、集体所有的公司、企业、事业单位,也包括依法设立的合资经营、合作经营企业和具有法人资格的独资、私营等公司、企业、事业单位。同时,《单位犯罪解释》第二条规定,个人为进行违法犯罪活动而设立的公司、企业、事业单位实施犯罪的,或者公司、企业、事业单位设立后,以实施犯罪为主要活动的,不以单位犯罪论处。可见,单位是否依法设立并合法经营、是否具有法人资格是认定单位主体资格的主要考量因素。而营业执照及组织机构代码证是判断法人资格的重要标准。营业执照分为记载法定代表人和负责人两种,记载法定代表人的《营业执照》表明是有独立法人资格的单位,而记载负责人的《营业执照》表明是无独立法人资格的单位。组织机构代码证有12种类型,包括企业法人、企业非法人;事业法人、事业非法人;社团法人、社团非法人;机关法人、机关非法人;个体、工会法人、民办非企业组织和其他类型。其中企业非法人、事业非法人、社团非法人、机关非法人、个体等都不具有法人资格。

十六、个人独资企业以该厂生产经营需要资金为由,以高利息向当地群众吸收存款无罪案

唐山市丰润区永烽钢管厂等
非法吸收公众存款案①

【基本案情】

唐山市丰润区永烽钢管厂(以下简称"永烽钢管厂")于2009年成立,该厂为个人独资企业。被告人李德青与被告人李某甲为父子关系,被告人李某甲为该厂登记的投资人,被告人李德青为该厂的实际经营人。

永烽钢管厂自2009年开始至2012年8月生产经营期间,被告人李德青以该厂生产经营需要资金为由,以年息10%至15%不等的高利息,向唐山市丰润区欢喜庄乡及周边等地157名群众非法吸收存款161439160元,已付利息26557109元,返还本金3200000元。后李德青将所得集资款全部借贷给陈某(另案处理)的新疆冀丰钢铁有限公司牟取高利息。被告人李某甲参与该厂的经营管理,对被告人李德青非法吸收公众存款的行为未予制止。

上述事实,有公诉机关提交并经庭审质证、认证的下列证据予以证明:(1)证人刘某甲的证言,证实其在永烽钢管厂存过集资款,2010年10月份,其去送集资款的时候碰到过李某甲。(2)证人徐某甲的证言,证实其曾经两次去永烽钢管厂送集资款碰到过李某甲,李某甲让徐某乙给其办理的手续。(3)证人刘某乙的证言,证实其去永烽钢管厂送集资款碰到过李某甲。(4)证人赵某甲(永烽钢管厂会计)的证言,证明永烽钢管厂集资的具体情况及集资的事情永烽钢管厂的人都知道。(5)证人徐某乙(永烽钢管厂会计)的证言,证明李德青以永烽钢管厂的名义集资,票据上盖着永烽钢

---

① 参见河北省唐山市丰润区人民法院刑事判决书(2013)丰刑初字第430号。

管厂的财务章,对集资这件事是默认的。(6)证人李某乙的证言,证明李某甲负责永烽钢管厂的采购。(7)证人赵某乙等61人的证言,证明其把钱集资到永烽钢管厂。(8)证人李某壬的证言,证明其借给李德青1450万元,李德青并未有过还款行为。(9)证人安某乙的证言,证明其借给李德青500万元,2012年8月5日其从永烽钢管厂拉走980.66吨带钢。(10)证人徐某戊的证言,证明其在李德青处集资了120万元左右,案发后李德青没有还过其钱。案发后其种了李德青在西偏坨村买的15亩地。(11)证人姚某的证言,证明2012年8月4日,其给永烽钢管厂送了三车带钢,这批钢价值966900元,李德青将其位于新新家园的两套住房给其顶账。(12)证人肖某乙的证言,证明李德青出了150多万元在其村买了89.11亩地。……(20)证人赵某子的证言,证明其有4亩地卖给了李德青,价值为9万元,李德青给其9万元集资条。后来案发其就把这4亩地要回来了;其女儿赵年杰和李某甲是同学,是李某甲找其女儿赵年杰,让她集点钱。(21)证人李某子的证言,证明将其家4.3亩地卖给了李德青,李德青给了其7万元的集资条,案发后,其又把这4.3亩地要回来了,把双方的集资条给撕了。(22)证人梁某玉的证言,证明将其家6亩地卖给了李德青,李德青给了其集资条,案发后,其又把地卖给了刘某涛。(23)证人牛某的证言,证明案发后的一个月李德青的妻子给了其1万元钱。(24)证人李某丑的证言,证明李德青还了其4000元钱。(25)证人张某乙的证言,证明刘庆涛替李德青给了其2万元,赵某丑的妻子替李德青还了其2万元。(26)证人陈某的证言,证明其从李德青处集资2.6亿元,支付利息约1.2亿元,用于新疆公司的生产经营、返息、缴纳税款等。(27)证人赵某丑的证言,证明其经手帮陈某向李德青集资款项。(28)唐山华信司法会计鉴定中心出具的司法会计鉴定意见书,证明有损失涉案人员117人(涉及集资者157人),集资本金约161439160元,已付利息26557109元,已返还本金3200000元,实际损失131682051元。无损失涉案人员9人(涉及集资者9人),集资本金余额0元,已付利息3270689元,实际盈余3270689元。

另外,还包括被告单位永烽钢管厂、被告人李德青、李某甲的资金往来结果清单,证明被告单位永烽钢管厂、被告人李德青、李某甲与陈某及被吸收存款涉案人员之间的银行资金往来情况;证人陈某给被告人李德青开具的收据、借条、证人陈某与被告人李德青签订的借款协议;唐山华信司法会计鉴定中心唐华信(2013)会鉴字第13号司法会计鉴定意见书,证明被告人李德青转入证人陈某、赵某丑卡中金额为 500140000 元,证人陈某、赵某丑卡中转出金额为 350442350 元,被告人李德青净转入证人陈某、赵某丑卡中金额为 149697650 元。

被告人李德青供述:我以前集资都是永烽钢管厂周转经营使用,大概也就集资 300 万元到 500 万元,后来集资是因为给陈某用;开始集资是我跟朋友和邻居借款,然后他们又以人传人的形式传播开了;我们村的基本都是我去投资人家里取,附近村的基本是送永烽钢管厂,距离远些和大额的就打到我的农行卡上;我集资使用的是永烽钢管厂的名义,给投资人开具收据,加盖永烽钢管厂的财务章;集资涉及人员大概 150 人;从 2011 年 8 月 26 日开始,我陆续借钱给陈某,共给了他 2.75 亿元。

被告人李某甲供述:我是永烽钢管厂的投资人,主管采购、销售。实际上永烽钢管厂是我爸李德青的;我不知道永烽钢管厂集资了多少钱。

【检察院指控】

唐山市丰润区人民检察院指控,被告单位永烽钢管厂于 2009 年成立,被告人李某甲为该厂投资人,被告人李德青为该厂的实际经营人。

被告单位永烽钢管厂自 2009 年开始至 2012 年 8 月生产经营期间,被告人李德青、李某甲以该厂生产经营需要资金为由,以年息 10% 至 15% 不等的高利息,向丰润区欢喜庄乡及周边等地 157 名群众非法吸收存款 161439160 元,已付利息 26557109 元,返还本金 3200000 元。后李德青将所得集资款全部借贷给陈某(另案处理)的新疆冀丰钢铁有限公司牟取高利息。

公诉机关就上述事实向法庭提交了相应的证据。

公诉机关认为,被告单位永烽钢管厂、被告人李德青、李某甲非法吸收公众存款,数额巨大,其行为已构成非法吸收公众存款罪,请求依照《刑法》(2011 年)第一百七十六条之规定判处。

【辩护意见】

被告单位永烽钢管厂的诉讼代表人李某乙对公诉机关指控的事实予以供认。

辩护人李军辩称,被告单位永烽钢管厂在案发前后通过被告人李德青个人的积极筹集,以及出售被告单位物品已偿还部分款项,挽回部分经济损失,对被告单位永烽钢管厂应处以较轻的罚金。

被告人李德青对公诉机关指控的事实予以供认。

辩护人李馈辩称,被告人李德青具有法定的自首、立功情节,应当从轻处罚;被告人李德青系初犯,主观恶性小,应从轻处罚;被告人李德青积极退还被害人欠款,得到了被害人的谅解,应从轻处罚。

被告人李某甲对公诉机关指控的事实予以供认。

辩护人么民富辩称,该案中所吸收的存款均是被告人李德青一人所为,利息的发放也是李德青所为,涉及吸收存款的事情,被告人李某甲是在被告人李德青报案后才知道此事,因此李某甲没有参与向丰润区欢喜庄乡周边等地157名群众非法吸收存款、支付利息、返还本金的行为;被告人李某甲不存在吸收公众存款的故意,不存在个人犯罪的情节,因此被告人李某甲无罪。

【法院裁判】

法院审理认为,被告单位永烽钢管厂为个人独资企业,不具有法人资格,不符合单位犯罪的主体要件,故被告单位永烽钢管厂不构成非法吸收公众存款罪,公诉机关的指控不能成立。被告人李德青作为永烽钢管厂的实际经营人,以该厂的名义非法吸收公众存款,数额巨大,其行为已构成非法吸收公众存款罪。被告人李德青与被告人李某甲系父子关系,被告人李某甲作为永烽钢管厂的投资人,参与该厂的经营管理,明知被告人李德青以永烽钢管厂的名义对外非法吸收公众存款的行为而未予制止,被告人李某甲的行为亦构成非法吸收公众存款罪。被告人李某甲在犯罪中所起的作用较小,是从犯,予以从轻处罚。被告人李德青、李某甲犯罪后如实供述自己的罪行,自愿认罪、悔罪,予以从轻处罚。对辩护人么民富关于李某甲不构成非法吸收公众存款罪的辩解意见,法院不予采信。被告人李德青系传唤到案,对辩护人李馈关于被告人李德青构成自首的辩解意见,法院不予采信。被告人李德青认为陈某诈骗其钱款,在2012年8月5日到唐山市公安局经侦支队报案,被告人李德青对陈某行为的供述属于如实供述,没有证据证明被告人李德青有揭发他人犯罪行为的立功表现,对辩护人李馈关于被告人李德青构成立功的辩解意见,法院不予采信。为维护社会主义市场经济秩序和国家金融管理秩序,惩治犯罪,依照《刑法》(2011年)第一百七十六条、第二十五条第一款、第三十条、第二十七条、第六十一条、第六十七条第三款、第六十四条、第七十二条第一款、第二款、第七十三条第二款、第三款、《单位犯罪解释》第一条、《刑事诉讼法》(2012年)第一百九十五条第

(二)项之规定,判决如下:

一、被告单位永烽钢管厂无罪。

二、被告人李德青犯非法吸收公众存款罪,判处有期徒刑七年,并处罚金30万元。

三、被告人李某甲犯非法吸收公众存款罪,判处有期徒刑三年,缓刑五年,并处罚金10万元。

四、禁止被告人李某甲在五年内从事高消费活动(禁止令期限自判决确定之日起计算)。

五、对被告人李德青、李某甲的非法所得依法予以追缴并退赔。

【案例简析】

该案的李某甲和李德青分别作为个人独资企业永烽钢管厂的投资人和实际经营人,在永烽钢管厂2009年开始至2012年8月的生产经营期间,以该厂生产经营需要资金为由,以年息10%至15%不等的高利息,向丰润区欢喜庄乡及周边等地157名群众非法吸收存款161439160元,已付利息26557109元,返还本金3200000元。公诉机关认为,被告单位永烽钢管厂、被告人李德青、李某甲非法吸收公众存款,数额巨大,其行为已构成非法吸收公众存款罪。被告单位永烽钢管厂的诉讼代表人李某乙对公诉机关指控的事实予以供认。而法院判决被告单位永烽钢管厂无罪,其缘由是被告单位永烽钢管厂为个人独资企业,不具有法人资格,不符合单位犯罪的主体要件。其中被告人李某甲对公诉机关指控的事实予以供认。而其辩护人么民富作出了无罪辩护,称该案中所吸收的存款均是被告人李德青一人所为,利息的发放也是李德青所为,涉及吸收存款的事情,被告人李某甲是在被告人李德青报案后才知道此事,因此李某甲没有参与向丰润区欢喜庄乡周边等地157名群众非法吸收存款、支付利息、返还本金的行为;被告人李某甲不存在吸收公众存款的故意,不存在个人犯罪的情节。而法院认为,被告人李某甲作为永烽钢管厂的投资人,参与该厂的经营管理,明知被告人李德青以永烽钢管厂的名义对外非法吸收公众存款的行为而未予制止,被告人李某甲的行为亦构成非法吸收公众存款罪。可见,即使没有参与非法吸收公众存款的行为,作为个人独资企业的投资人明知实际经营人的非法吸收公众存款行为而未予制止,构成非法吸收公众存款罪的共同犯罪。

【问题研讨】

该案需要注意的问题是:个人独资企业不属于单位犯罪主体。根据

《刑法》第三十条之规定,单位犯罪的主体包括公司、企业、事业单位、机关、团体。根据《单位犯罪解释》第一条之规定,公司、企业、事业单位,既包括国有、集体所有的公司、企业、事业单位,也包括依法设立的合资经营、合作经营企业和具有法人资格的独资、私营等公司、企业、事业单位。同时,《单位犯罪解释》第二条规定,个人为进行违法犯罪活动而设立的公司、企业、事业单位实施犯罪的,或者公司、企业、事业单位设立后,以实施犯罪为主要活动的,不以单位犯罪论处。由此,具有法人资格是单位主体资格的必备因素。而个人独资企业,是指依照《个人独资企业法》在中国境内设立,由一个自然人投资,财产为投资人个人所有,投资人以其个人财产对企业债务承担无限责任的经营实体。因个人独资企业投资人以其个人财产对企业债务承担无限责任,所以个人独资企业不具有独立法人资格,也就无法成为单位犯罪的主体。

十七、合伙人对外借款形成借后款补前款及利息恶性循环无罪案

盘县平关平迤煤矿等
非法吸收公众存款案①

【基本案情】

盘县平某镇小岩子煤矿并购盘县平某镇龙家地煤矿后,于2008年4月2日变更名称为盘县平关平迤煤矿(以下简称"平迤煤矿"),工商登记为个人独资企业,2008年8月15日,变更登记为合伙企业,合伙人有胡士卫、张保国、刘某2、陈某,胡士卫为执行事务合伙人,煤矿的实际合伙份额状况为张保国占79%,刘某2占10%,陈某占2%,胡士卫占5%,余下4%的份额属于支付胡士卫个人的报酬。平迤煤矿成立后,经营范围确定为原煤的开采及销售,由于开采规模不断调整,平迤煤矿在生产的同时进行扩大规模的整改建设,在建设过程中,因煤矿缺乏资金周转,合伙人张保国、胡士卫、刘某2、陈某达成合意,通过对外借款作为资金来源。从2008年开始至2013年12月期间,被告人张保国本人及安排其儿子顾某1、社会人员邹某、胡某1、胡某2等人与合伙人胡士卫、陈某、刘某2共同或分别以3%至8%不等的月息,向黎某等30人吸收资金。其中,查明向黎某借款281.2万元、向何某1借款140万元、向孙某1借款24万元、向张某1借款75万元、向蔡金构借款100万元、向孙某2借款43万元、向赵某1借款1500万元、向赵某7借款100万元、向沈某借款186万元、向马灯利借款186万元、向赵某3借款500万元、向赵某4借款290万元、向薛某借款280万元、向谢某借款200万元、向黄某借款50万元、向钟某2借款60万元、向顾某4借款200万元、向李某1借款1000万元、向胡某2及王某2借款580万元、向何某4借款2070万

---

① 参见贵州省盘州市人民法院刑事判决书(2016)黔0222刑初237号。

元、向吕某借款 300 万元、向支某借款 3000 万元、向何某 6 借款 8472 万元、向唐某借款 3000 万元,共计 22637.2 万元,所吸收的资金逐渐形成借后款补前款及利息的恶性循环。

【检察院指控】

贵州省盘县人民检察院指控:2002 年 9 月,盘县平某镇的韩某投资新建平迤煤矿,2004 年,韩某将股份全部转让给张保国,张保国转让 9%的股份给胡士卫,10%的股份给刘某 2,给陈某 2%的股份。平迤煤矿股东转变为张保国、胡士卫、刘某 2、陈某。后来平迤煤矿一直扩大规模整改,并没有实际投产,因为要投资,张保国从 2008 年开始借钱,因为没有效益,投资的钱都是借的。从 2008 年月利息 3 分,2011 年开始借 5 分以上的月利息,最高利息是月利息 8 分。张保国在经营平迤煤矿期间,本人及安排煤矿各股东、其儿子顾某 1、社会人员邹某、胡某 1、胡某 2 等人以高利息为诱饵,向 37 人吸收资金 41506.8 万元(在法庭审理过程中,公诉机关明确 36 人的姓名及 41506.8 万元金额如下:张某 1 借款 75 万元、孙某 1 借款 25 万元、赵某 4 借款 290 万元、孙某 2 借款 53 万元、薛某借款 444 万元、黎某借款 281.2 万元、蔡金构借款 100 万元、谢某借款 188 万元、黄某借款 50 万元、赵某 1 借款 1500 万元、钟某 2 借款 60 万元、顾某 4 借款 280 万元、顾某 3 借款 11 万元、李某 1 借款 1000 万元、李某 2 借款 75 万元、胡某 2 借款 463 万元、何某 4 借款 2270 万元、陈金华借款 600 万元、赵某 3 借款 2468 万元、杨某 2 借款 312.6 万元、吕某借款 300 万元、耿某 8 借款 207 万元、支某借款 3600 万元、何某 6 借款 8472 万元、戈某借款 1650 万元、何某 5 借款 20 万元、朱某 2 借款 50 万元、王某 1 借款 380 万元、马灯利借款 186 万元、沈某借款 186 万元、陈大会借款 90 万元、唐某借款 2780 万元、何某 1 借款 290 万元、赵某 7 借款 100 万元、王某 2 借款 850 万元、何某 3 借款 1800 万元)。

张保国因平迤煤矿效益不景气,未开股东会,也未告诉各股东,将其掌握的平迤煤矿在富源账户中的存款提取 2650 万元,收购了云南维西铜业有限公司和云南宝策矿业有限公司。其中,云南宝策矿业有限公司法定代表人变更为张保国的儿子顾某 1,云南维西铜业有限公司法定代表人变更为张保国。

为指控上述犯罪事实,公诉机关提供了被告人供述、证人证言、书证等证据,认为被告单位平迤煤矿的行为已触犯《刑法》(2015 年)第一百七十六条之规定,应当以非法吸收公众存款罪追究其刑事责任,建议对被告单位平遥煤矿判处罚金;被告人张保国的行为已触犯《刑法》(2015年)第一百七十六条、第二百七十二条之规定,应当以非法吸收公众存款罪、挪用资金罪追究其刑事责任,建议对被告人张保国犯非法吸收公众存款罪在有期徒刑七年以上九年以下量刑、犯挪用资金罪在有期徒刑五年以上七年以下量刑,实行数罪并罚。

【辩护意见】

被告单位平遥煤矿的诉讼代表人胡士卫提出,公诉机关提供的证据不能证实被告单位实施了向社会公开宣传及向社会不特定对象吸收资金的行为,所有借款对象均系特定的社会关系人,主观上没有非法吸收公众存款的故意,股东以煤矿名义所借款项未召开股东会决议,虽用于煤矿生产,但不能认定为单位犯罪,故公诉机关指控平遥煤矿构成非法吸收公众存款罪单位犯罪的指控不能成立,不应对单位判处罚金。被告单位的诉讼代表人胡士卫向法庭提交了业务委托书复印件二份、支付系统专用凭证复印件二份、贵州银行股份有限公司账户历史交易明细清单一份及个人业务凭证,证实向杜昌乾账户支付的200万元储量监察报告款,是其从何某3处借来为煤矿支付的;提交二级明细账、记账凭证清单,证实平遥煤矿与宝源公司之间存在业务往来,向保明理借款500万元用于煤矿;提交三级明细账及陈某签名的统计表,证实向吕某借款部分已偿还利息的情况;提交陈某银行汇款登记表,证实对打入陈某账户的资金付出情况进行了统计;提交陈某署名的还息统计表,证实对相关借款的还息统计;提交刘某2署名的曲靖陈金华600万资金使用明细,证实刘某2统计了从陈金华处借到510万元款项的支出明细。

被告人张保国提出其不是和韩某投资设立的平遥煤矿,煤矿开始是有效益的,后期没有效益才开始借钱,自己没有安排他人以高息为诱饵非法吸收资金,不构成非法吸收公众存款罪;用于购买云南维西铜业有限公司和云南宝策矿业有限公司的钱部分来源于自己卖其他煤矿所得,部分是自己借的钱,只是从平遥煤矿的公账上过账,并不是挪用煤矿的钱,故自己不构成挪用资金罪。在法庭审理过程中,被告人张保国认可向黎某等27人借款,但向耿某、何某6、王某1、钟某2、戈某、何某3、何某4、赵某4借款的金额与实际不符,且还了何某1、耿某、支某的部分借款,赵某1的借款还了50万元,向支某的借款属于向小额公司借款,未向顾某3、吕某、陈金华、芦荡、何某5、陈大会借款,与杨某所在的宝源煤业有限公司之间有业务往来,应提供证据证实借款金额为多少,胡某2的借款不清楚去向,没有凭证证实自己收到款项,向薛某借款的本金是300万元,向黄某借款的金额是50万,向李某2的借款已经全部偿还。

被告人张保国的辩护人范飞提出的辩护意见是:公诉机关提供的由平某司法所制作的相关证据,因制作主体并非侦查机关,不能作为证据使用;对借条中加盖平迤煤矿印章的借款,虽借款人处有被告人张保国的签字,但该借款系平迤煤矿的行为而非被告人张保国的个人行为;对仅有借条而无相应汇款凭证的借款部分,不能确定存在真实的借款关系;对借款未汇入被告人张保国的账户及借条上借款人未有被告人张保国签字的,与被告人张保国无关;对相关汇款凭证记载为货款或煤款等用途,与借款无关的部分,与被告人张保国无关;侦查机关收集的借条、汇款凭证等证据均为复印件,未提供原件,证人证言没有证据印证,故不应作为该案的证据使用;在侦查、审判阶段收集的证据不具有合法性,不应作为该案的证据使用。

综上,公诉机关指控被告人张保国犯非法吸收公众存款罪及挪用资金罪的事实不清,证据不足,且该案中借款的主体是平迤煤矿而非张保国个人,张保国本人没有非法吸收公众存款的主观故意,且借款对象特定,利息约定系由出借人一方提出,被告人张保国没有实施向社会公开宣传并以高利回报为诱饵吸收资金的行为,故不应以非法吸收公众存款罪对被告人张保国定罪量刑;被告人张保国用于购买云南维西铜业有限公司和云南宝策矿业有限公司的资金属个人资金,公诉机关提供的证据不能明确被告人张保国挪用资金的数额、来源及是否属于煤矿资金,故被告人张保国的行为不构成挪用资金罪。

被告人张保国的辩护人秦宁提出的辩护意见是:该案中公诉机关用于指控被告人张保国犯非法吸收公众存款罪及挪用资金罪的证据存在重大瑕疵,不应作为该案定罪量刑的证据使用。对被告人张保国认可的借款部分,属于亲友等特定社会关系人的借款,不应计入被告人张保国非法吸收公众存款的范畴予以定罪量刑;对被告人张保国不予认可的借款部分,没有借款合同,仅有借条而无银行流水印证或银行流水与借款合同不相符的借款部分,应依法进行认定;指控被告人张保国安排人员以高额利息为诱饵吸收社会公众存款的事实,没有证据证实,不应认定;向赵某3借款的部分,已经生效判决未予认定,故指控不能成立;综上,公诉机关指控被告人张保国犯非法吸收公众存款罪的事实及金额均不明确,虽对公诉机关指控其构成非法吸收公众存款罪无异议,但应在查明事实及金额的基础上,依照"疑罪从无、疑罪从轻"的原则定罪量刑,且应考虑该案非法吸收公众存款属单位犯罪行为,且事出有因,不应由被告人张保国一人承担,且部分借款已归还,其主观恶性相较同类型犯罪明显较轻,煤矿评估价值已足以清偿所有借款,被告人张保国具有自首情节,认罪态度较好,对大多数借款定性为犯罪的范畴,会带来社会不良效应。对指控被告人张保国构成挪用资金罪部分,因被告人张保国用于购买云南维西铜矿有限公司及云南宝策矿业有限公司的款项系其转让其他煤矿所得,仅是流经平迤煤矿账户后进行提取,被告人张保国的行为不符合挪用资金罪的主客观构成要件,亦未侵犯煤矿各股东的财产权益,其行为不构成挪用资金罪。

被告人张保国的辩护人向法庭提交了股东决议书二份,用于证实平迤煤矿的四大股东对向外借款的事实均是明知的;提交云南平证资产评估有限公司评估报告一份,证实平迤煤矿具有充分的还款能力,不存在资不抵债的情形;提交合伙经营协议书及关于富源县后所镇李家屋场煤矿股权转让结算单各一份,证实张保国是李家屋场煤矿的合伙人,2011年10月22日,就以3650万元的价格转让李家屋场煤矿给杨佳州的账目进行了结算,转让款已付清。

【法院裁判】

法院认为,被告人张保国在经营平迤煤矿期间,违反国家金融管理法规,以为煤矿筹集建设资金为由,通过约定高息回报的方式向社会不特定对象25人吸收资金共计人民币22637.2万元,数额巨大,其行为已构成非法吸收公众存款罪。公诉机关指控被告人张保国构成非法吸收公众存款罪的罪名成立,但指控被告人张保国向36人吸收资金41506.8万元的事实,因公诉机关提供的证据不能证实在平迤煤矿成立前相关款项的来源及性质,指控向顾某3、芦荡、何某5、杨某、陈金华、朱某2、李某2借款的证据不足,现有证据虽证实了张保国向耿某、戈某、王某1等人借款的事实,但证实借款金额的证据不足,故应按查明的事实即向25人吸收资金22637.2万元予以认定。被告人张保国主动到公安机关投案,并如实供述了向多人借款的主要犯罪事实,系自首,依法给予从轻处罚。

公诉机关指控被告单位平迤煤矿犯非法吸收公众存款罪的事实及罪名,因平迤煤矿属合伙企业,不属于法律规定的公司、企业、事业单位、机关、团体的范围,不是单位犯罪的主体,且对单位犯罪指控的犯罪事实不清,金额不明,指控不能成立,应宣告被告单位平迤煤矿无罪。被告人单位的诉讼代表人提出被告单位不构成非法吸收公众存款罪,不应对单位判处罚金的辩解意见,予以采纳。公诉机关指控被告人张保国犯挪用资金罪的事实及罪名,因公诉机关提供的证据证实平迤煤矿开立多个公账账户,其中平迤煤矿开立的尾号为3012账户未确定煤矿的财务人员进行专门管理,而由张保国长期掌握和使用,3012账户上的资产无证据证实属于平迤煤矿所有,张保国从3012账户转账用于购买云南维西铜业有限公司和云南宝策矿业有限公司及经营公司的款项,不能认定是张保国挪用平迤煤矿的资金,故公诉机关指控被告人张保国犯挪用资金罪的事实及罪名不能成立。被告人张保国及其辩护人提出其行为不构成挪用资金罪的辩解、辩护意见及理由,予以采纳。

对被告人张保国提出自己没有安排他人以高息为诱饵非法吸收资金,不构成非法吸收公众存款罪的辩解意见及其辩护人提出该案借款的主体是平迤煤矿而非张保国个人,属单位犯罪;辩护人范飞提出被告人张保国主观上没有非法吸收公众存款罪的故意,且借款对象特定,被告人张保国没有实施向社会公开宣传并以高利回报为诱饵吸收资金的行为;辩护人秦宁提出对被告人张保国认可的借款部分,属于向亲友等特定社会关系人的借款,不应计入被告人张保国非法吸收公众存款的范畴予以定罪量刑,被告人张保国没有安排人员以高额利息为诱饵吸收社会公众存款事实的辩护意见。经查,被告人张保国为向社会公众吸收资金,与其合伙人达成合意进行借款,并在其签字的借条上加盖平迤煤矿的公章,默许给出借人月息3分至8分的高额利息,且其亲友向不特定对象吸收资金,其行为符合非法吸收公众存款罪的法律规定,应以非法吸收公众存款罪定罪处罚,故上述辩解及辩护意见,理由不能成立,不予采纳。

对被告人张保国的辩护人范飞提出对仅有借条而无相应汇款凭证的借款部分,不能确定存在真实的借款关系;对未汇入被告人张保国账户及借条上借款人未有被告人张保国签字的,与被告人张保国无关;对相关汇款凭证记载为货款或煤款等用途,与借款无关的部分,与被告人张保国无关的辩护意见,对与审理查明的事实相符的部分,予以采纳,对与审理查明的事实不相符的部分,不予采纳。

对被告人张保国的辩护人秦宁提出对其不予认可的借款部分,没有借款合同、仅有借条而无银行流水印证或银行流水与借款合同不相符的借款部分,应依法进行认定的辩护意见,予以采纳;提出向赵某3借款的部分,已经生效判决未予认定,故指控不能成立的辩护意见,因公诉机关提供的证据已证实张保国向赵某3借款的事实,故对该辩护意见不予采纳;提出应根据查明的事实及金额对被告人张保国定罪量刑的辩护意见予以采纳;提出该案事出有因,不应由被告人张保国一人承担,部分借款已归还,其主观恶性相较同类犯罪明显较轻,煤矿评估价值已足以清偿所有借款,对大多数借款定性为犯罪的范畴,会带来社会不良效应的辩护意见,理由不能成立,不予采纳;提出被告人张保国具有自首情节的辩护意见,与庭审查明的事实相符,予以采纳;提出张保国认罪态度较好的辩护意见,因张保国只供述了其主要犯罪事实,且在庭审中否认其构成非法吸收公众存款罪,故该辩护意见不予以采纳。

依照《刑法》(2015年)第一百七十六条第一款,第六十七条第一款,第六十四条,《刑事诉讼法》(2012年)第一百九十五条第(二)项,2010年《非法集资司法解释》(已修改)第一条、第三条第二款第(一)项之规定,判决如下:

一、被告单位平迤煤矿无罪。

二、被告人张保国犯非法吸收公众存款罪,判处有期徒刑八年六个月,并处罚金人民币38万元。

三、对被告人张保国的违法所得人民币22637.2万元继续追缴,追缴后发还被害人。

【案例简析】

本案中,盘县平某镇小岩子煤矿并购盘县平某镇龙家地煤矿后,变更名称为平迤煤矿,工商登记为个人独资企业,之后又变更登记为合伙企业,合伙人有胡士卫、张保国、刘某2、陈某,其中胡士卫为执行事务合伙人。平迤煤矿成立后,经营范围确定为原煤的开采及销售,由于开采规模不断调整,平迤煤矿在生产的同时进行扩大规模的整改建设,在建设过程中,因煤矿缺乏资金周转,合伙人张保国、胡士卫、刘某2、陈某达成合意,通过将对外借款作为资金来源。张保国本人及安排煤矿各股东、其儿子顾某1、社会人员邹某、胡某1、胡某2等人以高利息为诱饵,向25人吸收资金22637.2万元。公诉机关认为被告单位平迤煤矿和张保国的行为应当以非法吸收公众存款罪追究其刑事责任,建议对被告单位平迤煤矿判处罚金。被告单位平迤煤矿的诉讼代表人胡士卫从借款对象的特定性、无非法吸收公众存款的故意、股东以煤矿名义所借款项未召开股东会决议存在程序瑕疵等角度出发，认为公诉机关提供的证据不能证实被告单位实施了向社会公开宣传及向社会不特定对象吸收资金的行为。张保国的辩护人作出无罪辩护，认为该案中借款的主体是平遄煤矿而非张保国个人。而法院认为平遄煤矿属合伙企业，不属于法律规定的公司、企业、事业单位、机关、团体的范围，不是单位犯罪的主体，且对单位犯罪指控的犯罪事实不清，金额不明，指控不能成立，最终判决被告单位平遄煤矿无罪。

【问题研讨】

该案需要讨论的问题是：合伙企业是否可以作为单位犯罪的主体。根据《刑法》第三十条之规定，单位犯罪的主体包括公司、企业、事业单位、机关、团体。根据《单位犯罪解释》第一条之规定，公司、企业、事业单位，既包括国有、集体所有的公司、企业、事业单位，也包括依法设立的合资经营、合作经营企业和具有法人资格的独资、私营等公司、企业、事业单位。同时，《单位犯罪解释》第二条规定，个人为进行违法犯罪活动而设立的公司、企业、事业单位实施犯罪的，或者公司、企业、事业单位设立后，以实施犯罪为主要活动的，不以单位犯罪论处。由此，具有法人资格是单位主体资格的必备因素。合伙企业是指由各合伙人订立合伙协议，共同出资、共同经营、共享收益、共担风险，并对企业债务承担无限连带责任的营利性组织，也是指自然人、法人和其他组织依照《合伙企业法》在中国境内设立的，由两个或两个以上的自然人通过订立合伙协议，共同出资经营、共负盈亏、共担风险的企业组织形式，因其整体对外承担无限责任，无独立法人资格，不属于单位犯罪的主体范畴。

十八、通过口口相传等形式进行宣传以承诺给付月息1.2%至5%为诱饵,采取借款约定回购,投资入股等形式吸收公众存款无罪案

李开兴非法吸收公众存款、合同诈骗案①

【基本案情】

江西丰某实业有限公司(以下简称"丰某公司")于2011年2月28日注册登记成立,法定代表人为朱某1。2011年5月12日,丰某公司法定代表人变更为李开兴,之后该公司一直由李开兴实际控制经营。2011年至2015年期间,李开兴以丰某公司需要资金周转、项目开发等为由违反国家金融管理法规,未经国家金融主管部门批准,通过口口相传等方式进行宣传,以承诺给付月息1.2%至5%为诱饵,采取借款约定回购、投资入股等形式,先后向朱某1、王某1、聂某1等29人非法吸收资金人民币10788.5736万元。截至案发,被告人李开兴以支付借款本息的形式归还借款3800.243万元,尚差借款6988.3306万元,李开兴将所吸收资金主要用于支付借款利息、公司经营等。具体犯罪事实如下:

1. 2011年至2013年期间,李开兴以丰某公司需要资金周转为由,通过姚某2介绍,先后二次以丰某公司名义向姚某1借款30万元,约定月息2%,截至案发,李开兴已还款10万元,尚欠借款20万元。

2. 2011年期间,李开兴以开发项目需要资金周转为由开始向王某1借款,之后在2012年至2014年期间,王某1以妻子邓某3、岳父邓某4、岳母张某3的名义先后四次共借给李开兴现金70万元,约定月利息2%至3%。但事后李开兴未能如期还清本息,李开兴在2014年1月至9月以其个人及丰某公司的名义向王某1的妻子邓某3、岳父邓某4、岳母张某3出具了四份

---

① 参见江西省新干县人民法院刑事判决书(2016)赣0824刑初112号。

共计借款金额116万元的借条。截至案发,李开兴除以还本付息方式还款22.2万元外,尚欠借款47.8万元。

3.2012年3月,李开兴以公司资金周转困难为由向张某1借款200万元,张某1以其亲戚邓某1的名义借款200万元。2012年3月19日,李开兴为上述借款提供抵押担保,与邓某1签订了一份"名为商品房买卖,实为借款"的合同及补充协议,该合同约定由李开兴将丰某商业城1号楼1单元105号、106号商铺作为借款担保,约定商铺单价每平方米16000元,补充协议约定三个月之内,由丰某公司回购上述店铺,回购价每平方米17411元。合同签订后,邓某1在当日以其名义向丰某公司账户转款200万元,但事后李开兴未能还款付息,2013年双方重新结算,李开兴向张某1出具了一张借款400万元的借条,截至案发,李开兴已还款173.45万元,尚欠借款26.55万元。

4.2013年2月,刘某2经聂某1介绍与李开兴相识,聂某1介绍说李开兴在运行房地产项目,有经济实力,之后在同年2月至5月期间,李开兴以房地产开发需要资金周转为由,分两次向刘某2借款220万元,约定给付月息1.2%至1.5%,还款期限为一年,但被告人逾期未还,加上之前拖欠利息,2014年2月19日,李开兴以丰某公司的名义向刘某2出具了一张借款143万元的借条,2014年5月23日,被告人李开兴以个人名义向刘某2出具了一张借款175.584万元的借条。截至案发,李开兴支付了4.4万元给刘某2,尚欠借款215.6万元。

5.2013年4月至5月期间,李开兴以开发丰某府邸项目需要资金为由,以借款形式向颜某吸收资金1000万元,约定借款利率以月息3%计算,但未及时还款。2015年3月30日,李开兴向颜某出具了一张借款金额1300万元的借条,并载明用丰某府邸项目的股份作为担保,兰某、李某1作为连带担保人,并约定利率按月息3%计算,借据加盖了丰某公司的印章。截至案发,李开兴以支付借款本息的形式归还349.7万元,至今尚欠借款650.3万元。

6.2013年6月16日至2014年12月8日期间,李开兴以需要资金周转为由,分两次共向谢某借得现金64万元并分别出具了借条,借条加盖了丰某公司的印章,第一次借款金额为28万元,第二次借款金额为36万元,二次均约定借款期限为一年,利率为月利息2%至2.5%。截至案发,本息均未支付,尚欠借款64万元。

7. 李开兴因投资开发新干县城南新区两块地需要资金周转,便以投资入股的形式向朱某1、黎某1、黎某2吸收资金,双方在2013年6月6日签订了一份合作开发协议,约定由朱某1等三人出资2200万元,由李开兴在二年内还清,并按期给付投资收益1760万元至朱某1等人,朱某1等人不参与该项目的管理和经营。经核查,自2012年1月5日至2013年7月23日期间,李开兴多次共向朱某1等人吸收资金2134.5736万元。2013年7月19日,李开兴以丰某公司的名义向朱某1、黎某1、黎某2出具了一张2200万元的收条,截至案发,除已还款844.893万元,尚欠借款1289.6806万元。

8. 2013年7月,李开兴以房地产开发需要资金周转为由以公司名义向周某3借款110万元,约定给付月息2‰,但借款到期后,李开兴归还了部分借款。2014年7月25日,经过结算,加上之前的利息在内,李开兴出具了一张借款金额130万元的借据给周某3,借据加盖了丰某公司的公章,注明借款期限为一年。截至案发,除周某3抵扣购房款33万元之外,被告人尚欠借款77万元。

9. 2013年10月28日,李开兴以公司需要资金周转为由,向邹某1、刘某3借款1150万元,约定每天按16000元的利润计算。2013年11月1日,李开兴再次向邹某1、刘某3借款960万元,二次分别出具了借条,借条约定如到期未还,邹某1、刘某3可注资控股51%共同开发。在借款期间,刘某3将所借款中的420万元债权转让给了邹某1,但到期后李开兴未还清借款。2015年1月16日,邹某1与李开兴经过结算,双方在2015年1月16日签订了一份《借款合同》,确认借款本金为1909万元,约定借期一年,月息15‰,丰某公司为上述借款提供了房产抵押担保。2013年10月至2014年12月期间,被告人李开兴还款1096.9万元,截至案发,尚欠借款1013.1万元。

10. 2013年12月份,李开兴以公司开发房地产丰某府邸项目需要资金周转为由,以丰某公司的名义向尹某借款90万元,尹某当时以其母亲曾某1的名义作为出借人借款至李开兴,借款90万元通过曾某1账户汇入李开兴账户。2013年12月6日,李开兴出具了一份借条至曾某1,约定给付月息为2‰,借期一年,期间李开兴以转账方式已归还21.6万元。截至案发,尚欠借款68.4万元。

11. 2014年1月,李开兴以公司开发丰某府邸项目需要资金周转为由,以月息2%向戈某借款50万元,期间归还20万元,截至案发,尚欠借款本金30万元。

12. 2014年10月,李开兴以公司开发房地产项目需要资金周转为由,向蒋某1借款100万元,约定月息2%,借期一年。2014年11月3日,李开兴通过其妻子兰某已归还借款30万元,截至案发,被告人李开兴尚结欠借款70万元。

13. 2015年3月16日,李开兴以公司资金周转困难为由,向吴某2借款200万元,并以丰某公司坐落于新干县城南一路9号塔峰御府丰某府邸房屋进行了抵押担保,双方签订了一份借款、抵押合同,并到新干县房地产管理局进行了抵押登记,李开兴出具了一张借款200万元的借据给吴某2,约定月息5%,借款期限为三个月。但事后,李开兴以支付利息的形式归还了20万元,至今尚欠180万元未还。

14. 2015年3月,李开兴以公司丰某府邸项目临时需要资金周转为由,以丰某公司的名义通过签订借款合同的形式向帅某吸收了1000万元资金,约定借款期限一个月,月利率2%,另需按借款金额的3%给付服务费。双方在2015年3月25日签订了借款合同,借款人丰某公司时任经理李某1签名并加盖了公司印章,由丰某公司以其名下房产为借款提供了抵押担保,李开兴及其妻子兰某为上述借款1000万元同时提供了连带担保。合同签订后,帅某在2015年3月20日通过其中行账户转入丰某公司账户800万元,2015年3月27日,再次转入该公司200万元。截至案发,除已归还100万元外,至今尚欠900万元。

15. 2015年4月,经时任九江银行新干支行行长的介绍,周某1与李开兴相识,之后李开兴以丰某公司需要资金周转为由,向周某1借款100万元,尔后周某1通过其儿子周泉的银行账户转了100万元至丰某公司丰某苑项目部,李开兴在2015年4月24日向周某1出具了一张借款金额113万元的借据,口头约定月息5%,借款期限为2015年8月15日,如到期未还,用新干县城滨阳路店铺作抵押,借据金额不计息。期间已归还借款5万元,截至案发,尚欠借款95万元。

16. 2013年8月5日,李开兴以其公司开发丰某府邸项目需要资金周转为由,向杨某1借款100万元,约定月息2分,借款期限一年。截至案发,本息均未支付,尚欠借款100万元。

17. 2014年3月,李开兴以公司需要资金周转为由,以年息4%向曾某2

借款 80 万元,李开兴借款后向曾某 2 出具了一张借款 80 万元的借条,约定借款期限三个月,并承诺以丰某府邸项目的股份作抵押。截至案发,除还款 34 万元外,尚结欠借款 46 万元。

18. 2015 年 2 月,经朋友介绍,陆某与李开兴相识,朋友介绍李开兴在新干从事房地产开发,经济实力强,2015 年 6 月份,李开兴以公司开发房地产需要资金周转为由向陆某借款 50 万元。截至案发,未归还分文,至今尚欠借款 50 万元。

19. 李开兴以开发房地产和发放农民工工资等为由,自 2011 年起先后多次向刘某 4 借款,共计人民币 488 万元(无进账单和交易凭证),约定利率为月息 3% 至 4% 不等。事后已归还部分借款,截至 2013 年 7 月 31 日,已还款 375.1 万元,后经双方结算,至 2015 年 9 月 2 日,李开兴尚欠刘某 4 借款本息 253.788 万元,双方为此签订了还款协议,约定年息 3%,借期一年。李开兴除已归还本息 375.1 万元,至今尚欠借款 112.9 万元。

20. 2012 年 1 月 1 日,李开兴以公司需要资金周转为由,向朱某 2 借款 102 万元,约定借款期限一年,逾期按月息 3% 计算。截至案发,李开兴已归还 42 万元,并以朱某 2 亲属的购房款抵扣 30 万元,尚欠借款 30 万元。

21. 2013 年 1 月 7 日至 2013 年 1 月 8 日期间,李开兴以公司需要资金周转为由,以借款形式分两次向聂某 1 吸收了资金 300 万元,事后,李未按期归还本息,后在 2015 年 6 月 30 日,李开兴向聂某 1 出具了一张借款 500 万元的借条,约定月息 2%。截至案发,除已还款 6 万元,至今尚欠借款 294 万元。

22. 2013 年 7 月至 2014 年 1 月期间,李开兴以房地产开发需要资金周转为由,向郑某多次借款,共借得人民币 360 万元,并出具了借条,约定给付月息以 3% 计算,截至案发,李开兴已归还 129.5 万元给郑某,至今尚欠借款 230.5 万元。

23. 2013 年七八月份期间,李开兴以需要资金周转为由,向习某借款 20 万元,约定给付月息 2%,截至案发,李开兴未归还分文。

24. 2014 年 1 月份,李开兴以其公司神政桥"丰某苑"项目需要资金周转为由,向杨根如吸收资金 400 万元,约定给付月息以 3% 计算,截至案发,李开兴本息均未支付,尚欠借款 400 万元。

25. 2014 年 1 月至 2014 年 10 月期间,李开兴以丰某府邸房地产开发需要资金周转为由,先后三次共向邹某 3 借款现金 150 万元,李开兴开具了三份借据,约定借款期限一年,年息 2.5%,截至案发,未归还分文。

26. 2014年4月15日,李开兴以开发项目需要资金周转为由,向敖某借款20万元,并向敖某妻子孙某出具了一张借据,期限一年,但逾期未还。2015年4月15日,李开兴再次向孙某出具了一张借款26万元的借条,约定年利息1.5%,期限一年。截至案发,李开兴未归还分文,至今尚欠借款20万元。

27. 2014年4月21日至2014年6月18日期间,经朋友介绍,李开兴以房地产开发需要资金周转为由,以月息2分计算,分两次向刘某1借款40万元,其间,以支付利息的方式还款5万元,截至案发,尚欠借款35万元。

28. 2014年6月至12月期间,李开兴以公司开发丰某府邸项目为由,向杨某4先后四次借款共计人民币1000万元。2014年6月18日,李开兴向杨某4出具了一张544万元的收据,2014年10月31日至2014年12月4日期间,李开兴分两次向杨某4出具了借款金额150万元、300万元,借期一个月,月息2%的借条。事后,李开兴共归还借款417.5万元,截至案发,李开兴尚欠借款582.5万元。

29. 2014年10月,李开兴以开发项目需要资金周转为由,向蔡某借款200万元,约定给付年息2%,2014年10月23日,李开兴出具了一张借款金额200万元的借条给蔡某,期间还款30万元,截至案发,尚欠借款170万元。

2015年11月28日,被告人李开兴主动到公安机关投案。

【检察院指控】

公诉机关认为,被告人李开兴以丰某公司需要资金周转、项目开发等为由违反国家金融管理法规,未经国家金融主管部门批准,通过口口相传等形式进行宣传,以承诺给付月息1.2%至5%为诱饵,采取借款约定回购、投资入股等形式,先后向朱某1、王某1、聂某1等29人非法吸收资金10788.5736万元,被告单位丰某公司非法吸收公众存款8473.3996万元,被告人李开兴作为被告单位丰某公司的法定代表人,其个人非法吸收公众存款3592.974万元,被告单位丰某公司、被告人李开兴非法吸收公众存款,数额巨大,其行为已构成非法吸收公众存款罪,请求依照《刑法》(2017年)第一百七十六条之规定判处。且被告人李开兴在签订、履行合同过程中,故意隐瞒事实真相,骗取他人钱财330.4979万元,构成合同诈骗罪。

【一审辩护意见】

被告单位丰某公司辩解丰某公司不构成非法吸收公众存款罪。丰某公司的辩护人提出该案程序存在瑕疵,丰某公司不构成非法吸收公众存款罪。

被告人李开兴辩称：应判被告单位丰某公司有罪，追缴丰某公司违法所得人民币6988.3306万元，并返还给被害人。

李开兴的辩护人提出，(1)该案非法吸收公众存款罪应判决丰某公司为单位犯罪，丰某公司是该案非法吸收资金的收益人。(2)被告人李开兴非法吸收的资金大部分用于房地产项目的开发，案发后有自首情节，且取得了大多数受害人的谅解，同时李开兴愿意缴纳30万元的罚金，请求对李开兴从轻处罚。(3)公诉机关指控的部分被害人均系被告人的朋友，系特定人群，该部分吸收资金的金额及人数应从指控的金额和人数中予以排除核减。

【一审裁判】

一审法院认为，被告人李开兴违反国家金融管理法规，未经有关部门依法批准，以房地产开发需要资金周转或合作经营为名，以个人及公司名义采取承诺到期还本付息或以高额利润给付回报等方法吸收资金，通过"口口相传"，向社会不特定对象29人非法吸收或变相吸收公众存款人民币10788.5736万元，严重扰乱了金融秩序，其行为已构成非法吸收公众存款罪，且数额巨大，情节严重，应予惩处。

对于非法吸收公众存款数额的认定，该案受害人本金尚未归还的，所支付的利息可予以折抵本金，利息转为本金的数额，不属于实际出借数额，应予以扣除。但该案系自然人犯罪，不属单位犯罪。该案被告人李开兴虽然相当一部分借款是以丰某公司名义开发房地产投资为由借款，但实际上只是被告人李开兴为了方便借款的理由，该借款并没有体现公司意志，在具体非法吸收资金犯罪的过程中，被告人李开兴都是以其个人名义或借公司名义向不特定对象非法吸收资金，往来款项基本通过其个人账户或其指定账户收支，出借人的资金均是汇入其自己实际控制的银行账户进行操控，完全没有体现单位意志，且所吸收的资金没有证据证明完全是为了丰某公司的利益且吸纳资金部分用途不明，故该案应全部认定为被告人李开兴个人犯罪，以自然人犯罪论处。对于被告人李开兴及其辩护人提出该案系单位犯罪的意见，法院不予采信，被告单位丰某公司及其辩护人提出该案丰某公司不构成非法吸收公众存款罪的辩解和辩护意见，法院予以采纳。

该案审理程序合法，对于庭审中丰某公司的辩护人提出该案程序存在瑕疵的意见，法院不予采信。故检察机关第二次变更起诉决定书将丰某公司列为单位犯罪主体，并指控该公司非法吸收公众存款8473.3996万元，同时指控被告人李开兴个人非法吸收公众存款 3592.974 万元,属定性不当,指控不能成立。故该案应予纠正认定为被告人李开兴个人非法吸收资金数额为人民币 10788.5736 万元。对于检察机关在第二次变更起诉书中将被告人李开兴确定为被告单位丰某公司的诉讼代表人不当,无法律依据,应以纠正。根据 2012 年《最高人民法院关于适用〈中华人民共和国刑事诉讼法〉的解释》(已失效)第二百七十九条规定,"被告单位的诉讼代表人应当是法定代表人或者主要负责人,法定代表人或者主要负责人被指控为单位犯罪直接负责的主管人员或因客观原因无法出庭的,应当由被告单位委托其他负责人或者职工作为诉讼代表人"。该案被告单位丰某公司现法定代表人是杨某 1,现该公司股东已变更为傅某刚、周某 4、杨某 1,被告李开兴既不是该公司法定代表人,也非该公司股东,其作为自然人犯罪被指控。故检察机关在变更起诉书中将李开兴确定为诉讼代表人不当,应将该公司法定代表人杨某 1 更正为该单位的诉讼代表人。

对于庭审中,被告人李开兴的辩护人提出的公诉机关指控的部分被害人均系被告人的朋友,系特定人群,吸收资金金额及人数应从指控的金额和人数中予以排除核减的辩护意见。经审查后认为,被告人李开兴通过口口相传的方式,向社会公开吸收资金,吸收的对象绝大部分不是其亲朋好友,属不特定人群,不符合 2010 年《非法集资司法解释》(已修改)第一条第二款"未向社会公开宣传,在亲友或者单位内部针对特定对象吸收资金的,不属于非法吸收或变相吸收公众存款"的规定。其吸收资金的对象,绝大部分属于社会不特定对象,故对该辩解及辩护意见不予采纳。但对变更起诉书指控所涉被害人雷某、杨某 2、王某 2、易某四笔借款不符合非法吸收公众存款罪的构成要件,对该四笔借款数额应从变更起诉书所指控的非法吸收公众存款的犯罪金额中予以扣除,公诉机关将雷某、杨某 2、王某 2、易某四笔借款指控为非法吸收公众存款的性质定性不当,应依法予以纠正。

对于公诉机关指控被告人李开兴在签订、履行合同中,故意隐瞒事实真相,骗取他人钱财人民币 330.4979 万元,属证据不足,定性不当,指控罪名不能成立。根据现有证据不能认定被告人李开兴在商品房买卖和借贷过程中主观上具有非法占有他人财物的故意,所指控的合同诈骗犯罪不能成立。对被告人李开兴及其辩护人庭审中提出合同诈骗罪指控不能成立的辩解和辩护意见,法院予以采信。鉴于案发后,被告人李开兴能如实供述所犯非法吸收公众存款罪行,认罪态度较好,并有自首情节,取得了该案被害人大多数人谅解,本依法可以对其从轻处罚,但因其实施非法吸收公众存款犯罪行为危害人数众多,给该案被害人造成了数额特别巨大的经济损失,造成社会影响大,危害严重,且案发后,并无悔罪表现,无退还赃款赃物情节,未弥补被害人经济损失,不足以对其从轻处罚。对于庭审中被告人李开兴对其行为性质的辩解不影响自首的成立。被告人的辩护人提出对其从轻处罚并适用缓刑的意见,法院不予采信,对被告人李开兴违法所得继续予以追缴返还给受害人。

为此,为维护市场经济秩序,保护公民合法财产不受侵犯,打击经济领域犯罪,依照《刑法》(2017年)第一百七十六条第一款,第六十七条第一款,第六十四条、第五十二条、第五十三条以及2010年《非法集资司法解释》(已修改)第一条第一款、第二款、第二条第(八)项、第三条第二款第(一)项、第(三)项、第(四)项及《非法集资案件适用法律意见》第二条、《刑事诉讼法》(2012年)第一百九十五条第(三)项及2012年《最高人民法院关于适用〈中华人民共和国刑事诉讼法〉的解释》(已失效)第二百四十一条第(四)项之规定,经法院审判委员会讨论决定,判决:

一、被告人李开兴犯非法吸收公众存款罪,判处有期徒刑六年,并处罚金人民币三十万元(未缴)。

二、被告单位丰某公司无罪。

三、继续追缴被告人李开兴违法所得人民币6988.3306万元,返还给受害人。

【上诉及辩护意见】

原审被告人李开兴上诉提出,该案应判决被告单位丰某公司有罪,追缴丰某公司违法所得人民币6988.3306万元,返还给被害人。其辩护人提出,(1)该案应判决丰某公司为非法吸收公众存款罪单位犯罪,丰某公司是该案非法吸收资金的收益人。(2)上诉人李开兴非法吸收的资金大部分用于房地产项目开发,案发后有自首情节,且取得了大多数受害人的谅解,并愿意缴纳30万元罚金,请求对上诉人李开兴从轻处罚。

【二审裁判】

针对被告人李开兴及其辩护人提出的辩解和辩护意见,根据该案的事实、证据和相关法律法规,法院评判如下:

(一)关于被告人李开兴对非法吸收公众存款行为的无罪辩解及其辩

护人就变更起诉书指控的李开兴向姚某2、王某1、刘某4、朱某2、张某1、王某2、聂某1、刘某2、颜某、朱某1、周某3、习某、杨某1、雷某、邹某1、尹某、戈某、杨某1、邹某3、刘某1、杨某4、杨某2、易某、蔡某、蒋某1、陆某、吴某2、帅某的借款,其认为属于合伙人之间的借款,朋友、亲戚、邻居之间的借款,具有民间借贷性质,不应列为非法吸收公众存款的犯罪金额,应当予以排除的辩护意见。

经查,非法吸收公众存款罪是指未经中国人民银行批准,向社会不特定公众吸收资金,出具凭证,承诺在一定期限内还本付息的行为,民间借贷属于互助性质的行为,通常属于私人,或者特定的个人和单位之间的单独交往,非法吸收公众存款罪是面向社会不特定公众借款。

根据2010年《非法集资司法解释》(已修改)的规定,未向社会公开宣传、在亲友或者单位内部针对特定对象吸收资金的,不属于非法吸收或者变相吸收公众存款,该案中相关具体情况如下:

(1)关于是否向社会公开宣传。向社会公开宣传包括以各种途径向社会公众传播吸收资金的行为,以及明知吸收资金的信息向社会公众扩散,而予以放任等情形的规定。宣传的方式不仅限于通过媒体、推介会、传单、手机短信等途径,只要在客观上采取了使公众知晓的传播效果的方式即可,不限定于固定的传播方式。该案中,被告人李开兴在开发丰某苑、丰某商业城和丰某府邸项目时向银行及个人借贷,向个人借款支付的利息远远超过银行同期存款利息,并承诺能按时付息还款,从而导致口口相传,在一定范围内的社会公众中传播,形成其经济实力强、会兑现高额利息或高额回报、向其出借资金有利可图的错误认识。部分被害人的陈述证实,其出借资金给李开兴,出借初始李开兴能按时还本并兑现高额利息的承诺,因而再次向李开兴出借资金;或者经他人介绍,知晓李开兴之前能大量拆借资金还本付息的情况,从而出借资金给李开兴,被告人李开兴追求并利用这一传播效果,导致该案被害人都向其出借资金。因此,被告人李开兴虽未采取通过媒体、推介会、传单等典型的宣传方式,但是其通过先前按时兑付高额利息或投资回报,客观上为自己树立了经济实力强、信用度高的广告效应,成功吸纳了多人巨额资金。综上,被告人李开兴的行为应认定为向社会公开进行宣传。

(2)关于是否承诺高额利息。被告人李开兴供述其在2011年至2015年开发房地产项目期间向他人借款的利息至少为1分或2分,有的甚至高达5分至6分的月息,有的以投资入股的方式吸收的资金,约定的回报利润巨大,如被害人朱某1、黎某1、黎某2协议约定出资2200万元共同开发丰某府邸项目,但不参与经营、管理,但李开兴须按约定在二年内除还清上述本金2200万元之外,另外给付朱某1等人投资固定收益1760万元。故该案大部分被害人陈述,被告人李开兴向其借款时均承诺支付远高于银行同期存款利率的利息。承诺高额利息和回报,有在案被害人陈述、被告人供述及相关借条、协议等其他证据相印证。

(3)关于非法吸收公众存款的对象是否特定。被告人李开兴辩称其借款的对象均是朋友、生意合伙人及部分亲戚,借款对象特定。其辩护人据此认为不符合非法吸收公众存款罪对象不特定的特征。经查,根据在案现有证据结合该案司法会计鉴定意见,证实该案涉及的被害人有30多人,该些人可分为三类,第一类是被告人李开兴本人相识的所谓朋友,是与其之间因资金的拆借而相识;第二类是经其朋友介绍而认识的人,该部分被害人本不与李开兴相识,而是因李开兴承诺借款的利息较高,需要资金,而通过中间人介绍相识而出借资金;第三类是亲属,该部分的对象只有极个别,非法吸收公众存款的对象中亲属只有其前妻哥哥杨某6(雷某丈夫)。综合该案被害人的具体情况,被告人李开兴非法吸收公众存款的对象具有随机性,不可控性及涉及范围的广泛性,并不特定,极个别被害人特定,但并不影响对其他被害人的整体不特定性的认定。对于庭审中其辩护人提出该案被害人即非法吸收公众存款的对象姚某2、王某1、朱某2、张某1、聂某1、刘某2、颜某、朱某1、周某3、习某、杨某1、邹某1、尹某、戈某、杨某1、邹某3、敖某、刘某1、杨某4、蒋某1、陆某、吴某2、帅某,对象特定,不属于非法吸收公众存款,应当予以排除的意见,与该案查明的事实不相符,对该项辩护意见,法院不予采信。但王某2、易某该二笔借款不符合非法吸收公众存款的条件,应予排除。

(4)关于被告人向社会吸收资金是否经有关部门批准。丰某公司经工商管理部门批准的经营范围是从事房地产开发,被告人李开兴作为该公司的法定代表人、实际控制人,在明知丰某公司不具有银监局等相关机构批准从事金融业务许可的情况下,通过不同渠道,以公司或其个人的名义,向社会公众以借款的方式大量吸收资金。在案现有证据证实李开兴个人及其以丰某公司名义未经任何部门批准对外吸收借款资金。对于被告人庭审中提出其向外借款属民间借贷行为不构成非法吸收公众存款罪的意见不能成立。

(二)关于被告人李开兴的辩护人对检察机关(2017)1号《变更起诉书》指控新增的三起被害人雷某、杨某2、蔡某的借款数额不应认定为非法吸收公众存款数额的辩护意见。

经查,(1)雷某与李开兴系亲属关系,雷某与杨某6系夫妻关系,李开兴前妻是杨某6的妹妹,借贷对象特定,李开兴向亲戚吸收资金不应认定为是针对不特定公众,不构成非法吸收公众存款罪。虽然被告人有约定给付高利息的行为,但只是一种高利息民间借贷关系,不应以犯罪定罪处罚;(2)李开兴是在2013年10月16日以丰某公司名义向雷某借款1000万元,李开兴是担保人,资金直接转账进入了金川镇农业综合服务站,从所借资金的流向及用途来看,借款直接支付至金川镇农业综合服务站,用于丰某公司购买土地,出借人是杨某6、雷某,借款人是丰某公司,李开兴是担保人,丰某公司作为借款方并实际使用该笔借款,该案中借贷双方关系明确;(3)该笔1000万元借款在2017年5月19日已经吉安市中级人民法院作出判决,判令李开兴与丰某公司应共同偿还该笔借款;(4)该笔借款未列入新干县人民检察院赣干检刑诉(2016)95号起诉书指控非法吸收公众存款的范围,不属于被发现的新罪或漏罪,故对该笔借款不应计入非法吸收公众存款数额,应予排除。被告人李开兴的辩护人的该项辩护意见,法院予以采纳。对于杨某2 70万元借款的事实,李开兴是以丰某公司的名义借的,但无证据证实李开兴承诺高额利息或回报,也无杨某2的报案陈述材料,不符合非法吸收公众存款罪的构成要件,对该笔借款不应计入非法吸收公众存款数额,应予排除。对于蔡某这笔借款符合非法吸收公众存款罪的构成条件,蔡某属于不特定对象,李开兴向其借款时承诺年息2%为回报,应列入非法吸收公众存款的数额的范畴,辩护人对蔡某该笔借款应排除非法吸收公众存款的该项辩护意见不予采纳。

(三)关于被告人李开兴的辩护人提出的该案系单位犯罪的辩护意见。

经查,法院认为单位犯罪的基本特征为:一是主体特征,实施犯罪行为的单位必须具备单位犯罪主体资格;二是主观方面,犯罪行为必须经过单位集体研究决定或者负责人员决定实施,主观上具有为本单位谋取利益的目的;三是客观方面,单位实施了刑法明文规定禁止单位实施的危害行为。在案证据证实,丰某公司与李开兴个人财务高度混同,该公司缺乏独立的公司人格及财务制度,故上述非法吸收资金的行为均应认定为李开兴的个人行为,并依法追究其个人犯罪的刑事责任。具体理由如下:(1)丰某公司虽名为有限公司,但股东实际均为李开兴一人,该公司的实际控制人是李开兴,公司经营等重大事务均由李开兴一人决策,在具体非法吸收资金的犯罪过程中,被告人李开兴都是以其个人名义或借公司名义向不特定对象非法吸收资金,往来款项基本通过其个人账户或其指定账户收支。出借人的资金均是汇入其自己实际控制的银行账户进行操控。(2)丰某公司与李开兴个人财务高度混同,大部分集资款项都是公司与个人互为担保人或借款人对外举债,公司对外借款等均直接由李开兴决定进入其个人账户或其指定的账户收取支出,而且李开兴与公司账户之间往来资金巨大,公司资产与被告人李开兴个人资产存在混同,丰某公司在运作过程中不具有意志独立性和财务独立性,该案犯罪行为均应认定为被告人李开兴的个人犯罪。(3)丰某公司是从事房地产开发的公司,且开发了数个楼盘,被告人李开兴虽然是以公司名义对外投资为由借款,但实际上只是被告人为了方便借款的理由,借款并没有体现公司的意志,所借款项并未全部进入公司账户,且其借款部分用于了个人消费,并有部分去向不明并未用于单位,无法体现出是为了公司的利益。根据在案现有证据,该案非法吸收资金部分应以自然人犯罪进行定罪处罚,被告人李开兴及其辩护人提出该案系单位犯罪的意见理由不足,法院不予采纳。

(四)关于对吉安文山会计司法鉴定所鉴定意见的采信问题。

鉴定意见是法定证据的种类之一,和其他证据一样,必须经过审查判断,确定其属实的,才能作为定案的根据。经查,该案变更起诉书认定被告人李开兴非法吸收公众存款的数额为12066.373万元,已经吉安文山会计司法鉴定所会计鉴定,鉴定的依据源自公安机关提供的调查相关案件材料及丰某公司提供的相关账簿,证据来源合法,且该鉴定所依法成立,完全具备鉴定资质主体资格,鉴定人经通知到庭接受了质询,对相关问题做了回答,鉴定程序合法,鉴定数据有据可查,该鉴定意见中有关被告人李开兴以个人及丰某公司的名义对外吸收公众存款进账及资金去向情况均有相关证据证实并附明细表,对鉴定机构所做出的该部分鉴定意见,能与该案其他证据基本相吻合,法院予以采信。

但司法会计鉴定意见只对鉴定涉及的财务会计问题提出意见,而不能涉及法律问题。故该鉴定意见中"涉及李开兴对外吸收公众存款汇总表",对李开兴向外吸收资金的性质,鉴定机构却做了"非法吸收公众存款的数额的认定",对该部分意见,法院不予采信。此外,该鉴定意见中涉及其他事项中有关丰某商业城违法、违规需要缴纳罚款2785.3857万元才能通过综合验收的意见,缺乏事实根据,未见任何行政机关的书面处罚决定,该罚款没有实际发生,鉴定人当庭也未出示计算依据,鉴定意见中出现的上述数据是预测性数据,对该部分意见,法院不予采信。对于庭审中辩护人就该项部分提出异议的辩护意见予以采纳。

鉴定意见是否有科学根据,论据是否可靠,论证是否充分,论据与结论是否有矛盾,结论是否明确,涉及鉴定意见的证据效力问题,鉴定人运用专业知识对刑事诉讼中的专门性问题进行鉴别和判断后需作出明确意见。如出现"可能是""不排除"等不明确意见,在刑事案件中是没有证据价值的,更没有证明力。该鉴定意见对丰某公司丰某府邸项目未销售房屋不动产的评估意见及对丰某府邸项目预测的评估利润数据均是鉴定机构建立在预估基础上进行的,都是预估性数字,且丰某府邸项目尚未结算,相关资产未处置,存在不确定因素,无法估价,故鉴定机构对上述两方面未作出明确的分析意见,不能如实、真实反映出未售房产的真实价值,以及丰某府邸项目今后的利润,对该部分预估性的鉴定意见,法院不予采信。对辩护人庭审中就该部分提出相关辩护意见,法院予以采纳。

(五)关于公诉机关指控被告人李开兴犯合同诈骗罪是否成立的问题。

庭审中,被告人李开兴及其辩护人提出被告人李开兴不构成合同诈骗罪的辩解和辩护意见。经查,法院认为,合同诈骗罪是指以非法占有为目的,在签订、履行合同过程中,采取虚构事实或者隐瞒真相等欺骗手段,骗取对方当事人的财物,数额较大的行为。该罪的主观方面表现为直接故意,并且具有非法占有对方当事人财物的目的。而经济合同纠纷是指行为人有履行或基本履行合同的诚意,只是由于某种原因而未能完全履行合同,或在履行合同中,一方有意违反合同的某项条款,使合同另一方遭受损失,从而引起双方对合同约定的权利、义务发生争议。

但综观该案事实及证据表明,被告人李开兴并没有"以非法占有为目的"的行为事实,具体理由和依据如下:

(一)被告人李开兴没有非法占有陈某1购房款的故意。

对于李开兴以丰某公司名义在2014年6月5日与陈某1之间签订的商品房买卖合同已履行完毕,在案证据证实房屋亦已交付。买卖的标的物丰某商业城1号楼1单元105号商铺(面积61.93平方米),被告人李开兴已按双方签订的商品房买卖合同依约履行了交付商品房的义务,并无欺诈行为,买方已依约按单价每平方米2.9万元交纳了对等房款及办证费共计190.8047万元,大部分购房款进入丰某公司账户,被害人目前已实际取得该房屋,在 2014 年 9 月 18 日就已出租给他人,其财产没有任何损失。有被害人陈某 1 陈述、被告人李开兴供述及购房款收据,及双方所签订的合同书、房屋出租合同书及辩护人提交的购房资金流向清单等可以证实,说明被告人李开兴既有履行合同的诚意,也具有实际履行合同的行为。对于之前即 2012 年 3 月,李开兴同样以丰某公司名义与邓某 1 代表张某 1 签订的丰某商业城 1 号楼 1 单元 105 号、106 号商铺的商品房买卖合同及补充协议,其性质"名为买卖,实为借贷",李开兴与邓某 1 双方当时并没有房屋买卖的真实意思表示,李开兴通过签订购房合同借款的方式来吸纳资金,债权人为了能使李开兴及时还钱、化解风险,故要求李开兴提供了丰某商业城 1 号楼 1 单元 105 号、106 号商铺进行抵押担保,但未办理房屋抵押登记,抵押权没有发生法律效力。因此张某 1、邓某 1 对该房屋 105 号商铺不具有抵押权,不享有对该房屋优先受偿权。以上事实,有被告人李开兴的供述、证人黎某 1 的证言及双方签订的买卖合同和补充协议予以证实,所以李开兴与邓某 1 代张某 1 签订的买卖 105 号商铺合同抵押物未产生抵押权利,不影响李开兴与陈某 1 的房屋交易行为,李开兴以丰某公司名义将丰某商业城 105 号商铺出售给陈某 1 是有权处分,也不存在"一房二卖"的问题,丰某公司收取购房款后签约将房屋交付,李开兴履行了合同,陈某 1 也履行了交付房款的对等义务,李开兴对陈某 1 的购房款不具有非法占有的故意。综上,根据现有证据无法认定李开兴采取欺诈手段侵吞了陈某 1 的购房款,指控该起构成合同诈骗犯罪的事实不能成立。被告人李开兴及其辩护人提出李开兴与陈某 1 之间是正当的商品房买卖合同关系,不涉及合同诈骗犯罪的意见,法院予以采纳。

(二)被告人李开兴不具有非法占有吴某 1、姚某 3 购房款的目的。

经查,法院认为,被告人李开兴作为房地产开发商,以丰某公司名义在与吴某 1、姚某 3 签订、履行商品房买卖合同时,已将该房屋 106 号商铺向银行作了抵押登记,但其并未如实明确告知吴某 1、姚某 3,虽隐瞒了该部分事实、但不能据此认定其具有刑法意义上的非法占有他人财物的目的。虚构事实、隐瞒真相,是民事欺诈和刑事诈骗的共同手段行为,因此并非只要实施了虚构事实、隐瞒真相的行为,就构成刑事诈骗。要认定构成刑事诈骗,关键要看行为人是否具有非法占有目的。根据在案现有证据,从行为人的主观心态、客观行为来分析,认为公诉机关指控被告人李开兴非法占有被害人吴某 1、姚某 3 购房款 130.4979 万元,证据不足,该项指控不能成立。

理由是:该案中被告人李开兴客观上虽采取了隐瞒房屋已抵押的行

为,但其只是一种民事欺诈行为。刑法上的合同诈骗与民法上的合同欺诈有本质区别,二者都有欺骗行为,都会侵犯他人的权益,但前者是为了非法占有他人财物,后者隐瞒真相或虚构事实的目的大多是促成交易。在合同诈骗罪中,合同只是达到非法占有对方财物的一种工具,无履行合同的诚意。民事欺诈的行为人以签订合同为基础,欺诈以合同条款或内容为主,如隐瞒有瑕疵的合同标的物,或对合同标的物质量作虚假说明和介绍,而在履行合同方面是有诚意的,通过履行合同谋取利益。而有没有履行合同的诚意,虽是一个主观问题,但可以通过客观方面来检验,比如被告人与被害人签订合同时有没有履行合同的条件,事实上能不能履行合同,不是单看被告人的口供。该案中被告人李开兴在2014年6月25日正式与被害方吴某1、姚某3签订丰某商业城1号楼1单元106号商铺的"商品房买卖合同"后,随即丰某公司履行了交房义务,将该商铺交付给了吴某1、姚某3,并事后告知过购房人106号商铺已抵押的事实,产权登记、按揭手续当时不能办理,吴某1取得该商铺后一直由其实际控制、占有、使用,并在2014年9月18日,吴某1将该商铺出租给了徐丹经营移动业务并收取租金,吴某1没有财产损失,有双方签订的租赁合同可以证实,以上说明丰某公司履行了合同主要义务,交付了房屋给买受人,也同时证实合同签订时其具有履约诚意和事后履约能力、行为,吴某1、姚某3也履行了购房的相应义务,交付了购房款。即自2011年起向李开兴提出购买丰某商业城商铺起至2015年4月份共交纳购房款2038283元(其中含丰某公司代吴某1收取租金68783元支付吴某1用于抵扣购房款,另吴某1用丰某公司购买其他土特产礼品费用支出136200元抵扣购房款在内),上述款项已大部分进入丰某公司账户,之后购房款进账后被告人李开兴并没有将购房者支付的购房款挥霍,用于高风险经营或其他非法用途,而是主要用于偿还公司银行贷款和公司日常开支及他人借款,在案没有证据证明其用于个人挥霍、消费占有,有辩护人庭审中提交经法庭质证的吴某1购买106号商铺资金流水交易账目可证实,不能因未及时为买受人办理产权证登记手续,就认为被告人有非法占有他人财物的目的。李开兴非法占有目的的主观故意不明显。按照吴某1与李开兴的约定,买受人上述交纳的购房款203.8283万元,其中73.3304万元是用于抵扣吴某1购买丰某商业城1号楼1单元901室商品房房款(已由房管部门备案),其余130.4979万元作为吴某1支付购买丰某商业城1号楼1单元106号商铺店面款,有被害人吴某1陈述和被告人李开兴供述可相互印证,而丰某商业城1号楼1单元106号商铺按照买卖合同约定价格是每平方米30000元,面积59.45平方米,总金额178.35万元,买受人吴某1、姚某3已实际认缴该106号商铺房款130.4979万元相抵除,吴某1、姚某3倒过来尚差丰某公司购买商铺的房款47.8521万元。综上所述,吴某1、姚某3在未付清购房款的情形下,却实际控制、占有、使用106号商铺并出租收益,其财产没有遭受任何损害。以上事实无法得出李开兴非法占有了吴某1、姚某3购房款130.4979万元的结论,公诉机关该项指控无事实和法律依据,法院不予采信,对被告人及其辩护人就该项提出无罪的辩解和辩护意见,法院予以采信。

(三)被告人李开兴以个人名义与新干县诚信小额贷款股份有限公司之间借款200万元系民间借贷关系,不构成合同诈骗罪。

被告人李开兴以个人名义在2014年3月7日向新干县诚信小额贷款股份有限公司借款200万元,丰某公司为上述借款用丰某商业城5号(与105号系同一抵押物)、6号(与106号系同一抵押物)、16号(与116号系同一抵押物)商铺办理了在建工程抵押登记,借款期限为九个月,其中106号、116号商铺在2012年9月4日就已在新干县房管局办理了按揭贷款抵押登记,但被告人李开兴在2014年3月7日向新干县诚信小额贷款股份有限公司借款时,却隐瞒了这一事实真相,106号、116号商铺存在重复抵押,贷款借出后,2014年6月16日李开兴通过其妻子兰某的账户还清了新干县诚信小额贷款股份有限公司的该笔贷款,但未到新干县房管局办理抵押注销登记。借款合同履行完毕,设置的抵押关系自然解除。被告人李开兴在上述贷款过程中,虽有重复抵押行为,但没有给贷款人造成任何损失,而是提前归还了这笔贷款,客观上虽有欺诈行为,但没有获取对方任何非法利益,且该行为属民事欺诈性质,现有证据说明其主观上没有通过合同骗取对方贷款的故意,也就是主观上没有非法占有他人财物的故意。2014年6月17日,被告人李开兴又以个人名义向新干县诚信小额贷款股份有限公司借款200万元,约定借款期限十个月,双方签订了《借款合同》《抵押合同》,约定由丰某公司为上述借款,提供丰某商业城1号楼1单元105号商铺、106号商铺、116号商铺进行抵押,但新干县小额贷款股份有限公司在发放该笔贷款时,未到新干县房管局重新办理抵押物抵押登记,贷款发放数日后,新干县小额贷款股份有限公司找到李开兴,由李开兴出具了一份《承诺函》,承诺"江西丰某商业城5号、6号、16号商铺至2014年6月17日未对外销售,用于新干县诚信小额贷款股份有限公司贷款抵押,期限十个月,贷款本息未还清,以上店面不得对外销售",承诺函落款时间2014年6月17日,加盖了丰某公司印章,以上事实说明被告人李开兴在取得该笔贷款时没有虚构事实,不是通过该份承诺函才审批借到这笔款,该份承诺函也只是事后李开兴才出具的,有出庭作证的证人陈某2的证言予以证实,虽然该份承诺函从内容上是带有欺诈性,但不能说明被告人李开兴贷款时主观上就有骗取他人贷款的故意,根据在案现有证据,李开兴续贷时尚在经营房地产,无充分证据证实其本人和丰某公司没有履行200万元借款合同的能力和履约诚意,且上述所借款进账后李开兴个人没有挥霍、占有。通过丰某公司会计黄某1登记的流水账和吉安文山会计司法所鉴定上述贷款进账后用于清偿公司债务支付给雷某200万元借款,但事后造成新干县诚信小额贷款股份有限公司上述借款不能及时得到清偿。这主要是因被告人李开兴经营管理不善所致,但不能因此就推定被告人李开兴当时有骗取新干县诚信小额贷款股份有限公司贷款200万元的故意。且对该笔贷款的归还从其与其他合伙人周某4等人在2016年1月11日签订的退股协议中已作了计划安排。综上所述,公诉机关指控被告人李开兴隐瞒事实真相骗取新干县诚信小额贷款股份有限公司贷款200万元的证据不足,指控不能成立。

二审法院认为,上诉人李开兴违反国家金融管理法规,未经有关部门依法批准,以房地产开发需要资金周转或合作经营为名,以个人及公司名义采取承诺到期还本付息或以高额利润给付回报等方法吸收资金,通过"口口相传",向社会不特定对象29人非法吸收或变相吸收公众存款人民币10788.5736万元,严重扰乱了金融秩序,其行为已构成非法吸收公众存款罪,且数额巨大,情节严重,应予惩处。关于上诉人李开兴及其辩护人提出,该案应判决被告单位丰某公司为单位犯罪,追缴江西丰某公司违法所得人民币6988.3306万元,返还给被害人的意见。经查,该案上诉人李开兴虽然相当一部分借款是以丰某公司名义开发房地产投资为由借款,但实际上只是上诉人李开兴为了方便借款的理由,该借款并没有体现公司意志,在具体非法吸收资金的犯罪过程中,上诉人李开兴都是以其个人名义或借公司名义向不特定对象非法吸收资金,往来款项基本通过其个人账户或其指定账户收支,出借人的资金均是汇入其自己实际控制的银行账户进行操控,完全没有体现单位意志,所吸收的资金没有证据证明完全是为了丰某公司的利益且吸收资金部分用途不明,故该案应全部认定为上诉人李开兴个人犯罪,不属单位犯罪,应继续追缴上诉人李开兴违法所得人民币 6988.3306 万元,返还给受害人。故对上诉人李开兴及其辩护人提出该案系单位犯罪的意见,不予采纳。关于上诉人李开兴的辩护人提出,李开兴非法吸收的资金大部分用于房地产项目开发,案发后有自首情节,且取得了大多数受害人谅解的意见,经查属实;鉴于上诉人李开兴在二审期间认罪、悔罪,并向法院缴纳了罚金 30 万元,有讯问上诉人李开兴笔录和江西省政府非税收入票据所证,依法可对上诉人李开兴在原判的基础上酌情从轻处罚。

原判认定事实清楚,证据确实、充分,定罪准确,审判程序合法。依照《刑事诉讼法》(2012 年)第二百二十五条第一款第(二)项之规定,判决如下:

一、维持江西省新干县人民法院(2016)赣 0824 刑初 112 号刑事判决第一项中对被告人李开兴犯非法吸收公众存款罪的定罪和并处罚金人民币三十万元的部分;撤销对被告人李开兴的量刑部分,即判处有期徒刑六年。

二、维持江西省新干县人民法院(2016)赣 0824 刑初 112 号刑事判决第二项、第三项,即被告单位丰某公司无罪;继续追缴被告人李开兴违法所得人民币 6988.3306 万元,返还给受害人。

三、上诉人李开兴犯非法吸收公众存款罪,判处有期徒刑四年六个月,并处罚金人民币三十万元(已缴纳)。

本判决为终审判决。①

【案例简析】

该案由被告人提出上诉进行二审。丰某公司法定代表人由朱某 1 变更为李开兴后,该公司就一直由被告人李开兴实际控制经营。2011 年至 2015 年期间,被告人李开兴以丰某公司需要资金周转、项目开发等为由违反国家金融管理法规,未经国家金融主管部门批准,通过口口相传等形式进行宣传以承诺给付月息 1.2%至 5%为诱饵,采取借款约定回购,投资入股等形式,先后向朱某 1、王某 1、聂某 1 等 29 人非法吸收资金人民币 10788.5736 万元。一审法院认为丰某公司虽名为有限公司,但从股东和公司实际控制人身份、公司经营等重大事务决策和具体非法吸收资金的犯罪过程判断丰某公司在运作过程中不具有意志独立性,从大部分集资款项都是公司与个人互为担保人或借款人对外举债、公司对外借款等均直接由李开兴决定进入其个人账户或其指定的账户收取支出、李开兴与公司账户之间往来资金

---

① 参见江西省吉安市中级人民法院刑事判决书(2018)赣 08 刑终 69 号。

巨大,公司资产与被告人李开兴个人资产存在混同三方面判断丰某公司不具有财务独立性,从借款的实际目的判断该借款并没有体现公司的意志,从所借款项的用途判断非法吸收公众存款不是为了公司的利益,判决被告单位丰某公司无罪。原审被告人李开兴上诉提出,该案应判决被告单位丰某公司有罪,其辩护人提出该案非法吸收公众存款罪应判决丰某公司为单位犯罪,丰某公司是该案非法吸收资金的收益人。二审法院从借款收支账户的归属和资金用途判断借款没有体现单位意志。故维持了一审法院关于被告单位丰某公司无罪的判决。

【问题研讨】

该案存在如下需要讨论的问题:

其一,人格混同时单位行为与个人行为的区分。单位犯罪的成立需要在主体特征、主观方面和客观方面满足要求。一是主体特征,实施犯罪行为的单位必须具备单位犯罪主体资格;二是主观方面,犯罪行为必须经过单位集体研究决定或者负责人员决定实施,主观上具有为本单位谋取利益的目的;三是客观方面,单位实施了刑法明文规定禁止单位实施的危害行为。在主观方面,若单位与单位内部人员个人财务高度混同,该公司缺乏独立的公司人格及财务制度,则非法吸收资金的行为均应认定为个人行为,并依法追究其个人犯罪的刑事责任。具体来说,当大部分集资款项都是公司与个人互为担保人或借款人对外举债,公司对外借款等均直接由个人决定进入其个人账户或其指定的账户收取支出,而且个人与公司账户之间往来资金巨大,公司资产与个人之间资产就存在混同,该单位在运作过程中不具有意志独立性和财务独立性,犯罪行为均应认定为个人犯罪。

其二,鉴定意见的效力。在非法吸收公众存款案件中往往涉及资产价值的评估和数额的计算,一般通过鉴定意见加以证明。鉴定意见是法定证据的种类之一,和其他证据一样,必须经过审查判断,确定其属实的,才能作为定案的根据。鉴定意见是否有科学根据,论据是否可靠,论证是否充分,论据与结论是否有矛盾,结论是否明确,涉及鉴定意见的证据效力问题,鉴定人运用专业知识对刑事诉讼中的专门性问题进行鉴别和判断后需作出明确意见。如出现"可能是""不排除"等不明确意见,在刑事案件中是没有证据价值的,更没有证明力。尚未经结算和处置的资产存在不确定因素,无法估价,对该部分预估性的鉴定意见,法院一般不予采信。

十九、分支机构线上以金融产品、债权转让方式吸收存款无罪案

善林(上海)信息科技有限公司五台分公司、智敏非法吸收公众存款案[①]

【基本案情】

善林(上海)信息科技有限公司五台分公司(以下简称"五台分公司")于2017年11月13日注册成立,负责人是孙祥庆(另案处理),该公司系善林(上海)信息科技有限公司的分公司,智敏一直担任五台分公司的实际负责人。在未经有关部门依法批准的情况下,被告人智敏通过组织培训、发展业务员等方式,承诺支付高额利息,向社会不特定人员推销善林(上海)信息科技有限公司的金融产品,包括线上"善林财富""亿宝贷"等手机APP平台与线下"政信通"(又称"幸福之路")金融产品,以债权转让的形式变相吸收公众存款十九户、金额259.85万元,其中线上手机APP平台吸收资金22.85万元,线下"政信通"金融产品吸收资金237万元,未兑付资金共计259.782万元,资金全部流入善林(上海)信息科技有限公司,现该公司已无能力支付本金和利息。

另查明,指控数额中郑华在"善林金融"理财平台投资的438500元,分别是通过自行下载的APP和在忻州的公司通过POS机刷卡投资的。

【检察院指控】

五台县人民检察院指控:五台分公司于2017年11月13日注册成立,负责人是孙祥庆(另案处理),该公司系善林(上海)信息科技有限公司的分公司,智敏一直担任五台分公司的实际负责人。在未经有关部门依法

---

① 参见山西省五台县人民法院刑事判决书(2019)晋0922刑初1号。

批准的情况下,被告人智敏通过组织培训、发展业务员等方式,承诺支付高额利息,向社会不特定人员推销善林(上海)信息科技有限公司的金融产品,包括线上"善林财富""亿宝贷"等手机APP平台与线下"政信通"金融产品,以债权转让的形式变相吸收公众存款十九户、金额259.85万元,其中线上手机APP平台吸收资金22.85万元、线下"政信通"金融产品吸收资金237万元,未兑付资金共计259.782万元,资金全部流入善林(上海)信息科技有限公司,现该公司已无能力支付本金和利息。上述犯罪事实清楚,证据确实充分,足以认定被告单位五台分公司、被告人智敏犯非法吸收公众存款罪,提请法院依照《刑法》(2017年)第一百七十六条第一款、第二款之规定,追究其刑事责任。

【辩护意见】

被告单位五台分公司诉讼代表人罗某对起诉书指控的犯罪事实及罪名无异议。

被告人智敏辩称:我实际上也是业务员,后来成了主管,但不是实际负责人,每花一笔钱都不经过我,我只负责上传下达,当时也不知道该企业违法,我本人也投了很多钱没有收回来;指控数额有15万元是我的钱,是以罗晋秀、智二敏的名字体现的;有两笔款项即闫海峰的11万元和郑华的28万元是其本人亲自到忻州的公司投资的,报案的时候报在了五台;郑华和张芝恋是自己用下载的APP线上投资的,没经过我。

并当庭提供以下证据:关于善林(上海)信息科技有限公司获奖、企业发展中举办各种活动,以及荣获"优秀企业"等的图片。拟证明该企业获得很多荣誉,作为普通百姓,不知道该企业是违法的。

【法院裁判】

法院认为,被告人智敏违反国家金融管理法律规定,在未经有关部门批准的情况下,以被告单位五台分公司的名义,通过组织培训、承诺支付高额利息等方式,向社会不特定人员变相吸收资金,扰乱金融秩序,数额巨大,其行为构成非法吸收公众存款罪。被告单位善林五台分公司作为善林(上海)信息科技有限公司的分支机构,违法吸收的存款完全归上级单位所有并支配,不应作为单位犯罪的主体被追究刑事责任。五台县人民检察院针对被告单位构成犯罪的指控不能成立。该案系涉互联网金融犯罪案件,被告人智敏作为分支机构的负责人,按照上级单位的安排实施宣传和吸收资金的行为,且全部资金被上级单位占有、支配,被告人智敏在整个共同犯罪体系中起次要、辅助作用,系从犯,依法应从轻或减轻处罚。部分集资人自行下载 APP 投资和向其他公司的投资,应从指控金额中核减。综合考虑被告人智敏的犯罪事实、情节及认罪悔罪态度,结合五台县司法局出具的调查评估意见,对其可适用缓刑。为了维护国家金融管理制度,打击犯罪,依照《刑法》(2017 年)第一百七十六条、第二十七条、第七十二条、第七十三条之规定,判决如下:

一、被告单位五台分公司无罪;

二、被告人智敏犯非法吸收公众存款罪,判处有期徒刑二年,缓刑二年,并处罚金人民币 20000 元。

【案例简析】

五台分公司作为善林(上海)信息科技有限公司的分公司,智敏一直担任该分公司的实际负责人。在未经有关部门依法批准的情况下,智敏通过组织培训、发展业务员等方式,承诺支付高额利息,向社会不特定人员推销善林(上海)信息科技有限公司的金融产品,包括线上"善林财富""亿宝贷"等手机 APP 平台与线下"政信通"金融产品,以债权转让的形式变相吸收公众存款十九户、金额 259.85 万元,其中线上手机 APP 平台吸收资金 22.85 万元、线下"政信通"金融产品吸收资金 237 万元,未兑付资金共计 259.782 万元,资金全部流入善林(上海)信息科技有限公司。公诉机关提起公诉,认为被告单位五台分公司、被告人智敏犯非法吸收公众存款罪;被告单位五台分公司诉讼代表人罗某对起诉书指控的犯罪事实及罪名无异议。而法院认为被告单位五台分公司作为善林(上海)信息科技有限公司的分支机构,违法吸收的存款完全归上级单位所有并支配,不应作为单位犯罪的主体被追究刑事责任。判决被告单位五台分公司无罪。

【问题研讨】

该案存在如下需要讨论的问题:

其一,对于分公司非法吸收公众存款行为的追责。依公司内部组织关系的标准,可以将公司分为总公司与分公司。总公司,也称本公司,是管辖公司全部组织的总机构。总公司本身具有独立的法人资格,能够以自己的名义直接从事经营活动。总公司对公司系统内的业务经营、资金调度、人事安排等具有统一的决定权。根据 2012 年《企业名称登记管理规定》(已修改)的规定,具有3个以上分支机构的公司,才可以在名称中使用"总公司"等字样。由此,具有3个以上的分公司或其他分支机构的公司才能被称为总公司。而2020年修订的《企业名称登记管理规定》删除了这一规定,仅对分支机构的命名作了规定,企业分支机构名称应当冠以其所从属企业的名称,并缀以"分公司""分厂""分店"等字词。境外企业分支机构还应当在名称中标明该企业的国籍及责任形式。因此,从公司名称区分不同时期总分公司(公司和其分支机构)的方法也有所变化。分公司是总公司的对称,是被总公司管辖的公司分支机构,其在法律上不具有独立法人资格,仅为总公司的附属机构。分公司是公司为拓展经营领域和范围,增加营业的灵活性而在其住所以外设立的从事经营活动的机构,本身只是总公司的组成部分,而非独立的公司形态。分公司没有法人资格,没有独立财产,没有独立的公司章程,没有独立的法人机关,也不能独立承担法律责任,其业务活动的法律后果由总公司承受。但其仍具有经营资格,仍需要办理营业登记并领取《营业执照》,分公司既可以以自己的名义对外订立合同,也可以以自己的名义参加诉讼。这也决定了分公司也可以实施非法集资犯罪活动。

由此,一般认为分支机构不具有独立法人资格而不能成为单位犯罪主体,但是依据《全国法院审理金融犯罪案件工作座谈会纪要》的规定,以单位的分支机构或者内设机构、部门的名义实施犯罪,违法所得亦归分支机构或者内设机构、部门所有的,应认定为单位犯罪。依据《互联网金融犯罪纪要》的规定对参与涉互联网金融犯罪,但不具有独立法人资格的分支机构,是否追究其刑事责任,可以区分两种情形处理:(1)全部或部分违法所得归分支机构所有并支配,分支机构作为单位犯罪主体追究刑事责任;(2)违法所得完全归分支机构上级单位所有并支配的,不能对分支机构作为单位犯罪主体追究刑事责任,而是应当对分支机构的上级单位(符合单位犯罪主体资格)追究刑事责任。

其二,根据区别对待原则对涉案人员分类处理。重点惩处非法集资犯罪活动的组织者、领导者和管理人员,包括单位犯罪中的上级单位(总公司、母公司)的核心层、管理层和骨干人员,下属单位(分公司、子公司)的管理层和骨干人员,以及在非法集资犯罪活动中发挥主要作用的其他人员。在非法集资犯罪中起组织、策划作用的人员,或者严重破坏经济秩序,影响生产经营的,或者给被害人造成巨大经济损失,或者导致被害人死亡、精神失常以及其他严重后果的,依法从重处罚。对于参与非法集资犯罪活动的普通业务人员,一般不作为直接责任人员追究刑事责任。

其三,分支机构涉案人员刑事责任的处理。在单位犯罪案件中,总公司的主管人员与分公司、子公司的经理、负责人等其他直接责任人员,尽管从公司治理角度看具有上下级关系,但在共同犯罪中,并非当然的主从犯关系,仍要结合行为人在共同非法集资犯罪中的地位和作用区分主从犯。依据《互联网金融犯罪纪要》的规定,分支机构认定为单位犯罪主体的,该分支机构相关涉案人员应当作为该分支机构的"直接负责的主管人员"或者"其他直接责任人员"追究刑事责任。仅将分支机构的上级单位认定为单位犯罪主体的,该分支机构相关涉案人员可以作为该上级单位的"其他直接责任人员"追究刑事责任。依据《全国法院审理金融犯罪案件工作座谈会纪要》的规定,对单位犯罪中其他直接责任人员,还要根据其在单位犯罪中的地位、作用和犯罪情节,分别处以相应的刑罚。主管人员与直接责任人员在实施犯罪行为的主从关系不明显的,可不分主、从犯。但具体案件可以分清主、从犯,且不分清主、从犯,在同一法定刑档次、幅度内量刑无法做到罪刑相适应的,应当分清主、从犯,依法处罚。本案中被告人智敏作为分支机构的负责人,按照上级单位的安排实施宣传和吸收资金的行为,且全部资金被上级单位占有、支配,被告人智敏在整个共同犯罪体系中起次要、辅助作用,系从犯,依法应从轻或减轻处罚。

二十、公司部分提供房产抵押或珠宝质押,通过出具借据或签订借款协议等方式吸收存款无罪案

上海某有限公司等非法吸收公众存款案[1]

【基本案情】

2010年6月至2011年10月期间,吴丙作为被告单位上海某有限公司(以下简称"某公司")的法定代表人和负责人,以该公司投资或者经营需要资金周转等为由,承诺较高利息,部分提供房产抵押或珠宝质押,通过出具借据或签订借款协议等方式,向涂某某借款1100万元、向季乙借款1200万元、向董某某借款1100万元、向方某某借款2000万元、向郑乙借款200万元、向孙某某借款800万元、向应某某借款300万元、向徐乙借款200万元、向季甲借款1500万元、向林甲借款1000万元、向张乙借款1000万元、向陈A借款400万元、向陈甲借款50万元、向姜某借款500万元、向王甲借款600万元、向潘某某借款110万元、向谢某借款1100万元、向王乙借款300万元、向项某借款2000万元,共计人民币15460万元。所借款项主要用于偿还他人的借款本息、支付公司运营支出等。截至案发,被告人吴丙对上述款项尚未完全支付本息。2012年11月19日,吴丙接到公安人员电话通知后主动至公安机关。其到案后,对上述基本借款事实不持异议,但认为其行为不构成犯罪。

上述事实,经庭审举证、质证,法院以予以确认的下列证据证实:

1. 某公司企业法人营业执照等工商登记资料、房屋租赁合同、某公司相关账册、会计凭证、货品库存明细表等书证、证人吴甲、程某某、刘甲、严某、钱某、傅某、朱某某等人的证言证实,某公司的经营范围包括铂金、钻石、珠

---

[1] 参见上海市黄浦区人民法院刑事判决书(2013)黄浦刑初字第1008号。

宝玉器、金银饰品及修理等业务,吴丙系某公司的法定代表人,全面负责公司业务,其他人不参与实际经营,吴丙个人资金与公司资金混同,以及2010年6月至2011年10月期间,某公司有正常的珠宝购销业务的事实。

2. 证人涂某某的证言证实,其和吴丙系朋友关系。2010年8月至2011年9月期间,吴丙以各种理由向其借款共计1175万元,约定月息4分左右,其中1100万元有借条,其通过赵某、陈B、万某等人的账户汇款给吴丙,这些钱基本都是涂某某自己所有的事实。

3. 证人季乙的证言证实,其和吴丙均系温州某商会的会员。2011年1月起,吴丙先后多次向其借款共计1100万元,约定月息4分,季甲作为担保人;2011年7月,吴丙向其借款100万元用于临时周转,其从朋友张甲的银行账户汇给吴丙的事实。证人季甲、张甲的证言印证了该节事实。

4. 证人董某某证言证实,其和吴丙自2007年起就有经济往来,2010年6月,吴丙多次向其借款共计1100万元,月息4分左右,其除了从自己名下账户汇款,还从王A等人账户汇款给吴丙的事实。证人黄某(系董某某的私人财务)、王A的证言印证了该节事实。

5. 证人方某某的证言证实,其和吴丙系邻居,已相识多年。2011年3月,吴丙向其借款2000万元,约定月息4.5分,其通过亲戚姜某某、周某的账户汇款1500万元,通过张维控制的郑甲账户汇款500万元给吴丙的事实。证人姜某某、周某、郑甲的证言印证了该节事实。

6. 证人郑乙的证言证实,其和吴丙系经朋友介绍在三四年前认识。2010年10月,吴丙以投资为由向其借款200万元,约定月息2.5分,其中有30万元系其朋友徐甲出资的事实。证人徐甲的证言印证了该节事实。

7. 证人孙某某的证言证实,其和吴丙系小学同学。2011年5月,吴丙以归还银行贷款为由向其借款800万元,其通过公司财务施某某账户汇给吴丙,约定月息3.5分,其中有500万元系其向朋友吴乙所借的事实。证人施某某、吴乙的证言印证了该节事实。

8. 证人应某某的证言证实,其和吴丙系交通大学投融资私募股权与企业上市班(以下简称"交大班")同学。2011年8月,吴丙向其借款300万元,约定月息5分,后其听交大班另一同学徐乙说吴丙也向徐乙借款200万元,后吴丙将两人借款合并写了一张欠条给其的事实。证人徐乙的证言印证了该节事实。

9. 证人季甲的证言证实,其和吴丙均系温州某商会的副会长,且系交大班同学,已相识多年。2011年8月,吴丙以珠宝投资为由向其借款1000万元,约定期限2年3个月,回报率100%,其单位同事及亲友听说后一并共同投资1000万元,并通过其女儿季某的账户以其本人名义借给吴丙,钱款来源之事其并未告知吴丙;2011年9月,吴丙又向其借款500万元,约定借期40天左右,回报率10%的事实。

10. 证人林甲的证言证实,其所在公司的董事长刘某和吴丙是交大班同学。2011年9月,吴丙向刘某借款,因刘某在日本无法操作,故让其先借给吴丙。后其借款1000万元给吴丙,约定月息4分,吴丙提供了2套房产和标价2000万元的珠宝作抵押的事实。

11. 证人张乙的证言证实,其和吴丙的丈夫朱某是大学同学。2011年10月,朱某打电话给其称吴丙经营珠宝遇到资金问题想让其帮忙,后吴丙向其借款1000万元,约定借期2个月,月息2分的事实。

12. 证人范某某的证言证实,其老板陈A和吴丙是交大班同学。2011年8月,吴丙以归还银行贷款为由,向陈A借款400万元,由其转账操作的事实。

13. 证人陈甲的证言证实,其和吴丙已相识多年。2011年2月,其将50万元钱款交与吴丙让吴丙代其理财,约定时间1年,年回报20%的事实。

14. 证人刘乙的证言及姜某提供的控告书证实,姜某系温州某商会名誉会长。2011年8月,吴丙以临时周转为由向姜某借款500万元的事实。

15. 证人王甲的证言证实,其和吴丙均系温州某商会的会员。2011年8月,吴丙以临时周转为由向其借款600万元,约定月息2.5分的事实。

16. 证人潘某某的证言证实,其和吴丙均系温州某商会的会员。2011年8月,吴丙以归还银行贷款为由向其借款110万元,其通过朋友潘某虎的账户借款给吴丙的事实。

17. 证人陈乙的证言证实,其丈夫谢某和吴丙均系温州某商会副会长,其也认识吴丙。2011年5月,吴丙向其与谢某借款1100万元,约定月息4分,其通过自己及杨某、叶某、柯某、吴丁等多人的账户汇款给吴丙,均注明"谢某的借款"的事实。

18. 证人王乙的证言证实,其和吴丙均系温州某商会的会员。2011年1月,吴丙向其借款300万元,其通过季乙的个人及公司账户汇款给吴丙,后于2011年6月吴丙将钱款还给季乙后续借300万给吴丙的事实。

19. 证人林乙的证言证实,其系项某与吴丙民间借贷案件中项某的委托代理人,据其了解,项某和吴丙系远亲。2010年8月,吴丙向项某借款2000万元,约定月息3分,项某以保姆徐丙的名义汇款给吴丙,此事徐丙并不知情的事实。证人徐丙的证言印证了该节事实。

20. 上述证人提供的相关借据、借款协议书、银行明细、转账流水、交易凭证、业务回单、相关司法鉴定意见、相关工作记录等书证印证了上述证人证言,证实了吴丙以公司投资或者经营需要资金周转等理由,向他人借款的事实。

21. 笔迹鉴定意见书证实,该案所涉的借据、协议上吴丙的签名均为吴丙本人所署。

22. 有关借款协议书、公证书、货品调拨明细表、承诺书、收购协议书、抵押协议书、收条、证人叶某某的证言、公安机关出具的"情况说明"以及涂某某、董某某、郑乙出具的收据等证据证实,被告人吴丙借款时向林甲提供房产及珠宝抵押,后向陈A、张乙各自提供房产抵押或珠宝质押,案发后林甲将质押珠宝变卖受偿166万元,以及涂某某、董某某、郑乙三人在案发后从某公司收取珠宝部分作价受偿的情况。

23. 涉案当事人的相关资金划付凭证、某公司涉案公司会计账册及会计凭证、公司基本账户银行对账单、公司现金日记账、吴丙个人名下部分银行账户对账单及上海复兴明方会计师事务所有限公司关于该案的司法会计鉴定意见书等证据证实,2010年6月至2011年10月,被告人吴丙从涂某某等人处借款的数额合计15460万元,钱款主要用于归还借款、公司运营、部分用于个人还贷等,及对本息尚未完全偿还的情况。

24. 上海市公安局黄浦分局经济犯罪侦查支队出具的"到案基本情况"证实,该案的案发情况及被告人吴丙的到案基本情况及其到案后的供述情况。

25. 上海市公安局黄浦分局的扣押物品、文件清单、调取证据清单证实,公安机关从某公司依法扣押的涉案财物账簿、会计凭证、报表等情况。

26. 被告人吴丙的供述证实,其曾向起诉指控的人员借款及部分已归还的事实。

【检察院指控】

上海市黄浦区人民检察院指控,2010年6月至2011年10月期间,被告人吴丙身为被告单位某公司的法定代表人和负责人,以该公司投资或者经营需要资金周转为由,以承诺高额借款利息为诱饵,部分提供房产抵押或珠宝质押,通过出具借据或签订借款协议等方式,非法向涂某某等人吸收存款,共计人民币15460万元。其中,吸收涂某某1100万元、季乙1200万元、董某某1100万元、方某某2000万元、郑乙200万元、孙某某800万元、应某某500万元、季甲1500万元、林甲1000万元、张乙1000万元、陈A 400万元、陈甲50万元、姜某500万元、王甲600万元、潘某某110万元、陈乙1100万元、王乙300万元、项某2000万元。所吸收资金主要用于偿还他人的借款本息、支付公司运营支出等。迄今,被告人吴丙已向王甲、潘某某、王乙、陈乙四人支付全部本息;向涂某某偿还本息909.797万元,珠宝作价抵款117.5263万元;向季乙偿还本息452.4万元;向方某某偿还本息1719.645万元;向郑乙偿还本息89.667万元,珠宝作价抵款35.5111万元;向孙某某偿还本息306.866万元;向项某偿还本息1890万元;向张乙偿还本息200万元;另在林甲、陈A、张乙三人处质押珠宝或抵押房产,林甲已通过变卖质押珠宝受偿人民币166万元;而对于陈甲、姜某、应某某、季甲、陈A等人的借款,则尚无本息支付。2012年11月19日,被告人吴丙接到公安人员电话通知后主动至公安机关。其到案后,对上述基本事实不持异议,但认为其行为不构成犯罪。为证明上述指控事实,公诉机关当庭宣读和出示了证人吴甲、涂某某等人的证言、相关书证材料、公安机关扣押物品清单、相关情况说明、笔迹鉴定意见书、司法会计鉴定意见书、到案基本情况等证据。公诉机关据此认为,被告单位某公司在被告人吴丙经营管理期间,非法吸收公众存款,扰乱金融秩序,数额巨大,其行为已触犯《刑法》(2011年)第一百七十六条第一款、第二款,应当以非法吸收公众存款罪追究其刑事责任。吴丙犯罪后自动投案,如实供述自己的罪行,适用《刑法》(2011年)第六十七条第一款,系自首,可对某公司及吴丙本人从轻处罚。综上,提请法院依法审判。

【辩护意见】

被告单位某公司及被告人吴丙对起诉指控的基本借款事实无异议,但对方某某、董某某、涂某某、郑乙、孙某某、季乙等人的欠款金额有异议,并认为被告单位和被告人的行为是民事借款行为,不构成犯罪。被告人吴丙的辩护人除了同意被告单位和被告人对欠款金额的辩解外,也认为吴丙的行为属于民间借贷行为,其借款对象系特定对象,也没有采取公开宣传的方式,故被告单位及被告人的行为不构成非法吸收公众存款罪,公诉机关指控的罪名不能成立。

【法院裁判】

经审理查明,2010年6月至2011年10月期间,被告人吴丙在经营某公司期间,分别多次以各种理由向涂某某等人借款共计15460万元。首先,从宣传手段上看,吴丙的借款方式为当面或通过电话一对一向借款人提出借款请求,并约定借款利息和期限,既不存在通过媒体、推介会、传单、手机短信等途径向社会公开宣传的情形,亦无证据显示其要求借款对象为其募集、吸收资金或明知他人将其吸收资金的信息向社会公众扩散而予以放任的情形;其次,从借款对象上看,吴丙的借款对象绝大部分与其有特定的社会关系基础,范围相对固定、封闭,不具有开放性,并非随机选择或者随时可能变化的不特定对象。对于查明的出资中确有部分资金并非亲友自有而系转借而来的情况,但现有证据难以认定吴丙系明知亲友向他人吸收资金而予以放任,此外,其个别亲友转借的对象亦是个别特定对象,而非社会公众;再次,吴丙在向他人借款的过程中,存在并未约定利息或回报的情况,对部分借款还提供了房产、珠宝作抵押,故吴丙的上述行为并不符合非法吸收公众存款罪的特征。至于被告人吴丙所提起诉书认定的部分还款金额有误的辩解,法院认为,并不影响非法吸收公众存款罪的认定。

综上,法院认为,公诉机关指控被告单位某公司及被告人吴丙犯非法吸收公众存款罪的证据不足,指控罪名不能成立。据此,依照《刑事诉讼法》(2012年)第一百九十五条第(三)项之规定,判决如下:

一、被告单位某公司无罪。

二、被告人吴丙无罪。

【案例简析】

该案的被告人吴丙作为被告单位某公司的法定代表人和负责人,存在个人资金与单位资金混同、人格混同的情形,在经营某公司期间,分别多次以各种理由向涂某某等人借款共计15460万元,被告人和被告单位的该行为是否构成非法吸收公众存款罪,其焦点在于其行为是否构成非法吸收公众存款罪的"四性",即非法性、公开性、利诱性和社会性。

首先,就非法吸收公众存款罪的公开性而言,主要考察两个层面,第一,是否存在通过媒体、推介会、传单、手机短信等途径向社会公开宣传的情形;第二,是否存在要求借款对象为其募集、吸收资金或明知他人将其吸收资金的信息向社会公众扩散而予以放任,而这需要深入考察被告人的宣传手段。本案中,吴丙借款的方式为当面或通过电话一对一向借款人提出借款,亦无证据表明其要求借款对象为其吸收资金,也不存在明知他人将其吸收资金的信息向社会公众扩散的情形,因此,不成立非法吸收公众存款罪的公开性。

其次,就非法吸收公众存款罪的社会性而言,主要考察是否存在向社会公众即社会不特定对象吸收资金的情形,这就需要对被告人的借款对象进行类型化分析,界定不特定的标准。其也分为两个层面,第一是直接借款对象;第二是间接借款对象。对于直接借款对象,要满足随机选择或者随时可能变化的标准才能认定为不特定,对于间接借款对象,除满足不特定标准外,还应考察是否存在明知亲友向他人吸收资金而予以放任的心态。本案中,从绝大部分借款对象与被告人存在特定的社会关系基础入手,得出借款对象相对固定、封闭,不具有开放性的结论,特定的社会关系基础包括朋友关系、商会会员、副会长、有经济往来、邻居、朋友介绍认识、小学同学、交大班同学、相识多年、丈夫大学同学等,这些社会关系都可从证人证言中得到证实。对于间接借款对象,本案中个别亲友转借的对象亦是个别特定对象,现有证据难以认定吴丙系明知亲友向他人吸收资金而予以放任,因此综合直接、间接借款对象的特征以及对间接借款对象的主观态度,可以得出本案被告人的借款行为不具有社会性。

最后,就非法吸收公众存款罪的利诱性而言,应考察是否承诺在一定期限内以货币、实物、股权等方式还本付息或者给付回报。这就需要对不同借款进行分类处理。一方面,考察是否存在未约定利息和回报的情形;另一方面,考察是否存在抵押担保的情形。本案中,存在并未约定利息或回报的情况,对部分借款还提供了房产、珠宝抵押,因此不能够认定为存在利诱性。

综上,被告人吴丙的上述行为并不符合非法吸收公众存款罪的特征,基于被告人和被告单位的人格混同,被告人和被告单位都无罪。

【问题研讨】

非法吸收公众存款罪的"非法性、公开性、利诱性和社会性",这"四性"特征共同构成了非法吸收公众存款罪的成立标准,也是规范层面的民间融资刑事法律边界需要讨论的问题。关于非法集资的"非法性",依照《非法集资案件意见》的规定,应当以国家金融管理法律法规作为依据。对于国家金融管理法律法规仅作原则性规定的,可以根据法律规定的精神并参考中国人民银行、中国银行保险监督管理委员会、中国证券监督管理委员会等行政主管部门依照国家金融管理法律法规制定的部门规章或者国家有关金融管理的规定、办法、实施细则等规范性文件的规定予以认定。而"社会公众"在当前关于非法集资相关法律法规中或表述为"社会不特定对象",指多数人或者不特定自然人或单位,可以从两方面理解:(1)出资者与集资者之间没有关系,若为特定的社会关系就不属于"社会公众";(2)出资者随时可能增加。《非法集资司法解释》第一条第二款规定:未向社会公开宣传,在亲友或者单位内部针对特定对象吸收资金的,不属于非法吸收或者变相吸收公众存款。排除了亲友及单位内部为"社会公众"的范围。就利诱性而言,应考察是否承诺在一定期限内以货币、实物、股权等方式还本付息或者给付回报,若存在未约定利息和回报的情形或存在抵押担保的情形,则就不成立利诱性。

二十一、以实控公司名义虚构借款资金用途,委托融资公司向社会公众借款无罪案

四川天府瑞兴实业有限公司等
非法吸收公众存款案[①]

【基本案情】

周光系四川天府瑞兴实业有限公司(以下简称"天府瑞兴公司")、四川鑫万投资担保有限公司(以下简称"鑫万担保公司")、四川一杰实业有限公司(以下简称"一杰公司")法定代表人;四川希望粮油有限公司(以下简称"希望粮油公司")、成都好风科技有限公司(以下简称"好风科技公司")实际控制人。2013年9月,周光出资50万元,从王某1、杨某乙处收购了四川星明融资信息咨询有限公司(以下简称"星明融资公司")全部股份,并指派被告人段亚川出任该公司法定代表人,同年12月,增加星明融资公司注册资本到500万元,并先后指定被告人段亚川、蔡光强、杜丽为星明融资公司股东,段亚川持股比例为95%,蔡光强持股比例为5%;2014年4月,该公司股东持股比例变更为段亚川持股比例为90%,杜丽持股比例为10%,以上三人均未实际出资,星明融资公司实际控制人为周光。

周光在购买星明融资公司后,指派段亚川出任该公司法定代表人兼出纳,聘请杨某1为该公司高级顾问,任命蔡光强为该公司总经理,并陆续选聘杜丽担任该公司市场部经理(蔡光强离任后由其接任总经理一职),被告人付海担任该公司综合部经理,后任公司行政部总监,被告人何荣芝担任该公司会计。在该公司的员工提成制度上,公司制定了详细的提成分配制度,提成金额以集资人本金×实际集资月份×0.08%来计算。在提成方式上,实行个人提成与公司公共提成叠加的方式,其中公司员工个人发展的客

[①] 参见四川省乐山市市中区人民法院刑事判决书(2015)乐中刑初字第117号。

户提成归个人所有,公司发展的客户提成按员工岗位以不同的分配系数进行分配。每月提成由公司财务人员造表后,经段亚川报周光同意,由公司员工签字领取。为使实际控制的星明融资公司向社会不特定公众吸收资金,周光还分别安排其指派出任好风科技公司、希望粮油公司的法定代表人的被告人周必经、张忠华提供好风科技公司、希望粮油公司法人身份证明、签署公司股东会决议、虚构借款资金用途、签订借款合同、提供个人银行账户。

2013年10月至2014年8月期间,经周光授意后,由段亚川、蔡光强等人组织、策划,相继以周光的一杰公司和实际控制的希望粮油公司、好风科技公司作为借款人,以这些公司需要流动资金为由,并以周光的鑫万担保公司、天府瑞兴公司的股权、土地、房产等作抵押担保,与星明融资公司签订《股权质押合同》《最高额担保借款合同》,委托星明融资公司向社会公众借款,约定借款期限为12至18个月,保本返息,月息1.8%。其中,(1)一杰公司借款项目:2013年10月22日,周光将一杰公司作为借款人与星明融资公司指派的出借人代表聂某签订《最高额担保借款合同》,委托星明融资公司以其名义借款2500万元人民币,约定借款期限为12个月,月利息1.8%,资金借款用途为一杰公司的开发建设需要短期流动资金;(2)希望粮油公司借款项目:2014年2月26日,周光将其实际控制的希望粮油公司作为借款人与星明融资公司指派的出借人代表杜丽签订《最高额担保借款合同》,委托星明融资公司以其名义借款1500万元人民币,约定借款期限为18个月,月利息1.8%,资金借款用途为希望粮油公司的开发建设需要短期流动资金;(3)好风科技公司借款项目:2014年4月21日,周光将其实际控制的好风科技公司作为借款人与星明融资公司指派的出借人代表卢某签订《最高额担保借款合同》,委托星明融资公司以其名义借款4000万元人民币,约定借款期限为12个月,月利息1.8%,资金借款用途为好风科技公司的开发建设需要短期流动资金。星明融资公司在业务开展过程中,段亚川、蔡光强、付海等人先后招聘曾某某、曾某、谭某担任该公司理财顾问组长,蔡某、鲜某、向某等人担任该公司理财顾问,理财顾问在接受系统培训后向社会进行公开宣传。宣传的地点主要选择在农贸市场、广场等人流量大的地方,宣传的方式主要是发放公司宣传单、环保袋以及对社会不特定公众进行口头宣讲等,宣传的内容主要是公司开展的借款项目情况、利息收益以及还本付息的方式和时间等。社会不特定公众与星明融资公司签订合同后,通过银行转账、现金存款等方式将资金存入星明融资公司指定的周光、周必经、张忠华三人的银行账户。在吸收资金的使用安排上,上述三个借款项目吸收的资金,必须经周光审批同意后方可使用。在资金的实际使用上,周光并没有安排这些资金用于借款合同所约定的用途,而是用于其实际控制的天府瑞兴公司所开发的"天府·香城印象"房地产项目,偿还其他集资人员的本金、利息,支付星明融资公司的员工工资、公司水电费、房屋租赁费和段亚川等人的提成等上。乐山正源会计师事务所有限公司分别于2014年11月20日、2015年2月12日、2016年6月28日,以乐正会专项(2014)第014号出具了《乐山星明融资信息咨询有限公司专项清理报告》(以下简称《专项清理报告》)及2份补充报告。上述报告结论为:2013年10月至2014年8月期间,星明融资公司以一杰公司、好风科技公司、希望粮油公司的项目需要开发建设为由收取白某某、薛某某等712人款项合计67438500元,截至2014年8月31日,集资参与人本金退款金额合计11343000元,未退款金额合计56095500元;截至2014年7月,支付集资参与人收益金额合计4980669.29元。其中:一杰公司项目收取款项后转款周光账户金额33171500元,集资参与人本金退款金额7567000元,未退款金额25604500元,支付集资参与人收益金额合计3459183.57元;好风科技公司项目收取款项后转款周必经账户金额14831000元,集资参与人本金退款金额900000元,未退款金额13931000元,支付集资参与人收益金额合计330722.82元;希望粮油公司项目收取款项后转款张忠华账户金额19436000元,集资参与人本金退款金额2876000元,未退款金额16560000元,支付集资参与人收益金额合计1190762.9元。另外,2013年12月至2014年7月,星明融资公司还支付该公司38名员工提成款合计519259元(其中:杜丽等38人)。

其中:段亚川在周光的指派下出任星明融资公司法定代表人兼公司出纳,其以法定代表人的身份全面管理公司业务,管理公司日常资金,并报周光同意后支付相应开支,积极帮助周光以星明融资公司名义向社会公众非法吸收资金共计67438500元(其中本人通过宣传非法吸收资金35万元),获取提成24958元,截至2014年8月31日,归还本金合计11343000元,未归还本金合计56095500元。

蔡光强于2013年9月至2014年4月期间在星明融资公司任总经理,主要负责公司工作全面开展,包含员工培训、制定营销方案、公司人事、考察项目及对外宣传等工作,积极帮助周光以星明融资公司名义向社会公众非法吸收资金共计51136000元,从中获取公司业绩公共部分的提成23775元,截至2014年8月31日,归还本金合计10410000元,未归还本金合计40726000元。

杜丽于2013年9月受聘,先后在星明融资公司市场业务部工作任市场部主管、经理;2014年3月任公司总经理助理、4月任副总经理、5月任总经理,负责对外宣传并吸收民间资金。作为希望粮油公司借款项目的出借人代表,积极帮助周光以星明融资公司名义向社会公众非法吸收资金共计67438500元(其中:杜丽集资10万元,其配偶集资20万元,本人通过宣传向社会其他人员集资1190.3万元),获取提成为104625元,截至2014年8月31日,归还本金合计11343000元,未归还本金合计56095500元。

付海于2013年10月受聘在星明融资公司任综合部主管,2014年任公司行政总监兼项目风控部总监,同时任希望粮油公司融资项目经理,负责星明融资公司网站的对外宣传,为希望粮油公司的借款调查报告出具虚假的声明与保证,为一杰公司的借款项目出具虚假的风控会签表,积极帮助周光以星明融资公司名义向社会公众非法吸收资金共计67438500元(其中:付海配偶集资7万元、本人通过宣传向社会其他人员集资312.5万元),获取提成为32668元,截至2014年8月31日,归还本金合计11343000元,未归还本金合计56095500元。

何荣芝于2013年10月受聘在星明融资公司任会计,主要负责做账,包括员工工资、佣金提成、客户利息等,以及上报相关数据给天府瑞兴公司的财务人员,积极帮助周光以星明融资公司名义向社会公众非法吸收资金共计67438500元(其中:何荣芝集资16万元,其配偶及子女集资16万元,本人通过宣传向社会其他人员集资12.5万元),获取提成为16609元,截至2014年8月31日,归还本金合计11343000元,未归还本金合计56095500元。

另查明,2013年12月11日,乐山市工商行政管理局查获星明融资公司超出工商核定经营范围,通过其公司员工向沿街群众以及到该公司咨询的客户,宣传、发放含有支付或变相支付利息内容的广告宣传单,并于2014年1月28日作出川工商乐行处字(2014)7号行政处罚决定书,责令星明融资公司停止发布上述违法广告,并对其罚款人民币15000元。

2014年6月15日、7月19日、8月15日,杜丽先后向乐山市公安机关口头和书面举报星明融资公司和周光存在违法融资行为,并提供了相关资料等,其中包括周光有两个身份证(周光和周某2)及该两个名字下的财产。2014年8月26日19时,乐山市公安局经济犯罪侦查支队接到市政府金融办通知,得知有几十名群众围攻星明融资公司,该支队侦查人员迅速到达现场进行调查,在段亚川的配合下,侦查人员对该公司的相关经营情况、财务情况等进行了调查取证,之后侦查人员以证人形式将段亚川、杜丽带回该支队继续进行询问调查,段亚川、杜丽向侦查人员陈述了该案的事实。2014年8月27日,乐山市公安局决定对该案立案侦查,同月28日,段亚川被刑事拘留。2014年8月29日16时,成都铁路公安处治安支队民警在四川省成都市武侯区科华中路米兰咖啡店门口将被告人周光抓获。2014年9月14日14时,乐山市公安局经济犯罪侦查支队侦查人员对天府瑞兴公司、好风科技公司、一杰公司进行搜查,依法扣押了相关公司的涉案会计凭证、会计报表等,并将被告人周必经、张忠华等人抓获。何荣芝、付海、蔡光强接乐山市公安局经济犯罪侦查支队侦查人员电话通知,分别于2014年8月27日、2014年9月15日、2014年11月18日到该支队接受调查,均如实供述了犯罪行为。

段亚川、蔡光强、杜丽、付海、何荣芝已退清所获取的提成款共计178256元。

【检察院指控】

乐山市市中区人民检察院指控:被告人周光系天府瑞兴公司、一杰公司、鑫万担保公司法定代表人,希望粮油公司、好风科技公司、星明融资公司实际控制人。2013年9月,被告单位天府瑞兴公司在开发"天府·香城印象"房地产项目时因公司资金短缺,被告人周光便出资50万元,到乐山从王某1、杨某乙见处收购了星明融资公司全部股份,后利用该公司作为融资平台,为天府瑞兴公司开发房地产项目融资。被告人周必经、张忠华在周光的安排下,分别出任好风科技公司、希望粮油公司的法定代表人。两人在明知周光以其实际控制的星明融资公司为平台,虚构公司借款项目向社会不特定公众吸收资金的情况下,仍然向星明融资公司提供好风科技公司、希望粮油公司的法人身份证明、签署公司股东会决议、虚构借款资金用途、签订借款合同、提供个人银行账户用于归集吸收资金,积极协助周光实施非法吸收公众存款的犯罪活动。

被告人周光在购买星明融资公司后,指派被告人段亚川出任公司法定代表人兼出纳,同时星明融资公司聘任被告人蔡光强为公司总经理;选聘被告人杜丽担任市场部经理(蔡光强离任后由其接任总经理一职),被告人付海担任综合部经理(后任公司行政部总监),被告人何荣芝担任会计负责做账。在星明融资公司的员工提成制度上,公司制定了详细的提成分配制度。每月提成由公司财务人员造表后,经段亚川报周光同意后,由公司员工签字领取。2013年10月至2014年8月期间,经周光授意后由段亚川、蔡光强等人组织、策划,相继以周光实际控制的一杰公司、希望粮油公司、好风科技公司需要流动资金为由,并以其关联的鑫万担保公司、天府瑞兴公司的股权、土地、房产等作抵押担保,将这些公司作为借款主体,与星明融资公司签订《股权质押合同》《最高额担保借款合同》,委托星明融资公司向社会公众借款,约定借款期限为12至18个月,保本返息,月息1.8%。星明融资公司在业务开展过程中,段亚川、蔡光强、付海等人先后招聘十余名理财顾问,对理财顾问进行系统培训后向社会进行公开宣传,宣传的内容主要为公司开展的借款项目情况、利息收益以及还本付息的方式和时间等。社会不特定公众与星明融资公司签订合同后,通过银行转账、现金存款等方式将资金存入星明融资公司指定的周光、周必经、张忠华三人的银行账户。在吸收资金的使用安排上,上述三个借款项目吸收的资金,必须经周光审批同意后方可使用。在资金的实际使用上,周光并没有安排这些资金用于借款合同所约定的用途,而是用于其实际控制的天府瑞兴公司所开发的"天府·香城印象"房地产项目以及其他集资人员本金和利息的偿还上。2014年11月20日,乐山正源会计师事务所有限公司出具《专项清理报告》。该报告结论为:2013年10月至2014年8月期间,星明融资公司以一杰公司、好风科技公司、希望粮油公司的项目需要开发建设为由收取白某某、薛某某等712人款项合计67438500元;截至2014年8月31日,退款金额合计11343000元,未退金额合计56095500元。其中,一杰公司项目收取款项后转款周光账户金额33171500元,截至2014年8月31日,退款金额7567000元,未退款金额25604500元;好风科技公司项目收取款项后转款周必经账户金额14831000元,截至2014年8月31日,退款金额900000元,未退款金额13931000元;希望粮油公司项目收取款项后转款张忠华账户金额19436000元,截至2014年8月31日,退款金额2876000元,未退款金额16560000元。

段亚川在周光的指派下出任星明融资公司法定代表人兼公司出纳,在明知公司实际控制人周光是在利用该公司向其关联企业融资的情形下,仍然以法定代表人的身份全面管理公司业务,管理公司日常资金的开支,积极帮助以周光为法定代表人的天府瑞兴公司向社会公众非法吸收资金,并通过宣传招揽他人非法吸收资金35万元,获取提成24958元;蔡光强于2013年9月至2014年4月在星明融资公司任总经理,主要负责公司全面工作开展,包含员工培训、制定营销方案、公司人事、考察项目及对外宣传等工作,为周光实施非法吸收公众存款犯罪活动提供帮助,并参与公司业绩公共部分的提成,在星明融资公司工作期间共计收取发展的提成款23775元;被告人杜丽于2013年9月到星明融资公司市场业务部工作并任市场部主管、经理,2014年3月任公司总经理助理、4月任副总经理、5月任总经理,负责对外宣传并吸收民间资金、作为希望粮油公司借款项目的出借人代表,在明知星明融资公司实际控制人周光利用公司向其关联企业融资的情形下,为获取高额提成,仍然积极参与、组织公司员工开展非法吸收公众存款犯罪活动,非法吸收资金1220.3万元,其中他人金额1210.3万元,获取提成为104625元;被告人付海于2013年10月在星明融资公司任综合部主管,2014年任公司行政总监兼项目风控部总监,同时任希望粮油公司融资项目经理,负责星明融资公司网站对外宣传,其在没有调查了解的情况下,为希望粮油公司借款调查报告出具虚假的声明与保证,为一杰公司的借款项目出具虚假的风控会签表。明知星明融资公司实际控制人周光利用公司向其关联企业融资的情形下,为获取高额提成,仍然积极参与、组织公司员工开展非法吸收公众存款犯罪活动,非法吸收资金319.5万元,获取提成为32668元;被告人何荣芝于2013年10月至星明融资公司任会计,主要负责做账,包括员工工资、佣金提成、客户利息等,以及上报相关数据给总公司的财务人员,其明知星明融资公司实际控制人周光利用公司向其关联企业融资的情形下,通过宣传发展他人参与集资参与人,非法吸收资金44.5万元,其中他人金额28.5万元,获取提成为16609元。

公诉机关认为,被告单位天府瑞兴公司、被告人周光、段亚川、周必经、张忠华、蔡光强、杜丽、付海、何荣芝利用星明融资公司为融资平台,为天府瑞兴公司非法吸收资金,向社会不特定公众吸收资金,吸收公众存款数额达67438500元人民币,数额巨大,其行为已触犯了《刑法》(2015年)第一百七十六条之规定,应当以非法吸收公众存款罪追究其刑事责任。被告人周光作为星明融资公司实际控制人,是实施非法吸收公众存款犯罪活动的最终决策者,应为该案主犯,被告人段亚川作为周光指定的星明融资公司法定代表人,在实施非法吸收公众存款犯罪活动中起主要作用,系主犯,被告周必经、张忠华、蔡光强、杜丽、付海、何荣芝在共同犯罪中起次要、辅助作用,系从犯。被告人杜丽在公安机关调查该案前,主动到公安机关投案,并如实供述自己的罪行,并供述所知同案犯,系自首。诉请法院依法判处。

【辩护意见】

被告单位天府瑞兴公司的诉讼代表人当庭提出:本公司除法定代表人周光牵涉到星明融资公司非法吸收公众存款一案中,无公司其他股东及高管参与该案,所涉案款也未进入本公司账户。因此本公司并未涉嫌犯罪,此单位犯罪应由星明融资公司承担罪责。

被告人周光当庭辩解:他并非希望粮油公司、好风科技公司、星明融资公司的实际控制人。他与星明融资公司没有关系,既不是股东,也没有出资购买星明融资公司。他认识黄某某,黄某某在天府瑞兴公司担任职员。他只是认识杨某某,知道一杰公司、好风科技公司、希望粮油公司通过星明融资公司借款,借款都是用于"天府·香城印象"房地产项目的开发,但是星明融资公司如何对外宣传他并不知道。他与周必经是亲兄弟,周必经是好风科技公司的法定代表人。张忠华是他舅舅的女儿,在天府瑞兴公司担任会计。他不认识王某1、杨某乙见,没有和王某1、杨某乙见签订股权转让协议,也没有出资50万元向王某1、杨某乙见购买星明融资公司。他没有指派段亚川担任星明融资公司的法定代表人兼出纳。星明融资公司的资金进出不需要向他请示,也没有其签字。他与段亚川之间的短信,不是段亚川向其请示,而是段亚川基于二公司往来间的交往,是出于对出借人还本付息的意见。星明融资公司的人事任免、变动和业务提成以及发放标准,他都不知道,也没有参与。他没有授意段亚川、蔡光强等人向不特定公众宣传,也没有授意星明融资公司向社会不特定公众非法吸收公众存款。2014年7月14日,他签署给杜丽、段亚川的《股权转让协议》,是杜丽、段亚川强迫其签署的。他不知道四川托邦粘胶科技有限公司,也不知道该公司和星明融资公司有借贷往来。星明融资公司是一个独立的公司,与他之间只是存在借贷关系。因此,他认为公诉机关指控天府瑞兴公司和其构成非法吸收公众存款罪不能成立。

被告人周光的辩护人提出:(1)星明融资公司参与该案的整个犯罪过程,并获利巨大,其构成单位犯罪,而天府瑞兴公司仅是用款单位,其不构成单位犯罪;(2)《专项清理报告》不属于鉴定结论,不应认定;(3)在该案712名集资参与人中,公安机关、检察机关仅收集了其中12名集资参与人的集资证据,而未向其他 700 名集资参与人进行调查取证,且后者也并未向公安机关报案,人民法院对于该案的审理应仅限于上述 12 名集资参与人的范围;(4)公诉机关宣读多份"证言",其中包括对曾某某、谭某某、鲜某、付某甲、卢某、熊某某、谈某、郭某、蔡某、曾某、付某乙等人的讯问笔录,而非刑事诉讼法规定的证人证言,应作为非法证据予以排除;(5)2014 年 7 月 16 日,周光在段亚川、杜丽的《股权转让协议》《辞职报告》上的签名,是在段亚川、杜丽强迫下所为,应作为非法证据予以排除;(6)周光主观上没有教唆他人实施非法吸收公众存款,客观上没有实施教唆他人犯罪的行为,没有证据证明周光是星明融资公司的实际控制人。(7)星明融资公司除以一杰公司、希望粮油公司、好风科技公司三个项目吸收公众存款外,同时又以四川拓邦粘胶科技有限公司、袁某 2 等项目向社会公众吸收存款,周光对后两个项目完全不知情,这足以反驳周光"授意"段亚川等人非法吸收公众存款的说辞。综上,周光不构成非法吸收公众存款罪,请法庭依法宣告其无罪。

被告人周必经当庭辩解,他是好风科技公司的法定代表人,但没有出资。之前他在乐山市公安局经济犯罪侦查支队多次做的笔录,有的属实,有的不属实,不属实是因为害怕。他今天在法庭上的陈述是真实的。他是周光的三哥,担任好风科技公司的法定代表人有四年多,是周光让其担任的。他仅是好风科技公司的挂名股东,不知道好风科技公司是否向星明融资公司借款,也不知道该项目的借款是否打到其个人账户。他只是应周光要求去乐山银行开了三张银行卡,开好后就交给了天府瑞兴公司的财务,其他的事情他不知道。他在供述中提到的总公司,就是天府瑞兴公司,其下的子公司有鑫万担保公司、一杰公司、好风科技公司、希望粮油公司,和星明融资公司没有关系。周光向他出具一份承诺书,这是因为周光让他放心开银行卡。好风科技公司的印章和他本人的私章都有,但考虑到周光有什么事情都会找人来找他盖章,很是麻烦,加上周光是公司的实际控制人,于是四年前他就把公司的印章和他本人的私章交给了周光。好风科技公司通过星明融资公司借款盖了公章、私章,他是不知道的。他是在周光给承诺书的时候,才晓得周光是利用好风科技公司之名通过星明融资公司借款的事情。

被告人周必经的辩护人提出:周必经主观上没有犯罪故意,其不是好风科技公司的实际控制人,仅是名义上的法定代表人。客观上其没有参与好风科技公司的借款事宜,也没有从中获得利益。2014 年 4 月 18 日,好风科技公司的股东决议材料上盖有周必经的法定代表人印章,其并不知情,不排除该印章系他人非法雕刻。该案涉及三张以周必经名义开的银行卡,仅为周必经按周光要求开办,且这些卡都不在周必经手中。构成非法吸收公众存款罪的共犯,一是要为他人向社会公众非法吸收资金提供帮助;二是要从中获取利益。该案中,周必经没有收到一分钱的利益,因此周必经无罪。

被告人张忠华当庭辩解,她并不知道星明融资公司向社会不特定公众集资的事情。2014年9月2日、9月3日公安机关对她的两次讯问,她都是如实陈述的。她是希望粮油公司的法定代表人,但没有出资,是周光指认她担任法定代表人的,周光是实际控制人。她是天府瑞兴公司的会计。她在笔录中提到的总公司是天府瑞兴公司。周光名下有鑫万担保公司、一杰公司、好风科技公司、希望粮油公司。星明融资公司是不是周光的,她不知道。她当时是听周光说过,以希望粮油公司的名义向星明融资公司借款,没有召开股东会,具体是以什么形式借款她也不知道。借款打到了她的卡上,该卡是周光专门让她到乐山开办的,然后交给公司财务人员。她只是管账和与银行对接等,她不做账,也没有经手资金,不知道资金用到哪里了。周光向她出具过承诺书,承诺周光对借款承担法律责任,由周光还款等,财物都是周光在使用。"天府·香城印象"房地产项目的资金来源主要是自有资金、银行贷款,外加周光筹集的资金。星明融资公司需要资金都是她向周光请示。她知道星明融资公司吸收的民间资金,大都是通过鑫万担保公司转到天府瑞兴公司,用于支付星明融资公司的员工工资等。她除了帮天府瑞兴公司做账,不帮其他公司做账。好风科技公司与星明融资公司的最高额借款合同、委托书、担保书上的签名是周光让她签的。

被告人张忠华的辩护人提出:《非法集资案件适用法律意见》第四条对是否构成共同犯罪作了明确规定:一是要积极协助;二是要从中获利。被告人张忠华仅是天府瑞兴公司的会计,领取基本工资,从事正常工作,其行为不应入罪。

被告人段亚川当庭辩解,他没有出资,是被指派到星明融资公司担任法定代表人,钱是周光出的,周光是该公司的实际控制人。2013年12月21日,星明融资公司由50万元增资至500万元,中间增资的450万元的来源他不清楚,上面的签字是周光安排他签的。他和周光是上下级关系,周光还是他外公的兄弟。星明融资公司的员工工资和提成,是从总公司天府瑞兴公司拨发的。员工工资和水电费等都是从总公司天府瑞兴公司发放到他的账号,再由他发放和缴纳。星明融资公司曾收到行政处罚决定书,停止了一段时间发放宣传单,在整改后又开始对外宣传发放宣传单。他不知道星明融资公司的其他员工是否知道周光是该公司的实际控制人。星明融资公司在经营期间分别为一杰公司、好风科技公司、希望粮油公司借款,都是周光安排、指使的。这三个项目的真实性他没有考察过。一杰公司、好风科技公司、希望粮油公司的出借人代表是周光选择、安排的,不是由出借公司选择的。公司融资的去向他不知道。他虽然是出纳,但只管出不管进。该公司的具体事项都是周光在处理,他是通过短信向周光汇报。他没有参与策划非法吸收公众存款,公司的人事、经营他都没有参与。公司章程、制度等也没有参与制定。周光聘请的该公司高层,公司一般顾问是蔡光强聘请的。公司业务以前是蔡光强负责,蔡光强走了后由杜丽负责。杜丽、蔡光强等都是听从周光的指示。他的实质工作是出纳,其不是主犯。在知道星明融资公司经营存在风险的情况下,他向周光提出辞去法定代表人身份,周光不同意。2014年8月26日晚上,公安机关还没有立案前,在星明融资公司进行调查,他是积极配合的。8月27日早上,他与杜丽一起去公安机关,杜丽是自首,他也应该是自首。到公安机关后,在公安机关的办公室详细陈述了犯罪事实,是公安人员带他到电脑前,他主动辨认了周光的照片,有助于公安机关抓获周光,应该起到了积极的作用。2014年7月16日,他和杜丽没有胁迫周光在他和杜丽的辞职报告、股权转让协议、情况说明上签名。

被告人段亚川辩护提出:(1)被告人段亚川在该案中并非主犯,而是处于从犯地位;(2)被告人段亚川和杜丽都是在2013年8月27日在星明融资公司的办公室以证人的身份接受询问后,于早晨二人一道前往乐山市公安局经侦大队,其如实、主动交代星明融资公司向社会融资的事实,应当认定为"自首情形";(3)被告人段亚川为初犯、偶犯,当庭自愿认罪,也愿意退清所获提成,具有悔罪表现。综上,恳请法庭对其减轻处罚。

被告人蔡光强及其辩护人对公诉机关指控的犯罪事实均无异议。其辩护人提出:(1)蔡光强在该案中系从犯,依法应当从轻、减轻处罚;(2)蔡光强在公安机关尚处于一般性排查的过程中被通知以证人身份进行询问时,其如实供述了基本案情,依法可以认定为自首;(3)蔡光强愿意退清所获提成,系初犯、偶犯,主观恶性较小,请求人民法院对其减轻处罚,适用缓刑或免除处罚。

被告人杜丽及其辩护人对公诉机关指控的犯罪事实均无异议。其辩护人提出:(1)杜丽在该案中具有自首情节。2014年6月,杜丽在参加乐山市工商局组织由公安局主讲的学习后,感觉星明融资公司存在一定不规范的地方,于2014年6月15日、7月19日、8月12日、同月27日先后主动到公安机关反映相关情况,但公安机关在2015年8月27日前并未就星明融资公司的相关行为作出是否违法的认定,故杜丽才再回星明融资公司上班。公诉机关当庭出示的证据证实正是杜丽多次到公安机关反映情况,才使公安机关充分掌握了周光等人的犯罪事实,并且才得以及时冻结了相关财产。在庭审中,公诉机关提供涉及周某及熊某1两笔款项的材料,以此认为杜丽在到公安机关反映情况后还有对外宣传融资的行为,该证据并不充分。公安机关在2016年2月26日的补充报告第2项再次明确,通过补查证实未发现杜丽在向公安机关自首后仍有向社会公众宣传和吸收存款的直接证据。(2)杜丽系星明融资公司员工,其行为都是履行职务行为,系从犯,依法应减轻处罚。杜丽完全是在履行工作过程中不知不觉触犯了《刑法》,在整个案件中处于从犯地位,且行为轻微。(3)杜丽自愿退清按照星明融资公司的规章制度获取的提成款,以减轻集资参与人损失,请求人民法院量刑时考虑这一情节。(4)在该案之前,杜丽无任何违法犯罪行为,系初犯、偶犯、认罪态度好,积极配合公安机关查明案件事实,为此请求人民法院在量刑时考虑这一情节。综上,请人民法院依据事实、法律对杜丽作出公正的判决。

被告人付海当庭辩解:他和天府瑞兴公司没有任何关系。他在星明融资公司上班,是做中介服务。他以为星明融资公司是合法公司。作为民间借贷行为,有抵押、担保等,他以为是合法有效的。公司安排他在推荐项目上签名。接到公安机关通知,他到公安机关并全力配合。他自愿认罪,请法院公正判决。

被告人付海的辩护人提出:付海是星明融资公司的员工,签订合同上明确表明付海是综合部负责人,与公司是劳动关系,通过劳动获得报酬,不能对公司问题作出决策。根据相关规定,个人设立单位后犯罪,不以单位犯罪追究责任,而是追究设立单位的人。该案中周光与付海没有任何联系,付海不可能和周光有任何犯罪上的合谋。付海做的每一件事都是履行自己的职责。付海吸收资金的对象为其爱人、朋友,都是特定人群,该金额不应计入犯罪金额。付海接到电话后主动前往侦查机关配合调查,是自首,可从轻或减轻处罚。

被告人何荣芝当庭辩解,公司开会的时候都说公司业务是合法的。她是个普通员工,负责登记。她个人吸收资金的对象是本人和儿子、爱人奶奶,她也是受害人。

被告人何荣芝的辩护人提出:对指控罪名无异议,但认为何荣芝个人吸收的44.5万元对象均是直系亲属,不应计入犯罪金额。其是通过网上招聘进入星明融资公司,对非法吸收资金没有决策权,仅是做自己的工作,犯罪情节轻微,又是偶犯、初犯、从犯,如实供述、自愿认罪等,请求法院对其免予刑事处罚。

【法院裁判】

(一)关于被告人周光的辩护人提出本案《专项清理报告》不属于鉴定结论,又没有其他证据佐证,不应认定;本案共有712名集资参与人,公安机关、检察机关仅收集了其中12名的集资证据,而未向其他700名集资参与人进行调查取证,且后者也并未向公安机关告诉,人民法院对于本案的审理应限于上述12名集资参与人的范围的辩护意见。

(1)《专项清理报告》确实不是以鉴定结论或审计报告文字表述,但该《专项清理报告》是由乐山正源会计师事务所有限公司出具的,该公司具有出具审计、法律、行政法规规定的其他审计业务、为企业、事业、行政等单位和个人占有的各类资产作出评估等的资质,其根据乐山市公安局的委托和提供的星明融资公司会计凭证、"一杰公司""好风科技公司""希望粮油公司"项目的民间集资明细表、集资收益支付明细表进行清理,《专项清理报告》应作为该案定案的证据予以采信。(2)虽然该案侦查机关仅收集到部分集资参与人的言词证据和借款相关材料,但公诉机关指控该案非法集资对象的人数和吸收资金数额等犯罪事实不仅依据此,还需结合侦查机关依法收集的被告人供述、星明融资公司会计凭证、"一杰公司""好风科技公司""希望粮油公司"项目收取款项后转入周光、周必经、张忠华个人账户的银行交易记录、该"三个项目"的民间集资明细表、集资收益支付明细表、《专项清理报告》和相关证人证言等证据综合认定。《非法集资案件适用法律意见》对"关于证据的收集问题"作了规定:"办理非法集资刑事案件中,确因客观条件的限制无法逐一收集集资参与人的言词证据的,可结合已收集的集资参与人的言词证据和依法收集并查证属实的书面合同、银行账户交易记录、会计凭证及会计账簿、资金收付凭证、审计报告、互联网电子数据等证据,综合认定非法集资对象人数和吸收资金数额等犯罪事实。"该案的证据收集符合上述规定,应当予以采纳。综上,被告人周光的辩护人提出的上述辩护意见不成立，法院不予采纳。

（二）关于被告单位天府瑞兴公司的诉讼代表人和被告人周光及其辩护人提出天府瑞兴公司不是该案单位犯罪适格主体，该案单位犯罪适格主体是星明融资公司，天府瑞兴公司无罪的辩护意见。

经查：虽然星明融资公司系依法成立，具有独立法人资格，并以"一杰公司""好风科技公司""希望粮油公司"借款项目，通过宣传向社会公众非法吸收公众存款67438500元，但该公司实际是由周光个人出资购买、控制的，其购买星明融资公司主要是用于向社会公众吸收存款，客观事实也是如此。根据《单位犯罪解释》第二条"个人为进行违法犯罪活动而设立的公司、企业、事业单位实施犯罪的，或者公司、企业、事业单位设立后，以实施犯罪为主要活动的，不以单位犯罪论处"的规定，故星明融资公司不构成单位犯罪。被告单位天府瑞兴公司的诉讼代表人和被告人周光及其辩护人提出该案单位犯罪适格主体是星明融资公司的辩护意见与法律规定不符，法院不予采纳。

单位犯罪是公司、企业、事业单位、机关、团体为本单位谋取非法利益，经单位集体研究决定或者主要负责人决定，实施刑法分则中规定为单位犯罪的行为。单位犯罪的特征为：一是犯罪活动是以单位名义实施的；二是犯罪所得归单位所有。就该案而言，首先，该案被告人周光供述证实，"一杰公司""好风科技公司""希望粮油公司"三个项目的借款大部分用于天府瑞兴公司的"天府·香城印象"房地产项目，也有将借款用于其他公司和支付其他借款；天府瑞兴公司财务总监奉某证实，星明融资公司收取的客户借款一部分付了工程款，一部分用于天府瑞兴公司正常运转，还周光和其他债权人的款；天府瑞兴公司会计张忠华证实，从星明融资公司吸收的民间资金部分用于支付"天府·香城印象"房地产项目的工程款，但周光并没有将他所有的卡交回天府瑞兴公司，因此她也不能确定这些资金到底用到哪些地方，且存在星明融资公司吸收的资金支付其他地方的个人借款；周必经证实，周光对他讲，其通过在乐山的这家融资公司来向社会融资，一部分用于偿还"天府·香城印象"房地产项目的个人或公司借款；一部分用于好风科技公司的土地用途变性；一部分用于希望粮油公司建养老院项目，但最终这些融资是不是用在这些项目上，其不清楚。从上述言词证据可以看出，公诉机关指控"被告人周光因天府瑞兴公司在开发'天府·香城印象'房地产项目资金短缺，出资购买星明融资公司为天府瑞兴公司该项目融资"这一事实,证据达不到唯一性。其次,被告人周光以其所有的"一杰公司"和其实际控制的"好风科技公司""希望粮油公司"为借款主体,虚构公司借款项目,以其所有的鑫万担保公司、天府瑞兴公司的股权、土地、房产等作抵押担保,通过其实际控制的星明融资公司为中介,向社会不特定公众公开宣传吸收资金,收取款项分别转入上述三公司指定的周光、周必经、张忠华个人账户。而从证人奉某、张某某和被告人张忠华等人的陈述中可以看出,他们称天府瑞兴公司为总公司,星明融资公司、一杰公司、鑫万担保公司、希望粮油公司、好风科技公司为天府瑞兴公司的旗下公司,是基于周光本身就是这些公司的法定代表人或者实际控制人的原因,实际上这些公司之间并不具有法律规定的总公司与分公司或母公司与子公司的关系。可见,该案非法吸收公众存款的犯罪活动不是以天府瑞兴公司的名义实施的。最后,因欠款天府瑞兴公司对公账户已经被多家法院冻结,其资金基本是走的体外循环,因此除周光供述和被告人周必经、张忠华供述、证人奉某证言证实该款用于"天府·香城印象"房地产项目外,无其他证据相印证,且被告人周必经、张忠华供述和证人奉某证言均证实该款是否用于"天府·香城印象"房地产项目不确定。根据刑事犯罪事实认定的基本原则,在没有确实、充分的证据证明星明融资公司向社会公众吸收的资金主要或全部用于"天府·香城印象"房地产项目,不宜认定天府瑞兴公司构成单位犯罪。综上,公诉机关指控被告单位天府瑞兴公司构成非法吸收公众存款罪的证据达不到确实、充分的标准,该指控不成立。被告人周光和被告单位天府瑞兴公司诉讼代表人提出被告单位天府瑞兴公司不构成犯罪的辩解和辩护的意见成立,法院予以采纳。

(三)关于被告人周必经、张忠华的辩护人提出被告人周必经、张忠华的行为不构成非法吸收公众存款罪的辩护意见。

经查,好风科技公司、希望粮油公司是由周光出资注册成立的,周光是该二公司的实际控制人,而被告人周必经、张忠华仅分别为上述公司名义上的法定代表人。从被告人周必经、张忠华的供述和提交的书证(2014年4月18日周光分别向二人出具的承诺书)、股东会决议、借入资金委托书、履约承诺书、借款合同等,证实被告人周必经、张忠华在明知周光以其实际控制的星明融资公司为中介,虚构公司借款项目向社会不特定公众吸收资金的情况下,按照周光安排分别以好风科技公司、希望粮油公司法定代表人的身份签署公司股东会决议、虚构借款的资金用途、签订借款合同、提供个人银行账户用于归集吸收资金,可见被告人周必经、张忠华为被告人周光向社会公众非法吸收资金提供帮助,但根据《非法集资案件适用法律意见》的规定,构成非法集资共同犯罪必须满足以下条件:一是为他人向社会公众非法吸收资金提供帮助;二是从中收取代理费、好处费、返点费、佣金、提成等费用。而该案中,被告人周必经、张忠华为被告人周光向社会公众非法吸收资金提供帮助,但现无证据证实被告人周必经、张忠华从中获取上述任何费用,故被告人周必经、张忠华的行为不构成该案共犯,其行为不构成犯罪。辩护人提出被告人周必经、张忠华无罪的辩护意见,法院予以采纳。

(四)关于被告人周光及其辩护人提出周光不是星明融资公司的实际控制人,其行为不构成非法吸收公众存款罪的辩解和辩护意见。

经查,虽然从星明融资公司工商登记资料的股权转让协议是王某1、杨某乙见分别与段亚川、蔡光强签订的,收款证明证实王某1、杨某乙见收到段亚川、蔡光强股权转让款共计50万元,股东变更为段亚川、蔡光强。2014年4月28日,蔡光强将其持有该公司的股份转让给杜丽,股东变更为段亚川、杜丽,但证人王某1(星明融资公司原股东)、黄某(周光的助理)均证实出资购买星明融资公司的人实际是周光;证人李某1(与周光有业务往来)证实为周光办理星明融资公司增加注册资本的业务,并从中获得一定好处费;被告人周必经(周光三哥)、张忠华(周光表妹及天府瑞兴公司会计)和证人奉某(天府瑞兴公司财务总监)、张某某(天府瑞兴公司出纳)均证实周光是星明融资公司的实际控制人,而且从段亚川、奉某、张忠华与周光的短信内容证实星明融资公司的财务收支均由会计通过短信申请,周光批复后办理。该方式与周光授权鑫万担保公司、天府瑞兴公司财务部办理上述公司财务收支的操作方式相同。被告人周光及其辩护人提出,2014年7月16日,周光在杜丽、段亚川的《股权转让协议》和情况说明上签名,是在杜丽、段亚川威胁逼迫下所为,属非法证据应予排除。但被告人周光及其辩护人对公诉机关举证的另一书证,即对2014年5月20日周光出具给段亚川亲笔签名的情况说明的内容和来源的真实性、合法性没有提出异议,而该书证证实星明融资公司和宜宾瑞通投资信息咨询有限公司的实际控制人、出资人均为周光。段亚川担任上述二公司法定代表人均只是受托任职。综上,被告人周光是星明融资公司的实际控制人,不仅有被告人段亚川、蔡光强、杜丽、周必经、张忠华等人的供述,且有证人王某1、黄某、李某1、奉某、张某某证言、书证即2014年5月20日周光出具给段亚川亲笔签名的情况说明、段亚川、奉某、张忠华与周光的短信内容加以证实。被告人周光以其实际控制的"一杰公司""好风科技公司""希望粮油公司"为借款主体,虚构公司借款项目,通过其实际控制的星明融资公司为中介,向社会不特定公众公开宣传吸收资金共计人民币67438500元。虽然被告人周光获取资金是依靠虚构事实的方式,而集资参与人因为虚构项目而集资,所融资的资金存在归还个人借款,但根据被告人周光的供述和证人证言证实,周光主观上是利用自己是星明融资公司的实际控制人向社会公众融资,主要是为其关联公司经营,现有证据无法达到证明周光具有占有这些融资资金目的的唯一性,故公诉机关指控其行为构成非法吸收公众存款罪成立,应以非法吸收公众存款罪对其定罪处罚。被告人周光及其辩护人提出周光不是星明融资公司的实际控制人,其行为不构成非法吸收公众存款罪的辩解和辩护意见与查明事实不符,法院不予采纳。

(五)关于被告人段亚川、蔡光强、杜丽、付海、何荣芝的辩护人提出五被告人具有自首情节的辩护意见。

经查:(1)2014年8月26日19时许,乐山市公安局经济犯罪侦查支队接到市政府金融办通知,得知有几十名群众围攻星明融资公司,该支队侦查人员迅速到达现场进行调查,在段亚川的配合下,侦查人员对该公司的相关经营情况、财务情况等进行了调查取证,之后侦查人员以证人形式将段亚川、杜丽带回该支队继续进行询问调查,段亚川、杜丽向公安人员陈述了该案的事实。2014年8月27日,乐山市公安局决定对该案立案侦查,同月28日,段亚川被刑事拘留。《最高人民法院关于处理自首和立功若干具体问题的意见》第一条第(一)项规定,具有"在司法机关未确定犯罪嫌疑人,尚在一般性排查询问时主动交代自己罪行的"情形,也应当视为自动投案。可见,被告人段亚川是在乐山市公安局经济犯罪侦查支队未确定其为该案犯罪嫌疑人,尚在作为证人询问调查时主动交代犯罪事实,应认定其行为构成自首。

(2)从公安机关出具到案经过、情况说明和被告人杜丽提交自书材料证实,2014年6月,杜丽在参加了由乐山市工商局组织公安局主讲的学习后,感觉星明融资公司存在一定不规范的地方,于2014年6月15日主动到公安机关反映相关情况。当星明融资公司未及时支付集资参与人款项时,其又于2014年7月19日、2014年8月12日再次到公安机关反映星明融资公司和周光的个人融资行为存在违法,并提供了相关资料等,包括周光有两个身份证(周光和周某2)及该两个名字下的财产。2014年8月26日19时许,乐山市公安局经济犯罪侦查支队接到市政府金融办通知,得知有几十名群众围攻星明融资公司,该支队侦查人员迅速到达现场进行调查,之后侦查人员将杜丽带回该支队进行继续询问调查,杜丽再次向公安人员陈述了该案的事实。由此可见,杜丽在被采取强制措施前主动到案,如实向公安机关供述自己及同案其他人的行为,符合《刑法》(2015年)关于自首的规定。在庭审中,公诉机关提供集资参与人周某和熊某1两笔款项的材料,以此认定杜丽在到公安机关反映情况后还有对外宣传融资的行为。通过庭审质证可看出,其一,对于周某这笔款项,公诉机关提供的证据为星明融资公司与周某于2014年7月12日签订的《出借业务居间服务合同》、"借款凭证",提请通知的证人周某到庭证实,但从《出借业务居间服务合同》来看并无杜丽签字,因此无法证明该合同与杜丽有何种关系,"借款凭证"中虽在经办人处有杜丽两字,但杜丽当庭表示"借款凭证"中的经办人处签字并不是本人书写,同时该"借款凭证"也反映出是在2014年4月21日就已签订协议,只是星明融资公司于2014年7月12日收到集资款。证人周某到庭证实杜丽在2014年7月12日与其根本没有任何交流,收款的经办人也不是杜丽,为此该组证据并不能证明杜丽在2014年6月15日后还向周某进行过宣传及吸收存款的行为。其二,关于熊某1这笔款项,公诉机关提供的证据为星明融资公司与熊某1签订的《出借业务居间服务合同》、"借款凭证"及证人熊某1、曾某某的证言,但以上证据中的书证,即《出借业务居间服务合同》、"借款凭证"均无杜丽的任何签字,因此以上书证并不能证明杜丽与该笔业务有任何关系。证人熊某1虽然出具了书面证言,但其因年事高,听力差未到庭作证,因此熊某1是否能够正确表达,是否有作证能力均无法核实;证人曾某某在"借款凭证"中的经办人处签名,具有利害关系,其证言在无其他证据相印证时也无法采信,况且书证的效力依法也高于言词证据。对于以上两笔业务,通过《专项清理报告》也充分证实,星明融资公司在认定这两笔业务时并未计入杜丽的业绩。

另外,《专项清理报告》中虽有几笔杜丽经办的业务中集资参与人交款的时间是在2014年6月15日后,但通过庭审中查明的事实,其相当大一部分星明融资公司并未计入杜丽的业绩,同时交款时间与宣传吸收存款的时间是不能画等号的,因集资参与人并不是在理财人员宣传之后马上就集资,而集资参与人在交款时也不是将资金交给理财人员,而是直接交到星明融资公司,认定实际集资参与人具体归属于哪位理财人员发展的业务,是按宣传时理财人员所留的相关信息核对后而得出的,在集资参与人二次集资时也直接就认定为原理财人员的业绩,为此集资参与人实际交款时间并不能作为认定理财人员宣传及吸收存款的时间,现有证据不能认定杜丽在到公安机关反映情况后还有对外宣传及吸收存款的行为。综上所述,杜丽的行为符合自首的构成要件,应当认定杜丽具有自首情节。

(3)根据法律规定,自首必须具备两个条件:一是自动投案;二是如实交代犯罪事实。该案中,被告人何荣芝、付海、蔡光强在接到乐山市公安经济犯罪侦查支队侦查人员电话通知后,分别于2014年8月27日、2014年9月15日、2014年11月18日到该支队接受调查,应当视为自动投案;三被告人到案后又能如实供述犯罪事实,应认定为自首。被告人段亚川、蔡光强、杜丽、付海、何荣芝的辩护人提出五被告人具有自首情节的辩护意见,法院予以采纳。

(六)关于辩护人提出该案的犯罪金额应当扣除被告人本人和亲友及单位内部职工集资金额的辩护意见。

经查,该案中的被告人周光出资购买星明融资公司后,授意指派出任该公司法定代表人的段亚川,聘任的管理人员蔡光强、杜丽、付海,会计何荣芝等公司员工,通过宣传向本公司职工和社会其他人员非法吸收资金合计67438500元。其中,被告人杜丽本人集资10万元,其配偶集资20万元;被告人付海配偶集资7万元;被告人何荣芝本人集资16万元、其配偶及子女集资共计16万元。2014年3月25日,《非法集资案件适用法律意见》对关于"社会公众"的认定问题作了规定,"在向亲友或者单位内部人员吸收资金的过程中,明知亲友或者单位内部人员向不特定对象吸收资金,而予以放任的""以吸收资金为目的,将社会人员吸收为单位内部人员,并向其吸收资金的",不属于《非法集资司法解释》第一条第二款的"针对特定对象吸收资金"的行为,应当认定为向社会公众吸收资金。可见,该案上述被告人的行为符合上述《非法集资案件适用法律意见》关于"社会公众"的认定问题的规定,同时该案属共同犯罪,其各被告人的犯罪数额应为个人所参与或者组织、指挥共同犯罪的数额,该案中被告人杜丽、付海、何荣芝本人及配偶、子女的集资金额也不应从其本人犯罪金额中扣除。案发前,星明融资公司已向集资参与人归还本金共计11343000元(被告人蔡光强参与非法吸收资金中归还本金是10410000元)不应计入非法集资犯罪数额。综上,被告人周光、段亚川、杜丽、付海、何荣芝的犯罪金额为 56095500 元；被告人蔡光强的犯罪金额为 40726000 元。辩护人提出该案的犯罪金额应当扣除被告人本人和亲友及单位内部职工集资金额的辩护意见与法律规定不符，法院不予采纳。

法院认为，被告人周光、段亚川、蔡光强、杜丽、付海、何荣芝违反国家金融管理法规，非法向社会公众吸收资金，数额巨大，其行为均已构成非法吸收公众存款罪。其中：被告人周光、段亚川、杜丽、付海、何荣芝的犯罪金额为 56095500 元；被告人蔡光强的犯罪金额为 40726000 元。公诉机关指控被告人周光、段亚川、蔡光强、杜丽、付海、何荣芝犯非法吸收公众存款罪的罪名成立，但指控被告单位天府瑞兴公司和被告人周必经、张忠华构成非法吸收公众存款罪的证据不足，指控的犯罪不成立。在共同犯罪中，被告人周光系星明融资公司的实际控制人，是实施非法吸收公众存款犯罪活动的决策者，并全面掌控、支配、使用吸收的资金，起主要作用，是主犯；被告人段亚川、蔡光强、杜丽、付海虽然属于星明融资公司的高层或中层管理人员，但都是受雇参与犯罪，负责公司管理等，对所吸收的资金无决定权和使用权，起次要作用，是从犯，依法应当从轻或减轻处罚。被告人何荣芝受雇在星明融资公司从事会计工作，起辅助作用，是从犯，且犯罪情节轻微，依法应当免除刑事处罚。被告人段亚川、蔡光强、杜丽、付海、何荣芝具有自首情节，依法可以从轻或减轻处罚。非法吸收公众存款罪重点打击吸存资金并使用者，被告人周光是该案的吸存资金并使用者，在犯罪中起组织、领导、决策作用，根据其犯罪金额，认罪悔罪表现等予以处罚。鉴于被告人段亚川、蔡光强、杜丽、付海在共同犯罪中系从犯，且犯罪后能自首并主动退清全部非法所得，有悔罪表现，法院决定对被告人段亚川、蔡光强、杜丽、付海减轻处罚并适用缓刑。星明融资公司 38 名员工的提成款合计 519259 元（含被告人段亚川、蔡光强、杜丽、付海、何荣芝的提成款共计 178256 元）属非法所得，依法予以追缴并返还集资参与人。星明融资公司已支付集资参与人利息合计 4980669.29 元，鉴于该案案发前已全额归还部分集资参与人本金，该部分人所获利息又没有追缴在案，且现有证据无法确认该部分人所获具体利息，也无法排除现有集资参与人所获利息大于现尚未归还本金这一可能性，故对现集资参与人本金尚未归还的，其所获利息不宜予以折抵本金。该案中，非法吸收资金 67438500 元，扣除案发前已向集资参与人归还本金合计 11343000 元；被告人段亚川、蔡光强、杜丽、付海、何荣芝所退提成款合计178256元;继续予以追缴的星明融资公司其他33名员工提成款合计341003元,该案集资参与人本金尚有55576241元应继续予以追缴,返还集资参与人。为此,依照《刑法》(2015年)第一百七十六条第一款、第二十五条第一款、第二十六条第一款、第四款、第二十七条、第六十七条第一款、第六十一条、第七十二条第一款、第三款、第七十三条第二款、第三款、第五十二条、第五十三条、第六十四条和《刑事诉讼法》(2012年)第一百九十五条第(三)项、2012年《最高人民法院关于适用〈中华人民共和国刑事诉讼法〉的解释》(已失效)第二百四十一条第一款第(四)项之规定,判决如下:

一、被告单位天府瑞兴公司无罪;

二、被告人周必经无罪;

三、被告人张忠华无罪;

四、被告人周光犯非法吸收公众存款罪,判处有期徒刑五年,并处罚金人民币二十万元;

五、被告人段亚川犯非法吸收公众存款罪,判处有期徒刑二年六个月,缓刑四年,并处罚金人民币三万元;

六、被告人蔡光强、杜丽、付海犯非法吸收公众存款罪,判处有期徒刑二年,缓刑三年,并处罚金人民币二万元;

七、被告人何荣芝犯非法吸收公众存款罪,免予刑事处罚;

八、对被告人段亚川、蔡光强、杜丽、付海、何荣芝所退违法所得人民币共计178256元予以追缴,返还集资参与人;

九、对原星明融资公司33名员工违法所得共计人民币341003元继续予以追缴,返还集资参与人;

十、对尚未退清集资参与人本金人民币55576241元继续予以追缴,返还集资参与人。

【案例简析】

天府瑞兴公司、被告人周光、段亚川、周必经、张忠华、蔡光强、杜丽、付海、何荣芝利用星明融资公司作为融资平台,为天府瑞兴公司非法吸收资金,向社会不特定公众吸收资金,吸收公众存款数额达67438500元。公诉机关认为周光、段亚川应作为主犯,周必经、张忠华、蔡光强、杜丽、付海、何荣芝作为从犯、天府瑞兴公司作为被告单位以非法吸收公众存款罪追究其刑事责任。被告单位天府瑞兴公司诉讼代表人提出辩解意见:本公司除法定代表人周光牵涉到星明融资公司非法吸收公众存款一案中，无公司其他股东及高级管理人员参与该案，所涉案款也未进入本公司账户。因此本公司并未涉嫌犯罪，此单位犯罪应由星明融资公司承担罪责。被告人周必经和张忠华的辩护人提出无罪辩护，认为周必经主观上没有犯罪故意，其不是好风科技公司的实际控制人，仅是名义上的法定代表人。客观上其没有参与好风科技公司的借款事宜，也没有从中获得利益。而张忠华仅是天府瑞兴公司的会计领取正常工资，从事正常工作，两人应无罪。法院最终判决被告单位天府瑞兴公司、被告人周必经、被告人张忠华无罪。

其中辩护涉及星明融资公司构成单位犯罪不成立的原因是虽然星明融资公司依法成立，具有独立法人资格，并以"一杰公司""希望粮油公司""好风科技公司"借款项目，通过宣传向社会公众非法吸收公众存款67438500元，但该公司实际由周光个人出资购买、控制，其购买星明融资公司主要是用于向社会公众吸收存款，其主要活动是犯罪活动，不应以单位犯罪论处。

而天府瑞兴公司不构成单位犯罪的原因包含以下方面：第一，天府瑞兴公司获取非法所得的数额并不确定。从星明融资公司吸收的民间资金部分用于支付天府瑞兴公司"天府·香城印象"项目工程款的数额并不确定，而且还存在星明融资公司吸收的资金支付其他地方的个人借款的情况；第二，该案非法吸收公众存款的犯罪活动不是以天府瑞兴公司的名义实施的，被告人周光以其所有的"一杰公司"和其实际控制"好风科技公司""希望粮油公司"为借款主体，虚构公司借款项目，以其所有的鑫万担保公司、天府瑞兴公司的股权、土地、房产等作抵押担保，通过其实际控制的星明融资公司为中介，实施非法吸收公众存款行为，而星明融资公司、一杰公司、鑫万担保公司、希望粮油公司、好风科技公司基于周光本身就是这些公司的法定代表人或者实际控制人的原因与天府瑞兴公司之间并不具有法律规定的总公司与分公司或母公司与子公司的关系。

【问题研讨】

该案存在如下需要讨论的问题：

一是犯罪所得归单位所有证据不足时的认定。单位犯罪是公司、企业、事业单位、机关、团体为本单位谋取非法利益，经单位集体研究决定或者主要负责人决定，实施刑法分则中规定为单位犯罪的行为。单位犯罪具有以下特征：一是犯罪活动是以单位名义实施的；二是犯罪所得归单位所有。若因欠款单位的对公账户被多家法院冻结，则单位资金基本走的是体外循环,因此除被告人供述、证人证言证实该款用于单位外,无其他证据相印证,根据刑事犯罪事实认定的基本原则,在没有确实、充分的证据证明向社会公众吸收的资金主要或全部用于单位,不宜认定单位构成单位犯罪。

二是非法集资犯罪共同犯罪的构成。依据《非法集资案件适用法律意见》的规定,构成非法集资共同犯罪必须满足以下条件:一是为他人向社会公众非法吸收资金提供帮助;二是从中收取代理费、好处费、返点费、佣金、提成等费用。若单位内部人员只是领工资,从事正常工作,不构成非法集资犯罪的共同犯罪。

三是在特定情形下,行为人的近亲属投入的资金可考虑从行为人非法集资犯罪数额中扣减。《刑法》中的近亲属,包括父母、配偶、子女、同胞兄弟姐妹。从伦理亲情的角度考虑,近亲属之间有相互帮扶的责任和义务,相互拆借资金也是人之常情,对此司法应持鼓励和支持态度,而不应排斥。因此,即便行为人向其他社会公众吸收资金的行为构成非法集资犯罪,对其近亲属投入的资金的性质也应区别对待。配偶与行为人本属于同一家庭财产共有人,与行为人共同居住的父母、子女也与行为人形成经济利益共同体,他们投入的资金与行为人本人投入的资金属同一性质,显然不应作为行为人的犯罪数额予以认定。对于其他近亲属投入的资金,原则上也应从行为人犯罪数额中予以扣减。需要注意的是,在共同犯罪中,因确属近亲属投入的资金而扣减犯罪数额的,仅适用于该行为人本人,也仅限于近亲属自有资金,对其他被告人或被告单位不应适用。例外情况是,根据《非法集资案件意见》第五条的规定,在向亲友或者单位内部人员吸收资金的过程中,明知亲友或者单位内部人员向不特定对象吸收资金而予以放任的,向亲友或者单位内部人员吸收的资金应当与向不特定对象吸收的资金一并计入犯罪数额。

适用上述精神扣减被告人的犯罪数额后带来的退赃退赔问题,也是具体案件中需要考量的因素。根据《非法集资案件意见》第九条的规定:退赔集资参与人的损失一般优先于其他民事债务以及罚金、没收财产的执行。鉴于此,对于行为人的兄弟姐妹、非共同生活的父母、成年子女投入的资金,能否从行为人的犯罪数额中予以扣减,还应当考虑行为人近亲属本人有无刑事追究的主观意图、是否报案等。这是因为,如果被告人的近亲属放弃刑事报案,放弃将自己投入的资金认定为犯罪数额,就意味着该近亲属放弃了对自有投入资金向被告人要求退赃的优先受偿权。由此也可看出,行为人的近亲属参与集资到底是基于亲情还是基于利益。

　　四是非法吸收公众存款共同犯罪中主要人员的处理。对于公司、企业聘用的参与公司决策的副总经理、部门经理等公司、企业高级管理人员，以及主管销售的副总经理或者主管公司整个销售部门的经理，对于直接实施非法集资活动的部门负责人以上的中高级管理人员，以及具有非法集资主观故意的财务人员，鉴于此类人员通常是实施非法集资犯罪活动的主要人员、骨干分子，通常直接负责吸收资金，一般应认定为主犯。对于其他公司聘用、不参与公司决策的负责公司行政、后勤、人事等部门的副总经理及部门经理，鉴于此类人员一般从事辅助性、服务性工作，或者后台工作，在非法集资犯罪活动中起帮助作用，构成犯罪的，一般应当认定为从犯。例如，在该案中，周某系星明融资公司实际控制人，是实施非法吸收公众存款犯罪活动的决策者，其全面掌控、支配、使用吸收的资金，起主要作用，应当认定为主犯。段某川、蔡某强、杜某、付某虽属于星明融资公司高层或中层管理人员，但都是受雇参与犯罪，负责公司管理等，对所吸收资金的支配无决定权和使用权，起次要作用，应当认定为从犯。何某芝受雇在星明融资公司从事会计工作，起辅助作用，是从犯，且犯罪情节轻微，依法可免予刑事处罚。

二十二、挂靠人以公司名义签订借款合同、借款人居间服务合同向民间募集资金无罪案

四川金某房地产开发有限公司、
汪小杨非法吸收公众存款案①

【基本案情】

2012年,汪小杨挂靠被告单位四川金某房地产开发有限公司(以下简称"金某公司")开发四川省南部县黄金镇天府公寓商住房项目和南部县楠木镇天府中心项目。因缺少资金,被告人汪小杨明知巴中市合众投资管理有限公司(以下简称"合众投资公司")未经有关部门批准为资金需求者向社会公开募集资金,仍以被告单位金某公司名义分别于2013年7月16日和2013年9月20日与合众投资公司签订借款合同、借款人居间服务合同向民间募集资金,并在合众投资公司出具的空白借款借据上加盖金某公司公章和法定代表人及其本人私章,同时提供了天府公寓商住房项目的建设许可证等相关资料给合众投资公司。根据被告人汪小杨提供的资料,通过合众投资公司公开宣传并与集资参与人签订出借人居间服务合同、以被告单位金某公司及被告人汪小杨名义与集资参与人签订借款合同,并承诺给集资参与人支付月息1.6分至2分不等的利息及到期还本付息的方式,向彭某等46名社会公众吸收资金人民币449万元,已支付居间服务费、利息及本金共计202.4685万元。

【检察院指控】

公诉机关指控:2013年,金某公司开发四川省南部县黄金镇天府公寓商住房项目和南部县楠木镇天府中心项目。因缺少资金,该公司项目经理

---
① 参见四川省巴中市巴州区人民法院刑事判决书(2019)川1902刑初406号。

汪小杨于2013年7月16日和2013年9月20日与合众投资公司(另案处理)签订借款合同、借款人居间服务合同,由合众投资公司出具空白借款借据,汪小杨提供金某公司公章和法定代表人及其本人私章,加盖在空白借款借据上,并提供了天府公寓商住房项目的建设许可证等相关资料给合众投资公司。后合众投资公司面向社会公开宣传天府公寓商住房项目,采取承诺给集资参与人支付1.6分至2分不等的月息、到期还本付息的方式进行集资。合众投资公司在汪小杨的委托下与集资参与人签订了出借人居间服务合同和借款合同,向彭某等46人集资449万元。2015年11月17日,四川德正司法鉴定所对该案涉案金额出具了司法会计鉴定报告书:汪小杨以项目名义共借款449万元,已支付利息及居间费用177.4685万元,归还本金10万元。

针对上述事实,公诉机关举出了下列证据证实:被告人汪小杨的供述和辩解;证人李某、苏某等人的证言,被害人彭某、张某等人的陈述,借款合同、居间服务合同等书证,鉴定意见等。

公诉机关认为,被告单位金某公司非法吸收公众存款,扰乱金融秩序,数额巨大,被告人汪小杨作为直接负责的主管人员,其行为触犯了《刑法》(2017年)第一百七十六条、第三十条、第三十一条之规定,犯罪事实清楚,证据确实、充分,应当以非法吸收公众存款罪追究其刑事责任。根据《刑事诉讼法》第一百七十二条的规定,提起公诉,请求依法判处。

【辩护意见】

被告单位的诉讼代表人辩称:对起诉指控的犯罪事实不清楚,对汪小杨集资的情况不知情,单位不构成犯罪。

被告单位的辩护人认为:(1)汪小杨并非金某公司聘用的项目经理,是挂靠在金某公司名下开发项目,独立核算,自负盈亏,双方没有任何劳动关系。(2)金某公司与合众投资公司没有签订居间服务合同和借款合同,也没有授权任何单位和个人从事民间借贷和向社会公众非法吸收资金等融资活动。(3)30份空白借款借据上加盖的金某公司公章,系汪小杨在办理挂靠黄金镇房地产项目的开发资料时,私自夹带加盖,金某公司不知情。事后汪小杨也认可夹带加盖公章的空白借据只有30份,其他加盖公司公章的空白借据,均系他人伪造。(4)汪小杨所借款项没有进入金某公司账户,也没有用于金某公司的其他项目。案发前金某公司不知情。

被告人汪小杨辩解:是找何某个人借款,不知道是向公众集资;对外借款金某公司不知情。

被告人汪小杨的辩护人认为:(1)现有证据不能认定汪小杨在2013年7月、9月向合众投资公司取得借款时明知合众投资公司的资金来源是非法募集的且来自不特定公众。(2)汪小杨系初犯、偶犯。(3)从侦查机关的案卷来看,被告人汪小杨竭力向合众投资公司归还欠款,以便其能够及时偿还非法吸收的存款。汪小杨属于初犯、偶犯,主观恶性较小,应予以从轻、减轻或者免除处罚。

【法院裁判】

法院认为,被告人汪小杨以被告单位金某公司的名义向社会公众非法吸收资金449万元,扰乱金融秩序,并实施具体犯罪行为,其行为已构成非法吸收公众存款罪。公诉机关指控的罪名成立。被告人汪小杨举出证据证实其实际支付居间服务费、利息及本金共计202.4685万元,故对公诉机关认定的金额予以认可。犯罪分子违法所得的财物应当予以追缴并返还集资参与人。被告人汪小杨及其辩护人辩解被告人汪小杨系初犯的意见,法院予以采信。

关于被告单位金某公司是否构成犯罪的问题。被告单位金某公司辩解,被告人汪小杨以被告单位的名义向合众投资公司借款,公司不知情,没有实施犯罪的主观故意,不构成犯罪。经查,被告人汪小杨在被告单位金某公司不知情的情况下以被告单位金某公司的名义与合众投资公司签订借款合同和居间服务合同,合众投资公司向每一个出借人借款后均将款项直接转给被告人汪小杨。其事实表明,多个出借人对应一个借款人即汪小杨,有被告人供述,证人证言及借款借据、转款凭证等证据证实。在案证据不能形成完整的证据锁链,达不到确实、充分的证明标准,不能得出被告单位金某公司实施该案犯罪的唯一性、排他性结论,金某公司的辩解、辩护意见,法院予以采纳。

据此,根据被告人汪小杨的犯罪事实、性质、情节和对于社会的危害程度。依照《刑法》(2017年)第三十条、第三十一条、第五十二条、第五十三条、第六十四条、第一百七十六条和2010年《非法集资司法解释》(已修改)第三条、《刑事诉讼法》第二百条第(三)项之规定,判决如下:

一、被告单位金某公司无罪。

二、被告人汪小杨犯非法吸收公众存款罪,判处有期徒刑一年八个月,并处罚金人民币6万元;

三、对被告人汪小杨的违法所得予以追缴,返还集资参与人。

【案例简析】

汪小杨挂靠金某公司开发四川省南部县黄金镇天府公寓商住房项目和南部县楠木镇天府中心项目。因缺少资金,汪小杨作为该公司的项目经理,在明知合众投资公司未经有关部门批准为资金需求者向社会公开募集资金的情况下,仍以金某公司的名义与合众投资公司签订借款合同、居间服务合同,由合众投资公司出具空白借款借据,汪小杨提供金某公司公章和法定代表人及其本人私章,加盖在空白借款借据上,并提供了天府公寓商住房项目的建设许可证等相关资料给合众投资公司。后合众投资公司面向社会公开宣传天府公寓商住房项目,采取承诺给集资参与人支付1.6分至2分不等的月息、到期还本付息的方式进行集资。合众投资公司在汪小杨的委托下与集资参与人签订了居间服务合同和借款合同,向彭某等46人集资449万元。公诉机关认为,被告单位金某公司非法吸收公众存款,以非法吸收公众存款罪对金某公司和汪小杨提起公诉。被告单位的诉讼代表人辩称:对起诉指控的犯罪事实不清楚,对汪小杨集资款项的情况不知情。单位不构成犯罪。其辩护人作出无罪辩护,提出几点辩护意见:第一,认为汪小杨挂靠在金某公司名下,项目独立核算,自负盈亏,双方没有任何劳动关系;第二,居间服务合同和借款合同因无权代理无效;第三,借款未用于金某公司。而法院最终判决被告单位金某公司无罪。其缘由在于法院认为汪小杨非法吸收公众存款的行为公司不知情,没有实施犯罪的主观故意,不构成犯罪。

【问题研讨】

该案存在需要讨论的问题是:如何对单位的犯罪故意进行判断。

单位的犯罪故意是单位意志存在犯罪的故意,表现在以单位名义实施犯罪行为和违法所得归单位所有,因此按照《单位犯罪解释》第三条的规定,盗用单位名义实施犯罪,违法所得由实施犯罪的个人私分的,依照刑法有关自然人犯罪的规定定罪处罚。盗用单位名义实施犯罪,违法所得由个人私分的,该个人既可能是单位的内部人员,也可能是外部人员,如本案中挂靠在金某公司名下的汪小杨。因此在此种情形下,若单位对"实施犯罪的个人"的行为不知情,没有实施犯罪的主观故意,就不构成犯罪。

二十三、互联网金融公司网络借贷吸收存款法定不起诉案

南京××投资管理有限公司
非法吸收公众存款案①

【基本案情】

2012年1月11日,焦某甲与张某某(均另案处理)等人共同注册成立南京××投资管理有限公司。公司成立后,焦某甲等人违反国家金融管理法规,未经有关部门依法批准,通过设立某信贷平台,利用网站、论坛、媒体推荐等方式对外宣传,以网络借贷的模式,由借款人承诺高额利息,提出借款需求,经公司审核后在平台发布借款标的,再由投资人根据借款标的向平台或公司指定账户充值投资,向社会不特定公众吸收资金。焦某甲作为公司实际控制人,负责公司全部事务,郭某某任贷后部主管,负责管理公司账户资金。经审计,焦某甲等人通过紫枫信贷平台向苗某某、宋某某等1046名被害人吸收存款共计人民币96913590.55元,至案发时,尚有本金人民币33662645.29元未归还。

【审查起诉】

该案由江苏省南京市公安局江宁分局侦查终结,以被不起诉单位南京××投资管理有限公司涉嫌非法吸收公众存款罪,于2017年10月30日向检察院移送审查起诉。检察院受理后,于2017年11月1日已告知被不起诉单位有权委托辩护人,听取了被不起诉单位的意见,审查了全部案件材料。因事实不清、证据不足,检察院于2017年12月15日、2018年2月27日两次决定将该案退回南京市公安局江宁分局补充侦查,该分局于

---

① 参见江苏省南京市江宁区人民检察院不起诉决定书宁江检诉刑不诉[2018]68号。

2018年1月12日、2018年3月26日两次重新移送检察院审查起诉。2017年11月30日、2018年2月12日、2018年4月26日,该案分别依法延长审查起诉期限各半个月。

经检察院依法审查查明,认定上述事实的证据有:(1)户籍资料、扣押物品清单、银行账户交易明细、网络借贷散标服务协议、专项审计报告等书证;(2)被害人苗某某、宋某某等人的陈述;(3)证人刘某某、胡某某等人的证人证言;(4)犯罪嫌疑人焦某甲、郭某某的供述和辩解;(5)南京市公安局网络安全保卫支队制作的远程勘验笔录。

【不起诉决定及理由】

检察院认为,南京××投资管理有限公司不符合单位犯罪的成立条件,不构成犯罪,依照《刑事诉讼法》(2012年)第一百七十三条第一款的规定,决定对南京××投资管理有限公司不起诉。

【案例简析】

该案退回补充侦查两次,焦某甲与张某某等人共同注册成立南京××投资管理有限公司,公司成立后,焦某甲等人违反国家金融管理法规,未经有关部门依法批准,通过设立××信贷平台,利用网站、论坛、媒体推荐等方式对外宣传,以网络借贷的模式,由借款人承诺高额利息,提出借款需求,经公司审核后在平台发布借款标的,再由投资人根据借款标的向平台或公司指定账户充值投资,向社会不特定公众吸收资金。焦某甲作为公司实际控制人,负责公司全部事务,郭某某任贷后部主管,负责管理公司账户资金。焦某甲等人通过紫枫信贷平台向苗某某、宋某某等1046名被害人吸收存款共计人民币96913590.55元。公安局以南京××投资管理有限公司涉嫌非法吸收公众存款罪向检察院移送审查起诉,而检察院认为南京××投资管理有限公司不符合单位犯罪的成立条件,不构成犯罪,因此对其作出法定不起诉决定。

【问题研讨】

该案在审查起诉过程中需要注意的问题是:涉互联网金融单位犯罪的成立条件。按照《互联网金融犯罪纪要》的规定,涉互联网金融犯罪所涉罪名中,刑法规定应当追究单位刑事责任的,对同时具备以下情形且具有独立法人资格的单位,可以以单位犯罪追究:(1)犯罪活动经单位决策实施;(2)单位的员工主要按照单位的决策实施具体犯罪活动;(3)违法所得归单位所有,经单位决策使用,收益亦归单位所有。但是,单位设立后专门从事违法犯罪活动的,应当以自然人犯罪追究刑事责任。本案就属于单位设立后专门从事违法犯罪活动的,应当以自然人犯罪追究刑事责任的情形,并不满足单位犯罪中"单位意志"的成立条件。

二十四、公司以虚假项目为名许诺到期还本及高额利润回报吸收存款法定不起诉无罪案

南京××投资管理有限公司
非法吸收公众存款案①

【基本案情】

2015年起,崔某甲、王某某(均另案处理)先后注册成立南京××投资管理有限公司、南京××股权投资基金企业等公司,在江苏省南京市玄武区、江宁区等地设立营业点。在2015年至2016年期间,崔某甲、王某某等人以上述公司名义,违反国家金融管理法律规定,未经有关部门依法批准,通过推介会、发放传单等形式向社会不特定公众公开宣传,并谎称将吸收资金用于投资辽宁省锦州市大芦花景区、江苏省徐州市、南京市六合区、浦口区等地的房地产项目,许诺到期还本并给予每月3%至9%的高额利息回报,骗得被害人唐某某、乔某某等300余名社会公众向上述公司存款计人民币2800余万元,造成被害人经济损失达人民币2000余万元。

【审查起诉】

本案由江苏省南京市公安局江宁分局侦查终结,以被不起诉单位南京××投资管理有限公司涉嫌非法吸收公众存款罪,于2017年6月7日向检察院移送审查起诉。检察院受理后,审查了全部案件材料。因事实不清、证据不足,检察院于2017年7月21日、2017年10月6日两次决定将该案退回南京市公安局江宁分局补充侦查,该分局于2017年8月21日、2017年11月6日两次重新移送检察院审查起诉。2017年7月7日、2017年9月21日、2017年12月6日,该案分别依法延长审查起诉期限各半个月。

---

① 参见江苏省南京市江宁区人民检察院不起诉决定书宁江检诉刑不诉[2017]1号。

被不起诉单位南京××投资管理有限公司系崔某甲、王某某为进行违法犯罪活动而设立的公司。认定上述事实的证据如下：(1)户籍证明、银行卡流水、投资合同等书证；(2)证人余某某、朱某某等人的证人证言；(3)被害人崔某乙、乔某某等人的陈述；(4)犯罪嫌疑人崔某甲、王某某的供述和辩解；(5)南京市公安局江宁分局制作的搜查笔录、电子数据检查笔录及证人余某某、朱某某的辨认笔录等。

【不起诉决定及理由】

检察院认为，南京××投资管理有限公司不符合单位犯罪的成立条件，不构成犯罪，依照《刑事诉讼法》(2012年)第一百七十三条第一款的规定，决定对南京××投资管理有限公司不起诉。

【案例简析】

崔某甲、王某某先后注册成立南京××投资管理有限公司、南京××股权投资基金企业等公司，在江苏省南京市玄武区、江宁区等地设立营业点后，以公司名义，骗得被害人唐某某、乔某某等300余名社会公众向上述公司存款共计人民币2800余万元，造成被害人经济损失达人民币2000余万元。本案经检察院两次退回补充侦查，最终作出法定不起诉决定。其理由在于南京××投资管理有限公司系崔某甲、王某某为进行违法犯罪活动而设立的公司。个人为进行违法犯罪活动而设立的公司、企业、事业单位实施犯罪的，不以单位犯罪论处。

【问题研讨】

该案在追诉过程中需要注意的问题是：单位犯罪"单位意志"的成立条件。就本案而言，单位犯罪因不满足"单位意志"成立条件而不成立。依据《单位犯罪解释》第二条，个人为进行违法犯罪活动而设立的公司、企业、事业单位实施犯罪的，或者公司、企业、事业单位设立后，以实施犯罪为主要活动的，不以单位犯罪论处。在该种情形下，犯罪分子的个人意志替代了单位意志，单位犯罪因无单位意志而不成立。

二十五、单位内设机构吸收存款法定不起诉无罪案

重庆××建设有限公司非法吸收公众存款案[①]

【基本案情】

2011年4月,谢某某与彭某甲经重庆××建设有限公司同意,成立重庆××建设有限公司××项目部。2011年8月至2012年3月,谢某某代表重庆××建设有限公司与重庆××地产有限公司先后签订××公园××小镇××标段(××区域)土建安装、××酒店群主体酒店土建安装建筑施工合同。2011年5月至2014年9月期间,因该项目工程资金紧张,彭某甲、彭某乙以重庆××建设有限公司××项目的名义向蔡某某、莫某某、夏某某等53人借款共计人民币1700万余元用于该项目工程,至案发时,三人已支付利息和部分借款,尚余人民币1431万元未归还。

2019年7月,重庆××建设有限公司承建的项目工程由重庆××工程造价有限公司进行第一审结算,根据其初步审核结果以及已支付的工程款项,重庆××地产有限公司尚欠工程款未支付给重庆××建设有限公司。

【审查起诉】

本案由重庆市涪陵区公安局侦查终结,以被不起诉单位重庆××建设有限公司涉嫌非法吸收公众存款罪,于2018年7月11日向检察院移送审查起诉。检察院受理后,于2018年7月11日已告知被不起诉单位有权委托辩护人,听取了被不起诉单位的辩护人屈三才、陈如的意见,审查了全部案件材料。因案件疑难复杂,检察院于2018年7月30日决定延长审查期限半个月,又因事实不清,于2018年8月17日退回重庆市涪陵区公安局补充

---

① 参见重庆市涪陵区人民检察院不起诉决定书渝涪检刑不诉[2019]82号。

侦查。重庆市涪陵区公安局于2018年9月14日再次移送审查起诉。检察院于2018年10月10日决定延长审查期限半个月,又因事实不清,于2018年10月30日退回重庆市涪陵区公安局补充侦查。重庆市涪陵区公安局侦查机关于2018年11月28日第三次向检察院移送审查起诉。2018年12月27日,检察院决定延长审查期限半个月。

【不起诉决定及理由】

检察院查明,重庆××建设有限公司没有犯罪事实,不构成犯罪。依照《刑事诉讼法》第一百七十七条第一款的规定,决定对重庆××建设有限公司不起诉。被不起诉单位的账户于2019年4月26日经重庆市涪陵区公安局决定予以冻结。根据《刑事诉讼法》第一百七十七条第三款之规定,应对上述冻结账户解除冻结。

【案例简析】

谢某某与彭某甲经重庆××建设有限公司同意,成立重庆××建设有限公司××项目部。2011年8月至2012年3月,谢某某代表重庆××建设有限公司与重庆××地产有限公司先后签订××公园××小镇××标段(××区域)土建安装、××酒店群主体酒店土建安装建筑施工合同。2011年5月至2014年9月期间,因该项目工程资金紧张,彭某甲、彭某乙以重庆××建设有限公司××项目的名义向蔡某某、莫某某、夏某某等53人借款共计人民币1700万余元用于该项目工程,至案发时,三人已支付利息和部分借款,尚余人民币1431万元未归还。本案在审查起诉阶段两次退回补充侦查,经查明,重庆××建设有限公司没有犯罪事实,不构成犯罪。因此对重庆××建设有限公司作出法定不起诉决定。

【问题研讨】

该案在追诉过程中需要注意的问题是:单位内设机构实施犯罪如何处理。虽然《刑法》列举的单位犯罪的主体中并不包含单位内设机构,依照《全国法院审理金融犯罪案件工作座谈会纪要》的规定,对于单位的分支机构或者内设机构、部门实施犯罪行为,以单位的分支机构或者内设机构、部门的名义实施犯罪,违法所得亦归分支机构或者内设机构、部门所有的,应认定为单位犯罪。不能因为单位的分支机构或者内设机构、部门没有可供执行罚金的财产,就不将其认定为单位犯罪,而按照个人犯罪处理。该案中,重庆××建设有限公司××项目部不构成单位犯罪,而重庆××建设有限公司没有犯罪事实,不构成犯罪。

二十六、有限责任公司通过互联网融资平台发布融资包吸收存款酌定不起诉无罪案

深圳市×××基因技术有限公司
非法吸收公众存款案①

【基本案情】

深圳市×××基因技术有限公司成立于1998年,企业类型:有限责任公司;公司实际经营地:深圳市南山区××园××路××号×××基因治疗园;法定代表人:徐某甲;公司经营范围:从事生物技术产品的研究开发,重组人P53腺病毒注射液的生产、销售等。2012年12月,被不起诉单位深圳市×××基因技术有限公司因并购股权项目需要资金,公司负责人徐某乙经深圳市××城网络服务中心有限公司老板董某某(另案处理)介绍并了解××城互联网融资平台的融资业务后,徐某乙以深圳市×××基因技术有限公司的名义与××城协商并签署《项目管理监管表》《承诺函》等相关融资合作协议,办理股权质押等措施后,以"股权并购项目"等为融资项目,通过××城工作人员的具体操作,在××城互联网融资平台发布融资期限为120天到180天不等的融资包,向投资人承诺支付不低于20%的年化收益,定期支付本金及收益,并协助××城向投资人进行融资项目宣传,吸引投资人申购融资包,签订《项目合作协议》进行投资。

2012年12月至2014年12月,××城先后以深圳市×××基因技术有限公司的名义发布53个融资包,吸收社会上不特定投资人投资款累计人民币5亿元。根据依法委托的广东万隆司法会计鉴定所司法鉴定查明,深圳市×××基因技术有限公司实际收到××城支付的投资人投资款共计人民币1亿元。截至2021年3月,深圳市×××基因技术有限公司共还款约人民币4000万元。

---

① 参见广东省深圳市南山区人民检察院不起诉决定书深南检刑不诉[2021]Z6号。

【审查起诉】

本案由深圳市公安局南山分局侦查终结,以被不起诉单位深圳市×××基因技术有限公司涉嫌非法吸收公众存款罪,于2018年10月15日向检察院移送审查起诉。检察院受理后,已告知被不起诉单位有权委托辩护人,依法讯问了被不起诉单位的诉讼代表人,审查了全部案件材料。

【不起诉决定及理由】

检察院认为,被不起诉单位深圳市×××基因技术有限公司实施了《刑法》(2020年)第一百七十六条规定的行为,涉嫌非法吸收公众存款罪,但犯罪情节轻微,根据《刑法》(2020年)第三十七条的规定,不需要判处刑罚。依据《刑事诉讼法》第一百七十七条第二款的规定,决定对深圳市×××基因技术有限公司不起诉。

【案例简析】

徐某乙以深圳市×××基因技术有限公司的名义与××城协商并签署《项目管理监管表》《承诺函》等相关融资合作协议,办理股权质押等措施后,以"股权并购项目"等为融资项目,通过××城工作人员的具体操作,在××城互联网融资平台发布融资期限为120天到180天不等的融资包,向投资人承诺支付不低于20%的年化收益,定期支付本金及收益,并协助××城向投资人进行融资项目宣传,吸引投资人申购融资包,签订《项目合作协议》进行投资。××城共发布53个融资包,吸收社会上不特定投资人投资款累计人民币5亿元。截至2021年3月,深圳市×××基因技术有限公司共还款约人民币4000万元。检察院认为深圳市×××基因技术有限公司虽然实施了非法吸收公众存款的行为,但犯罪情节轻微,因此作出酌定不起诉决定。

【问题研讨】

该案需要讨论的问题主要是:非法吸收公众存款"犯罪情节轻微"的界定。2013年11月25日,央行在九部委处置非法集资部级联席会议上指出:P2P平台可能涉及的非法集资行为包含理财—资金池模式。一些P2P网络借贷平台通过将借款需求设计成理财产品出售给放贷人,或者先归集资金、再寻找借款对象等,使放贷人资金进入平台的中间账户,产生资金池。本案深圳市×××基因技术有限公司借助××城的理财—资金池模式实施了非法吸收公众存款行为,其与××城协商并签署《项目管理监管表》《承诺函》等相关融资合作协议,办理股权质押等,对于国家金融秩序的影响较小,可以认定为情节轻微,依照《互联网金融犯罪纪要》的规定,对情节轻微、可以免予刑事处罚的,或者情节显著轻微、危害不大、不认为是犯罪的,应当依法作出不起诉决定。

下篇

自然人吸收公众存款案无罪74例

二十七、有限合伙人协助网络借贷平台发布部分虚假标的吸收存款无罪案

谢晓明等非法吸收公众存款案①

【基本案情】

2013年7月26日,谢晓明、粟伟良、刘新建以及李某萍、梁某春、欧阳某某、秦某、唐某总、湘潭市某投资管理有限公司(以下简称"某投资公司",该公司股东及持股情况为:谢晓明占股比例95%,王鹏占股比例5%)、湘潭某建设投资有限公司在湘潭市工商行政管理局注册成立了湘潭某平台中小企业投资服务中心(以下简称"某平台")。某投资公司作为唯一的普通合伙人执行某平台合伙事务,委派该公司法定代表人谢晓明具体执行。被告人谢晓明担任某平台总经理,全面负责企业的经营管理,被告人粟伟良担任副总经理和风控部负责人,主要负责企业对外放贷业务的风险控制。李某萍、梁某春、欧阳某某、秦某、唐某总未实际出资,未参与某平台经营。

2013年12月,某平台在互联网上建立了"某平台"P2P网络借贷平台,在某平台、"某平台"P2P网络借贷平台均未取得相关金融资质的情况下,通过网络、视频、媒体、纸质宣传资料等途径,向社会宣传该企业提供明显高于银行的利息并承诺按期还本付息的投融资服务,以吸收公众资金。

一是通过"某平台"P2P网络借贷平台吸收:某平台工作人员根据借款企业、个人资料,制作某平台借款标的发布审批表,经被告人粟伟良、谢晓明先后审批同意,制作成借款标的(含部分虚假标的)发布在"某平台"P2P网络借贷平台上,供投资人投资。在"某平台"P2P网络借贷平台注册为会员的投资人,通过第三方支付平台"网银在线"和直接转账至指定的某平台建

---

① 参见湖南省湘潭市雨湖区人民法院刑事判决书(2015)湘0302刑初461号。

设银行账户等两种方式进行充值,并根据发布的借款标的信息选择投标,投标成功自动生成电子借款合同,后粟伟良于2014年7月离开某平台(实际参与吸收金额为65354989.64元)。

2014年2月18日,被告人刘新建明知某平台利用"某平台"P2P网络借贷平台从事非法吸收公众存款业务,在谢晓明的提议下,协助谢晓明以自己经营的湖南新泰致远铁合金有限公司名义在"某平台"P2P网络借贷平台上发布虚假借款标的300万元,并成功吸收存款300万元(实际吸收公众存款112.6213万元)。粟伟良在谢晓明的提议下,分别于2014年3月4日、6月12日、6月21日以自己经营的湖南某矿泉水有限公司名义在"某平台"P2P网络借贷平台上发布虚假借款标的500万元、300万元、200万元,成功吸收公众存款共计1000万元。

二是通过某平台门店吸收:部分投资人直接在雨湖区韶山东路某平台门店与某平台工作人员签订投资协议,将投资款转账至某平台提供的关联账户完成投资。谢晓明将从"某平台"P2P网络借贷平台和门店吸收的资金用于借贷给他人、公司资金流转,维持公司运营等。

另查明,共有461人在某平台投资共计107521716.6元,投资方式包括:(1)在"某平台"P2P网络借贷平台上投标认购借款标的;(2)在某平台门店签订委托理财协议;(3)向某平台或者谢晓明直接借款。截至起诉之日,共有205名投资人共计25984323.7元投资款未收回。

2014年4月15日,被告人刘新建与某平台达成协议,将其实缴的1000万元份额即日起转变为刘新建借给某平台的借款,刘新建退伙。2014年9月24日,粟伟良与谢晓明、某平台签订份额转让协议,粟伟良将1000万元实缴份额转让给谢晓明,退伙。

【检察院指控】

湘潭市雨湖区人民检察院指控:2013年7月26日,被告人谢晓明、粟伟良、刘新建等个人及公司在湘潭市注册成立了某平台,某投资公司作为唯一的普通合伙人执行某平台合伙事务,委派该公司法定代表人谢晓明具体执行。被告人谢晓明担任某平台总经理,全面负责企业的经营管理,被告人粟伟良担任副总经理和风控部负责人,主要负责企业的风险控制。

2013年12月,某平台在互联网上建立了"某平台"P2P网络借贷平台,在某平台、"某平台"P2P网络借贷平台均未取得相关金融资质的情况下,通过网络、视频、媒体、纸质宣传资料等途径,向社会宣传该企业提供明显高于银行的利息并承诺按期还本付息的投融资服务,以吸收公众资金。

一是通过"某平台"P2P网络借贷平台吸收:某平台工作人员根据借款企业、个人资料,制作某平台借款标的发布审批表,经被告人粟伟良、谢晓明先后审批同意,制作成借款标的(含部分虚假标的)发布在"某平台"P2P网络借贷平台上,供投资人投资。在"某平台"P2P网络借贷平台注册成为会员的投资人,通过第三方支付平台"网银在线"和直接转账至指定的某平台建设银行账户等两种方式进行充值,并根据发布的借款标的信息选择投标,投标成功自动生成电子借款合同,后粟伟良于2014年7月离开某平台(实际参与吸收金额为65354989.64元)。

2014年2月18日,被告人刘新建明知某平台利用"某平台"P2P网络借贷平台从事非法吸收公众存款业务,在谢晓明的提议下,协助谢晓明以自己经营的湖南新泰致远铁合金有限公司名义在"某平台"P2P网络借贷平台上发布虚假借款标的300万元,并成功吸收存款300万元(实际吸收公众存款112.6213万元)。粟伟良在谢晓明的提议下,分别于2014年3月4日、6月12日、6月21日以自己经营的湖南某矿泉水有限公司名义在"某平台"P2P网络借贷平台上发布虚假借款标的500万元、300万元、200万元,成功吸收公众存款共计1000万元。

二是通过某平台门店吸收:部分投资人直接在雨湖区韶山东路某平台门店与某平台工作人员签订投资协议,将投资款转账至某平台提供的关联账户完成投资。谢晓明将从"某平台"P2P网络借贷平台和门店吸收的资金用于借贷给他人、公司资金流转,维持公司运营等。

经湖南锦程司法鉴定中心鉴定:某平台累计向460人吸收集资款100186716.64元,截至2015年6月1日,尚欠204人集资款25715983.7元。

2018年3月28日,公诉机关追加指控:2013年12月至2015年2月期间,被告人谢晓明在"某平台"P2P网络借贷平台、某平台门店非法吸收被害人唐某述投资款50万元,非法吸收被害人朱某秋投资款3.5万元。另经湖南锦程司法鉴定中心补充鉴定,对被害人唐某、周某、陈某英、叶某英、陈某、马某理投资款及实际亏损金额进行了调整。上述8名被害人投资款共增加743500元①,实际亏损金额增加368430元②。被告人谢晓明应对上述

---

① 该数据疑似有误,经计算,应为7435000元。——作者注
② 该数据疑似有误,经计算,应为368340元。——作者注

增加的全部投资款743500元,实际亏损金额368430元承担责任,被告人粟伟良应对马某理增加的800万元投资款承担责任。

综上,某平台已累计向462人非法吸收公众存款107621716.64元,尚欠206名被害人集资款26084323.7元。被告人谢晓明参与吸收金额为107621716.64元,被告人粟伟良参与吸收金额为73354989.64元。

为证实上述事实,公诉机关随案移交了被告人供述、证人证言、书证等证据予以证实。据此认为,被告人谢晓明、粟伟良、刘新建非法吸收公众存款,数额巨大,应当以非法吸收公众存款罪追究其刑事责任。该案系共同犯罪,被告人谢晓明、粟伟良、刘新建在共同犯罪中均起主要作用,系主犯,提请法院依法判处。

【辩护意见】

被告人谢晓明辩解:(1)某平台有合法的资质,已备案。(2)2015年7月底曾还本付息,8月1日后根据银监会的意见取消了。(3)所有借款合同都是双方自愿签订,内容真实。(4)某平台累计吸收存款2700多万元。

被告人谢晓明辩护人刘某3的辩护意见为:(1)该案应定性为单位犯罪,某平台系独立主体。(2)起诉书指控的犯罪金额和事实有出入。(3)被告人谢晓明主观恶性较小,并没有携带集资款出逃。(4)被告人谢晓明有自首情节。(5)被告人谢晓明系初犯,认罪态度好,请求法院判处缓刑。

被告人粟伟良辩解:(1)2014年3月4日,在"某平台"P2P网络借贷平台发布借款标的500万元,他事后才知道。(2)粟伟良本人所签字的标的已全部归还。(3)他不构成非法吸收公众存款罪。

被告人粟伟良辩护人吴某2的辩护意见为:(1)该案应系单位犯罪,某平台应作为单位犯罪的主体。(2)公诉人当庭口头变更指控内容不符合法律规定。(3)湖南锦程司法鉴定中心出具的鉴定意见的真实性存疑。(4)下列情形中发生的资金应予以排除:①谢晓明以个人名义或某平台向特定对象的借款;②由出资款转变为借款;③亲友或单位员工的投资;④为达到满标条件而由某平台关联账户代投的资金。(5)粟伟良未以个人名义或者某平台名义通过媒体广告等途径向社会公开宣传,并直接向社会公众吸收资金,也未介绍他人到某平台注册并投资。粟伟良所在的风控部门与某平台对外吸收资金没有关系,其职责是在对外出借资金时,对借款企业的主体资格、还款能力等方面进行评估和审查。(6)2014年7月,粟伟良退出了某平台,他不应为之后的行为承担法律责任。(7)粟伟良在经公安机关电话传唤后主动到案,并如实供述了自己的犯罪事实,应视为自首。(8)马某理的800万元款项应认定为民间借贷,即便认定为非法吸收公众存款金额,被告人粟伟良也不应该承担责任。

被告人刘新建辩解:某平台成立时,他是有限合伙人,投资1000万元,但未参与公司的实际经营及管理。2014年4月15日,他签订了退伙协议,1000万元股本金转为借款。他认为自己无罪。

被告人刘新建辩护人王某1、陈某3的辩护意见为:(1)公诉机关认定的事实与行为定性存在矛盾。(2)刘新建协助在平台上发布300万元虚假借款标的的行为不构成犯罪,一方面45号标实际向不特定公众集资的数额不到100万元,未达到追究刑事责任的数额标准,另一方面刘新建的协助发标行为属于情节显著轻微的情形。

【法院裁判】

被告人谢晓明、粟伟良非法吸收公众存款,数额巨大,其行为均已构成非法吸收公众存款罪。公诉机关对该两名被告人指控的罪名成立。被告人刘新建在某平台参与经营时间较短,作用较小,综合全案,其情节显著轻微,法院认为其不构成非法吸收公众存款罪,公诉机关对被告人刘新建指控的罪名不成立。

本案的投资人徐某林与某平台发生的经济往来,系普通民间借贷,其往来金额不计入非法吸收公众存款总额。该案系共同犯罪,被告人谢晓明在共同犯罪中起主要作用,系主犯;被告人粟伟良起次要作用,系从犯,依法从轻处罚。被告人谢晓明、粟伟良经公安机关电话传唤后主动到案,并供述其主要犯罪事实,是自首,依法从轻处罚。被告人谢晓明、粟伟良在案发后,积极配合追回投资人部分损失,有一定的悔罪表现,依法酌情从轻处罚。

被告人谢晓明辩解"某平台累计吸收存款2700多万元",经查与事实不符,不予采纳。

被告人谢晓明辩护人刘某3的辩护意见中"该案应定性为单位犯罪,某平台系独立主体",法院认为,被告人谢晓明作为某平台的法定代表人及主要负责人,其依法构成非法吸收公众存款罪,因此对该辩护意见不予采纳;其他辩护意见,予以采纳。

被告人粟伟良的无罪辩解意见,经查,被告人粟伟良的行为已构成非法吸收公众存款罪,对该辩解不予采纳。

被告人粟伟良辩护人吴某 2 的辩护意见中"该案应系单位犯罪,某平台应作为单位犯罪的主体",法院认为,被告人粟伟良作为某平台的主要负责人,其行为已构成非法吸收公众存款罪,因此对该辩护意见不予采纳;其他辩护意见予以采纳。

关于被告人刘新建的无罪辩解意见及其辩护人王某 1、陈某 3 的无罪辩护意见,经查,与事实相符,均予以采纳。

依据《刑法》(2017 年)之规定,经法院审判委员会讨论决定,判决如下:

一、被告人谢晓明犯非法吸收公众存款罪,判处有期徒刑七年,并处罚金五十万元。

二、被告人粟伟良犯非法吸收公众存款罪,判处有期徒刑五年,并处罚金三十万元。

三、宣告被告人刘新建无罪。

四、责令被告人谢晓明、粟伟良在本判决生效之日起十五日内退赔各被害人投资款。

【案例简析】

被告人谢晓明、粟伟良、刘新建等个人及公司在湘潭市注册成立了某平台,某投资公司作为唯一的普通合伙人执行某平台合伙事务,委派该公司法定代表人谢晓明具体执行。被告人谢晓明担任某平台总经理,全面负责企业的经营管理,被告人粟伟良担任副总经理和风控部负责人,主要负责企业对外放贷业务的风险控制。某平台在互联网上建立了"某平台"P2P 网络借贷平台,在某平台、"某平台"P2P 网络借贷平台均未取得相关金融资质的情况下,通过网络、视频、媒体、纸质宣传资料等途径,向社会宣传该企业提供明显高于银行的利息并承诺按期还本付息的投融资服务,通过在"某平台"P2P 网络借贷平台上投标发出借款标的、在某平台门店签订委托理财协议、某平台或者谢晓明直接放贷三种形式以吸收公众资金,其行为显然构成非法吸收公众存款罪,缘何被告人谢晓明、粟伟良构成非法吸收公众存款罪,而有限合伙人刘新建无罪?主要是基于以下两点原因:

第一,刘新建作为有限合伙人在某平台成立时投资 1000 万元,但未参与公司的实际经营及管理。这与实际运营和管理某平台的另外两名被告人形成了鲜明的对比;2014 年 4 月 15 日,刘新建签订了退伙协议,1000 万元股本金转为借款,比 2014 年 9 月 24 日通过签订份额转让协议将 1000 万元实缴份额转让给谢晓明的粟伟良更早脱离合伙企业。

第二,刘新建协助在平台上发布300万元虚假借款标的的行为不构成犯罪。一方面,从吸收数额上来说,45号标实际向不特定公众集资额不到100万元,未达到追究刑事责任的数额标准;另一方面,刘新建的协助发标行为属于情节显著轻微的情形。2014年2月18日,刘新建协助谢晓明以自己经营的新泰致远铁合金有限公司名义在"某平台"P2P网络借贷平台上发布虚假借款标的300万元,2014年4月15日就已经退伙。由此法院认为被告人刘新建在某平台参与经营时间较短,作用较小,综合全案,其情节显著轻微,认为其不构成非法吸收公众存款罪。

值得注意的是,被告人实际向不特定公众集资数额从公诉时的300万元到审判阶段经查实实际吸收公众存款112.6213万元的变化表明,司法会计的鉴定口径也十分重要,这直接关系到入罪标准的适用。

【问题研讨】

该案在追诉过程中需要注意的问题是:

其一,P2P网络借贷平台偏离信息中介属性可能构成非法集资犯罪。P2P网络借贷是指个体与个体之间通过互联网平台实现直接借贷,P2P网络借贷平台仅提供信息交互、撮合、资信评估等中介服务,单纯的信息中介型P2P网络借贷平台并不存在刑事风险。但是一旦平台违反相关禁止性规定,设立资金池,发放贷款,非法集资,代替客户承诺保本保息,或者偷偷通过虚构、夸大融资项目收益前景等方法误导出借人,则其行为就具有"非法性"特征,在违反国家行政管理法规规章的同时,也可能触犯刑事法律,构成非法集资犯罪。实践中,一些P2P网络借贷平台为了募集资金或获取不法利益,采取各种变通手段吸收资金并违规运作资金,在资金链断裂无法回报投资人时,常常会由于投资人报警而导致司法机关介入,被认定构成非法集资类犯罪。

其二,司法实践中常见的网络借贷平台非法集资模式共有两种。第一,自融或变相自融,即P2P网络借贷平台设立者或运营商在平台上发布虚假借款信息以获取投资者资金,然后将所获资金用于自身或者关联公司的生产经营。在这种模式下,P2P网络借贷平台仅仅是非法集资犯罪活动的伪装形式,并没有改变非法集资犯罪活动的性质。一旦P2P网络借贷平台从事自融行为,即违背了其居间者的属性,作为借款人参与到借贷关系之中。对于P2P网络借贷平台的自融行为,我国监管部门持严厉禁止态度,中国银行业监督管理委员会(已撤销)联合有关部委于2016年印发的

《P2P网络借贷风险专项整治工作实施方案》中明确了P2P网络借贷平台不得触及的业务"红线",包括禁止P2P网络借贷平台的自融行为。正常经营的P2P网络借贷平台之所以不构成非法集资类犯罪,关键在于其与投资者之间为居间关系,即P2P网络借贷平台只负责促成借贷双方借贷合同的订立,并收取一定比例的佣金,不存在《刑法》上"吸收""集资"的情形。而一旦P2P网络借贷平台进行自融,其本身作为借贷关系的借款方,不仅违反了"国家金融管理法律法规",而且构成《刑法》上的"吸收""集资"的情形,如果其具有向不特定公众公开推介、承诺保本保收益等特征,则可能会被认定为非法集资。根据统计,P2P网络借贷平台设立资金池、自融等非法集资行为,可构成非法集资类犯罪,其中非法吸收公众存款罪约占81.33%,集资诈骗罪约占17.34%,且该类刑事案件数量呈增长趋势。

第二,设立资金池,即平台直接或间接接受、归集出借人的资金。允许P2P网络借贷平台设立资金池容易造成以下隐患:一是平台跑路的风险。由于平台可以随意挪用资金,其随时都可能"卷钱跑路",给投资人造成损失。二是挪用与自融的风险。挪用是指平台未经授权,以"资产池"中的资金买股票、买债券、做回购或者借给其他平台等。自融在本质上是挪用的一种,即平台把资金池中的资金用于自己的生产经营活动,收益由平台独享,而风险则由投资者隐性承担。三是庞氏骗局风险。庞氏骗局是指平台明明已经入不敷出,但仍旧通过借新还旧,让击鼓传花的游戏一直持续下去,最终给投资者造成重大损失。为防范上述情形的发生,我国监管部门严厉禁止P2P网络借贷平台设立资金池,《P2P网络借贷风险专项整治工作实施方案》规定不得直接或间接接受、归集出借人的资金;网络借贷信息中介机构应当实行自身资金与出借人和借款人资金的隔离管理,并选择符合条件的银行业金融机构作为出借人与借款人的资金存管机构。因此,P2P网络借贷平台设立资金池并接受、归集出借人资金的行为,属于违反金融管理法律法规的行为,具有"非法性"。

值得注意的是,在实践中,P2P网络借贷平台在自融或变相自融时,一般都伴有自建资金池的行为,即通过自建资金池吸收资金后,用于从事经营活动或者其他活动。

其三,非法集资共同犯罪中情节显著轻微的认定。一方面,情节显著轻微的一定不是单位犯罪直接负责的主管人员和其他直接责任人员,根据《全国法院审理金融犯罪案件工作座谈会纪要》的规定,关于单位犯罪直接负责的主管人员和其他直接责任人员的认定:直接负责的主管人员,是在单位实施的犯罪中起决定、批准、授意、纵容、指挥等作用的人员,一般是单位的主管负责人,包括法定代表人。其他直接责任人员,是在单位犯罪中具体实施犯罪并起较大作用的人员,既可以是单位的经营管理人员,也可以是单位的职工,包括聘任、雇佣的人员。应当注意的是,在单位犯罪中,对于受单位领导指派或奉命而参与实施了一定犯罪行为的人员,一般不宜作为直接责任人员追究刑事责任。另一方面,对于不属于主管人员和其他直接责任人员的人,应考察其对单位犯罪的作用,具体而言可以参考本案,考察被告人在非法吸收公众存款的单位参与经营的时间,以及对单位非法吸收公众存款的作用来判断其情节是否显著轻微。

二十八、转让股权的股东吸收存款无罪案

杨素良、方为民、王永利等非法吸收公众存款案①

【基本案情】

2014年4月至2015年5月,河北富冠橡胶制品有限公司法定代表人杨素良和股东方为民签订股权转让合同,在该橡胶项目不能正常投产的情况下,仍通过高超超(在逃)、王永利、刘芳红等人在石家庄等地设立集资点,以3%的高额月息面向社会公众公开集资。经审查,截至2017年12月27日,该公司已非法集资19323600元,案发前已归还本息6284942元,实际损失13038658元。杨素良在集资过程中,肆意挥霍集资款4388344.06元,最终导致集资款无法偿还。在集资过程中,杨素良将部分款项转给方为民,用以履行股权转让协议,方为民在收到相关费用后,用于偿还了替杨素良担保的借款。

2015年年底至2016年5月,杨素良在被公安机关网上追逃期间,方为民为其打款,让其回来处理相关借款事宜。2014年7月至2015年4月,刘芳红在石家庄市新界商务写字楼集资点为河北富冠橡胶制品有限公司非法集资,经审计,刘芳红非法集资金额为234万元。刘芳红到案后退缴集资提成款5万元。2014年5月至2014年10月,王永利在石家庄市中华大街橙悦城写字楼集资点为河北富冠橡胶制品有限公司非法集资,经审计,王永利非法集资金额为224万元。王永利到案后退缴集资提成款10万元。2014年9月至2015年5月,杨鑫在河北富冠橡胶制品有限公司工作期间,曾协助杨素良为该公司非法吸收公众存款印刷集资宣传单页,以及在集资后期给集资户打款。

---

① 参见河北省石家庄市鹿泉区人民法院刑事判决书(2017)冀0110刑初126号。

【检察院指控】

鹿泉区人民检察院指控：2014年4月至2015年5月，河北富冠橡胶制品有限公司法定代表人杨素良在股东方为民的协助下，对外宣称已以3300万元人民币购买原石家庄富冠塑料制品有限公司实际控制人方为民的股权，在该橡胶项目不能正常投产的情况下，仍通过高超超（在逃）、被告人王永利、被告人刘芳红等人在石家庄等地设立集资点，以3%的高额月息面向社会公众公开集资。经审查，截至2017年12月27日，该公司已非法集资19323600元，案发前已归还本息6284942元，实际损失13038658元。杨素良在集资过程中，肆意挥霍集资款4388344.06元，最终导致集资款无法偿还。

被告人方为民在河北富冠橡胶制品有限公司及杨素良非法集资过程中，向集资户宣传集资，帮助杨素良吸收集资款；2015年年底至2016年5月，杨素良在被公安机关网上追逃期间，方为民在明知杨素良为犯罪嫌疑人的情况下，仍对其资助生活费，帮助杨素良继续逃匿，逃避公安机关处罚。

2014年7月至2015年4月，被告人刘芳红在石家庄市新界商务写字楼集资点为河北富冠橡胶制品有限公司非法集资，经审计，刘芳红非法集资金额为234万元。刘芳红在到案后退缴集资提成款5万元。2014年5月至2014年10月，被告人王永利在石家庄市中华大街橙悦城写字楼集资点为河北富冠橡胶制品有限公司非法集资，经审计，王永利非法集资金额为224万元。王永利在到案后退缴集资提成款10万元。2014年9月至2015年5月，被告人杨鑫在河北富冠橡胶制品有限公司工作期间，曾协助杨素良为该公司非法吸收公众存款印刷集资宣传单页，及集资后期给集资户打利息。

公诉机关提交了被告人供述、证人证言、被害人陈述、书证等证据。公诉机关认为被告人杨素良的行为触犯了《刑法》（2017年）第一百九十二条的规定，建议以集资诈骗罪追究其刑事责任；被告人方为民的行为触犯了《刑法》（2017年）第一百九十二条、第三百一十条的规定，建议以集资诈骗罪、窝藏罪追究其刑事责任；被告人刘芳红、王永利、杨鑫的行为触犯了《刑法》（2017年）第一百七十六条的规定，建议以非法吸收公众存款罪追究其刑事责任。

【辩护意见】

被告人杨素良对公诉机关指控的犯罪事实供认不讳。

杨素良辩护人的意见为,被告人杨素良的行为应当构成非法吸收公众存款罪。

被告人方为民及辩护人的意见为,石家庄市鹿泉区涉案物品价格鉴证中心所出具的鹿价结字(2017)第113号鉴定书认定石家庄富冠塑料制品有限公司的房屋(装修)、附属物、土地在2014年4月10日的市场价格为人民币22230070元,故被告人方为民和杨素良二人之间的股权转让合同真实有效,杨素良转给方为民的款项是合同的正常履行,方为民在收到款项后,将款项用于生产或替杨素良偿还借款,并未实际占有,且杨素良明确表示没有告诉方为民集资的事情,方为民在接待来访客户时只是为客户介绍公司的项目前景,并没有向任何人宣讲集资的事情,本案中只有蒲全力和白霞的部分借款合同和收据上有石家庄富冠塑料制品有限公司的公章或方为民的手章,但二者之间明显不是同一枚印章所印,侦查机关未作鉴定,且蒲全力陈述盖章时方为民并不在场,故被告人方为民的行为不构成集资诈骗罪。

被告人杨素良证实在其逃跑期间,方为民一直在给其做工作,让其回来处理债务问题,给其的汇款为回来的路费,并不是让其逃匿。故被告人方为民不构成窝藏罪。

被告人刘芳红认罪,已将集资提成款退缴,希望从轻判处。

被告人王永利认罪,已将集资提成款退缴,希望从轻判处。

被告人杨鑫认罪,希望从轻判处。

杨鑫辩护人的意见为,被告人杨鑫不具有非法吸收公众存款的故意,印刷集资宣传单页的行为系职务行为,为帮助犯。

【法院裁判】

法院认为,被告人杨素良在明知不能正常投产的情况下,仍非法吸收公众存款,并肆意挥霍,故应认定被告人杨素良是以非法占有为目的,隐瞒真相,骗取社会公众资金,其行为构成集资诈骗罪。公诉机关指控事实清楚、证据确实充分。被告人王永利、刘芳红、杨鑫等人违反国家金融管理法规,通过发放宣传单页、承诺高息等方式,面向社会不特定对象吸收资金,其行为均构成非法吸收公众存款罪。被告人杨素良在不能正常投产的情况下将集资款挥霍,致使集资款无法返还,具有非法占有的目的,故辩护人认为被告人杨素良构成非法吸收公众存款罪的意见,法院不予支持。被告人杨鑫明知存在集资事实,为公司印刷集资宣传单页,并为集资户打款,具有犯罪的故意,故辩护人认为杨鑫印刷集资宣传单页的行为系职务行为的意见,法院不予支持。现有证据显示河北富冠橡胶制品有限公司成立时确实进行了生产前期的准备,石家庄市鹿泉区涉案物品价格鉴证中心价格认定结论书证实石家庄富冠塑料制品有限公司具有实际价值,可证明方为民和杨素良之间签订的股权转让协议并非虚构,且被告人杨素良当庭供述方为民在公司中负责生产,事前并没有和方为民商量、告知其集资的情况,方为民偶尔接待客户时也只是介绍公司的生产前景,并未宣传集资,在杨素良被网上追逃期间,方为民给其打路费,目的是让其尽快回来解决借款事宜;证人王某2、薛某、刁某证明方为民替杨素良偿还借款的事实可以证实方为民并没有占有杨素良给其支付的款项,故现有证据无法证实方为民构成集资诈骗罪、窝藏罪。公安机关委托会计师事务所对河北富冠橡胶制品有限公司的审计鉴定意见书,可作为量刑的依据之一。集资户在对侦查机关的陈述存在前后矛盾的部分,法院不予认定。该案中王永利、刘芳红、杨鑫为代办员,在非法吸收公众存款过程中起次要作用,属于从犯,应当从轻、减轻处罚。各被告人均自愿认罪、悔罪,并如实供述自己的罪行,被告人王永利、刘芳红全部退还提成款,可以酌情从轻判处。依照《刑法》(2017年)、1998年《最高人民法院关于执行〈中华人民共和国刑事诉讼法〉若干问题的解释》(已失效)之规定,经审判委员会研究决定,判决如下:

一、被告人杨素良犯集资诈骗罪,判处有期徒刑十三年,并处罚金十万元。

被告人刘芳红犯非法吸收公众存款罪,判处有期徒刑二年,缓刑二年,并处罚金二万元。

被告人王永利犯非法吸收公众存款罪,判处有期徒刑二年,缓刑二年,并处罚金二万元。

被告人杨鑫犯非法吸收公众存款罪,判处有期徒刑六个月,缓刑一年,并处罚金一万元。

二、被告人方为民无罪。

三、涉案赃款予以追缴。

【案例简析】

河北富冠橡胶制品有限公司法定代表人杨素良和股东方为民签订股权转让合同,在该橡胶项目不能正常投产的情况下,仍通过高超超(在逃)、王永利、刘芳红等人在石家庄等地设立集资点,以3%的高额月息面向社会公众公开集资 19323600 元,案发前已归还本息 6284942 元,实际损失

13038658元。杨素良在集资过程中,肆意挥霍集资款4388344.06元,最终导致集资款无法偿还。而在集资过程中,杨素良将部分款项转给方为民,用以履行股权转让协议,方为民在收到相关费用后,用于偿还替杨素良担保的借款。

公诉机关以集资诈骗罪起诉杨素良,以集资诈骗罪和窝藏罪起诉方为民,而被告人方为民及辩护人的意见为,方为民和杨素良二人之间的股权转让合同真实有效,杨素良转给方为民的款项是合同的正常履行,方为民在收到款项后,将款项用于生产或替杨素良偿还借款,并未实际占有,且杨素良明确表示没有告诉方为民集资的事情,方为民在接待来访客户时只是为客户介绍公司的项目前景,并没有向任何人宣讲集资的事情,该案中只有蒲全力和白霞的部分借款合同和收据上有石家庄富冠塑料制品有限公司的公章或方为民的手章,但二者之间明显不是同一枚印章所印,侦查机关未作鉴定,且蒲全力陈述盖章时方为民并不在场,故被告人方为民的行为不构成集资诈骗罪。最终法院判决被告人方为民无罪。

其理由为,方为民和杨素良之间签订的股权转让协议并非虚构,方为民并没有占有杨素良给其支付的款项,方为民在公司中负责生产,杨素良事前并没有和方为民商量、告知其集资的情况,方为民也并未宣传集资,在杨素良被网上追逃期间,方为民给杨素良打路费,目的是让杨素良尽快回来解决借款事宜。

【问题研讨】

该案存在以下需要注意的问题:

一是不能因行为人的职位直接认定其参与非法集资行为,而是应考察集资诈骗罪与非法吸收公众存款罪的构成要件是否成立进行判断。本案中,方为民作为股东,仅与法定代表人杨素良签订股权转让合同,主观上既未以非法占有为目的,客观上也未使用诈骗方法,因此并不属于非法集资行为。

二是以"非法占有为目的"并非非法吸收公众存款罪的法定要件。"罪刑法定"是刑法的一项基本原则,该原则是指犯罪行为的界定、种类、构成要件和刑罚处罚的种类、幅度等均由法律加以规定,对于刑法分则没有明文规定为犯罪的行为,不得定罪处罚。在评价是否构成非法吸收公众存款罪,以及考量行为人的行为是否符合非法吸收公众存款罪的构成要件时,应当严格比照法律条文的规定,进行准确认定。《刑法》第一百七十六条关于非法吸收公众存款罪的表述是"非法吸收公众存款或者变相吸收公众存款,扰乱金融秩序的,处三年以下有期徒刑或者拘役,并处或者单处罚金……"可见,在该罪的条文中并未将"以非法占有为目的"作为主观方面的构成要件加以规定。《非法集资司法解释》第一条中对"非法吸收公众存款或者变相吸收公众存款"的解释,以及第二条中规定的几种应当以非法吸收公众存款罪定罪处罚的情形中,均未将"以非法占有为目的"作为该罪的定罪要件。

三是非法吸收公众存款罪所侵犯的客体是国家的存款管理秩序,不包括财产所有权,因而"以非法占有为目的"不是该罪的必备要件。与侵犯财产权类的犯罪不同,非法吸收公众存款罪侵犯的客体是国家的存款管理秩序,而非集资参与人的财产所有权。金融安全是国家安全的重要组成部分,是经济社会平稳健康发展的重要基础,是关系到一国经济社会发展全局带有战略性、根本性的大事,维护国家金融管理秩序对于保障金融安全意义重大。国家的存款管理秩序是金融秩序的一部分,我国对吸收公众存款实行的是特许经营制度。《商业银行法》第十一条第二款规定:"未经国务院银行业监督管理机构批准,任何单位和个人不得从事吸收公众存款等商业银行业务……"对非法吸收公众存款行为的违法性评价在于其对国家金融管理秩序的侵害而不是对集资参与人财产所有权的侵害。即使行为人在案发前或案发后偿还了集资参与人的全部集资款,未给集资参与人造成实际损失,但其非法吸收公众存款的行为在存款被吸收之时已经既遂,不影响其行为性质的认定。正因如此,认定行为人非法吸收公众存款或变相吸收公众存款的数额是以行为人所吸收的全部数额来计算,不扣减案发前已归还的数额,对于案发前已归还的数额仅作量刑时的考虑。对此,《非法集资司法解释》第六条,以及《非法集资案件意见》第五条均作了相应规定。

四是合法交易否认非法占有目的的认定。根据《全国法院审理金融犯罪案件工作座谈会纪要》的规定,金融诈骗犯罪都是以非法占有为目的的犯罪。在司法实践中,认定是否具有以非法占有为目的,应当坚持主客观相一致的原则,既要避免单纯根据损失结果客观归罪,也不能仅凭被告人自己的供述进行认定,而应当根据案件具体情况具体分析。根据司法实践,对于行为人通过诈骗的方法非法获取资金,造成数额较大资金不能归还,并具有下列情形之一的,可以认定为具有非法占有的目的:(1)明知没有归还能力而大量骗取资金的;(2)非法获取资金后逃跑的;(3)肆意挥霍骗取的资金的;(4)使用骗取的资金进行违法犯罪活动的;(5)抽逃、转移资金、隐匿财产,以逃避返还资金的;(6)隐匿、销毁账目,或者搞假破产、假倒闭,以逃避返还资金的;(7)其他非法占有资金、拒不返还的行为。但是,在处理具体案件的时候,对于有证据证明行为人不具有非法占有的目的,不能单纯以财产不能归还就按金融诈骗犯罪处罚。从反面解释来讲,存在合法交易就意味着非法占有目的不存在,因而集资诈骗罪不能成立。

二十九、股东以借款和入股形式吸收资金无罪案

尚小飞非法吸收公众存款案①

【基本案情】

2010年,尚小飞和董利强在山东临沂设立了临沂火之源煤炭有限公司,注册资本1000万元,经营范围是煤炭销售。被告人尚小飞认缴出资510万元,认缴出资比例51%,董利强认缴出资490万元,认缴出资比例49%。因筹建公司和营运需要资金,被告人尚小飞在2010年至2012年以做煤炭生意为由,并以月利率2.5%至3%不等先后向19名亲友和单位同事以及亲友介绍的人员以借款和入股形式吸收资金1456万元,支付利息和退还本金合计234.755万元,往息抵本后剩余股本金1221.245万元。具体集资情况如下:(1)以借款形式共计吸收资金1348万元,以入股形式共计吸收资金108万元。以上19名集资参与群众,其中7人为被告人尚小飞的亲戚(刘智生是被告人的妻舅;乔鹏飞是被告人的妹夫;尚飞荣是被告人的哥哥;李玉春是被告人的妻姑舅;李在平是被告人的妻姑舅;刘美霞是被告人的妻姑舅;王玉虎是被告人的两姨哥哥),4人为被告人的同学校友(张宇、李文利、李文亮、折杰),4人为被告人的单位同事(李爱军、×××、高伟、牛海平),4人为他人介绍(刘旺兰、李夏琴、牛会利、李慧贤)。借款对象刘旺兰系通过其子介绍认识了被告人尚小飞;李夏琴通过外甥介绍认识了被告人尚小飞;李慧贤通过张宇介绍认识了被告人尚小飞;牛会利通过同村村民牛宝雄介绍认识了被告人尚小飞。被告人尚小飞将吸收的资金用于开设公司从事煤炭生意,现山西山煤集团欠尚小飞的公司运费668.05307万元。

另查明,庭审中有×××、牛海平、李文亮、刘旺兰、高伟、王玉虎、尚飞荣、

---

① 参见陕西省神木县人民法院刑事判决书(2019)陕0881刑初502号。

乔鹏飞、折杰、李文利、刘智生、李夏琴、张宇、李慧贤共计14名集资参与人谅解被告人尚小飞的行为,涉及金额1218万元。牛会利、李爱军、刘美霞、李在平、李玉春共计5名集资参与群众不予谅解,涉及金额238万元。

【检察院指控】

公诉机关指控:2010年到2012年,被告人尚小飞在没有相关部门批准的情况下,以做煤炭生意需要资金周转为由并以月利率2.5%至3%不等向社会不特定群众吸收存款。现查明集资参与人19人,存款金额1456万元,这19人中大部分为尚小飞的亲戚、朋友、同事,有4人为他人介绍,尚小飞向4人吸收存款200万元。截至目前,尚小飞共向19名集资参与人支付利息230.255万元,往息抵本后剩余本金1225.745万元。被告人尚小飞将吸收的资金用于开设公司从事煤炭生意,现山西山煤集团欠尚小飞的公司运费668.05307万元。公诉机关认为,被告人尚小飞以资金周转为由,违反国家金融管理相关规定,向社会不特定人群吸收存款,数额巨大,犯罪事实清楚,证据确实、充分,应当以非法吸收公众存款罪追究其刑事责任。结合基本案情,建议对其判处有期徒刑三年十个月,并处罚金。

【辩护意见】

被告人尚小飞对起诉书指控的非法吸收公众存款罪的犯罪事实及罪名无异议,并自愿认罪认罚,愿意积极退赔集资参与人的经济损失。

被告人尚小飞的辩护人王某、折某提出,被告人尚小飞并未通过新闻媒体、宣传会、传单、手机短信等方式发布吸收存款的消息,且吸收的19笔借款不属于向社会不特定群众吸收,所吸收的款项都用于公司的投资经营,不应以非法吸收公众存款罪定罪处罚。即使是非法吸收公众存款,数额也不是1456万元,具体情况:(1)入股款有108万元(李在平入股95万元、刘美霞入股10万元、李爱军入股3万元)。(2)给李文亮往息抵本6000元。(3)这19人中被告人的亲戚有:刘智生是被告人的妻舅,金额为200万元;乔鹏飞是被告人的妹夫,金额为10万元;尚飞荣是被告人的哥哥,金额为58万元;李玉春是被告人的妻姑舅,金额为50万元;李在平是被告人的妻姑舅,金额为50万元;王玉虎是被告人的两姨哥哥,金额为100万元,以上合计468万元。(4)这19人中被告人的同学有:向张宇和李慧贤共计吸收250万元;向李文利吸收20万元;向李文亮吸收19.4万元;向折杰吸收15万元。(5)这19人中被告人的同事有:李爱军仅入股3万元,向×××、高伟、牛海平分别吸收 350 万元、25 万元、10 万元。(6)介绍认识 3 人:向刘旺兰吸收 60 万元,向李夏琴吸收 100 万元,向牛会利吸收 30 万元。综上,被告人尚小飞实际欠款 111.8745 万元,股本金 106.5 万元。

【法院裁判】

法院认为,首先,从该案借款吸收资金的对象来看,范围较小且与被告人尚小飞的关系相对特定。其中,刘智生、乔鹏飞、尚飞荣、李玉春、李在平、刘美霞、王玉虎系亲戚关系;张宇、折杰、李文利、李文亮系同学校友关系;李爱军、×××、高伟、牛海平系单位同事关系;借款对象刘旺兰系通过其子介绍认识了被告人尚小飞;李夏琴通过外甥介绍认识了被告人尚小飞;李慧贤通过张宇介绍认识了被告人尚小飞;牛会利通过同村村民牛宝雄介绍认识了被告人尚小飞。因此从借款对象来看,不应认定为被告人尚小飞向社会不特定公众借款。其次,从行为方式来看,被告人尚小飞并未向社会公开宣传,也未积极散布吸储方式来吸引他人把钱存放在其处,刘智生等 19 人都是基于被告人尚小飞单独提出借款的请求后将钱借给被告人尚小飞用于生意周转。最后,从借款事由和用途来看,被告人尚小飞向 19 人借款时均言明是做生意需要,用于煤炭销售正常经营业务,事实上被告人尚小飞与他人合伙开办过煤炭销售公司,尚无证据证明其将借款用于从事高息放贷等违法活动。综上,被告人尚小飞向刘智生、乔鹏飞、尚飞荣等 19 人以借款和入股形式吸收的资金,借款对象范围较小且关系相对特定,所借款项并未向社会公开宣传,均为被告人尚小飞单独主动提出借款请求,针对亲友、同学、单位同事或经熟人介绍的特定对象吸收资金,用于正常生产经营活动,不属于非法吸收公众存款或者变相吸收公众存款,故公诉机关指控被告人尚小飞犯非法吸收公众存款罪不能成立,应当宣告被告人尚小飞无罪。辩护人提出被告人尚小飞无罪的理由成立,法院予以采纳。依照《刑法》(2017 年)第一百七十六条,2010 年《非法集资司法解释》(已修改)第一条第二款和《刑事诉讼法》第一百九十五条之规定,判决如下:

宣告被告人尚小飞无罪。

【案例简析】

尚小飞作为临沂火之源煤炭有限公司的股东,因筹建公司和营运需要资金,以做煤炭生意为由,并以月利率 2.5% 至 3% 不等先后向 19 名亲友和单位同事以及亲友介绍的人员以借款和入股形式吸收资金 1456 万元。支付利息和退还本金合计234.755万元,往息抵本后剩余股本金1221.245万元。检察机关认为被告人尚小飞以资金周转为由,违反国家金融管理相关规定,向社会不特定人群吸收存款,数额巨大,犯罪事实清楚,证据确实、充分,应当以非法吸收公众存款罪追究其刑事责任。被告人尚小飞对起诉书指控的非法吸收公众存款罪的犯罪事实及罪名无异议,并自愿认罪认罚,愿意积极退赔集资参与人的经济损失。而其辩护人王某、折某同时作了无罪辩护和罪轻辩护,无罪辩护意见提出被告人并未通过新闻媒体、宣传会、传单、手机短信等方式发布吸收存款的消息,且吸收的19笔借款不属于向社会不特定群众吸收,所吸收的款项都用于公司的投资经营,不应以非法吸收公众存款罪定罪处罚。罪轻辩护意见为即使是非法吸收公众存款,其实际欠款经过计算也不是1456万元,而是欠款111.8745万元,股本金106.5万元。而法院最终判决被告人尚小飞无罪。其理由是被告人尚小飞向刘智生、乔鹏飞、尚飞荣等19人以借款和入股形式吸收的资金,借款对象范围较小且关系相对特定,所借款项并未向社会公开宣传,均为被告人尚小飞单独主动提出借款请求,针对亲友、同学、单位同事或经熟人介绍的特定对象吸收资金,用于正常生产经营活动,因此不属于非法吸收公众存款或者变相吸收公众存款。

【问题研讨】

该案存在以下需要注意的问题:

一是不属于非法吸收公众存款或者变相吸收公众存款情形的具体认定。依据《非法集资司法解释》第一条第二款的规定,未向社会公开宣传,在亲友或者单位内部针对特定对象吸收资金的,不属于非法吸收公众存款或者变相吸收公众存款。对不属于非法吸收公众存款或者变相吸收公众存款需要从借款对象、行为方式、借款事由和用途等方面进行认定。一般而言,在借款对象上,要满足关系特定,可以是亲友或者单位内部的特定对象。在行为方式上,要满足未向社会公开宣传,在形式上没有以各种途径向社会公众传播吸收资金的信息或明知吸收资金的信息向社会公众扩散而予以放任等情形。在借款事由和用途上,要求用于正常生产经营活动,而不是用于资本投资或者以赚取利息差为目的的融资,从而表明不存在扰乱国家金融秩序的情形。

二是借款用于正常生产经营活动的认定。《非法集资司法解释》第六条中规定,行为人"非法吸收或者变相吸收公众存款,主要用于正常的生产经营活动,能够在提起公诉前清退所吸收资金,可以免予刑事处罚"。从此条可以看出,资金用于正常的生产经营活动并不是认定向不特定人进行民间借贷的行为不构成犯罪的理由,而只是作为一个量刑情节予以考量。尽管目前的司法解释将资金用途仅仅作为免予起诉或不认为是犯罪的必要条件而非充分条件,但是若将其视为非法吸收公众存款罪"非法性"的例外,则向不特定多数人借取的款项用于实际经营需要,也可以认定为并不存在扰乱金融秩序的情形。

根据该规定,行为人募集的资金,主要用于正常的生产经营活动,这是判处免予刑事处罚的重要条件。行为人非法吸收公众存款,对资金的使用,一方面表征行为人的主观恶性,另一方面也代表资金的风险。有的行为人确系因生产经营需要,加之当前融资难、融资贵而非法吸收公众存款的,并将所吸收来的资金实际用于生产经营活动,尽管此种行为也扰乱了我国金融管理秩序,但就行为目的和资金用途而言,该非法集资行为的社会危害性相对较小,引发的金融风险也相对较小,行为人在提起公诉前若能够及时清退所吸收的资金的,对行为人免予刑事处罚,这是贯彻落实宽严相济刑事政策的具体体现。

需要分析的是,如何准确理解和把握"主要用于正常的生产经营活动"。审判实践中,行为人将所募集来的资金,部分用于正常的生产经营活动,部分用于挥霍,而能否认定为"主要用于正常的生产经营活动",进而对行为人免予刑事处罚,这要结合具体案情加以分析判断。一般来说,行为人将部分募集来的资金用于挥霍,由此具有高度盖然性导致集资款不能返还,足以认定行为人具有非法占有目的,涉嫌集资诈骗罪,则依法不能判处免予刑事处罚。当然,如果行为人将绝大部分募集来的资金用于正常的生产经营活动,小部分资金用于挥霍,后采取各种途径最终及时清退了所吸收的资金,此种情况下也可以判处免予刑事处罚。

三十、隐名股东吸收存款无罪案

康某甲非法吸收公众存款案[①]

【基本案情】

2017年3月6日,阜康市某有限公司注册成立,公司注册资金1000万元人民币,实收资本55万元。公司登记资料载明公司股东为马某甲,公司性质为自然人独资企业。2017年3月20日,张某甲、朱某乙、康某甲签订《股东隐名协议书》,约定张某甲出资人民币76.5万元,朱某乙出资58.5万元,康某甲出资15万元。康某甲没有向公司投资,未参与公司经营管理、利润分红。

【审查起诉】

本案由阜康市公安局侦查终结,以张某甲等26人(另案处理)、康某甲涉嫌非法吸收公众存款罪,于2020年10月7日向检察院移送起诉。检察院受理后,于2020年10月8日告知康某甲依法享有的诉讼权利;已依法讯问康某甲,并审阅了全部案件材料,核实了案件事实与证据。其间,因该案部分事实不清、证据不足,退回补充侦查一次(2020年11月7日至同年12月7日)。

【不起诉决定及理由】

检察院认为,康某甲在公司成立后与张某甲、朱某乙签订《股东隐名协议书》,根据法律规定,确认股东资格应当以公司章程记载、出资证明书、股东名册以及公司登记机关的登记内容作为股权确认的依据,证明向公司出资、签署公司章程、行使股东权利。该案中,被不起诉人康某甲未出资入股、未签署公司章程和未行使股东权利,不具有股东身份;无证据证明被不起诉

[①] 参见新疆维吾尔自治区阜康市人民检察院不起诉决定书阜检一部刑不诉[2021]4号。

人事前共谋,具有非法吸收公众存款的共同故意和具体参与公司经营管理。现有证据不能证明康某甲有犯罪行为,不构成犯罪。依照《刑事诉讼法》第十六条第(一)项和第一百七十七条第一款的规定,决定对康某甲不起诉。

【案例简析】

阜康市某有限公司为自然人独资企业,公司注册资金1000万元人民币,实收资本55万元。公司登记资料载明公司股东为马某甲,康某甲在公司成立后与张某甲、朱某乙签订《股东隐名协议书》。康某甲作为自然人独资企业阜康市某有限公司的隐名股东,未出资入股、未签署公司章程和未行使股东权利,不具有股东身份,对于阜康市某有限公司非法吸收公众存款的行为,无证据证明被不起诉人事前共谋,具有共同故意以及具体参与公司经营管理。因此,检察院认为现有证据不能证明康某甲有犯罪行为,不构成犯罪。因此对康某甲作出法定不起诉决定。

【问题研讨】

该案需要注意的问题是:隐名股东不构成共同犯罪的判断。

共同犯罪要求共同的故意和犯罪行为,而隐名股东事前无共谋非法吸收公众存款的共同故意,不具体参与公司经营管理,因此没有犯罪行为,不构成犯罪。其理由在于,根据法律规定,确认股东资格应当以公司章程记载、出资证明书、股东名册以及公司登记机关的登记内容作为股权确认的依据,证明向公司出资、签署公司章程、行使股东权利。隐名股东若未出资入股、未签署公司章程和未行使股东权利,就不具有股东身份;若没有相反证据证明,则隐名股东未具体参与公司经营管理,也就没有事前与他人或公司共谋非法吸收公众存款的共同故意。

三十一、未公开宣传,所获得资金大部分用于经营及为家人治病无罪案

杨某某非法吸收公众存款案①

【基本案情】

杨某某通过朋友介绍等途径未公开宣传,承诺在一定期限内以货币、实物等方式还本付息给付回报,仅向社会特定对象吸收资金的行为,造成刘某某等人借款共162万元,还有148万余元至今未还。

【审查起诉】

本案由锡林浩特市公安局侦查终结,以杨某某涉嫌非法吸收公众存款罪,于2020年5月12日向检察院移送审查起诉。该案曾经于2020年6月10日至7月24日两次退回补充侦查。

【不起诉决定及理由】

检察院认为,该案中借款的对象绝大多数为亲朋好友,对象特定且具有封闭性,不具有社会性,且没有向社会公开宣传,所获得资金大部分用于经营及为家人治病,未扰乱金融秩序,不构成犯罪,根据2010年《非法集资司法解释》(已修改)的规定,经检察院检委会决定,对杨某某法定不起诉。

【案例简析】

该案经过两次补充侦查,杨某某通过朋友介绍等途径未公开宣传,承诺在一定期限内以货币、实物等方式还本付息给付回报,仅向社会特定对象吸收资金的行为,造成刘某某等人借款共162万元,还有148万余元至今未还。检察院认为,该案中借款的对象绝大多数为亲朋好友,对象特定且具有

---

① 参见内蒙古自治区锡林浩特市人民检察院不起诉决定书锡检二部刑不诉[2021]Z1号。

封闭性,不具有社会性,且没有向社会公开宣传,所获得资金大部分用于经营及为家人治病,未扰乱金融秩序,不构成犯罪。检察院作出法定不起诉决定。

【问题研讨】

该案需要注意的问题是:

一是借款事由和用途的扩充。根据《非法集资司法解释》第六条,"主要用于正常的生产经营活动"是可以免予刑事处罚的条件之一,但并非直接否定"非法性"本身。资金用途是判断行为社会危害性、行为人主观恶性以及是否"扰乱金融秩序"的重要因素。吸收资金用于正常经营活动的行为不涉嫌扰乱金融秩序,则为家人治病等资金用途也不涉嫌扰乱金融秩序,存在不构成非法吸收公众存款罪的可能。

二是借款对象封闭性的应用。借款对象要满足特定,可以是亲友或者单位内部的特定对象,此不属于非法吸收公众存款或者变相吸收公众存款。若从借款对象封闭性的角度出发,借款的对象绝大多数为亲朋好友等特定对象,即使有个别对象不属于亲朋好友,也满足借款对象封闭性的要求,不构成非法吸收公众存款罪。

三十二、公司职员成立非融资性担保有限公司任股东吸收存款无罪案

赵某某非法吸收公众存款案[①]

【基本案情】

2013年6月,洛阳市××商贸集团有限公司派其职员刘某某、赵某某到成都成立了成都××非融资性担保有限公司,刘某某在办理公司登记时,将其自己与赵某某登记为公司股东,刘某某同时担任公司法定代表人。公司成立后,赵某某即返回洛阳在洛阳市××商贸集团有限公司工作。后李某某受洛阳市××商贸集团有限公司委派到成都××非融资性担保有限公司工作。2013年9月4日,洛阳市××商贸集团有限公司出具证明称,成都××非融资性担保有限公司为其下属公司,成都××非融资性担保有限公司的一切债权债务由其承担,同日刘某某委托李某某全权处理成都××非融资性担保有限公司相关事务。2014年4月11日,刘某某将其在成都××非融资性担保有限公司的股份转让给李某某、钟某某,并由李某某担任公司法定代表人。

成都××非融资性担保有限公司成立后,钟某某、陈某某受聘到该公司工作,钟某某担任业务经理,陈某某担任出纳。李某某、钟某某、陈某某等人以成都××非融资性担保有限公司名义对外宣传成都××能源有限公司和四川××能源电池有限公司等投资项目,并向公众承诺给予高息回报,以此吸收公众存款。经鉴定,李某某等人共吸收公众存款51人(次)396.1万元。经李某某与集资参与人共同确认,尚未退还的借款本金共计15人247.19万元。2014年12月15日,公安机关将成都××非融资性担保有限公司查处,并将李某某、陈某某、钟某某当场抓获至公安机关审查。2014年12

---

① 参见四川省成都市成华区人民检察院不起诉决定书成华检公诉刑不诉[2016]9号。

月16日,洛阳市××商贸集团有限公司转账250万元到陈某某建设银行账户,要求全部退还集资参与人的借款,同日查询得知李某某工商银行卡上尚有存款20万元。2014年12月17日,公安机关将上述两银行账户内资金予以冻结。2015年5月27日,公安机关将上述两账户内现金共计270万余元予以扣押。

【审查起诉】

本案由成都市公安局成华区分局侦查终结,以赵某某涉嫌非法吸收公众存款罪,于2015年11月4日向检察院移送审查起诉。检察院退回侦查机关补充侦查一次,延长审查起诉期限一次。

【不起诉决定及理由】

检察院认为,赵某某没有实施非法吸收公众存款罪的犯罪行为,不构成犯罪。依照《刑事诉讼法》(2012年)第一百七十三条第一款的规定,决定对赵某某不起诉。对侦查中查封、扣押、冻结的涉案款物解除查封、扣押、冻结,并依法返还各集资参与人。

【案例简析】

赵某某和李某某作为洛阳市××商贸集团有限公司的职员,成都××非融资性担保有限公司作为洛阳市××商贸集团有限公司的下属公司,赵某某被登记为公司股东,刘某某被登记为公司股东和法定代表人,其后受刘某某全权委托、担任法定代表人的李某某、受让刘某某股份担任业务经理的股东钟某某、出纳陈某某等人以成都××非融资性担保有限公司名义对外宣传成都××能源有限公司和四川××能源电池有限公司等投资项目,并向公众承诺给予高息回报,以此吸收公众存款。经鉴定,李某某等人共吸收公众存款51人(次)396.1万元。经李某某与集资参与人共同确认,尚未退还的借款本金共计15人247.19万元。赵某某作为成都××非融资性担保有限公司的原始股东,因赵某某没有实施非法吸收公众存款罪的犯罪行为,不构成犯罪。最终检察院对其作出法定不起诉的决定。

【问题研讨】

该案需要注意的问题是:股东在非法集资单位犯罪的出罪。

是否构成犯罪不以其在单位所处职位的形式决定,而是由其是否实施犯罪活动的实质决定。非法吸收公众存款罪会涉及多个主体,包括上下级单位,以及单位内部的人员。当上级单位与下属单位均未被认定为单位犯罪的,一般以上级单位与下属单位中承担组织、领导、管理、协调职责的主管人员和发挥主要作用的人员作为主犯,以其他积极参加非法集资犯罪的人员作为从犯,按照自然人共同犯罪处理。而对于没有实施非法吸收公众存款行为的人员,无论其为股东抑或工作人员,都不构成犯罪。

三十三、股东原实际负责人招商加盟吸收存款存疑不诉无罪案

尹某某、李某某非法吸收公众存款案①②

【基本案情】

新疆××投资管理有限公司于2012年3月26日注册成立,注册资金1000万元,法定代表人:尹某某;总经理:李某某;股东:杨某甲(未参与公司实际经营)。2015年1月1日,该公司变更法定代表人为杨某乙(代持齐某某股份);股东:杨某丙(代持齐某某股份)。新疆××资产管理股份有限公司于2013年4月16日注册成立,注册资金1000万元,法定代表人:尹某某;股东:李某某、杨某甲。2015年1月1日变更法定代表人为张某某(代持齐某某股份);股东:杨某丙(代持齐某某股份);杨某乙(代持齐某某股份)。上述两家公司未取得有关部门批准,面向社会不特定群体公开宣传,承诺高额收益,实施非法集资犯罪行为。

2012年3月26日,尹某某与李某某、杨某甲注册成立××公司。公司成立后,犯罪嫌疑人尹某某、李某某负责公司实际经营,在未经有关部门批准的情况下,以高额利息(月息1%至1.5%)投资理财为诱饵,通过发放宣传单、报纸刊登广告、业务员推广等方式,向不特定群体非法吸收存款,并以2%至2.5%高息对外出借资金进行放贷。尹某某系××公司的法定代表人、实际经营负责人,负责公司××部、××部、××部业务和资金管理,系非法吸收公众存款犯罪的具体实施人。自公司成立至2015年1月1日,共计向74人非法吸收公众存款9679.22万元。截至立案,尹某某、李某某、股东杨某甲已全部归还上述投资人投资款本金及利息,未造成投资人资金损失。

---

① 参见新疆乌鲁木齐市人民检察院不起诉决定书乌市检四部刑不诉[2020]2号。
② 参见新疆乌鲁木齐市人民检察院不起诉决定书乌市检四部刑不诉[2020]1号。

2015年1月1日,犯罪嫌疑人尹某某、李某某,股东杨某甲通过出售××、××资产两家公司的股权获取5000万元股权款代偿××投资人逾期投资款后,取得5970万元的债权。

2012年5月1日至2015年2月1日,尹某某、李某某在全疆范围内以××招商加盟的方式,向疆内102家××加盟公司收取加盟费2735.5万元,收取保证金149.5万元(未退还),合计获利非法所得金额共计2885万元。截至目前,××在全疆范围内加盟公司有:昌吉××公司、哈密××公司、伊犁××公司、北屯××公司、奎屯××公司、博乐××公司、玛纳斯××公司、库尔勒××公司,上述加盟公司因涉嫌非法集资犯罪被当地公安机关立案侦查。

2014年10月,××公司、××资产公司原股东:尹某某、李某某与齐某某、杨某丙、杨某乙等人商议,由齐某某出资5000万元收购××公司、××资产公司原股东尹某某、杨某甲、李某某三人名下80%的股权,齐某某出资购买××公司、××资产公司的股权由杨某丙、杨某乙代持。齐某某安排杨某丙、杨某乙负责××资产公司经营管理。2015年1月1日,尹某某、李某某,股东杨某甲与杨某丙、杨某乙等人签订《股权转让协议》。尹某某、李某某要求齐某某尽快支付5000万元股权转让款,尹某某、齐某某、杨某丙、杨某乙商议,利用××资产公司P2P投资平台,使用齐某某实际控制的公司:新疆××科技发展有限公司(法定代表人:卫某某,代持齐某某股份);新疆××仓储物流有限公司(法定代表人:金某某,代持齐某某股份);新疆瑞德××有限公司(法定代表人:梁某某,代持齐某某股份)以购买汽车轮胎、公司流动资金周转的名义发布线上虚假融资标的,19个标的非法融资金额共计3200万元。另外,尹某某使用齐某某的新疆××科技发展有限公司以购买汽车轮胎、公司流动资金周转的名义,在××资产与线下14名投资人签订《借款协议》,共计非法融资4150万元,其中1800万元用于支付股权款,剩余2350万元用于归还新疆××科技发展有限公司(齐某某)之前在××公司线下融资借款。

2014年12月12日至2015年3月11日,尹某某名下的建设银行卡、农村信用社卡共计收到转账资金7350万元。其中:(1)新疆××科技发展有限公司法定代表人:卫某某农业银行卡转账资金4350万元;(2)新疆××灯饰有限公司法定代表人:梁某某农业银行卡转账资金2150万元;(3)新疆××仓储物流有限公司法定代表人:金某某农业银行卡转账资金650万元;(4)××××股东李某某交通银行卡转账资金200万元。

尹某某、李某某明知齐某某支付的5000万元股权款是通过××资产线上、线下以企业经营为名融资获取的资金,仍然非法占有使用(3000万元用于偿还××逾期投资人投资款,2000万元用于尹某某、李某某、股东杨某甲个人分红,其中,尹某某非法占有700万元、李某某非法占有700万元、股东杨某甲非法占有600万元)。齐某某、杨某丙、杨某乙使用××资产线上、线下非法融资,用投资人的投资款5000万元支付个人购买××公司、××资产公司股权款,与尹某某串通实施非法集资犯罪行为,协助犯罪嫌疑人尹某某、李某某、股东杨某甲非法占有5000万元获利,尹某某和李某某按照股权比例各35%取得股权转让款1750万元,股东杨某甲按照股权比例30%取得股权转让款1500万元。截至立案,尹某某主动退还股权款1313万元(1750万元-其实际出资股本金437万元);股东杨某甲主动退还股权款500万元;李某某未退还涉案股权款。

【审查起诉】

尹某某、李某某涉嫌非法吸收公众存款罪一案由乌鲁木齐市公安局侦查终结,于2019年12月6日移送检察院审查起诉。检察院受理后,因案件事实不清、证据不足,两次退回公安机关补充侦查,公安机关补充侦查完毕后,重新报送检察院审查起诉。

【不起诉决定及理由】

经检察院审查并两次退回补充侦查,检察院仍然认为乌鲁木齐市公安局认定的犯罪事实不清、证据不足,不符合起诉条件。依照《刑事诉讼法》第一百七十五条第四款的规定,决定对尹某某、李某某不起诉。

【案例简析】

该案的尹某某四个行为涉嫌犯罪,而李某某三个行为涉嫌犯罪。尹某某作为新疆××投资管理有限公司和新疆××资产管理股份有限公司的法定代表人以及××公司的法定代表人和实际经营人,李某某作为新疆××投资管理有限公司的总经理、新疆××资产管理股份有限公司的股东,以及××公司的实际经营人,通过××公司,以高额利息(月息1%至1.5%)投资理财为诱饵,通过发放宣传单、报纸刊登广告、业务员推广等方式,向不特定群体非法吸收存款,并以2%至2.5%高息对外出借资金进行放贷,共计向74人非法吸收公众存款9679.22万元。其中尹某某负责公司××部、××部、××部业务和资金管理,系非法吸收公众存款犯罪的具体实施人。尹某某、李某某等已全部归还上述投资人投资款本金及利息,未造成投资人资金损失。该案两次退回补充侦查,检察院仍然认为尹某某和李某某的犯罪事实不清、证据不足,不符合起诉条件,因此作出存疑不起诉决定。

【问题研讨】

该案需要讨论的问题是:非法吸收公众存款犯罪事实不清、证据不足的处理。

对此应坚持罪刑法定原则,凡是刑事法律没有规定为犯罪的,一律不得作为犯罪追究。应坚持疑罪从无原则,凡属于证据不足、事实不清的案件,一律作无罪处理。应坚持证据裁判原则,严格实行非法证据排除规则,对证据不足的,不能认定为犯罪并给予刑事处罚。

三十四、以公司名义与客户签订合同，承诺高额回报，吸引加盟开汽车租赁体验店、办理会员消费卡、代理形象大使、投资公司开发老年人山庄等吸收存款公司财务负责人无罪案

孙某某非法吸收公众存款案[①]

【基本案情】

广东某某租赁服务有限公司(以下简称"广东某某公司")成立于2008年9月，企业性质为港澳台与境内合资的有限责任公司，法定代表人是蒋某某(由广东省司法机关另案处理)。广东某某租赁服务有限公司南宁分公司(以下简称"南宁分公司")成立于2011年4月，是广东某某公司在南宁市注册成立的分支机构，工商注册的负责人是韩某某。另有广东某某健康产业连锁经营管理有限公司南宁分公司于2007年成立，2011年8月注销，负责人是贾某某；南宁某某租赁服务有限公司于2009年9月成立，法定代表人为蒋某某(另案处理)。

广东某某公司采用让客户购买公司消费卡以吸收为公司会员，再定期向会员发还顾问费，及让客户投资与公司进行合作经营，在期限内还本付息的经营模式。南宁分公司按以上两种模式，由其公司贾某某、刘某(二人均未到案)等多名市场部门工作人员，以在公共场所散发宣传资料、组织推介会、向不特定人员拨打电话等多种形式向社会公众介绍、宣传公司经营模式，以吸收社会公众向公司投入钱款。投资客户接受宣传、确定投资方式并向南宁分公司财务人员缴纳投资款后，由南宁分公司业务人员经手办理，投资客户作为乙方与甲方广东某某公司或广东某实业投资有限公司签订《会员制消费合同》《区域合作合同》等协议。协议均约定甲方按期向乙方支付

[①] 参见广西壮族自治区南宁市青秀区人民法院刑事判决书(2013)青刑初字第514号。

顾问费,或在期限内向乙方还本付息等内容。

2009年7月至2012年12月间,南宁分公司以广东某某公司、广东某实业投资有限公司、广东某某健康产业连锁经营管理有限公司、广东某某健康产业超市有限公司、南宁某某租赁服务有限公司的名义,收取了数百名客户的投资款共计60159560元。

孙某某于2009年9月至2011年12月间是广东某某公司派驻南宁分公司的财务人员。期间,由其经手收取了189名客户的钱款共计42930960元。孙某某收得钱款后经其个人账户转汇至蒋某某个人或广东某某公司账户,还经手发放由广东某某公司拨付的客户顾问费、还本付息钱款。

【检察院指控】

公诉机关指控,南宁分公司成立于2011年4月,前身是广东某某健康产业连锁经营管理有限公司南宁分公司,其总公司是广东某某公司,总公司的法定代表人是蒋某某,南宁分公司的负责人是贾某某,财务负责人是被告人孙某某。

广东某某公司先后在深圳等地成立了18家子公司及广西等地成立了62家分公司和3家海外子公司。其非法吸收公众存款的模式主要是通过召开推介会、发布广告、发放宣传资料及图册等途径向社会不特定公众介绍公司的发展前景,在未经有关部门批准的情况下,以广东某某公司、广东某实业投资有限公司的名义,与客户签订《会员制消费合同》《区域合作合同》等协议,承诺年息16%至30%不等的高额回报,吸引中、老年人投钱到该公司加盟开汽车租赁体验店、办理会员消费卡、代理形象大使、投资公司开发老年人山庄等,非法吸收社会公众的资金。

被告人孙某某在南宁分公司担任财务负责人期间,在蒋某某的委派和贾某某的指使下,主要以收取现金的形式,大量收取被害人的投资款,并通过银行转账及现金的形式交给蒋某某。据统计,被告人孙某某在南宁分公司担任财务负责人期间,南宁分公司变相吸收被害人各项款项合计4351.84万元。

公诉机关在庭审中出示了下列证据予以证实:

1. 书证。(1)接受刑事案件登记表、立案决定书,证明该案的案件来源。(2)户籍信息,证明被告人孙某某的身份情况及其作案时已达完全刑事责任年龄。(3)抓获经过,证明2012年9月9日17时30分许,被告人孙某某因涉嫌非法吸收公众存款罪在吉林市九台街某号被派出所民警抓获。

(4)《企业营业执照》,证明广东某某公司的法定代表人是蒋某某。注册资本为7000万元。股东为蒋某某、康城集团有限公司。(5)电脑咨询单,证明广东某某健康产业连锁经营管理有限公司南宁分公司、南宁某某租赁服务有限公司、南宁分公司的工商登记事实。(6)银行查询资料,证明被告人孙某某、贾某某的银行账户交易事实。(7)证人韦某的辨认笔录,证明韦某署名的收据,合计收款人民币1365.48万元。(8)收据、会员手册、合同、消费卡复印件,反映各被害人与南宁分公司签订合同、购买消费卡、交款等事实。

2. 鉴定意见。广西科桂司法鉴定中心司法会计鉴定意见书证实,鉴定人依据经由被告人孙某某、证人韦某签字确认,由二人开出的收款收据核算,确认2009年7月至2012年12月间,孙某某、韦某以广东某某公司、广东某实业投资有限公司等名义开收款收据,收取客户的消费卡、会员消费卡等资金,其中孙某某经手收取189人交的资金42930960元,韦某经手收取163人交的资金17228600元的财务事实存在。

广西科桂司法鉴定中心关于《司法会计鉴定意见书》有关数据的说明,证实孙某某经手收取的资金42930960元,以所开收款收据或合同所盖印章名称为据进行统计。各公司收款汇总统计为,广东某某公司37250800元、广东某实业投资有限公司300000元、广东某某健康产业连锁经营管理有限公司770160元、广东某某健康产业超市有限公司4510000元、南宁某某租赁服务有限公司100000元。

3. 证人证言。(1)证人蒋某某证言反映:①蒋某某分别任广东某某保健品连锁经营管理有限公司、广东某某公司、广东某实业投资有限公司董事长。②广东某某公司的经营方式有三种:普通租赁、销售会员卡吸收会员、与当地客房签订区域合作合同合作经营。后二项业务是由公司的市场管理中心多位高级管理人员策划设计出来的,由其决策实施。被吸收为会员的客户可按季领取年利率11%至25%不等的顾问费,合作经营的客户公司承诺18个月归还本金,之后按季以营业额的5%至40%领取提成。该二项业务由市场管理中心负责,业务员发展客房按比例提成。③市场管理中心有一财务团队,负责全国上述二项业务的资金管理调配及每季的顾问费发放、合作客户的返利。该团队有数名主管及派驻各地的财务,其中南宁是孙某某负责。该团队直接对其负责,从全国吸纳的钱款大部分经其个人账户流转,也有经公司或团队个人账户流转。每季度各地财务人员会做好发放顾问费及返利的报表,由财务主管、大区总监审核,蒋某某批准执行。④客户投资款除客户投入的真实本金外,还包括了公司历年向客户发放的顾问费或返利但客户未领取而又继续投资的钱款,需经审计、鉴定才能确认。(2)证人韦某证言反映:韦某于2008年1月至2012年4月在南宁分公司工作,公司有市场部和超市。公司负责人是贾某某,市场部负责人先后有刘某和桑某某,被告人孙某某是总部派到南宁分公司的财务管理人员。韦某入职公司后先在超市工作,业务是对顾客销售产品。顾客可付现金或用消费卡刷卡,但消费卡如何办理其不清楚,每日的营业情况均上传广东总公司。2012年2月底,其受贾某某指派收取顾客钱款,贾某某宣布由韦某接手孙某某收取客户交给公司的钱款。其按贾某某的指令,以个人名义在银行开立了银行账户,将账户信息告知了贾某某和桑某某。工作的流程是,由市场部的工作人员将银行存款票据交给韦某,其按票据开出盖有总公司印章的公司收据,并在消费卡上填写相应名字、金额等信息,再交市场部人员。韦某经手收取的钱款计有70多万元,其中的20多万元按贾某某指令取出现金用于发放工资,其余转账到贾某某提供的蒋某某的银行账户。韦某每月领取固定薪金1600元。在工作时按贾某某、桑某某的指令,将之前孙某某填写的收据作废,再重新按要求开出新的收据。所开收据均已盖有总公司印章或广东某实业投资有限公司印章。其所开收据票面数额计1458万元,其中绝大部分是换开之前孙某某的收据,其经手收款开收据的只有70多万元。所开收据均上交总公司。公司人员交来之前由孙某某开出的收据交给韦某,让韦某按收据上的内容再换开新的收据。孙某某是广东某某公司派来管理南宁分公司的财务人员,自2012年2、3月始,由韦某换开之前孙某某所开的临时收据。(3)证人唐某证言反映:唐某于2011年7月至2012年2月间在南宁分公司的汽车租赁部工作,分公司总经理是贾某某,业务副经理前有刘某后有桑某某,孙某某是财务负责人。(4)证人周某某证言反映:周某某于2011年4月由分公司负责人贾某某聘请到南宁分公司工作。分公司设有管理内务的行政部,面对客户开展业务的市场部,管理车辆租赁的汽车租赁部及出售产品的健康超市等部门,有市场总监刘某、行政经理贾某某及其他业务经理等人。分公司发展客户的业务有提成,具体由市场部处理。孙某某是总公司派到分公司的财务人员,公司的收款及发工资等由孙某某经手,分红返利也由孙某某操作,据说是返利的钱由总公司下发。

4.被害人陈述。(1)被害人谢某某陈述反映,其于2011年10月从朋友处知道南宁分公司有投资项目,经公司业务副总经理刘某、业务员梁某某介绍,其了解到与公司合作投资开汽车租赁店有高额回报,遂决定投资。一人向其提供了孙某某的个人账户,其由梁某某带领将100万元存入孙某某账户,梁某某拿走了银行单据后交给其一份《区域合作合同》。到2012年4月,该店一直未开成,其要求退款,由梁某某陪同到江西省见到了蒋某某,与蒋某某协商但均未获得退款。其曾得过一个月的返利5万元。欲与南宁分公司共同合作开汽车租赁店,遂分多次将人民币100万元汇入孙某某的账户。(2)被害人关某某陈述反映,其先于2008年6月经自称南宁分公司的满姓人员、陈令经理介绍,投资13万元成为该公司会员。2009年9月增加投资款。后于2011年2月,又由陈令介绍,每投入10万元每年得3万元顾问费,便再投入40万元,将钱款存入名为孙某某的个人账户,成为公司的兼职顾问,之后案发遂报案。期间其领得顾问费12万元。(3)被害人关某某陈述反映,其经人介绍投钱到公司有高返利,遂到公司由公司经理陈某某接待,交公司财务10万元现金办理会员卡,得收据一张,收款人署名韦某。(4)被害人蒙某某陈述反映,其从宣传资料了解到公司业务,到公司时由业务员满某某接待,满某某向其介绍了投资到该公司有高回报的好处,蒙某某便与公司签订了合同,交了10万元的投资款,得返利24000元,后其继续投资,与公司签订了形象推广大使合同。其先后在南宁分公司投入人民币22万元。其与公司的事务均由满某某及陈令经理处理。(5)被害人朱某某陈述反映,经公司的人员杨某某、裴经理经手办理,其投入2万元成为形象推广大使,再花18800元购买了消费卡。2011年4月24日,向广东某某公司交人民币2万元。(6)被害人廖某某陈述反映,其由公司业务员杨某介绍有高回报,杨某与其办理了投入14万元成为公司的形象推广大使的事项,钱款交到公司财务。(7)被害人曾某某陈述反映,其经公司业务员梁某某介绍有高回报,将89万元投入该公司,钱款交公司财务。(8)被害人黄某某陈述反映,其由公司人员唐某介绍投资有高回报而向公司投资,将28万元汇入孙某某账户,2万元交孙某某,得返利共49000元。(9)被害人于某某陈述反映,其由公司一唐姓经理介绍投资有高回报而决定投资,该唐姓经理带其到财务人员孙某某处交了35万元现金。其还交了2万元办了一张消费卡。(10)被害人庞某某陈述反映,其由一贺姓经理介绍投资有高回报,向公司投资计45万元,均以现金交公司财务人员孙某某。

5. 被告人供述。被告人孙某某的供述和辩解反映,被告人孙某某于

2009年在安徽亳州某某分公司工作约半年后,于同年9月、10月被派到南宁分公司,至2011年12月,在南宁分公司任驻点财务人员,其工作主要是收取客户投资款,再转汇给蒋某某。南宁分公司设有行政部、市场部,贾某是分公司负责人,王昆、刘某是市场部负责人,分公司的财务归总部管理。市场部人员与客户商谈后带客户到其处交款,公司规定其不能接触客户。其收款后开收据加盖总公司印章交客户。其收款后多数以现金存款的形式将款项转到总公司法定代表人蒋某某的建设银行账户或总公司财务总监张岩的账户,也有从其工商银行个人账户汇款的情况。分公司业务不佳,最多时积累5个月50万元汇给蒋某某。给员工发放工资或向客户发放顾问费均须征得总公司同意。其领取月薪3000元,无业务提成,月薪是从广东总部领取。其开出的收据不完全是客户真实交款的反映,开给新客户的收据是真实交款的反映,但老客户将应得的利润或返利再作投资款投入,续签合同后将原投入本金与返利金额相加作投资款,其再开出收据交老客户。

公诉机关认为,被告人孙某某作为单位财务负责人,协助非法变相吸收公众存款,数额巨大,其行为已触犯了《刑法》(2011年)第一百七十六条第二款的规定,应当以非法吸收公众存款罪追究其刑事责任。提请法院依法判处。

【辩护意见】

被告人孙某某对指控无异议,自愿认罪。

辩护人李某发表辩护意见认为,该案事实不清、证据不足:(1)该案应认定为单位犯罪,但公诉机关未作指控,仅作自然人犯罪指控与事实不符。(2)孙某某在单位这一行为中,不是直接负责的主管人员或其他直接责任人员,作用小,其仅领取固定工资,无任何绩效工资;其不是公司的财务负责人,仅是一名财务人员,按指令执行资金中转的工作,作用消极;孙某某任职时间仅一年余,其任职前后公司一直进行着相关业务、正常经营。(3)该案有部分被害人将得到的返利、顾问费某投入、以旧收据更换新收据等情形,指控未扣除向客户支付的返利、顾问费及已消费的消费卡数额等,仅简单地以收据总额认定涉案金额,事实不清、证据不足。

辩护人孙某甲发表辩护意见认为,该案事实不清、证据不足:(1)被告人不是公司的财务负责人,主观上没有犯罪故意,未获取任何利益,其只是领取月薪,之后按正常手续离职并办理了工作交接手续,指控其犯罪与事实不符。(2)该案应是涉嫌单位犯罪,而指控的犯罪数额事实不清、证据不足。

【法院裁判】

被告人孙某某虽身为广东某某公司财务人员,但其经手收取客户钱款、发放单位拨付予客户的顾问费、还本付息等行为,均是履行单位指派的职责。公诉机关提供的证据,不能证明孙某某有非法吸收公众存款的主观故意,以及直接决定并参与实施犯罪行为,故所指控的罪名不能成立。具体理由如下:

首先,证人蒋某某证言与被告人孙某某供述印证证实,孙某某收取客户钱款的经营模式,是孙某某任职单位决定、批准、组织实施的,孙某某作为一名财务人员,未参与关于经营模式的讨论、决定,孙某某履行职责收取客户钱款并将钱款交予总公司,是依照单位财务主管、大区总监审核后,再由蒋某某批准执行,并非孙某某个人行为,不是其个人吸收公众存款。可见,孙某某主观上并没有单独或与蒋某某等人吸收公众存款的共同故意。

其次,证人蒋某某、韦某证言、各被害人陈述及被告人供述印证证明,向社会公开宣传、承诺高回报以吸收会员及与公司合作这一经营模式,由市场管理中心策划,蒋某某批准,具体由市场管理中心付诸实施。市场部门业务人员与客户联系作宣传、承诺,与客户签订协议,确定吸收存款的数额,再交由财务人员收取钱款,业务人员还可依工作业绩获得提成。

根据《刑法》(2011年)第一百七十六条及2010年《非法集资司法解释》(已修改)第一条的规定,被告人孙某某个人没有决定、批准、纵容、指挥非法吸收公众存款犯罪的资格、职责、行为,不是直接负责的主管人员。孙某某并未具体实施向他人宣传、承诺还本付息或给付回报,以致达成协议、确定存款数额的行为,甚至未与客户单独接触。因此,孙某某的行为不具备非法吸收公众存款罪的特征。

最后,被告人孙某某收取由业务员与客户确定的钱款,按单位确定的经营模式及单位与客户签订的协议办理发还顾问费、返利事宜,是受单位指派或奉命实施,其所经手的钱款,亦没有占为己有或参与分赃,其仅是按聘任合同领取固定工资。可见,孙某某处理财务的行为,在整个涉及犯罪的事实中,是一种被动的行为,仅起一定的辅助作用,不宜认定为非法吸收公众存款罪的客观行为表现。

综上,公诉机关指控该案是被告人孙某某的个人行为,以自然人犯罪指控孙某某犯非法吸收公众存款罪的罪名不成立。

辩护人关于被告人孙某某无罪的意见可予采纳。

综上所述,依照《刑事诉讼法》(2012年)第一百九十五条第(二)项之规定,判决如下:

被告人孙某某无罪。

【案例简析】

被告人孙某某作为广东某某公司派驻南宁分公司的财务人员,存在经手收取客户钱款、发放单位拨付予客户的顾问费、还本付息的行为,公诉机关认为其为协助非法变相吸收公众存款,触犯非法吸收公众存款罪,而法院最终裁判不构罪。其要点有三:第一,该行为能否体现非法吸收公众存款的主观故意;第二,其行为是否具备非法吸收公众存款罪的特征;第三,是否存在非法吸收公众存款罪的客观行为表现。

首先,孙某某收取客户钱款的经营模式,是孙某某任职单位决定、批准、组织实施的,孙某某作为一名财务人员,未参与关于经营模式的讨论、决定,孙某某履行职责收取客户钱款并将钱款交予总公司,是依照单位财务主管、大区总监审核后,再由蒋某某批准执行,不是孙某某的个人行为,而是职务行为,职务行为人格被公司吸收,其行为也就无法体现个人的主观故意。

其次,被告人孙某某个人没有决定、批准、纵容、指挥非法吸收公众存款犯罪的资格、职责、行为,不是直接负责的主管人员。孙某某并未具体实施向他人宣传、承诺还本付息或给付回报,以致达成协议、确定存款数额的行为,甚至都未与客户单独接触。因此经手收取客户钱款、发放单位拨付予客户的顾问费、还本付息的行为不属于非法吸收公众存款罪的特征。

最后,孙某某处理财务的行为,在整个涉及犯罪的事实中是一种被动的行为,仅起一定的辅助作用,因此不存在非法吸收公众存款罪的客观行为表现。综上,作为公司财务人员,其人格被公司吸收,其行为也就不构成自然人犯罪。

值得注意的是,在案件审理过程中,被告人的身份认定有一个从分公司财务负责人到财务人员的转变,这也是辩护意见的重要内容,对于被告人主观故意、行为性质的认定至关重要。

【问题研讨】

该案需要注意的问题是:非法吸收公众存款的主观故意认定。

根据《非法集资案件意见》的规定,认定犯罪嫌疑人、被告人是否具有非法吸收公众存款的犯罪故意,应当依据犯罪嫌疑人、被告人的任职情况、职业经历、专业背景、培训经历、本人因同类行为受到行政处罚或者刑事追究情况以及吸收资金方式、宣传推广、合同资料、业务流程等证据,结合其供述,进行综合分析判断。根据《互联网金融犯罪纪要》的规定,在非法吸收公众存款罪中,原则上认定主观故意并不要求以明知法律的禁止性规定为要件。特别是具备一定涉金融活动相关从业经历、专业背景或在犯罪活动中担任一定管理职务的犯罪嫌疑人,应当知晓相关金融法律管理规定,如果有证据证明其实际从事的行为应当批准而未经批准,行为在客观上具有非法性,原则上就可以认定其具有非法吸收公众存款的主观故意。在证明犯罪嫌疑人的主观故意时,可以收集运用犯罪嫌疑人的任职情况、职业经历、专业背景、培训经历、此前任职单位或者其本人因从事同类行为受到处罚情况等证据,证明犯罪嫌疑人提出的"不知道相关行为被法律所禁止,故不具有非法吸收公众存款的主观故意"等辩解不能成立。

该案的孙某某作为公司财务负责人,就属于具备一定涉金融活动相关从业经历、专业背景或在犯罪活动中担任一定管理职务的犯罪嫌疑人,而其经手收取客户钱款、发放单位拨付予客户的顾问费、还本付息的行为是被动的、辅助的,在客观上不具有非法性,也就同时认定其不具有非法吸收公众存款的主观故意。

三十五、吸收存款公司人事和行政管理负责人无罪案

**巴中同享实业有限公司、张浩、
向文平等非法吸收公众存款案**[①]

【基本案情】

2014年5月8日,李延蜀、张某12、张树河、蒲丽霞四人分别认缴股份30%、31%、29%、10%成立四川同享投资有限责任公司(以下简称"四川同享公司")。2014年7月15日,张某12将其所持股份31%转让给张浩;2016年7月6日,李延蜀将其所持股份30%转让给张浩,蒲丽霞将其所持股份10%转让给张树河。公司股东转让股份均经股东会同意。该公司章程第二十二条约定:股东会由全体股东组成,是公司的权力机构,决定公司的经营方针和投资计划……2015年1月15日,由四川同享公司认缴股本金4500万元,持股份90%;张树河认缴股本金500万元,持股份10%,发起成立巴中同享实业有限公司(以下简称"巴中同享公司")。该公司章程规定的权力机构职能和工商行政机关颁发的营业执照记载的经营范围,与四川同享公司相同。两家公司都没有对外从事集资、融资的经营范围。被告人向文平、雒洪明先后加入四川同享公司,向文平被任命为招商部经理,雒洪明被任命为办公室主任。在巴中同享公司成立后,向文平主要负责在恩阳区的业务开展。四川同享公司成立后在2014年10月8日召开公司董事会决议,会议决定:为方便所融资金的使用,决定由蒲丽霞个人在银行开设一个公用账户并保管开户卡,张树河管理卡的密码。后经董事会研究,两个公司的法人印章由张浩管理,蒲丽霞管财务章。从四川同享公司成立之初到后来成立的巴中同享公司,张浩在公司的股东会和董事会上多次提议公

[①] 参见四川省巴中市恩阳区人民法院刑事判决书(2018)川1903刑初18号。

司有项目但需要资金,必须通过对外融资才能保证公司运转和业务开展。尔后经全体股东同意形成决议,在两个公司的员工大会上宣布向群众融资,以月息1.8分至2分,个别高达3分,承诺利息月月结清,本金只要提前告知随时退还,所借款项会全部用于各类公司投资的项目。随后两个公司便组织员工采取派发宣传单和口口相传等方式,从2014年5月至2016年8月,四川同享公司共吸收蔡某1等93人资金1619.4万元,案发后未归还资金有696万元,涉及46人。从2015年1月至2016年8月,巴中同享公司共吸收易某1等171人资金3155.53万元,案发后未归还资金有1731.3万元,涉及132人。归还资金占吸收资金近50%。

案发后,中国银监会巴中监管分局证实:四川同享公司和巴中同享公司未经监管机构批准从事吸收公众存款业务。

案发后,被告人张浩的亲属退款5万元,被告人向文平的亲属退款5万元,被告人张浩的儿子代其退款10万元至巴中同享公司账户。有关被告人的亲属代为退款共计20万元至巴中同享公司账户。被告人蒲丽霞的亲属将巴中市长林瑞投资有限公司用于抵扣滨河世纪城A区9号楼项目部工程款的两套商品房交侦查机关查封。

案发后,侦查机关委托鉴定机构对两个公司非法吸收款项的用途进行了鉴定,其结论为一部分款项用于项目投资,一部分用于支付借款利息,一部分用于保证两个公司日常运转(包括支付员工工资)等。

另查明,被告人张树河曾经因故意犯罪被判处有期徒刑,于2014年1月刑满释放。

【检察院指控】

公诉机关巴中市恩阳区人民检察院指控,2014年5月,四川同享公司成立。同年7月,张浩出任该公司法定代表人,被告人张树河任公司总经理、监事,被告人蒲丽霞任公司副总经理、财务总监。同年9月,被告人向文平、雒洪明加入公司,向文平任公司副总经理,主管业务,雒洪明任副总经理,主管人事和行政。2015年1月,巴中同享公司在恩阳区成立,前述人员同时兼任该公司相同职务和相同业务。巴中同享公司和四川同享公司在未取得中国银监会等相关金融管理部门批准的情况下,通过派发宣传册、宣传单、口口相传、向群众赠送物品等方式宣传公司投资的项目,承诺按月给付1.8分至2分不等的高额利息回报,以借款为名,从2014年5月至2016年8月,四川同享公司共吸收蔡某1等93人资金1619.4万元,现仍未归还资金

443万元,涉及43人。从2015年1月至2016年8月,巴中同享公司共吸收易某1等171人资金3155.53万元,现仍未归还资金1984.3万元,涉及135人。

对上述指控的事实提交了下列证据:(1)受案登记表等程序性书证;(2)借款合同、借据、银行明细;(3)公司宣传资料;(4)证人许某1、石某等人证言;(5)受害人易某1、蔡德全等人陈述;(6)鉴定意见;(7)视听资料;(8)到案经过材料;(9)被告人的供述与辩解。

公诉机关认为,被告单位四川同享公司、被告单位巴中同享公司、被告人张浩、张树河、向文平、蒲丽霞、雒洪明非法吸收公众存款或者变相非法吸收公众存款,扰乱金融秩序,数额巨大,其行为触犯了《刑法》(2017年)第三十条、第三十一条、第一百七十六条第一款、第二款的规定。在共同犯罪中,被告人张浩起主要作用,系主犯;其余被告人起次要作用,系从犯。各被告人均能如实供述自己的罪行,有坦白情节。被告人张树河刑满释放后五年内再犯应当判处有期徒刑以上刑罚之罪,系累犯,应当从重处罚。提请以非法吸收公众存款罪追究各被告单位以及各被告人的刑事责任。

【辩护意见】

被告单位四川同享公司诉讼代表人伍亚菊未发表辩解意见。

被告单位巴中同享公司诉讼代表人王玉未发表辩解意见。

被告人张浩辩解:(1)四川同享公司不构成犯罪。理由:一是公司是向社会特定人员借款;二是对国家金融监管的秩序没有造成伤害。(2)若两公司不构成犯罪,自己作为两个公司的法定代表人自然不构成犯罪。

辩护人夏明聪的辩护意见:(1)被告人张浩不构成非法吸收公众存款罪。理由:一是两个公司是依法成立的企业法人;二是对外借款的利息未超过月息3分;三是所借款项均用于工程项目而未用于其他用途;四是出借人对出借款项的用途进行了考察才自愿出借;五是两公司对外借款未造成金融秩序混乱。故两公司不构成犯罪,其法定代表人张浩也就不构成犯罪。(2)如果无罪辩护不能获得支持,张浩构成犯罪也具有从轻处罚情节。理由:一是系初犯;二是积极退赃;三是具有坦白情节;四是有检举、揭发他人犯罪的行为。

被告人张树河辩解:自身行为对社会稳定、地方金融秩序、借款人的个人利益造成了影响和带来了损失,请求从轻判处。

辩护人齐张林的辩护意见:(1)该案定性错误,属于认定事实不清,证据不足。理由:一是出借人与公司都订有借款合同,双方的借款合同真实、合法、有效;二是认定高额利息回报的事实无根据。(2)如认定被告人张树河有罪,也应当从轻、减轻或免除刑罚。理由:一是张树河没有直接对外借过任何款项,在公司对外融资时所起作用较小;二是有坦白情节;三是积极退赃;四是认罪态度较好。

被告人向文平未发表辩解意见。

辩护人肖何的辩护意见:(1)对公诉机关指控被告人向文平犯非法吸收公众存款罪的罪名及事实无异议。(2)被告人向文平在该案中应系作用较轻的从犯。理由:一是向文平不是股东;二是向文平吸收存款是履行职务行为;三是在吸收资金中所起作用小。(3)被告人向文平有坦白情节,系初犯;家属退赃5万元,请求从轻处罚。

被告人蒲丽霞辩解:(1)自己主观上没有犯罪故意。(2)借款人出借金额存在两家公司重复记账,实际数额应没有这么多。(3)由于不学法律一心想着挣钱害了儿子、亲友。请求从轻量刑。

辩护人黎帅的辩护意见:(1)对指控的罪名与主要犯罪事实没有异议。(2)蒲丽霞具有法定从轻、减轻处罚情节,酌定从宽量刑情节。理由:一是主观恶性不深;二是蒲丽霞的融资对象是其亲友;三是系从犯;四是积极配合办案;五是系初犯;六是当庭认罪。故建议对其判处缓刑。

被告人雒洪明辩解:愿意接受法律审判,请求免予刑事责任处理。

辩护人彭仕喜的辩护意见:(1)该案两个公司的犯罪金额应以案发前未归还的金额为准。(2)被告人雒洪明不是公司股东,不参与公司重大事项决策,不应对巴中同享公司吸收的存款负责,对其加入四川同享公司之前(即2014年9月3日前)吸收的存款也不应负责,加入后吸收了部分存款但其行为是为了完成公司下派任务而为。故雒洪明在到案的各被告人中所起作用最小。(3)被告人雒洪明属从犯,系偶犯,有坦白情节,且主观恶性小。建议免予刑事处罚。

【法院裁判】

法院认为,被告单位四川同享公司与被告单位巴中同享公司是按照两个公司章程规定,由股东发起采取认缴资本金的方式经工商登记备案而成立的企业。两个公司自成立之日起缺乏流动资金,为开展业务和维系公司日常运转,公司的法定代表人张浩召开股东会提议以对外融资和投资作为公司的主要经营方针并获股东会通过。其融资无论是采取向社会不特定人员以签订借款合同的方式进行,还是被告人张浩认可的拆借资金或投资的方式,都不能代替两家公司营业执照中颁发的经营范围没有对外集资、融资这一业务的核定。同时,两家公司对外融资的利率无论比同期商业银行存、贷款率高多少倍,或者其吸收的绝大多数公众存款的利率都控制在最高人民法院公布的民间借贷案件允许的利率之内,都不能代替两家公司对外向不特定人群融资这一未经政府有关职能部门许可同意的行为发生。两家公司自成立之日起到被有关侦查机关立案查办之日止,向社会不特定人员吸收的款项,无论是从融资金额还是给集资参与人造成的截至案发前不能正常偿还的金额来看,都达到了数额巨大的范畴。被告单位四川同享公司,被告单位巴中同享公司未经中国银监会批准,采取向社会不特定对象吸收资金,双方订立借款合同并承诺在一定期限内结息还本,扰乱了国家对金融秩序的管理。故,被告单位四川同享公司和被告单位巴中同公司的行为触犯了《刑法》(2017年)第三十条、第三十一条、第一百七十六条第二款的规定,公诉机关对两被告单位所指控的罪名成立。两被告单位在重大事项的决策上,比如对外融资,都是由全体股东开会一致通过并付诸实施。被告人蒲丽霞后来虽将股份转让,但她个人以财务负责人身份及后来的常务副总经理身份参加并且参与了公司股东会、董事会等重大事项的讨论,属于公司法上规定的高级管理人员。回到该案中,这一主要负责人就是到案的被告人张浩、张树河、蒲丽霞。在这三个人中,被告人张浩的作用明显大于被告人张树河、蒲丽霞的作用,理由为发起成立公司是由被告人张浩提议,公司成立后面临资金短缺提议对外融资也是被告人张浩主动所为,因此被告人张浩在两公司对外融资中起了主要作用,系主犯。被告人张树河、蒲丽霞起了次要作用,系从犯。被告人雒洪明和被告人向文平是在两个公司成立后加入公司中的,虽不是公司股东,不参与公司重大事项决策,但被告人向文平在公司对外融资业务的开展中,尤其是巴中同享公司在恩阳区开展的融资业务中,不仅要求员工积极拓展集资参与人,而且自己亲自向集资参与人宣传介绍,促使众多集资参与人摒弃疑虑而投钱进公司,最终给集资参与人造成巨大损失。被告人向文平应当对造成集资参与人利益的重大损失负有直接责任,属于两被告单位犯罪的直接责任人员。相对于被告人张浩而言,被告人向文平的作用亦是起了次要作用,属从犯。被告人张树河在刑满释放后五年内又犯应当判处有期徒刑以上的刑罚,属累犯,应当从重处罚。归案后至审理中,被告人张浩、张树河、蒲丽霞、向文平均能如实供述自己的犯罪事实,符合坦白的规定,可以从轻处罚。故公诉机关指控被告人张浩、张树河、蒲丽霞、向文平的行为构成犯罪成立,应以非法吸收公众存款罪追究其刑事责任。综合被告人张浩、张树河、蒲丽霞、向文平的全部犯罪情节,决定对被告人张浩从轻处罚,对被告人张树河、向文平、蒲丽霞减轻处罚。被告人雒洪明加入被告单位四川同享公司后,其主要职责是负责公司人事和行政管理。在两家公司对外融资业务的讨论决策中未实际参加,不属主要负责人范畴。从侦查中固定并经庭审质证的众多集资参与人的证言看,被告人雒洪明在落实公司对外融资一事中其所起作用与公司一般员工无明显差异,由此可以认定被告人雒洪明不属于两家公司对外融资事宜的直接负责人。故指控被告人雒洪明的行为构成犯罪的证据不足,公诉机关对被告人雒洪明的犯罪指控不能成立。

关于各被告人的辩解意见及其各自辩护人的辩护意见,评判如下:

1. 对被告人张浩的辩解意见及其辩护人夏明聪律师的辩护观点 1 及辩护观点 2 中的有检举、揭发他人犯罪的行为与审理查明的事实及法律规定不符,不予采纳。对辩护人夏明聪律师的辩护观点 2 中的被告人张浩系初犯,有坦白情节,从而请求从轻处罚,与审理查明的事实相符,决定予以采纳。

2. 对被告人张树河的辩解意见及其辩护人齐张林律师的辩护意见中提到的被告人张树河有坦白情节,认罪态度较好与审理查明的事实相符,予以采纳。对辩护人齐张林律师的其他辩护意见不予采纳。

3. 对被告人向文平的辩护人肖何律师的辩护意见中涉及的被告人向文平系履行职务行为,主要负责投资工地现场管理和协调,与审理查明的事实不符,不予采纳。对其余观点及其理由因有证据证实,决定予以采纳。

4. 对被告人蒲丽霞的辩解意见中观点 1 和观点 2 与审理查明的事实及法律规定不符,不予采纳。对其辩护人黎帅律师的辩护意见中建议对蒲丽霞适用缓刑,合议庭认为该案中被告人蒲丽霞的行为已构成犯罪,由于两被告单位的犯罪行为给集资参与人造成了重大损失,在案发地社会影响大,不宜适用缓刑。故对该辩护意见不予采纳。对被告人蒲丽霞的辩解意见中观点 3 和辩护人黎帅律师的其他辩护意见予以采纳。

5. 对被告人雒洪明的辩解意见和其辩护人彭仕喜律师的辩护意见,因其均是立足行为有罪,与合议庭评判意见完全相反,故不予采纳。

6. 对于被告人张浩的辩护人夏明聪律师、被告人张树河的辩护人齐张林律师、被告人向文平的辩护人肖何律师提到的各自被辩护人之亲属有代其退赃款一说。虽经庭审查明其各自亲属退款至四川同享公司账户,但控方并未指控该款系各被告人在该案件中的违法所得或非法获利。合议庭评议认为该款的性质如认定系赃款证据不充分,应由有关单位依法处理。有关辩护人提及的被辩护人有退赃情节,要求从轻处理之观点不予支持。但有关被告人亲属积极代其退赔部分款项,进而在一定程度上减少受害人损失这一行为,可作为对被告人从轻处理的情节。结合四川省办理非法集资案件的有关规定,对集资参与人本金尚未得到归还的,所收取的回报可予折抵本金。对两被告单位支付的提成等费用应当依法追缴。

综上,为维护国家对金融秩序的宏观调控和统一管理,保证社会资金的合理流向,保护广大公众的利益,依照《刑法》(2017年)第一百七十六条、第二十五条、第二十六条、第二十七条、第三十条、第三十一条、第六十五条、第六十七条第三款,2010年《非法集资司法解释》(已修改)第三条第二款第(一)项、第(三)项,《刑事诉讼法》(2012年)第一百九十五条第(一)项、第(三)项之规定,判决如下:

一、被告单位四川同享公司犯非法吸收公众存款罪,判处罚金人民币25万元;

二、被告单位巴中同享公司犯非法吸收公众存款罪,判处罚金人民币35万元;

三、被告人张浩犯非法吸收公众存款罪,判处有期徒刑三年,并处罚金人民币10万元;

四、被告人张树河犯非法吸收公众存款罪,判处有期徒刑一年四个月,并处罚金人民币5万元;

五、被告人向文平犯非法吸收公众存款罪,判处有期徒刑一年三个月,并处罚金人民币4万元;

六、被告人蒲丽霞犯非法吸收公众存款罪,判处有期徒刑一年二个月,并处罚金人民币3万元;

七、被告人雒洪明无罪。

八、责令被告单位四川同享公司,被告单位巴中同享公司共同退赔本次指控的涉案集资参与人共178人相应的集资款项本金。

九、对有关办案机关冻结、查封的财产由有关单位依法处理。

【案例简析】

该案巴中同享公司和四川同享公司,以及该公司法定代表人张浩,总经理、监事张树河,公司常务副总经理、财务总监蒲丽霞和两个副总经理向文平、雒洪明都被公诉机关以非法吸收公众存款罪起诉,巴中同享公司和四川同享公司及其公司法定代表人张浩,总经理、监事张树河,公司常务副总经理、财务总监蒲丽霞和副总经理向文平都被法院判处构成非法吸收公众存款罪,而副总经理雒洪明被判处无罪。向文平构成非法吸收公众存款罪的原因是向文平是在两个公司成立后加入公司中的,虽不是公司股东,不参与公司重大事项决策,但向文平在公司对外融资业务的开展中,尤其是巴中同享公司在恩阳区开展的融资业务中,不仅要求员工积极拓展集资参与人,而且自己亲自向集资参与人宣传介绍,促使众多集资参与人摒弃疑虑而投钱进公司,最终给集资参与人造成巨大损失,因此向文平应当对造成集资参与人利益的重大损失负有直接责任,属于两被告单位犯罪的直接责任人员。

而法院判处雒洪明无罪的理由是被告人雒洪明加入被告单位四川同享公司后,其主要职责是负责公司人事和行政管理。在两家公司对外融资业务的讨论决策中未实际参加,不属主要负责人范畴。从侦查中固定并经庭审质证的众多集资参与人的证言看,被告人雒洪明在落实公司对外融资一事中其所起作用与公司一般员工无明显差异,由此可以认定被告人雒洪明不属于两家公司对外融资事宜的直接负责人。值得注意的是,雒洪明的辩解意见是愿意接受法律审判,请求免予刑事责任处理。其辩护人提出的罪轻辩护,虽然也列举了雒洪明不参与公司重大事项决策的事实,但对其性质认识错误。

【问题研讨】

该案需要讨论以下问题:

其一是非法吸收公众存款共同犯罪主犯的认定。对于非法集资犯罪活动的发起人、决策者及公司、企业的主要股东,一般均应当认定为主犯。当然,如果股东(包括挂名股东)客观上确实没有参与非法集资活动,或者从公司、企业中获利较小,没有超出其正常投资所应得回报的,则一般不予追究刑事责任。

其二是未实际参加公司对外融资业务讨论决策的出罪事由。雒洪明作为公司人事和行政管理负责人,没有将其作为单位犯罪直接负责的主管人员和其他直接责任人员处理。根据《全国法院审理金融犯罪案件工作座谈会纪要》的规定,直接负责的主管人员,是在单位实施的犯罪中起决定、批准、授意、纵容、指挥等作用的人员,一般是单位的主管负责人,包括法定代表人。其他直接责任人员,是在单位犯罪中具体实施犯罪并起较大作用的人员,既可以是单位的经营管理人员,也可以是单位的职工,包括聘任、雇佣的人员。从反面解释,未实际参加公司对外融资业务,没有对单位非法吸收公众存款起较大作用,即使是单位人事和行政管理负责人,也不构成犯罪。

三十六、公司法定代表人提供担保非法吸收公众存款无罪案

凌燕非法吸收公众存款案①

【基本案情】

凌燕作为陕西长长乐工程履行担保有限公司（以下简称"陕西长长乐担保公司"）的法定代表人，在其丈夫马某某开设的陕西铁成投资管理有限公司宝鸡分公司（以下简称"陕西铁成宝鸡分公司"），未经相关部门批准面向群众非法吸收公众存款的情况下为其担保，并将其名下的银行卡提供给马某某用于非法吸收资金的流转。经鉴定，涉及被害群众1505人次，集资款8768.92万元，其中偿还本金331.68万元，支付利息230.65万元，其余资金去向不明。

【检察院指控】

宝鸡市人民检察院指控：被告人凌燕作为陕西长长乐担保公司的法定代表人，在其丈夫马某某开设的陕西铁成宝鸡分公司，未经相关部门批准面向群众非法吸收公众存款的情况下为其担保，并将其名下的银行卡提供给马某某用于非法吸收资金的流转。经鉴定，涉及被害群众1505人次，集资款8768.92万元，其中偿还本金331.68万元，支付利息230.65万元，其余资金去向不明。

庭审中，公诉机关当庭出示被害人顾某某、丁某某等人的陈述、证人陈某某等人的证言、司法会计鉴定意见、借款合同、银行账户明细、被告人凌燕的供述与辩解等相关证据，认为被告人凌燕的行为已触犯《刑法》（2017年）第一百七十六条之规定，应当以非法吸收公众存款罪追究凌燕的刑事

---

① 参见陕西省宝鸡市中级人民法院刑事判决书(2017)陕03刑初41号。

责任,提请法院依法判处。

公诉机关当庭提交了受案登记表,陕西铁成宝鸡分公司的营业执照、组织机构代码证、开户许可证,到案经过,搜查笔录,被害人郭某某的陈述及借款合同、辨认笔录、情况说明,被害人焦某某的陈述、借款合同、辨认笔录,被害人顾某某、丁某某、刘某甲、刘某乙、景某某等人的陈述,公司账户查询财产通知书,陕西长长乐担保公司的登记情况,陕西铁成宝鸡分公司的集资情况统计表,银行账户明细查询情况,证人陈某某、张某某、于某某、王某甲、谢某某、齐某某、王某乙、袁某某、王某丙、郑某某、杨某某等人的证言,马某某的受案登记表、逮捕证及起诉意见书,借款合同、报案材料、收据,公安机关情况说明,凌燕的身份信息,陕西宝鸡华强司法会计鉴定所司法鉴定意见书,另案被告人马某某的供述,被告人凌燕的供述等证据。

【辩护意见】

被告人凌燕对起诉书指控的事实有异议,辩解其不构成非法吸收公众存款罪。其辩护人提出该案被告人凌燕的讯问笔录系非法取得,笔录的讯问内容、问题顺序、回答内容及标点符号均相同,属侦查机关复制粘贴所得,应依法予以排除;另公诉机关提供的陈某某等人的证言及相关证据均证实凌燕本人未参与陕西铁成宝鸡分公司及陕西长长乐担保公司的实际经营管理和非法吸收公众存款,且凌燕在2012年8月产有一女,其本人处于哺乳期,不可能实施犯罪。另被告人凌燕在该案中没有获取任何非法利益,故起诉书指控被告人凌燕参与非法吸收公众存款犯罪的事实不清,证据不足,应宣告凌燕无罪。

针对起诉书的指控事实,被告人凌燕的辩护人当庭提交了凌燕女儿马某淇的户口登记簿和出生医学证明等相关书证。

【法院裁判】

起诉书指控被告人凌燕在非法吸收公众存款共同犯罪中共有两种犯罪行为,一是被告人凌燕作为陕西长长乐担保公司的法定代表人,为陕西铁成宝鸡分公司非法吸收公众存款提供担保;二是凌燕将其名下的银行卡提供给马某某用于陕西铁成宝鸡分公司非法吸收公众存款资金的流转。该案中没有证据证明被告人凌燕与马某某就以陕西铁成宝鸡分公司非法吸收公众存款在事前有过共谋,没有证据证明马某某与凌燕就以陕西长长乐担保公司为陕西铁成公司宝鸡分公司非法吸收公众存款提供担保在事前有过共谋。该案中亦没有证据证明被告人凌燕作为陕西长长乐担保公司的法定代表人参与了陕西长长乐担保公司的经营管理,并且陕西长长乐担保公司的公章及凌燕的私章具体由谁保管、使用均无证据证明。

另,该案中也没有证据证明陕西长长乐担保公司成立后的具体经营行为。同时,该案中没有证据证明被告人凌燕参与了陕西铁成宝鸡分公司非法吸收公众存款的具体犯罪行为。

该案中未调取被告人凌燕交给马某某相关银行卡的开户原始单据,被告人凌燕具体将几张银行卡交给马某某使用没有证据证明,该银行卡具体由谁保管、控制、使用没有证据证明。起诉书指控马某某使用被告人凌燕名下的银行卡用于非法吸收公众存款的具体数额、如何流转、资金最终去向均没有证据证明。同时,该案中也没有证据证明凌燕明知其名下的银行卡提供给马某某是用于非法吸收公众存款资金的流转。另,该案中没有证据证明,马某某将从陕西铁成宝鸡分公司非法吸收的公众存款向被告人凌燕转过款;也没有证据证明,在马某某控制的陕西铁成宝鸡分公司非法吸收公众存款的过程中,凌燕有从中获利的行为。故被告人凌燕及其辩护人关于起诉书指控凌燕犯非法吸收公众存款罪事实不清、证据不足的辩解及辩护意见成立,法院予以采纳。

综上,公诉机关指控被告人凌燕犯非法吸收公众存款罪的证据不足,全案证据达不到确实、充分的证明标准,指控不能成立。依照《刑事诉讼法》第二百条第(三)项、2012年《最高人民法院关于适用〈中华人民共和国刑事诉讼法〉的解释》(已失效)第二百四十一条第(四)项之规定,判决如下:

被告人凌燕无罪。

【案例简析】

马某某开设了陕西铁成宝鸡分公司。凌燕是马某某的妻子,也是陕西长长乐担保公司的法定代表人,在非法吸收公众存款共同犯罪中共有两种犯罪行为,一是凌燕作为陕西长长乐担保公司的法定代表人,为陕西铁成宝鸡分公司非法吸收公众存款提供担保;二是凌燕将其名下的银行卡提供给马某某用于陕西铁成宝鸡分公司非法吸收公众存款资金的流转。检察机关认为应当以非法吸收公众存款罪追究凌燕的刑事责任。凌燕对起诉书指控的事实有异议,辩解其不构成非法吸收公众存款罪。其辩护人提出无罪辩护,提出了要求排除非法证据讯问笔录,凌燕本人未参与陕西铁成宝鸡分公司及陕西长长乐担保公司的实际经营管理和非法吸收公众存款,凌燕本人处于哺乳期,不可能实施犯罪,凌燕没有获取任何非法利益等意见。法院最终判决凌燕无罪。

凌燕无罪的原因在于:第一,事前没有共谋,既包括陕西铁成宝鸡分公司非法吸收公众存款的行为,也包括陕西长长乐担保公司为铁成宝鸡分公司非法吸收公众存款提供担保的行为;第二,无具体的经营管理行为。该行为是指法定代表人参与陕西长长乐担保公司经营管理的行为、陕西长长乐担保公司成立后的具体经营行为以及参与了铁成宝鸡分公司非法吸收公众存款的具体行为。第三,无交付银行卡的非法目的。第四,无获利的行为。

【问题研讨】

该案需要注意的问题是:为非法吸收公众存款行为提供担保和提供银行卡用于资金流转并不一定构成共同犯罪。就共同犯罪的故意而言,是指各共同犯罪人通过彼此的意思联络,认识到其共同的犯罪行为会发生某种危害社会的结果,遂共同犯罪,希望或放任危害社会的结果发生的心理态度。共同犯罪的故意同样有认识因素和意志因素两个方面的内容:(1)共同犯罪的认识因素包括三层含义:一是共同犯罪人认识到自己不是单独犯罪,而是与他人互相配合共同实施犯罪;二是共同犯罪人认识到所共同实施的行为是犯罪行为;三是各共同犯罪人认识到自己的行为会引起的结果以及共同犯罪行为会产生的危害结果,概括地预见到共同犯罪行为与共同犯罪结果之间的因果关系。(2)共同犯罪的意志因素包括两层含义:一是共同犯罪人决意参加共同犯罪;二是共同犯罪人希望或放任危害结果发生。而共同犯罪的故意需要从其行为中加以判断。从行为目的和用途、有无获利可以得出结论。具体到非法吸收公众存款行为中,提供担保和提供银行卡资金流转并不属于非法吸收公众存款行为。因此,为非法集资活动提供担保或资金账户的行为是否构成共同犯罪,需综合判断行为人是否明知资金用途及主观上是否存在帮助故意。若行为人系法定代表人但未参与经营、不知情且未获利,或仅被动提供银行卡但无证据证明其明知资金性质,因缺乏共同犯罪故意,不构成非法吸收公众存款罪。

此外,依据《非法集资案件适用法律意见》的规定,为他人向社会公众非法吸收资金提供帮助,从中收取代理费、好处费、返点费、佣金、提成等费用,构成非法集资共同犯罪的,应当依法追究刑事责任。因此,是否有获利的行为也是判断非法集资共同犯罪的要素之一。

三十七、法定代表人吸收存款法定不起诉无罪案

董某某非法吸收公众存款案①

【基本案情】

2014年至2015年期间,石家庄市××汽车贸易有限公司法定代表人董某某以高额利息借款,经审计,报案本金金额15003715元,报案返还本金金额5104667元,账目返还利息金额7302405.5元,损失金额2596642.5元。董某某在与他人借款的过程中,未进行宣传,其借款人员的范围比较固定,非不特定人员,同时,其借款全部用于生产经营活动。

【审查起诉】

本案由石家庄市公安局裕华分局侦查终结,以董某某涉嫌非法吸收公众存款罪,于2020年3月11日向检察院移送审查起诉。

检察院于2020年4月10日第一次退回侦查机关补充侦查,侦查机关于2020年5月9日补查重报;检察院于2020年6月9日第二次退回侦查机关补充侦查,侦查机关于2020年7月9日补查重报。

【不起诉决定及理由】

检察院认为,董某某的上述行为,不构成犯罪。依照《刑事诉讼法》第十六条第(一)项和第一百七十七条第一款的规定,决定对董某某不起诉。

【案例简析】

本案经过两次补充侦查,董某某作为石家庄市××汽车贸易有限公司的法定代表人,在与他人借款的过程中,未进行宣传,其借款人员的范围比较

---

① 参见河北省石家庄市裕华区人民检察院不起诉决定书石裕检公诉刑不诉[2020]157号。

固定，非不特定人员，同时，其借款全部用于生产经营活动。检察院认为其行为不构成犯罪，对其作出法定不起诉决定。

【问题研讨】

该案讨论的问题是：法定代表人不构成非法吸收公众存款罪的情形。依据《非法集资司法解释》第一条第二款的规定，未向社会公开宣传，在亲友或者单位内部针对特定对象吸收资金的，不属于非法吸收或者变相吸收公众存款。因此，法定代表人向亲友或单位内部特定对象借款，未公开宣传且资金全部用于正常生产经营活动的，因不符合非法吸收公众存款罪的"社会性"和"非法性"要件，不构成犯罪。但若借款对象超出特定范围或资金用于资本运作，仍可能触犯罪名。

三十八、公司非法集资,法律顾问、会计指导、监事无罪案

宋延武、苏雄才、梁勇等非法吸收公众存款案①

【基本案情】

2013年1月31日,巴中市合众投资管理有限公司(以下简称"合众投资公司")成立,注册资本100万元,登记公司法定代表人为何正模,宋延芳为监事。同年4月23日变更登记公司法定代表人为宋延芳,何正模为监事。同年6月26日变更登记公司注册资本为2000万元,公司股东为何正模、宋延芳、李中国、何正林、梁勇,出资比例均为20%,法定代表人为宋延芳,何正模为监事。2013年7月,合众投资公司在巴中市巴州区将军大道正式营业。公司先后聘请被告人宋延武为副总经理、综合部经理,负责公司员工的管理、融资项目的对外宣传;被告人何加林负责指导公司相关的财务记账事宜;被告人何光荣负责审核融资项目方提供材料的真实性;被告人苏雄才为公司风控部经理,负责对融资项目方借款的风险评估、项目考察等事宜,同时招聘会计、出纳、业务员等公司人员。2013年12月13日,公司股东签订《投资理财公司合伙协议》,约定合众投资公司股东为何正林、李中国、宋延芳、梁勇,各占25%的股份,何正林为董事长,李中国为总经理、法定代表人,未进行工商变更登记。公司营业期间,何正模、何正林、李中国、梁勇与被告人宋延芳、宋延武、何加林、何光荣、苏雄才等人未经依法批准,采取在电视台作广告、组织业务员在巴中市巴州区等地散发宣传单等方式向社会公众宣传"紫辰明珠"等项目的情况,并以月息1.6%至2%为诱饵,向社会公众非法集资。经四川德正司法鉴定所出具的司法会计鉴定报告显示:合众投资公司向杨玉琼、张天畅等936人(部分系老年人)非法集资

---

① 参见四川省巴中市巴州区人民法院刑事判决书(2016)川1902刑初193号。

10614.5万元。截至案发时，尚有何某、何星玉等740名集资参与人的6276.481632万元未清偿。案发后，已追回资金1495万元。合众投资公司共向李雄文等18个用款项目方拨付（含出借人直接支付给项目方）资金6400.1036万元。现尚有4373.2558万元借款本金未予归还。其中，合众投资公司分别以黄延四项目的名义向社会公众非法集资316万元、以李传华项目的名义向社会公众非法集资3071万元、以李琼秀项目的名义向社会公众非法集资42万元、以文碧珍项目的名义向社会公众非法集资1万元。该四个项目的集资款主要用于向集资参与人还本付息及调配到其他借款项目。

2013年7月至案发，宋延武任合众投资公司副总经理、综合部经理，主管公司业务，担任李克勇、余兴平、程蓉、陈焱四个项目的出借人代表。2014年2月至案发，苏雄才任合众投资公司风控部经理，负责考察项目，管理工作人员；2014年1月至9月，何加林受何正模聘请，指导合众投资公司会计杨晓菊做账，共领取工资14950元，2014年8月至2015年1月，受何正模安排，保管并收支梁勇移交的文碧珍、李琼秀的六张银行卡。

【一审裁判】

原判认为，被告人宋延武、苏雄才、何光荣、何加林、宋延芳伙同他人违反国家金融管理规定，非法面向社会不特定对象吸收存款，数额巨大，属明知他人非法吸收资金而提供帮助，其行为均构成非法吸收公众存款罪。原判判决：

一、被告人宋延武犯非法吸收公众存款罪，判处有期徒刑四年，并处罚金人民币八万元；

二、被告人苏雄才犯非法吸收公众存款罪，判处有期徒刑二年六个月，并处罚金人民币五万元；

三、被告人何光荣犯非法吸收公众存款罪，判处有期徒刑二年，并处罚金人民币四万元；

四、被告人何加林犯非法吸收公众存款罪，判处有期徒刑一年六个月，缓刑二年，并处罚金人民币三万元；

五、被告人宋延芳犯非法吸收公众存款罪，判处有期徒刑一年六个月，缓刑二年，并处罚金人民币二万元；

六、查封、扣押的资产依法处理后返还集资参与人。不足返还的，按投资比例返还；剩余部分由被告人宋延武、苏雄才、何光荣、何加林、宋延芳负责退赔其各自参与的非法吸收金额。

【检察院抗诉】

四川省巴中市人民检察院认为,该案非法集资的基本事实清楚,各被告人应按其参与程度、所起作用的大小承担刑事责任,何光荣审查项目资料起到帮助作用,情节是否轻微,应予考虑,建议二审依法判决。

【上诉及辩护意见】

上诉人宋延武及其辩护人辩解、辩护称:(1)宋延武的作用及参与度相对于苏雄才较轻,对外集资金额较苏雄才少,案发前后退还,剩余不足50万元,且本人也是受害人,原判对宋延武的量刑较重;(2)宋延武没有享受副总经理的待遇,资金使用、去向均由公司股东决定;(3)宋延武具有从犯、自首等情节,请求减轻处罚;(4)集资款由合众投资公司股东支配掌握,不应由宋延武承担返还责任。

上诉人苏雄才及其辩护人辩解、辩护称:(1)该案属于单位犯罪;(2)苏雄才在共同犯罪中的作用较小,具有从犯、自首等情节,认罪悔罪,本人也是受害者,已得到被害人的谅解;(3)合众投资公司欠下的债务,应由享有股份、股权分红的股东承担。请求对苏雄才从轻处罚或者适用缓刑。

上诉人何光荣及其辩护人辩解、辩护称:(1)一审判决认定何光荣构成非法吸收公众存款罪的事实认定错误。合众投资公司成立于2013年1月,同年7月开始对外吸收存款。何光荣于2014年5月开始为公司服务,同年9月离开。何光荣的工作是审阅融资项目方提供的资料即身份信息和工商登记的真伪,防止目标公司虚假从而骗取合众投资公司的钱款。是否出借资金,如何约定利息及抵押物,如何设立项目均是由公司股东决定,其并不知情。何光荣没有参加公司非法吸收存款的总体安排和部署,主观上不构成合谋。何光荣并不是合众投资公司风控部负责人,无办公场所。何光荣没有给公司介绍客户,没有收取佣金或者提成。何光荣共领取报酬11067元,每月工资2000元,发放1067元的交通补助,案发后已全部退还;(2)何光荣的行为与吸收公众存款没有必然的因果关系。原判未区分吸收存款与发放贷款这两个环节。何光荣从事对贷款客户的资料进行审查,与吸收存款无直接因果关系,未起到帮助作用;(3)按照刑法关于犯罪的构成要件,所谓帮助也不构成犯罪。请求改判何光荣无罪或者免予刑事处罚。

原审被告人何加林辩解称:其不是公司财务总监,只是负责指导公司会计做账,每月领取劳务报酬1500元;没有参与公司运作、招揽融资,对外宣传,不知道是非法吸收公众存款。

原审被告人宋延芳辩解称:其与何正模系夫妻;公司投入多少钱其不知情,被确定为法定代表人其不知情,没有参与办理工商登记;公司开办情况其不清楚,也没有出资入股,仅在公司开业时到场表示祝贺,没有参与公司经营。

【二审裁判】

原审认定上诉人何光荣、原审被告人何加林、宋延芳与何正模、何正林、李中国、梁勇及宋延武、苏雄才等人未经依法批准,采取在电视台作广告、组织业务员在巴中市巴州区等地散发宣传单等方式向社会公众宣传"紫辰明珠"等项目的情况,并以1.6%至2%的月息为诱饵,向社会公众非法集资。2013年12月13日,被告人宋延芳与何正林、李中国、梁勇签订《投资理财公司合伙协议》,约定合众投资公司股东为何正林、李中国、宋延芳、梁勇,各占25%股份,何正林为董事长、李中国为总经理、法定代表人,未进行变更登记。法院认为,前述认定事实不清、证据不足,不予确认。具体评判如下:

(一)认定何光荣参与非法集资的证据不足。

原公诉机关指控关于何光荣参与非法集资的证据如下:(1)被告人何光荣的供述和辩解:2014年5月,何正模让我为合众投资公司审查项目方资料。我出任项目资料审查负责人以来,审查了南江县李克勇的项目、通江县杨超龙的项目和恩阳区青木镇程容的项目。这些项目是由李中国和项目方将资料送给我,然后我对这三个项目的资料真实性分别进行审查,审查资料属实。然后,李中国就带我和风控部经理苏雄才分别到这三个项目进行实地考察。这些项目是否启用由合众投资公司决定,我没有参与。2014年10月,何正模成立西部林策划公司(法定代表人何正模),委托管理合众投资公司和金榜公司。2014年11月,我认为合众投资公司的经营存在问题便离职了,共领取了16000元工资。(2)另案被告人何正模的供述:李中国是总经理,主要负责向项目方收款和资金风险控制,资金风险控制的总监是何光荣。(3)另案被告人梁勇的供述:我们已将四川科创集团起诉至成都市中级人民法院,合众投资公司和金榜公司的法律顾问何光荣比较清楚这件事。(4)工资统计表证实合众投资公司员工领取工资的情况。其中何光荣领取工资11067元、无提成。

结合上诉人何光荣及其辩护人关于何光荣不是公司资金风险控制的总监,仅负责审查项目方资料,不构成犯罪的辩解、辩护意见以及检察机关认为何光荣审查项目方资料起到帮助作用等意见,法院经审查,评判如下:(1)据何光荣供述及合众投资公司员工工资表,何光荣在合众投资公司工作期间为2014年5月至同年9月,与原公诉机关指控及原审认定何光荣参与合众投资公司非法集资事实的期间不一致,因此认定何光荣参与"紫辰明珠"等项目非法集资不当。(2)关于何光荣在合众投资公司的任职情况,在案何光荣的供述与何正模、梁勇的供述互不一致,存在三种说法,且合众投资公司其他股东、管理人员及业务员的言词证据均未提及何光荣,无其他证据印证,不能确定。(3)何光荣审查李克勇、杨超龙、程容三个项目资料仅有其本人供述,无何正模、李中国、苏雄才的供述印证,李克勇、杨超龙、程容三人的证言及提交的项目资料仅能证实三人通过合众投资公司为项目融资的情况,未证实与何光荣有关联。同时,何光荣在供述中辩称其未参与项目是否启用的决策,侦查人员未就此事予以核实。

综上,原公诉机关指控及原审认定何光荣帮助何正模等人非法集资,犯非法吸收公众存款罪的证据不足。对何光荣及其辩护人关于其不构成犯罪的辩解、辩护意见,法院予以支持。

(二)认定宋延芳参与非法集资的证据不足。

原公诉机关指控关于宋延芳参与非法集资的证据如下:(1)被告人宋延芳的供述和辩解:合众投资公司于2013年1月31日成立,我是法定代表人,四位股东分别是何正模、何正林、梁勇、李中国。2013年7月,合众投资公司正式营业,工作人员有宋延武、杨晓菊、宋祯、何亮。我没有参与公司的经营和管理,只是开业时去过一次。(2)另案被告人何正模、何正林、李中国、梁勇的供述:宋延芳是合众投资公司的法定代表人,她没有参与公司管理。(3)同案被告人宋延武的供述:宋延芳是公司法定代表人。(4)证人杨某、殷某、樊某、陈某、张某、何某的证言,证实公司的法定代表人是宋延芳,四个股东是何正模、何正林、李中国、梁勇。(5)营业执照、工商登记资料、变更登记资料、投资合伙协议等,证实2013年1月28日,宋延芳与何正模签订合众投资公司章程,两人为该公司股东。2013年1月31日,合众投资公司进行了注册登记。同年4月23日变更登记公司的法定代表人为宋延芳,何正模为监事。同年6月26日变更登记公司注册资本为2000万元,公司股东为何正模、宋延芳、李中国、何正林、梁勇,出资比例均为

20%，法定代表人为宋延芳，何正模为监事。同年12月13日，何正林、李中国、宋延芳、梁勇签订《投资理财公司合伙协议》，约定四人各自占股25%。其中，李中国为法定代表人、总经理，何正林任董事长。

结合原审被告人宋延芳关于其被确定为合众投资公司的法定代表人不知情，其没有参与办理工商登记，没有参与公司经营的辩解意见，法院经审查，评判如下：(1)宋延芳未参与合众投资公司经营管理。合众投资公司股东何正模、何正林、李中国、梁勇的供述均证实宋延芳没有参与公司管理，与宋延芳的辩解能够印证，且合众投资公司管理人员宋延武、业务员杨某等人亦未提及宋延芳参与公司经营管理。(2)认定宋延芳为合众投资公司股东的证据存疑。虽合众投资公司的工商登记资料及合伙协议记载宋延芳为该公司的股东之一，但宋延芳、何正模均供述宋延芳仅是名义持股人，股份实际持有人是何正模，且公司股东梁勇、业务员杨某等人均陈述公司的四位股东是何正模、何正林、李中国、梁勇，无宋延芳。宋延芳在一审庭审中辩解其未在工商注册、变更登记资料及合伙协议上签字，经比对前述文书上"宋延芳"的签名与宋延芳在侦查阶段讯问笔录及一审庭审笔录、二审讯问笔录上所签"宋延芳"的字样有较大差异，不能排除合理怀疑。(3)法定代表人对公司行为承担责任是民事法律规定，是否承担刑事责任应依照刑法规范作实质性审查判断。综合全案证据，可以认定何正模是合众投资公司的实际控制人，合众投资公司非法集资行为的主要组织者，而宋延芳仅系民事法律意义上的法定代表人，无证据显示其参与或帮助何正模等人实施非法集资行为。

综上，原公诉机关指控及原审认定宋延芳帮助何正模等人非法集资，犯非法吸收公众存款罪的证据不足。对宋延芳的辩解意见，法院予以支持。

(三)认定何加林参与非法集资的事实不准确。

原公诉机关指控关于何加林参与非法集资的证据有：被告人何加林的供述和辩解，另案被告人何正林、李中国、梁勇的供述，同案被告人宋延武的供述，证人樊某、何某的证言，汇款情况明细表、现金流量表、公司账卡使用情况审计表，工资统计表，结合原审被告人何加林关于其不是公司财务总监，其只是负责指导公司会计做账以及其没有参与公司运作，不知道是非法吸收公众存款的辩解意见。法院经审查，评判如下：(1)虽合众投资公司股东及员工均陈述何加林是该公司财务总监，但未证实其工作具体情况，何加林否认其是财务总监，辩解称仅指导公司会计做账，侦查人员亦未向会计杨晓菊核实,结合其每月1500元的薪酬水平,与一般意义的公司财务负责人有明显差异,不能排除其辩解成立的可能。(2)在案所有合众投资公司股东及员工,包括会计杨晓菊的言词证据均未陈述何加林在合众投资公司从事的具体工作和实施过的具体行为,何加林亦否认其实施过非法集资行为,应认定何加林未直接实施非法集资行为。(3)2014年8月至2015年1月,何加林受何正模安排,保管并收支梁勇移交的文碧珍、李琼秀六张银行卡的行为给何正模等人非法集资起到了帮助作用,属于受雇佣参与非法集资的部分环节,仅领取少量报酬的情形,可以认定为情节显著轻微、危害不大。

综上,原公诉机关指控及原审认定何加林帮助何正模等人实施非法集资行为的事实不准确,何加林受安排保管并收支文碧珍、李琼秀六张银行卡的行为,情节显著轻微、危害不大,可不认为是犯罪。对何加林的辩解意见,法院予以支持。

(四)对上诉人宋延武、苏雄才及其辩护人的辩解、辩护意见。

法院综合评判如下:(1)关于该案是否属于单位犯罪。《单位犯罪解释》第二条规定,个人为进行违法犯罪活动而设立的公司、企业、事业单位实施犯罪的,或者公司、企业、事业单位设立后,以实施犯罪为主要活动的,不以单位犯罪论处。该案合众投资公司设立后主要活动即是进行非法集资行为,不应以单位犯罪论处。(2)关于宋延武、苏雄才是否具有自首等从轻情节及原判量刑是否适当。经查,宋延武到案后仅供述合众投资公司非法集资的基本情况,未供述其本人负责组织管理合众投资公司对外吸收公众存款的行为;苏雄才到案后亦未供述其组织管理业务人员的行为,均不构成自首;宋延武、苏雄才在共同犯罪中系从犯,原判根据二人犯罪事实、性质、情节和社会危害性,分别对宋延武从轻处罚、对苏雄才减轻处罚,所判处的刑罚适当。(3)关于宋延武、苏雄才是否应承担返还集资款的责任。经查,根据司法会计鉴定报告,显示该案集资款去向明确,除个人领取的工资、提成,资金未流向宋延武、苏雄才二人,因此,二人除应退缴因非法行为获取的薪酬外,不再承担返还集资款的责任。

综上,法院对上诉人宋延武、苏雄才关于其不应承担返还集资款的辩解、辩护意见部分予以支持,对其余辩解、辩护意见依法不予支持。

法院认为,上诉人宋延武、苏雄才明知何正模等人非法面向社会不特定对象吸收存款,数额巨大,为何正模等人向社会公众非法吸收资金提供帮助,从中收取提成等费用,二人行为均构成非法吸收公众存款罪。原审认定上诉人何光荣、原审被告人宋延芳帮助何正模等人非法集资,犯非法吸收公众存款罪的证据不足,原公诉机关指控的罪名不能成立。原审被告人何加林受何正模安排,保管并收支梁勇移交的文碧珍、李琼秀的六张银行卡的行为为何正模等人非法集资起到了帮助作用,属于受雇佣参与非法集资的部分环节,仅领取少量报酬的情形,情节显著轻微、危害不大,可不认为是犯罪。为维护国家金融管理秩序,依照《刑法》(2017年)第一百七十六条第一款、第十三条、第二十五条第一款、第二十七条、第六十四条和《刑事诉讼法》第二百条第三项、第二百三十六条第一款第三项的规定,判决如下:

一、维持四川省巴中市巴州区人民法院(2016)川1902刑初193号刑事判决的第一项、第二项,即"一、被告人宋延武犯非法吸收公众存款罪,判处有期徒刑四年,并处罚金人民币八万元""二、被告人苏雄才犯非法吸收公众存款罪,判处有期徒刑二年六个月,并处罚金人民币五万元";

二、撤销四川省巴中市巴州区人民法院(2016)川1902刑初193号刑事判决的第三项、第四项、第五项、第六项,即"三、被告人何光荣犯非法吸收公众存款罪,判处有期徒刑二年,并处罚金人民币四万元""四、被告人何加林犯非法吸收公众存款罪,判处有期徒刑一年六个月,缓刑二年,并处罚金人民币三万元""五、被告人宋延芳犯非法吸收公众存款罪,判处有期徒刑一年六个月,缓刑二年,并处罚金人民币二万元""六、查封、扣押的资产依法处理后返还集资参与人。不足返还的,按投资比例返还;剩余部分由被告人宋延武、苏雄才、何光荣、何加林、宋延芳负责退赔其各自参与的非法吸收金额。"

三、上诉人(原审被告人)何光荣无罪。

四、原审被告人何加林无罪。

五、原审被告人宋延芳无罪。

六、对涉案查封、扣押、冻结的财物和用款单位、个人使用的赃款及孳息和已发放员工的提成款、已兑付完毕项目的集资参与人所获利息等予以追缴,分别按比例发还给各集资参与人。通过追缴,不足部分责令继续退赔。

本判决为终审判决。①

---

① 参见四川省巴中市中级人民法院刑事判决书(2019)川19刑终73号。

【案例简析】

该案原判认为,被告人宋延武、苏雄才、何光荣、何加林、宋延芳构成非法吸收公众存款罪。检察院认为,该案非法集资的基本事实清楚,各被告人应按其参与程度、所起作用的大小承担刑事责任,何光荣审查项目资料起到帮助作用,情节是否轻微,应予考虑,建议二审依法判决。最终二审法院判决何光荣、何加林、宋延芳无罪。其原因在于原审认定上诉人何光荣、原审被告人宋延芳帮助何正模等人非法集资,犯非法吸收公众存款罪的证据不足,原公诉机关指控的罪名不能成立。具体来说,何光荣没有参与公司非法吸收存款的总体安排和部署,仅负责审查项目资料,帮助也不构成犯罪;宋延芳作为民事法律意义上的法定代表人,无证据显示其参与合众投资公司的经营管理或帮助何正模等人实施非法集资行为。原审被告人何加林受何正模安排,保管并收支梁勇移交的文碧珍、李琼秀的六张银行卡的行为,给何正模等人非法集资起到了帮助作用,属于受雇佣参与非法集资的部分环节,仅领取少量报酬的情形,情节显著轻微、危害不大,可不认为是犯罪。

【问题研讨】

该案需要讨论的问题是:单位非法吸收公众存款案中单位职工的处理。单位的职工,包括聘任、雇佣的人员若在单位犯罪中具体实施犯罪并起较大作用,也可能被认定为其他直接责任人员。但依据《全国法院审理金融犯罪案件工作座谈会纪要》的规定,对于受单位领导指派或奉命而参与实施了一定犯罪行为的人员,一般不宜作为直接责任人员追究刑事责任。若单位犯罪不成立,构成共同犯罪,则依据《非法集资案件意见》的规定,为他人向社会公众非法吸收资金提供帮助,从中收取代理费、好处费、返点费、佣金、提成等费用,构成非法集资共同犯罪的,应当依法追究刑事责任。能够及时退缴上述费用的,可依法从轻处罚;其中情节轻微的,可以免除处罚;情节显著轻微、危害不大的,不作为犯罪处理。因此,会计、挂名股东等非管理人员,若仅执行指令从事记账、资料审查等辅助工作,未参与非法集资决策或具体实施,且领取固定工资(非提成)的,因不符合单位犯罪直接责任人员的认定标准,不构成犯罪。若情节显著轻微(如参与时间短、数额小),仅领取少量报酬,可以被视为情节显著轻微、危害不大,可不认为是犯罪。

三十九、半价购车营销模式吸收存款挂名股东无罪案

周某飞非法吸收公众存款案[①]

【基本案情】

2017年5月15日,岳永成立贵州××汽车销售服务有限公司,由周某某担任××,岳某某为公司直接负责的主管人员。公司成立后先后在长顺县××盘水市等地成立分公司或销售点,推出半价购车营销模式,非法吸收公众存款7869207.63元。周某某未参与贵州××汽车销售服务有限公司的经营模式、人事管理、财物处分等重大事项,实际为挂名股东。

【审查起诉】

本案由长顺县公安局侦查终结,以被不起诉人周某某涉嫌非法吸收公众存款罪,于2020年10月5日向检察院移送起诉,检察院受理后于10月8日告知被不起诉人有权委托辩护人和认罪认罚可能导致的法律后果,依法讯问了被不起诉人,审查了全部案件材料。因事实不清,检察院于2020年11月5日第一次退回侦查机关补充侦查,侦查机关于2020年12月4日补查重报。

【不起诉决定及理由】

检察院认为,岳某某为贵州××汽车销售服务有限公司直接负责的主管人员,周某某未参与公司非法吸收公众存款的行为,不构成犯罪。依照《刑事诉讼法》第十六条第(一)项和第一百七十七条第一款的规定,决定对周某某不起诉。

【案例简析】

该案经过一次补充侦查,周某某担任贵州××汽车销售服务有限公司挂

[①] 参见贵州省长顺县人民检察院不起诉决定书长检刑不诉[2021]9号。

名股东,岳某某为公司直接负责的主管人员。公司成立后先后在长顺县××盘水市等地成立分公司或销售点,推出半价购车营销模式,非法吸收公众存款7869207.63元。被不起诉人周某某未参与贵州××汽车销售服务有限公司的经营模式、人事管理、财物处分等重大事项,实际为挂名股东。检察院认为周某某未参与公司非法吸收公众存款的行为,不构成犯罪,作出法定不起诉决定。

【问题研讨】

该案在审查起诉过程中需要讨论的问题是:非法吸收公众存款犯罪中挂名股东的处理。对于没有伙同单位实际控制人进行非法集资预谋,没有实际出资,没有参与经营的挂名股东,是否构成共同犯罪,要按照主客观相一致的原则严格掌握,不能仅仅因为系挂名股东即不加甄别地追究刑事责任。确实构成犯罪的,如能积极配合司法机关查清事实,挽回损失的,亦可以从宽处理。具体而言,挂名股东不参与公司非法吸收公众存款行为的具体表现有:不参与公司经营模式、人事管理、财物处分等重大事项,对于公司非法吸收公众存款或变相吸收公众存款不知情,也没有非法吸收公众存款的行为,因此不构成犯罪。

四十、公司非法吸收公众存款挂名法定代表人法定不起诉无罪案

李某某非法吸收公众存款案①

【基本案情】

2014年4月,肖某某、李某甲与强某某、陈某某(四人另案处理)相互协商共同出资在石阡县成立公司。同年5月7日,肖某某出资152万元占38%的股份、李某甲出资88万元占22%的股份(李某甲未实际出资,代强某某持有该股份)及强某某、陈某某各出资80万元占20%股份,共同利用被不起诉人李某某的身份信息注册成立贵州××投资管理有限公司(以下简称"××公司")。肖某某任公司董事长,聘请丁某某为总经理管理公司运作,并聘用周某某等10余名业务人员。李某甲代管了2个月左右的财务工作。被不起诉人李某某只是挂名法定代表人,无任何出资、管理、经营行为。××公司自2014年5月7日登记注册,至2016年8月17日注销。肖某某任董事长,经营公司13个月后退出公司。在该公司经营期间,以2%的月利息公开向社会不特定人员融资。分别向袁某某、梁某某、董某某、熊某某、黄某某、杨某某、杨某甲、胡某某、肖某甲、袁某甲、黄某甲、张某某、雷某某、汪某某、龙某某融资163万元,已退还153万元。

【审查起诉】

本案由石阡县公安局侦查终结,以李某某涉嫌非法吸收公众存款罪,于2020年1月6日向检察院移送审查起诉。检察院于2020年2月21日第一次退回侦查机关补充侦查,侦查机关于2020年3月21日补查重报。检察院于2020年5月6日第二次退回侦查机关补充侦查,侦查机关于2020

---

① 参见贵州省石阡县人民检察院不起诉决定书石检公诉刑不诉[2020]Z38号。

年6月6日补查重报。检察院分别于2020年2月7日、2020年4月22日、7月7日三次延长审查起诉期限15日。

【不起诉决定及理由】

检察院认为，李某某没有犯罪事实，不构成犯罪。依照《刑事诉讼法》第一百七十七条第一款的规定，决定对李某某不起诉。

【案例简析】

该案两次退回补充侦查，由李某某的身份信息注册成立的××公司在经营期间以2%的月利息公开向社会不特定人员融资163万元。李某某作为挂名法定代表人无任何出资、管理、经营行为。公安局以李某某涉嫌非法吸收公众存款罪向检察院移送审查起诉，但检察院认为李某某没有犯罪事实，不构成犯罪，因此对其作出法定不起诉决定。

【问题研讨】

该案在审查起诉过程中需要讨论的问题是：非法吸收公众存款犯罪中挂名法定代表人的处理。对于没有伙同单位实际控制人进行非法集资预谋，没有实际出资，没有参与经营的挂名法定代表人是否构成共同犯罪，要按照主客观相一致的原则严格掌握。

也就是说，非法吸收公众存款单位犯罪中，法定代表人对公司行为承担责任是民事法律规定，是否承担刑事责任应依照刑法规范作实质性审查判断。而挂名法定代表人是否承担刑事责任，也要依照刑法规范作实质性审查判断。若在非法吸收公众存款单位犯罪中，挂名法定代表人无任何出资、管理、经营行为，则挂名法定代表人没有犯罪事实，不构成犯罪。

四十一、分公司股东以员工名义向投资群众出具借款借条吸收存款无罪案

郑某丁非法吸收公众存款案①

【基本案情】

2011年8月15日,郑某乙(另案处理)出资注册成立西安××置业有限公司(以下简称"西安××公司"),其子郑某丙(已去世)任公司法定代表人,郑某乙系实际控制人。后西安××公司在西乡县通过竞价购买到位于城南××村××组的一宗土地。2013年7月12日,受郑某乙全权委托,郑某甲(另案处理)来到西乡县注册成立西安××置业有限公司西乡分公司(以下简称"西乡分公司",2019年11月28日已注销),并任负责人,负责在西安××公司购买的土地上开发"××大酒店"项目。因西安××公司资金短缺,无法启动项目建设,郑某甲经被不起诉人郑某丁建议,决定通过收取发包工程保证金和向群众融资的方式筹集项目资金,并获得郑某乙、郑某丙同意。2014年4月8日,郑某甲、郑某丁、任某某三人注册成立西乡县××投资管理咨询有限公司(以下简称"××公司",2016年1月11日注销),任某某任挂名法定代表人,郑某甲、郑某丁为股东,郑某甲总管全盘工作,郑某丁负责融资策划、培训、业务员管理。××公司与西乡分公司合署办公,实行"一套人马、两块牌子",之后在未经有关部门依法批准的情况下,××公司安排业务员通过发放融资宣传彩页、口头宣讲、召开投资理财签到会等公开方式,以西乡分公司开发"××大酒店"项目的名义,承诺给付15%至18%的年利息,向社会公开吸收存款。2014年7月11日,××公司因涉嫌非法集资被公安机关和工商部门调查并责令关停,郑某丁、任某某遂离开西乡。此后,西乡分公司在退还少数群众存款后,将其他群众到期存款合同收回,转以员工名义向投

---

① 参见陕西省西乡县人民检察院不起诉决定书西检刑检刑不诉[2020]59号。

资群众出具借款借条,并继续吸收已投资群众的追加存款及介绍的其他群众投资款。2015年7月,李某某(另案处理)受男友郑某丙邀请,来到西乡接替管理西乡分公司的财务,负责收取已投资群众追加款、新介绍群众投资款,支付群众利息款、项目建设费用及公司日常开支。2016年6月,西乡分公司资金链断裂,无法按月支付利息及归还本金,多名被害人索要本金及利息数年未果。

综上,自2014年4月至2016年6月,西乡分公司共向社会不特定群众19人吸收资金2927792元(含已给7人退还本金17.8万元,其中截至2014年7月11日向不特定群众9人吸收资金280000元),给投资群众造成直接经济损失数额为2749792元。

【审查起诉】

本案由西乡县公安局侦查终结,以被不起诉人郑某丁涉嫌非法吸收公众存款罪,于2020年8月3日向检察院移送审查起诉。检察院受理后,依照《刑事诉讼法》的有关规定,于2020年8月4日告知被不起诉人依法享有的诉讼权利;已依法讯问被不起诉人,听取了辩护人、被害人的意见,并审阅了全部案件材料,核实了案件事实与证据。其间,退回补充侦查一次,延长审查起诉期限一次。

【不起诉决定及理由】

检察院认为,被不起诉人郑某丁建议他人向社会公众吸收存款,并负责融资策划、业务员培训及管理,在西乡分公司前期非法吸收公众存款的过程中发挥着重要作用,根据《刑法》(2017年)第三十条、第三十一条之规定,属于"其他直接责任人员"。但鉴于其在××公司被公安机关查处后即离开西乡,且离开时涉案资金未达到追究刑事责任的程度,其行为情节显著轻微、危害不大,不构成犯罪。依照《刑事诉讼法》第十六条第(一)项和第一百七十七条第一款的规定,决定对郑某丁不起诉。

【案例简析】

该案退回补充侦查一次,西乡分公司负责人郑某甲经郑某丁建议,决定通过收取发包工程保证金和向群众融资的方式筹集项目资金,并获得郑某乙、郑某丙同意。郑某甲、郑某丁、任某某三人注册成立××公司,该公司与西乡分公司合署办公,实行"一套人马、两块牌子"。之后在未经有关部门依法批准的情况下,××公司安排业务员通过发放融资宣传彩页、口头宣讲、召开投资理财签到会等公开方式,以西乡分公司开发"××大酒店"项目的名义,承诺给付15%至18%的年利息,向社会公开吸收存款2927792元。郑某丁为股东,负责融资策划、培训、业务员管理。

由此,郑某丁建议他人向社会公众吸收存款,并负责融资策划、业务员培训及管理,在西乡分公司前期非法吸收公众存款过程中发挥着重要作用,在非法吸收公众存款单位犯罪中属于"其他直接责任人员",在××公司因涉嫌非法集资被公安机关和工商部门调查并责令关停时,郑某丁、任某某遂离开西乡。没有继续参与非法吸收公众存款犯罪行为,离开时涉案资金未达到追究刑事责任的程度,检察院认为其行为情节显著轻微、危害不大,不构成犯罪。因此对其作出法定不起诉决定。

【问题研讨】

该案在审查起诉过程中需要讨论的问题是:非法吸收公众存款单位犯罪中"其他直接责任人员"和行为"情节显著轻微、危害不大"的认定。依照《全国法院审理金融犯罪案件工作座谈会纪要》的规定,其他直接责任人员,是在单位犯罪中具体实施犯罪并起较大作用的人员,既可以是单位的经营管理人员,也可以是单位的职工,包括聘任、雇佣的人员。应当注意的是,在单位犯罪中,对于受单位领导指派或奉命而参与实施了一定犯罪行为的人员,一般不宜作为直接责任人员追究刑事责任。对单位犯罪中的直接负责的主管人员和其他直接责任人员,应根据其在单位犯罪中的地位、作用和犯罪情节,分别处以相应的刑罚。

虽然其他直接责任人员具体实施犯罪,并起较大作用,但是也存在情节显著轻微、危害不大的情形。本案中,在单位因涉嫌非法集资被公安机关和工商部门调查并责令关停时,郑某丁遂离开单位。没有继续参与非法吸收公众存款犯罪行为,离开时涉案资金未达到追究刑事责任的程度,被认定为情节显著轻微、危害不大。也就是单位的行为在其参与时并不认为是犯罪,则其具体实施对单位起较大作用的行为也就不认为是犯罪。

四十二、公司以三进一五折购车、五进一三折购车的形式向社会不特定人群吸收购车资金,区域代理法定不起诉无罪案

张某某非法吸收公众存款案①

【基本案情】

2018年2月至2019年3月,杨某某(另案处理)未经有关部门批准,通过其实际经营的河北某某汽车贸易有限公司,利用三进一五折购车、五进一三折购车的形式,向社会不特定人群200余人累计吸收购车资金1400余万元。后因资金链断裂,造成吴某某等99人实际损失700余万元。张某某系该公司的区域代理,帮助杨某某向他人吸收购车款160295元,造成他人损失74650元。

【审查起诉】

本案由玉田县公安局侦查终结,以被不起诉人张某某涉嫌非法吸收公众存款罪,于2019年5月30日向检察院移送审查起诉。检察院于2019年6月28日第一次退回侦查机关补充侦查,侦查机关于2019年7月24日补查重报;检察院于2019年8月23日第二次退回侦查机关补充侦查,侦查机关于2019年9月25日补查重报。

【不起诉决定及理由】

检察院认为,张某某的上述行为,情节显著轻微、危害不大,不构成犯罪。依照《刑事诉讼法》第十六条第(一)项和第一百七十七条第一款的规定,决定对张某某不起诉。

【案例简析】

该案退回补充侦查二次。河北某某汽车贸易有限公司的实际经营人杨

---

① 参见河北省玉田县人民检察院不起诉决定书玉检公刑不诉[2019]88号。

某某通过该公司,在未经有关部门批准的情况下,利用三进一五折购车、五进一三折购车的形式,向社会不特定人群200余人累计吸收购车资金1400余万元。资金链断裂造成实际损失700余万元。张某某作为该公司的区域代理,帮助杨某某向他人吸收购车款160295元,造成他人损失74650元。从定性来看,张某属于变相吸收公众存款的帮助犯,而从吸收金额和造成损失的数额来看,检察院认为,该行为情节显著轻微、危害不大,不构成犯罪。因此,对张某某作出法定不起诉决定。

【问题研讨】

该案需要讨论的问题是:在非法吸收公众存款犯罪中,帮助犯的行为情节"显著轻微、危害不大"的界定。本案中,虽然犯罪嫌疑人作为该公司的区域代理属于变相吸收公众存款的帮助犯,但从吸收金额和造成损失的数额来看,情节显著轻微、危害不大,不构成犯罪。依照2010年《立案追诉标准规定(二)》(已失效)第二十八条的规定,非法吸收公众存款或者变相吸收公众存款,扰乱金融秩序,涉嫌下列情形之一的,应予立案追诉:(一)个人非法吸收或者变相吸收公众存款数额在二十万元以上的,单位非法吸收或者变相吸收公众存款数额在一百万元以上的;(二)个人非法吸收或者变相吸收公众存款三十户以上的,单位非法吸收或者变相吸收公众存款一百五十户以上的;(三)个人非法吸收或者变相吸收公众存款给存款人造成直接经济损失数额在十万元以上的,单位非法吸收或者变相吸收公众存款给存款人造成直接经济损失数额在五十万元以上的;(四)造成恶劣社会影响的;(五)其他扰乱金融秩序情节严重的情形。而2022年修订的《立案追诉标准规定(二)》提高了非法吸收存款的数额、非法吸收存款的对象、直接经济损失的标准,且不再区分单位与个人。具体来说,非法吸收公众存款或者变相吸收公众存款,扰乱金融秩序,涉嫌下列情形之一的,应予立案追诉:(一)非法吸收或者变相吸收公众存款数额在一百万元以上的;(二)非法吸收或者变相吸收公众存款对象一百五十人以上的;(三)非法吸收或者变相吸收公众存款,给集资参与人造成直接经济损失数额在五十万元以上的。因此,该案中非法吸收存款的数额与造成的经济损失均远低于非法吸收存款的立案追诉标准,因此可以被认定为情节显著轻微、危害不大,不构成犯罪。

四十三、公司副总经理吸收存款无罪案

彭某甲、谢某某非法吸收公众存款案①②

【基本案情】

2011年4月,彭某甲与重庆××建设有限公司副总经理谢某某经重庆××建设有限公司同意,成立重庆××建设有限公司××项目部。2011年8月至2012年3月,谢某某代表重庆××有限公司与重庆××地产有限公司先后签订××公园××小镇××标段(××区域)土建安装、××酒店群主体酒店土建安装建筑施工合同。2011年5月至2014年9月期间,因该工程资金紧张,彭某甲、彭某乙以重庆××建设有限公司××项目的名义,向蔡某某、莫某某、夏某某等53人借款共计人民币1700万余元,用于该项目。至案发时,三人已支付利息和部分借款外,尚余人民币1431万元未归还。

2019年7月,重庆××建设有限公司承建的××项目工程由重庆××工程造价有限公司进行第一审结算,根据其初步审核结果以及已支付的工程款项,重庆××地产有限公司尚欠工程款未支付给重庆××建设有限公司。

【审查起诉】

本案由重庆市涪陵区公安局侦查终结,以彭某甲、谢某某涉嫌非法吸收公众存款罪,于2018年7月5日向检察院移送审查起诉。检察院受理后,于2018年7月5日已告知犯罪嫌疑人有权委托辩护人,听取了辩护人潘永刚的意见,依法讯问了犯罪嫌疑人,审查了全部案件材料。因案件疑难复杂,检察院于2018年7月30日决定延长审查期限半个月,又因事实不清,于2018年8月17日退回重庆市涪陵区公安局补充侦查。重庆市涪陵区公安局于2018年9月14日再次向检察院移送审查起诉。检察院于2018

---

① 参见重庆市涪陵区人民检察院不起诉决定书渝涪检刑不诉[2019]81号。
② 参见重庆市涪陵区人民检察院不起诉决定书渝涪检刑不诉[2019]80号。

年10月10日决定延长审查期限半个月,2018年10月30日又因事实不清,退回重庆市涪陵区公安局补充侦查。重庆市涪陵区公安局侦查机关于2018年11月28日第三次向检察院移送审查起诉。2018年12月27日,检察院决定延长审查期限半个月。

【不起诉决定及理由】

检察院查明,彭某甲没有犯罪事实,不构成犯罪。依照《刑事诉讼法》第一百七十七条第一款的规定,决定对彭某甲不起诉。

检察院查明,犯罪嫌疑谢某某没有犯罪事实,不构成犯罪。依照《刑事诉讼法》第一百七十七条第一款的规定,决定对谢某某不起诉。

【案例简析】

该案两次退回补充侦查。彭某甲与重庆××建设有限公司副总经理谢某某经重庆××建设有限公司同意,成立重庆××建设有限公司××项目部。因该工程资金紧张,彭某甲、彭某乙以重庆××建设有限公司××项目的名义,向蔡某某、莫某某、夏某某等53人借款共计人民币1700万余元,用于该项目。至案发时,三人已支付利息和部分借款外,尚余人民币1431万元未归还。检察院查明,彭某甲和谢某某没有犯罪事实,不构成犯罪。

【问题研讨】

该案需要讨论的问题是:非法吸收公众存款不存在犯罪事实的界定。根据《非法集资司法解释》的规定,未向社会公开宣传,在亲友或者单位内部针对特定对象吸收资金的,不属于非法吸收或者变相吸收公众存款。该案中,将向53人借款共计人民币1700万余元用于工程项目尚余人民币1431万元未归还的行为认定为没有犯罪事实,即该行为不满足非法吸收公众存款罪"四性"的特征,因而不属于非法吸收或者变相吸收公众存款。

根据《最高人民检察院关于充分履行检察职能加强产权司法保护的意见》的规定,各级检察机关办理有关产权刑事案件,要严格区分企业正当融资与非法集资的界限。对于没有犯罪事实或者具有《刑事诉讼法》第十六条规定的情形之一的,或者犯罪情节轻微不需要判处刑罚的,或者经过补充侦查仍达不到起诉证据标准的,依法不起诉。

四十四、公司非法吸收公众存款法定代表人法定不起诉无罪案

法定代表人姚某某非法吸收公众存款案[①]

【基本案情】

2014年3月,刘某某、唐某某、蒋某某共谋在蓬溪县注册一家投资公司进行融资。2014年3月14日,蓬溪聚发城市建设投资有限公司成立,姚某某接受刘某某的指派成为该公司的法定代表人,但姚某某未参与该公司的经营和管理。

【审查起诉】

本案由蓬溪县公安局侦查终结,以姚某某涉嫌非法吸收公众存款罪,于2015年12月8日移送检察院审查起诉。检察院受理后,依法已告知犯罪嫌疑人有权委托辩护人,并依法讯问了犯罪嫌疑人,审查了全部案件材料。

【不起诉决定及理由】

检察院认为,犯罪嫌疑人姚某某的上述行为,情节显著轻微、危害不大,不构成犯罪。依照《刑事诉讼法》(2012年)第十五条第(一)项和第一百七十三条第一款的规定,决定对姚某某不起诉。

【案例简析】

该案刘某某、唐某某、蒋某某共谋在蓬溪县注册一家投资公司进行融资。蓬溪聚发城市建设投资有限公司成立后,姚某某接受刘某某的指派成为该公司的法定代表人,但姚某某未参与该公司的经营和管理。检察院认为,被不起诉人姚某某的上述行为,情节显著轻微、危害不大,不构成犯罪。因此对其作出法定不起诉决定。

[①] 参见蓬溪县人民检察院不起诉决定书蓬检公刑不诉[2016]4号。

【问题研讨】

该案需要讨论的问题是：法定代表人的行为"情节显著轻微、危害不大"的界定。法定代表人是否承担刑事责任，要依据《刑法》规定进行实质审查。接受指派成为公司的法定代表人并不意味着明知公司非法吸收公众存款而指挥、参与非法吸收公众存款，若法定代表人未参与公司的经营和管理，也就没有参与非法吸收公众存款的行为，则接受指派成为非法集资公司的法定代表人情节显著轻微、危害不大，不构成犯罪。

四十五、公司非法吸收存款经理酌定不诉无罪案

王某某非法吸收公众存款案①

【基本案情】

2013年12月至2014年3月底,王某某明知冯某某(已提起公诉)面向社会非法集资,仍接受聘任,担任××投资有限公司(以下简称"××公司")经理,负责人事制度的制定和管理;培训员工仪容仪表、礼貌礼节、团队意识等;管理员工出勤,组织晨会;在公司内部,陪同业务员向客户介绍投资项目、收益情况等。2014年3月底,王某某离职。经统计投资人的报案材料,2013年12月至2014年3月28日,××公司非法吸收公众存款105万元,实际造成损失95万余元。案发后,王某某主动投案,如实供述,系自首;自愿认罪认罚,退缴违法所得2万元。

认定王某某犯罪情节轻微,可以从轻、减轻处罚的证据有:××公司投资统计明细、扣押物品清单、工商银行收款凭证等物证;到案经过、抓获经过等证人证言;犯罪嫌疑人供述及辩解;认罪认罚具结书等。

【审查起诉】

本案由山西省太原市公安局小店分局侦查终结,于2020年7月14日以犯罪嫌疑人王某某涉嫌非法吸收公众存款罪移送山西省太原市小店区人民检察院审查起诉。因并案处理,山西省太原市小店区人民检察院于2020年7月16日向山西省太原市人民检察院移送审查起诉。

【不起诉决定及理由】

检察院认为,王某某实施了《刑法》(2017年)第一百七十六条规定的行为,但犯罪情节轻微、犯罪时间短、数额相对较小,具有自首、认罪认罚、已退

---

① 参见山西省太原市人民检察院不起诉决定书并检四部刑不诉[2020]2号。

缴违法所得等情节,根据《刑法》(2017年)第三十七条的规定,不需要判处刑罚。依据《刑事诉讼法》第一百七十七条第二款的规定,决定对王某某不起诉。扣押的违法所得由侦查机关在冯某某集资诈骗案判决生效后,与其他扣押款物一并处理。

【案例简析】

该案王某某在明知冯某某面向社会非法集资的情况下,仍接受聘任,担任××公司经理,负责人事制度的制定和管理;培训员工仪容仪表、礼貌礼节、团队意识等;管理员工出勤,组织晨会;在公司内部,陪同业务员向客户介绍投资项目、收益情况等。2014年3月底,被不起诉人王某某离职。经统计投资人的报案材料,在王某某在职期间,××公司非法吸收公众存款105万元,实际造成损失95万余元。案发后,被不起诉人王某某主动投案,如实供述,自愿认罪认罚,退缴违法所得2万元。虽然王某某的行为构成非法吸收公众存款罪,但犯罪情节轻微,犯罪时间短、数额相对较小,具有自首、认罪认罚、已退缴违法所得等情节,检察院对其作出酌定不起诉决定。

【问题研讨】

该案需要讨论如下问题:

其一是酌定不起诉的适用。《刑事诉讼法》第一百七十七条第二款规定的酌定不起诉,也称为相对不起诉、罪轻不起诉、微罪不起诉,是指对具备起诉条件,但犯罪情节轻微,依照刑法不需要判处刑罚或者免除刑罚的,检察机关可以作出不起诉决定。酌定不起诉的具体情形包括两种:一是犯罪情节轻微,依照刑法规定不需要判处刑罚的情形。指的是《刑法》第三十七条规定的"对于犯罪情节轻微不需要判处刑罚的,可以免予刑事处罚"的情形。二是免除处罚的情形。指的是《刑法》规定的应当或者可以免除刑罚的情形,包括自首、重大立功、犯罪预备、犯罪中止、防卫过当、避险过当、从犯和胁从犯等。

其二是非法吸收公众存款罪"犯罪情节轻微"的认定。第一,对单位非法吸收公众存款仅起到帮助作用。该案中,认为王某某在单位负责人事制度的制定和管理;培训员工仪容仪表、礼貌礼节、团队意识等;管理员工出勤,组织晨会;在公司内部,陪同业务员向客户介绍投资项目、收益情况,属于对单位非法吸收公众存款仅起到帮助作用。第二,退缴违法所得。第三,本身犯罪时间短、数额相对较小,危害性不大。第四,具有自首、认罪认罚情节。综合以上要素,可以认定为"犯罪情节轻微"。

四十六、风险提示吸收存款存疑不起诉无罪案

周某某非法吸收公众存款案①

【基本案情】

2013年以来,周某某在北京市海淀区××街××号××内,以理财产品的名义和有限合伙人投资入股的方式,进行公开推介与资金募集,向社会公众吸收存款,涉案人数70余人,涉案金额2000余万元。周某某的行为已经触犯了《刑法》(2017年)第一百七十六条之规定,涉嫌非法吸收公众存款罪。

【审查起诉】

本案由北京市公安局海淀分局侦查终结,以周某某涉嫌非法吸收公众存款罪,于2018年4月2日移送检察院审查起诉。检察院受理后,于2018年4月2日已告知犯罪嫌疑人有权委托辩护人,依法讯问了犯罪嫌疑人,并审查了全部案件材料。其间,因部分事实不清、证据不足退回侦查机关补充侦查两次(自2018年5月17日至6月12日、自2018年7月27日至8月27日);因基本案情复杂,延长审查起诉期限两次(自2018年5月3日至5月17日;自2018年7月13日至7月27日)。

【不起诉决定及理由】

经审查并退回补充侦查,检察院仍然认为北京市公安局海淀分局认定的犯罪事实不清、证据不足,不符合起诉条件。具体理由如下:认定构成非法吸收公众存款犯罪,需要同时符合四个条件,即"非法性""公开性""社会性"及"利诱性"。对于前三个条件,该案不存在疑问。首先,被不起诉人周某某未经有关部门批准,借用入伙有限合伙企业的合法形式变相募集资金,属于借用合法形式掩盖非法目的,符合"非法性"的条件;其次,周某某通过林某某利用其客户资源对产品进行宣传、介绍,符合"公开性"的条件;

---

① 参见北京市海淀区人民检察院不起诉决定书京海检公诉刑不诉[2018]150号。

最后,林某某宣传的对象是其保险客户,具有对象不特定的性质,符合"社会性"的条件。但在对"利诱性"的认定上,该案缺少直接证据和间接证据予以证明。首先,该案投资人签订的合同中,不存在"还本付息"的相关内容,对于预期年化收益率的表述只是为了确定如果盈利后返利的标准。退一步讲,如果说这一表述还不太明确,但在同一份合同中列明了风险提示,也可以说明被不起诉人周某某的真实意思表示并不是作出"还本付息"的承诺。而且,除合同外,被不起诉人周某某还与投资人签署了风险确认函,更能说明问题。其次,在该案中被不起诉人周某某并未与投资人直接接触,故投资人无法指认其行为,而林某某作为唯一的中间人也没有指认被不起诉人周某某要求其进行"还本付息"相关的宣传,故现有证据不足以证明周某某的行为具备"利诱性"的特点。综上,无法判断被不起诉人周某某是否实施了非法吸收公众存款罪的客观行为。依照《刑事诉讼法》第一百七十一条第四款之规定,决定对被不起诉人周某某不起诉。

【案例简析】

该案周某某在北京市海淀区××街××号××内,以理财产品的名义和有限合伙人投资入股的方式,进行公开推介与资金募集,向社会公众吸收存款,涉案人数70余人,涉案金额2000余万元。检察院从两个方面判断其行为不具有利诱性:其一,该案投资人签订的合同中不但不存在"还本付息"的相关内容、投资人还签订了风险确认函;其二,周某某并未与投资人直接接触,唯一的中间人未被要求进行"还本付息"相关的宣传。因而无法判断被不起诉人周某某是否实施了非法吸收公众存款罪的客观行为,检察院对周某某作出存疑不起诉决定。

【问题研讨】

该案需要讨论的问题是:非法吸收公众存款罪"利诱性"的认定。《非法集资司法解释》规定,非法吸收公众存款罪的"利诱性"表现为承诺在一定期限内以货币、实物、股权等方式还本付息或者给付回报;从反面解释,第一,若投资人签订的合同中不存在"还本付息"的相关内容,将其中对于预期年化收益率的表述解释为是为了确定如果盈利后返利的标准,则不构成"利诱性"。第二,若投资合同中列明了风险提示,额外签署风险确认函也可以说明其真实意思表示并不是作出"还本付息"的承诺,则"利诱性"难以构成。

四十七、区域团队长、地区负责人股权投资吸收存款存疑不起诉无罪案

陈某某、沈某甲非法吸收公众存款案①②

【基本案情】

2015年12月至2016年9月,沈某甲在担任上海××股权投资管理有限公司(以下简称"上海××公司")平湖区域负责人期间,招募陈某某等人以上海××公司投资河南×××农业科技集团有限公司(以下简称"×××公司")股权为由,以承诺股权投资上市后可以得到3倍至5倍回报,如果上市不成功公司会回购上述股权并且支付年化12%的利息为诱饵向沈某乙等131人社会不特定公众非法吸收公众存款,累计金额达2002.76万元。其中陈某某在担任上海××公司平湖区域团队长期间,向曹某某等45人社会不特定公众非法吸收公众存款692.5万元。以上集资款至今均未兑付。

【审查起诉】

本案由平湖市公安局侦查终结,以陈某某、沈某甲涉嫌非法吸收公众存款罪,于2020年11月23日向移送检察院审查起诉。检察院于2021年7月2日、9月2日退回侦查机关补充侦查,侦查机关于2021年8月2日、10月2日补查重报。

【不起诉决定及理由】

经检察院审查并二次退回补充侦查,检察院仍然认为平湖市公安局认定的犯罪事实不清、证据不足。在该案中,上海××公司是否受河南×××

---

① 参见浙江省平湖市人民检察院不起诉决定书平检刑不诉[2021]20391号。
② 参见浙江省平湖市人民检察院不起诉决定书平检刑不诉[2021]20392号。

公司委托,具有销售×××公司原始股的权利的情况尚未查清,两个公司之间的真实关系尚未查清;该案中上海××公司以销售×××公司股权名义向购买人收取的资金流向及是否形成资金池均未查清;河南××××网络科技股份有限公司的具体情况尚未查清,对沈某甲、陈某某等人向部分投资人置换的××××公司的股权证是否真实有效、股权证的价值等均未查清;因沈某甲、陈某某也均购买了相当数量的×××公司的股权,故两人在主观上是否具有非法吸收公众存款的故意尚不明确,综上,该案不符合起诉条件。依照《刑事诉讼法》第一百七十五条第四款的规定,决定对陈某某不起诉。扣押的钱款18万元由侦查机关退还被不起诉人。

【案例简析】

该案沈某甲在担任上海××公司平湖区域负责人期间,招募陈某某等人以上海××公司投资×××公司股权为由,以承诺股权投资上市后可以得到3至5倍回报,如果上市不成功公司会回购上述股权并且支付年化12%的利息为诱饵,向沈某乙等131人社会不特定公众非法吸收公众存款,累计金额达2002.76万元。其中,陈某某在担任上海××公司平湖区域团队长期间,向曹某某等45人社会不特定公众非法吸收公众存款692.5万元。以上集资款至今均未兑付。出售其他公司股权投资是否构成变相吸收公众存款,需要考虑以下因素:第一,股权投资是否成立,该公司是否受到其他公司委托,持有其他公司的原始股份;第二,以销售其他公司股权名义向购买人收取的资金流向及是否形成资金池;第三,置换的其他公司的股权证是否真实有效、股权证的价值几何。对于在变相吸收公众存款案件中,如果行为人明知所在单位以虚假销售之名行非法集资之实,应该认定具有非法吸收公众存款的故意,而若行为人自己购买相当数量公司所认购的股权又使其明知存疑。因此,本案中上述问题没有查清,因此检察院对其作出存疑不起诉决定。

【问题研讨】

该案需要讨论的问题是:变相吸收存款中股权投资的认定。依照《非法集资司法解释》第二条规定,实施下列行为之一,符合本解释第一条第一款规定的条件的,应当依照刑法第一百七十六条的规定,以非法吸收公众存款罪定罪处罚……(五)不具有发行股票、债券的真实内容,以虚假转让股权、发售虚构债券等方式非法吸收资金的;若股权投资具有真实性,如在本案中若该公司确实拥有所售公司股权的原始股,两公司为委托关系,则股权投资真实成立,则难以构成变相吸收公众存款。若要进一步确认该行为是否构成非法吸收公众存款罪,则需要进一步考察非法吸收公众存款罪"四性"是否成立。

四十八、公司非法吸收公众存款,前台接待、业务经理无罪案

万某、周某某非法吸收公众存款案①

【基本案情】

2014年5月9日,由丁某某(另案处理)、蔡某某、魏某某、谢甲、李某乙、王某已共同出资在阿勒泰市注册成立了阿勒泰金苏投资管理有限责任公司(以下简称"金苏公司"),公司注册资本1000万元,法定代表人系谢甲;丁某某出资额为850万元、出资比例为85%;谢甲出资额为100万元、出资比例为10%。2014年7月24日,法定代表人变更为万某,万某的出资比例为10%、出资额为100万元;2014年11月24日,法定代表人变更为徐某某,丁某某出资额为500万元、出资比例为50%;徐某某出资额为490万元、出资比例为49%;万某出资额为10万元、出资比例为1%;2014年12月25日,法定代表人变更为万某,丁某某出资额为940万元、出资比例为85%;万某出资额为50万元、出资比例为5%。

金苏公司以提供理财服务为由,通过发放宣传材料的方式,以高额月利率为诱饵,吸收民间借贷,从民间吸收资金然后给急需用款的人,从中赚取差价和佣金,这些资金的流出是通过网上银行来操作的。该公司的业务是揽储,而其在工商部门登记的经营范围却没有这项经营项目,也未在阿勒泰银监分局办理揽储业务许可。2014年7月至2014年12月期间,金苏公司以万某的名义在阿勒泰地区办理了六张银行卡,这些银行卡由周某某保管和使用。庭审中查明丁某某是金苏公司的实际投资人,公司的成立、管理和吸收存款的支出均由丁某某决定,万某听从丁某某的安排,担任法定代表人及办公室主任,负责公司日常的运营工作和内部管理;周某某听从丁某某的

---

① 参见新疆维吾尔自治区阿勒泰市人民法院刑事判决书(2015)阿刑初字第138号。

安排负责管理该公司资金,主要是通过将业务员所吸收的存款全部存入被告人万某个人的银行卡中,并由周某某将吸收来的存款从网上转出。2014年8月24日,招聘马某某为业务经理,负责公司的日常事务管理。2014年7月19日,招聘敬某某为公司前台的接待,负责日常的复印、来访接待、咨询和引荐、按领导的要求给客户出具理财协议等工作。公司的业务员还有焦某某、布某某、孙某某、崔某、马某甲、王某丁、出纳于某、吕某某。

2014年7月至2014年12月期间,金苏公司以提供理财服务为由,通过发放宣传材料的方式,向社会公开宣传高额利息,即10万元以下(包括10万元)月利率1%;10万元以上20万元以下(包括20万元)月利率1.1%;20万元以上30万元以下(包括30万元)月利率1.2%;30万元以上40万元以下(包括40万元)月利率1.3%,每涨10万元就提0.1个点,三个月为一个周期,提前支取本金相应的利息,合同到期后,根据客户意愿自愿续单,如果合同不到期提前支取,公司退还本金并扣除100元工本费,存款20万元以上的客户签订房屋预售合同,且每10000元提成25元。其中:万某向被害人李某某等25人揽储;出纳于某向被害人张甲等4人揽储;业务员马某甲自己投资人民币19520元;业务员崔某向被害人靖某某等3人揽储;业务员王某丁向被害人田某某等2人揽储;业务员焦某某向被害人何某某等4人揽储;出纳吕某某向被害人张某丁等2人揽储;徐某某自己投资48800元、向被害人徐甲揽储。

庭审中查明:被告人马某某揽储人民币473950元;被告人万某揽储人民币759400元;被告人敬某某揽储人民币939940元;业务员布某某揽储人民币301090元;业务员崔某揽储人民币338360元;业务员焦某某揽储人民币204060元;业务员孙某某揽储人民币193400元;业务员王某丁揽储人民币252350元;出纳吕某某揽储人民币68110元;出纳于某揽储人民币126880元;曾担任金苏公司法定代表人的徐某某揽储人民币583600元;被告人马某某自行投资人民币29280元、徐某某自行投资人民币48800元、业务员马某甲自行投资揽储人民币19520元。

被告人万某、周某某、马某某、敬某某和徐某某、焦某某、布某某、孙某某、崔某、马某甲、王某丁、于某、吕某某向社会48人吸收资金共计人民币4309460元,款项不知去向,且至案发均未退还被害人。

被告人周某某的户籍所在地为喀什地区,阿勒泰市公安局以被告人周某某涉嫌非法吸收公众存款罪在网上发布追逃信息,并未在被告人周某某的户籍所在地或者经常居住地发布追逃信息。2015年3月27日,乌鲁木齐铁路公安局库尔勒公安处喀什站派出所获悉信息后电话通知周某某,且同年同月同日,被告人周某某主动前往乌鲁木齐铁路公安局库尔勒公安处喀什站派出所投案。另,丁某某羁押于喀什市看守所;被告人周某某系丁某某之妻子;被告人万某系丁某某之外甥。

【检察院指控】

阿勒泰市人民检察院指控,2014年5月9日,丁某某出资在阿勒泰市注册成立了金苏公司,该公司法定代表人为被告人万某(系丁某某外甥),财务总监为被告人周某某(系丁某某妻子),并先后招聘被告人马某某为总经理、被告人敬某某为前台接待。2014年7月至2014年12月期间,被告人万某、周某某、马某某、敬某某伙同丁某某以提供理财服务为由,以高额月利率为诱饵,吸收公众存款。其中,吸收李某某等48人存款人民币4309460元,至案发均未归还。并当庭出示了书证、证人证言、勘验、检查笔录、被告人供述等证据。阿勒泰市人民检察院认为,被告人万某、周某某、马某某、敬某某违反金融管理法律规定,非法吸收公众存款共计人民币4309460元,数额巨大,其行为触犯了《刑法》(2015年)第一百七十六条、第二十五第一款之规定,犯罪事实清楚,证据确实、充分,应当以非法吸收公众存款罪追究其刑事责任。依照《刑法》(2015年)第二十七条的规定,被告人万某、周某某、马某某、敬某某在共同犯罪中起辅助作用,是从犯,应当依法从轻、减轻处罚。

【辩护意见】

被告人万某辩称,对起诉书指控的犯罪事实和罪名没有意见,本人归案后真诚悔罪,认罪态度好,对自身法律知识淡薄,给他人造成损失感到深深后悔,恳请从轻处罚。

辩护人刘炳恒的辩护意见:(1)对起诉书指控被告人的罪名没有异议,被告人万某对其犯罪行为供认不讳,系从犯,应当依法从轻、减轻处罚;(2)被告人万某于2014年7月至11月期间担任法定代表人为虚名,虽丁某某授意以万某名义办理了六张银行卡,但万某本人并不保管这些银行卡,资金去向及用途一概不知,无权过问财务等核心之事,除工资外未获得其他利益;(3)对于该案被害人徐某某,2014年11月至12月期间曾担任法定代表人,在库尔勒市购买的36套商品房中,徐某某名下有10套,被告人万某名下并无任何商品房;徐某某还对金苏公司的员工进行了培训,故徐某某不属于此罪中的不特定对象;2014 年 12 月 16 日、17 日、19 日签订的理财居间合同中,徐某某自行投资的存款 48800 元及其妹徐甲的 534800 元和该案有房屋抵押的 166 万元应当从涉案款额中扣除,望法庭公正判决。

被告人周某某辩称,对起诉书指控的犯罪事实和罪名没有意见,自愿认罪,给他人造成损失感到深深后悔,恳请法院从轻处罚。

辩护人方冠杰的辩护意见:(1)对起诉书指控被告人的定性没有意见,被告人周某某具有自首情节,依法应当从轻、减轻、免除处罚;(2)被告人周某某认罪态度好,在该案委托理财居间服务活动中没有实施一笔揽储行为,系从犯,依法应当予以从轻、减轻处罚;(3)金苏公司在法律上是具有独立法人资格的单位,该案吸收的资金全部用于金苏公司的经营活动以及股东个人的债务,故该案属于单位犯罪,而不是自然人犯罪;(4)被害人徐某某曾经是公司的法定代表人,参与公司经营管理,对其投资的存款 48800 元及自行为其妹徐甲办理的存款 534800 元、马某某自行投资的 29280 元及金苏公司的业务员焦某某、布某某、孙某某、崔某、马某甲、王某丁、于某、吕某某吸收的存款数额共计为 632400 元,如果将这些数额用于量刑,即被告人马某某自己投资将变成给自己加重量刑的事实,故应当从涉案数额中扣除,希望法庭公正判决。

被告人马某某辩称,对起诉书指控的犯罪事实和罪名均有意见,本人没有对外积极揽储的故意和未实施非法吸收公众存款的行为,借款对象均是亲朋好友,本人只是金苏公司招聘的一个工作人员,不知道金苏公司是否具有揽储资质,本人不构成犯罪,希望法庭公正判决。

辩护人米裕丰的辩护意见:(1)对起诉书指控被告人的犯罪事实及定性均有意见,被告人马某某主观上不具有非法吸收公众存款的犯罪故意。该案在审查起诉阶段,针对被告人马某某故意犯罪的主观证据,公诉机关要求公安机关两次补充侦查,公安机关两次补充侦查的结果均没有证据证实被告人马某某存在明知公司不具备揽储资质而为公司吸收存款的主观犯罪故意;(2)公诉机关指控四个被告人非法吸收公众存款的款项均是存至被告人万某个人名下的银行卡,是由被告人周某某、丁某某掌控,并未用于实际投资,全部用于满足被告人周某某和丁某某的个人目的和利益,在此情况下符合《刑法》(2015 年)规定的集资诈骗罪的犯罪构成要件;(3)金苏公司的两位业务员崔某和布某某揽储数额均在 30 万元以上,完全达到了非法吸收公众存款罪的立案标准,但两位业务员在该案中却以证人身份列名;作为曾经金苏公司法定代表人的徐某某,自行投资 48800 元及办理揽储数额 534800 元,在该案中却以被害人的身份列名,连一份询问笔录都没有,完全达到了非法吸收公众存款罪的立案标准而没有追诉,却以被告人的身份指控马某某明显不当;同一案件指控犯罪成立的标准却完全不同,应当予以纠正,希望法庭公正判决。

被告人敬某某辩称,对起诉书指控的犯罪事实和罪名均有意见,没有在社会上揽储,亦没有对外宣传,只是金苏公司的前台工作人员,本人的行为不构成犯罪,希望法庭公正判决。

辩护人马拥军、杜海燕的辩护意见:(1)起诉书指控被告人敬某某犯非法吸收公众存款罪的事实不清,证据不足,指控的罪名不能成立;被告人敬某某对金苏公司的经营行为需要揽储资质不明知,被告人敬某某通过金苏公司公开招聘广告进行应聘、培训,本人主观上没有对外积极揽储的故意和实施非法吸收公众存款的行为。该案在审查起诉阶段,针对被告人敬某某故意犯罪的主观证据,公诉机关要求公安机关两次补充侦查,说明在补充侦查之前公安机关无证据证实被告人敬某某明知金苏公司无揽储资质的事实,经过公安机关两次补充侦查无证据证明被告人敬某某存在明知金苏公司不具备揽储资质而为公司吸收存款的主观犯罪故意;(2)该案起诉书中徐某某以被害人的身份列名,其于 2014 年 11 月 24 日期间担任过金苏公司的法定代表人,在任职期间自己投资至金苏公司的 48800 元应当如何定性。徐某某自行办理揽储数额 534800 元,完全达到了非法吸收公众存款罪的立案标准而没有追诉,连一份询问笔录都没有,同一案件指控犯罪成立的标准却完全不同;(3)起诉书列明了被害人弗某某、候某某、徐某某、王某某的损失金额,却没有被害人弗某某、候某某、徐某某、王某某的报案材料及询问笔录,应当从涉案数额中扣除;(4)该案起诉书中丁某某的身份是证人,丁某某被羁押没有在逃,也未经审判,四名被告人的身份是从犯,那么该案的主犯是谁、主犯是否经过审理判决、主犯涉嫌的罪名是否为该案指控的罪名,未予确认公诉机关无证据证实被告人敬某某伙同丁某某实施共同犯罪行为,故公诉机关指控被告人敬某某涉嫌非法吸收公众存款罪的犯罪事实不清,证据不足,建议法庭给予敬某某宣告无罪。

【法院裁判】

丁某某系金苏公司的实际投资人,被告人万某受丁某某的指派担任法定代表人及办公室主任,被告人周某某受丁某某指派以万某的名义办理并保管银行卡和管理公司财务。被告人万某、周某某以牟利为目的,在未经银监局批准的情况下,在不具备吸收存款资格的情况下,以高额月利率为诱饵,非法向社会不特定人员吸收存款,主观上明知该行为违法,客观上积极主动吸收存款,扰乱金融管理秩序;徐某某、马某某、马某甲均系金苏公司的工作人员,对徐某某自行投资的存款48800元、马某某自行投资的存款29280元、马某甲自行投资的存款19520元,共计97600元应从犯罪数额中予以扣除;法院确认被告人万某、周某某的犯罪数额为4211860元,数额巨大,被告人万某、周某某的行为触犯了《刑法》(2015年)第一百七十六条之规定,构成非法吸收公众存款罪;公诉机关指控的罪名成立。

该案起诉书中四名被告人的身份是从犯,起诉书中并未列明主犯,该案的主犯是谁、主犯是否经过审理判决、主犯涉嫌的罪名是否为该案指控的罪名,至今无法确认。因此法院未区分主从犯。

共同犯罪的主观要件,是指两个以上的行为人具有共同犯罪故意。所谓共同犯罪故意,是指各行为人通过犯意联络,明知自己与他人共同实施犯罪会造成某种危害结果,并且希望或者放任这种危害结果发生的心理态度。被告人万某受丁某某的指派担任金苏公司的法定代表人,被告人周某某受丁某某的指派以万某的名义办理并保管银行卡和管理公司财务,被告人万某、周某某系共同犯罪。被告人马某某是金苏公司成立后招聘来的业务经理,是受公司的指派完成业务经理的职责。被告人敬某某是公司成立以后招聘的前台,与其他员工一样按照公司安排的职责进行履职。该案在审查起诉阶段,针对被告人马某某、敬某某"明知"金苏公司无揽储资质故意犯罪的主观目的的证据,公诉机关要求公安机关补充侦查两次,公安机关两次补充侦查后亦未查清被告人马某某、敬某某存在非法吸收公众存款共同故意的犯罪主观目的;现有的证据不足以证明被告人马某某、敬某某在主观上具有非法吸收公众存款的故意,虽然客观上造成了众多被害人资金不能返还的结果,但被告人马某某、敬某某不具备非法吸收公众存款的主观故意,公诉机关亦无证据证实被告人马某某、敬某某存在明知故意犯罪的主观目的;根据控辩双方当庭出示的举证、质证,公诉机关出示的证据之间不能相互印证,没有形成完整的证据锁链,达不到指控被告人马某某、敬某某的犯罪事实清楚、证据确实充分的证明标准,不能认定被告人马某某、敬某某的行为构成非法吸收公众存款罪。公诉机关指控被告人马某某、敬某某的犯罪事实不清、证据不确实充分、指控的罪名不成立;对于被告人马某某、敬某某的辩护人认为被告人马某某、敬某某不构成非法吸收公众存款罪的辩护意见,法院予以支持。

对公诉机关当庭出示的金苏公司的公章只能证明是金苏公司的印章,不能证明被告人万某是法定代表人身份的事实;被告人周某某的吊牌系金苏公司的吊牌,与该案无关联;丁某某与新疆京中地产开发公司签订的预购商品房合同因公诉机关没有核实其真实性,法院不予确认。

该案的被害人徐某某在库尔勒市拥有10套商品房,公诉机关未追诉亦未核实其真实性,不属于该案的审理范畴,故对被告人万某辩护人的辩护意见,法院不予采纳;对被告人万某辩护人认为徐某某自行为其妹徐甲办理的存款534800元应当从涉案数额中扣除的辩护意见,法院不予采纳。

金苏公司在法律上是具有独立法人资格的单位,丁某某借助工商管理部门登记注册成立公司为名,以被告人万某的名义办理六张银行卡,被告人周某某按照丁某某的指示处理该公司对外财务业务,该案吸收的全部资金均是以个人名义经营活动,没有以金苏公司单位名义经营活动,根据《单位犯罪解释》第二条规定:"个人为进行违法犯罪活动而设立的公司、企业、事业单位实施犯罪的,或者公司、企业、事业单位设立后,以实施犯罪为主要活动的,不以单位犯罪论处。"故该案不属于单位犯罪,而是自然人犯罪;对被告人周某某的辩护人认为该案是单位犯罪的辩护意见、对于徐某某自行为其妹徐甲办理存款534800元、金苏公司业务员焦某某、布某某、孙某某、崔某、马某甲、王某丁、于某、吕某某吸收的存款应当从涉案数额中扣除,对周某某的辩护意见,法院不予采纳。

丁某某与刘某某签订的商品房预售合同,合同中刘某某的签字是否系本人所写,公诉机关未核实合同的真实性,是否构成《刑法》(2015年)规定的集资诈骗罪,有待公诉机关查证后再予以确定,法院对其辩护意见不予采纳。对曾经为金苏公司法定代表人的徐某某自行揽储数额534800元,在该案中以被害人的身份出现;公司业务员崔某和布某某揽储数额均在30万元以上,但在该案中却以证人身份出现,均完全达到了非法吸收公众存款罪的立案标准,同一案件指控犯罪成立的标准却完全不同的辩护意见,因公诉机关对被害人徐某某、证人崔某和布某某未提起控诉,不属于该案的审理范围,对被告人马某某辩护人的辩护意见,法院不予采纳。

徐某某担任过金苏公司的法定代表人,起诉书中以被害人的身份列名,并自行办理揽储数额534800元,完全达到了非法吸收公众存款罪的立案标准而没有追诉,针对同一案件指控犯罪成立的标准却完全不同的辩护意见,因公诉机关未提起控诉,不属于该案的审理范围,法院对被告人敬某某辩护人的辩护意见不予采纳;因徐某某曾担任金苏公司的法定代表人,其自行投资的存款48800元应予以扣除的辩护意见,法院予以采纳;起诉书列明弗某某、候某某、王某某的损失金额,虽然没有弗某某、候某某、王某某的报案材料,现有证据证明2014年11月11日弗某某向金苏公司存入人民币97000元、2014年10月31日候某某向金苏公司存入人民币97000元、2014年11月21日王某某向金苏公司存入人民币48800元,故弗某某、候某某、王某某的损失金额应当从涉案数额中予以扣除,对敬某某的辩护意见法院不予采纳。

被告人周某某的户籍所在地为喀什地区。阿勒泰市公安局在网上发布追逃被告人周某某的信息,并未在被告人周某某的户籍所在地或者经常居住地发布追逃信息。阿勒泰市公安局在未对被告人周某某采取强制措施之前,2015年3月27日,乌鲁木齐铁路公安局库尔勒公安处喀什站派出所获悉信息后电话通知周某某,且同年同月同日被告人周某某主动前往乌鲁木齐铁路公安局库尔勒公安处喀什站派出所投案。根据《最高人民法院关于处理自首和立功具体应用法律若干问题的解释》第一条规定,根据刑法第六十七条第一款的规定,犯罪以后自动投案,如实供述自己的罪行的,是自首。自动投案,是指犯罪事实或者犯罪嫌疑人未被司法机关发觉,或者虽被发觉,但犯罪嫌疑人尚未受到讯问、未被采取强制措施时,主动、直接向公安机关、人民检察院或者人民法院投案。故被告人周某某的行为构成自首情节;对公诉机关出示的2015年11月23日阿勒泰市公安局关于周某某"自首"情况的说明的证明目的,法院应予支持;

被告人周某某犯罪后能自动投案,如实供述自己的罪行,依照《刑法》(2015年)第六十七条第一款的规定,系自首,法院对被告人周某某依法予以从轻处罚;被告人万某、周某某应当退赔被害人的经济损失。根据被告人的犯罪事实、性质、情节和对社会的危害程度,依照《刑法》(2015年)第一百七十六条、第二十五条第一款、第六十七条第一款、第六十四条、《刑事诉讼法》(2012年)第一百九十五条第三项之规定,判决如下:

一、被告人万某犯非法吸收公众存款罪,判处有期徒刑五年,并处罚金10万元;

二、被告人周某某犯非法吸收公众存款罪，判处有期徒刑四年，并处罚金 8 万元；

三、宣告被告人马某某无罪；

四、宣告被告人敬某某无罪；

五、被告人万某、周某某继续退赔被害人的经济损失 4211860 元。

【案例简析】

该案的被告人万某、周某某、马某某、敬某某被检察机关指控犯非法吸收公众存款罪，而马某某和敬某某分别作为业务经理和公司前台接待被宣告无罪，其原因系被告人马某某、敬某某在主观上非法吸收公众存款的故意证据不足。

被告人马某某和敬某某在金苏公司成立后先后被招聘为业务经理和公司前台接待，分别负责公司的日常事务管理和日常的复印、来访接待、咨询和引荐、按领导的要求给客户出具理财协议等工作，都是受公司的指派完成相应的职责。两人虽然存在揽储的行为，客观上造成了众多被害人资金不能返还的结果，但现有证据难以证明两人主观上具有非法吸收公众存款的故意，根据控辩双方当庭出示的举证、质证，公诉机关出示的证据之间不能相互印证，没有形成完整的证据锁链，达不到指控被告人马某某、敬某某的犯罪事实清楚、证据确实充分的证明标准，不能认定被告人马某某、敬某某的行为构成非法吸收公众存款罪。马某某辩称本人只是金苏公司招聘的一个工作人员，不知道金苏公司是否具有揽储资质，其辩护人的辩护意见也指出被告人马某某主观上不具有非法吸收公众存款的犯罪故意，理由是在审查起诉过程中经过两次补充侦查主观证据仍然不足。

被告人敬某某辩称本人只是金苏公司的前台工作人员，其行为不构成犯罪，其辩护人的辩护意见中提出敬某某作为公司前台接待对于金苏公司的经营行为需要揽储资质是不应当明知的，公安机关两次补充侦查的证据也不能证明敬某某存在明知公司不具备揽储资质而为公司吸收存款的主观犯罪故意。由此可以看出，被告人马某某与敬某某的辩护人的辩护思路略有不同。虽然两者的辩护意见都提出其被辩护人主观上非法吸收公众存款的犯罪故意证据不足，因此不具有非法吸收公众存款的犯罪故意，不构成犯罪，且都被法院采纳。但敬某某的辩护人在论述过程中提出了一个前提：公司前台接待具有不明知公司行为性质的必然性，言下之意，公司前台接待的岗位性质和工作内容决定了公司前台接待无法接触和知晓公司行为的性质,只要能够证明公司前台接待的工作性质,也就能自然得出被告人无法明知公司行为的性质,不存在非法吸收公众存款的主观故意。这一点值得商榷。虽然被告人非法吸收公众存款的主观证据不足,不能达到证明标准恰恰与这一推论契合,但根据定罪的标准,主观故意的成立需要相应的证据证明,而不能仅从被告人的工作性质直接推理出不存在主观故意的可能性。

法院根据控辩双方当庭出示的举证、质证,得出公诉机关出示的证据之间不能相互印证,没有形成完整的证据锁链,达不到指控被告人马某某、敬某某的犯罪事实清楚、证据确实充分的证明标准的结论,进而宣告被告人无罪,才是符合法律规定的做法。

不可否认的是,从业人员在公司内部职能的高低确实和能否知晓、理解公司行为性质之间存在相关的联系。因此,从从业人员的职能出发,考察其非法吸收公众存款的主观证据是否充足也是辩护的一种思路。相较于身为公司法定代表人的被告人万某和公司财务总监的被告人周某某,其主观故意证据充分,成立非法吸收公众存款罪。

【问题研讨】

该案需要讨论以下问题:

其一是非法集资犯罪案件要坚持区别对待原则,依法合理确定追究刑事责任的范围。非法集资犯罪属于典型的涉众型经济犯罪,行为人多采用公司化方式运作,涉案人数较多,这就涉及行为人的追责范围和追责程度等问题。2014年,《非法集资案件适用法律意见》对非法集资犯罪案件中共同犯罪的处理作了规定,即"为他人向社会公众非法吸收资金提供帮助,从中收取代理费、好处费、返点费、佣金、提成等费用,构成非法集资共同犯罪的,应当依法追究刑事责任。能够及时退缴上述费用的,可依法从轻处罚;其中情节轻微的,可以免除处罚情节;情节显著轻微、危害不大的,不作为犯罪处理"。根据该意见的规定,在非法集资犯罪中,行为人为他人向社会公众非法吸收资金提供帮助,从中收取代理费、好处费、返点费、佣金、提成等费用的,构成非法集资犯罪的共同犯罪,依法应当负刑事责任。至于是否从宽处罚或者不作为犯罪处理,则应当结合行为人在个案中的罪责等情况予以论处。

2017年,《互联网金融犯罪纪要》进一步明确了在单位犯罪中各共同犯罪人主从犯的认定原则和标准。第二十六条规定,"单位犯罪中,直接负责的主管人员和其他直接责任人员在涉互联网金融犯罪案件中的地位、作用存在明显差别的,可以区分主犯和从犯。对起组织领导作用的总公司的直接负责的主管人员和发挥主要作用的其他直接责任人员,可以认定为全案的主犯,其他人员可以认定为从犯"。上述纪要及意见对非法集资犯罪中共同犯罪的问题作了明确规定,但在具体执行中,均未明确追责范围及承担刑事责任的程度等问题,即对于公司、企业涉嫌非法集资犯罪,或者公司、企业主管人员(董事长、总经理)等涉嫌非法集资犯罪的,公司、企业其他员工是否承担相应的刑事责任,承担刑事责任的人员范围如何把握,以及承担刑事责任的依据、标准和程度等问题未作答复。

2019年,《非法集资案件意见》明确提出,办理非法集资刑事案件,应当贯彻宽严相济刑事政策,依法合理把握追究刑事责任的范围,综合运用刑事手段和行政手段处置和化解风险,做到惩处少数、教育挽救大多数等原则要求。该意见规定,要根据行为人的客观行为、主观恶性、犯罪情节及其地位、作用、层级、职务等情况,综合判断行为人的责任轻重和刑事追究的必要性,按照区别对待原则分类处理涉案人员,做到罚当其罪、罪责刑相适应。重点惩处非法集资犯罪活动的组织者、领导者和管理人员,包括单位犯罪中的上级单位(总公司、母公司)的核心层、管理层和骨干人员,下属单位(分公司、子公司)的管理层和骨干人员,以及其他发挥主要作用的人员。对于涉案人员积极配合调查、主动退赃退赔、真诚认罪悔罪的,可以依法从轻处罚;其中情节轻微的,可以免除处罚;情节显著轻微、危害不大的,不作为犯罪处理。这就为审判实践中依法合理确定追究刑事责任的范围及程度提供了具体的依据。

根据统计,在非法集资案件中,因行为人处于公司经营中下层,不清楚上层决策及资金来源而被判处无罪的案件约占1.98%;虽称自己为普通工作人员,实际上认定为主管人员而被判刑的案件约占98.02%。因此要在理解和适用上述规定时,切实贯彻宽严相济刑事政策,该宽则宽,当严则严,宽严相济,突出打击重点,明确主要人员和非主要人员、主犯和从犯,注重区别对待,强化追赃挽损,着力化解社会矛盾。对于主观恶性大,造成严重社会危害,累犯或者受过行政处罚再犯罪的犯罪分子,应从严打击;对于主观恶性不大,未造成严重社会危害,认罪悔罪,积极退赃的,应从宽处罚。

其二是非法吸收公众存款罪的主观故意判断。对于公司、企业中层及较低的中下层管理人员或者普通职员,如果确有证据或相当理由表明其并不知晓单位非法集资的性质,仅是提供劳务,定期领取固定数额工资(工资不是按照集资数额比例提成,且没有明显高于当地平均工资水平),没有直接参与非法集资业务,或者仅仅将之当作正常经营业务而参与实施了非法集资行为的,一般不宜作为犯罪处理。具体而言,依照《非法集资案件意见》的规定,认定犯罪嫌疑人、被告人是否具有非法吸收公众存款的犯罪故意,应当依据犯罪嫌疑人、被告人的任职情况、职业经历、专业背景、培训经历、本人因同类行为受到行政处罚或者刑事追究情况以及吸收资金方式、宣传推广、合同资料、业务流程等证据,结合其供述,进行综合分析判断。对于从业人员,依照《互联网金融犯罪纪要》的规定,对于无相关职业经历、专业背景,且从业时间短暂,在单位犯罪中层级较低,纯属执行单位领导指令的犯罪嫌疑人提出辩解的,如确实无其他证据证明其具有主观故意的,可以不作为犯罪处理。在本案中,马某某是金苏公司成立后招聘来的业务经理,是受公司的指派完成业务经理的职责;敬某某是公司成立以后从社会招聘的前台接待,与其他员工一样按照公司安排的职责进行履职,在案证据不足以证明马某某、敬某某在主观上具有非法吸收公众存款的故意,虽然客观上造成了众多被害人资金不能返还的结果,但马某某、敬某某不具备非法吸收公众存款的主观故意,因此认定二人的行为不构成非法吸收公众存款罪是适当的。

四十九、公司非法吸收公众存款会计无罪案

乐山市红中车业有限公司、胡宗云、王玲君等非法吸收公众存款案①

【基本案情】

2010年1月至2015年5月期间,乐山市红中车业有限公司(以下简称"红中公司")在未经国家有关部门批准的情况下,其法定代表人胡宗云、股东王玲君通过开会动员员工集资、口头及电话等形式向集资参与人宣传集资,以红中公司为借款主体,承诺每月支付高额利息,并由公司员工王小华、田秀兰、黄丽、车莉、李亚琴(另案处理)具体经办,向林晓云等社会公众477人非法吸收公众存款人民币共计401627257元。吸收的资金进入红中公司的公司账户,主要用于支付货款、偿还公司借款及支付利息等事项。四川亿永正勤会计师事务所有限责任公司出具的《关于乐山市红中车业有限公司2010年1月至2015年5月非法吸收公众存款事项的鉴证报告》及《关于乐山市红中车业有限公司2010年1月至2015年5月非法吸收公众存款事项的鉴证报告补充及更正说明》证实,截至2015年5月,红中公司已归还集资款共计353531032元,已支付利息共计36436837元。在477名集资参与人中,收到红中公司偿还集资本金及支付利息已超过本金的有杨灏、余蓉、王生奎等234人,合计金额16203906元;有243名集资参与人的本金27863314元未归还。其中,王玲君为红中公司向韩丽君等67人非法吸收公众存款17394500元,偿还本金4090000元,支付利息3122779元,尚欠集资参与人10181721元。

另,胡宗云、王玲君、宋仲才分别于2015年5月13日、2015年5月22日被侦查机关办案民警电话通知到侦查机关接受讯问,如实供述了非法集

---
① 参见四川省乐山市中级人民法院刑事判决书(2016)川11刑初22号。

资行为的犯罪事实,并分别被采取拘留、取保候审的刑事强制措施。

【检察院指控】

四川省乐山市人民检察院认为,被告单位红中公司以非法占有为目的,使用诈骗方法非法集资,数额特别巨大,被告人胡宗云、王玲君和宋仲才作为对其直接负责的主管人员和其他直接责任人员,其行为已触犯刑法规定,应当以集资诈骗罪追究其刑事责任。诉请法院依法判处。

【辩护意见】

被告人宋仲才辩称未做假账,不清楚民间借贷的事情。

宋仲才的辩护人在庭审中出示了红中公司收取宋仲才27万元集资款的收据,证实宋仲才不可能自己骗自己。辩称:被告单位红中公司没有非法占有集资款的主观目的,没有使用诈骗的方法进行非法集资,宋仲才做的假账与民间借贷无关联性,红中公司不构成集资诈骗罪;红中公司向特定对象借款,即并非通过职工和亲友口口相传向不特定对象扩散信息形成借款,依法不构成犯罪。向单位内部职工和亲朋好友借款,由于该案没有证据证实红中公司向社会进行公开宣传,也不构成犯罪;该案参与集资的477人中,属于正常的民间借贷及向公司内部职工和亲朋好友等特定对象借贷占了相当大的比例,该部分依法不构成犯罪,该案并没有对犯罪金额进行客观区分,犯罪金额无法确定,现有证据均不足以证明红中公司的行为构成非法吸收公众存款罪;宋仲才主观上没有刻意隐瞒红中公司巨额亏损的主观目的,且并非集资行为的负责人,客观上也没有具体参与实施口口相传的集资行为,并非单位犯罪的负责人和其他直接负责人员,所做假账与该案集资行为无关联性,是集资行为的受害者,没有实施集资诈骗的故意。该案系单位犯罪,单位不构成犯罪,宋仲才依法不构成集资诈骗罪和非法吸收公众存款罪。请求宣判宋仲才无罪。

【原审裁判】

原判认为,被告单位红中公司违反国家金融管理法规,非法向社会公众吸收存款共计401627257元。案发前,红中公司已归还集资款353531032元,已支付利息36436837元,尚有27863314元集资本金未归还,其行为构成非法吸收公众存款罪,且非法吸收公众存款数额巨大,应依法惩处。被告人胡宗云、王玲君的行为构成非法吸收公众存款罪,公诉机关指控被告单位红中公司犯集资诈骗罪的罪名不成立。红中公司集资的目的主要是缓解资金短缺,用于生产经营,现有证据不能证明被告单位具有"非法占有的目的",被告单位和三被告人的行为不构成集资诈骗罪。宋仲才受被告单位红中公司聘用从事会计工作,获取工资报酬。宋某虽然按公司要求做了假账,但其做假账行为与红中公司非法吸收资金的行为无直接关联,不属于单位犯罪的主管人员、直接责任人员,宋某的行为不构成犯罪。

被告人胡宗云作为红中公司的法定代表人,是直接负责的主管人员;被告人王玲君直接为红中公司吸收公众存款17394500元,截至2015年5月,已偿还本金4090000元,支付利息3122779元,有10181721元集资本金未归还,是单位犯罪的其他直接责任人,胡宗云、王玲君的行为构成非法吸收公众存款罪。在共同犯罪中,胡宗云是实施非法吸收公众存款犯罪活动的决策者,并掌控、支配、使用吸收的资金,系共同犯罪的主犯,应当按照其所参与或者组织的全部犯罪处罚;王玲君没有参与公司管理,对非法吸收公众存款犯罪活动起次要作用,是从犯,依法应当从轻或者减轻处罚。根据王玲君犯罪的事实和情节,决定对王玲君减轻处罚。胡宗云被侦查机关电话通知到案,如实供述向社会公众吸收存款的事实,其对性质的辩解,不影响自首的成立,胡宗云的行为成立自首,依法可以从轻处罚;王玲君被侦查机关电话通知到案,如实供述向社会公众吸收存款的事实,但在审理期间翻供,不构成自首。被告单位红中公司通过非法吸收资金向集资参与人支付的利息应予追缴,集资参与人本金尚未归还的,所支付的回报可予折抵本金,对杨灏等234名集资参与人收益超出本金部分的16203926元,应予以追缴。对于该案未退还集资参与人的本金27863314元,其中,责令被告单位红中公司退赔集资参与人11659388元;向杨灏等234名集资参与人追缴16203926元,返还其他集资参与人。原审判决如下:

一、被告单位红中公司犯非法吸收公众存款罪,判处罚金人民币二百万元;

二、被告人胡宗云犯非法吸收公众存款罪,判处有期徒刑三年六个月,并处罚金人民币十五万元;

三、被告人王玲君犯非法吸收公众存款罪,判处有期徒刑二年六个月,并处罚金人民币五万元;

四、被告人宋仲才无罪;

五、责令被告单位红中公司退赔未归还集资参与人的本金11659388元;

六、追缴杨灏等234名集资参与人违法所得16203926元,返还其他集资参与人。

【再审理由】

该判决发生法律效力后,四川省乐山市中级人民法院于 2018 年 1 月 15 日作出(2018)川 11 刑监 1 号再审决定:一、本案由本院另行组成合议庭再审;二、再审期间中止原判决第六项的执行。本院依法组成合议庭,书面审理了本案。现已审理终结。

另查明,2010 年 1 月至 2015 年 5 月期间,被告单位红中公司在未经国家有关部门批准的情况下,其法定代表人胡宗云、股东王玲君向林晓云等社会公众 477 人非法吸收公众存款共计人民币 401627257 元,吸收资金进入红中公司的公司账户。案发前,红中公司已归还集资款 353531032 元,已支付利息 36436837 元,根据鉴证报告和鉴证补充报告载明,有部分集资人员收取的利息高出集资本金,合计 16203926 元,尚有 27863314 元集资本金未归还。公诉机关对原审判决认定的事实、证据以及原审判决结果没有异议。原审被告人宋仲才、原审被告人胡宗云、原审被告人王玲君服从原审判决,没有上诉。2018 年 11 月 21 日,原审被告人胡宗云刑期届满。2019 年 5 月 28 日,原审被告人王玲君刑期届满。

再审中对集资人员领取利息超过本金的事实要求侦查机关补充侦查。由于集资人员不予配合调查,致使侦查机关在补充侦查中对该部分事实无法查实。

【再审裁判】

法院认为:原审被告单位红中公司、原审被告人胡宗云、原审被告人王玲君的行为已构成非法吸收公众存款罪。在共同犯罪中,胡宗云是主犯,王玲君是从犯。胡宗云有自首情节。原审判决定罪正确、量刑适当,应予维持。但由于部分集资参与人领取的利息超过本金的基本事实没有查实,故原审判决追缴部分集资人员违法所得,系判决不当,应予撤销。对于该案未退还集资参与人的本金 27863314 元,被告单位红中公司应继续退赔集资参与人。该案经报请法院审判委员会讨论决定,依照《刑法》(2017 年)以及《刑事诉讼法》的规定,判决如下:

一、维持法院(2016)川 11 刑初 22 号刑事判决第一项,第二项,第三项,第四项,即"被告单位红中公司犯非法吸收公众存款罪,判处罚金人民币二百万元;被告人胡宗云犯非法吸收公众存款罪,判处有期徒刑三年六个月,并处罚金人民币十五万元;被告人王玲君犯非法吸收公众存款罪,判处有期徒刑二年六个月,并处罚金人民币五万元;被告人宋仲才无罪"的判决。

二、撤销法院(2016)川11刑初22号刑事判决第五项、第六项,即,"责令被告单位红中公司退赔未归还集资参与人的本金11659388元。追缴杨灏等234名集资参与人违法所得16203926元,返还其他集资参与人"的判决。

三、责令被告单位红中公司继续退赔未归还集资参与人的本金27863314元,返还其他集资参与人。①

【案例简析】

该案宋仲才受红中公司聘用从事会计工作,获取工资报酬。检察院认为,胡宗云、王玲君和宋仲才作为对其直接负责的主管人员和其他直接责任人员,应当以集资诈骗罪追究其刑事责任。原审中宋仲才的辩护人作了无罪辩护,认为宋仲才主观上没有刻意隐瞒红中公司巨额亏损的主观目的,且并非集资行为的负责人,客观上也没有具体参与实施口口相传的集资行为,并非单位犯罪的负责人和其他直接负责人员,所做假账与该案集资行为无关联性,是集资行为的受害者,没有实施集资诈骗的故意。该案系单位犯罪,单位不构成犯罪,宋仲才依法不构成集资诈骗罪和非法吸收公众存款罪。原审法院判处宋仲才无罪,再审法院维持了宋仲才无罪的判决。其原因在于宋仲才虽然按公司要求做了假账,但其做假账的行为与红中公司非法吸收资金的行为无直接关联,不属于单位犯罪的主管人员、直接责任人员,宋仲才的行为不构成犯罪。原审中被告人宋仲才辩称未做假账,不清楚民间借贷的事情。

【问题研讨】

该案需要讨论的问题是:会计不属于非法吸收公众存款单位犯罪直接责任人员的情形。

依照《全国法院审理金融犯罪案件工作座谈会纪要》的规定,其他直接责任人员,是在单位犯罪中具体实施犯罪并起较大作用的人员,既可以是单位的经营管理人员,也可以是单位的职工,包括聘任、雇佣的人员。应当注意的是,在单位犯罪中,对于受单位领导指派或奉命而参与实施了一定犯罪

---

① 参见四川省乐山市中级人民法院刑事判决书(2018)川11刑再2号。

行为的人员，一般不宜作为直接责任人员追究刑事责任。一方面，会计作为单位聘任、雇佣的人员，若具体实施非法吸收公众存款行为并起到较大作用可以被认定为直接责任人员，但如该案，会计做假账的行为与红中公司非法吸收资金的行为无直接关联，则不会被认定为直接责任人员。另一方面，若会计如本案按公司要求做了假账，是受单位领导指派或奉命而参与实施了一定犯罪行为，也不会被认定为直接责任人员。

五十、银行业务工作人员秘密转走储户存款无罪案

范丽曼、董泽霞、张菁等非法吸收公众存款案①

【基本案情】

董泽霞伙同范丽曼、张菁、李英、常玉秘密转走储户存款共计17036.5万元(以下币种均为人民币),除支付储户本金、利息及中间人好处费等,还用于公司及本人消费。范丽曼伙同董泽霞、张菁、李英、尤瑞仙秘密转走储户存款共计13636.5万元。张菁伙同范丽曼、董泽霞、李英、常玉秘密转走储户存款共计76.5万元。李英伙同范丽曼、董泽霞、张菁、常玉秘密转走储户存款共计2900万元。常玉伙同董泽霞、张菁、李英秘密转走储户存款共计1900万元。尤瑞仙伙同贾海云、梁莉帮助银行拉来储户存款共计3190万元。贾海云帮助银行拉来储户存款共计2005万元。梁莉帮助银行拉来储户存款1080万元。李大生、张歆、张菁、郭冬梅、王彦共谋转走储户存款2000万元。

案发后,张菁主动投案,如实供述其本人及同案犯的部分主要犯罪罪行,张菁的行为构成自首。尤瑞仙主动投案。董泽霞提供重要线索,使其他案件得以侦破,另规劝一名网上在逃人员主动归案,其两次行为均构成立功。具体事实如下:

2013年3月,河北燕春房地产开发有限公司(以下简称"燕春房地产公司")股东被告人董泽霞以为公司筹集资金为名,找到时任中国工商银行石家庄建南支行(以下简称"建南支行")营业室经理兼大堂经理的被告人范丽曼。二人商议以银行内部办理高息存款的名义拉来储户存款,通过调换或直接获取储户U盾的方式转走储户存款,由董泽霞向范丽曼及帮助拉来

---

① 参见河北省石家庄市中级人民法院刑事判决书(2016)冀01刑初153号。

储户存款的中间人支付好处费或提成。2013年3月至2015年3月,范丽曼本人以及指使被告人张菁、尤瑞仙、李英,对储户谎称银行内部办理高息存款,先让储户到建南支行以外的其他工商银行网点办理银行卡定期存款业务,再到建南支行找范丽曼办理专用于收取利息的银行卡,范丽曼利用其职务上的便利,在储户办理收取利息的银行卡过程中,指使张菁等人要求、指导、协助储户办理银行卡,授权收取利息的银行卡开通网银,并在储户不知情的情况下关联存款银行卡,要求储户设定其指定密码。其间,趁储户不注意用事先准备的假U盾换取储户的真U盾,或者直接获取储户U盾后不交给储户。之后,要求储户签订承诺书,承诺存款在定期内不转账、不提前支取、不查询、不开通电话银行及短信通知、开通网银但不使用,并在承诺书上写明储户的银行卡号、身份证号等内容,然后将储户的U盾和上述信息交给董泽霞,由董泽霞秘密转走储户的存款。董泽霞再按照事先约定以存款的20%至32%支付回报,其中给储户4%至20%不等的利息,其余属于范丽曼、张菁、尤瑞仙、贾海云、梁莉等人的获利。

【检察院指控】

石家庄市人民检察院以石检诉刑诉(2016)号起诉书指控:2013年3月,燕春房地产公司股东被告人董泽霞以为公司筹集资金为名,找到时任建南支行营业室经理兼大堂经理的被告人范丽曼。二人商议以银行内部办理存款的名义拉来储户存款,并通过调换U盾的方式窃取储户存款,由董泽霞向范丽曼支付好处费以及向帮助拉来储户存款的中间人支付提成。2013年3月至2015年3月,范丽曼本人以及指使被告人张菁、尤瑞仙、李英,对储户谎称银行内部办理高息存款。先让储户到建南支行以外的其他工商银行网点办理定期存款业务,再到建南支行找范丽曼办理专用于收取利息的银行卡,由范丽曼利用职务之便,在储户办卡过程中,指使张菁等人要求、指导、协助储户办卡,授权收取利息的银行卡开通网银,并在储户不知情的情况下关联存款银行卡,要求储户设定其指定密码。其间,趁储户不注意用事先准备的假U盾换取真U盾。之后,要求储户签订承诺书,承诺存款在定期内不转账、不提前支取、不查询、不开通电话银行及短信通知、开通网银但不使用,并在承诺书上写明储户的银行卡号、身份证号等内容,然后将储户的U盾和上述信息交给董泽霞,由董泽霞将储户存款转走。董泽霞再按照事先约定以存款的20%至32%支付回报,其中给储户4%至20%不等的利息,其余属于范丽曼、张菁、尤瑞仙、贾海云、梁莉等人的获利。为此,范丽曼收受董泽霞好处费535万元,收受尤瑞仙好处费35.55万元。

2014年4月至10月,张菁对储户陈燕、周顺岐、李莉诗谎称银行内部办理高息存款,并在中国工商银行石家庄车站支行、中国工商银行石家庄建华支行协助储户开办新卡、开通网银、关联存款卡、偷换U盾,之后将储户U盾、密码等交给董泽霞,由董泽霞转走储户存款共计1600万元。

因资金链断裂,董泽霞无法支付张菁、李英、常玉之前投入的本息。2015年1月30日,按照四人事先的共谋,张菁以办理银行存款业务给付高息的名义介绍储户鹿永丽到交通银行石家庄中山西路支行办理存款业务。张菁陪储户到该行后,李英冒充该行副行长与常玉负责接待、介绍业务,张菁带领储户办理存款、开通网银、设定指定密码,董泽霞提供客户接收动态码的手机号码。存款业务办理完毕,李英假借复印和登记相关手续为名获取储户U盾交给常玉,由常玉交给董泽霞更换,并以该行的名义出具承诺书并签名(经鉴定,承诺书上所盖印章为假章)。董泽霞获取储户U盾、密码后转走储户1900万元存款,并将其中的700余万元支付给张菁,400余万元支付给李英、常玉,285万元支付给储户。事后,为表示感谢,董泽霞送给李英、常玉共20万元好处费和两部苹果手机(经鉴定,两部手机价值共计1.12万元)。

综上,董泽霞伙同范丽曼、张菁、李英、常玉转走储户存款共计17036.5万元,除支付储户本金、利息及中间人好处费等,还用于公司及本人消费。范丽曼伙同董泽霞、张菁、尤瑞仙、李英转走储户存款共计13636.5万元。张菁伙同范丽曼、董泽霞、李英、常玉转走储户存款共计76.5万元。李英伙同范丽曼、董泽霞、张菁、常玉转走储户存款共计2900万元。常玉伙同董泽霞、张菁、李英转走储户存款共计1900万元。尤瑞仙伙同范丽曼、董泽霞、贾海云、梁莉转走储户存款3190万元。贾海云帮助董泽霞、尤瑞仙获取储户存款2005万元。梁莉帮助董泽霞、贾海云、尤瑞仙获取储户存款1080万元。

石家庄市人民检察院以石检诉刑诉(2017)52号起诉书指控:2011年6月3日和2012年4月26日,燕春房地产公司法定代表人、被告人王海鹰分两次向董泽霞(已诉)出具两份《授权书》,授权董泽霞为燕春房地产公司筹集资金。董泽霞在取得授权后,于2011年6月至2015年3月为燕春房地产公司非法吸收公众存款共计人民币1.7亿余元,用于燕春房地产公司消费、偿还旧债、给付储户本金、利息等。

石家庄市人民检察院以石检诉刑诉(2017)40号起诉书指控:2013年下半年,被告人李大生以非法占有为目的,与被告人张歆(石家庄市建设银行平安大街支行柜员)共谋后,与被告人王彦、张菁、郭冬梅分工配合,采取向被害人虚构建设银行有高息存款的假象,引诱被害人孙某1将自有资金2000万元存入建设银行。2013年11月1日,在李大生的指使下,由郭冬梅带张源到石家庄市建设银行平安大街支行办理存折补登业务,骗取张源输入存折密码,由被告人张歆利用此机会,秘密将2000万元转款至李大生指定的张冬冬账户,并且不在存折上显示转出款信息。为掩盖犯罪事实,李大生通过王彦、张菁、郭冬梅让张源签订两年内不查询、不支取存款的承诺书,以实现非法占有2000万元资金的目的。转款当天,李大生打款给张菁520万元,余款1480万元由其占有支配,用于高风险投资和消费。张菁所得520万元中,打款给郭冬梅140万元,打款给张源利息140万元,余款240万元由其占有。

公诉机关就起诉指控的上述事实向法庭出示了物证照片、书证、证人证言、储户陈述、鉴定意见、司法鉴定审计报告、辨认笔录、监控录像、通话录音及被告人供述等证据。

公诉机关认为:范丽曼、董泽霞、张菁、李英、常玉以秘密窃取的手段取得他人财物,数额特别巨大;范丽曼利用职务上的便利,非法收受他人财物,为他人谋取利益,数额特别巨大;李英、常玉利用李英职务上的便利,非法收受他人财物,为他人谋取利益,数额巨大;被告人董泽霞为谋取不正当利益,给予国家工作人员以财物,情节特别严重;范丽曼、董泽霞、张菁、李英、尤瑞仙、贾海云、梁莉违反国家金融管理法规,非法向社会公众吸收资金,数额巨大。被告人范丽曼的行为触犯了《刑法》(2017年)第二百六十四条、第三百八十五条、第一百七十六条之规定,应当以盗窃罪、受贿罪、非法吸收公众存款罪追究其刑事责任;被告人董泽霞的行为触犯了《刑法》(2017年)第二百六十四条、第三百八十九条、第一百七十六条之规定,应当以盗窃罪、行贿罪、非法吸收公众存款罪追究其刑事责任;被告人张菁的行为触犯了《刑法》(2017年)第二百六十四条、第一百七十六条之规定,应当以盗窃罪、非法吸收公众存款罪追究其刑事责任;被告人李英的行为触犯了《刑法》(2017年)第二百六十四条、第三百八十五条、第一百七十六条之规定,应当以盗窃罪、受贿罪、非法吸收公众存款罪追究其刑事责任;被告人常玉的行为触犯了《刑法》(2017年)第二百六十四条、第三百八十五条之规定,应当以盗窃罪、受贿罪追究其刑事责任;被告人尤瑞仙、贾海云、梁莉的行为触犯了《刑法》(2017年)第一百七十六条之规定,应当以非法吸收公众存款罪追究三被告人的刑事责任。

王海鹰作为燕春房地产公司直接负责的主管人员,非法吸收公众存款,扰乱金融秩序,数额巨大,其行为触犯了《刑法》(2017年)第一百七十六条之规定,应当以非法吸收公众存款罪追究其刑事责任。

李大生、张歆、张菁、郭冬梅、王彦以非法占有为目的,以银行高息存款为诱饵,通过银行工作人员张歆工作上的方便条件,骗取储户输入密码,在储户不知情的情况下,秘密将储户的存款转走,其行为触犯了《刑法》(2017年)第二百六十四条之规定,应当以盗窃罪追究其刑事责任。

【辩护意见】

被告人范丽曼辩称,发生的每笔业务都是董泽霞给储户支付的本金和利息,给中间人的好处费也是董泽霞进行分配的,包括给其的280万元,董泽霞对这些资金拥有控制权和使用权,她是最大的受益方,这些资金与其没有关系;所有的中间人都与董泽霞有直接的利益关系,只有其与董泽霞无利益关系。

范丽曼的辩护人提出:指控范丽曼既构成盗窃罪又构成非法吸收公众存款罪,两罪名存在牵连关系,如果均成立,应当择一重罪处罚;指控范丽曼构成受贿罪不成立,《最高人民法院关于在国有资本控股、参股的股份有限公司中从事管理工作的人员利用职务便利非法占有本公司财物如何定罪问题的批复》中规定:"在国有资本控股、参股的股份有限公司中从事管理工作的人员,除受国家机关、国有公司、企业、事业单位委派从事公务的以外,不属于国家工作人员。对其利用职务上的便利,将本单位财物非法占为己有,数额较大的,应当依照刑法第二百七十一条第一款的规定,以职务侵占罪定罪处罚。"也就是说,在国有资本控股、参股的股份有限公司中,只有受国家机关、国有公司、企业、事业单位委派从事公务的人员,才属于国家工作人员。范丽曼作为建南支行营业室经理兼大堂经理,是一名劳动合同制员工,不属于管理人员,也不是受国家机关、国有公司、企业、事业单位委派从事公务的人员,范丽曼不具有国家工作人员的身份,不具有构成受贿罪的主体资格,范丽曼没有利用职务、职权之便为他人谋取利益,范丽曼实施的行为与其职务、职权无关,范丽曼所得钱款系从事与其职务无关的中介活动而得的利息差,非贿赂款;指控范丽曼犯盗窃罪不成立,范丽曼既无非法占有目的,也未实施窃取行为,储户对存款被他人转走使用系明知或应知,无证据证实范丽曼调换了储户U盾;对指控范丽曼犯非法吸收公众存款罪无异议,但范丽曼非本罪犯意的提出者和策划者,范丽曼仅参与了孙某1、李朝金、杨梅、王会英存款的相关事宜。

被告人董泽霞辩称,其给其他被告人和储户的费用是提成,不是好处费;其转走储户的存款是燕春房地产公司吸收的资金,用于给储户退款。

董泽霞的辩护人提出:董泽霞不构成盗窃罪,其主观上不具有非法占有目的,客户对资金的用途明知,客户均收到董泽霞的高额利息,董泽霞仅让部分客户签订了承诺书,未实施盗窃行为;范丽曼不具有国家工作人员的身份,董泽霞不构成行贿罪;对指控董泽霞构成非法吸收公众存款罪无异议,专项审计报告书载明,截至案发时,涉案金额中的9000多万元用于燕春房地产公司的项目、经营或还款,即主要金额用于公司的经营,其中的7000多万元有燕春房地产公司法定代表人王海鹰的签字,董泽霞的集资行为经过王海鹰的授权,该案应为非法吸收公众存款罪单位犯罪;案发后,董泽霞主动投案如实供述自己的罪行,具有自首情节,应从轻处罚;董泽霞提供了网上在逃人员的信息,并协助公安机关将犯罪嫌疑人抓捕归案,董泽霞属重大立功,应对董泽霞减轻处罚;董泽霞积极退赃退赔,向公安机关提供了白沟的仓库、公司的资产、自己名下的商铺等,董泽霞系初犯,认罪悔罪,请求对其从轻处罚。

被告人张菁辩称,鹿永丽办理U盾等所有手续均系在银行,其全程未与鹿永丽分开,无机会和时间更换鹿永丽的U盾,其不认识孙某1,未让孙某1办理过U盾;在李大生的案件中,其仅是中间介绍人,未参与转款,其本人也是存款人,其在此案中不构成盗窃罪。

张菁的辩护人提出:在董泽霞等人的案件中,张菁不构成盗窃罪,张菁主观上不存在非法占有目的,其仅是为银行介绍储户并收取银行给予的好处费,张菁客观上未实施秘密窃取行为,储户已将资金存入银行,存款均由董泽霞通过更换U盾的方式转出并使用,张菁不具备条件秘密窃取;张菁主动投案并如实供述犯罪罪行,系自首,请求对其从轻处罚;案发后张菁积极退还存款人钱款,请求对其从轻处罚。

被告人李英辩称,关于杨梅存款的问题,杨梅与工商银行签订的合同是一年一签,杨梅也认同每个月给她支付利息,前二年合同到期后均还给她本金,第三年杨梅签合同时,其未在现场,也没拿好处费,杨梅的1000万元与其无关;关于受贿20万元的问题,四人在商量的过程中未提到给其20万元,其也未向董泽霞索要手机,董泽霞给其的钱款有一部分偿还给储户,没有用到其本人身上,剩下的70多万是其与常玉之前给储户垫付的利息,其无占有他人钱款的主观目的;其是民警电话通知其到案,构成自首。

李英的辩护人提出:李英主观上无非法占有目的,其有偿还意愿,其行为属挪用行为,指控李英构成盗窃罪不成立;李英不构成受贿罪,李英帮助董泽霞非法吸收公众存款并收取提成(10万元和一部手机)的行为同时触犯了非法吸收公众存款罪和受贿罪,属想象竞合,应择一重罪处罚,即以非法吸收公众存款罪追究李英刑事责任;杨梅于2013年续存的存款,李英没有任何参与,李英于2011年介绍杨梅存储的1000万元不在公诉机关指控的犯罪时间段内(2013年3月至2015年3月),不应将杨梅的存款计入李英的犯罪数额;李英在共同犯罪中所起作用较小,属从犯,应对其从轻处罚;李英任个金负责人期间,实际履行的是主管个金业务的副行长的职责,交通银行石家庄中山西路支行印制的名片上也表明其职务是副行长,因此李英未冒充副行长;存款人系为赚取高额利息,办理的存款业务及出具的承诺书系存款人的真实意思表示,存款人对该案发生具有过错;李英收款后全部用于归还董泽霞之前借款的出资人,李英系初犯,主观恶性较小,认罪态度较好,请求对其从轻处罚。

被告人常玉辩称,其四人共谋盗用鹿永丽2000万元的事情,其进行了录音,录音显示其与李英一直强调此钱款的使用应让客户知情;指控其以非法占有为目的不成立,U盾、钱款的支配权、使用权都不在其,谁拥有U盾、钱款的支配权、使用权,谁才是最大的受益者。其与李英做这件事主观上是为了帮助她们(董泽霞、张菁)度过暂时的难关,不是为了获取好处;董泽霞给其与李英每人10万元,之前在商量的过程中未提到给10万元和手机的事情;其在犯罪过程中处于从属地位。

常玉的辩护人提出:常玉无非法占有目的,不构成盗窃罪;常玉事后获得10万元是先前实施协助转款行为的结果,不应单独评价为受贿罪;常玉在犯罪过程中仅实施了一个传递行为,非犯意提出者,也未实施转款行为,常玉在共同犯罪中处于从属地位,属从犯,应当减轻处罚;常玉的获利极少,认罪态度较好。

被告人尤瑞仙表示认罪悔罪,其无辩解。

尤瑞仙的辩护人提出:尤瑞仙在听范丽曼说有高息存款业务后,仅帮助范丽曼寻找储户,后得知储户的存款系燕春房地产公司的董泽霞使用,对于储户的钱款存入银行后如何被转走并不知情,指控尤瑞仙伙同范丽曼、董泽霞、贾海云、梁莉转走储户存款与事实不符;尤瑞仙从新闻中得知建南支行储户存款丢失案后,主动到公安机关投案,如实供述其犯罪罪行,尤瑞仙的行为构成自首,应依法从轻处罚;尤瑞仙在非法吸收公众存款犯罪中系从犯,应依法从轻处罚;尤瑞仙非法获利的250万元,其中50万元借给董泽霞,150万元购买了燕春房地产公司在白沟的商铺,50万元购买其住宅时使用,以上合同、借条、房产全部扣押在案,尤瑞仙愿将非法获利全部退还;尤瑞仙无前科,系初犯,归案后认罪悔罪,请求对其从轻处罚。

被告人贾海云辩称,得知被骗后,其报案如实供述了犯罪过程,并配合办案机关抓捕同案犯尤瑞仙,其行为构成自首、立功;其是在尤瑞仙的指使下实施的非法吸收公众存款犯罪,是从犯。

贾海云的辩护人提出:贾海云仅带领储户到银行存款或办理其他相关业务,不存在伙同他人转走储户存款的事实;2015年5月6日,贾海云陪同一储户到裕华公安分局槐底刑警中队报案,并交代了自己的揽储行为,其行为构成自首;同日,其在公安机关交代了同案犯尤瑞仙,并根据公安机关的安排用电话约尤瑞仙到指定地点,后带领民警到该地点抓捕尤瑞仙,贾海云的行为构成立功;贾海云在全部犯罪过程中起辅助和协助作用,系从犯;贾海云认罪态度较好,并退赔18万元,取得部分储户(孙某1、张田甜)谅解,请求对其从轻处罚。

被告人梁莉辩称,范卫平存储的1080万元,其仅是中间介绍人,是贾海云带着范卫平办理的业务,其不知情,系从犯,有自首情节。

梁莉的辩护人提出:梁莉仅为贾海云介绍一名储户范卫平,梁莉不认识贾海云以外的其他被告人,对于储户如何存款、何人如何转款、存款的去向均不知情,且范卫平存款为1080万元,而非3190万元,起诉书指控尤瑞仙伙同梁莉等人转走储户3190万元与事实不符;河北中瑞会计师事务所有限责任公司冀瑞会专审(2016)01010号司法鉴定审计报告载明的系贾海云与梁莉之间的资金往来,贾海云与梁莉均称二人只通过陈子茉的一个工商银行账号往来,梁莉与董泽霞无金钱往来,因此该司法鉴定审计报告不具有合法性、真实性,不能作为定案依据;梁莉主动投案,如实供述自己的罪行,属自首;范卫平后续存款均系范卫平主动存储,梁莉不知情,梁莉在该案中起次要作用,属从犯且系初犯,并主动退赃30万元,请求对梁莉从轻处罚。

被告人王海鹰辩称,董泽霞转走储户的存款未用于偿还燕春房地产公司的债务,而是用于偿还她的个人债务,其认为自己无罪;指控其犯罪的证据中的相关证人均系董泽霞公司的员工,他们的证言均属虚假;河北中瑞会计师事务所有限责任公司冀瑞会专审(2016)01010号司法鉴定审计报告附表3-1中的收据票号0055560(金额50万元,收据日期2011年12月5日)被记账两次。

王海鹰的辩护人提出:王海鹰否认向董泽霞出具授权书让董泽霞进行融资,在案未有王海鹰对北京明正司法鉴定中心出具的司法鉴定意见书所用鉴定样本中的签名文字确认系其本人书写的记载,不能排除授权书不具有真实性的合理怀疑,该二份授权书不能作为定案依据;河北中瑞会计师事务所有限责任公司冀瑞会专审(2016)01010号司法鉴定审计报告未证实涉案资金的流向,也无法证明王海鹰或燕春房地产公司使用了涉案资金,该案所有审计的账目及凭证均未有王海鹰的签字或授权,资金往来与燕春房地产公司无关,只有涉及公司犯罪时直接责任人员才承担刑事责任,该案未指控燕春房地产公司犯罪,王海鹰虽是工商登记的燕春房地产公司法定代表人,但王海鹰在案发期间被羁押在看守所,失去对燕春房地产公司的实际控制,王海鹰无作案时间和作案现场。综上,认定王海鹰犯非法吸收公众存款罪的证据不足,应当判处王海鹰无罪。

被告人李大生辩称,除了当时其转账出去的520万元,剩余的1400万元,其偿还张源本金500万元,其未有非法占有目的,未给过张歆和王彦好处费。

李大生的辩护人提出:李大生不具有非法占有目的,其不构成盗窃罪;在整个犯罪过程中,李大生仅在将钱款借补登之际转出上有辅助参与行为,在融资赚取高额利息、将钱款转回过程中有实行行为,在其他环节无实行行为。

被告人张歆辩称,其未与李大生有过共谋,其对整个事件完全不知情,事后才听说知道的,其仅是根据建设银行章程办理了一笔转账业务。

张歆的辩护人提出:张歆与李大生无共同犯罪故意和犯罪共谋,张歆系依法依规办理的代理人代理转账业务,无犯罪动机,指控张歆受李大生指使套取张源存折及密码秘密转走张源巨款系事实认定错误,应当判处张歆无罪。

被告人郭冬梅辩称,其只认识张菁,未与张菁共谋分工,其是在张菁的安排下实施的相关行为,不构成盗窃罪。

郭冬梅的辩护人提出:郭冬梅主观上无非法占有目的,无盗窃故意,未与其他被告人进行预谋,仅为了介绍存款而获取利益,郭冬梅的行为应认定为民事上的不当得利,不应追究其刑事责任;郭冬梅系主动投案,如实供述犯罪罪行,属自首。

被告人王彦辩称,其对钱款是如何转走不知情,其仅介绍李大生与张菁认识,并帮她们二人转发一条信息,其未得到好处费,不构成犯罪。

王彦的辩护人提出:王彦仅是介绍李大生与张菁进行银行高息存款业务的中间人,其对李大生、张歆两人秘密将储户存款转给他人的行为不知情,王彦主观上无盗窃的犯罪故意,应判处王彦无罪。

储户张源的诉讼代理人提出,张源将钱款存入建设银行管理,无授权转账的意思表示,转账行为系银行工作人员张歆利用其银行职员的身份在明知违法的情况下进行的恶意操作,因此建设银行应是张源存款损失的偿付义务人。

【法院裁判】

对于被告人范丽曼所提发生的每笔业务都是董泽霞给储户支付的本金和利息,给中间人的好处费也是董泽霞进行分配的,包括给其的280万元,董泽霞对这些资金拥有控制权和使用权,她是最大的受益方,这些资金与其无关的辩解意见。经查,储户的存款均被董泽霞转走使用(不含李大生等人的案件),但董泽霞能转走储户的存款与范丽曼给其提供储户的U盾、密码具有直接的因果关系,所提辩解意见不能成立,法院不予采纳。所提所有的中间人都与董泽霞有直接的利益关系,只有其与董泽霞无利益关系的辩解意见,经查,董泽霞、张菁、李英、尤瑞仙均证实在范丽曼参与的犯罪中,董泽霞每转走一位储户的存款,都给予范丽曼好处费或者提成,所提辩解意见不能成立,法院不予采纳。

对于范丽曼的辩护人所提指控范丽曼既构成盗窃罪又构成非法吸收公众存款罪,两罪名存在牵连关系,如果均成立,应当择一重罪处罚;范丽曼既无非法占有目的,也未实施窃取行为,储户对存款被他人转走使用系明知或应知,无证据证实范丽曼调换了储户U盾,指控范丽曼犯盗窃罪不成立;对指控范丽曼犯非法吸收公众存款罪无异议,但范丽曼非本罪犯意的提出者和策划者,范丽曼仅参与了孙某1、李朝金、杨梅、王会英存款的相关事宜的辩护意见。经查,董泽霞以为燕春房地产公司筹集资金为名,找到时任建南支行营业室经理兼大堂经理的范丽曼,二人商议以银行内部办理高息存款的名义拉来储户存款,范丽曼利用其职务之便,多次调换或直接获取储户U盾,交给董泽霞秘密转走储户存款,数额巨大。经审计,该资金去向不明,二被告人主观上具有明显的非法占有目的,范丽曼、董泽霞的行为构成盗窃罪。范丽曼、董泽霞为了实现秘密转走储户存款的目的,采用拉来储户存款的方法,该行为触犯非法吸收公众存款罪,与盗窃罪想象竞合,根据《刑法》(2017年)相关规定,二行为应从一重罪即盗窃罪处罚。故公诉机关指控范丽曼、董泽霞犯非法吸收公众存款罪不成立。多名储户与董泽霞、张菁、尤瑞仙均证实范丽曼调换了多名储户的U盾,范丽曼、张菁、尤瑞仙、贾海云及中间介绍人仅告知部分储户存款将被银行放贷出去,但未告知储户存款要被他人转走使用。辩护人的上述辩护意见不能成立,法院不予采纳。

对于范丽曼的辩护人所提《最高人民法院关于在国有资本控股、参股的股份有限公司中从事管理工作的人员利用职务便利非法占有本公司财物如何定罪问题的批复》中规定:"在国有资本控股、参股的股份有限公司中从事管理工作的人员,除受国家机关、国有公司、企业、事业单位委派从事公务的以外,不属于国家工作人员。对其利用职务上的便利,将本单位财物非法占为己有,数额较大的,应当依照刑法第二百七十一条第一款的规定,以职务侵占罪定罪处罚。"也就是说,在国有资本控股、参股的股份有限公司中,只有受国家机关、国有公司、企业、事业单位委派从事公务的人员,才属于国家工作人员。范丽曼作为建南支行营业室经理兼大堂经理,是一名劳动合同制员工,不属于管理人员,也不是受国家机关、国有公司、企业、事业单位委派从事公务的人员,范丽曼不具有国家工作人员的身份,不具有构成受贿罪的主体资格,范丽曼未利用职务、职权之便为他人谋取利益,范丽曼实施的行为与其职务、职权无关,范丽曼所得钱款系从事与其职务无关的中介活动而得的利息差,非贿赂款,指控范丽曼构成受贿罪不成立的辩护意见。董泽霞的辩护人所提范丽曼不具有国家工作人员身份,董泽霞不构成行贿罪的辩护意见。经查,范丽曼收受董泽霞、尤瑞仙好处费共计570.55万元的行为,属盗窃罪既遂后的分赃行为,已包含在盗窃罪范围内,属事后不可罚行为,不应被认定为其他犯罪行为,故公诉机关指控董泽霞行贿罪、范丽曼受贿罪不成立。上述辩护人的辩护意见成立,法院予以采纳。

对于被告人董泽霞所提其给其他被告人和储户的费用是提成,不是好处费;其转走储户的存款是燕春房地产公司吸收的资金,用于给储户退款的辩解意见。经查，董泽霞转走储户存款后给储户造成了巨大损失，不论该资金是否系燕春房地产公司吸收的资金，也不论其给其他被告人和储户的费用是提成还是好处费，均不影响对其定罪量刑。

对于董泽霞的辩护人所提董泽霞主观上不具有非法占有目的，储户对资金的用途明知，均收到董泽霞的高额利息，董泽霞仅让部分储户签订了承诺书，未实施盗窃行为，董泽霞不构成盗窃罪的辩护意见。经查，董泽霞采用秘密手段转走储户存款，致使数额特别巨大的存款不能返还，经审计，该资金去向不明，其主观上具有明显的非法占有目的，董泽霞的行为构成盗窃罪，上述辩护意见不能成立，法院不予采纳。所提对指控董泽霞构成非法吸收公众存款罪无异议，专项审计报告书载明，截至案发时，涉案金额中的9000多万元用于燕春房地产公司的项目、经营或还款，即主要金额用于公司的经营，其中的7000多万元有燕春房地产公司法定代表人王海鹰的签字，董泽霞的集资行为经过王海鹰的授权，该案应为非法吸收公众存款罪单位犯罪的辩护意见。经查，前文已阐明董泽霞不构成非法吸收公众存款罪的理由，此处不再赘述。专项审计报告书载明用于燕春房地产公司的项目、经营或还款的9000多万元的发生时间为2011年7月至2012年10月，而公诉机关提供证据指控董泽霞转走储户存款构成犯罪的发生时间为2013年3月至2015年3月，故辩护人的上述辩护意见不能成立，法院不予采纳。所提案发后，董泽霞主动投案如实供述自己的罪行，具有自首情节，应从轻处罚的辩护意见。经查，张菁主动投案后供出同案犯董泽霞的犯罪罪行，侦查机关在已掌握董泽霞犯罪罪行的情况下，以询问通知书的形式通知董泽霞到案，董泽霞到案后如实供述其主要犯罪罪行，董泽霞的行为属坦白，量刑时酌情予以考虑，故辩护人的上述辩护意见不能成立，法院不予采纳。所提董泽霞提供了网上在逃人员的信息，并协助公安机关将犯罪嫌疑人抓捕归案，董泽霞属重大立功，应对董泽霞减轻处罚的辩护意见。经查，董泽霞提供重要线索，使其他案件得以侦破，另规劝一名网上在逃人员主动投案，董泽霞的两个行为均属一般立功，依法对其从轻处罚，辩护人的上述辩护意见部分成立，法院部分予以采纳。所提董泽霞积极退赃退赔，向公安机关提供了白沟的仓库、公司的资产、自己名下的商铺等，董泽霞系初犯，认罪悔罪，请求对其从轻处罚的辩护意见。经查属实，董泽霞无前科，认罪悔罪态度较好，量刑时酌情予以考虑。

对于被告人张菁所提鹿永丽办理U盾等所有手续均系在银行，其全程未与鹿永丽分开,无机会和时间更换鹿永丽的 U 盾,其不认识孙某 1,未让孙某 1 办理过 U 盾的辩解意见。经查,鹿永丽在交通银行石家庄中山西路支行办理 U 盾等手续的过程中,张菁一直陪同,董泽霞、张菁、李英、常玉的谈话录音证实鹿永丽的 U 盾系由董泽霞更换,另查明孙某 1 系董泽霞经营的佳实担保公司的员工,张菁找董泽霞公司的员工办理 U 盾不符合常理,故上述辩解意见成立,法院予以采纳。所提在李大生的案件中,其仅是中间介绍人,未参与转款,其本人也是存款人,其在此案中不构成盗窃罪的辩解意见。经查,张菁在李大生等人的案件中虽未直接参与转款,但在张源存款之前,其明知张源存款后将被李大生等人秘密转走仍然介绍、带领张源到指定的银行存款,为李大生、张歆秘密转款起到非常重要的作用,其与李大生、张歆构成盗窃罪的共犯,上述辩解意见不能成立,法院不予采纳。

对于张菁的辩护人所提在董泽霞等人的案件中,张菁不构成盗窃罪,张菁主观上不存在非法占有目的,其仅是为银行介绍储户并收取银行给予的好处费,张菁客观上未实施秘密窃取行为,储户已将资金存入银行,存款均由董泽霞通过更换 U 盾的方式转出并使用,张菁不具备条件秘密窃取的辩护意见。经查,张菁明知储户的存款将被董泽霞秘密转走,仍然介绍储户到工商银行办理虚假高息存款业务,并在协助储户到建南支行办理银行卡、开通网银、U 盾等过程中,获取储户的密码、U 盾或偷换储户 U 盾,后将获取的密码、U 盾交给董泽霞,由董泽霞秘密转走储户存款,张菁的行为构成盗窃罪。上述辩护人的辩护意见不能成立,法院不予采纳。所提张菁主动投案并如实供述犯罪罪行,系自首,请求对其从轻处罚的辩护意见。经查,张菁主动投案后,如实供述其本人及同案犯范丽曼、董泽霞的部分主要犯罪罪行,但未供述其在李英、李大生等人案件中的犯罪罪行,张菁仅对其如实供述的犯罪行为构成自首。上述辩护人的辩护意见部分成立,法院部分予以采纳。所提案发后张菁积极退还存款人钱款,请求对其从轻处罚的辩护意见。经查,案发后张菁退还储户部分存款,量刑时酌情予以考虑。

对于被告人李英所提其是民警电话通知其到案,构成自首的辩解意见。经查,李英非主动投案,不构成自首,所提辩解意见不能成立,法院不予采纳。

对于被告人李英所提关于杨梅存款的问题,杨梅与工商银行签订的合同是一年一签,杨梅也认同每个月给她支付利息,前二年合同到期后均还给她本金,第三年杨梅签合同时,其未在现场,也没拿好处费,杨梅的 1000 万元与其无关的辩解意见;李英的辩护人所提杨梅于2013年续存的存款,李英没有任何参与,李英于2011年介绍杨梅存储的1000万元不在公诉机关指控的犯罪时间段内(2013年3月至2015年3月),不应将杨梅的存款计入李英犯罪数额的辩护意见。经查,在案证据证实李英介绍杨梅到建南支行存款,李英对于杨梅第一年、第二年、第三年的存款情况均知悉,而且因杨梅存款,董泽霞每年给李英好处费,其中2014年董泽霞给李英45万元好处费,公诉机关未将杨梅2011年存款的数额指控为李英的犯罪数额,而是将杨梅2014年存款的1000万元指控为李英的犯罪数额。以上辩解、辩护意见不能成立,法院不予采纳。

对于被告人李英所提关于受贿20万元的问题,四人在商量的过程中未提到给其20万元,其也未向董泽霞索要手机,董泽霞给其的钱款有一部分偿还给储户,没有用到其本人身上,剩下的70多万是其与常玉之前给储户垫付的利息,其无占有他人钱款的主观目的的辩解意见;李英的辩护人所提李英不构成受贿罪,李英帮助董泽霞非法吸收公众存款并收取提成(10万元和一部手机)的行为同时触犯了非法吸收公众存款罪和受贿罪,属想象竞合,应择一重罪处罚,即以非法吸收公众存款罪追究李英刑事责任的辩护意见;李英主观上无非法占有目的,其有偿还意愿,其行为属挪用行为,指控李英构成盗窃罪不成立的辩护意见;被告人常玉所提指控其以非法占有为目的不成立,U盾、钱款的支配权、使用权都不在其,谁拥有U盾、钱款的支配权、使用权,谁才是最大的受益者,其与李英做这件事主观上是为了帮助她们(董泽霞、张菁)度过暂时的难关,不是为了获取好处,董泽霞给其与李英每人10万元,之前在商量过程中未提到给10万元和手机的辩解意见;常玉的辩护人所提常玉无非法占有目的,不构成盗窃罪,常玉事后获得10万元是先前实施协助转款行为的结果,不应单独评价为受贿罪的辩护意见。经查,李英、常玉帮助董泽霞秘密窃取储户鹿永丽的存款,转款后董泽霞、张菁、李英、孙某1分得部分钱款,李英、常玉用收到的钱款支付其先前的债务,主观上具有明显的非法占有目的,李英、常玉的行为均构成盗窃罪。事后,李英、常玉分别收受董泽霞价值10.56万元财物的行为,属盗窃罪既遂后的分赃行为,该行为已包含在盗窃罪范围内,不应被认定为其他犯罪行为,故李英、常玉不构成受贿罪。上述辩解、辩护意见部分成立,法院部分予以采纳。

对于李英的辩护人所提李英在共同犯罪中所起作用较小,属从犯,应从轻处罚的辩护意见;常玉所提其在犯罪过程中处于从属地位的辩解意见;常玉的辩护人所提常玉在犯罪过程中仅实施一个传递行为,非犯意提出者,也未实施转款行为,常玉在共同犯罪中处于从属地位,属从犯,应当减轻处罚的辩护意见。经查,李英、常玉在秘密转走储户鹿永丽存款的过程中起辅助作用,二人均系从犯,但李英在共同犯罪中所起的作用大于常玉。以上辩解、辩护意见成立,法院予以采纳。

对于李英的辩护人所提李英任个金负责人期间,实际履行的是主管个金业务的副行长的职责,交通银行石家庄中山西路支行印制的名片上也表明其职务是副行长,因此李英未冒充副行长的辩护意见。经查,证人孙某1、被告人李英证实,案发时李英的职务为交通银行石家庄中山西路支行个金业务负责人,后备副行长候选人(考察期),实际履行主管个金业务副行长职责,名片上印制的也是副行长职务,因此,李英以副行长名义接待储户鹿永丽等人并未冒充副行长,以上辩护意见成立,法院予以采纳。所提存款人系为赚取高额利息,办理的存款业务及出具的承诺书系存款人的真实意思表示,存款人对该案发生具有过错的辩护意见。经查,储户在明知15%的年利率非银行正常利率的情况下,仍然存款,储户对该案的发生负有一定责任,以上辩护意见部分成立,法院部分予以采纳。所提李英收款后全部用于归还董泽霞之前借款的出资人,李英系初犯,主观恶性较小,认罪态度较好,请求对其从轻处罚的辩护意见。经查,李英无前科,认罪态度较好,量刑时酌情予以考虑。

对于被告人常玉所提其四人共谋盗用鹿永丽2000万元的事情,其进行了录音,录音显示其与李英一直强调此钱款的使用应让客户知情的辩解意见。经查,在董泽霞、张菁、李英、常玉犯罪共谋初期,李英、常玉提到此钱款的使用应让储户知情,但董泽霞、张菁表示其二人已在其他银行多次秘密转走储户存款,后李英、常玉对于秘密转走储户存款予以默认,而且储户到交通银行办理存款时二人也未将转走储户存款的情况告知储户,以上辩解意见不能成立,法院不予采纳。

对于常玉的辩护人所提常玉的获利极少,认罪态度较好的辩护意见。经查,董泽霞转走储户存款后共计支付给李英、常玉400余万元财物,数额巨大,所提辩护意见不能成立,法院不予采纳。常玉认罪态度较好,量刑时酌情予以考虑。

对于尤瑞仙的辩护人所提尤瑞仙非法获利250万元,其中50万元借给董泽霞,150万元购买了燕春房地产公司在白沟的商铺,50万元购买其住宅时使用,以上合同、借条、房产全部扣押在案,尤瑞仙愿将非法获利全部退还的辩护意见;贾海云的辩护人所提贾海云主动退赃18万元的辩护意见;梁莉的辩护人所提梁莉主动退赃30万元的辩护意见。经查属实,法院予以采纳。因法院已认定尤瑞仙、贾海云、梁莉无罪,对于尤瑞仙的辩护人、被告人贾海云、贾海云的辩护人、被告人梁莉、梁莉的辩护人所提其他辩解、辩护意见,法院已充分注意到。

对于被告人王海鹰所提董泽霞转走储户的存款未用于偿还燕春房地产公司的债务,而是用于偿还她的个人债务的辩解意见。经查,在案未有确实充分的证据证实董泽霞转走储户的存款用于偿还燕春房地产公司的债务,河北中瑞会计师事务所有限公司冀瑞会专审(2016)01010号司法鉴定审计报告载明该案涉案资金流向不明,上述辩解意见部分成立,法院部分予以采纳。所提指控其犯罪的证据中的相关证人均系董泽霞公司的员工,他们的证言均属虚假的辩解意见。经查,指控王海鹰犯罪的证据中的相关证人均与董泽霞具有利害关系或亲友关系,在案未有其他证据佐证该部分证言是否真实,上述辩解意见部分成立,法院部分予以采纳。所提河北中瑞会计师事务所有限责任公司冀瑞会专审(2016)01010号司法鉴定审计报告附表3-1中的收据票号0055560被记账两次的辩解意见,经查属实,上述辩解意见成立,法院予以采纳。

对于被告人王海鹰所提其无罪的辩解意见,王海鹰的辩护人所提王海鹰否认向董泽霞出具授权书让董泽霞进行融资,在案未有王海鹰对北京明正司法鉴定中心出具的司法鉴定意见书所用鉴定样本中的签名文字确认系其本人书写的记载,不能排除授权书不具有真实性的合理怀疑,该二份授权书不能作为定案依据。河北中瑞会计师事务所有限责任公司冀瑞会专审(2016)01010号司法鉴定审计报告未证实涉案资金的流向,也无法证明王海鹰或燕春房地产公司使用了涉案资金,该案所有审计的账目及凭证均未有王海鹰的签字或授权,资金往来与燕春房地产公司无关,只有涉及公司犯罪时直接责任人员才承担刑事责任,该案未指控燕春房地产公司犯罪,王海鹰虽是工商登记的燕春房地产公司法定代表人,但王海鹰在案发期间被羁押在看守所,失去对燕春房地产公司的实际控制,王海鹰无作案时间和作案现场。综上,认定王海鹰犯非法吸收公众存款罪的证据不足,应当判处王海鹰无罪。经查,王海鹰向董泽霞出具的授权书经二次司法鉴定均认定系王海鹰本人书写，该二份司法鉴定意见书不存在不得作为定案根据的法定情形，王海鹰向董泽霞出具授权书，授权董泽霞为燕春房地产公司筹集资金，王海鹰与董泽霞共谋犯罪，应对董泽霞所实施的盗窃罪承担责任。上述辩解、辩护意见不能成立，法院不予采纳。

对于被告人李大生所提除其转账出去的520万元，余款1400万元，其偿还张源本金500万元，其未给过张歆和王彦好处费的辩解意见。经查，案发前李大生已偿还张源500万元本金，在案无确实充分的证据证实李大生给过张歆和王彦好处费。上述辩解意见成立，法院予以采纳。

对于李大生及其辩护人所提李大生不具有非法占有目的，不构成盗窃罪的辩解、辩护意见。经查，李大生秘密转走储户存款，致使数额巨大的存款不能偿还，其主观上具有非法占有目的，李大生的行为构成盗窃罪。上述辩解、辩护意见不能成立，法院不予采纳。

对于李大生的辩护人所提在整个犯罪过程中，李大生仅在将钱款借补登之际转出上有辅助参与行为，在融资赚取高额利息、将钱款转回过程中有实行行为，在其他环节无实行行为的辩护意见。经查，李大生系本起犯罪的犯意提出者、组织者，其应对整起犯罪承担刑事责任，上述辩护意见不能成立，法院不予采纳。

对于被告人张歆所提其未与李大生有过共谋，其对整个事件完全不知情，事后才听说知道的，其仅是根据建设银行章程办理了一笔转账业务的辩解意见。张歆的辩护人所提张歆与李大生无共同犯罪故意和犯罪共谋，张歆系依法依规办理的代理人代理转账业务，无犯罪动机，指控张歆受李大生指使套取张源存折及密码秘密转走张源巨款系事实认定错误，应当判处张歆无罪的辩护意见。经查，李大生的供述、迟源的证言印证张歆与李大生在案发前共谋并受李大生指使转走张源的存款，迟源作为代理人由张歆操作转走储户邓某等7名储户的存款亦可印证李大生与张歆不止一次合谋使用该案作案手法转走储户的存款，李大生与张歆的行为均已触犯刑事法律，构成犯罪。张歆拒不认罪，表明其主观恶性较深，认罪态度恶劣。上述辩解、辩护意见不能成立，法院不予采纳。

对于被告人郭冬梅所提其只认识张菁，未与张菁共谋分工，其是在张菁的安排下实施的相关行为，不构成盗窃罪的辩解意见；郭冬梅的辩护人所提郭冬梅主观上无非法占有目的，无盗窃故意，未与其他被告人进行预谋，仅为了介绍存款而获取利益，郭冬梅的行为应认定为民事上的不当得利，不应追究其刑事责任的辩护意见。经查,李大生、王彦、郭冬梅、张菁的供述印证郭冬梅与张菁在张源存款前共谋、分工,明知张源存款后将被秘密转走,仍介绍、带领张源到指定银行存款,并将张源的个人信息及存款信息发短信告知张菁,郭冬梅具有非法占有目的,其行为构成盗窃罪。上述辩解、辩护意见不能成立,法院不予采纳。

对于郭冬梅的辩护人所提郭冬梅系主动投案,如实供述犯罪罪行,属自首的辩护意见。经查,郭冬梅系被抓获归案,不构成自首,辩护人的辩护意见不能成立,法院不予采纳。

对于被告人王彦所提其对钱款是如何转走不知情,其仅介绍李大生与张菁认识,并帮她们二人转发一条信息,其未得到好处费,不构成犯罪的辩解意见;王彦的辩护人所提王彦仅是介绍李大生与张菁进行银行高息存款业务的中间人,其对李大生、张歆两人秘密将储户存款转给他人的行为不知情,王彦主观上无盗窃的犯罪故意,应判处王彦无罪的辩护意见。经查,李大生、张菁的供述证实在张源存款前,王彦明知张源存款后将被秘密转走,仍然为张菁、李大生提供张源及其存款的相关信息,王彦在侦查阶段亦对此供认不讳,王彦的行为对本起犯罪的发生起着重要作用,其应对盗窃罪承担相应的刑事责任。上述辩解、辩护意见不能成立,法院不予采纳。

对于储户张源的诉讼代理人所提张源将钱款存入建设银行管理,无授权转账的意思表示,转账行为系银行工作人员张歆利用其银行职员的身份在明知违法的情况下进行的恶意操作,因此建设银行应是张源存款损失的偿付义务人的代理意见。经查,建设银行是否为张源存款损失的偿付义务人属于民事诉讼的审理范围,不在该案的审理范围内,代理人的上述代理意见不能成立,法院不予采纳。

法院认为,被告人董泽霞、范丽曼、张菁、李英、常玉、李大生、张歆、郭冬梅、王彦以非法占有为目的,采用秘密手段窃取他人财物,数额特别巨大,其行为均已构成盗窃罪。该案事实清楚,证据确实、充分,公诉机关指控的罪名成立。窃取财物后,董泽霞给予范丽曼、李英、常玉提成或好处费,该行为属盗窃罪既遂后的分赃行为,已包含在盗窃罪范围内,不应被认定为其他犯罪,故公诉机关指控董泽霞构成行贿罪、范丽曼、李英、常玉构成受贿罪不当。董泽霞、范丽曼、张菁、李英为了实现秘密窃取他人财物的目的,采用拉来储户存款的方法,该行为触犯非法吸收公众存款罪,与盗窃罪想象竞合,根据刑法相关规定,二行为应从一重罪即盗窃罪处罚,故公诉机关指控董泽霞、范丽曼、张菁、李英犯非法吸收公众存款罪不成立。被告人尤瑞仙、贾海云、梁莉将储户介绍到银行存款,非私自吸收存款或将储户介绍到不具有对外吸收公众存款资质的单位或自然人处存款,三被告人的行为不符合非法吸收公众存款罪的构成要件,并且三被告人对董泽霞、范丽曼盗窃存款不知情,故指控三被告人犯罪不成立。被告人王海鹰向董泽霞出具授权书,授权董泽霞为燕春房地产公司筹集资金,王海鹰与董泽霞共谋犯罪,应对董泽霞所实施的盗窃罪承担责任,故指控王海鹰犯非法吸收公众存款罪不当。考虑王海鹰在犯罪过程中所起作用较小,情节较轻,应以从犯论处,依法对其减轻处罚,但其系累犯,依法对其从重处罚。在犯罪过程中,董泽霞、范丽曼系共同犯罪的组织者、直接实施者,二人均系主犯,但董泽霞所起作用大于范丽曼。范丽曼拒不认罪,主观恶性较深,酌情对其从重处罚;案发后范丽曼主动退缴部分赃款,酌情对其从轻处罚。董泽霞提供重要线索,使其他案件得以侦破,另规劝一名网上在逃人员主动归案,其两次行为均构成一般立功,依法对其从轻处罚;在办案机关追缴赃款赃物过程中,董泽霞主动配合,并与部分储户达成还款协议(或购房协议),认罪态度较好,酌情对其从轻处罚。张菁在董泽霞等人共同犯罪中积极主动,系主犯,但其作用小于董泽霞、范丽曼,在李大生等人共同犯罪中起辅助作用,系从犯,并主动退赔部分储户、退缴部分赃款,依法对其从轻处罚。案发后,张菁主动投案,如实供述部分主要犯罪罪行,该部分犯罪行为构成自首,依法对其从轻处罚。李英、常玉在共同犯罪中起辅助作用,均系从犯,认罪态度较好,依法对二人减轻处罚,但李英所起作用大于常玉。李大生系共同犯罪的犯意提出者、组织者,其系主犯并有前科,依法对其从重处罚,但其案发前主动退赔储户部分钱款,酌情对其从轻处罚。张歆系盗窃罪的直接实施者,其系主犯,拒不认罪,主观恶性较深,依法对其从重处罚,但张歆在共同犯罪中所起作用小于李大生。郭冬梅、王彦在盗窃共同犯罪中起辅助作用,二人均系从犯,依法减轻处罚,但郭冬梅所起作用大于王彦。案发后,郭冬梅所获赃款全部退赔。王彦当庭翻供,无合法理由,酌情对其从重处罚。根据各被告人犯罪的事实、性质、情节和对于社会的危害程度,依照《刑法》(2017年)第二百六十四条、第一百七十六条、第二十五条、第二十六条、第二十七条、第四十五条、第五十二条、第五十九条、第六十五条、第六十七条、第六十八条、第六十九条,《刑事诉讼法》及2012年《最高人民法院关于适用〈中华人民共和国刑事诉讼法〉的解释》(已失效)第二百四十一条第

(三)项之规定,判决如下:

一、被告人董泽霞犯盗窃罪,判处有期徒刑十三年,并处罚金人民币五百万元。

二、被告人范丽曼犯盗窃罪,判处有期徒刑十二年,并处罚金人民币四百万元。

三、被告人张菁犯盗窃罪,判处有期徒刑十一年六个月,并处罚金人民币二百万元。

四、被告人李大生犯盗窃罪,判处有期徒刑十一年,并处罚金人民币一百万元。

五、被告人张歆犯盗窃罪,判处有期徒刑十年六个月,并处罚金人民币四十万元。

六、被告人李英犯盗窃罪,判处有期徒刑七年,并处罚金人民币八十万元。

七、被告人常玉犯盗窃罪,判处有期徒刑六年,并处罚金人民币八十万元。

八、被告人郭冬梅犯盗窃罪,判处有期徒刑六年,并处罚金人民币六十万元。

九、被告人王彦犯盗窃罪,判处有期徒刑五年,并处罚金人民币十万元。

十、被告人王海鹰犯盗窃罪,判处有期徒刑二年七个月,并处罚金人民币十万元。

十一、被告人尤瑞仙无罪。

十二、被告人贾海云无罪。

十三、被告人梁莉无罪。

十四、冻结、扣押在案的赃款赃物及其孳息,依法追缴,发还给储户办理存款的银行。

十五、依法继续追缴被告人董泽霞、范丽曼、张菁、李英、李大生、郭冬梅、常玉、尤瑞仙、贾海云、梁莉(已全部退缴)非法所得其他赃款赃物,追缴后发还给储户办理存款的银行。

【案例简析】

该案的检察院认为尤瑞仙、贾海云、梁莉的行为触犯了《刑法》(2017年)第一百七十六条之规定,应当以非法吸收公众存款罪追究三被告人的刑事责任。尤瑞仙、贾海云、梁莉三人的辩护人均作出罪轻辩护,尤瑞仙的辩护人认为尤瑞仙仅帮助范丽曼寻找储户,后得知储户的存款系燕春房地产公司的董泽霞使用,对于储户的钱款存入银行后如何被转走并不知情;贾海云的辩护人认为贾海云仅带领储户到银行存款或办理其他相关业务,不存在伙同他人转走储户存款的事实;梁莉的辩护人认为梁莉仅为贾海云介绍一名储户范卫平,梁莉不认识贾海云以外的其他被告人,对于储户如何存款、何人如何转款、存款的去向均不知情,且三人系从犯,存在自首、退赔的情节。而法院最终判决被告人尤瑞仙、贾海云、梁莉无罪。其原因在于被告人尤瑞仙、贾海云、梁莉将储户介绍到银行存款,非私自吸收存款或将储户介绍到不具有对外吸收公众存款资质的单位或自然人处存款,三被告人的行为不符合非法吸收公众存款罪的构成要件,并且三被告人对董泽霞、范丽曼盗窃存款不知情。此外,董泽霞、范丽曼、张菁、李英为了实现秘密窃取他人财物的目的,采用拉来储户存款的方法,该方法行为触犯非法吸收公众存款罪,与盗窃罪想象竞合,根据《刑法》相关规定,二行为从一重罪即盗窃罪处罚。

【问题研讨】

该案需要讨论以下问题:

其一,非法吸收公众存款罪与盗窃罪的想象竞合。《刑法》第二百六十四条规定,盗窃公私财物,数额较大的,或者多次盗窃、入户盗窃、携带凶器盗窃、扒窃的,处三年以下有期徒刑、拘役或者管制,并处或者单处罚金;数额巨大或者有其他严重情节的,处三年以上十年以下有期徒刑,并处罚金;数额特别巨大或者有其他特别严重情节的,处十年以上有期徒刑或者无期徒刑,并处罚金或者没收财产。《刑法》第一百七十六条规定,非法吸收公众存款或者变相吸收公众存款,扰乱金融秩序的,处三年以下有期徒刑或者拘役,并处或者单处罚金;数额巨大或者有其他严重情节的,处三年以上十年以下有期徒刑,并处罚金;数额特别巨大或者有其他特别严重情节的,处十年以上有期徒刑,并处罚金。两罪名分属不同章节,保护不同法益,具有不同的构成要件。但以银行内部办理高息存款的名义拉来储户存款,通过调换或直接获取储户U盾的方式转走储户存款同时触犯盗窃罪和非法吸收公众存款罪。当非法吸收公众存款罪与盗窃罪想象竞合时,应从一重罪,以盗窃罪论处。

其二,行为人亲友投入的资金计入非法吸收公众存款的犯罪数额,应以被告人非法吸收公众存款犯罪开始的时间为限。从立法本意来看,设立非法吸收公众存款罪是为了防止不法分子扰乱国家金融管理秩序,以及给存款人(投资人)带来风险。在实践中,一些行为人的集资行为,最初只是面向特定的亲友,并非自始就具有"社会性"。因此,应按照集资行为开始面向社会的时间节点考察其亲友投入资金的性质。若向亲友吸收资金的行为发生在行为人向社会非法集资之前,可认定为向特定对象吸收资金,属于未公开宣传且针对亲友中的特定对象吸收资金的行为,该数额可不计入非法吸收公众存款的犯罪数额;若向亲友吸收资金的行为发生在行为人向社会非法集资的同时或者之后,此时亲友混同于社会公众中,向亲友吸收的资金应当计入非法吸收公众存款犯罪数额。

五十一、公司吸收公众存款会计法定不起诉无罪案

刘某某非法吸收公众存款案①

【基本案情】

2013年3月至2015年6月期间,王某某(已判刑)因其经营的河南某某科技有限公司资金紧张,以河南某某科技有限公司为借款人,通过南阳某某实业有限公司业务员杜某甲、杜某乙(已判刑)等人介绍、发放宣传册、带领客户参观、支付高息等手段吸收公众资金。经审计,河南某某科技有限公司吸收37户本金1901万元,已退还本金657万元,支付利息446.8183万元。其中,刘某某于2011年夏天至2015年10月任河南某某科技有限公司会计,负责公司记账;刘某某每月领取2500元左右固定工资。

【审查起诉】

本案由南阳市公安局新区分局侦查终结,以刘某某涉嫌非法吸收公众存款罪,于2020年7月27日向检察院移送审查起诉。其间,检察院于8月27日退回公安机关补充侦查,公安机关于10月10日重新移送审查起诉。

【不起诉决定及理由】

检察院认为,刘某某的上述行为,不构成犯罪。依照《刑事诉讼法》第一百七十七条第一款的规定,决定对刘某某不起诉。

【案例简析】

该案王某某因其经营的河南某某科技有限公司资金紧张,以河南某某科技有限公司为借款人,通过南阳某某实业有限公司业务员杜某甲、杜某乙等人介绍、发放宣传册、带领客户参观、支付高息等手段吸收公众资金。在

---

① 参见河南省南阳市宛城区人民检察院不起诉决定书宛城检二部刑不诉[2020]20号。

此期间,刘某某任河南某某科技有限公司会计,负责公司记账,每月领取2500元左右固定工资。公安机关认为刘某某涉嫌非法吸收公众存款罪,将刘某某移送审查起诉。检察院认为,刘某某的上述行为不构成犯罪。因此作出法定不起诉决定。

【问题研讨】

该案需要讨论的问题是:会计在非法吸收公众存款单位犯罪中的出罪事由。

当单位构成非法吸收公众存款的单位犯罪时,会计是否需要承担刑事责任?对此,要考察会计是否为主管人员或直接责任人员,若会计仅从事公司记账工作,每月领取固定工资,未参与、实施非法吸收公众存款行为,未从单位非法吸收公众存款中获益,则会计不属于主管人员或直接责任人员,不构成犯罪。

五十二、公司销售理财产品吸收存款数据专员法定不起诉无罪案

方某某非法吸收公众存款案[①]

【基本案情】

2014年8月至2016年12月,方某某伙同江某某(另案处理)等人以上海××实业集团有限公司(以下简称"××公司")名义,在未获得国家有关部门批准的情况下,组织人员通过××公司,以支付年化收益率6.8%至16.8%为条件,以海报宣传、亲友推荐和线下宣传等方法,向公众销售理财产品。经上海复兴明方会计师事务所有限公司司法审计,2015年12月至2016年12月,方某某任职于××公司后台运营管理部,负责对各分公司营业部投资理财公司、投资金额等相关业务信息进行收集整理汇总。在其任职期间,×××公司累计销售理财产品的合同金额为人民币276300000元,实际投资额为256687792元。

【审查起诉】

本案由上海市公安局崇明分局侦查终结,以方某某涉嫌非法吸收公众存款罪,于2019年7月2日向检察院移送审查起诉。经审查,检察院于2020年11月24日退回上海市公安局崇明分局补充侦查;上海市公安局崇明分局补充侦查终结,于2020年11月26日向检察院再次移送审查起诉。

检察院审查后认为,方某某所从事的仅是简单的事务性工作,而且数据专员岗位本身也不具有管理属性,不属于单位犯罪中直接负责的主管人员;同时其只是对非法吸收公众存款的数据进行收集、整理、汇总,也不属于单位犯罪中的直接责任人员。此外,方某某每月收入固

[①] 参见上海市崇明区人民检察院不起诉决定书沪崇检金融刑不诉[2020]Z56号。

定,所获报酬多少也不与非法吸收公众存款的金额挂钩,在此情况下对其行为不宜作为犯罪进行处理。

【不起诉决定及理由】

检察院认为,方某某的上述行为,情节显著轻微、危害不大,不构成犯罪。依照《刑事诉讼法》第十六条第(一)项和第一百七十七条第一款的规定,决定对方某某不起诉。

【案例简析】

该案的方某某任职××公司后台运营管理部,负责对各分公司营业部投资理财公司、投资金额等相关业务信息进行收集整理汇总。在其任职期间,××公司累计销售理财产品的合同金额为人民币276300000元,实际投资额为256687792元。公安机关认为方某某涉嫌非法吸收公众存款罪移送检察院审查起诉,该案经过一次退回补充侦查,检察院认为方某某的行为情节显著轻微、危害不大,不构成犯罪,对其作出法定不起诉决定。其理由是方某某任职数据专员,其行为是对各分公司营业部投资理财公司、投资金额等相关业务也就是非法吸收公众存款的数据进行收集、整理、汇总,从职位的性质来说,数据专员岗位本身也不具有管理属性,不属于单位犯罪中直接负责的主管人员;从行为来说,对非法吸收公众存款的数据进行收集、整理、汇总属于简单的事务性工作;从获利来看,每月收入固定,所获报酬多少也不与非法吸收公众存款的金额挂钩。因此,方某某不属于单位犯罪中直接负责的主管人员或直接责任人员,不构成犯罪。

【问题研讨】

该案需要讨论如下问题:

一是对非法吸收公众存款犯罪活动有关业务人员的处理,应当严格遵循《非法集资案件适用法律意见》第四条确定的原则处理,即行为人帮助他人向社会非法集资,从中收取代理费、好处费、佣金或提成等,构成非法集资共同犯罪的,应当依法追究刑事责任,但可以从轻处理。有关业务人员参与时间较短,数额较小,情节轻微的,特别是能够积极提供资金去向,帮助挽回损失的,可以不按犯罪处理。有关业务人员受雇佣而参与非法集资的部分环节,仅领取少量报酬或者提成的,也可以不按犯罪处理。

二是单位犯罪中直接负责的主管人员与直接责任人员的确定。依照《全国法院审理金融犯罪案件工作座谈会纪要》规定,直接负责的主管人员,是在单位实施的犯罪中起决定、批准、授意、纵容、指挥等作用的人员,一般是单位的主管负责人,包括法定代表人。其他直接责任人员,是在单位犯罪中具体实施犯罪并起较大作用的人员,既可以是单位的经营管理人员,也可以是单位的职工,包括聘任、雇佣的人员。因此,若职位不具有管理属性,则对单位实施犯罪不可能起到决定、批准、授意、纵容、指挥等作用,因而不属于直接负责的主管人员;若仅从事简单的事务性工作,则不属于具体实施犯罪,也不属于对单位犯罪起较大作用,因而不属于其他直接责任人员。另外,若行为人每月收入固定,所获报酬多少也不与非法吸收公众存款的金额挂钩,则进一步说明行为人不是单位非法吸收公众存款犯罪直接负责的主管人员与其他直接责任人员。

五十三、投资管理有限公司分公司业务员吸收存款业绩挂名法定不起诉无罪案

张某某非法吸收公众存款案[①]

【基本案情】

张某某身为湖北××投资管理有限公司××分公司的业务员,以口头宣传的方式,公开吸收公众存款。经审查查明,张某某受湖北××投资管理有限公司××分公司总经理赵某某(另案处理)邀请,到该分公司担任业务员从事吸收存款业务,赵某某为了使张某某业绩达到总公司规定标准,即将本人吸收的部分资金挂到张某某名下,经会计鉴定,张某某累计吸收存款129万元,其中89万元属赵某某吸收,张某某实际吸收存款40万元。

【审查起诉】

本案由十堰市公安局郧阳区分局侦查终结,以张某某涉嫌非法吸收公众存款罪,于2020年7月22日向检察院移送审查起诉。因事实不清、证据不足,于2020年8月21日退回补充侦查;同年8月31日移送审查起诉,又因事实不清、证据不足,于2020年9月29日退回补充侦查,同年10月29日移送审查起诉。

【不起诉决定及理由】

检察院认为,张某某的上述行为,情节显著轻微、危害不大,不构成犯罪。依照《刑事诉讼法》第十六条第(一)项和第一百七十七条第一款的规定,决定对张某某不起诉。

【案例简析】

该案张某某身为湖北××投资管理有限公司××分公司的业务员,以口头

[①] 参见湖北省十堰市郧阳区人民检察院不起诉决定书鄂十郧检二部刑不诉[2020]24号。

宣传的方式,公开吸收公众存款129万元。其中张某某实际吸收存款40万元,其余89万元属于湖北××投资管理有限公司××分公司总经理赵某某为了使张某某业绩达到总公司规定标准,将本人吸收的部分资金挂到张某某名下,属于赵某某吸收。检察院认为,张某某作为业务员吸收存款40万元的行为,情节显著轻微、危害不大,不构成犯罪,对其作出法定不起诉决定。

【问题研讨】

该案在审查起诉过程中需要讨论的问题是：

一是非法吸收存款数额挂名的处理。依据《非法集资案件意见》的规定,非法吸收或者变相吸收公众存款的数额,以行为人所吸收的资金全额计算。若存在吸收资金挂名的情况,应当以实际吸收的资金数额为准。

二是非法吸收公众存款的入罪标准。依据2010年《立案追诉标准规定(二)》(已失效)规定,非法吸收公众存款或者变相吸收公众存款,扰乱金融秩序,涉嫌下列情形之一的,应予立案追诉：(一)个人非法吸收或者变相吸收公众存款数额在二十万元以上的,单位非法吸收或者变相吸收公众存款数额在一百万元以上的;……《立案追诉标准规定(二)》经2022年修订后,取消了个人与单位非法吸收公众存款数额的区别,统一将非法吸收或者变相吸收公众存款数额在一百万元以上作为非法吸收公众存款立案追诉的标准。因此,业务员吸收存款40万元的行为,情节显著轻微、危害不大,不构成犯罪。

五十四、分公司财务人员吸收存款法定不起诉无罪案

李某甲非法吸收公众存款案[①]

【基本案情】

2011年8月15日,郑某乙(另案处理)出资注册成立西安××置业有限公司(以下简称"西安××公司"),其子郑某丙(已去世)任公司法定代表人,郑某乙系实际控制人,后西安××公司在西乡县通过竞价购买到位于城南××村××组的一宗土地。2013年7月12日,受郑某乙全权委托,郑某甲(另案处理)在西乡县注册成立西安××置业有限公司西乡分公司(以下简称"西乡分公司",2019年11月28日注销),并任负责人,负责在西安××公司购买的土地上开发"××大酒店"项目。因西安××公司资金短缺,无法启动项目建设,郑某甲经郑某丁(另案处理)建议,决定通过收取发包工程保证金和向群众融资的方式筹集项目资金,并获得郑某乙、郑某丙同意。2014年4月8日,郑某甲、郑某丁、任某某三人注册成立西乡县××投资管理咨询有限公司(以下简称"××公司",2016年1月11日注销),任某某任挂名法定代表人,郑某甲、郑某丁为股东,郑某甲总管全盘工作,郑某丁负责融资策划、业务员培训及管理,××公司与西乡分公司合署办公,实行"一套人马,两块牌子"。之后在未经有关部门依法批准的情况下,××公司安排业务员通过发放融资宣传彩页、口头宣讲、召开投资理财签到会等公开方式,以西乡分公司开发"××大酒店"项目的名义,承诺给付15%至18%的年利息,向社会公开吸收存款。2014年7月11日,××公司因涉嫌非法集资被公安机关和工商部门调查并责令关停,郑某丁、任某某遂离开西乡。此后,西乡分公司在退还少数群众存款后,将其他群众的到期存款合同收回,转以员工名义向投

[①] 参见陕西省西乡县人民检察院不起诉决定书西检刑检刑不诉[2020]58号。

资群众出具借款借条,并继续吸收已投资群众的追加存款及介绍的其他群众投资款。2015年7月,被不起诉人李某甲受男友郑某丙邀请,来到西乡接替管理西乡分公司财务,负责收取已投资群众的追加存款、新介绍群众的投资款,支付群众利息款、项目建设费用及公司日常开支。2016年6月,西乡分公司资金链断裂,无法按月支付利息及归还本金,多名被害人索要本金及利息数年未果。

综上,自2014年4月至2016年6月,西乡分公司共向社会不特定群众19人吸收资金2927792元(含退还7人本金17.8万元,其中截至2014年7月11日,向不特定群众9人吸收资金28万元),给投资群众造成直接经济损失数额为2749792元。

【审查起诉】

本案由西乡县公安局侦查终结,以李某甲涉嫌非法吸收公众存款罪,于2020年8月3日向检察院移送审查起诉。检察院受理后,依照《刑事诉讼法》的有关规定,于2020年8月4日告知犯罪嫌疑人依法享有的诉讼权利;已依法讯问犯罪嫌疑人,听取了辩护人、被害人的意见,并审阅了全部案件材料,核实了案件事实与证据。期间,退回补充侦查一次,延长审查起诉期限一次。

【不起诉决定及理由】

检察院认为,李某甲作为西乡分公司的财务人员,负责管理公司账目,支付群众存款利息、项目费用、公司日常开支,并在此期间接收过部分群众存款,虽参与实施了一定的非法集资行为,但仅系执行公司领导层的决策安排,且不属于管理层、骨干人员或其他发挥主要作用的人员,其行为情节显著轻微、危害不大,不构成犯罪。依照《刑事诉讼法》第十六条第(一)项和第一百七十七条第一款的规定,决定对李某甲不起诉。

【案例简析】

该案退回补充侦查一次,西乡分公司和西乡县××投资管理咨询有限公司合署办公,在未经有关部门依法批准的情况下,××公司安排业务员通过发放融资宣传彩页、口头宣讲、召开投资理财签到会等公开方式,以西乡分公司开发"××大酒店"项目的名义,承诺给付15%至18%的年利息,向社会公开吸收存款2927792元。被不起诉人李某甲受邀来到西乡接替管理西乡分公司财务,负责收取已投资群众的追加存款、新介绍群众的投资款,支付群众利息款、项目建设费用及公司日常开支。检察院认为,李某甲作为西乡分公司的财务人员,在此期间接收过部分群众存款,虽参与实施了一定非法集资行为,但仅系执行公司领导层的决策安排,且不属于管理层、骨干人员或其他发挥主要作用的人员,其行为情节显著轻微、危害不大,不构成犯罪,因此对其作出法定不起诉决定。

【问题研讨】

该案需要讨论的问题是:非法吸收公众存款犯罪活动中,财务人员"情节显著轻微、危害不大"的界定。

依据《全国法院审理金融犯罪案件工作座谈会纪要》的规定,在单位犯罪中,对于受单位领导指派或奉命而参与实施了一定犯罪行为的人员,一般不宜作为直接责任人员追究刑事责任。因此,财务人员在公司领导层的决策安排下接收过部分群众存款,参与实施一定非法集资行为,也可以被认定为情节显著轻微、危害不大,不构成犯罪。

五十五、分公司非法吸收公众存款,从事电脑、网络维护工作、担任驾驶员的人员法定不起诉无罪案

杨某甲非法吸收公众存款案①

【基本案情】

2012年9月至2015年8月期间,王某某、谭某某在未经国家金融部门批准的情况下,以××黔东南分公司为平台,许以月利率、预期红利共2.5%、3%的高利回报,利用该公司门口的LED电子显示屏宣传公司信息,以公司股东、员工介绍他人将资金投资到公司给予投资总金额0.15%、0.3%的提成作为绩效奖励的方式,鼓励公司股东、员工对自己的亲友、熟人进行宣传,通过人传人、口口相传的形式对外宣传,王某某、谭某某采取与投资人签订借款合同(理财)、临时拆借协议等方式,向公司股东、员工和社会不特定公众郎某某、李某甲、李某乙等人吸收资金。王某某、谭某某又将吸收来的资金以月息4.5%至6%高利放贷给杨某乙、罗某某、凯里市××置业有限公司等个人和单位从事经营活动,通过利率差从中牟利。2015年9月,因放贷资金未能收回,王某某、谭某某无力向投资人返本付息,产生大量诉讼和民间纠纷,严重扰乱金融秩序。

2013年,杨某甲经他人介绍到××黔东南分公司从事电脑、网络维护工作和担任王某某的驾驶员,其间,王某某将自己非法吸收资金所得绩效分给杨某甲3600元。2015年至2018年期间,杨某甲使用其工商银行卡的银行账户帮助谭某某、王某某向部分投资人支付利息、退还本金。

案发后杨某甲已向公安机关退缴非法所得3600元。

---

① 参见贵州省凯里市人民检察院不起诉决定书凯检职检刑不诉[2020]Z1号。

【审查起诉】

本案由凯里市公安局侦查终结,以杨某甲涉嫌非法吸收公众存款罪,于2020年2月5日向检察院移送审查起诉。因事实不清、证据不足,检察院决定退回侦查机关补充侦查两次(2020年3月20日至2020年4月20日、2020年6月4日至2020年7月3日)。因系重大、复杂的案件,检察院决定延长审查起诉期限三次(2020年3月6日至2020年3月20日、2020年5月21日至2020年6月4日、2020年8月4日至2020年8月18日)。

【不起诉决定及理由】

检察院认为,杨某甲的上述行为,情节显著轻微、危害不大,不构成犯罪。依照《刑事诉讼法》第十六条第(一)项和第一百七十七条第一款的规定,决定对杨某甲不起诉。

【案例简析】

该案退回补充侦查两次,王某某、谭某某构成非法吸收公众存款罪。王某某、谭某某在未经国家金融部门批准的情况下,以××黔东南分公司为平台,提成作为绩效奖励的方式,鼓励公司股东、员工对自己的亲友、熟人进行宣传,即将资金投入××黔东南分公司有月利率、预期红利共2.5%、3%的高利回报,通过人传人、口口相传的形式对外宣传,王某某、谭某某采取与投资人签订借款合同(理财)、临时拆借协议等方式,向公司股东、员工和社会不特定公众郎某某、李某甲、李某乙等人吸收资金。之后又将吸收来的资金以月息4.5%至6%高利放贷给杨某乙、罗某某、凯里市××置业有限公司等个人和单位从事经营活动,通过利率差从中牟利。

杨某甲在××黔东南分公司从事电脑、网络维护工作和担任王某某的驾驶员。其间,王某某将自己非法吸收资金所得绩效分给杨某甲3600元。杨某甲使用其银行账户帮助谭某某、王某某向部分投资人支付利息、退还本金。具体来说,杨某甲存在三个行为,第一,从事公司电脑、网络维护工作,给王某某担任驾驶员;第二,获得王某某非法吸收资金3600元的绩效;第三,提供银行账户帮助支付利息、退还本金。检察院认为,杨某甲的行为情节显著轻微、危害不大,不构成犯罪。因此作出法定不起诉决定。

【问题研讨】

该案需要讨论的问题是:非法吸收公众存款犯罪活动中,帮助行为"情节显著轻微、危害不大"的界定。

依据《非法集资案件适用法律意见》的规定,为他人向社会公众非法吸收资金提供帮助,从中收取代理费、好处费、返点费、佣金、提成等费用,构成非法集资共同犯罪的,应当依法追究刑事责任。能够及时退缴上述费用的,可依法从轻处罚;其中情节轻微的,可以免除处罚;情节显著轻微、危害不大的,不作为犯罪处理。而从事公司电脑、网络维护工作,给非法吸收公众存款人员担任驾驶员、提供银行账户帮助支付利息、退还本金都可以被视为"情节显著轻微、危害不大"的情形。

五十六、担保公司在未经金融监管机构批准，无资质从事吸收公众存款业务的情况下利用项目吸收资金客户经理法定不起诉无罪案

张某某非法吸收公众存款案①

【基本案情】

平顶山市新华区××××投资担保有限公司(以下简称"××担保公司")于2009年5月27日注册成立，注册资金为5000万元，许某某(系单某某之妻)出资4700万元，平顶山市新华区××××××××中心出资300万元，公司经营范围为：担保、投资、咨询服务，隶属于××投资控股集团有限公司(以下简称"××集团")。2011年，××担保公司虽然取得了河南省工信厅批准具有融资性担保机构经营许可证的经营资质，但未经金融监管机构批准，不具备向社会公众吸收存款的资质。××担保公司在未经金融监管机构批准，无资质从事吸收公众存款业务的情况下，利用××集团旗下的平顶山市××××置业有限公司、河南××××有限责任公司、项城市××××实业有限公司、河南省×××农业综合开发有限公司等9个项目非法吸收公众资金，并承诺使用资金期限分为三个月、六个月、十二个月，以在一定期限内给付高额利息为诱饵，通过口口相传或熟人介绍等方式向社会公众非法吸收存款。

张某某于2013年4月任××担保公司的客户经理。经鉴定，在其任职期间，个人吸收社会公众存款22万元，未兑付金额无，获得工资、提成及奖励2168元。案发后，张某某退赃2168元。2019年6月14日，张某某经公安机关电话通知到案。

---

① 参见河南省平顶山市新华区人民检察院不起诉决定书平新检二部刑不诉[2020]4号。

【审查起诉】

本案由平顶山市公安局侦查终结,以张某某涉嫌非法吸收公众存款罪移送平顶山市人民检察院审查起诉,平顶山市人民检察院于2019年12月19日交办平顶山市新华区人民检察院审查起诉。平顶山市新华区人民检察院于2020年2月3日第一次退回侦查机关补充侦查,侦查机关于2020年3月3日补查重报。平顶山市新华区人民检察院于2020年1月20日、2020年4月3日两次分别延长审查起诉期限15日。

【不起诉决定及理由】

检察院认为,张某某的上述行为情节显著轻微、危害不大,不构成犯罪。依照《刑事诉讼法》第十六条第(一)项和第一百七十七条第一款的规定,决定对张某某不起诉。

【案例简析】

该案××担保公司在未经金融监管机构批准,无资质从事吸收公众存款业务的情况下,利用××集团旗下的平顶山市××××置业有限公司等9个项目非法吸收公众资金,并以承诺在一定期限内给付高额利息为诱饵,通过口口相传或熟人介绍等方式向社会公众非法吸收存款。张某某在任××担保公司客户经理期间,个人吸收社会公众存款22万元,未兑付金额无,获得工资、提成及奖励2168元。案发后,张某某全部退赃。虽然公安局认为张某某涉嫌非法吸收公众存款罪移送审查起诉,但检察院认为张某某的上述行为情节显著轻微、危害不大,不构成犯罪。因此对其作出法定不起诉决定。

【问题研讨】

该案需要讨论的问题是:非法吸收公众存款犯罪活动中,客户经理的行为"情节显著轻微、危害不大"的界定。

一是吸收存款数额刚刚达到立案标准,依照2010年《立案追诉标准规定(二)》(已失效)的规定,个人非法吸收或者变相吸收公众存款数额在二十万元以上的,应予立案追诉。本案中张某某担任客户经理期间,个人吸收社会公众存款22万元,刚达到立案标准。而按照2022年修订的《立案追诉标准规定(二)》,非法吸收公众存款数额的立案标准为100万元。

二是虽然获得提成及奖励,但非法所得较少。依照《非法集资案件适用法律意见》的规定,为他人向社会公众非法吸收资金提供帮助,从中收取代理费、好处费、返点费、佣金、提成等费用,构成非法集资共同犯罪的,应当依法追究刑事责任。能够及时退缴上述费用的,可依法从轻处罚;其中情节轻微的,可以免除处罚;情节显著轻微、危害不大的,不作为犯罪处理。本案中张某某全部退赃。因此综上可以认定张某某的行为情节显著轻微、危害不大,不构成犯罪。

五十七、公司吸收存款后勤保障人员法定不起诉无罪案

孙某某非法吸收公众存款案①

【基本案情】

2018年3月,苏某某(另案处理)注册成立广饶县百世建筑工程有限公司。犯罪嫌疑人沈某某、张某某、赵某某在明知该公司未经金融监管机构批准,不具备吸收公众存款资格、无真实经营业务的情况下,协助苏某某通过发放宣传材料推介投资方案和口口相传的方式,以对外投资开采矿山、加工石材需要资助周转为名,以年化收益18%至24%高息为诱饵,承诺到期支付本息,向不特定社会公众44人非法吸收公众存款共计7020000元,除部分返还外,尚有4595222元本金不能兑付,给集资人造成巨大损失。

另查明,2018年3月,孙某某到广饶县百世建筑工程有限公司从事后勤保障工作,负责做饭、开车等一般性事务工作,未参与对集资的宣传推介,对集资款的金额、用途并不知情,只领取劳务工资。

【审查起诉】

本案由山东省广饶县公安局侦查终结,以孙某某涉嫌非法吸收公众存款罪,于2019年9月24日向检察院移送审查起诉。

【不起诉决定及理由】

检察院认为,孙某某的上述行为,情节显著轻微、危害不大,不构成犯罪。依照《刑事诉讼法》第十六条第(一)项和第一百七十七条第一款的规定,决定对孙某某不起诉。

【案例简析】

该案苏某某等人通过利用广饶县百世建筑工程有限公司,以发放宣传

---

① 参见山东省东营市广饶县人民检察院不起诉决定书广检一部刑不诉[2020]36号。

材料推介投资方案和口口相传的方式,以对外投资开采矿山、加工石材需要资助周转为名,以年化收益18%至24%高息为诱饵,承诺到期支付本息,向不特定社会公众44人非法吸收公众存款共计7020000元,除部分返还外,尚有4595222元本金不能兑付,给集资人造成巨大损失,构成非法吸收公众存款罪。而孙某某到广饶县百世建筑工程有限公司从事后勤保障工作,负责做饭、开车等一般性事务工作,未参与对集资的宣传推介,对集资款的金额、用途并不知情,只领取劳务工资。公安局以孙某某涉嫌非法吸收公众存款罪移送审查起诉,检察院认为孙某某的行为情节显著轻微、危害不大,不构成犯罪。因此作出法定不起诉决定。

【问题研讨】

该案需要讨论的问题是:后勤保障人员的行为"情节显著轻微、危害不大"的界定。后勤保障人员从事后勤保障工作,负责做饭、开车等一般性事务工作,表明其对于非法吸收公众存款的帮助作用不大;未参与对集资的宣传推介,表明其未参与非法吸收公众存款行为;对集资款的金额、用途并不知情,表明其没有犯罪的故意;只领取劳务工资,表明其没有违法所得。因此综合上述,可以认定后勤保障人员的行为"情节显著轻微、危害不大"。

五十八、公司吸收存款负责公司日常管理的人员法定不起诉无罪案

陈某某非法吸收公众存款案①

【基本案情】

2017年3月至4月,杨某某以江苏××酒业股份有限公司的名义,对外宣称扩大经营,采取消费返利模式,通过召开宣传会、口口相传等方式,向社会不特定公众53人非法吸收存款121.5万元。其间,陈某某在江苏××酒业股份有限公司工作,负责公司日常管理,在非法吸收公众存款犯罪活动中,负责接待投资人并发放赠品杨家老酒。另查明,陈某某于2018年4月16日经公安机关电话通知到宿迁市公安局经济技术开发区分局投案自首。

【审查起诉】

本案由宿迁市公安局经济技术开发区分局侦查终结,以陈某某涉嫌非法吸收公众存款罪,于2018年7月18日向检察院移送审查起诉。检察院于2018年8月30日、2018年11月9日先后两次退回侦查机关补充侦查,于2018年8月17日、2018年10月26日、2019年1月8日依法延长审查起诉期限半个月。

【不起诉决定及理由】

检察院认为,陈某某的上述行为,情节显著轻微、危害不大,不构成犯罪。依照《刑事诉讼法》第十六条第(一)项和第一百七十七条第一款的规定,决定对陈某某不起诉。

【案例简析】

该案两次退回补充侦查,杨某某以江苏××酒业股份有限公司的名

---

① 参见江苏省宿迁市宿城区人民检察院不起诉决定书宿区检刑二刑不诉[2019]2号。

义,对外宣称扩大经营,采取消费返利模式,通过召开宣传会、口口相传等方式,向社会不特定公众53人非法吸收存款121.5万元。其间,被不起诉人陈某某在江苏××酒业股份有限公司工作,负责公司日常管理,在非法吸收公众存款犯罪活动中,负责接待投资人并发放赠品杨家老酒。公安局以陈某某涉嫌非法吸收公众存款罪移送审查起诉,而检察院认为,陈某某的行为情节显著轻微、危害不大,不构成犯罪。因此作出法定不起诉决定。

【问题研讨】

该案需要讨论的问题是:负责公司日常管理的人员的行为"情节显著轻微、危害不大"的界定。负责公司日常管理的人员负责接待投资人并发放赠品,其工作内容属于中性服务行为,未对非法集资起到实质促进作用,且与资金吸收无因果关系。因此,接待投资人并发放赠品的行为可以被认定为"情节显著轻微、危害不大"。

五十九、公司以"出借咨询与服务协议"形式吸收社会公众存款,业务人员法定不起诉无罪案

侯某某非法吸收公众存款案①

【基本案情】

2015年5月,"北京××公司"在北京成立,任某某为实际出资人,许某某为法定代表人。2016年7月,罗某某与"北京××公司"签订劳动合同,担任公司副总经理。"北京××公司"准备在牙克石市和海拉尔区成立分公司,并任命周某某为分公司经理,该公司在未经相关部门注册及批准的情况下,通过业务人员陈某某、侯某某等人在牙克石市和海拉尔区以高额利润宣传为诱饵,向社会公众吸收资金,诱使22人与该公司签订了"出借咨询与服务协议",吸收社会公众存款共计219万元。现该公司资金链断裂,无法返还本金及利息,造成直接损失219万元。其中陈某某签订协议8笔,吸收存款88万元,侯某某签订协议5笔,吸收存款30万元。侯某某向其亲友共计吸收存款28万元,由公司划拨至侯某某名下2万元。

【审查起诉】

本案由牙克石市公安局侦查终结,以侯某某涉嫌非法吸收公众存款罪,于2017年11月16日向检察院移送审查起诉。检察院于2017年12月15日第一次退回侦查机关补充侦查,侦查机关于2018年1月8日补查重报;检察院于2018年2月8日第二次退回侦查机关补充侦查,侦查机关于2018年3月8日补查重报。检察院于2018年3月28日以侯某某涉嫌非法吸收公众存款罪提起公诉。牙克石市人民法院经开庭审理,2018年11月19日检察院撤回起诉。2018年11月19日,牙克石市人民法院裁定准许撤

---

① 参见内蒙古自治区牙克石市人民检察院不起诉决定书牙检公诉刑不诉[2018]19号。

回起诉。

【不起诉决定及理由】

检察院认为,侯某某的上述行为,情节显著轻微、危害不大,不构成犯罪。依照《刑事诉讼法》第十六条第(一)项和第一百七十七条第一款的规定,决定对侯某某不起诉。

【案例简析】

该案侯某某签订协议5笔,吸收存款30万元。其中侯某某向其亲友共计吸收存款28万元,由公司划拨至侯某某名下2万元。由此侯某某作为非法吸收公众存款的业务人员所吸收的存款分为两个部分,其一是向亲友吸收的存款不满足"公众性"的要求;其二是公司划拨至侯某某名下的存款非侯某某吸收故不计入犯罪数额,因此实际上侯某某没有非法吸收公众存款行为。检察院认为,侯某某的行为情节显著轻微、危害不大,不构成犯罪。因此对其作出法定不起诉决定。

【问题研讨】

该案需要讨论的问题是:"业务人员"非法吸收公众存款的数额认定。

一是对于向亲友或者单位内部人员吸收资金的处理。依据《非法集资案件意见》的规定,非法吸收或者变相吸收公众存款构成犯罪,具有下列情形之一的,向亲友或者单位内部人员吸收的资金应当与向不特定对象吸收的资金一并计入犯罪数额:(一)在向亲友或者单位内部人员吸收资金的过程中,明知亲友或者单位内部人员向不特定对象吸收资金而予以放任的;(二)以吸收资金为目的,将社会人员吸收为单位内部人员,并向其吸收资金的;(三)向社会公开宣传,同时向不特定对象、亲友或者单位内部人员吸收资金的。因此,不存在以上情形,向亲友或者单位内部人员吸收资金的行为因不满足"公开性"的要件而不被认为是非法吸收公众存款,而向亲友或者单位内部人员吸收的资金也就不计入犯罪数额。

二是划拨非法吸收存款数额的处理。依据《非法集资案件意见》的规定,非法吸收或者变相吸收公众存款的数额,以行为人所吸收的资金全额计算。集资参与人收回本金或者获得回报后又重复投资的数额不予扣除,但可以作为量刑情节酌情考虑。因此,对于公司划拨的数额不计入犯罪数额。

六十、公司向社会公众宣传"鑫年通""双季宝""月盈宝"等保本理财产品,以年息10%至15%为诱饵,以虚假房屋抵押债权为担保向不特定人员吸收资金,普通业务人员法定不起诉无罪案

张某1、刘某甲、袁某1、朱某某、袁某2、宋某某、孙某某、张某2等非法吸收公众存款案①②③④⑤⑥⑦⑧

【基本案情】

2015年1月,姚某某(已判决)为缓解其负债压力注册成立天津××资产管理有限公司(以下简称"××公司"),××公司下设招商营业部、创新营业部及蓟州区、静海区营业部,并注册成立宝坻分公司。2015年4月至2016年5月间,姚某某在未取得相关金融许可的情况下,采用招聘、广告、介绍等形式招聘业务员,通过业务员分发传单、电话宣传及召开推介会等方式向天津市社会公众宣传"鑫年通""双季宝""月盈宝"等保本理财产品,以年息10%至15%为诱饵,以虚假房屋抵押债权为担保向不特定人员吸收资金。经查,姚某某共计吸收公众存款人民币3800余万元,涉及群众310人,造成公众损失人民币3659余万元。姚某某将吸收来的资金除用于偿还个人债

---

① 参见天津市东丽区人民检察院不起诉决定书津丽检公诉刑不诉[2018]83号。
② 参见天津市东丽区人民检察院不起诉决定书津丽检公诉刑不诉[2018]81号。
③ 参见天津市东丽区人民检察院不起诉决定书津丽检公诉刑不诉[2018]84号。
④ 参见天津市东丽区人民检察院不起诉决定书津丽检公诉刑不诉[2018]86号。
⑤ 参见天津市东丽区人民检察院不起诉决定书津丽检公诉刑不诉[2018]85号。
⑥ 参见天津市东丽区人民检察院不起诉决定书津丽检公诉刑不诉[2018]88号。
⑦ 参见天津市东丽区人民检察院不起诉决定书津丽检公诉刑不诉[2018]82号。
⑧ 参见天津市东丽区人民检察院不起诉决定书津丽检公诉刑不诉[2018]87号。

务,支付集资人本金利息、员工佣金,向××商贸公司投资人民币100万元,向刘某某转账人民币792.332956万元,余款去向不明。

张某1任职期间,参与非法吸收资金人民币20万元,涉及公众2人,从中获利人民币2.6万元,造成公众损失人民币20万元。2017年6月19日,张某1到公安机关投案,并退赔人民币2.6万元。

刘某甲任职期间,参与非法吸收资金人民币47万元,涉及公众9人,从中获利人民币2.7万元,造成公众损失人民币47万元。2017年6月6日,刘某甲到公安机关投案,并退赔人民币2.7万元。

袁某1任职期间,参与非法吸收资金人民币76.6万元,涉及公众7人,从中获利人民币1.9万元,造成公众损失人民币74.8万元。2017年6月27日,袁某1主动到公安机关投案,并退赔人民币1.9万元。

朱某某任职期间,参与非法吸收资金人民币53万元,涉及公众10人,从中获利人民币1.4万元,造成公众损失人民币51万元。2017年6月26日,朱某某经公安机关传唤到案,并退赔人民币1.5万元。

袁某2任职期间,参与非法吸收资金人民币56.1万元,涉及公众11人,从中获利人民币2.3万元,造成公众损失人民币55.4万元。2017年6月27日,袁某2主动到公安机关投案,并退赔人民币2.3万元。

宋某某任职期间,参与非法吸收资金人民币64.5万元,涉及公众3人,从中获利人民币1.8万元,造成公众损失人民币64万元。2017年7月10日,宋某某到公安机关投案,并退赔人民币1.8万元。

孙某某任职期间,参与非法吸收资金人民币85万元,涉及公众7人,从中获利人民币3万元,造成公众损失人民币84.7万元。2017年5月16日,孙某某到公安机关投案,并退赔人民币3万元。

张某2任职期间,参与非法吸收资金人民币34万元,涉及公众5人,从中获利人民币2.6万元,造成公众损失人民币34万元。2017年12月7日,张某2经公安机关传唤到案,并退赔人民币0.5万元。

【审查起诉】

本案由天津市公安局东丽分局侦查终结,以被不起诉人张某1、刘某甲、袁某1、朱某某、袁某2、宋某某、孙某某、张某2涉嫌非法吸收公众存款罪,向检察院移送审查起诉。

【不起诉决定及理由】

检察院认为,张某1、刘某甲、袁某1、朱某某、袁某2、宋某某、孙某某、张某2等客观上虽然实施了分发传单、介绍产品等行为,但其系公司普通业务人员,没有相关职业经历及专业背景,纯属执行公司指令,主观上没有非法吸收公众存款的故意,不构成犯罪。依照《刑事诉讼法》(2012年)第一百七十三条第一款的规定,决定对张某1、刘某甲、袁某1、朱某某、袁某2、宋某某、孙某某、张某2等不起诉。

【案例简析】

该案姚某某在未取得相关金融许可的情况下,采用招聘、广告、介绍等形式招聘业务员,通过业务员分发传单、电话宣传及召开推介会等方式向天津市社会公众宣传"鑫年通""双季宝""月盈宝"等保本理财产品,以年息10%至15%为诱饵,以虚假房屋抵押债权为担保向不特定人员吸收资金,构成非法吸收公众存款罪。而业务员张某1、刘某甲、袁某1、朱某某、袁某2、宋某某、孙某某、张某2实施非法吸收公众存款行为,非法吸收资金人民币不等,涉及公众不等,从中获利人民币不等,造成公众损失不等,但检察院认为其均系公司普通业务人员,没有相关职业经历及专业背景,纯属执行公司指令,主观上没有非法吸收公众存款的故意,不构成犯罪,因此作出法定不起诉决定。

【问题研讨】

该案需要讨论的问题是:普通业务人员非法吸收公众存款主观故意的界定。根据《互联网金融纪要》的规定,对于无相关职业经历、专业背景,且从业时间短暂,在单位犯罪中层级较低,纯属执行单位领导指令的犯罪嫌疑人提出辩解的,如确实无其他证据证明其具有主观故意的,可以不作为犯罪处理。依照《非法集资案件意见》的规定,认定犯罪嫌疑人、被告人是否具有非法吸收公众存款的犯罪故意,应当依据犯罪嫌疑人、被告人的任职情况、职业经历、专业背景、培训经历、本人因同类行为受到行政处罚或者刑事追究情况以及吸收资金方式、宣传推广、合同资料、业务流程等证据,结合其供述,进行综合分析判断。由此,无金融从业背景的普通业务人员,按公司指令执行标准化操作(如分发传单),且有证据证明其不明知资金非法性的,可认定为不存在非法吸收公众存款的主观故意。

六十一、公司设立投资网点，采取网上融资，工作人员法定不起诉无罪案

王某某非法吸收公众存款案①

【基本案情】

2015年9月，马永祥、余春华（均已判决）为偿还债务，成立澧县××咨询有限公司，并租用联贷天下平台，设立"联贷天下鑫昊贷"投资网点，采取网上融资的方式骗取资金。被不起诉人王某某于2015年12月应聘至该公司工作，2016年4月离职，2016年2月中旬起负责公司"鑫昊贷"平台借款人挂标审核工作，每月获得工资1800余元。2016年2月中旬至2016年4月，王某某在不明知其在"鑫昊贷"平台用某账户审核发布的借款投资项目为虚假投资项目，且未收取好处费、返点费等费用的情形下，发布虚假投资项目，共吸收投资款5138670元，造成直接经济损失4173410元。

【审查起诉】

本案由澧县公安局侦查终结，以王某某涉嫌非法吸收公众存款罪，于2017年6月30日向检察院移送审查起诉。检察院于2017年7月28日、9月25日两次退回澧县公安局补充侦查，澧县公安局于2017年8月25日、10月23日补查重报。

【不起诉决定及理由】

检察院认为，王某某系在马永祥指使下从事本职工作，除工资外未收取任何代理费、好处费、返点费、佣金、提成等费用，根据2010年《非法集资司法解释》（已修改）的规定，其行为不构成犯罪。依照《刑事诉讼法》（2012

---

① 参见湖南省澧县人民检察院不起诉决定书湘澧检刑刑不诉[2017]62号。

年)第一百七十三条第一款的规定,决定对王某某不起诉。

【案例简析】

该案王某某在该公司应聘工作五个月,在第三个月中旬起负责公司"鑫昊贷"平台借款人挂标审核工作,每月获得工资1800余元。之后王某某在不明知其在"鑫昊贷"平台用某账户审核发布的借款投资项目为虚假投资项目,且未收取好处费、返点费等费用的情形下,发布虚假投资项目,共吸收投资款5138670元,造成直接经济损失4173410元。检察院认为,王某某系在马永祥指使下从事本职工作,除工资外未收取任何代理费、好处费、返点费、佣金、提成等费用,其行为不构成犯罪。因此作出法定不起诉决定。

【问题研讨】

该案需要讨论的问题是:非法吸收公众存款共同犯罪未获取非法所得的处理。依照《非法集资案件适用法律意见》的规定,为他人向社会公众非法吸收资金提供帮助,从中收取代理费、好处费、返点费、佣金、提成等费用,构成非法集资共同犯罪的,应当依法追究刑事责任。能够及时退缴上述费用的,可依法从轻处罚;其中情节轻微的,可以免除处罚;情节显著轻微、危害不大的,不作为犯罪处理。

六十二、公司吸收存款培训人员法定不起诉无罪案

王某某非法吸收公众存款案①

【基本案情】

王某某于2016年7月20日任北京××投资管理有限公司密云分公司的培训部培训人员,主要负责员工入职培训、会议组织,较少参与北京××投资管理有限公司理财产品培训的有关事宜。

【审查起诉】

本案由北京市公安局密云分局侦查终结,以王某某涉嫌非法吸收公众存款罪,于2017年4月21日向检察院移送审查起诉。其间,退回公安机关补充侦查二次(2017年6月5日至2017年7月5日;2017年8月18日至2017年9月18日),延长审查起诉期限三次(2017年5月22日至6月5日;2017年8月6日至8月20日;2017年10月19日至11月2日)。

【不起诉决定及理由】

检察院认为,王某某的上述行为,情节显著轻微、危害不大,不构成犯罪。依照《刑事诉讼法》(2012年)第十五条第(一)项和第一百七十三条第一款的规定,决定对王某某不起诉。

【案例简析】

该案退回公安机关补充侦查二次,北京××投资管理有限公司密云分公司非法吸收公众存款,王某某于2016年7月20日任北京××投资管理有限公司密云分公司培训部培训人员,主要负责员工入职培训、会议组织,较少参与北京××投资管理有限公司理财产品培训的有关事宜。检察院认为,王

---

① 参见北京市密云区人民检察院不起诉决定书京密检公诉刑不诉[2017]29号。

某某的上述行为,情节显著轻微、危害不大,不构成犯罪,因此作出法定不起诉决定。

【问题研讨】

该案需要讨论的问题是:培训人员的行为"情节显著轻微、危害不大"的界定。在未被认定为单位犯罪的非法集资犯罪中,负责员工入职培训、会议组织的工作人员往往会被认为提供了帮助行为,被列为犯罪嫌疑人。从主客观相一致原则出发,负责员工入职培训、会议组织的人员在主观上没有为非法集资犯罪的主犯提供帮助的犯罪故意,客观上培训人员的职责内容,以及是否切实履行职责都不属于非法集资犯罪的构成要件,主观上培训人员没有为非法集资犯罪提供帮助的犯罪故意。因为岗位职责与犯罪是相互区别的,认定构成犯罪需要以行为人的行为符合非法集资犯罪的犯罪构成为前提,即使存在培训理财产品的情况,也属于情节显著轻微、危害不大的行为。

六十三、公司以高额利息和现场返现为手段吸收存款,财务人员法定不起诉无罪案

刘某某非法吸收公众存款案①

【基本案情】

2013年11月底,武汉××投资管理有限公司法定代表人朱某某和公司实际负责人余某某指使莫某某在娄底市开设×公司。自2013年12月9日开始,莫某某多次组织被不起诉人刘某某等20余名员工在娄底××酒店、××酒店等地举办宣传推介会,以高额利息和现场返现为手段,共计非法吸收61名中老年人资金,金额共计222万元。

【审查起诉】

本案由娄底市公安局娄星分局侦查终结,以刘某某涉嫌非法吸收公众存款罪,于2014年7月16日移送检察院审查起诉。其间,因事实不清、证据不足,检察院先后于2014年8月29日、11月10日退回娄底市公安局娄星分局补充侦查。该局补充侦查完毕,分别于2014年9月26日、12月5日重新移送审查起诉。检察院还先后于2014年8月11日、10月20日、12月29日依法延长审查起诉期限各半个月。

经检察院依法审查查明:2013年11月底,余某某与朱某某(均另案处理)经商议后,由余某某出资,成立了由朱某某任法定代表人,以向社会融资为目的的武汉××投资管理有限公司,并以朱某某的名字分别在工商银行、农业银行开设账户,作为公司资金往来账户,余某某作为公司的实际控制人监控公司的财务及资金的使用。其后余某某找到莫某某(另案处理),让其在娄底开办×公司,以武汉××投资管理有限公司的名义向社会融

---

① 参见湖南省娄底市娄星区人民检察院不起诉决定书娄星检公诉刑不诉[2015]8号。

资,以融资款的30%至33%作为莫某某的提成,×公司的日常开支由莫某某负责,莫某某应允。莫某某以娄星区××房间作为办公地点,在没有办理任何工商注册手续且在娄底市没有任何实体的情况下向外宣称为武汉××投资管理有限公司娄底×公司,招聘了在网上投放求职简历的被不起诉人刘某某为财务人员。自2013年12月9日起,刘某某及×公司员工周某某(另案处理)等人随莫某某在娄底××酒店、××酒店等地方多次举办宣传推介活动。莫某某在宣传推介活动会上以汽车美容连锁经营项目需要启动资金为名,以向到场的中老年人现场返现为手段,并许以18%、20%、22%不等的高额年利率为诱饵,取得中老年人的信任后向其借款,以此非法集资。至2014年3月8日案发,莫某某负责的×公司累计向陈某某等61人借款共计222万元,归还利息29571元,所借款项在扣除莫某某、周某某等人的提成,留取部分资金作为备用金后,余下资金由刘某某以转账的方式汇给了余某某控制的朱某某在工商银行、农业银行开设的两个账户,由余某某使用。期间,刘某某未参与经营管理,领取了工资及奖金共计8900元。

2014年3月8日,刘某某在娄底××酒店做推广活动时被娄底市工商局娄星分局查获,次日被移送给娄底市公安局娄星分局,到案后对上述事实供认不讳。案发后,娄底市公安局娄星分局扣押了被不起诉人刘某某8900元。

【不起诉决定及理由】

检察院认为,刘某某的上述行为,情节显著轻微、危害不大,不构成犯罪。依照《刑事诉讼法》(2012年)第十五条第(一)项和第一百七十三条第一款的规定,决定对刘某某不起诉,扣押的8900元依法予以收缴。

【案例简析】

该案两次退回补充侦查,莫某某多次组织刘某某等20余名×公司的员工在娄底××酒店、××酒店等地举办宣传推介会,以高额利息和现场返现为手段,共计非法吸收61名中老年人资金,金额共计222万元,该公司没有办理任何工商注册手续且没有任何实体,莫某某构成非法吸收公众存款罪。刘某某作为财务人员,与其他员工随莫某某在娄底××酒店、××酒店等地方多次举办宣传推介活动。以转账的方式将非法所得汇给了余某某控制的朱某某在工商银行、农业银行开设的两个账户,由余某某使用。任职期间,刘某某未参与经营管理,领取了工资及奖金共计8900元。检察院认为,刘某某的行为,情节显著轻微、危害不大,不构成犯罪,因此对其作出法定不起诉决定。

【问题研讨】

该案需要讨论的问题是:财务人员的行为"情节显著轻微、危害不大"的界定。财务人员在非法吸收公众存款犯罪中一般属于从犯,而本案中,将财务人员刘某某与其他员工随非法吸收公众存款共同犯罪主犯举办宣传推介活动,转账非法所得的行为视为情节显著轻微、危害不大。具体来说,作为参加非法吸收公众存款宣传推介会的 20 余人之一,其参与行为对于非法吸收公众存款公开宣传的作用微乎其微,而转账非法所得也只是财务人员的职务行为,并不属于非法吸收公众存款行为。

六十四、法定代表人公开宣传存疑不诉无罪案

冯某某非法吸收公众存款案①

【基本案情】

自2013年11月以来,驻马店××实业有限公司总经理王某某(已判处刑罚)为××投资担保有限公司实际控制人冯某乙(贺某某的女婿、冯某某的哥哥)非法吸收公众存款并从中获取高额利润,冯某乙的岳父贺某某于2014年驻马店××实业有限公司成立后,多次来到驻马店市办理多张银行卡并将卡号提供给驻马店××实业有限公司,以便非法吸收客户的资金,其间贺某某在驻马店宣传××投资担保有限公司及冯某乙的实力,以达到获取客户信任的目的。××投资担保有限公司的法定代表人冯某某来驻马店市办理多张银行卡供驻马店××实业有限公司非法吸储使用,非法集资客户将大部分资金汇入冯某某银行卡内,之后资金流至××投资担保有限公司。经某会计师事务所鉴定:××投资担保有限公司在驻马店的分公司驻马店××实业有限公司共计非法吸收存款5039.4万元,涉及群众215人,未返还群众本金2783.3735万元;截至2016年10月23日,有31人报案,申报存款本金552.5万元,实际损失517.8675万元。

【审查起诉】

本案由驻马店市公安局东高分局侦查终结,以被不起诉人冯某某涉嫌非法吸收公众存款罪,于2020年5月8日向移送检察院审查起诉。其间因事实不清,分别于2020年6月8日、2020年8月7日退回侦查机关补充侦查两次,侦查机关补充侦查后分别于2020年7月8日、2020年11月9日重新移送审查起诉。

---

① 参见河南省驻马店市驿城区人民检察院不起诉决定书驻驿检二部刑不诉[2021]Z6号。

【不起诉决定及理由】

经检察院审查并退回补充侦查,冯某某为公司吸收存款作宣传的事实没有查清,检察院仍然认为该案事实不清、证据不足,不符合起诉条件。依照《刑事诉讼法》第一百七十五条第四款的规定,决定对冯某某不起诉。

【案例简析】

该案两次退回补充侦查。××投资担保有限公司在驻马店的分公司驻马店××实业有限公司共计非法吸收存款5039.4万元,涉及群众215人,未返还群众本金2783.3735万元。非法集资客户将大部分资金汇入××投资担保有限公司的法定代表人冯某某预先在驻马店市办理的供驻马店××实业有限公司非法吸储使用的多张银行卡,该资金最后流至××投资担保有限公司。检察院认为冯某某为公司吸收存款作宣传的事实没有查清,冯某某非法吸收公众存款"公开宣传"的要件不成立,因此对冯某某作出存疑不起诉决定。

【问题研讨】

该案需要讨论的问题是:"公开宣传"要件的认定。依照《非法集资案件适用法律意见》的规定,《非法集资司法解释》第一条第一款第二项中的"向社会公开宣传",包括以各种途径向社会公众传播吸收资金的信息,以及明知吸收资金的信息向社会公众扩散而予以放任等情形。具体而言,"公开宣传"需以主动扩散或明知而放任吸收资金的信息为判断要点。法定代表人办理银行卡供他人使用,但无证据证明其参与宣传策划的,不符合公开性要件。

六十五、业务员吸收存款酌定不诉无罪案

刘某某等非法吸收公众存款案①

【基本案情】

李某某(另案处理)于2004年创办了衡阳市雁峰区岳屏敬老院(又名夕阳红公寓),该公寓坐落于衡阳市雁峰区岳屏镇文昌村××组。为了向社会公众吸收资金供个人投资使用,李某某聘请人员进行营销策划,假借夕阳红公寓的名义先后在本市雁峰区金果路金果实业对面和中山南路新时代宾馆13楼成立夕阳红公寓营销部,招聘、组织营销团队通过召开推介会、发放宣传单等形式主要针对社会老年人群进行宣传,以高回报吸引其签订入住合同并收取所谓的入住保证金,以此变相吸收公众存款。李某某等人按照投资人缴纳入住保证金的金额和年限,设计了不同档次的"客户入住权益卡",对应相应的名为"福利补贴"的回报利率,档次越高,利率越高。

营销部下设财务部、办公室以及最多时达到15个专门负责对外宣传进行非法集资的业务部。每个业务部设一名部长管理、督促本部门的集资,部长以下为经理和业务员。为鼓励积极吸引社会大众投资,除底薪外,李某某制定了提成比例:部长获得本部吸收资金的1%或者2%作为提成,经理获得下属业务员吸收的全部资金的0.8%作为提成,部长、经理、业务员获得名下直接发展的客户投资金额的3%作为提成。

刘某某于2016年入职夕阳红公寓营销部,系五部业务员。据统计,其名下非法集资额为265万元;经审计,其获利14.6035万元。案发后,刘某某退缴获利14.6万元。2020年1月15日,被不起诉人刘某某主动到公安机关接受调查。

---

① 参见湖南省衡阳市人民检察院不起诉决定书衡检三部刑不诉[2020]1号。

【审查起诉】

本案由衡阳市公安局雁峰区分局侦查终结,以刘某某涉嫌非法吸收公众存款罪,于 2020 年 10 月 26 日由衡阳市雁峰区人民检察院报送衡阳市人民检察院审查起诉。衡阳市人民检察院受理后,依法告知犯罪嫌疑人享有的诉讼权利及认罪认罚的法律后果,讯问了犯罪嫌疑人,审查了全部案件材料。犯罪嫌疑人刘某某自愿认罪认罚。

【不起诉决定及理由】

检察院认为,刘某某实施了《刑法》(2017 年)第一百七十六条第一款规定的行为。在共同犯罪中系从犯,且犯罪情节轻微,具有自首和认罪认罚情节。根据《刑事诉讼法》第十五条和《刑法》(2017 年)第二十七条、第三十七条、第六十七条第一款的规定,依法不需要判处刑罚。根据《刑事诉讼法》第一百七十七条第二款之规定,决定对刘某某不起诉。

【案例简析】

该案刘某某入职夕阳红公寓营销部后任五部业务员,非法集资额为 265 万元,通过提成获利 14.6035 万元。其后刘某某将获利全部退缴,检察院认为,刘某某实施了非法吸收公众存款行为,但在共同犯罪中系从犯,且犯罪情节轻微,具有自首和认罪认罚情节,依法不需要判处刑罚。因此检察院作出酌定不起诉决定。

【问题研讨】

该案需要讨论如下问题:

一是非法吸收公众存款案件中认罪认罚从宽制度的有效适用。认罪认罚从宽制度的价值定位在于促进案件的繁简分流,从而达到有效节约司法资源、进一步化解社会矛盾的目的。作为宽严相济刑事政策中"宽"的体现和强调,该制度的价值内涵很好地契合了当下涉众型非法集资犯罪案件的诸多特点,通过在涉众型非法集资犯罪案件中的适用,可以使该制度的价值得到进一步延伸。通过被追诉人的"认罪",为案件分层次处理奠定了法律基础,防止打击面过宽;通过被追诉人的"认罚",有效地缓解了追赃挽损的困境,最大程度地减少了集资参与人的经济损失。相比于其他刑事案件,认罪认罚从宽制度对于涉众型非法集资犯罪案件的办理确实存在诸多的独特价值。

二是业务员非法吸收公众存款依法不需要判处刑罚的情形。业务员作为非法吸收公众存款共同犯罪中的从犯,依照《刑法》第二十七条的规定,对于从犯,应当从轻、减轻处罚或者免除处罚。依照《非法集资案件适用法律意见》的规定,为他人向社会公众非法吸收资金提供帮助,从中收取代理费、好处费、返点费、佣金、提成等费用,构成非法集资共同犯罪的,应当依法追究刑事责任。能够及时退缴上述费用的,可依法从轻处罚;其中情节轻微的,可以免除处罚;情节显著轻微、危害不大的,不作为犯罪处理。若行为人获利全部退缴附加自首和认罪认罚情节,可以认定为依法不需要判处刑罚。

六十六、一人有限责任公司吸收存款，主管、业务员、部长酌定不诉无罪案

林某某、蒋某某、曾某某、杨某甲、许某某、孟某甲、刘某某等非法吸收公众存款案[1][2][3][4][5][6][7]

【基本案情】

湖南××有限公司(以下简称"××公司")成立于2011年12月15日，系一人有限责任公司，夏某某(另案处理)为该公司的唯一股东、法定代表人、董事长。2014年，夏某某为扩大××公司的生产经营规模，产生了向社会融资的想法，并于同年3月成立了××公司衡阳分公司(以下简称"衡阳分公司")进行非法集资。

2014年3月至2018年6月期间，夏某某先后安排雷某某、王某某、周某甲(均另案处理)先后负责衡阳分公司的融资业务，采取发放宣传单、不定期举办宣传、推广活动的方式，向社会公众虚假宣传××公司的经营、规模、业绩等，以承诺返还预付款本金，并以每年12%至24%不等的比例给付回报为诱饵，与不特定的客户签订茶油购销合同收取资金。融资团队融得资金后按比例提取佣金。

林某某于2015年12月至2017年10月在衡阳分公司从事融资工作，先后为二部业务员、主管，经审计，其名下非法集资额为111万元，获利5.88

---

[1] 参见湖南省衡阳市人民检察院不起诉决定书衡检三部刑不诉[2021]1号。
[2] 参见湖南省衡阳市人民检察院不起诉决定书衡检三部刑不诉[2021]2号。
[3] 参见湖南省衡阳市人民检察院不起诉决定书衡检三部刑不诉[2021]5号。
[4] 参见湖南省衡阳市人民检察院不起诉决定书衡检三部刑不诉[2021]3号。
[5] 参见湖南省衡阳市人民检察院不起诉决定书衡检三部刑不诉[2021]4号。
[6] 参见湖南省衡阳市人民检察院不起诉决定书衡检三部刑不诉[2021]6号。
[7] 参见湖南省衡阳市人民检察院不起诉决定书衡检三部刑不诉[2021]7号。

万元。案发后,林某某退缴赃款 5.88 万元。另查明,林某于 2019 年 6 月 3 日接到常宁市公安局办案民警电话后,主动到约定地点衡阳市××门口等待,随后,被办案民警带至常宁市公安局接受调查。

蒋某某于 2017 年 1 月至 2018 年 3 月在衡阳分公司从事融资工作,系九部业务员,经审计,其名下非法集资额为 139 万元,获利 6.051 万元。案发后,蒋某某退缴赃款 6.051 万元。

曾某某于 2015 年 3 月至 2018 年 1 月在衡阳分公司从事融资工作,先后为八部业务员、主管、部长,经审计,其名下非法集资额为 451 万元,获利 23.963 万元。案发后,曾某某退缴赃款 23.963 万元。另查明,曾某某于 2019 年 5 月 29 日主动到常宁市公安局投案。

杨某甲于 2014 年 5 月至 2018 年 2 月在衡阳分公司从事融资工作,先后为六部业务员、主管,经审计,其名下非法集资额为 707 万元,获利 30.6607 万元。案发后,杨某甲退缴赃款 30.6607 万元。

许某某于 2016 年 1 月至 2018 年 6 月在衡阳分公司从事融资工作,先后为九部业务员、主管,经审计,其名下非法集资额为 188 万元,获利 13.3928 万元。案发后,许某某退缴赃款 13.3928 万元。另查明,2019 年 8 月 27 日,许某某主动到常宁市公安局投案。

孟某甲于 2015 年 5 月至 2017 年 11 月在衡阳分公司从事融资工作,先后为三部业务员、十一部主管,经审计,其名下非法集资额为 247 万元,获利 12.4381 万元。案发后,孟某甲退缴赃款 12.4381 万元。

刘某某于 2015 年 3 月至 2018 年 3 月在衡阳分公司从事融资工作,先后为一部业务员、主管,经审计,其名下非法集资额为 347 万元,获利 18.9223 万元。案发后,刘某某退缴赃款 18.9223 万元。

【审查起诉】

本案由常宁市公安局侦查终结,以蒋某某涉嫌非法吸收公众存款罪,于 2020 年 12 月 7 日由常宁市人民检察院报送衡阳市人民检察院审查起诉。衡阳市人民检察院受理后,依法告知犯罪嫌疑人享有的诉讼权利及认罪认罚的法律后果,讯问了犯罪嫌疑人,审查了全部案件材料。

林某某、蒋某某、曾某某、杨某甲、许某某、孟某甲、刘某某均自愿认罪认罚。

【不起诉决定及理由】

检察院认为,林某某、蒋某某、曾某某、杨某甲、许某某、孟某甲、刘某某实施了《刑法》(2017年)第一百七十六条第一款、第二款规定的行为。在共同犯罪中系从犯,且犯罪情节轻微,具有坦白、认罪认罚等情节。依据《刑事诉讼法》第十五条和《刑法》(2017年)第二十七条、三十七条、六十七条第三款的规定,依法不需要判处刑罚。根据《刑事诉讼法》第一百七十七条第二款之规定,决定对蒋某某不起诉。

【案例简析】

该案林某某、蒋某某、曾某某、杨某甲、许某某、孟某甲、刘某某分别历任业务员、主管,于不同时间段内在衡阳分公司从事融资工作,七人名下的非法集资数额各异,获利各异,案发后将赃款全部退缴。检察院认为,林某某、蒋某某、曾某某、杨某甲、许某某、孟某甲、刘某某实施了非法吸收公众存款的行为。但在共同犯罪中系从犯,且犯罪情节轻微,具有坦白、认罪认罚等情节,依法不需要判处刑罚。因此对林某某、蒋某某、曾某某、杨某甲、许某某、孟某甲、刘某某分别作出酌定不起诉决定。

【问题研讨】

该案需要讨论的问题是:主管、业务员依法不需要判处刑罚的情形。依照《刑法》第二十七条的规定,在共同犯罪中起次要或者辅助作用的,是从犯。对于从犯,应当从轻、减轻处罚或者免除处罚。非法吸收公众存款犯罪活动中,主管、业务员实施非法吸收公众存款行为在共同犯罪中属于从犯,依照《非法集资案件意见》的规定,对于涉案人员积极配合调查、主动退赃退赔、真诚认罪悔罪的,可以依法从轻处罚;其中情节轻微的,可以免除处罚;情节显著轻微、危害不大的,不作为犯罪处理。

六十七、养老平台采取非法集资经营模式吸收存款大厅营业员酌定不起诉无罪案

杜某某、朱某某、文某某、赵某某、叶某某、万某某、张某某、王某甲、董某某、兰某某、翟某某、赵某甲、吴某某、唐某某等非法吸收公众存款案①②③④⑤⑥⑦⑧⑨⑩⑪⑫⑬⑭

【基本案情】

2014年至立案侦查,苏某甲伙同苏某乙、杜某某、袁某某、徐某某、王某甲、房某某、高某某、姚某甲、蒋某某、唐某某、王某乙、姚某乙、姚某丙、任某某、王某丙、胡某某等人在海淀区××路××号××号楼××层××室××养老服务公司等地,以"资本养老""资产养老"等方式对外宣传,以高息为诱饵向社会不特定人群非法吸收存款,后被抓获。

---

① 参见北京市人民检察院第一分院不起诉决定书京一分检经刑不诉[2020]3号。
② 参见北京市人民检察院第一分院不起诉决定书京一分检经刑不诉[2020]27号。
③ 参见北京市人民检察院第一分院不起诉决定书京一分检经刑不诉[2020]25号。
④ 参见北京市人民检察院第一分院不起诉决定书京一分检经刑不诉[2020]10号。
⑤ 参见北京市人民检察院第一分院不起诉决定书京一分检经刑不诉[2020]28号。
⑥ 参见北京市人民检察院第一分院不起诉决定书京一分检经刑不诉[2020]4号。
⑦ 参见北京市人民检察院第一分院不起诉决定书京一分检经刑不诉[2020]23号。
⑧ 参见北京市人民检察院第一分院不起诉决定书京一分检经刑不诉[2020]15号。
⑨ 参见北京市人民检察院第一分院不起诉决定书京一分检经刑不诉[2020]9号。
⑩ 参见北京市人民检察院第一分院不起诉决定书京一分检经刑不诉[2020]21号。
⑪ 参见北京市人民检察院第一分院不起诉决定书京一分检经刑不诉[2020]6号。
⑫ 参见北京市人民检察院第一分院不起诉决定书京一分检经刑不诉[2020]8号。
⑬ 参见北京市人民检察院第一分院不起诉决定书京一分检经刑不诉[2020]17号。
⑭ 参见北京市人民检察院第一分院不起诉决定书京一分检经刑不诉[2020]5号。

【审查起诉】

本案由北京市公安局海淀分局侦查终结,以杜某某、朱某某、文某某、赵某某、叶某某、万某某、张某某、王某甲、董某某、兰某某、翟某某、赵某甲、吴某某、唐某某涉嫌非法吸收公众存款罪,向北京市海淀区人民检察院移送审查起诉。北京市海淀区人民检察院于2020年4月21日报送至北京市人民检察院第一分院审查起诉。北京市人民检察院第一分院受理后,于2020年4月23日已告知犯罪嫌疑人有权委托辩护人和认罪认罚可能导致的法律后果,依法讯问了犯罪嫌疑人,听取了犯罪嫌疑人及其辩护人的意见,审查了全部案件材料。其间,因基本案情重大、复杂,延长审查起诉期限一次(自2020年5月22日至6月4日)。

北京市海淀区人民检察院报送认定:2014年至2019年期间,犯罪嫌疑人苏某甲、苏某乙等17人伙同犯罪嫌疑人李某某等人在北京市海淀区等地,以虚假项目对外公开宣传,以高息为诱饵吸引不特定人群投资××系列公司的"资产养老"和"资本养老"等理财产品,集资规模50余亿元,并将集资款大部分用来还本付息,用于生产经营活动的资金与筹集资金明显不成比例,致使大量集资款不能返还,后被抓获。

经北京市人民检察院第一分院依法审查查明:2014年4月至2019年5月期间,李某某、禚某某(均另案处理)等人违反国家金融管理法律规定,以北京××资产管理有限公司、××养老服务有限公司所形成的××平台为依托,设立多个××养老一站式服务大厅,指使大厅各层级人员,假借国家以房养老政策等名义,以承诺一定比例收益为诱饵,通过散发传单、拨打电话、口口相传、宣讲会等方式向社会公开宣传,以"资本养老""资产养老"为名义吸收资金共计人民币62.5亿余元。

被不起诉人杜某某于2016年12月入职,案发前担任××养老服务有限公司朝阳大厅××,在明知××平台非法集资经营模式的情况下,直接参与"资本养老""资产养老"的非法集资活动,变相吸收公众存款共计人民币373万余元。2019年4月3日,被不起诉人杜某某被公安机关抓获,后如实供述了上述犯罪事实。案发后,其亲友自愿代为退赔人民币210000元。

被不起诉人朱某某于2017年6月入职,案发前担任××养老服务有限公司丰台大厅××,在明知××平台非法集资经营模式的情况下,直接参与"资本养老""资产养老"的非法集资活动,变相吸收公众存款共计人民币763万元。2019年4月3日,被不起诉人朱某某向公安机关投案,并如实供述了上述犯罪事实。案发后,其亲友自愿代为退赔人民币132576元。

被不起诉人文某某于2017年11月入职,案发前担任××养老服务有限公司怀柔大厅××,在明知××平台非法集资经营模式的情况下,直接参与"资本养老"的非法集资活动,变相吸收公众存款共计人民币216万元。2019年7月27日,被不起诉人文某某被公安机关抓获,后如实供述了上述犯罪事实。案发后,其自愿退赔人民币127973元。

被不起诉人赵某某于2018年7月入职,案发前担任××养老服务有限公司海淀大厅××,在明知××平台非法集资经营模式的情况下,实施了帮助××以"资本养老""资产养老"为名义非法吸收公众存款的行为。2019年4月3日,被不起诉人赵某某被公安机关抓获,后如实供述了上述犯罪事实。案发后,其自愿退赔人民币31350元。

被不起诉人叶某某于2017年3月入职,案发前担任××养老服务有限公司通州大厅××,在明知××平台非法集资经营模式的情况下,直接参与"资产养老""资本养老"的非法集资活动,变相吸收公众存款共计人民币895万余元。2019年4月2日,被不起诉人叶某某被公安机关抓获,后如实供述了上述犯罪事实。案发后,其自愿退赔人民币326669元,并获得李某丙等4名投资人的谅解。

被不起诉人万某某于2017年8月入职,案发前担任××养老服务有限公司××大厅××,在明知××平台非法集资经营模式的情况下,直接参与"资本养老""资产养老"的非法集资活动,变相吸收公众存款共计人民币153万余元。2019年4月3日,被不起诉人万某某向公安机关投案,并如实供述了上述犯罪事实。案发后,其亲友自愿代为退赔人民币136071元。

被不起诉人张某某于2017年11月入职,案发前担任××养老服务有限公司海淀大厅××,在明知××平台非法集资经营模式的情况下,直接参与"资本养老""资产养老"的非法集资活动,变相吸收公众存款共计人民币673万元。2019年4月3日,被不起诉人张某某被公安机关抓获,后如实供述了上述犯罪事实。案发后,其亲友自愿代为退赔人民币共计242664元。

被不起诉人王某甲于2016年12月入职,案发前担任××养老服务有限公司朝阳大厅××,在明知××平台非法集资经营模式的情况下,直接参与"资本养老""资产养老"的非法集资活动,变相吸收公众存款共计人民币403万元。2019年5月22日,被不起诉人王某甲被公安机关抓获,后如实供述了上述犯罪事实。案发后,其亲友自愿代为退赔人民币180000元。

被不起诉人董某某于 2018 年 5 月入职,案发前担任××养老服务有限公司通州大厅××,在明知××平台非法集资经营模式的情况下,直接参与"资产养老""资本养老"的非法集资活动,变相吸收公众存款共计人民币 707 万元。2019 年 4 月 3 日,被不起诉人董某某被公安机关抓获,后如实供述了上述犯罪事实。案发后,其亲友自愿代为退赔人民币 75483 元,并获得徐某某等 2 名投资人的谅解。

被不起诉人兰某某于 2016 年 10 月入职,离职前担任××养老服务有限公司燕郊大厅××,在明知××平台非法集资经营模式的情况下,直接参与"资本养老""资产养老"的非法集资活动,变相吸收公众存款共计人民币 612 万余元。2019 年 4 月 2 日,被不起诉人兰某某向公安机关投案,并如实供述了上述犯罪事实。案发后,其亲友自愿代为退赔人民币 408828 元。

被不起诉人翟某某于 2018 年 1 月入职,案发前担任××养老服务有限公司昌平大厅××,在明知××平台非法集资经营模式的情况下,直接参与"资本养老""资产养老"的非法集资活动,变相吸收公众存款共计人民币 470 万元。2019 年 4 月 4 日,被不起诉人翟某某被公安机关抓获,后如实供述了上述犯罪事实。案发后,其亲友自愿代为退赔人民币 48900 元。

被不起诉人赵某甲于 2018 年 2 月入职,案发前担任××养老服务有限公司昌平大厅××,在明知××平台非法集资经营模式的情况下,直接参与"资本养老""资产养老"的非法集资活动,变相吸收公众存款共计人民币 113 万元。2019 年 4 月 3 日,被不起诉人赵某甲向公安机关投案,后如实供述了上述犯罪事实。案发后,其亲友自愿代为退赔人民币 108132 元。

被不起诉人吴某某于 2017 年年底入职,案发前担任××养老服务有限公司朝阳大厅××,在明知××平台非法集资经营模式的情况下,直接参与"资本养老""资产养老"的非法集资活动,变相吸收公众存款共计人民币 97 万元。2019 年 4 月 3 日,被不起诉人吴某某被公安机关抓获,后如实供述了上述犯罪事实。案发后,其自愿退赔人民币 96182 元。

被不起诉人唐某某于 2017 年 7 月入职,案发前担任××养老服务有限公司朝阳大厅××,在明知××平台非法集资经营模式的情况下,直接参与"资本养老""资产养老"的非法集资活动,变相吸收公众存款共计人民币 410 万元。2019 年 4 月 3 日,被不起诉人唐某某被公安机关抓获,后如实供述了上述犯罪事实。案发后,其亲友自愿代为退赔人民币 224883 元。

【不起诉决定及理由】

检察院认为,杜某某、朱某某、文某某、赵某某、叶某某、万某某、张某某、王某甲、董某某、兰某某、翟某某、赵某甲、吴某某、唐某某实施了《刑法》(2017年)第一百七十六条第一款、第二十五条第一款规定的行为,但犯罪情节轻微,系从犯,具有坦白情节,且自愿认罪认罚,已退赔部分钱款,根据《刑法》(2017年)第三十七条之规定,不需要判处刑罚。依据《刑事诉讼法》第一百七十七条第二款之规定,决定对杜某某、朱某某、文某某、赵某某、叶某某、万某某、张某某、王某甲、董某某、兰某某、翟某某、赵某甲、吴某某、唐某某不起诉。

【案例简析】

该案杜某某、朱某某、文某某、赵某某、叶某某、万某某、张某某、王某甲、董某某、兰某某、翟某某、赵某甲、吴某某、唐某某等人在不同时间入职,案发前担任××养老服务有限公司朝阳、丰台、怀柔、海淀、通州、燕郊、昌平大厅营业员,在明知××平台非法集资经营模式的情况下,直接参与"资本养老""资产养老"的非法集资活动,变相吸收公众存款共计人民币97万元至895万余元不等。其亲友自愿代为退赔人民币若干金额不等。检察院认为,被不起诉人杜某某、朱某某、文某某、赵某某、叶某某、万某某、张某某、王某甲、董某某、兰某某、翟某某、赵某甲、吴某某、唐某某实施了非法吸收公众存款共同犯罪的行为,但犯罪情节轻微,系从犯,具有坦白情节,且自愿认罪认罚,已退赔部分钱款,不需要判处刑罚,因此对其作出酌定不起诉决定。

【问题研讨】

该案需要讨论如下问题:

其一是对非法吸收公众存款案件涉案人员众多的分层处理。必须贯彻宽严相济的刑事政策,根据犯罪嫌疑人在犯罪活动中的地位、作用、涉案数额、危害结果、主观罪过等主客观情节和认罪悔罪态度等事后表现,综合判断行为人责任轻重及刑事追诉的必要性。对犯罪情节严重、主观恶性大、在犯罪中起主要作用的人员,特别是核心管理层人员和骨干人员,依法从严打击;对犯罪情节相对较轻、主观恶性较小、在犯罪中起次要作用的人员,依法从宽处理。对营业员等辅助人员,综合考量职务等级、参与程度、获利情况、退赃退赔等情节,符合《刑法》第三十七条规定的,可免予刑事处罚。

其二是非法吸收公众存款共同犯罪不需要判处刑罚的情形。依照《非法集资案件适用法律意见》的规定,为他人向社会公众非法吸收资金提供帮助,从中收取代理费、好处费、返点费、佣金、提成等费用,构成非法集资共同犯罪的,应当依法追究刑事责任。能够及时退缴上述费用的,可依法从轻处罚;其中情节轻微的,可以免除处罚;情节显著轻微、危害不大的,不作为犯罪处理。

六十八、公司非法吸收公众存款,宣传人员不起诉无罪案

莫某某、蒋某某、陈某某
非法吸收公众存款案[①][②][③]

【基本案情】

四川××实业有限公司(已被起诉)为达到吸收资金发展企业的目的,在××公司成立了招商××,聘请李某某作为招商××经理,并聘请莫某某、蒋某某等人进行对外宣传,以在遂宁、北京、成都等地开设美食连锁店,通过十二家合伙企业与社会不特定对象签订招商合伙协议。协议中先是注明合伙人不参与具体经营,每月按盈余进行分红,同时,又在协议中注明按出资金额对应的百分比进行分红(分红比例为1.3%至1.5%不等),且合伙人不承担亏损。与出资合伙人签订承诺书,承诺每月按出资金额的0.4%补贴出资合伙人差旅费,并承诺合伙期限到期退还投资款项,以达到变相吸收资金。由四川××融资理财信息咨询有限公司作为居间方,以养殖场、开智快餐连锁店作为借款主体,面向社会不特定对象吸收公众资金,签订借款合同,并约定月息(月利息1.3%至2%不等),到期偿还本金。2008年至2018年期间,四川××实业有限公司及关联公司通过面向社会不特定对象吸收资金或者变相吸收资金1245677414.22元,涉及人数3452人,截至目前尚欠本金543686673元。经鉴定:莫某某从中获取提成费402985元,现已退还非法所得402985元。蒋某某从中获取提成费526440.5元,现已退还非法所得500000元。陈某某从中获取提成费272285元,现已退还非法所得271925元。

---

① 参见四川省遂宁市船山区人民检察院不起诉决定书遂船检二部刑不诉[2020]Z66号。
② 参见四川省遂宁市船山区人民检察院不起诉决定书遂船检二部刑不诉[2020]Z67号。
③ 参见四川省遂宁市船山区人民检察院不起诉决定书遂船检二部刑不诉[2020]Z68号。

【审查起诉】

本案由遂宁市公安局经济技术开发区分局侦查终结,以莫某某、蒋某某、陈某某涉嫌非法吸收公众存款罪,于 2020 年 7 月 6 日向检察院移送审查起诉。检察院受理后,次日已告知犯罪嫌疑人有权委托辩护人和认罪认罚可能导致的法律后果,讯问了犯罪嫌疑人,期间退回公安机关补充侦查二次。

【不起诉决定及理由】

检察院认为,莫某某、蒋某某、陈某某实施了《刑法》(2017 年)第一百七十六条规定的行为,因自愿如实供述涉嫌犯罪的事实,积极退还非法所得,决定对莫某某、蒋某某、陈某某不起诉。

【案例简析】

该案经过两次补充侦查。四川××实业有限公司聘请李某某作为招商××经理,并聘请莫某某、蒋某某等人进行对外宣传,以在遂宁、北京、成都等地开设美食连锁店,通过十二家合伙企业与社会不特定对象签订招商合伙协议。通过面向社会不特定对象吸收资金或者变相吸收资金 1245677414.22 元,涉及人数 3452 名。莫某某、蒋某某、陈某某分别从中获取提成费 402985 元、526440.5 元、272285 元,三人都积极退还非法所得。检察院认为,莫某某、蒋某某、陈某某实施了非法吸收公众存款的行为,因自愿如实供述涉嫌犯罪的事实,积极退还非法所得,决定对作出莫某某、蒋某某、陈某某不起诉决定。

【问题研讨】

该案需要讨论的问题是:积极退还非法所得的适用。根据《非法集资案件适用法律意见》的规定,为他人向社会公众非法吸收资金提供帮助,从中收取代理费、好处费、返点费、佣金、提成等费用,构成非法集资共同犯罪的,应当依法追究刑事责任。能够及时退缴上述费用的,可依法从轻处罚;其中情节轻微的,可以免除处罚;情节显著轻微、危害不大的,不作为犯罪处理。

从数额上看,依照《非法集资司法解释》第六条第一款的规定,非法吸收或者变相吸收公众存款的数额,以行为人所吸收的资金全额计算。从阶段上看,产生的效果有所不同。在提起公诉前积极退赃退赔,减少损害结果发生的,可以从轻或者减轻处罚;在提起公诉后退赃退赔的,可以作为量刑情节酌情考虑。因此,本案中行为人积极退还非法所得与自愿如实供述涉嫌犯罪的事实一样,可以成为不起诉的理由。

六十九、公司非法吸收公众存款团队经理存疑不起诉无罪案

张某某非法吸收公众存款案①

【基本案情】

2013年,张某某(案发前系北京××资产管理公司团队经理)伙同他人以北京××资产管理有限公司的名义通过微信公众号发布广告、组织推介会和口口相传等方式,在北京市海淀区××路××号××大厦××层××等地,以年化利率5%至15%吸引投资人购买传统债权、保理产品、定向融资等三大类项目产品,向53457名投资人吸收资金共计581.2亿余元人民币,逾期金额147.5亿元人民币,尚未兑付投资人的人数为25673人。张某某的行为触犯了《刑法》(2020年)第一百七十六条之规定,涉嫌非法吸收公众存款罪。

【审查起诉】

本案由北京市公安局海淀分局侦查终结,以张某某涉嫌非法吸收公众存款罪,于2021年2月4日向检察院移送审查起诉。检察院受理后,于2021年2月4日已告知被不起诉人有权委托辩护人,依法讯问了被不起诉人,审查了全部案件材料。其间,因部分事实不清、证据不足退回侦查机关补充侦查一次(自2021年3月4日至4月2日)。

【不起诉决定及理由】

经检察院审查并退回补充侦查,检察院仍然认为北京市公安局海淀分局认定的犯罪事实不清、证据不足,不符合起诉条件。具体理由如下:一、现有证据无法排除被不起诉人仅向亲友吸收存款的可能;二、被不起诉人非法吸收公众存款金额为人民币1211万元,其中自投金额为人民币1061万元。

---

① 参见北京市海淀区人民检察院不起诉决定书京海检一部刑不诉[2021]Z99号。

综上,根据现有证据无法认定张某某的行为构成非法吸收公众存款罪。依照《刑事诉讼法》第一百七十五条第四款的规定,决定对被不起诉人张某某不起诉。

【案例简析】

该案张某某伙同他人以北京××资产管理有限公司的名义通过微信公众号发布广告、组织推介会和口口相传等方式,在北京市海淀区××路××号××大厦××层××等地,以年化利率5%至15%吸引投资人购买传统债权、保理产品、定向融资等三大类项目产品,向53457名投资人吸收资金共计581.2亿余元人民币,逾期金额147.5亿元人民币。其中,非法吸收存款金额为人民币1211万元,但其吸收对象范围不明,无法确定是仅向亲友吸收存款,还是向社会不特定公众吸收存款。非法吸收存款金额1211万元中,自投金额为人民币1061万元,则向外吸收金额为150万元。检察院认为根据现有证据无法认定被不起诉人张某某的行为构成非法吸收公众存款罪,因此对其作出存疑不起诉决定。

【问题研讨】

该案需要讨论的问题是:仅向亲友吸收存款的处理。

向亲友吸收存款需严格审查"特定性"。依照《非法集资案件意见》的规定,非法吸收或者变相吸收公众存款构成犯罪,具有下列情形之一的,向亲友或者单位内部人员吸收的资金应当与向不特定对象吸收的资金一并计入犯罪数额:(一)在向亲友或者单位内部人员吸收资金的过程中,明知亲友或者单位内部人员向不特定对象吸收资金而予以放任的;(二)以吸收资金为目的,将社会人员吸收为单位内部人员,并向其吸收资金的;(三)向社会公开宣传,同时向不特定对象、亲友或者单位内部人员吸收资金的。非法吸收或者变相吸收公众存款的数额,以行为人所吸收的资金全额计算。《非法集资司法解释》也规定,非法吸收或者变相吸收公众存款的数额,以行为人所吸收的资金全额计算。

因此,没有明知亲友或者单位内部人员向不特定对象吸收资金而予以放任、不存在以吸收资金为目的将社会人员吸收为单位内部人员,并向其吸收资金、没有向社会公开宣传的情形下,向亲友或者单位内部人员吸收的资金不计入犯罪数额。

七十、公司非法吸收公众存款前台酌定不起诉无罪案

夏某某非法吸收公众存款案①

【基本案情】

王某某(另案起诉)系犯罪嫌疑单位深圳市××股份有限公司(以下简称"××公司",另案起诉)的总经理及实际控制人,该公司的主要业务是制作、发行××产品及销售安装有××产品的"××"平板电脑。2019年5月底,李某某(另案起诉)结识王某某,其谎称自己系"××"(虚构的民间组织)机构××区总负责人,拥有约五万人的销售团队,可以帮助王某某推广、销售××公司的"××"平板电脑产品,同时协助王某某将××公司融资后在香港上市。随后,李某某及犯罪嫌疑人蔡某某(另案起诉)以"××"机构准备孵化××公司上市为噱头,以××公司的企业背景为吸引力,迅速组建××人的"××"(付款人民币2565元入会,后期全部返还)。同年6月22日,李某某与王某某注册成立深圳市××科技有限公司,并委派蔡某某任法定代表人。同年7月,李某某、王某某、蔡某某通过公开宣讲及专业讲师授课的方式,夸大宣传××公司的"××"平板电脑销售前景,吸引"团员"自己或介绍他人购买××公司销售的"××"平板电脑的端口销售权。李某某宣称××公司在全国只销售1000个端口(类似独家代理权),每个端口为人民币204888元,投资人付款购买端口后,××公司根据付款时间先后顺序分别在收款后一天、三天、七天、十五天后退回人民币20万元,并与投资人签订合同,承诺投资人半年销售额不足人民币20万元的,××公司赔偿投资人人民币20万元,投资人一年销售额不足人民币100万元的,××公司赔偿投资人人民币100万元。以此方法,李某某伙同王某某、蔡某某进行非法吸收公众存款活动。徐某某受李

---

① 参见广东省深圳市罗湖区人民检察院不起诉决定书深罗检刑不诉[2020]Z81号。

某某指派,负责收取投资款、提现、退款、签合同等工作,夏某某负责接待投资人、协助退款等工作。经审计,自 2019 年 7 月 19 日至 2019 年 11 月 22 日,共有 215 名投资人购买了端口,共计投资人民币 37251378.4 元,收到退款共计人民币 15164999 元。其中有 130 名投资人报案,该 130 名投资人共计投资人民币 36789867.4 元,收到退款共计人民币 12205656 元。徐某某从中获利人民币 9 万元,夏某某从中获利人民币 2 万元。2019 年 9 月初,李某某谎称去××述职后携款潜逃,并在徐某某、夏某某的帮助下,先后在江苏省无锡市购买黄金人民币 174.68 万元、在山东省乳山市××小区购买房产七套。2020 年 1 月 8 日,公安机关在湖北省麻城市××小区××栋××单元××室将被不起诉人夏某某抓获归案。2020 年 8 月 21 日,夏某某退赃人民币 2 万元。

【审查起诉】

本案由深圳市公安局罗湖分局侦查终结,以被不起诉人夏某某涉嫌非法吸收公众存款罪,于 2020 年 7 月 22 日向检察院移送审查起诉。

【不起诉决定及理由】

检察院认为,夏某某实施了《刑法》(2017 年)第一百七十六条第一款规定的行为,但犯罪情节轻微,属于初犯、偶犯,系从犯,自愿认罪认罚,且积极退赃并配合公安机关追缴赃物。根据《刑法》(2017 年)第三十七条的规定,不需要判处刑罚。依据《刑事诉讼法》第一百七十七条第二款的规定,决定对夏某某不起诉。

【案例简析】

该案夏某某作为前台,负责接待投资人、协助退款等工作,从中获利人民币 2 万元。之后在李某某谎称去××述职实则携款潜逃时,夏某某帮助李某某在江苏省无锡市购买黄金人民币 174.68 万元、在山东省乳山市××小区购买房产七套。夏某某之后将违法所得全部退赃。检察院认为,夏某某实施了非法吸收公众存款的行为,但犯罪情节轻微,属于初犯、偶犯,系从犯,自愿认罪认罚,且积极退赃并配合公安机关追缴赃物,不需要判处刑罚。因此对夏某某作出酌定不起诉决定。

【问题研讨】

该案需要讨论的问题是:非法吸收公众存款单位犯罪中,前台不需要判处刑罚的情节。

一是初犯、偶犯。初犯和偶犯是分别从犯罪序数和犯罪原因的角度划分的犯罪人类型。我国刑法中对初犯没有明文规定,因而初犯本身并不是法定从轻处罚的情节。但在刑事政策上,对初犯一般是从宽处理。初犯系第一次犯罪,一般说来恶习不深,易于改造,可以比照累犯从轻处罚。偶犯是指偶然实施某种犯罪行为的人。偶犯的犯罪原因不是基于行为人的性格,主要是由于偶然的外部事件而引起的犯罪。一般表现为未经充分思考和精心预谋而实施犯罪,经精心预谋后实施犯罪行为的人不是偶犯。

二是从犯。《刑法》第二十七条规定,在共同犯罪中起次要或者辅助作用的,是从犯。对于从犯,应当从轻、减轻处罚或者免除处罚。

三是自愿认罪认罚。根据《关于适用认罪认罚从宽制度的指导意见》的规定,犯罪嫌疑人、被告人自愿如实供述自己的罪行,对于指控犯罪事实没有异议,同意检察机关的量刑建议并签署具结书的案件,可以依法从宽处理。依据该规定,严格执行认罪认罚从宽制度,最大限度落实认罪认罚从宽制度的政策精神就是对于涉案人员积极配合调查、主动退赃退赔、真诚认罪悔罪,符合适用认罪认罚从宽条件的,可以依法从宽处罚。情节轻微的,可以免予处罚;情节显著轻微、危害不大的,依法不作为犯罪处理。

四是积极退赃并配合公安机关追缴赃物。根据《非法集资案件意见》的规定,对于涉案人员积极配合调查、主动退赃退赔、真诚认罪悔罪的,可以依法从轻处罚;其中情节轻微的,可以免除处罚;情节显著轻微、危害不大的,不作为犯罪处理。

七十一、分公司业务员吸收存款酌定不起诉无罪案

陈某某、任某某非法吸收公众存款案①②

【基本案情】

2016年8月至2017年4月,李某某(另案处理)注册成立上海××资产管理有限公司青岛分公司。该公司违反国家金融管理法律规定,未经有关部门依法批准,通过口口相传的途径向社会公开宣传该公司的高息借款投资项目,以年利率12%至18%的高息为诱饵,先后与苗某某、杨某某等31名集资参与人签订《服务协议》,非法吸收资金共计人民币750余万元,造成损失共计人民币560余万元。

2016年8月至2017年1月,陈某某在上海××资产管理有限公司青岛分公司担任业务员期间,吸收纪某某等5人与上海××资产管理有限公司青岛分公司签订投资合同,共计吸收资金人民币85万元,后陈某某投案自首,退缴违法所得人民币1.2万元。

2016年8月至2016年12月,任某某在上海××资产管理有限公司青岛分公司担任业务员期间,吸收凌某某等2名投资人与上海××资产管理有限公司青岛分公司签订投资合同,共计吸收资金人民币35万元,后任某某投案自首,退缴违法所得人民币1.5万元。

【审查起诉】

本案由青岛市公安局市南分局侦查终结,以陈某某、任某某涉嫌非法吸

---

① 参见山东省青岛市市南区人民检察院不起诉决定书青市南检二部刑不诉[2021]Z27号。
② 参见山东省青岛市市南区人民检察院不起诉决定书青市南检二部刑不诉[2021]Z26号。

收公众存款罪,于2021年4月27日向检察院移送审查起诉。

【不起诉决定及理由】

检察院认为,陈某某实施了《刑法》(2020年)第一百七十六条规定的行为,但犯罪情节轻微,系从犯,到案后如实供述犯罪事实,主动退赔全部违法所得,取得集资参与人纪某某等5人的谅解,且具有认罪认罚、自首情节。

任某某实施了《刑法》(2020年)第一百七十六条规定的行为,但犯罪情节轻微,系从犯,到案后如实供述犯罪事实,主动退赔全部违法所得,取得集资参与人凌某某等2人的谅解,且具有认罪认罚、自首情节。

依据《刑法》(2020年)第三十七条、《刑事诉讼法》第一百七十七条第二款的规定,决定对陈某某、任某某不起诉。

陈某某退缴违法所得人民币1.2万元,随李某某等人非法吸收公众存款案移送至青岛市市南区人民法院。

任某某退缴违法所得人民币1.5万元,随李某某等人非法吸收公众存款案移送至青岛市市南区人民法院。

【案例简析】

该案陈某某和任某某在上海××资产管理有限公司青岛分公司担任业务员期间,分别吸收5人和2人与上海××资产管理有限公司青岛分公司签订投资合同,吸收资金人民币85万元和35万元,后陈某某和任某某投案自首,分别退缴违法所得人民币1.2万元、1.5万元。检察院认为,陈某某和任某某实施了非法吸收公众存款行为,但犯罪情节轻微,系从犯,到案后如实供述犯罪事实,主动退赔全部违法所得,取得集资参与人的谅解,且具有认罪认罚、自首情节。因此对其作出酌定不起诉决定。

【问题研讨】

该案需要讨论的问题是:分公司业务员不需要判处刑罚的情节。

一是取得集资参与人的谅解。2021年《关于常见犯罪的量刑指导意见(试行)》规定,对于积极赔偿被害人经济损失并取得谅解的,综合考虑犯罪性质、赔偿数额、赔偿能力以及认罪悔罪表现等情况,可以减少基准刑的40%以下;积极赔偿但没有取得谅解的,可以减少基准刑的30%以下;尽管没有赔偿,但取得谅解的,可以减少基准刑的20%以下。因此,非法吸收公众存款后取得集资人谅解的,可以从轻考虑。

二是从犯,主动退赔全部违法所得。《刑法》第二十七条规定,在共同犯罪中起次要或者辅助作用的,是从犯。对于从犯,应当从轻、减轻处罚或者免除处罚。依照《非法集资案件适用法律意见》的规定,为他人向社会公众非法吸收资金提供帮助,从中收取代理费、好处费、返点费、佣金、提成等费用,构成非法集资共同犯罪的,应当依法追究刑事责任。能够及时退缴上述费用的,可依法从轻处罚;其中情节轻微的,可以免除处罚;情节显著轻微、危害不大的,不作为犯罪处理。

三是认罪认罚、自首情节。根据《关于适用认罪认罚从宽制度的指导意见》的规定,犯罪嫌疑人、被告人自愿如实供述自己的罪行,对于指控犯罪事实没有异议,同意检察机关的量刑建议并签署具结书的案件,可以依法从宽处理。根据《刑法》第六十七条的规定,犯罪以后自动投案,如实供述自己的罪行的,是自首。对于自首的犯罪分子,可以从轻或者减轻处罚。其中,犯罪较轻的,可以免除处罚。

七十二、业务员吸收存款酌定不诉无罪案

苏某某非法吸收公众存款案①

【基本案情】

北京××投资管理咨询有限公司青岛第一分公司于2014年7月28日成立,公司成立后在未取得相关部门批准的情况下,以承诺年化收益6%至10%不等的高额利息为诱饵,通过媒体广告等方式进行宣传,以在线下门店与集资参与人签订《个人出借咨询与服务协议》及在××网线上平台与集资参与人签订理财业务项目等方式,向社会不特定公众非法募集资金。青岛××企业管理咨询有限公司第二分公司于2018年5月8日成立后,继续开展上述业务。自2018年1月至案发,苏某某在李沧区担任业务员期间吸收江某某、金某某等10人资金共计人民币39万余元,造成损失共计人民币37万余元。案发后,上述10名集资参与人均对苏某某表示谅解。

【审查起诉】

本案由青岛市公安局李沧分局侦查终结,以苏某某涉嫌非法吸收公众存款罪,于2020年11月26日向检察院移送审查起诉。

【不起诉决定及理由】

检察院认为,苏某某实施了《刑法》(2020年)第一百七十六条第一款规定的行为,依法已构成非法吸收公众存款罪,但犯罪情节轻微,且积极退赃,取得集资参与人谅解,具有自首情节,系从犯,并自愿认罪认罚,根据《刑法》(2020年)第三十七条的规定,不需要判处刑罚。依据《刑事诉讼法》第一百七十七条第二款的规定,决定对苏某某不起诉。

【案例简析】

该案苏某某在李沧区担任业务员期间吸收江某某、金某某等10人资金

---

① 参见山东省青岛市李沧区人民检察院不起诉决定书青李沧检二部刑不诉[2021]Z63号。

共计人民币 39 万余元,造成损失共计人民币 37 万余元。案发后,上述 10 名集资参与人均对苏某某表示谅解。检察院认为,苏某某虽然实施了非法吸收公众存款行为,依法已构成非法吸收公众存款罪,但犯罪情节轻微,且积极退赃,取得集资参与人谅解,具有自首情节,系从犯,并自愿认罪认罚,不需要判处刑罚。因此对其作出酌定不起诉决定。

【问题研讨】

该案需要讨论的问题是:分公司业务员不需要判处刑罚的情节。

一是犯罪情节轻微。苏某某吸收江某某、金某某等 10 人资金共计人民币 39 万余元,造成损失共计人民币 37 万余元,并非属于"数额巨大或者有其他严重情节"。

二是取得集资参与人的谅解。2021 年《关于常见犯罪的量刑指导意见(试行)》规定,对于积极赔偿被害人经济损失并取得谅解的,综合考虑犯罪性质、赔偿数额、赔偿能力以及认罪悔罪表现等情况,可以减少基准刑的 40% 以下;积极赔偿但没有取得谅解的,可以减少基准刑的 30% 以下;尽管没有赔偿,但取得谅解的,可以减少基准刑的 20% 以下。因此非法吸收公众存款后取得集资人谅解的可以从轻考虑。

三是从犯,积极退赃。《刑法》第二十七条规定,在共同犯罪中起次要或者辅助作用的,是从犯。对于从犯,应当从轻、减轻处罚或者免除处罚。依照《非法集资案件适用法律意见》的规定,为他人向社会公众非法吸收资金提供帮助,从中收取代理费、好处费、返点费、佣金、提成等费用,构成非法集资共同犯罪的,应当依法追究刑事责任。能够及时退缴上述费用的,可依法从轻处罚;其中情节轻微的,可以免除处罚;情节显著轻微、危害不大的,不作为犯罪处理。

四是认罪认罚、自首情节。根据《关于适用认罪认罚从宽制度的指导意见》的规定,犯罪嫌疑人、被告人自愿如实供述自己的犯罪,对于指控犯罪事实没有异议,同意检察机关的量刑建议并签署具结书的案件,可以依法从宽处理。根据《刑法》第六十七条的规定,犯罪以后自动投案,如实供述自己的罪行的,是自首。对于自首的犯罪分子,可以从轻或者减轻处罚。其中,犯罪较轻的,可以免除处罚。

综上所述,业务员犯罪情节轻微,且积极退赃,取得集资参与人的谅解,具有自首情节,系从犯,并自愿认罪认罚,不需要判处刑罚。

七十三、分公司业务员吸收存款酌定不诉无罪案

王某某非法吸收公众存款案①

【基本案情】

2015年2月3日,深圳××财富管理有限公司天津分公司注册成立,该公司在未经国家有关部门依法批准,不具备吸收公众存款资质的情况下,通过发放传单、电话、微信、口头宣讲等方式向社会公开宣传,推荐社会不特定人员通过"钱罐子"APP购买灵活宝、活期宝、定活宝、天添牛、新添牛等理财产品,承诺保本付息。2015年4月至2016年5月,王某某担任深圳××财富管理有限公司天津分公司业务员,采用上述方式,向3名投资人吸揽资金共计人民币633221元(以下币种均为"人民币"),造成投资人实际损失共计130127.37元。王某某在任职期间,领取工资、提成等共计60559.82元。

2020年9月14日,王某某主动投案,并主动退缴违法所得1.5万元。2021年9月7日,王某某主动退缴违法所得45559.82元。

【审查起诉】

本案由天津市滨海新区公安局天津港分局侦查终结,以王某某涉嫌非法吸收公众存款罪,于2020年11月3日向检察院移送审查起诉。

【不起诉决定及理由】

检察院认为,王某某实施了《刑法》(2020年)第一百七十六条第一款规定的行为,但犯罪情节轻微,具有从犯、自首、认罪认罚、积极退赃等情节,根据《刑法》(2020年)第三十七条的规定,不需要判处刑罚。依据《刑事诉讼法》第一百七十七条第二款的规定,决定对王某某不起诉。

---

① 参见天津市滨海新区人民检察院不起诉决定书津滨检四部刑不诉[2021]27号。

【案例简析】

该案王某某通过在担任深圳××财富管理有限公司天津分公司业务员期间,采用发放传单、电话、微信、口头宣讲等方式向社会公开宣传,推荐社会不特定人员通过"钱罐子"APP购买灵活宝、活期宝、定活宝、天添牛、新添牛等理财产品,承诺保本付息的方式,向3名投资人吸揽资金共计633221元,造成投资人实际损失共计130127.37元,领取工资、提成等共计60559.82元。之后王某某分两次主动退缴全部违法所得。检察院认为,王某某实施了非法吸收公众存款行为,但犯罪情节轻微,具有从犯、自首、认罪认罚、积极退赃等情节,不需要判处刑罚,因此对其作出酌定不起诉决定。

【问题研讨】

该案需要讨论的问题是:对于侦查、审查起诉阶段积极挽回集资参与人财产损失,且犯罪情节相对较轻的一般参与者如分公司业务员,不需要判处刑罚的情形。

按照2010年《非法集资司法解释》(已修改)第三条第一款、第二款的规定,非法吸收或者变相吸收公众存款,具有下列情形之一的,应当依法追究刑事责任:(一)个人非法吸收或者变相吸收公众存款,数额在20万元以上的,单位非法吸收或者变相吸收公众存款,数额在100万元以上的;(二)个人非法吸收或者变相吸收公众存款对象30人以上的,单位非法吸收或者变相吸收公众存款对象150人以上的;(三)个人非法吸收或者变相吸收公众存款,给存款人造成直接经济损失数额在10万元以上的,单位非法吸收或者变相吸收公众存款,给存款人造成直接经济损失数额在50万元以上的;(四)造成恶劣社会影响或者其他严重后果的。具有下列情形之一的,属于刑法第一百七十六条规定的"数额巨大或者有其他严重情节":(一)个人非法吸收或者变相吸收公众存款,数额在100万元以上的,单位非法吸收或者变相吸收公众存款,数额在500万元以上的;(二)个人非法吸收或者变相吸收公众存款对象100人以上的,单位非法吸收或者变相吸收公众存款对象500人以上的;(三)个人非法吸收或者变相吸收公众存款,给存款人造成直接经济损失数额在50万元以上的,单位非法吸收或者变相吸收公众存款,给存款人造成直接经济损失数额在250万元以上的;(四)造成特别恶劣社会影响或者其他特别严重后果的。

若吸收资金数额达到追诉标准而未达到"数额巨大或者有其他严重情节"的程度,而造成投资人实际损失与吸收存款的对象远远低于追诉标准,可以认定为犯罪情节轻微。若根据2022年修正后《非法集资司法解释》的规定,本案中的非法吸收存款数额还未达到追诉标准,加之王某某具有从犯、自首、认罪认罚、积极退赃等情节,可以认定为不需要判处刑罚。

七十四、"散布吸储"吸收存款无罪案

林金杯非法吸收公众存款、破坏金融管理秩序案①

【基本案情】

2000年1月至2001年1月,林金杯以支付1.5%至2.5%不等月息的方法,向林世荣、黄鸿恩、陈琴英等10人借款,共计332100元。其中,2000年1月17日向林世荣借款5000元,约定月息2%;同年3月27日向黄鸿恩借款4万元,约定每月支付利息800元;同年6月29日和10月4日,分两次向陈琴英借款1万元和50800元,约定月息1.8%;同年8月4日、8月19日、8月21日、10月4日、11月20日和12月19日,分别向林国明借款7000元、23000元、23000元、11800元、6200元及5900元,约定月息1.8%;同年8月20日、27日,分两次各向林益凤借款5000元,约定月息2%;同年9月7日、9月25日,分两次向林国友借款5000元和1万元,约定月息1.8%;同年11月29日向林金洪借款5000元,约定月息2.5%;同年12月4日向林燕飞借款5万元,约定月息1.8%;同年12月17日向林金桂借款51000元,约定月息2.5%;2001年1月30日向林建通借款18400元,约定月息1.5%。因承包工程的工程款部分被拖欠、出借资金部分无法收回等原因,林金杯除支付黄鸿恩三个月利息、于2003年3月28日归还林建通借款18400元、于2003年4月10日归还林燕飞借款5万元外,其余借款本息均未归还。2003年4月28日,公安机关决定以林金杯涉嫌非法吸收公众存款罪立案侦查。2004年8月24日,林金杯被公安机关抓获。

【检察院指控】

林金杯自2000年1月始,以高于同期国家金融机构的利率,向社会人员林国友、林国明、林金洪等十多人吸收存款共计593100元,用于转借给他

---

① 参见福建省莆田市秀屿区人民法院刑事判决书(2014)秀刑再初字第1号。

人,从中赚取利息差,造成被吸收存款523700元无法归还的严重后果,应以非法吸收公众存款罪对被告人林金杯追究刑事责任。

【辩护意见】

林金杯辩称:其行为属于合法的民间借贷行为,所借款项利率均未超过国家规定的限度,也没有赚取利息差,不应以非法吸收公众存款罪论处。

【法院裁判】

法院审查认为,公诉机关指控被告人林金杯自2000年1月始向十多人吸收存款共计593100元,其中包括向林秋英吸收存款5万元、向林玉泉(松)吸收存款6000元。但根据林秋英的陈述,其将5万元存放在被告人林金杯处的时间是1997年,而并非被告人林金杯出具借条的2000年9月24日;根据林玉泉(松)的陈述以及被告人林金杯出具给林玉泉(松)的欠条,林玉泉(松)将6000元交给被告人林金杯的时间是1999年11月12日。该两笔款项由于发生时间不在公诉机关指控的犯罪时间段内,应不予认定。

公诉机关以林金洪的陈述和被告人林金杯出具的金额为205000元的条据指控被告人林金杯于2000年11月13日向林金洪吸收存款205000元,但该条据并未叙明是借条,而根据其记载的内容"兹欠林金洪现金贰拾万伍仟元,本人愿意用厝给金洪抵押"以及被告人林金杯在该条据上注明的"此条据系是愿意将作为厝的第三层抵押给金洪,并交付第三层钥匙,此条并非借条",因此该条据应认定为欠条而非借条。虽然出具时间2000年11月13日是在公诉机关指控的犯罪时间之内,但无法证明该笔款项的实际发生时间也在公诉机关指控的犯罪时间之内。并且,林金洪陈述称"林金杯一般是以每月1分、1.5分的利息向我借钱,具体要以借条为准",但上述条据没有约定利息,不能排除所欠款项205000元包括被告人林金杯应付利息的可能性,无法将之全部认定为本金。另外,林金洪在陈述中明确表示"林金杯向我借的钱主要用于承包工程和承包盐场"。因此公诉机关指控被告人林金杯于2000年11月13日向林金洪吸收存款205000元,法院不予认定。

关于公诉机关指控被告人林金杯向林金洪吸收存款5000元以及向林世荣、黄鸿恩、陈琴英、林国明、林益凤、林国友、林燕飞、林金桂、林建通等其他9人吸收存款327100元。首先,从借款对象看,第一,人数相对较少,仅为10人;第二,范围较小且相对特定。被告人林金杯与林国明、林金洪、林益凤系同村村民,其中与林国明又系朋友关系、林金洪又系亲戚关系;被告人林金杯与林国友、林金桂、林世荣、林燕飞系邻村村民,其中与林世荣又系同学关系、林燕飞原先多次借款给被告人林金杯;林建通系被告人林金杯的远房亲戚,多年前就互相借款;黄鸿恩系向银行贷款后借给被告人林金杯;另一借款对象陈琴英虽然自称原来不认识被告人林金杯,但其原系莆田盐场职工,与林建通系同事关系,通过林建通介绍认识了被告人林金杯。因此从借款对象看,不应认为被告人林金杯向社会不特定公众借款。其次,从行为方式看,被告人林金杯并未通过积极散布吸储方式来吸引他人把钱存放在其处,黄鸿恩、陈琴英、林国明、林燕飞、林建通、林金洪都是基于被告人林金杯提出借款后将钱借给被告人林金杯,只有林世荣、林益凤、林国友、林金桂等四人称被告人林金杯吸收存款或听说被告人林金杯吸收存款,而主动要求借给林金杯,金额仅为 81000 元。最后,从借款事由看,有 251100 元是被告人林金杯提出借款要求,除了向远房亲戚且多年前就互相借款的林建通借款 18400 元未提及借款事由外,向林金洪、林国明、陈琴英、黄鸿恩借款 182700 元时,被告人林金杯均言明是承包工程、做生意或承包盐场需要,向林燕飞借款 5 万元时更是声明自己资金紧张。综上,由于被告人林金杯并未通过散布吸储方式向社会不特定公众借款,大部分款项是被告人林金杯以承包工程、经营生意等事由向范围相当局限且相对特定的对象借入,不应以非法吸收公众存款论处。

对于公诉机关指控被告人林金杯吸收存款用于转借给他人、从中赚取利息差。首先,被告人林金杯向黄鸿恩借款时明确表示借款用于承包东峤盐场,而莆田市秀屿区东峤镇霞西村民委员会出具的证明也证实被告人林金杯确于同时期承包该村小盐场,故被告人林金杯向黄鸿恩所借 4 万元,不应认定为属于转借给他人。其次,被告人林金杯承认借入款项中有部分转借给他人,但除了向黄鸿恩所借 4 万元外的 292100 元是否全部用于转借给他人,公诉机关提供的证据尚不足以证明。再次,退一步讲,即使其余 292100 元全部用于转借给他人,那么当中有 18400 元借入月息为 1.5%、202700 元借入月息为 1.8%、15000 元借入月息为 2%、56000 元借入月息为 2.5%,而根据林晓阳、林文金、林玉泉出具给被告人林金杯的借条,可以确定发生在公诉机关指控的犯罪时间内的有被告人林金杯借给林晓阳的 12240 元(月息 2%)、借给林文金的 2600 元(月息 2.5%)、借给林玉泉的 85 万元(月息 1.5%)。林文珍虽于 2001 年 1 月 30 日出具两张欠条确认欠被告人林金杯50万元,但该两笔款项是何性质、何时发生,该两张欠条并不能证明。至于被告人林金杯替蔡文栋垫资27万元以及借款2万元给蔡文栋,时间分别为1995年及1996年,而公诉机关指控被告人林金杯自2000年1月始吸收存款,因此公诉机关根据莆田市中级人民法院(1999)莆中民终字第487号民事判决书证明被告人林金杯吸收存款用于转借给他人,明显不能采信。公诉机关还提供了关于许清平与被告人林金杯借贷纠纷的福建省高级人民法院(2003)闽民终字第9号民事判决书,但该份判决书仅能证明被告人林金杯与许清平自1994年起多次发生借贷关系,截至2001年10月31日许清平尚欠被告人林金杯借款本金1392350元及利息24万元。至于被告人林金杯自2000年1月起有无借款给许清平,该份判决书并不能证明。反而是许清平在该借款纠纷案件中主张被告人林金杯构成破坏金融管理秩序罪,未获福建省高级人民法院的支持。最后,两相比较可以确定上述发生于公诉机关指控时间段内的借入、借出款项、月息,被告人林金杯并无从中赚取利息差的空间。

法院认为,公诉机关指控被告人林金杯自2000年1月始向社会人员十多人吸收存款593100元,证据不足。根据公诉机关提供的证据,自2000年1月起被告人林金杯借入款项仅为332100元,被告人林金杯向林秋英所借5万元、向林玉泉(松)所借6000元,发生在2000年之前,所欠林金洪205000元,无法确定时间,依法应不予认定。被告人林金杯向林世荣、黄鸿恩、陈琴英等10人借入款项,人数相对较少,借款对象范围较小且相对特定,所借款项大部分为被告人林金杯主动提出,并非通过散布吸储方式来吸引他人把钱存放在其处,其行为性质不应认定为向社会不特定公众吸收存款。公诉机关指控被告人林金杯将借入款项转借给他人赚取利息差,同样证据不足。因此,被告人林金杯的行为并未扰乱国家正常的金融管理秩序,公诉机关指控被告人林金杯犯非法吸收公众存款罪不能成立。根据《刑法》(2011年)第一百七十六条、《刑事诉讼法》(2012年)第一百九十五条第二项及2012年《最高人民法院关于适用〈中华人民共和国刑事诉讼法〉的解释》(已失效)第二百四十一条第一款第三项的规定,判决如下:

被告人林金杯无罪。

【案例简析】

该案林金杯被指控犯非法吸收公众存款罪,经过再审后被判决无罪。公诉机关认为被告人林金杯从2000年1月到2003年4月通过散布吸储方式,以高于同期国家金融机构的利率,向社会人员林国友、林国明、林金洪等十多人吸收存款共计593100元。而其借款行为可以划分为三类:

第一,借款时间不在公诉机关指控犯罪时间段内的借款不予认定。其中包括两种,一是由被害人陈述证实款项交付时间与借条时间有差异的,二是因根据借条内容分析名为借条实为欠条而不能确定借款时间的。

第二,属于民间借贷的行为。对于该部分借款,法院从借款对象、行为方式和借款事由三个方面进行论证。

首先,借款对象满足人数相对较少、范围较小且相对特定的条件。10人可以认定为人数相对较少,同村村民关系重叠朋友关系、亲戚关系,邻村村民关系又重叠同学关系以及先前多次借款关系,远房亲戚关系重叠多年前就互相借款的经历,以及远房亲戚的同事都可以被认定为相对特定,包括从向银行贷款后借给被告人林金杯也可以被认定为不满足"向社会不特定公众借款"的要件。

其次,从行为方式看,不存在公开宣传,主动招揽的特征。被告人林金杯并未通过积极散布吸储方式来吸引他人把钱存放在其处,借款的10人中有6人都是基于被告人林金杯提出借款后将钱借给被告人林金杯,只有4人称被告人林金杯吸收存款或听说被告人林金杯吸收存款,而主动要求借给林金杯,且金额较少。

最后,就借款事由而言,承包工程、经营生意等事由具有合法性。有251100元是被告人林金杯提出借款要求,除了向远房亲戚且多年前就互相借款的林建通借款18400元未提及借款事由外,向林金洪、林国明、陈琴英、黄鸿恩借款182700元时,被告人林金杯均言明是承包工程、经营生意或承包盐场需要,向林燕飞借款5万元时更是声明自己资金紧张。通过从借款对象、行为方式和借款事由进行论证,被告人林金杯并未以散布吸储的方式向社会不特定公众借款,而大部分款项是被告人林金杯以承包工程、经营生意等事由向范围相当局限且相对特定的对象借入,不应以非法吸收公众存款论处。

关于将被指控的借款用于转借给他人、从中赚取利息差的行为。其中包括三种情况:其一,借款理由为承包东峤盐场被证实确实用于该事项而不予认定;其二,借入款项中有部分转借给他人,但条据是何性质、何时发生难以判断而不予认定;其三,对发生在指控时间段之前的债权债务关系不予认定。因此,发生于公诉机关指控时间段内的借入、借出款项、月息可以表明被告人林金杯并无从中赚取利息差的空间。

从该案对非法吸收公众存款罪的认定来看,在依据要件审查其行为时,根据借条的具体内容来审查要件成立与否对行为性质的判断至关重要。

【问题研讨】

该案需要讨论的问题是:

其一,准确区分针对特定对象的民间借贷行为与非法吸收公众犯罪行为的问题。

民间借贷,是指自然人、法人、其他组织之间及其相互之间进行资金融通的行为。民间借贷和非法集资两者非常相近,从目前审理的案件来看,绝大多数非法集资犯罪案件都发生在民间借贷市场。审判实践中对于如何区分二者认识模糊。但二者至少在法律定性、法律责任以及社会效果三个方面存在明显不同:(1)二者的法律定性不同。非法集资,顾名思义,必然是一种违法行为,至少在法律层面具有可责性,非法集资行为符合非法吸收公众存款罪或者集资诈骗罪犯罪构成要件的,应依法追究相应的刑事责任。而民间借贷本身是中性的,既可能是正常的民间资金转移,也可能演化为违法行为。换言之,非法集资活动的违法性(非法性)是确定的,既可能违反行政法律法规,也可能违反刑法相关规定。民间借贷的合法性则具有不确定性,存在合法和非法的双重可能。例如,正常利率的民间借贷活动受我国法律保护,但高利贷,以及"套路贷"则是非法的,甚至可能构成犯罪,因而不受法律保护。(2)二者导致的法律责任存在差别。非法集资活动因其行为具有非法性,根据《非法金融机构和非法金融业务活动取缔办法》(已失效)等的规定,可以给予行政处罚,构成犯罪的,应当依法追究相应的刑事责任。合法的民间借贷活动在正常履行中不产生法律责任,出现纠纷后,可能产生民事责任。只有当民间借贷活动演化为非法金融业务活动后,才会产生行政责任或刑事责任。(3)二者导致的社会效果不同。非法集资因其扰乱金融管理秩序,制造金融风险,危害国家金融安全,因而具有较大的社会危害性。民间借贷出现在非正规的民间金融市场,形成相应的民间金融秩序,这种秩序是对正规金融市场的必要和有益的补充,在资金使用上也与正规金融市场形成一定的竞争关系。只要民间借贷活动没有转化为非法集资等违法犯罪活动,即应当受法律保护。

非法吸收公众存款罪与民间借贷都是一种还本付息的行为,但非法吸收公众存款罪的集资对象针对不特定多数人,且严重破坏了国家金融管理秩序。判断行为人的行为是否构成非法吸收公众存款罪,应当按照《非法集资司法解释》《最高人民法院关于审理民间借贷案件适用法律若干问题的规定》(2020年第二次修正)等的规定,结合行为是否具有"非法性""公开性""利诱性""社会性",从而进行综合分析认定。

其二,民间借贷行为与非法吸收公众存款行为具体区分标准的问题。民间借贷行为与非法吸收公众存款行为的区分应从借款对象、行为方式和借款事由三个方面进行判断。首先,民间借贷行为的借款对象须满足人数相对较少、范围较小且相对特定的条件,非法吸收公众存款罪尽管也具有一定民间借贷的特征,但因为其借贷范围具有不特定的公众性且扰乱了国家金融秩序,所以民间借贷行为与非法吸收公众存款行为的根本区别是民间借贷行为不会造成严重的社会危害性。对于像"只向少数个人或者特定对象如仅限于本单位人员等吸收存款"的行为当然不是非法吸收公众存款的行为,因为这种"民间借贷"行为不可能对国家金融秩序造成破坏。其次,从行为方式看是否存在公开宣传,主动招揽的特征。最后,从借款事由考察是否具有合法性,以辅助判断。

七十五、提供抵押担保吸收存款无罪案

杨文德非法吸收公众存款、集资诈骗案①

【基本案情】

香港籍人员张某3(刑拘在逃)在福建省福鼎市管理福鼎华鑫房地产开发有限公司等多家公司,期间被告人杨文德协助张某3处理日常事务。2011年7月至2012年8月间,张某3及被告人杨文德在福鼎市以短期资金周转、购房等事由向张某2、丁某、夏某2等人借入资金。至案发,未偿还共计人民币2286.8094万元(币种下同),其中张某2借出2500万元、丁某借出1086.8094万元、夏某2借出2700万元。具体是:

1. 张某3经人介绍认识张某2,2012年8月22日,双方协商后,由杨文德与张某2签订一份借款合同,约定杨文德向张某2借款500万元,借款月利率为2%,并由福鼎华德贸易有限公司、叶俊夫、姜一维、周敏、易尚青、叶依东、陆燕平提供11套房产抵押物作为上述借款的担保,并办理了抵押登记手续。随后张某2按合同约定向杨文德指定的张某3、洪某账户汇付了500万元。此后杨文德没有依约还款,张某2诉至法院,宁德市中级人民法院以(2013)宁民初字第64号判决确认了张某2的该笔债权,并确认张某2对抵押房产享有优先受偿权。及至案发,张某3、杨文德未偿还上述款项。

2. 张某3、杨文德与丁某协商后于2012年6月23日订立了一份《借款合同》,约定杨文德向丁某借款180万元,借款月利率3%,期限三个月,由张某3提供担保。《借款合同》上注明:"该借款是向丁某购买金龙房地产金龙小区商住楼4幢1102室,该房面积216.56平方米,总价180万元。"杨文德在该合同的借款人栏下签字,张某3在该合同的保证人栏下签字。2012年11月14日,该房屋的所有权转移登记至杨文德名下。及至案发,张某3、

---

① 参见福建省福鼎市人民法院刑事判决书(2015)鼎刑初字第68号。

杨文德未偿还上述款项。

3. 丁某与张某3、杨文德协商后,约定张某3向福鼎市建兴房地产开发有限公司购买八套商品房,购房款906.8094万元由丁某代为支付,该款作为张某3欠丁某的借款,月利率3%,期限三个月,由杨文德提供担保。2012年7月18日,张某3、丁某及杨文德签订一份《借款合同》,张某3在该合同的借款人栏内签字,杨文德在该合同的保证人栏内签字,并加盖了福建省华鑫华夏旅游文化有限公司的印章。此后丁某通过银行汇付现金、债权债务抵销的方式向福鼎市建兴房地产开发有限公司法定代表人许某支付了以上购房款。及至案发,张某3、杨文德未偿还上述款项,该房屋也未建成交付。

4. 张某3、杨文德经人介绍认识夏某2,2011年7月22日,张某3向夏某2借款700万元,借款人为张某3,约定借款期限三个月,月利率3%。2012年11月8日,夏某2为保护诉讼时效与张某3约定重新走账,重写借条,并提供担保人。当日张某3重新出具一张借条给夏某2,借条记载张某3以短期资金周转为由向夏某2借款700万元,约定借款月利率2.5%,期限一个月,由福鼎市华鑫房地产开发有限公司、福鼎市华德贸易有限公司在借据上盖章提供担保,杨文德也以福鼎市华德贸易有限公司法定代表人的身份在借条的担保人栏内签字。及至案发,张某3、杨文德未偿还上述款项。

2012年1月至2012年7月间,张某3与杨文德向刘某1、陈某5、刘某2借入款项834.75万元,及至案发,未予归还。具体是:

1. 2011年底,杨文德以张某3缺乏资金为由向刘某1借款150万元,双方协商后,约定借款期限为2012年1月10日至2013年1月9日,借款月利率3%,张某3及杨文德共同在借条的借款人栏内签字;2012年2月29日,杨文德以张某3缺乏资金为由向刘某1借款100万元,双方协商后,约定借款期限为2012年2月29日至2013年2月28日,借款月利率3%,张某3在借款借据的借款人栏内签字,杨文德在借款借据的担保人栏内签字;2012年4月27日,杨文德以张某3缺乏资金为由向刘某1借款280万元,双方协商后,约定借款期限为2012年4月27日至2012年7月26日,借款月利率2.5%,张某3在借款借据的借款人栏内签字,杨文德在借款借据的担保人栏内签字;以上三次刘某1共借出资金530万元。上述款项由刘某1账户汇入被告人杨文德账户。

2. 2012年7月23日,杨文德与张某3许以月利率2.5%的利息,并承诺提供叶依东名下位于华鑫锦绣苑的一处房产作为抵押物,并在一个月内办理抵押登记手续,杨文德在借条的借款人栏内签字,张某3在借条的担保人栏内签字,二人向陈某5借得资金100万元。

3.2012年7月31日,杨文德以张某3缺乏资金为由向刘某2借款,约定月利率2.5%,借得刘某2资金204.75万元。杨文德在借条的借款人栏内签字,张某3在借条的担保人栏内签字。上述款项由刘某2的账户汇入杨文德的账户。

另查明,2013年6月15日,杨文德在福建省厦门市被抓获。

【检察院指控】

福建省福鼎市人民检察院指控:

(一)非法吸收公众存款罪

2011年7月至2012年8月间,杨文德伙同张某3(刑拘在逃)以张某3购买土地、房产等缺少资金为由,在福鼎市采取口口相传的方式对外公开宣传借款,并承诺在一定期限内还本付息,先后向被害人张某2、丁某、夏某2等多人非法吸收存款,所借得款项供张某3使用。后经被害人多次催讨无果,造成各被害人损失共计人民币2286.8094万元,其中,张某2损失500万元、丁某损失1086.8094万元,夏某2损失700万元。

(二)集资诈骗罪

2012年1月至2012年7月间,杨文德伙同张某3编造在福鼎市沙埕港投资建码头等事由,以高额利息为诱饵向社会公开宣传,以借款形式先后骗取刘某1、陈某5、刘某2钱款共计834.75万元,用于偿还债务等。分别是:

1.2012年1月至2012年4月间,杨文德伙同张某3编造在福鼎市沙埕港投资建码头、购买福鼎市华鑫锦绣苑旁边地块等事由,以高额利息为诱饵,先后三次以借款的形式骗取刘某1钱款共计530万元。上述款项从刘某1账户汇入杨文德账户后,杨文德及张某3随即用于偿还债务等。

2.2012年7月下旬,杨文德伙同张某3编造福鼎市华鑫锦绣苑房地产工程需要资金的事由,以高额利息为诱饵,许诺提供叶依东名下位于华鑫锦绣苑的一处房产作为抵押物并在一个月内办理抵押登记手续,以借款的形式骗取陈某5钱款100万元。上述款项中50万元由陈某5于2012年7月21日在银行窗口取现当场交付给杨文德,杨文德于同日及次日将其中的45万元存入杨文德账户并转账42万元至"夏圭希"账户,另50万元由陈某5于同月24日通过其母亲账户汇入杨文德账户,被杨文德及张某3随即用于偿还债务。

3. 2012年7月31日,杨文德伙同张某3编造在福鼎市沙埕港建码头的事由,以高额利息为诱饵,以借款的形式骗取刘某2借款204.75万元。上述款项从刘某2的账户汇入杨文德的账户后,随即被杨文德及张某3用于偿还债务等。

案发后,杨文德潜逃至厦门,张某3潜逃至香港,经福鼎市公安局经侦大队多次联系,仍拒不到案。2013年6月15日,杨文德在厦门被抓获归案。到案后,杨文德拒不归还上述被害人钱款。

公诉机关为证实杨文德向被害人刘某1集资诈骗530万元,向法庭出示了证据。

【辩护意见】

杨文德辩称,其是按张某3的指示,在张某3对外借款时代为办理了部分手续,其本人并没有诈骗的恶意,其行为不构成非法吸收公众存款罪和集资诈骗罪。

杨文德的辩护人辩护认为:(1)被告人杨文德没有向社会不特定对象吸收资金,没有公开进行宣传、没有扰乱金融秩序。被告人杨文德是张某3的舅舅,也是张某3的下属,其只是帮助张某3借款,是正常的民间借贷行为,不构成非法吸收公众存款罪。(2)被告人杨文德没有隐瞒或虚构事实,没有非法占有目的,没有挥霍、携款潜逃等情形,对张某3借款的具体磋商过程等不知情,被告人杨文德的行为也不构成集资诈骗罪。(3)被告人杨文德案发后到厦门系要求张某3姐姐出面帮忙解决债务问题,并非潜逃。

对于公诉机关为证实被告人杨文德向被害人刘某1集资诈骗530万元出示的证据,辩护人提出,被害人刘某1提供的借款合同、银行凭证,只能证实张某3、福鼎市华德贸易有限公司向其借款的事实,不能证实被告人杨文德存在诈骗的骗取手段。刘某1知道张某3的实力和资金用途,杨文德仅是借款担保人福鼎市华德贸易有限公司的法定代表人,没有使用该借款。杨文德没有骗取刘某1款项的行为,也没有非法占有的目的。借据上写明借款理由是生产经营需要,未说明是码头建设、购买土地的事由。刘某1作为华鑫锦绣苑的住户,其在购买房子的时候与杨文德、张某3有很多交情,在这期间已经建立了朋友关系,刘某1说三人不是朋友,属虚假陈述。张某3借款之后,有将大部分资金用于福鼎文化一条街建设,也有将资金用于购买房产,刘某1作为住户十分熟悉,却认为杨文德编造理由借款,该陈述不属实。证人刘某3系刘某1的弟弟,其听刘某1所说的借款磋商过程,该证言属传来证据,不能证实杨文德构成集资诈骗罪。港务局、国土部门的证据,国土部门出具的证明称不存在大宗土地买卖,不排除民间交易等可能。张某3姐姐张飞云的墩峰控股公司也与福鼎市政府对福鼎市沙埕港码头建设进行过规划、勘探等前期合作。

对于公诉机关为证实被告人杨文德集资诈骗被害人陈某5借款100万元出示的证据,辩护人提出,陈某5是主动借款给张某3,被告人杨文德、张某3没有虚构借款事由。张某3用叶依东的房产作为抵押,虽然没有办理抵押登记,但这仅是合同的履行问题,不构成集资诈骗罪。

对于公诉机关为证实被告人杨文德集资诈骗被害人刘某2借款204.75万元出示的证据,辩护人提出,刘某2在借款时,知道张某3的经济实力,张某3也提供了建都新天地的房产进行权利质押,建都房产公司两套房屋所有的权利由刘某2处置,刘某2手上有委托书,可以完全行使该两套房屋的权利,所以刘某2并未受到损失,张某3没有非法占有借款的目的。张某3向刘某2借款有抵押,及时支付利息,张某3将款项用于福鼎华鑫房地产开发有限公司的建设,均表明张某3不构成集资诈骗罪。周某、陈某2、陈某3的证言不能证实存在非法诈骗或集资的情况。借款合同及银行走账凭证,以及作为质押的商品房买卖合同、房产证等相关证据,证实该款项全部由张某3使用。张某3借款后没有用于挥霍及其他违法用途。被告人杨文德没有与张某3共同编造借款事由,骗取借款,也没有非法占有的目的,不构成集资诈骗。

对于公诉机关为证实被告人杨文德案发后拒不归还借款的情况,辩护人提出,证人花某系被告人杨文德该案前任律师,身份特殊,后又担任被害人的民事代理人,其证言不能采信。案发后杨文德去厦门主要是去找张某3的姐姐清理债务,并没有潜逃。

【法院裁判】

法院认为,被告人杨文德与刘某1、陈某5、刘某2之间的借款、欠款、担保等经济关系的基础事实有被害人的陈述及相关借款合同、银行交易凭证、各证人证言、被告人杨文德供述等证据证实,各证据中该部分内容相互一致,且有对应书证印证,可以认定。对于被告人杨文德是否虚构事实,隐瞒真相,是否具有非法占有的目的,法院认为,公诉机关出示了三名被害人刘某1、陈某5、刘某2的证言,证实张某3与被告人杨文德分别以建设码头、购买土地、华鑫锦绣苑工程用款、投资镍矿等作为借款理由,而被告人杨文德予以否认,称其并不知情,均是张某3联系借款后其配合办理借款手续。因被害人借款事实分别独立,张某3尚未到案,其三人对被告人杨文德参与或知悉借款磋商过程的证言应属孤证,不能据此直接认定张某3、杨文德借款时持上述理由进行磋商。在案证据不能证实被告人杨文德"虚构事实"或"隐瞒真相"。公诉机关还出示了港务局、国土部门的证明,证实张某3、杨文德及关联公司没有申请码头建设等。法院认为商业行为复杂多样,项目投资有规划、立项、预备、组织实施等过程,张某3、杨文德为房地产等工商企业的经理人员,即使认定二人以建设码头、购买土地、华鑫锦绣苑工程用款、投资镍矿等作为借款理由吸收资金,也不能以相关部门查询无投资项目登记在册为由,直接认定二人借款事由虚假。张某3尚未到案,在案证据也无法认定被告人杨文德与张某3之间有无共同集资诈骗的犯罪故意。公诉机关出示的被害人刘某1、陈某5、刘某2的证言、民事判决书等可以证实,被害人等与张某3、杨文德发生过多次借贷行为,在前期的借贷中,张某3、杨文德有为借款提供房产抵押担保、还本付息等行为,符合民间借贷的法律和事实特征。在案证据无法认定被告人杨文德借款前具有非法占有的目的,在案证据证实款项实际为张某3所支配,张某3尚未到案,仅凭收款人陈述不能证实张某3所支付的款项系用于偿还债务,也不能仅凭较大数额的非法集资款不能返还的结果推定被告人杨文德具有"非法占有"的法定情形。

法院认为,该案借款在往来过程中,具有抵押、担保、支付利息等民事法律行为的特征,部分借款关系还经民事判决确认为民间借贷关系,受害人可以通过民事诉讼程序挽回损失,被告人杨文德的行为没有扰乱国家金融秩序的犯罪属性。从刑法的谦抑性考量,该案不具备刑罚当罚性。公诉机关指控被告人杨文德有非法吸收公众存款罪、集资诈骗罪的主观故意,向社会不特定对象进行公开宣传、虚构事实或隐瞒真相,有非法占有的目的以及募集资金的用途等方面事实不清、证据不足,指控被告人杨文德犯非法吸收公众存款罪、集资诈骗罪的罪名不能成立。被告人杨文德及其辩护人无罪辩解的辩护意见有理,法院予以采纳。据此,依照《刑事诉讼法》(2012年)第一百九十五条第(三)项的规定,判决如下:

被告人杨文德无罪。

【案例简析】

该案借款在往来过程中,具有抵押、担保、支付利息等民事法律行为的特征，部分借款关系还经民事判决确认为民间借贷关系，受害人可以通过民事诉讼程序挽回损失，被告人杨文德的行为没有扰乱国家金融秩序的犯罪属性。从刑法的谦抑性考量，该案不具备刑罚当罚性。

【问题研讨】

该案需要讨论的问题是："提供抵押担保的民间借贷"不宜被认定为非法吸收公众存款行为的原因。

关于民间借贷，2020年第二次修正的《最高人民法院关于审理民间借贷案件适用法律若干问题的规定》第一条第一款规定："本规定所称的民间借贷，是指自然人、法人和非法人组织之间进行资金融通的行为。"而根据《刑法》第一百七十六条的规定，"非法吸收公众存款罪"是指行为人违反国家法律、法规的规定在社会上以存款的形式公开吸收公众资金的行为。

在非法吸收公众存款罪中，由于非法吸收公众存款罪不以非法占有为要件，与集资诈骗罪存在区别。若犯罪行为人向他人借款的意思表示真实，则犯罪行为人实施的每一起吸存行为，仍然属于民法上的借贷法律行为。只是当民间借贷的笔数、金额、对象达到一定规模构成了营业的状态，从整体上评价其行为时，就不能单独地看待其中的每一笔民间借贷行为，因为这一由多笔民间借贷行为所构成的整体行为属于一种未经批准的吸收公众存款行为，该行为侵犯了金融机构的专营权，带来了金融风险，扰乱了金融市场秩序而被刑法规定为非法吸收公众存款罪。因此，非法吸收公众存款犯罪主体的交易行为仅系违反金融市场准入的管理性规定，犯罪侵害的客体为国家的金融管理秩序。而具有抵押、担保的民间借贷受害人可以通过实现抵押、担保或民事诉讼程序挽回损失，没有扰乱国家金融秩序的犯罪属性，因此提供抵押担保的民间借贷不宜被认定为非法吸收公众存款行为。

七十六、出入境检验检疫局出纳员为同事提供高息存款无罪案

易难非法吸收公众存款、集资诈骗案[①]

【基本案情】

1996年至1997年4月,在原中山进出口商品检验局(现中山出入境检验检疫局)工作的被告人易难以办理高息存款为名,陆续收取单位同事、亲友等68人的存款共约人民币1600万元,并将其中的人民币420万元以易某的名义存入建设银行顺德支行北滘办事处;将人民币146万元以易某的名义存入建设银行中山分行岐关西路储蓄所;将约人民币1000万元交给甘某(原中山市工商银行莲峰储蓄所主任,在逃)存入中山市板芙镇的各银行办事处、储蓄所,后该款被甘某以假银行存单骗走。1997年5月17日,被害人郑某1发现存单系伪造随即报案,后强行取走上述以易某的名义存入建设银行顺德支行北滘办事处的人民币220万元。案发后,易难从甘某手中拿回现金人民币5万元、港币25万元交由公安机关扣押。

【检察院指控】

中山市第一市区人民检察院指控:被告人易难原系中山进出口商品检验局的出纳员,于1996年7月至1997年4月期间,伙同甘某(另案处理)以办理高息存款为诱饵,先后多次向汤某1、朱某、郑某1等68名被害人非法吸收存款共计人民币1426.464万元。其中,甘某使用假银行存单等方式将1006万余元骗走,易难将剩余的420万余元以亲属易某的名义存于建设银行顺德支行办理高息存款,后在案发后被郑某1等人强行取走220万元,另200万元被中山市公安机关依法冻结。案发后,易难从甘某手中拿回人民

[①] 参见广东省中山市第一人民法院刑事判决书(2015)中一法刑二初字第735号。

币 5 万元、港币 25 万元交由公安机关扣押。

针对上述事实,公诉机关在法庭上宣读和出示了被害人汤某 1 等人的陈述、证人易某等人的证言、被告人易难的供述、文件检验鉴定书等证据,并据此认为,易难非法吸收公众存款,扰乱金融秩序,其行为已触犯《刑法》(2015 年)第一百七十六条第一款之规定,应当以非法吸收公众存款罪追究其刑事责任。提请法院依法判处。

被害人的诉讼代表人提出:易难拿走同事的存款应当是 750 万元,且其行为应当定性为诈骗。

【辩护意见】

被告人易难辩称:因当年银行有高息存款业务,其是单位出纳员,出于热心才会帮同事们将钱集中存到银行以换取高息,其不是甘某的同伙,不清楚甘某在银行具体如何操作;其没有动员被害人交钱,被害人交钱系自愿。

被告人易难的辩护人提出:易难不具有非法吸收公众存款罪的主客观要件,且该案的被害人是易难的同事、亲戚及朋友,不属于社会不特定主体,公诉机关指控罪名不能成立;易难只是负责将被害人的集资款带到银行交给甘某,既没有参与办理存款业务,也不清楚甘某交来的银行存单系伪造,与甘某不具有共同犯罪故意。

【法院裁判】

被告人易难的供述。供认自 1990 年 1 月至 1994 年,易难在中山进出口商品检验局任出纳员期间,受单位同事委托帮他们在中山市高科技开发区城市信用社、石岐工商银行莲峰储蓄所等机构办理高息存款,并认识时任中山市工商银行莲峰储蓄所主任的甘某。上述存款包括通过甘某办理的高息存款到期后均能兑现。此后,同事、亲友又继续让易难帮忙办理,易难也会向甘某打听何处有高息存款。易难没有游说同事、亲友办理高息存款,也没有从中得到好处。1996 年 10 月至 1997 年 4 月,易难为同事、亲友办理的高息存款共计 1426.289 万元,有 420 万元存入建设银行顺德支行北滘办事处,有 146 万元存入建设银行中山分行岐关西路储蓄所,均为同事的存款;有约 1000 万元交给甘某存入中山市板芙镇的各银行办事处、储蓄所,却被甘某以假银行存单骗走。第一次到板芙工商银行办理存款时,易难是跟随甘某一起去的,但甘某让易难在银行门口等候,说这是银行内部的事情,不是公开存款,若易难进去不方便。约十五分钟后,甘某出来将两张存单交给易难。易难看到存单上都是电脑打印的内容,并盖有银行印章(没有产生怀疑)。后易难继续将同事、亲友包括自己的钱交给甘某办理高息存款。1997年5月17日凌晨,郑某1带着简某等七八人来到易难家里,告知易难存单是假的。易难遂打电话联系甘某,但联系不上。郑某1等人就要求易难提供抵押。当日,易难被迫将两本存有同事集资款共计220万元的存折抵押过户给郑某1。该存折在建设银行顺德支行北滘办事处开户,当时的存款利息约有18厘。同年5月18日,易难联系到甘某,要求甘某立刻退还在板芙银行的存款。甘某就将人民币5万元和港币25万元交易难转给郑某1,说是给郑某1一点信心。后易难将款存入建设银行中山分行岐关西路储蓄所,准备归还郑某1。但在存款次日,易难发现甘某已经逃跑,遂向公安机关报案。

针对各诉讼参与人的意见,法院综合评判如下:

(一)关于被告人易难是否构成非法吸收公众存款罪的问题。经查,根据我国刑法及相关司法解释的规定,非法吸收公众存款罪在主观上要求被告人知道自己的吸存行为违法,客观上须以公开宣传的方式面向社会不特定对象吸收资金,而该案证据不能证明易难具备该罪的认定条件。理由如下:(1)易难的行为是在银行高息揽储业务尚存的历史背景下实施的,且其将566万元涉案资金按照被害人的意愿存入具有吸存(揽储)资格的银行,而当年该银行的高息揽储业务是否获得许可、是否违法尚无充分证据证实,更无证据证实作为银行外部人员的易难明知该银行高息揽储非法,仍然帮助吸存,故不能认定其主观上具有非法吸收公众存款的犯罪故意。至于易难交给甘某办理高息存款的资金约1000万元,因有证据证明被甘某以假银行存单骗走,属于典型的集资诈骗行为,已由司法解释规定应以集资诈骗罪定罪处理,故不能再以非法吸收公众存款罪评判;(2)各被害人的陈述、被告人易难的供述均能证实,易难没有通过推介会、传单、手机短信等向社会公开宣传的方式集资,其能够收取被害人的资金主要是基于其此前成功为同事办理过高息存款业务。与此相对应,易难吸存的对象也较为单一,主要限于其同事、亲友,属于特定人员范畴。即使是关系较为疏远的郑某1、何某1等少数被害人,也是易难亲友、同事的亲戚或朋友,亦非社会不特定对象,更非社会不特定群体。因此,易难的行为不符合非法吸收公众存款罪的客观要件。综上,易难不构成非法吸收公众存款罪。公诉机关相关指控的证据不足,不予支持。易难及其辩护人所提意见成立,予以采纳。

(二)关于被告人易难是否构成诈骗罪的问题。经查,易难系以办理高息存款为名义收取被害人资金,并将566万元存入银行,包括建设银行顺德支行北滘办事处,且根据该办事处于1997年6月10日书面回复中山市公安局协查的内容证明,当时该办事处的存款月息高达18‰(年息21.6%),确有高息存款业务。可见,易难没有虚构集资的名目,没有采取诈骗手段向被害人收取资金。虽然其交给甘某办理高息存款的约1000万元被骗走,但因甘某在逃,其与易难之间是否有共谋不能确定,且在案证据不能证实易难参与上述资金的转账、分配或占有,也不能证实其知道银行存单系伪造仍继续向被害人收集资金并交给甘某。故现有证据不足以认定易难的行为构成诈骗罪。被害人的诉讼代表人所提意见的证据不足,不予采纳。

(三)关于商品检验局同事的存款数额。经查,易难对同事的存款均开具了收据,根据收据的数额并结合被害人的陈述,该部分存款共计人民币647.59万元。被害人的诉讼代表人提出应为人民币750万元的意见与查明事实不符,不予采纳。

法院认为,公诉机关指控被告人易难犯非法吸收公众存款罪证据不足,罪名不能成立。被害人的诉讼代表人所提亦证据不足,不能成立。易难及其辩护人所提有理,予以采纳。依照《刑事诉讼法》(2012年)第一百九十五条第(三)项之规定,判决如下:

被告人易难无罪。

【案例简析】

该案法院最终判决易难无罪的原因在于:从主观出发,易难的行为是在银行高息揽储业务尚存的历史背景下实施的,且其将566万元涉案资金按照被害人的意愿存入具有吸存(揽储)资格的银行,而当年该银行的高息揽储业务是否获得许可、是否违法尚无充分证据证实,更无证据证实作为银行外部人员的易难明知该银行高息揽储非法,仍然帮助吸存,故不能认定其主观上具有非法吸收公众存款的犯罪故意。从客观出发,易难没有通过推介会、传单、手机短信等向社会公开宣传的方式集资,其能够收取被害人的资金主要是基于其此前成功为同事办理过高息存款业务。且易难吸存的对象也较为单一,主要限于其同事、亲友,属于特定人员范畴,亦非社会不特定对象,更非社会不特定群体。

【问题研讨】

该案需要讨论的问题是:如何判断非法吸收公众存款罪的犯罪故意的

问题。依据《非法集资案件意见》的规定,认定犯罪嫌疑人、被告人是否具有非法吸收公众存款的犯罪故意,应当依据犯罪嫌疑人、被告人的任职情况、职业经历、专业背景、培训经历、本人因同类行为受到行政处罚或者刑事追究情况以及吸收资金方式、宣传推广、合同资料、业务流程等证据,结合其供述,进行综合分析判断。作为银行外部人员的出入境检验检疫局出纳员难以知晓银行高息揽储非法,因此不存在非法吸收公众存款的犯罪故意。

七十七、帮助吸收存款无罪案

潘驰达、周莉莉非法吸收公众存款案①

【基本案情】

2013年2月,同案人陈某(另案处理)因投资房地产和经营江西海通铜业有限公司(以下简称"海通公司")需要,找潘驰达帮忙筹集资金。潘驰达便向何某、游某、游某2、林我彬等人借款,并承诺月利率高达6%。为取得出借人的信任,潘驰达与周莉莉一起带何某、游某等人参观考察陈某经营的海通公司,以及将陈某实际控股的福安市纳金投资有限公司(以下简称"纳金公司")的股权质押给游某2。在出借人同意借款后,潘驰达要求出借人将借款转账至周莉莉的账户,再由周莉莉将借款转账至海通公司对公账户以及陈某指定的账户,共计借款达3300万元。陈某将上述借款用于偿还贵溪市工商银行、贵溪市建设银行的贷款和偿还厦门建发集团的货款以及其他用途。后因陈某经营的公司被多家银行起诉,资金链断裂,导致上述借款无法偿还。此外,潘驰达还以操作承兑汇票为由,向林某借款300万元。具体的借款事实如下:

1. 从2013年3月29日至2013年4月26日,何某、游某2、游某、游某3、薛某、周某1、薛某1、游某1、魏某等人共筹款2000万元,通过何某的账户转账1480万元至周莉莉账户、转账20万元至海通公司账户,通过游某2账户转账500万元至周莉莉账户。后由海通公司作为借款单位、陈某作为借款人、潘驰达作为担保人,向游某、游某2、游某3出具一张借款日期为2013年3月29日、借款金额为2000万元、月利率为6%的借条。2013年4月23日,出质人陈少丹将纳金公司的64万元股权出质给游某2,并在福安市工商行政管理局办理了股权出质登记手续,该股权质押于2013年6月4日被

---

① 参见福建省平潭县人民法院刑事判决书(2016)闽0128刑初165号。

注销,注销原因为主债权消灭。2013年5月2日,周莉莉把利息款72万元转账给游某2和何某。2013年5月某天,游某3找到潘驰达要求出示承兑汇票,潘驰达提供了一张付款人为天津国恒铁路控股股份有限公司、收款人为福州榕峰建筑劳务工程有限公司、出票金额为3000万元的商业承兑汇票,该承兑汇票被游某3拿走,后经公安机关查证,该承兑汇票是虚假的。

2. 2013年2月8日,林我彬通过公司财务毛明忠的账户将筹集的500万元转账至潘驰达提供的由周莉莉持有的其姐周某的账户,潘驰达提供由借款人陈某签名的一张借条,潘驰达在担保公司栏签名,核定利率为日2‰,借款期限至2013年8月8日。2013年3月25日,林我彬将筹集的800万元通过林我勇、林我福的账户转账至周莉莉账户,潘驰达提供由借款人陈某签名的一张借条,潘驰达在担保公司栏签名,周莉莉在该张借条上签名确认为经办人。2013年7月20日,周莉莉向林我彬出具一份确认书,表明其持有的纳金公司53.12万元股权出质设立登记通知书项下周莉莉的债权实际属于潘驰达,并愿意将该质押权转让给林我彬,并将出质人陈少丹出质给周莉莉的纳金公司的股权出质设立登记通知书原件交给林我彬。

3. 2013年3月29日,林某将300万元转账至周莉莉账户,由周莉莉向林某出具了一张借条,后林某向潘驰达讨款时,由潘驰达重新出具一张借款人为潘驰达的借条给林某。

另查明,2013年4月15日,陈某出具借款借据确认共向周莉莉借款11168.6292万元。2013年4月25日,陈某将其持有的吉林省金塔实业(集团)股份有限公司1200万股股份以4200万元转让给周莉莉,转让款抵销借款本金4200万元。周莉莉于2014年向福州市中级人民法院起诉陈某、徐某夫妻共同偿还借款本金4725.2905万元及相应利息,业经生效判决确认。周莉莉取得吉林省金塔实业(集团)股份有限公司1200万股股份,陈某于2016年起诉要求确认股权转让协议无效,并要求返还股权,经吉林省白城市中级人民法院、吉林省高级人民法院审理后,驳回了陈某的诉讼请求,现该1200万股股权仍由周莉莉持有。上述福州市中级人民法院生效判决认定,陈某向周莉莉出具借据的11168.6292万元系由借款本金8925.2905万元及按月利率4.5%计算的利息共2243.3387万元组成,现有证据无法证实上述借款与该案涉案款项有关。

【检察院指控】

公诉机关指控,2013年3月份开始,潘驰达、周莉莉未经国家相关部门批准,以陈某(另案处理)投资房地产和江西铜厂项目需要资金周转等名义,以月息6分的高额利息为诱饵,分别向何某、游某2、游某、游某3、薛某1、周某1等人筹集资金2000万元,向林我彬、林我福等人筹集资金1300万元,向林某筹集资金300万元,向连瑞青筹集资金100万元,共计3700万元。案发前仅向被害人何某、游某2等人归还利息72万元,其余款项至今未归还。

公诉机关就起诉指控的上述事实向法庭出示了被害人陈述、证人证言、借款借据、相关企业情况资料、有关承兑汇票的相关材料、审计报告、抓获经过以及被告人供述等证据。公诉机关认为,被告人潘驰达、周莉莉违反国家金融管理法律规定,向社会公众吸收资金达3700万元,已归还72万元,犯罪数额巨大,其行为均已触犯了《刑法》(2017年)第一百七十六条第一款、第二十五条之规定,应以非法吸收公众存款罪追究其刑事责任。潘驰达在共同犯罪中起主要作用,属主犯。周莉莉在共同犯罪中起辅助作用,属从犯,应当从轻、减轻处罚。建议对潘驰达在有期徒刑四年至五年的幅度内量刑,对周莉莉在有期徒刑三年至四年的幅度内量刑,均并处相应罚金。

【辩护意见】

被告人潘驰达辩称,公诉机关指控他向何某、林我彬吸收3300万元,并非事实。该款是何某、林我彬借给陈某和海通公司的,潘驰达仅提供担保,交代周莉莉代收代付,并未从中获得任何好处。关于林某的300万元,是潘驰达向林我云借款,由林某汇款给他。关于连瑞青的100万元,因潘驰达与连瑞青是多年朋友关系,之前就有多笔资金往来,该100万元已经结清。潘驰达提供担保或者个人借款,均是正常合法的民事行为,不构成非法吸收公众存款罪。

潘驰达的辩护人卢某的辩护意见提出:(1)之前司法机关是以潘驰达为谋取不法利益,帮助陈某或海通公司非法吸收公众存款进行侦查,现公诉机关以潘驰达直接存在非法吸收公众存款行为或潘驰达是实际借款人进行指控,与在案证据自相矛盾,依法不能成立。在案的银行转账记录体现何某向海通公司转账20万元,并非由潘驰达指定支付或转账,将该20万元作为潘驰达直接非法吸收的公众存款或是实际借款人进行指控明显不当。何某、游某2、游某3的笔录均认定2000万元系出借给海通公司,且受害人提供的2000万元和1300万元的借据均证实系海通公司或陈某承借,公诉机关两次补充侦查均要求侦查机关查证潘驰达是否获利,现认定潘驰达直接存在非法吸收公众存款行为或是实际借款人不当。且控方的不当认定,一方面将使潘驰达蒙受不白之冤,另一方面将使何某、林我彬持有的借据归属无效,不能向海通公司或陈某主张民事权利,侵犯了当事人的合法权利。(2)在案多位受害人的笔录均存在受害人不具有阅读能力,侦查人员未读给其听的情况下签署笔录,且侦查人员对林我彬、林某所制作的笔录存在时间同一、地点同一、人员同一的制作问题,上述笔录不具有合法性。(3)从出借主体上看,与海通公司或陈某发生法律关系的主体为游某、游某3、游某2、林我彬,海通公司或陈某未向社会公开宣传,所借款项涉及的人员均属特定对象,潘驰达主观上并不知情涉案款项存在第三方问题,不符合构罪要件。从借款形式上看,海通公司或陈某借款时均出具借条,游某等人也是经过实地考察,确认海通公司具有还款能力才出借,双方建立的是民事借贷法律关系。从借款用途上看,涉案款项均用于投资企业和生产经营活动,并非用于非法活动或个人挥霍,未侵犯国家金融管理制度。现因银行未能如约续放贷款才导致涉案款项未能如期偿还。海通公司或陈某实施的借款行为不构成非法吸收公众存款罪,作为借款介绍人或担保人的潘驰达的行为亦不构成犯罪。(4)根据共同犯罪理论,在作为借款人的海通公司或陈某未被认定构成非法吸收公众存款罪的情况下,侦查机关将作为担保人的潘驰达移送审查起诉,明显错误。即使海通公司或陈某的行为构成非法吸收公众存款罪,也与潘驰达无关,游某等人提供的借款已全部转给借款人海通公司的对公账户,潘驰达不但未因此获取分文利益,还替海通公司垫付了上百万元利息,根据《非法集资案件适用法律意见》第四条,"为他人向社会公众非法吸收资金提供帮助,从中收取代理费、好处费、返点费、佣金、提成等费用,构成非法集资共同犯罪的,应当依法追究刑事责任",因此潘驰达的行为不构成非法吸收公众存款罪的共犯。(5)潘驰达与林某、连瑞青之间系正常的民间借贷关系,并不涉及犯罪。潘驰达与连瑞青之间因民间借贷纠纷在鼓楼区人民法院通过民事诉讼解决。林某、连瑞青的笔录均证实指控潘驰达向二人吸收的存款与海通公司无任何法律关联。综上,建议依法宣告潘驰达无罪。

被告人周莉莉辩称,她不知道潘驰达和陈某等人的事情,只是听从潘驰达的指示代收代付,她的行为不构成犯罪。

周莉莉的辩护人陆某的辩护意见提出:(1)关于海通公司或陈某、潘驰达的行为不构成非法吸收公众存款罪的意见,与潘驰达辩护人的意见基本一致。(2)即使海通公司或陈某的行为构成非法吸收公众存款罪,也与周莉莉无关。因潘驰达与何某、游某、林我彬等人是何种法律关系,周莉莉并不知情,周莉莉对进入其账户的资金性质、用途等并不了解,她只是基于潘驰达的指示,履行一名员工应尽的职责,主观上不存在非法吸收公众存款的故意,也未从中获利。公诉机关认为陈某向周莉莉出具了1亿多元的借条,因此周莉莉从中获取了利益,只是周莉莉不作供述。但指控犯罪是公诉机关的责任,不能要求被告人自证其罪,公诉机关既然没有证据就不能采用推论的办法来说明周莉莉获利。周莉莉与陈某之间的借贷关系与该案无关。综上,建议依法宣告周莉莉无罪。

【法院裁判】

上述事实,经庭审举证、质证,法院对证据予以确认,并对下列问题进行了评判。

(一)关于公诉机关指控潘驰达、周莉莉向连瑞青吸收100万元款项的事实及定性问题。

被告人潘驰达及其辩护人提交了福州市鼓楼区人民法院(2013)鼓民初字第3149号民事判决书、(2014)鼓执行字第431-1号民事裁定书,证实连瑞青向福州市鼓楼区人民法院起诉潘驰达于2013年5月30日向其借款人民币300万元,约定月利息1.8%,借款期限一个月,连瑞青依约将借款汇入潘驰达指定的周莉莉账户,后潘驰达未还款。经鼓楼区人民法院审理后判决潘驰达夫妻共同偿还连瑞青借款300万元及相应利息,后在执行阶段连瑞青与潘驰达夫妻及其他债权人共同达成以潘驰达所有的福州市晋安区五四北三盛果岭东方高尔夫花园12号楼307单元房产作价180万元抵偿部分债务。潘驰达及其辩护人认为,公诉机关指控潘驰达与连瑞青之间的法律关系已被生效法律文书确认为民间借贷关系,且已结清。因连瑞青与潘驰达之间存在多笔资金往来,有的已偿还,有的已通过民事诉讼解决,公诉机关将多次往来账目中的一笔作为非法吸收公众存款的犯罪行为指控,与法律规定不符,且上述100万元已偿还,否则连瑞青起诉时会一并起诉,连瑞青的笔录存在虚假陈述。

法院认为,关于指控潘驰达、周莉莉于2013年2月4日吸收连瑞青100万元的事实,有连瑞青的陈述及银行交易记录证实,但鉴于连瑞青将2013年5月30日潘驰达向其借款300万元的事实向福州市鼓楼区人民法院起诉,若上述100万元债权债务确实存在,依常理连瑞青应一并起诉,通过诉讼维护自己的合法债权,故潘驰达辩称已与连瑞青就该款项结清的可能性无法排除。且即使潘驰达与连瑞青存在上述 100 万元的债权债务关系,亦属民间借贷形成的,不能被认定为非法吸收公众存款的犯罪行为。故公诉机关将该 100 万元款项认定为非法吸收公众存款的数额,事实不清、证据不足。

(二)关于潘驰达、周莉莉是否构成非法吸收公众存款罪的问题。

经查,2010 年《非法集资司法解释》(已修改)第一条规定:违反国家金融管理法律规定,向社会公众(包括单位和个人)吸收资金的行为,同时具备下列四个条件的,除刑法另有规定的以外,应当认定为刑法第一百七十六条规定的"非法吸收公众存款或者变相吸收公众存款":(一)未经有关部门依法批准或者借用合法经营的形式吸收资金;(二)通过媒体、推介会、传单、手机短信等途径向社会公开宣传;(三)承诺在一定期限内以货币、实物、股权等方式还本付息或者给付回报;(四)向社会公众即社会不特定对象吸收资金。未向社会公开宣传,在亲友或者单位内部针对特定对象吸收资金的,不属于非法吸收或者变相吸收公众存款。

法院认为,经审理虽可以认定潘驰达有帮助陈某向涉案相关人员联系借款以及提供担保,且借款由周莉莉提供账户帮助收支。但在陈某没有因该案的借款事实被以非法吸收公众存款罪立案侦查的情况下,将帮助陈某借款的潘驰达、周莉莉认定为非法吸收公众存款罪,缺乏合理性、公平性。潘驰达借款的对象范围较小且相对特定,并非以散布吸储方式向社会公众即社会不特定对象吸收资金,其行为性质不应被认定为向不特定社会公众吸收存款。公诉机关未能提供充足证据证实被告人潘驰达主观上明知出借资金来源于社会不特定对象,并希望此种结果发生,亦无确实充分证据证实涉案款项确实来源于社会不特定对象。故公诉机关指控被告人潘驰达、周莉莉的行为构成非法吸收公众存款罪的事实不清、证据不足。

(三)关于被害人游某提出潘驰达、周莉莉的行为构成诈骗罪的问题。

经查,陈某因海通公司偿还银行到期贷款及经营缺乏资金,要求潘驰达帮助筹集资金,潘驰达向何某、游某、林我彬等人筹集资金时明确告知实际借款人是陈某,且潘驰达还组织何某、游某等人到陈某经营的公司考察,相关款项通过周莉莉的账户转至海通公司账户,实际使用款项的人为陈某。且公诉机关并未指控被告人潘驰达、周莉莉与陈某主观上有共同非法占有的目的,客观上有以虚构事实、隐瞒真相的办法骗取游某、林我彬等人的资金。潘驰达在游某 3 向其催讨欠款时提供的票面金额为 3000 万元的商业承兑汇票,经查证是虚假的,虽然部分被害人陈述潘驰达借款时告知他们自己有 3000 万元承兑汇票作为还款保证,但潘驰达对此予以否认,现有证据尚无法证实该事实,在案证据仅能证实事后游某 3 向潘驰达催讨债务时潘驰达提供了该张承兑汇票。故现有证据不能认定潘驰达、周莉莉构成诈骗罪。游某等债权人可通过民事诉讼向借款人陈某、担保人潘驰达主张权利。

综上,法院认为,公诉机关指控被告人潘驰达、周莉莉犯非法吸收公众存款罪的事实不清、证据不足,指控罪名不能成立。该案经法院审判委员会研究决定,依照《刑事诉讼法》(2012 年)第一百九十五条第(三)项之规定,判决如下:

一、被告人潘驰达无罪。

二、被告人周莉莉无罪。

【案例简析】

该案陈某因投资房地产和经营海通公司需要,要求被告人潘驰达帮忙筹集资金。潘驰达便向何某、游某、游某 2、林我彬等人借款,并承诺月利率高达 6%。为取得出借人的信任,潘驰达与周莉莉一起带何某、游某等人参观考察陈某经营的海通公司,以及将陈某实际控股的纳金公司的股权质押给游某 2。在出借人同意借款后,潘驰达要求出借人将借款转账至周莉莉的账户,再由周莉莉将借款转账至海通公司对公账户以及陈某指定的账户,共计借款达 3300 万元。此外,潘驰达还以操作承兑汇票为由,向林某借款 300 万元。公诉机关认为潘驰达和周莉莉构成非法吸收公众存款罪的共同犯罪,潘驰达和周莉莉的辩护人均作出无罪辩护。而法院最终判决、被告人潘驰达和周莉莉无罪。

其原因在于:其一,法院经审理虽可认定潘驰达帮助陈某向涉案相关人员联系借款以及提供担保,且借款由周莉莉提供账户帮助收支,但在陈某没有因该案的借款事实被以非法吸收公众存款罪立案侦查的情况下,将帮助陈某借款的潘驰达、周莉莉认定为非法吸收公众存款罪,缺乏合理性、公平性。也就是帮助行为是否承担刑事责任以被帮助行为是否构成犯罪行为为前提。

其二,公诉机关未能提供充足证据证实被告人潘驰达主观上明知出借资金来源于社会不特定对象,并希望此种结果发生,亦无确实充分证据证实涉案款项确实来源于社会不特定对象。

【问题研讨】

该案需要讨论如下问题：

一是非法吸收公众存款罪帮助行为认定的前提。帮助行为是否承担刑事责任应以被帮助行为是否构成犯罪行为为前提。就非法吸收公众存款罪的帮助行为而言，帮助行为人借款的人被认定为非法吸收公众存款罪应以行为人借款的事实被以非法吸收公众存款罪立案侦查为前提，否则缺乏合理性、公平性。

二是不构成非法吸收公众存款罪"社会性"的情形。依据《非法集资案件适用法律意见》的规定，《非法集资司法解释》第一条第一款第二项中的"向社会公开宣传"，包括以各种途径向社会公众传播吸收资金的信息，以及明知吸收资金的信息向社会公众扩散而予以放任等情形。所以若借款的对象范围较小且相对特定，并非以散布吸储方式向社会公众即社会不特定对象吸收资金，其行为性质不应认定为向不特定社会公众吸收存款。

七十八、业务员非法吸收公众存款违法数额未达标无罪案

尚相彬等集资诈骗、非法吸收公众存款案[①]

【基本案情】

宝鸡市汇通石油钻采设备有限公司(以下简称"汇通公司")于2006年12月5日经宝鸡市市场监督管理局注册成立,注册资金人民币100万元,尚相彬使用名字尚成作为股东,出资80万元并担任该公司法定代表人。2007年10月20日,汇通公司申请公司变更登记,股东增加马宝绪,注册资本金增至600万元;2008年2月25日,汇通公司又申请公司变更登记,将股东变更为尚成一人。

2011年8月,尚相彬在其公司无生产场地、无设备、无生产经营活动的情况下,与章双平(化名张涛,另案处理)预谋,两人约定以汇通公司扩大生产,资金紧张为由,由章双平召集业务人员在社会上高息募集资金,所得集资款的53%归尚相彬支配使用,47%作为佣金由尚相彬支付给章双平,用于集资客户的现场返利、业务员的提成以及宣传等费用。随后尚相彬先后租用宝鸡市市民中心东楼西单元1801室作为汇通公司的日常办公场所,雇佣被告人段莉负责收取客户集资款、签订借款合同和记账,聘用史红刚为司机。租用宝鸡市巨龙铁路器材有限公司、宝鸡特瑞机械设备有限公司的生产场地,谎称是汇通公司的生产场地供群众参观。此外,尚相彬还支付定金50万元让宝鸡特瑞机械设备有限公司为其生产一套井架,对参观群众宣称是汇通公司正在进行生产。

章双平先后召集被告人王盛军、曹宝、王松、刘开凤、张勇、单居涛、王军伟、王燕培、唐加玉、余长敏、王东玲等人,作为汇通公司的业务员,进行集资

---

① 参见陕西省宝鸡市中级人民法院刑事判决书(2015)宝中刑二初字第0010号。

宣传，雇佣吴晓婷作为财务人员与段莉共同收款，核对合同数额，雇佣被告人昌元军作为讲师，通过在宝鸡市东风路、宝光路、清姜路等地区散发宣传单，进入社区宣传，带领群众参观，听讲师讲解等方式，公开向社会公众高息借款。章双平离开后，由王盛军继续负责汇通公司的集资活动至当年10月份。王盛军离开后，由段莉根据尚相彬的指示直接给业务员40%的提成，其余交给尚相彬。尚相彬指使被告人张尽录在宝鸡市工商银行和农业银行开办银行卡，供其存放所收的部分集资款近200余万元。

自2011年8月至2012年2月，尚相彬以汇通公司的名义与被害群众签订借款合同金额共计约3285.8万元，涉及被害人数1465人次，除现场返利外，实际骗取借款2539.77万元。除偿还部分到期被害群众本金利息29万元，案发时仍有2510.77万元集资款未返还被害群众。经司法审计，被告人尚相彬用集资款支付业务员佣金385.37万元，归还个人债务共计434万元，用于购买汽车、住宅、铺面等共计212万余元，用于租用场地、定做井架共计100余万元，日常开支共计220余万元，其余1159万余元款项无法查明去向。

在尚相彬、王盛军、段莉组织非法集资的过程中，各行为人参与非法集资的数额及行为如下：

王盛军作为业务员于2011年8月16日至10月31日参与非法集资，签订借款合同104人次，合同金额共计288万元，实际骗得241.415万元。

曹宝于2011年8月11日至12月6日参与非法集资，签订借款合同101人次，合同金额共计217.5万元，实际骗得175.98万元。

余长敏于2011年8月23日至12月14日参与非法集资，签订借款合同43人次，合同金额共计160万元，实际骗得132.79万元。归案后退赔4万元。

刘开凤于2011年8月13日至2012年1月6日参与非法集资，签订借款合同69人次，合同金额共计128.5万元，实际骗得103.38万元。归案后退还5.6万元。

唐加玉于2011年8月25日至2012年1月25日参与非法集资，签订借款合同66人次，合同金额共计123万元，实际骗得92.79万元。归案后退赔4万元。

王松于2011年8月7日至2012年1月25日参与非法集资，签订借款合同32人次，合同金额共计105.5万元，实际骗得81.47万元。归案后退赔9万元。

唐加法于2011年8月25日至12月29日参与非法集资,签订借款合同65人次,合同金额共计103.5万元,实际骗得80.43万元。归案后退赔7.3万元。

王东玲于2011年8月13日至12月30日参与非法集资,签订借款合同36人次,合同金额共计80万元,实际骗得61.91万元。归案后退还6万元。

单居涛于2011年8月20日至2011年12月29日参与非法集资,签订借款合同37人次,合同金额共计70万元,实际骗得54.15万元。归案后退还6万元。

张勇于2011年8月20日至12月30日参与非法集资,签订借款合同42人次,合同金额共计68万元,实际骗得59.175万元。归案后退还5万元。

王军伟于2011年8月26日至11月7日参与非法集资,签订借款合同26人次,合同金额共计43万元,实际骗得33.44万元。归案后退还7万元。

王燕培签订借款合同4人次,合同金额共计6万元。归案后退还0.6万元。

段莉自2011年8月受尚相彬雇佣,与被告人吴晓婷共同收取集资款、签订借款合同,将归尚相彬的款项交给尚相彬。在王盛军离开后管理业务员,领取固定工资。

吴晓婷自2011年8月受章双平雇佣,与段莉共同收取集资款、签订借款合同,将归章双平的款项交给章双平。在章双平离开后受尚相彬雇佣一个月,领取固定工资。

张尽录为尚相彬开车,提供自己的两张银行卡供尚相彬隐藏赃款。

史红刚自2011年11月底受尚相彬雇佣为尚相彬开车,寻找住房,领取固定工资。

昌元军受章双平雇佣不满一个月,为章双平非法集资宣传提供帮助。

另查,2012年4月25日,吴晓婷到宝鸡市公安局金台分局投案。2012年9月28日,王松到宝鸡市公安局金台分局投案。2012年11月28日,刘开凤到宝鸡市公安局金台分局投案。2013年1月15日,单居涛到宝鸡市公安局金台分局投案。2015年1月14日,唐加法到宝鸡市公安局金台分局投案。

【检察院指控】

宝鸡市人民检察院指控被告人尚相彬、王盛军、曹宝、王松、刘开凤、张勇、单居涛、王军伟、王燕培、段莉、张尽录、吴晓婷、昌元军、史红刚、余长敏、唐加玉、王东玲、唐加法等十八人犯集资诈骗罪,提起公诉。

【一审判决】

一审法院认为,被告人尚相彬违反国家金融管理法律规定,以非法占有为目的,伙同章双平使用诈骗的方式非法吸收公众存款;章双平又纠集被告人王盛军、曹宝、王松、刘开凤、单居涛、张勇、王东玲、余长敏、唐加玉、唐加法、王军伟、王燕培、昌元军,违法向社会公众吸收资金,为尚相彬犯罪提供帮助;被告人段莉、吴晓婷、张尽录、史红刚为尚相彬集资诈骗犯罪提供劳务,在尚相彬非法集资期间,王盛军、段莉还帮助尚相彬管理集资业务员。被告人尚相彬、王盛军的行为构成集资诈骗罪,被告人曹宝、王松、刘开凤、单居涛、张勇、王东玲、余长敏、唐加玉、唐加法、王军伟、王燕培、段莉、吴晓婷、张尽录、史红刚、昌元军在尚相彬组织的共同犯罪中,仅有非法吸收公众存款的共同犯罪意图,没有非法占有集资款的共同故意和行为,构成非法吸收公众存款罪。被告人王燕培的数额未达到追究刑事责任的数额和人数,应宣告无罪。被告人尚相彬在无生产场地、无生产经营活动的情况下,虚构生产假象,诱骗群众投资,集资款也未用于生产经营活动,致使集资款不能返还,显系集资诈骗犯罪。王盛军参与管理业务员,为尚相彬提供帮助,故其不构成非法吸收公众存款罪。在集资诈骗的共同犯罪中,尚相彬与在逃的章双平均起主要作用,均是主犯;在尚相彬、章双平组织的共同犯罪中,王盛军、段莉起一定组织管理作用,是罪责较重的从犯,曹宝、王松、刘开凤、单居涛、张勇、王东玲、余长敏、唐加玉、唐加法、王军伟、王燕培、昌元军、吴晓婷、张军录、史红刚等被告人是从犯,对各自行为应承担相应罪责。案发后,吴晓婷、王松、刘开凤、单居涛、唐加法主动投案,如实供述罪行,是自首,可从轻或者减轻处罚。被告人王军伟、单居涛、张勇、王松、刘开凤、王东玲、唐加玉、余长敏、唐加法归案后,积极退赔违法所得,认罪态度较好,可酌情从轻处罚。被告人刘开凤、唐加玉、王松、唐加法、王东玲、单居涛、张勇犯罪情节较轻,宣告缓刑对所居住社区没有重大不良影响,可适用缓刑。被告人张尽录、昌元军、史红刚犯罪情节轻微,不需要判处刑事处罚,可以免予刑事处罚。综上,依照《刑法》(2017年)第一百九十二条、第一百七十六条、第二十五条第一款、第二十六条第一款、第四款、第二十七条、第五十七条第一款、第六十四条、第六十七条第一款、第三款、第七十二条、第三十七条和《刑事诉讼法》(2012年)第十五条第(一)项之规定,判决如下:

(一)被告人尚相彬犯集资诈骗罪,判处无期徒刑,剥夺政治权利终身,并处没收个人全部财产;(二)被告人王盛军犯集资诈骗罪,判处有期徒刑十年,并处罚金人民币五十万元;(三)被告人曹宝犯非法吸收公众存款罪,判处有期徒刑六年,并处罚金人民币四十万元;(四)被告人余长敏犯非法吸收公众存款罪,判处有期徒刑四年,并处罚金人民币三十万元;(五)被告人段莉犯非法吸收公众存款罪,判处有期徒刑三年,并处罚金人民币十万元;(六)被告人刘开凤犯非法吸收公众存款罪,判处有期徒刑三年,缓刑五年,并处罚金人民币二十万元;(七)被告人唐加玉犯非法吸收公众存款罪,判处有期徒刑三年,缓刑五年,并处罚金人民币二十万元;(八)被告人王松犯非法吸收公众存款罪,判处有期徒刑三年,缓刑四年,并处罚金人民币二十万元;(九)被告人唐加法犯非法吸收公众存款罪,判处有期徒刑三年,缓刑四年,并处罚金人民币二十万元;(十)被告人王东玲犯非法吸收公众存款罪,判处有期徒刑二年,缓刑三年,并处罚金人民币十万元;(十一)被告人单居涛犯非法吸收公众存款罪,判处有期徒刑二年,缓刑三年,并处罚金人民币十万元;(十二)被告人张勇犯非法吸收公众存款罪,判处有期徒刑二年,缓刑三年,并处罚金人民币十万元;(十三)被告人王军伟犯非法吸收公众存款罪,判处罚金人民币五万元;(十四)被告人吴晓婷犯非法吸收公众存款罪,判处罚金人民币二万元;(十五)被告人张尽录犯非法吸收公众存款罪,免予刑事处罚;(十六)被告人昌元军犯非法吸收公众存款罪,免予刑事处罚;(十七)被告人史红刚犯非法吸收公众存款罪,免予刑事处罚;(十八)宣告被告人王燕培无罪;(十九)查封、冻结的财产,在有关机关统一处置后,按比例返还被害人。各被告人非法所得依法继续追缴。

【上诉及辩护意见】

尚相彬上诉提出,汇通公司是合法注册、正常经营的,一审判决认定公司无生产场地、无设备、无生产经营活动错误;其集资目的是用于公司经营活动,不存在诈骗和非法占有目的,不构成集资诈骗罪;其行为应认定为非法吸收公众存款罪;本次犯罪行为的预谋、策划、组织、宣传等均是由章双平提起并负责的,其是受到章双平的鼓动、蒙蔽才向社会公众集资,系从犯;一审认定的犯罪数额有误,其是按53%的比例拿集资款,其中答谢客户返还

100余万元,到期归还200余万元,应予扣减,不应将全部集资款认定为其犯罪数额;归案后其能坦白犯罪行为,无前科劣迹、系初犯、偶犯,原审判决对其量刑过重。

辩护人除提出与其上诉理由相同的辩护意见外,还认为该案是汇通公司涉嫌集资诈骗的单位犯罪行为,而非尚相彬的个人犯罪行为,原审判决定性有误;尚相彬归案后如实供述自己的罪行,当庭自愿认罪,又系初犯、偶犯,原判量刑过重,请求纠正一审错误判决。

王盛军上诉提出,其只是普通打工者,对集资款没有分配处分权,原判认定其起一定的组织管理作用与事实不符;其行为应定性为非法吸收公众存款罪,原判定性错误,量刑过重。

曹宝上诉提出,其在参与作案过程中个人得款16万元,并愿意退赃,但均未得到处理,原审判决对其量刑过重,罚金过多,其在侦查阶段遭受了非法取证,请求从轻改判。

余长敏上诉提出,原审判决认定其犯罪数额有误,其集资的合同金额应为107万元;其自愿认罪,积极协助调查基本案情,且系初犯,原判对其量刑过重,请求判处缓刑。

段莉上诉提出,其只是拿固定工资的普通打工者,原判认定其起一定的组织管理作用与事实不符;其在参与集资过程中一直使用真实姓名、真实手机号码,主观恶性小,且积极主动配合公安机关调查基本案情,原判对其量刑过重,请求从轻改判。

辩护人认为,在非法集资过程中,段莉没有取得分成,只领取了微薄的劳务费,在非法集资犯罪过程中起辅助作用;主观上无非法获取利益的目的;无组织(发展业务员)、管理(培训业务员、利益分配)的行为,与业务员没有形成组织管理关系,原判认定段莉起一定的组织管理作用缺乏证据支持;原判对其量刑过重。

【二审裁判】

法院认为,上诉人尚相彬违反国家金融管理法律规定,以非法占有为目的,伙同他人,使用诈骗方法非法集资,其行为已构成集资诈骗罪;上诉人王盛军、曹宝、余长敏、原审被告人王松、刘开凤、单居涛、张勇、王东玲、唐加玉、唐加法、王军伟、昌元军受尚相彬及他人纠集,违反国家金融管理法律规定,非法向社会公众吸收资金,在非法集资共同犯罪中,因其均没有非法占有集资款的犯罪目的,其行为均构成非法吸收公众存款罪;上诉人段莉、原审被告人吴晓婷、张尽录、史红刚明知尚相彬等人进行非法集资犯罪活动,仍为其犯罪活动提供帮助,唯其仅得工资收入,没有提取分成,无非法占有集资款的犯罪目的,其行为亦均构成非法吸收公众存款罪;原审被告人王燕培受他人纠集参与非法集资活动,其行为性质涉嫌非法吸收公众存款罪,唯其本人非法吸收公众存款行为尚未达到追究刑事责任的数额和人数,依法可不追究其刑事责任。在共同集资诈骗犯罪中,上诉人尚相彬经与在逃的章双平预谋商议和分工,虚构生产假象,纠集和组织业务员向社会公众进行虚假宣传,并以高额利息为诱饵,向社会公众吸收巨额集资款,主要用于归还个人债务和个人消费,并未用于生产经营活动,并致使集资款不能返还,显然具有非法占有的目的,显系集资诈骗罪,且起主要作用,系主犯,应依法严惩。上诉人王盛军、曹宝、余长敏以及原审被告人王松、刘开凤、单居涛、张勇、王东玲、唐加玉、唐加法、王军伟、昌元军作为非法集资犯罪的业务员,在共同非法吸收公众存款犯罪中,直接面对社会公众进行虚假宣传和高息承诺,签订合同,延揽集资款,收取提成款,虽然行为积极主动,但相较于尚相彬和在逃的章双平,均起次要作用,系从犯。上诉人段莉及原审被告人吴晓婷、张尽录、史红刚作为汇通公司的办公人员,在非法吸收公众存款共同犯罪中,从事收款开票,提现付款等帮助行为,起次要作用,系从犯,均应分别对所参与的犯罪行为承担相应的罪责。上诉人王盛军、段莉在集资后期,经尚相彬决定和委派,均从事管理业务员的职责,是罪责较重的从犯。案发后,吴晓婷、王松、刘开凤、单居涛、唐加法主动投案,如实供述罪行,系自首,可从轻或者减轻处罚。被告人王军伟、单居涛、张勇、王松、刘开凤、王东玲、唐加玉、余长敏、唐加法归案后,积极退赔违法所得,认罪态度较好,可酌情从轻处罚。被告人刘开凤、唐加玉、王松、唐加法、王东玲、单居涛、张勇犯罪情节较轻,宣告缓刑对所居住社区没有重大不良影响,可适用缓刑。被告人张尽录、昌元军、史红刚因犯罪情节轻微不需要判处刑罚,可免予刑事处罚。

对于尚相彬的上诉理由及其辩护人的辩护意见,经查:(1)虽然汇通公司经合法注册成立,在2008年之前曾经正常经营过,但在本次非法集资犯罪活动中,尚相彬为了蒙蔽集资群众,租借他人的工厂设备和办公场所,谎称为汇通公司所有,汇通公司没有厂房、没有设备、没有经营活动的事实有段某、赵某、梁某等证人证言、缴税说明等证据证明,原审判决认定汇通公司无生产场地、无设备、无生产经营活动并无错误;(2)尚相彬虽然是以汇通公司的名义进行非法集资犯罪活动,但其将集资款存入个人账户,主要用于归还其个人欠款和个人消费,并未用于公司生产,故不构成单位犯罪;(3)在案证据证明尚相彬先起非法集资的犯意,经过与章双平预谋、商议和分工,由其租借他人工厂设备和办公场所,虚构生产假象,由章双平纠集和组织业务员向社会公众进行虚假宣传,并以高额利息为诱饵,向社会公众吸收巨额集资款,其和章双平约定集资款的分配和提成比例,亲自或指使他人提取集资款,存入个人账户,并主要用于归还个人债务和个人消费,并未用于生产经营活动,拒不交代其余资金去向,致使集资款不能返还,显然具有非法占有的目的,构成集资诈骗罪,且在共同犯罪中起组织策划领导的主要作用,系主犯;(4)依照相关司法解释的规定,集资诈骗的数额以行为人实际骗取的数额计算,是指从社会公众处实际骗取的数额。该案中集资诈骗的数额包括了尚相彬、章双平以及业务员的提成等部分,而非尚相彬个人所得的53%,依照司法鉴定意见,其诈骗数额是依据实际骗取的数额予以认定的,其为继续实施集资诈骗活动而支付的答谢费依法不予扣除;(5)其归案后虽能坦白犯罪事实,且系初犯、偶犯,但其非法集资涉案金额特别巨大,涉及群众人数众多,给群众造成巨大经济损失,社会危害性极大,依法不予从轻判处。故其上诉理由及辩护人的辩护意见均不能成立,不予采纳。

对于王盛军的上诉理由,经查:(1)经尚相彬与其协商和安排,在章双平离职后,王盛军的身份从集资业务员变成集资业务经理,管理业务员并安排提成,显然具有一定的组织管理作用。故其该点上诉理由不能成立;(2)王盛军在该案中主要以业务员身份参与非法集资活动,其虽然在后期担任集资业务经理,但遵循的是章双平之前的做法,且时间很短,现有证据尚不足以证明其对尚相彬使用诈骗方法进行集资活动的事实是明知的以及具有非法占有的目的,故其行为符合非法吸收公众存款罪的犯罪构成,可从轻判处,其此点上诉理由予以采纳。

对于曹宝的上诉理由,经查:(1)曹宝与集资群众签订借款合同101人次,实际骗得175.98万元,其虽称愿意退赃,但直至二审阶段并无实际退赃行为。其称在侦查阶段遭受过非法取证,但未提供任何线索,故其该点上诉理由不能成立;(2)虽然其个人非法吸收公众存款数额巨大,并有吸存对象在100人以上的严重情节,但综合参与犯罪的性质、作用和情节,可酌情从轻改判,其该点上诉理由予以采纳。

对于余长敏的上诉理由,经查:(1)余长敏签订集资借款合同43人次、实际吸存121.72万元,数额巨大,认定余长敏犯罪数额的证据有被害人的陈述、借款合同,足以认定构成非法吸收公众存款罪。其该点上诉理由不能成立;(2)余长敏如实供述犯罪,认罪悔罪,系初犯,且能够退还部分赃款,综合其参与犯罪的性质、作用和情节,可适当从轻改判。

对于段莉的上诉理由及辩护人的辩护意见,经查:(1)在王盛军离职后,段莉受尚相彬委派管理业务员,代表尚相彬与业务员结算,其虽只拿工资,没有提取分成及发展培训业务员,但其行为的性质显然具有一定的组织管理作用,且在明知尚相彬进行非法集资活动的情况下,接受尚相彬的安排,收款签约,打电话安抚被骗群众,起到十分明显的帮助作用,故其该上诉理由和辩护意见不能成立,不予采纳;(2)鉴于其认罪、悔罪,积极提供相关证据,配合侦查机关查清全案事实,综合其在全案中的地位、作用和情节,可酌定从轻改判。其该点上诉理由和辩护意见予以采纳。

综上,原审判决认定的事实清楚,证据确实、充分,对上诉人尚相彬定罪准确,量刑适当;对上诉人王盛军行为的定罪量刑可依法改判;对于上诉人曹宝、余长敏、段莉的量刑可依法改判。依照《刑事诉讼法》(2012年)第二百二十五条第一款第(一)项、第(二)项、《刑法》(2017年)第一百九十二条、第一百七十六条、第二十五条第一款、第二十六条第一款、第四款、二十七条、第五十七条第一款、第六十四条、第六十七条第一款、第三款、七十二条、第三十七条、2010年《非法集资司法解释》(已修改)第三条、第四条、第五条第一款、第三款之规定,判决如下:

一、维持宝鸡市中级人民法院(2015)宝中刑二初字第0010号刑事判决书第(一)(六)(七)(八)(九)(十)(十一)(十二)(十三)(十四)(十五)(十六)(十七)(十八)(十九)项之规定,即被告人尚相彬犯集资诈骗罪,判处无期徒刑,剥夺政治权利终身,并处没收个人全部财产;被告刘开凤犯非法吸收公众存款罪,判处有期徒刑三年,缓刑五年,并处罚金人民币二十万元;被告人唐加玉犯非法吸收公众存款罪,判处有期徒刑三年,缓刑五年,并处罚金人民币二十万元;被告人王松犯非法吸收公众存款罪,判处有期徒刑三年,缓刑四年,并处罚金人民币二十万元;被告人唐加法犯非法吸收公众存款罪,判处有期徒刑三年,缓刑四年,并处罚金人民币二十万元;被告人王东玲犯非法吸收公众存款罪,判处有期徒刑二年,缓刑三年,并处罚金人民币十万元;被告人单居涛犯非法吸收公众存款罪,判处有期徒刑二年,缓刑三年,并处罚金人民币十万元;被告人张勇犯非法吸收公众存款罪,判处有期徒刑二年,缓刑三年,并处罚金人民币十万元;被告人王军伟犯非法吸收公众存款罪,判处罚金人民币五万元;被告人吴晓婷犯非法吸收公众存款罪,判处罚金人民币二万元;被告人张尽录犯非法吸收公众存款罪,免予刑事处罚;被告人昌元军犯非法吸收公众存款罪,免予刑事处罚;被告人史红刚犯非法吸收公众存款罪,免予刑事处罚;宣告被告人王燕培无罪;查封、冻结的财产,在有关机关统一处置后,按比例返还被害人。各被告人非法所得依法继续追缴。

二、撤销宝鸡市中级人民法院(2015)宝中刑二初字第0010号刑事判决书第(二)(三)(四)(五)项;

三、上诉人王盛军犯非法吸收公众存款罪,判处有期徒刑八年,并处罚金四十万元;

四、上诉人曹宝犯非法吸收公众存款罪,判处有期徒刑五年,并处罚金三十万元;

五、上诉人余长敏犯非法吸收公众存款罪,判处有期徒刑三年,并处罚金二十万元;

六、上诉人段莉犯非法吸收公众存款罪,判处有期徒刑二年,并处罚金十万元;

本判决为终审判决。[①]

【案例简析】

该案尚相彬在其公司无生产场地、无设备、无生产经营活动的情况下,与章双平预谋,两人约定以汇通公司扩大生产,资金紧张为由,由章双平召集业务人员在社会上高息募集资金。王燕培作为汇通公司的业务员被章双平召集进行集资宣传,王燕培签订借款合同4人次,合同金额共计6万元。归案后退还0.6万元。一二审法院均判决王燕培无罪。其原因在于王燕培受他人纠集参与非法集资活动,其行为的性质涉嫌非法吸收公众存款罪,唯其本人非法吸收公众存款的行为尚未达到追究刑事责任的数额和人数,依法可不追究其刑事责任。

【问题研讨】

该案需要讨论的问题是:一是非法吸收公众存款须追究刑事责任应达

---

① 参见陕西省高级人民法院刑事判决书(2017)陕刑终315号。

到的数额和人数问题。

根据2010年《立案追诉标准规定(二)》(已失效)第二十八条的规定,非法吸收公众存款或者变相吸收公众存款,扰乱金融秩序,涉嫌下列情形之一的,应予立案追诉:(一)个人非法吸收或者变相吸收公众存款数额在二十万元以上的,单位非法吸收或者变相吸收公众存款数额在一百万元以上的;(二)个人非法吸收或者变相吸收公众存款三十户以上的,单位非法吸收或者变相吸收公众存款一百五十户以上的;(三)个人非法吸收或者变相吸收公众存款给存款人造成直接经济损失数额在十万元以上的,单位非法吸收或者变相吸收公众存款给存款人造成直接经济损失数额在五十万元以上的;(四)造成恶劣社会影响的;(五)其他扰乱金融秩序情节严重的情形。而依照2022年最新修订的《立案追诉标准规定(二)》第二十三条的规定,非法吸收公众存款或者变相吸收公众存款,扰乱金融秩序,涉嫌下列情形之一的,应予立案追诉:(一)非法吸收或者变相吸收公众存款数额在一百万元以上的;(二)非法吸收或者变相吸收公众存款对象一百五十人以上的;(三)非法吸收或者变相吸收公众存款,给集资参与人造成直接经济损失数额在五十万元以上的。为了防止定罪的唯数额论,另外增加"数额+情节"的规定。即非法吸收或者变相吸收公众存款数额在五十万元以上或者给集资参与人造成直接经济损失数额在二十五万元以上,同时涉嫌下列情形之一的,应予立案追诉:(一)因非法集资受过刑事追究的;(二)二年内因非法集资受过行政处罚的;(三)造成恶劣社会影响或者其他严重后果的。但在认定时仍需考虑行为的性质,并结合社会危害性进行实质判断。

二是退还数额定罪量刑规则的演变与出罪效果。2010年《非法集资司法解释》(已修改)第三条第三款规定,非法吸收或者变相吸收公众存款的数额,以行为人所吸收的资金全额计算。案发前后已归还的数额,可以作为量刑情节酌情考虑。第四款规定,主要用于正常的生产经营活动,能够及时清退所吸收资金,可以免予刑事处罚;情节显著轻微的,不作为犯罪处理。在具体案件中,退还数额的认定存在两种情形:一是根据非法吸收公众存款的数额确定法定刑幅度和量刑起点,行为人在案发前后归还的数额属于酌定量刑情节。例如,本案中业务员余长敏吸收132.79万元后退赔4万元,以全额132.79万元认定为"数额巨大",积极退赔作为酌定从轻情节,使其刑期从4年降至3年。二是根据造成直接经济损失数额的多少确定法定刑幅度和量刑起点,行为人在案发前后归还的数额直接影响犯罪数额的认定,并进而影响定罪量刑。尽管2010年《非法集资司法解释》(已修改)未针对第二种情形作出明确规定,司法实践中不乏作此认识并定罪的情形。

《刑法修正案(十一)》将非法吸收公众存款罪提起公诉前积极退赃退赔规定为法定量刑情节。2022年修正后的《非法集资司法解释》第六条第一款规定,非法吸收或者变相吸收公众存款的数额,以行为人所吸收的资金全额计算。在提起公诉前积极退赃退赔,减少损害结果发生的,可以从轻或者减轻处罚;在提起公诉后退赃退赔的,可以作为量刑情节酌情考虑。第二款规定,非法吸收或者变相吸收公众存款,主要用于正常的生产经营活动,能够在提起公诉前清退所吸收资金,可以免予刑事处罚;情节显著轻微危害不大的,不作为犯罪处理。该条第二款的适用不限于《非法集资司法解释》第三条规定的入罪情形,只要符合第二款适用条件的,均可适用。实际上,"情节显著轻微危害不大的,不作为犯罪处理"是《刑法》第十三条"但书"的内容,《非法集资司法解释》将退赔结果与《刑法》第十三条"但书"关联,使退赔成为犯罪构成阻却事由。全额退赃退赔等情节若符合"情节显著轻微危害不大的",可以认定为无罪。此外,若资金主要用于正常的生产经营活动,且在提起公诉前清退,可免予刑事处罚。通过银行流水等书面证据证实非法集资的财产主要用于正常的生产经营活动,在提起公诉前积极退赃退赔,减少损害结果发生的,可减轻处罚。根据《关于常见犯罪的量刑指导意见(试行)》的规定,对于在提起公诉前积极退赃退赔,减少损害结果发生的,可以减少基准刑的40%以下;犯罪较轻的,可以减少基准刑的40%以上或者依法免除处罚。若提起公诉后退赔,只能作为量刑情节酌情考虑。值得注意的是,提起公诉前完成退赃退赔系触发出罪、免刑及法定减轻处罚的必要前提。从"及时"清退明确到"提起公诉前"的时间窗口倒逼行为人及时退赔,最大化化解社会矛盾,对于提起公诉前退赃退赔没有损害或者损害轻微的,不再适用减轻处罚,可以按照微罪不举作出不起诉,视为不追究刑事责任或者免予追究刑事责任。

三是新旧法律适用问题。《刑法修正案(十一)》对非法吸收公众存款罪的条文作了重大修改,并从2021年3月1日起施行。2022年修正后的《非法集资司法解释》对非法吸收公众存款罪的定罪量刑标准作了调整和修改,并从2022年3月1日起施行。由于刑法、司法解释对非法吸收公众存款罪的定罪量刑标准均作了修改,对非法吸收公众存款罪的定罪量刑产生重大影响,对于《刑法修正案(十一)》施行前发生的行为,2022年修正后的《非法集资司法解释》施行后尚未处理或者正在处理的案件,应当根据2022年修正后的《非法集资司法解释》确定的定罪量刑标准,按照从旧兼从轻的原则确定适用哪一司法解释。需要注意的是,对于《刑法修正案(十一)》施行前发生的行为,被告人具有积极退赃退赔情节的,按照有利于被告人的原则,应当依照《刑法修正案(十一)》的规定适用。特别是对于追诉数额的提高,在适用《刑法修正案(十一)》时,对于退赃退赔更应考虑提高的追诉数额关系,不可机械认定。

无论是第一种情形还是第二种情形,被告人在案发前后归还的数额都是影响定罪量刑的因素。鼓励被告人退赃挽损,有利于保护集资参与人的权益,更有利于妥善化解社会矛盾,维护社会稳定,也是此类案件处理的重中之重。集资参与人最主要的诉求就是追回资金,如果这一诉求不能妥善解决,有可能引发群体性事件,造成社会不稳定因素。将被告人案发前后归还集资参与人的数额,作为量刑的考量因素,有利于鼓励被告人积极退还所吸收存款,从而尽量减小集资参与人的损失。具体适用中,还应考虑被告人退出的金额在总吸收金额中所占的比例,酌定考虑该情节对量刑的影响。若所占比例很小,则对量刑的影响微乎其微,难以体现。

七十九、投资炒外汇吸收存款无罪案

夏斌诈骗、非法吸收公众存款案[①]

【基本案情】

张秀兰、冯某2于2012年6月至2014年4月间,在辽宁省大石桥市、吉林省长春市等地,通过口头宣传、推介会等手段宣传"英国外汇公司EuroFX"(后改名为FXCAP,以下简称"EuroFX公司")外汇理财,采取高息返利的方式,向社会不特定对象吸收存款。2012年9月28日,夏斌分11笔向HANDRIANSYAH(印度尼西亚籍)在建行东莞厚街康乐分理处开户的账户汇款共计人民币325万元,用其本人及其亲属的名义共开设5个账户。2012年11月23日,SOFYAN JUNAEDI(印度尼西亚籍)在建行深圳嘉宾路支行开户的账户向夏斌尾号1665的账户转账人民币183249元。

夏斌与陈某、冯某1原系吉林省粮食厅驻大连办事处的同事,与李某、董某、鲁某、安某、丁某2系多年朋友关系。陈某、李某、冯某1、鲁某、董某、丁某2、安某为进行"EuroFX公司"外汇理财,先后向夏斌的中国农业银行卡转款。

2013年3月26日,陈某存入夏斌的账户人民币32.5万元,同日夏斌为其开设账户,并在该账户充入等值美元数值。同年5月23日冯某1存入夏斌的账户人民币32.5万元、同年6月9日鲁某存入夏斌的账户人民币10万元,夏斌将等值美元数值充入陈某的账户,由陈某、冯某1、鲁某三人共用一个账户。案发前夏斌返还冯某1人民币10万元。

2013年4月22日,李某存入夏斌的账户人民币65万元,夏斌为其开设账户后告知其用户名及密码,并在该账户充入等值美元数值。2013年4月27日夏斌转给冯某2人民币50万元。案发前夏斌返还李某人民币15

---

① 参见吉林省长春市朝阳区人民法院刑事判决书(2016)吉0104刑初943号。

万元。

2013年6月10日,董某存入夏斌的账户人民币39万元,同年6月13日夏斌转给冯某2人民币38.76万元,同年7月16日丁某2存入夏斌的账户人民币32.5万元,同日夏斌为董某、丁某2二人合开一个账户,并在该账户充入等值美元数值,后由丁某2管理账号及密码,同年7月19日丁某2修改密码。

2013年7月20日,EuroFX公司在网络上发布公告,为遵守反洗钱规定,进入90日冷却期,客户不能从该公司账户上提取现金,可通过对冲方式保持交易。

2013年7月22日,安某存入夏斌账户人民币32.5万元,其与夏斌共用一个账户,夏斌用该笔钱款对冲进夏斌账户。案发前夏斌返还安某人民币3万元。

2013年8月5日、9日,夏斌分别转给冯某2人民币32万元、65万元。

综上,陈某、李某、冯某1、鲁某、董某、丁某2、安某向夏斌银行账户共计存入人民币244万元,夏斌汇给冯某2人民币185.76万元,案发前夏斌向冯某1、李某、安某返款共计人民币28万元。

【检察院指控】

公诉机关认为,夏斌违反国家法律、法规规定,以投资炒外汇的形式非法吸收公众存款,扰乱金融秩序,数额巨大,且被告人虚构事实,构成诈骗罪。其行为已触犯《刑法》(2015年)第一百七十六条第一款和第二百六十六条之规定,应当以非法吸收公众存款罪和诈骗罪追究其刑事责任。提请法院依法判处。

【辩护意见】

被告人夏斌辩称不构成犯罪。

辩护人提出辩护意见:被告人夏斌不构成犯罪。

【一审判决】

一审法院认为,被告人夏斌违反国家法律、法规规定,以投资炒外汇的形式非法吸收公众存款,扰乱金融秩序,数额巨大,其行为已构成非法吸收公众存款罪,应依法惩处。公诉机关指控被告人夏斌犯诈骗罪,因被告人夏斌未虚构事实,其行为不符合诈骗罪的构成要件,法院不予支持。被告人夏斌及辩护人关于被告人夏斌不构成犯罪的辩护观点,因被告人夏斌向社会公众吸收存款,其行为已严重扰乱国家金融秩序,故该辩护意见不成立,法院不予采信。依照《刑法》(2015年)第一百七十六条、第四十五条、第四十七条、第五十二条、第五十三条、第六十四条之规定,以非法吸收公众存款罪判处被告人夏斌有期徒刑三年,并处罚金人民币十万元;对被告人夏斌犯罪所得的财物依法追缴予以返还。

【上诉及辩护理由】

上诉人夏斌及其辩护人提出:夏斌的行为不构成非法吸收公众存款罪,也不构成诈骗罪,应属无罪。

【检察院抗诉】

长春市朝阳区人民检察院抗诉提出:夏斌隐瞒EuroFX公司的运营模式及其将自己账户的余额转给被害人的事实,实际上占有了被害人的财产,其行为符合诈骗罪的构成要件,应当构成诈骗罪。

吉林省长春市人民检察院的意见:支持抗诉。

二审庭审期间,检察员出示以下证据:

1.证人冯某2的证言。主要内容为:我在长春没有公开宣传过EuroFX公司,仅在吃饭喝酒时,私下和夏斌说过。我跟他说开一个账户65万元人民币(10万美元),一个月盈利9.6%,一个星期最多提现两次,也可以不提。我和夏斌介绍时,赵伟城也在,就我们三人说过这件事。我不清楚夏斌是否公开宣传过EuroFX公司。我确实借给夏斌70余万元买车,这是2013年的事情,具体时间记不清了。当时我正好在长春,我和夏斌一起到捷豹4S店看车,看车的时候夏斌和我说能不能借他点钱,他直接提车,于是我用自己的卡直接在4S店消费了70余万元。这张银行卡被大连经侦支队收走了,具体是哪个银行卡我记不清了。这笔钱夏斌已经归还,具体归还时间我记不清了,大概是过了三个月还给我的。夏斌打给我120多万元兑换美元,确实有这件事。因为夏斌手里有人民币,但是他没有美金,夏斌把钱打给我,我从网上直接把美金划给夏斌。我就是从网上EuroFX公司炒外汇的账户上直接转到夏斌的账户。

2.证人郎某的证言。主要内容为:我认识夏斌认识20多年了。夏斌2013年年初向我介绍过EuroFX公司,夏斌多次和我说投资30多万元,利润非常可观,一年或者一个月能挣六万多(具体一个月还是一年我忘记了)。当时董某、李某我们几个都在场。夏斌说EuroFX公司怎么经营时我没有参加,他没有详细和我说,另外他们说的时候也不带我了。夏斌说 EuroFX 公司怎么提钱时我没有参加,他没有详细和我说。

3. 被害人陈某陈述。主要内容为:夏斌在公共场合宣传过 EuroFX 公司。2013 年年初,夏斌在我们一起聚会吃饭时常说。夏斌多次和我说炒外汇,投入 32.5 万元人民币一年能翻倍,单月百分之十二收益,如果不想继续参与的话可以自由提现,加入三个月之后可以自由提现。当时冯某 1、鲁某、李某都在场。我们在不同场合多次吃饭,这些人基本都在场,但每次不全。我没有向 EuroFX 公司申请过提款,但是我在夏斌那里换过 2 万元左右。我先进入,后来冯某 1 也要进入,这时我的账号内产生一部分利润,我当时要把利润提出来以后和冯某 1 好算账。夏斌说需要去公司提款,公司在大连,而且还有手续费,审核需要一周,他让我把多余的利润转给他,他直接给我人民币,这样我在他那里换了 2 万元左右。夏斌是直接转账到我的农行卡,分两次,一次是冯某 1 进来之前,一次是鲁某进来之前,具体时间记不清了,共计 2 万元左右。我没有收到过公司的钱。我和 EuroFX 公司绑定的银行卡是农行的卡,卡号记不清了。

4. 被害人丁某 2 的陈述。主要内容为:2013 年年初,夏斌多次和我说炒外汇,投入 32.5 万元人民币八个月能翻倍,单月百分之十二的收益,如果不想继续参与的话可以自由提现。当时董某、郎某、安某我们这些人都听过,可能每次我们都有三四个人在场。我把钱给夏斌,开完账户之后什么都不用我管,里面的数字自己增长,每天必保盈利百分之十二。起初夏斌告诉我可以自由提款,自由进退。但之后我在我的账户上取不了现金。2013 年 7 月 20 日之后,我的账户被冻结了,2013 年 10 月 20 日之后,我的账户解冻了,但是也不能自由提取现金。

2014 年 4 月份,我把夏斌约到安某的锅边鱼店,我质问夏斌把我的钱打到哪里了,夏斌坚持说打给公司了。我要求看流水,然后夏斌带着我到繁荣路上的农行,夏斌把流水打出来之后,我看见我的钱进去之后都用于消费,我问夏斌这些钱的消费去向是哪里,夏斌说还房贷和车贷了。我说我的钱根本没打到公司,全部用于消费了。然后我要求他还钱,夏斌就说没有钱,让我告他。夏斌在被抓后的二十天左右,夏斌的律师赵建军、夏某、王峰还有一个男性,约我到香格里拉酒店,和我谈要求我撤诉,他们把钱还我。当时和我说是先给我一部分,等夏斌放出来之后再给我另外一部分,我没有同意,我要求把钱全部还我,后来这件事就不了了之了。

5. 被害人鲁某的陈述。主要内容为:2013年年初,夏斌多次和我说炒外汇挣钱,因为我投得少,单月百分之十收益,一年就翻倍,如果不想继续参与的话可以自由提现。我进入的时候是2013年6月份,我在朋友那里借了10万元,通过夏斌同学的农行转给夏斌的。夏斌说这些话的时候还有陈某、冯某1在场。因为我拿钱少,我的钱进入的是陈某和冯某1的账户,中间具体怎么操作我也不知道,陈某管理这个账户。起初夏斌告诉我可以自由提款,自由进退。我在我的账户上没有提取过现金。因为我没钱,夏斌还让我抵押房子,我去抵押了,但因为我的房产证不合格没贷款下来,后来夏斌又让我卖房子,我没卖。

6. 被害人冯某1的陈述。主要内容为:2013年年初,夏斌多次和我说炒外汇挣钱,他和冯某2一起炒外汇,冯某2又买奥迪Q7、又买劳力士的,一年就翻倍,单月百分之十二收益,如果不想继续参与的话可以自由提现。我进入的时候是2013年5月份,我把我家房子抵押给建设银行,贷款三十多万元,给夏斌转账32.5万元人民币。当时夏斌说这些话的时候陈某在场。因为我和陈某是一个账户,中间具体怎么操作我也不知道,陈某管理这个账户。起初夏斌告诉我可以自由提款,自由进退。我在我的账户上没有提取过现金。

7. 被害人董某的陈述。主要内容为:2013年年初,夏斌多次和我说炒外汇,回报率高,单月百分之十二收益,随时进退。夏斌说这些话时李某、郎某、丁某2我们几个人都在。夏斌说在EuroFX公司开完账户后什么都不用我管,由公司负责统一管理运行。起初夏斌告诉我可以自由提款,自由进退。

8. 被害人安某的陈述。主要内容为:夏斌没有给我申请过EuroFX公司用来炒外汇的账户。2013年年初,夏斌多次和我说过EuroFX公司如何好,大概意思是他最近投了一个炒外汇的项目,每个月有百分之十二的收益(当时具体怎么说的,我有点记不清了)。另外还用笔记本电脑给我们看过他的每笔收益,每天能挣二三万元。夏斌介绍EuroFX公司时还有董某、郎某、丁某2、李某在场,反正就是我们这几个人,每次都有我们中的其中几个,人不一定全。夏斌说投钱之后,由EuroFX公司操作,每天至少盈利百分之十二。夏斌没有和我说过EuroFX公司怎么提钱,因为我没有账号。夏斌和我说因为EuroFX公司的账户对冲需要32.5万元,承诺每个月给我3万元盈利,十个月后返还本金,然后2013年9月初我给夏斌拿了32.5万元。

夏斌第一个月给我 3 万元,是我向夏斌要的。这 3 万元是分两次给我的,一次 1 万元,一次 2 万元,夏斌通过他的账号转给我。之后夏斌一次钱没给过我,后来我再要钱,夏斌就说公司账户冻结让我等。

9. 被害人李某的陈述。主要内容为:2013 年年初,夏斌多次利用见面机会和我说投入 10 万美元折合人民币 65 万元,十个月翻倍,单月百分之十二收益,随时进退(连本带息都拿出来)。当时夏斌说这些话时董某、郎某在场。我把钱给夏斌之后,夏斌当天下午亲自给我开了一个账户,开账号的过程没让我看,开完账户后什么都不用我管,里面的数字自己增长。起初夏斌告诉我可以自由提款,自由进退,我开始要提的时候,夏斌没让我提,让我等等,后来我着急用钱时,提钱根本没有反应。夏斌找我投资 EuroFX 公司时,我把房子抵押给银行贷款 45 万元,我投入 65 万元,过了一年银行贷款到期我着急还贷款,找夏斌说要把钱取出来,当时 EuroFX 公司里面的账户显示我的账户余额有将近 200 万元,夏斌说取钱麻烦,不是特别着急用让我等两天,有他担保不用怕,我当时就没着急。后来银行贷款马上到期了,我自己登录账号操作了一次,点提现根本就没反应。然后我就找夏斌,说银行贷款马上到期,我实在还不上了,还差 20 多万元,夏斌说他也没钱,他说他能把我的银行账号卖了,问我同不同意,我当时着急还银行贷款,就同意了。夏斌给我发了一份电子版的合同(所有内容都是夏斌拟好,张绍杰的名字已经签完了),我后来也签了,夏斌转给我 15 万元,剩下的钱一直没有给我。夏斌把我的账号卖了多少钱我不清楚,后来法院开庭我旁听时,夏斌亲口说卖了 100 万元,然后钱没给我。

【二审判决】

根据上述经庭审举证、质证的证据及控辩双方的意见,法院综合评判如下:

(一)关于上诉人夏斌的行为是否构成非法吸收公众存款罪的问题。

根据夏斌供述及丁某 2 等人的陈述可知,夏斌与该案七名被害人均系认识多年的同事或朋友。夏斌供述与丁某 2 等被害人的陈述虽针对夏斌如何向被害人宣传投资 EuroFX 公司项目一事存在出入,但丁某 2 等人均承认夏斌是在与他们一起吃饭的场合谈起投资 EuroFX 公司项目的,即夏斌仅向其多年的朋友、同事介绍 EuroFX 公司项目,而并未向社会不特定对象公开宣传吸收资金。同时,根据夏斌供述及冯某 2、夏某的证言证实,EuroFX 公司虽规定介绍会员时会有相应的奖励,但因该网站已被取消,依据现有证据无法准确认定奖励额度及奖励时间,夏斌介绍朋友、同事投资炒外汇是否获利无法认定。故依据 2010 年《非法集资司法解释》(已修改)第一条、《非法集资案件适用法律意见》的规定,无法认定夏斌具有向社会公众公开宣传并向社会不特定对象吸收或变相吸收存款的行为,故夏斌的行为不构成非法吸收公众存款罪。

(二)关于上诉人夏斌的行为是否构成诈骗罪的问题。

1. 在案证据无法证实夏斌向丁某 2 等人介绍投资 EuroFX 公司项目时采取虚构事实、隐瞒真相的行为手段。根据在案书证及冯某 2 的证言、被害人陈述、夏斌供述能够证实,夏斌曾于 2012 年向 EuroFX 公司提供的账户汇入 325 万元,开设 5 个账户,并在 2012 年年末从该账户中提出过 3 万美元。据夏斌本人称,其之所以之后不再提款是为了赚取更多的利润。建行账户明细记载,夏某曾从 EuroFX 公司提出过钱款,也可证明 EuroFX 公司的客户曾经能够从该公司"炒外汇"项目中提出钱款。后从 2013 年 7 月 20 日起,公司现有客户不能从该公司账户上提现,但仍可通过对冲的方式保持交易。2013 年 10 月 18 日冷冻期结束,用户需办理 Master 卡(万事达卡)才能完成提现。该案被害人除安某系 2013 年 7 月 22 日向夏斌转款投资外,其余被害人获得夏斌交予的 EuroFX 公司的账户均是在 2013 年 7 月 20 日之前,而安某虽在 7 月 20 日之后投资账户,但其是与夏斌共用一个账户,安某的钱款用于对冲夏斌账户符合公司的公告要求。且夏斌在丁某 2 等人将钱款交予其后即为丁某 2 等人开设账户,并向丁某 2 等人账户充入等值美元数值,该行为符合 EuroFX 公司对开设新账户的具体要求,丁某 2 等人亦承认夏斌为自己开立了账户。故现有证据不足以证实夏斌系明知自己在 EuroFX 公司的账户无法自由提现的情况下欺骗被害人投资,亦无法证实夏斌介绍丁某 2 等人投资 EuroFX 公司项目时采取虚构事实、隐瞒真相的行为手段。

2. 在案证据无法证实夏斌具有非法占有被害人钱款的主观目的。EuroFX 公司网站因非法而被注销,故目前无法登录该网站核实陈某等人投资时的具体情况。而根据陈某等人的陈述以及夏斌供述均证实,陈某等人在将钱款存入夏斌的账户之后,夏斌即为他们开设账户,并同时存入与陈某等人投资的人民币数额等值的美元数值。根据电子渠道来往账信息查询单证实,夏斌已将李某等人的部分投资款转给冯某 2,且夏斌于 2013 年 8 月 5 日、9 日向冯某 2 转款与夏斌辩称 7 月 20 日后 EuroFX 公司网站要求向账户对冲资金为账户解封的经过能够相互印证。同时,根据大连市沙河口区人民法院刑事判决书证实,张秀兰、冯某2二人被认定为非法吸收公众存款罪,夏斌并非共犯,而是该案中的被害人之一。故依据在案证据无法证实夏斌具有非法占有丁某2等人钱款的主观目的。

综上,该案证实夏斌构成诈骗罪的证据不足。故对上诉人夏斌的上诉理由及其辩护人的辩护意见予以支持;对吉林省长春市人民检察院"支持抗诉"的意见不予支持。

法院认为,根据现有证据,无法认定上诉人夏斌构成犯罪。原审判决认定夏斌的行为构成非法吸收公众存款罪系适用法律错误。依照《刑事诉讼法》(2012年)第二百二十五条第一款第(三)项、第一百九十五条第(二)项、第(三)项之规定,判决如下:

一、撤销长春市朝阳区人民法院(2016)吉0104刑初943号刑事判决;

二、上诉人(原审被告人)夏斌无罪。

本判决为终审判决。①

【案例简析】

该案夏斌与陈某、冯某1原系吉林省粮食厅驻大连办事处的同事,与李某、董某、鲁某、安某、丁某2系多年朋友关系。陈某、李某、冯某1、鲁某、董某、丁某2、安某为进行EuroFX公司外汇理财,先后向夏斌的中国农业银行卡转款。夏斌分11笔向HANDRIANSYAH(印度尼西亚籍)在建行东莞厚街康乐分理处开户的账户汇款共计人民币325万元,用其本人及其亲属的名义共开设5个账户。2012年11月23日,SOFYAN JUNAEDI(印度尼西亚籍)在建行深圳嘉宾路支行开户的账户向夏斌尾号1665的账户转账人民币183249元。一审法院认为被告人夏斌已构成非法吸收公众存款罪,不构成诈骗罪,检察院抗诉提出,提出夏斌隐瞒EuroFX公司的运营模式及其将自己账户的余额转给被害人的事实,实际上占有了被害人的财产,其行为符合诈骗罪的构成要件,应当构成诈骗罪。夏斌的辩护人提出无罪辩护,最终二审法院判决夏斌无罪。

不成立非法吸收公众存款罪的原因在于夏斌与该案七名被害人均系认识多年的同事或朋友。且现有证据无法准确认定EuroFX公司项目的奖励额度及奖励时间,以及夏斌介绍朋友、同事投资炒外汇是否获利。因此夏斌

---

① 参见吉林省长春市中级人民法院刑事判决书(2017)吉01刑终363号。

不具有向社会公众公开宣传并向社会不特定对象吸收或变相吸收存款的行为。不成立诈骗罪的原因在于夏斌介绍丁某2等人投资EuroFX公司项目时采取虚构事实、隐瞒真相的行为手段与有非法占有被害人钱款的主观目的无相应证据证明。

【问题研讨】

该案需要讨论如下问题：

其一,不构成向社会公众公开宣传并向社会不特定对象吸收或变相吸收存款的情形。根据《非法集资司法解释》第一条的规定,未向社会公开宣传,在亲友或者单位内部针对特定对象吸收资金的,不属于非法吸收或者变相吸收公众存款。而未从非法吸收公众存款或变相吸收存款的行为中获利,可以认定为不存在非法吸收公众存款的故意。换言之,向亲友等特定对象吸收资金且未公开宣传的,不符合"社会性"要件,不构成犯罪。是否获利并非主观故意的唯一判断标准,需综合任职背景、宣传方式等认定。

其二,在集资诈骗案件中,行为人虽然使用了诈骗方法非法集资,但综合全案证据,不能确认行为人主观上具有"以非法占有为目的",不构成集资诈骗罪。在集资诈骗案件中,行为人需要同时具备"非法占有目的"和"使用诈骗方法"非法集资的行为,才能认定为集资诈骗犯罪。

八十、合伙人借款吸收存款无罪案

张勇、周贤山非法吸收公众存款案[①]

【基本案情】

张勇、周贤山于1994年下半年合伙承包原如东县栟茶镇杨湾建材厂（1998年4月更名为如东县栟茶镇太杨建材厂），二人为工厂生产筹集周转资金，于1996年至1999年间，以高于同期银行利息为诱饵，非法向当地16户群众吸收存款人民币254370元，至今仍有人民币117870元未能归还。有出借人缪某、杨东进、徐长明、缪小娟、徐长根、姜芝秀、康成志、徐守尧、徐希林、罗宏、吴玉林、吉久龙、××平、杨九发等人的陈述，证人蒋某、缪某1、翟某等人的证言及借条、还款说明等证据证实，事实清楚，证据确实、充分，法院予以确认。

【原审裁判】

一审法院认为，被告人张勇、周贤山非法吸收公众存款，扰乱金融秩序，其行为已构成非法吸收公众存款罪，且系共同犯罪。在共同犯罪中，两被告人均起主要作用，系主犯，应当按照其所参与的全部犯罪处罚。被告人张勇、周贤山主动投案，如实供述了主要犯罪事实，系自首，可以从轻处罚。依照《刑法》（2015年）第一百七十六条第一款、第二十五条第一款、第二十六条第一款、第四款、第六十七条第一款、第六十四条之规定，判决认定被告人张勇犯非法吸收公众罪，判处有期徒刑一年，并处罚金人民币二万元；被告人周贤山犯非法吸收公众存款罪，判处有期徒刑九个月，并处罚金人民币二万元。被告人张勇、周贤山尚未退还的赃款人民币117870元，决定予以追缴，发还被害人。

[①] 参见江苏省如东县人民法院刑事判决书（2010）东刑二初字第53号。

【上诉及辩护意见】

一审宣判后,原审被告人张勇上诉称:(1)一审判决认定其于1997年上半年和周贤山向徐长根借5万元不属实,实际是二人通过徐长根向农行贷款5万元,没有向其他私人借过钱。(2)一审判决认定其于1997年、1998年和周贤山向姜芝秀借钱不属实,其没有向姜芝秀借过钱。(3)其与周贤山合作的时间是1994年至1998年,1998年底后由周贤山负责经营,所有债权债务与其无关。请求二审予以改判。

原审被告人周贤山上诉称:(1)一审判决认定非法向当地16户群众吸收存款254370元是假的,实际受害者只有8户。(2)该案掩盖了张勇侵占117.9798万元巨款的事实。(3)一审认定的117870元全部由张勇侵占,判决对其予以追缴是违法的。

【二审裁判】

江苏省南通市中级人民法院作出(2010)通中刑二终字第0076号刑事裁定,原判决认定事实和适用法律正确、量刑适当,裁定驳回上诉,维持原判。[①]

【检察院抗诉】

检察员的出庭意见为:申诉人周贤山、原审被告人张勇因开办工厂资金短缺和周转困难,以个人或工厂的名义分别向不同的亲戚、工厂职工、同村村民以高息等筹措资金,其行为不属于"向社会不特定对象吸收资金",不符合非法吸收公众存款罪"社会性"的构成要件,不应以非法吸收公众存款罪追究其刑事责任,原审人民法院适用法律确有错误,建议法院再审撤销原审判决,依法改判申诉人周贤山、原审被告人张勇无罪。

【再审判决】

法院再审认为,原审上诉人张勇、周贤山虽有违反国家法律规定,非法吸收资金254370元,且117870元尚未能归还的行为,但其借款的目的是用于承包工厂的生产经营,而没有吸收存款扰乱金融秩序的主观故意,且借款的对象属于相对特定的厂内职工、部分亲友、同村村民,不符合刑法所规定的"向社会不特定对象吸收资金",不具备非法吸收公众存款罪"社会性"的构成要件,依法不构成非法吸收公众存款罪。故原审上诉人周贤山提出其

---

① 江苏省南通市中级人民法院刑事裁定书(2010)通中刑二终字第0076号。

行为不构成非法吸收公众存款罪的申诉理由,检察员提出申诉人周贤山及原审被告人张勇的行为不构成非法吸收公众存款罪,原审人民法院适用法律确有错误,建议改判无罪的出庭意见成立,法院予以采纳。关于原审上诉人周贤山提出要求追究张勇涉嫌职务侵占罪的申诉理由,经查,原审裁判认为该案审理的是张勇、周贤山是否涉嫌非法吸收公众存款罪,对于张勇是否涉嫌职务侵占罪,不在该案处理范围内且于法有据,故原审上诉人周贤山提出的该申诉理由无法律依据,法院不予采纳。

综上所述,法院认为,江苏省如东县人民法院认定原审被告人张勇、周贤山犯非法吸收公众存款罪并予以刑事处罚,系适用法律错误,应予纠正。经法院审判委员会讨论决定,依照《刑事诉讼法》(2012年)第二百四十五条第一款、2012年《最高人民法院关于执行〈中华人民共和国刑事诉讼法〉的解释》(已失效)之规定,判决如下:

一、撤销江苏省南通市中级人民法院(2010)通中刑二终字第0076号刑事裁定和江苏省如东县人民法院(2010)东刑二初字第53号刑事判决。

二、原审上诉人张勇、周贤山无罪。

本判决为终审判决。①

【案例简析】

该案张勇、周贤山于1994年下半年合伙承包原如东县栟茶镇杨湾建材厂,二人为工厂生产筹集周转资金,于1996年至1999年间,以高于同期银行利息为诱饵,非法向当地16户群众吸收存款人民币254370元,至今仍有人民币117870元未能归还。原审人民法院一审认为,被告人张勇、周贤山非法吸收公众存款,扰乱金融秩序,其行为已构成非法吸收公众存款罪,且系共同犯罪。在共同犯罪中,两被告人均起主要作用,系主犯,应当按照其所参与的全部犯罪处罚。周贤山提出申诉,检察院认为张勇、周贤山的行为不属于"向社会不特定对象吸收资金",不符合非法吸收公众存款罪"社会性"的构成要件,不应以非法吸收公众存款罪追究其刑事责任,建议法院再审撤销原审判决,依法改判申诉人周贤山、原审被告人张勇无罪。再审法院认为张勇、周贤山借款的目的是用于承包工厂的生产经营,而没有吸收存款扰乱金融秩序的主观故意,且借款的对象属于相对特定的厂内职工、部分亲友、同村村民,不符合刑法所规定的"向社会不特定对象吸收资金",不具备

---

① 参见江苏省高级人民法院刑事判决书(2016)苏刑再10号。

非法吸收公众存款罪"社会性"的构成要件,依法不构成非法吸收公众存款罪。再审法院撤销原判,判决张勇、周贤山无罪。

【问题研讨】

该案需要讨论的问题是:非法吸收公众存款罪"社会性"的构成要件。

根据《非法集资司法解释》的规定,包括非法吸收公众存款罪在内的非法集资犯罪活动,需同时具备"非法性""公开性""社会性""利诱性"四个特征。其中,社会性特征是非法集资犯罪的本质特征,是包括非法吸收公众存款罪在内的所有非法集资犯罪活动区别于民间借贷的主要依据。《非法集资司法解释》从正反两方面对非法集资犯罪活动的社会性特征作了限定。依据《非法集资司法解释》第一条第一款第四项的规定,非法吸收公众存款,必须"向社会公众即社会不特定对象吸收资金",同时,本条第二款又规定,"未向社会公开宣传,在亲友或者单位内部针对特定对象吸收资金的,不属于非法吸收或者变相吸收公众存款"。

向社会公众吸收资金是非法集资犯罪活动的主要特征,也是区分非法集资犯罪活动与民间借贷的主要标准之一。在具体理解和把握非法吸收公众存款罪"社会性"的特征时,需要准确界定"不特定对象"的认定标准。"社会公众"在当前关于非法集资相关司法解释中表述为"社会不特定对象",指多数人或者不特定自然人或单位。而对其理解要坚持主客观相一致的原则,从主观认识和客观行为两个方面加以把握。换言之,既要考察行为人主观上是否具有仅向特定对象吸收资金的目的,又要考察行为人客观上所实施的行为是否可控,是否限定于特定的范围或者仅针对特定的对象。具体来讲,可以从两方面来理解:(1)出资者与集资者之间没有关系;(2)出资者随时可能增加。如果行为人对集资行为的辐射面事先不加以限制,事中不作控制,或者在蔓延至社会后而听之任之,不设法加以阻止的,应当认定为向社会不特定对象吸收资金。

如果行为人仅向"亲友"集资,而不扩大范围或者不放任集资范围扩大,则属于《非法集资司法解释》第一条第二款规定的"未向社会公开宣传,在亲友或单位内部针对特定对象吸收资金的,不属于非法吸收或者变相吸收公众存款"。如果行为人通过"亲友"向社会不特定人员集资,或行为人最初向"亲友"集资,而行为人的"亲友"又向他们的朋友集资,亲戚、熟人等吸收资金,行为人明知上述事实并放任的,或者行为人主观上产生了非法集资目的,在向社会不特定人员集资的同时,还向"亲友"集资的,均应当认定为向"社会不特定对象"吸收资金,具有"社会性",符合非法吸收公众存款罪其他构成要件的,应当以非法吸收公众存款罪追究刑事责任。2014年《非法集资案件适用法律意见》对非法吸收公众存款罪的社会性,特别是"社会公众"的认定作了明确,即"下列情形不属于……'针对特定对象吸收资金'的行为,应当认定为向社会公众吸收资金:(一)在向亲友或者单位内部人员吸收资金的过程中,明知亲友或者单位内部人员向不特定对象吸收资金而予以放任的;(二)以吸收资金为目的,将社会人员吸收为单位内部人员,并向其吸收资金的"。2019年《非法集资案件意见》在继承上述规定的基础上,又进一步明确,行为人"向社会公开宣传,同时向不特定对象、亲友或者单位内部人员吸收资金的",向亲友或者单位内部人员吸收的资金均应当与向不特定对象吸收的资金一并计入犯罪数额,从而进一步明确了"社会不特定对象"的内涵和外延。

非法集资刑事案件中的"亲友",包括亲属和朋友。对"亲属"的认定,原则上限于夫、妻、父、母、子、女、同胞兄弟姐妹等。对于其他亲属,应在确定亲属关系的基础上,进一步查明相互间关系如何,日常交往是否密切,借款的目的等因素进行综合判定。对于"朋友",应作限制性理解,可以从认识方式、交往基础、持续时间以及借款目的等因素综合考虑。

关于单位内部人员的认定,可参考"朋友"的认定原则。对于集资对象既有亲友、单位职工等内部人员,又有其他社会人员的情形,如果均系非法集资行为指向的对象,一般均应纳入社会公众的范围。最初未向社会公开宣传,仅向亲友、单位内部职工集资的,则不计入非法集资的范围。

实践中,对于因生产经营所需,以承诺给付分红或者利息的方法,向单位内部职工、亲友等筹集资金,主要用于合法的生产经营活动,因经营亏损或者资金周转困难未能及时兑付本息引发纠纷的,因对象范围存在局限,无辐射风险,应当适用《最高人民法院关于审理民间借贷案件适用法律若干问题的规定》,按照民间借贷纠纷处理,不应以非法吸收公众存款罪追究刑事责任。

八十一、挂靠人共同承包工程吸收存款无罪案

廖文非法吸收公众存款案①

【基本案情】

2012年1月30日,廖文所挂靠的江苏九鼎环球建设科技集团有限公司中标会同县经济建设投资有限公司所属会同县会同河小寨桥建设项目后,廖文与该公司签订了一份《项目承包合同》。因修建该桥缺乏启动资金,廖文通过妻子黄某某结识了在"会同县海联信息中介服务中心"从事中介服务的杨某某1(系黄某某校友),并告知杨某某1其中标小寨桥建设项目需要资金的信息。经杨某某1牵头联系,廖文与李某某(系杨某某1哥哥之妻弟)、宋某某在怀化见面后,廖文就工程项目的前期情况向二人做了简介,时因工程项目尚处公示期,双方未达成借款协议。2012年2月,廖文向李某某、宋某某二人提出借款请求,李某某、宋某某二人在核实廖文中标的工程项目后,决定各借100万元给廖文。同年2月23日,李某某、宋某某与廖文签订了一份借款合同,合同约定李某某、宋某某借款200万元给廖文,月利率5‰,借款、还款及支付利息均通过银行转账,如廖文(乙方)投标需要资金时,李某某、宋某某全力筹集资金支持并与乙方合作(合作方式另议)等内容。二人均提出须在廖文承包工程的工地做事以便监督资金流向。李某某因本人资金不足,便将廖文中标工程项目需要资金的信息告知其好友闫某某、石某某、赵某某、向某某、宋某某1,并邀约共同投资。李某某以本人名义先后借给廖文人民币104万元(含李某某60万元、闫某某15万元、石某某13万元、向某某6万元、赵某10万元,四人所提供的资金均以李某某的名义和账户汇款给廖文。宋某某则陆续借给廖文人民币共计145.2万元。李某某、宋某某二人借款给廖文后,为监督资金的流向,李某

---

① 参见湖南省会同县人民法院刑事判决书(2017)湘1225刑初25号。

某在工地负责开车,宋某某负责工程项目的财务工作,均领取相应的工资。施工期间,李某某又分别介绍廖文向宋某某1借款10万元、赵某借款10万元、杨某某借款10万元、向某某借款20万元,均约定借款月利率为5%、7%不等。闫某某因之前以李某某名义借给廖文15万元,且每月能够按时收到李某某转交的利息,便决定追加投资,后直接通过银行汇款给廖文10万元。廖文分别支付李某某利息340400元(包括闫某某、石某某、赵某某、向某某、赵某五人以李某某名义借给廖文资金所获得的利息)、宋某某利息25万元、向某某利息2万元、杨某某利息5000元、宋某某1利息15000元。廖文因妻子黄某某欠高利贷,债权人到其承包的小寨桥工地索讨高利贷,影响到工程正常施工。为此,2012年11月3日,江苏九鼎环球建设科技集团有限公司法定代表人李某与廖文及李某某、宋某某签订了一份协议书。协议约定廖文、李某某、宋某某三人共同承包小寨桥工程项目、项目竣工结算所得利润由乙方和丙方均享、亏损风险均担等内容。协议签订后,廖文离开工地,前往他处务工。小寨桥工程项目后由李某某、宋某某二人续做至工程竣工并结算。共结算工程款996.0752万元。廖文在支付上述各出借人利息后,因资金链断裂,未能偿还上述出借款本息。2014年3月10日,宋某某、李某某、闫某某、向某某、杨某某、宋某某1等人为此向公安机关报案。2014年4月29日公安机关立案侦查后,对廖文予以网上追逃,同年7月12日廖文被广东省南雄市公安局抓获并移交会同县公安局。经怀化市方兴司法鉴定所鉴定,廖文在2012年2月至9月期间,涉嫌吸收李某某、宋某某等七人存款共计人民币3092000元。

另查明,杨某某1参与经营的"会同县海联信息中介服务中心"无金融中介服务资质。廖文承包小寨桥工程项目期间,另中标会同县人行道板工程,廖文与李某某、宋某某三人合伙承包该工程项目,向某某先后在会同县人行道板工程工地、小寨桥工地做水电工。

【检察院指控】

湖南省会同县人民检察院指控:2012年2月,廖文因修建会同县会同河小寨桥缺乏资金,经从事中介的杨某某1介绍认识李某某后,先后向李某某本人或通过李某某介绍向社会不特定对象宋某某、闫某某、向某某等人借款,其中向李某某借款人民币104万元、宋某某借款人民币145.2万元、闫某某借款人民币10万元、向某某借款人民币20万元、赵某借款人民币10万元、杨某某借款人民币10万元、宋某某1借款人民币10万元,约定借款月利率为5%、7%不等。廖文在给付部分被害人部分利息后,因资金链断裂无法归还上述人员的借款。

上述事实,公诉机关移送了物证、证人证言等相关证据予以证明。公诉机关认为,被告人廖文未经金融主管部门批准,因修建桥梁缺乏资金,向社会公众即社会不特定对象吸收资金,数额巨大,其行为已触犯《刑法》(2017年)第一百七十六条,应当以非法吸收公众存款罪追究其刑事责任。根据《刑事诉讼法》(2012年)第一百七十二条之规定,提请法院依法判处。

【辩护意见】

被告人廖文辩称,向李某某、宋某某等七人借款且用于投资工程建设是事实,但属民间借贷或合伙投资工程建设的民事行为。故该行为不构成非法吸收公众存款罪。

辩护人汤某提出的辩护意见为:廖文向七名特定人员的借款属民间借贷行为;没有通过媒体、推介会、传单、手机短信等途径向社会公开宣传吸收不特定人员资金,也没有扰乱国家金融秩序。故其行为不构成非法吸收公众存款罪,应当宣告廖文无罪。

【法院裁判】

法院认为,该案的焦点关键在于廖文向李某某、宋某某等人的借款行为是否符合非法吸收公众存款罪的犯罪构成要件。就该案而言,首先,证实廖文向社会公布其需要资金信息的证据,除证人杨某某1的证言外,无其他予以印证,且杨某某1参与经营的"会同县海联信息中介服务中心"并无金融中介服务资质,介绍李某某与廖文认识并未收取中介费。故现有证据尚不能证明廖文本人或委托他人有通过媒体、推介会、传单、手机短信等途径向社会公开宣传需要资金的行为;其次,廖文承包修建会同河小寨桥时,经杨某某1介绍认识李某某、宋某某后向二人借款,李某某、宋某某在核实廖文所承包工程项目属实的情况后才决定借款给廖文。借款后,二人在廖文承包工程项目的工地做事。廖文离开工地后,李某某、宋某某二人按照与廖文签订的协议继续在小寨桥工程项目施工,直至竣工并结算,因此,廖文与李某某、宋某某之间的借款前为借贷,后为合伙。期间,经李某某介绍,其好友闫某某、石某某、向某某、赵某与其签订了投资协议后以李某某的名义转账给廖文,四人均与廖文没有直接交易行为,仅与李某某存在借贷关系。向某某先后在会同县人行道板工程工地、小寨桥工地做水电工,视为单位内部员工。闫某某后面借款给廖文是自愿的,闫某某、杨某某、赵某三人与李某某之间均为好友,且李某某后又成为该工程的合伙人,宋某某1与李某某是熟人关系,与廖文不熟,通过李某某介绍借款10万元给廖文。基于上述事由,应认定李某某、宋某某、闫某某、石某某、向某某、赵某为特定对象,宋某某1为非特定对象;再者,该案并无证据证明廖文借款用于合法生产经营的行为扰乱了国家金融管理秩序。

综上,廖文的行为不符合非法吸收公众存款罪的构成要件。故公诉机关指控廖文犯非法吸收公众存款罪的证据不足。廖文辩称及其辩护人的辩护意见与法院查明的事实相吻合,予以采纳。依照《刑事诉讼法》(2012年)第一百九十五条第(三)项之规定,判决如下:

被告人廖文无罪。

【案例简析】

该案廖文因修建会同县会同河小寨桥缺乏资金,经从事中介的杨某某1介绍认识李某某后,先后向李某某本人或通过李某某介绍向社会不特定人员宋某某、闫某某、向某某等人借款。公诉机关认为应当以非法吸收公众存款罪追究廖文刑事责任。其辩护人汤某提出无罪辩护意见,认为廖文向七位特定人员借款属民间借贷行为;没有通过媒体、推介会、传单、手机短信等途径向社会公开宣传吸收不特定人员资金,也没有扰乱国家金融秩序。故其行为不构成非法吸收公众存款罪,应当宣告廖文无罪。法院最终判决廖文无罪。其缘由在于:第一,廖文向社会公开宣传需要资金的行为无证据证明。第二,李某某、宋某某、闫某某、石某某、向某某、赵某为特定对象,具体来讲包括廖文与李某某、宋某某之间的借款前为借贷,后为合伙。期间,经李某某介绍,其好友闫某某、石某某、向某某、赵某与其签订了投资协议后以李某某的名义转账给廖文,四人均与廖文没有直接交易行为,仅与李某某存在借贷关系。向某某先后在会同县人行道板工程工地、小寨桥工地做水电工,视为单位内部员工。闫某某后面借款给廖文是自愿的,闫某某、杨某某、赵某三人与李某某之间均为好友,且李某某后又成为该工程的合伙人,宋某某1与李某某是熟人关系,与廖文不熟,通过李某某介绍借款10万元给廖文。因此,廖文的行为不符合非法吸收公众存款罪的构成要件。

【问题研讨】

该案需要讨论的问题是:行为人向亲友募集资金的行为是否构成非法

集资犯罪,对此应重点考查其募资行为是否具有公开性、社会性的特征。

非法性、公开性、利诱性、社会性是非法集资类犯罪的四大特征,也是界定集资行为罪与非罪的重要标准。涉及非法集资行为人向亲友集资时,应重点考察其行为是否符合公开性、社会性的特征。其中,行为的公开性是指集资人通过媒体、推介会、传单、手机短信等途径向社会公开宣传,行为的社会性是指集资人向社会公众即社会不特定对象吸收资金。根据《非法集资司法解释》的规定,未向社会公开宣传,在亲友或者单位内部针对特定对象吸收资金的,不属于非法吸收或者变相吸收公众存款。适用该条时应注意两点:一是行为人的集资行为不具有公开性,不为社会公众所知晓;二是集资对象仅限于亲友之间或单位内部特定人员。在具体案件事实中,这两点应当是统一的。若行为人只想针对亲友、单位内部人员进行集资,就无须通过媒体、推介会、传单、手机短信等途径向社会公开宣传。

"亲友"从字面解释包括亲戚和朋友。由于"亲友"的外延相当广泛,也极易被集资行为人扩大理解,成为抗辩的理由。在适用上述条款时,应对"亲友"的概念作限缩性解释,即仅限于与行为人关系比较紧密的人。具体可从以下几个方面予以考察:第一,看双方的相识方式、相识时间长短;第二,看双方是直接亲友关系,还是亲友的亲友;第三,看双方有无人情往来;第四,看集资对象参与集资是基于亲友之间的帮扶情谊,还是基于高额利息的诱惑。

八十二、向他人借款后再以月息6分出借给非法吸收公众存款人,借此从中赚取利差吸收存款无罪案

谈顺香非法吸收公众存款案①

【基本案情】

谈顺香明知熊某2(2015年2月因犯非法吸收公众存款罪、诈骗罪被判处无期徒刑)高息吸收资金,以低于月息6分向他人借款后再以月息6分出借给熊某2,借此从中赚取利差。

2010年6月21日,曹某通过亲属转账20万元给熊某2,熊某2在笔记本中将该笔借款记载在账户"谈顺香(曹某)"名下,至2010年9月改为记载在账户"曹某"名下。在6月21日至9月9日期间,熊某2支付谈顺香月息6分。2011年1月1日,谈顺香收到曹某30万元后与另外60万元合并于2011年1月4日转给熊某290万元,熊某2支付谈顺香月息6分。经江西中达司法鉴定中心鉴定,无法判断谈顺香支付曹某的利息。

2011年3月29日,谈顺香收到张某1借款200万元后于次日转给付某,2011年4月1日付某转回200万元给谈顺香,谈顺香于2011年4月2日转给卢某150万元;2011年4月2日,谈顺香收到张某1借款190万元后于当日转给卢某190万元。2011年4月8日,谈顺香将存在卢某处的400万元(包括上述二笔转款计340万元)提取后转存于熊某2处,但谈顺香并没有将该400万元直接转给熊某2,而是按熊某2的要求替熊某2归还黄某3欠款400万元,根据熊某2笔记本记载,熊某2支付谈顺香月息6分。经江西中达司法鉴定中心鉴定,无法判断谈顺香支付张某1的利息。

2013年12月20日,谈顺香在本市红谷滩新区凤凰中大道附近被公安

---

① 参见江西省南昌市东湖区人民法院刑事判决书(2017)赣0102刑初528号。

机关抓获归案。

【检察院指控】

公诉机关指控:2009年至2011年期间,被告人谈顺香明知江西省博川投资服务有限公司法定代表人熊某2(已判刑)在未经有关部门依法批准的情况下以股权融资、资金拆借、扶植中小企业上市等为由大肆向社会不特定群众非法吸收资金,仍多次以月息2分至4分向张某1、曹某等人借款总计人民币390万元后再以月息6分出借给熊某2,借此从中赚取利差。经依法鉴定,2011年3月29日、4月2日,谈顺香分别收到张某1转款人民币150万元、190万元,后于2011年4月8日以月息6分将上述340万元出借给熊某2;2010年6月21日,谈顺香收到曹某转款人民币20万元后以月息6分出借给熊某2;2011年1月1日,谈顺香收到曹某转款30万元后于1月4日以月息6分出借给熊某2。

2013年12月20日,民警在本市红谷滩新区凤凰中大道附近将被告人谈顺香抓获归案。

为支持上述指控,公诉机关提交了证人熊某2等人的证言、鉴定意见、被告人的供述和辩解等证据证实。

公诉机关认为,被告人谈顺香在未经有关部门依法批准的情况下,向社会公开宣传并承诺在一定期限内以货币方式还本付息向社会公众吸收存款,扰乱金融秩序,数额巨大,其行为触犯了《刑法》(2017年)第一百七十六条第一款之规定,犯罪事实清楚,证据确实、充分,应当以非法吸收公众存款罪追究其刑事责任。公诉人当庭认为被告人谈顺香与熊某2构成共同犯罪。提请法院依法判处。

【辩护意见】

被告人谈顺香认为其不构成非法吸收公众存款罪,理由在于:(1)其并未公开宣传。(2)借款对象均是其亲朋好友。(3)曹某于2010年6月21日转账20万元至其账户,其转借给熊某2,熊某2在账本上记录了其和曹某二人的名字,其将熊某2付其的6分利息也转给了曹某,后曹某9月份单独在熊某2处开户借款150万元(包括其转给熊某2的该20万元)。曹某2011年1月1日转给其的30万元是曹某归还以前的借款,并非其向曹某借款30万元后转借熊某2。(4)1992年其和张某1系同事,但不熟悉彼此,2008年开始熟悉起来,并于2010年左右合伙做工程,张某1是基于二人关系较好才借钱给其,且其一开始是拿张某1的钱出去做生意,后面有段时间才借给熊某2,但最后其把钱全部还给了张某1,其与张某1是朋友关系,这只是单纯的借贷关系。(5)其借款给熊某2与他人一样拿的都是6分月息,并没有拿过其他钱,二人之间没有利益关系,其也是熊某2的受害人。(6)民警电话联系其至东湖特警支队核实熊某2的账户情况,其到达不久后经侦支队民警将其带走,并非在红谷滩新区凤凰中大道附近将其抓获归案。

被告人谈顺香的辩护人辩称:(1)根据谈顺香的供述,借款给谈顺香的张某1、熊某1、饶某均是谈顺香的好友,属于特定对象;另即使存在付某、曹某向谈顺香借款的情形,付某、曹某也属于特定对象,故谈顺香只是向朋友等特定对象借款,且并未向社会公开宣传,依法应不予认定谈顺香构成非法吸收公众存款罪。(2)谈顺香与熊某2不构成非法吸收公众存款罪的共同犯罪,理由如下:①谈顺香与熊某2不存在共同犯罪的故意,谈顺香借款给熊某2收取利息,并未收取代理费、提成等费用,并不知晓熊某2向若干不特定的人群吸收存款。②谈顺香未帮助熊某2实施过任何犯罪行为,未帮助熊某2吸收他人存款。针对起诉书中的两笔款项,公诉人认为谈顺香与熊某2构成非法吸收公众存款罪的理由依法不能成立。首先,谈顺香不存在向曹某借款50万元后存入熊某2处的情形,即使该50万元中的30万元系谈顺香向曹某所借,也不能认定该30万元即为转入熊某2处的30万元;其次,谈顺香是以自身名义向张某1借款,借款时也从未提过与熊某2有关的任何事情,谈顺香也未想过借到的该笔款项就一定要用于借给熊某2;再次,谈顺香以个人名义存款至熊某2处,熊某2只按照6%的利率支付利息,并不知晓谈顺香存入款项的具体组成,无实施犯罪的共同犯意。③谈顺香未向付某借过任何款项,也未有向饶某及熊某1借的款项流向熊某2处的证据。(3)如果法院认为谈顺香的行为构成犯罪,也应对其免予刑事处罚。谈顺香主观上系以个人名义对外借款,并且所有借款均已还清,属于明显的从犯且情节特别轻微。

被告人谈顺香的辩护人当庭提交以下证据:(1)2015年1月29日张某1、左某出具的《说明》,2010年12月16日谈顺香与左某签订的《共同投资合作协议书》,2018年1月15日饶某出具的《情况说明》,以上三份证据证实谈顺香与张某1、左某在2008年开始关系就很好,谈顺香与张某1并非2011年通过饶某才认识,张某1属于2010年《非法集资司法解释》(已修改)中规定的亲友等特定对象。(2)2017年8月、2017年9月江西省鸿基房产置换有限公司出具的《证明》,2017年9月18日南昌中环互联信息服务股份有限公司出具的《证明》,以上三份证据证实谈顺香与曹某系江西省鸿基房产置换有限公司不同门店的员工,谈顺香与舒某、邹某系同事关系,谈顺香与曹某、舒某、邹某后成为非常要好的朋友,曹某属于2010年《非法集资司法解释》(已修改)中规定的亲友等特定对象。公诉人对以上证据的真实性有异议,认为与公诉人当庭出示的证人在侦查机关所做的笔录相矛盾,公司出具的证明也只是证实曹某与谈顺香是普通同事关系,并不能证明二人关系亲密。合议庭认为,上述证据虽不能证实谈顺香与张某1、曹某关系亲密,但结合鉴定意见中被告人谈顺香与张某1、曹某之间的资金往来情况,可证实谈顺香与张某1、曹某之间资金往来频繁。

【法院裁判】

法院认为,该案的争议焦点是被告人谈顺香是否构成非法吸收公众存款罪。公诉机关指控被告人谈顺香构成熊某2非法吸收公众存款罪的帮助犯,被告人谈顺香及其辩护人辩称不构成非法吸收公众存款罪,与熊某2不构成共同犯罪。经查:起诉书指控被告人谈顺香以月息2分至4分向张某1、曹某二人借款计390万元后再以月息6分出借给熊某2,从中赚取利差。但被告人谈顺香辩称只是以个人名义向张某1、曹某二人借款,被告人谈顺香的行为不具备非法吸收公众存款罪要求"向社会公众即社会不特定对象吸收资金"的要件,现有证据无法证实被告人谈顺香单独构成非法吸收公众存款罪;刑法意义上的帮助他人吸收公众存款犯罪是由投资人直接交款至被帮助人,而被告人谈顺香为谋取利益将自己应当承担还款责任的张某1、曹某的款项转存至熊某2处,被告人谈顺香与熊某2之间发生投资法律关系,不宜认定为被告人谈顺香帮助熊某2进行非法吸收公众存款犯罪,辩护人提出被告人谈顺香无罪的辩护意见法院予以采纳。依照《刑事诉讼法》(2012年)第一百九十五条第(三)项、2012年《最高人民法院关于适用〈中华人民共和国刑事诉讼法〉的解释》(已失效)第二百四十一条第一款第(四)项之规定,经法院审判委员会讨论决定,判决如下:

被告人谈顺香无罪。

【案例简析】

该案谈顺香明知熊某2高息吸收资金,以低于月息6分向他人借款后再以月息 6 分出借给熊某 2,借此从中赚取利差。公诉机关认为,被告人谈顺香在未经有关部门依法批准的情况下,向社会公开宣传并承诺在一定期限内以货币方式还本付息向社会公众吸收存款,扰乱金融秩序,数额巨大,应当以非法吸收公众存款罪追究其刑事责任。公诉人当庭认为被告人谈顺香与熊某 2 构成共同犯罪。提请法院依法判处。被告人谈顺香及其辩护人辩称不构成非法吸收公众存款罪,与熊某 2 不构成共同犯罪,法院最终判决谈顺香无罪。其原因是被告人谈顺香只是以个人名义向张某 1、曹某二人借款,被告人谈顺香的行为不具备非法吸收公众存款罪要求"向社会公众即社会不特定对象吸收资金"的要件,现有证据无法证实被告人谈顺香单独构成非法吸收公众存款罪。谈顺香为谋取利益将自己应当承担还款责任的张某 1、曹某的款项转存至熊某 2 处,被告人谈顺香与熊某 2 之间发生投资法律关系,不宜认定被告人谈顺香帮助熊某 2 进行非法吸收公众存款犯罪。

【问题研讨】

该案需要讨论的问题是:非法吸收公众存款罪帮助犯成立的认定。谈顺香为谋取利益将自己应当承担还款责任的张某 1、曹某的款项转存至熊某 2 处,被告人谈顺香与熊某 2 之间发生投资法律关系,这种投资法律关系是否构成非法吸收公众存款的共同犯罪,需要考察行为人是否实施了帮助行为,同时,主观上需要明知或应当知道吸收他人资金涉嫌非法吸收公众存款罪。而行为人将资金转给他人的行为难以对非法吸收公众存款起到帮助作用,不属于公开宣传等非法吸收行为,对于公开宣传也无帮助。因而不能将投资法律关系认定为帮助他人吸收公众存款,不构成非法吸收公众存款的共同犯罪。因此,单纯转借资金赚取利差的行为,若未参与集资宣传或资金管理,且借款对象特定,不成立非法吸收公众存款罪的帮助犯。因缺乏共同犯罪故意及帮助行为,应认定为民事借贷关系。

八十三、公司股东、董事在网络借贷平台注册账号,以资金需求、资金周转为由,通过发借款标的形式吸收资金无罪案

郑敏郴非法吸收公众存款案①

【基本案情】

2010年,简某(另案处理)等人成立了惠州市速贷信息咨询有限公司,后更名为广东汇融投资股份公司(以下简称"汇融公司");被告人郑敏郴通过陆续购买汇融公司股份成为股东和董事。汇融公司成立后,简某组织技术人员开发了"e速贷"网络借贷平台(以下简称"'e速贷'平台"),并指使公司员工采取在互联网发布集资广告、在街上派发小广告、拉横幅等方式,向社会不特定公众宣传投资其平台的借款标有丰厚的收益回报。2014年1月至2016年5月期间,郑敏郴以汇融公司股东和董事的身份,在"e速贷"平台注册账号(账号名为Easonday),以资金需求、资金周转为由,通过发借款标的形式向"e速贷"平台筹集资金。经查明,郑敏郴共发标466笔,共向平台借款26275164.75元,涉案人数达2340人,投资总人次达4877人,至案发时,已还款20074167.45元,因平台关闭,尚有6200997.3元资金未归还。

2016年6月3日下午,公安民警将被告人郑敏郴传唤到案。

郑敏郴是汇融公司的股东及董事,没有在公司任具体职务,也没有参与公司的具体经营管理。

【检察院指控】

惠州市惠城区人民检察院指控:2010年,简某(另案处理)等人成立了

---

① 参见广东省惠州市惠城区人民法院刑事判决书(2017)粤1302刑初1474号。

惠州市速贷信息咨询有限公司。之后该公司更名。被告人郑敏郴通过陆续购买汇融公司股份的方式成为该公司的股东和董事。汇融公司成立后，简某组织公司技术人员开发了"e速贷"平台，并指使公司员工在互联网发布集资广告、在街上派发小广告、拉横幅等方式，向社会不特定公众宣传投资其平台的借款标有丰厚的收益回报。2014年1月份至2016年5月份期间，被告人郑敏郴利用汇融公司股东和董事的身份，在"e速贷"平台注册账号(账号名为Easonday)，以资金需求、资金周转为由，通过发借款标的形式向"e速贷"平台的投资人吸收资金。截至案发时，被告人郑敏郴总共发标466笔，总共吸收资金26275164.75元，涉案人数达2340人，投资总人次达4877人，其尚有6200997.3元资金未归还。2016年6月3日下午，公安民警将被告人郑敏郴传唤到案。

以上事实，公诉机关提供了相应的证据。

公诉机关认为，被告人郑敏郴无视国法，变相吸收公众存款，数额巨大，扰乱金融秩序，其行为已触犯《刑法》(2017年)第一百七十六条之规定，犯罪事实清楚，证据确实、充分，应当以非法吸收公众存款罪追究其刑事责任。根据《刑事诉讼法》(2012年)第一百七十二条的规定，提起公诉，请求依法判处。

【辩护意见】

被告人郑敏郴对公诉机关指控的犯罪事实有两点异议：第一，我在"e速贷"平台上有借款的行为，与我是否是董事、股东没有关系；第二，我与"e速贷"平台是借款的关系，不构成非法吸收公众存款罪。

辩护人辩称：(一)汇融公司提供"e速贷"平台，被告人作为借款人向平台借款完全是基于对平台的信任，不存在非法吸收公众存款，扰乱金融秩序的主观故意。

1.2010年9月2日，汇融公司依法成立后，开发了"e速贷"平台，累计注册人数34万人，其中有投资、借款交易发生的注册人员约5万人。该平台还获得了"诚信网站"资质认证、盛誉国际的AAA级信用评级、十佳互联网金融产品创新奖等荣誉。被告人作为一个借款人，出于对公司和平台的信任，累计投资1100万元以上，其在该平台借款时无法判断该平台是否涉嫌非法吸收公众存款罪。其依照平台的要求和规定向平台借款，并及时还款，直至平台关闭，无法还款，在主观方面没有面向不特定人吸收公众存款、扰乱金融秩序的主观故意。被告人借款的具体过程是向"e速贷"平台提出借款申请,平台审核申请后向投资人发出借款标。被告人的借款对象是"e速贷"平台而非不特定的对象。因此区分公诉机关指控非法吸收公众存款的行为是公司的行为还是被告人的行为至关重要。

2. 2017年11月9日,惠州市中级人民法院审理简某涉嫌非法吸收公众存款罪、挪用资金罪、擅自发行股票罪三个罪名,方某2、郑某2涉嫌非法吸收公众存款罪;最终以自然人犯罪提起公诉,而不是单位犯罪,也就是说汇融公司的行为目前尚不涉嫌非法吸收公众存款罪。被告人作为公司的股东和董事,属于投资人以入股平台投资的形式的挂名股东,既不参与管理,也不参与决策。其向一个公司借款的行为完全不可能构成犯罪。

3. 至于"e速贷"平台的行为属于P2P网络融资性质还是已经构成非法吸收公众存款罪,最大的区别在于平台的运行中是否存在归集资金、沉淀资金,并导致投资人资金存在被挪用、侵占的风险。被告人作为平台的借款人在借款时无法了解"e速贷"平台是否有上述的行为,即使被告人作为汇融公司的股东和董事,但不负责公司的运营管理,因而无法得知平台的具体运作,无法判断其是否涉嫌非法吸收公众存款。即使平台涉嫌该罪名也无法改变被告人向平台借款的行为性质。

(二)被告人的行为不符合非法吸收公众存款罪的客观要件。

1. 被告人未违反依法取得有关部门依法批准的规定。目前已经明确P2P融资由银监会负责监管,但是截至该案案发时银监会的监管规定迟迟未能出台。2015年7月14日,中国人民银行等十部门联合印发了《关于促进互联网金融健康发展的指导意见》(以下简称《促进互联网金融健康发展指导意见》)。《促进互联网金融健康发展指导意见》第一次从中央政策的角度肯定了基于互联网的金融创新,并系统勾勒了行政服务、税收、法律等基础框架层面的支持与鼓励举措。但监管部门对于行业的具体监管办法还没有出台,现仅有宏观的指导标准,微观上还未制定明确的规定。也就是说所谓"依法批准"截至案发时依然处于无法可依的阶段。所以,到目前为止还不能从根本上判断"e速贷"平台的行为是P2P融资还是已经构成非法吸收公众存款罪,也没有法律规定借款人在类似融资平台上借款时需要取得哪个部门批准。即使作为汇融公司的投资人和股东,但被告人不负责公司的具体经营,也不应当对公司是否取得批准负责。因此被告人未违反取得有关部门依法批准的规定。

2. 该案中没有任何证据证明被告人有向社会公开宣传的行为。被告人在接触互联网借贷平台后,通过相关报道了解到互联网金融,在"e速贷"平台是按平台的要求填写借款标,从"e速贷"取得借款,其从未向任何人公开宣传。证人余某1、曾某1的证人证言,证明汇融公司的业务员向社会宣传和发名片开发借款人,并向侦查机关提供了汇融公司向社会做宣传的资料。但两名证人均不能证明被告人有向社会做宣传的行为。公诉机关也未提供其他证据证明被告人有向社会公开宣传的行为。另外简某的讯问笔录只能证明被告人是汇融公司的股东及董事,但不参与公司管理。这说明被告人不可能参与、组织、策划或者安排汇融公司作出对外宣传的行为。在该案中首先必须明确犯罪主体,到案证据只能证明汇融公司有向社会公开宣传的行为。而被告人未向不特定对象吸收资金,其借款对象为"e速贷"平台,并未针对不特定的对象,理由如下:借款人在平台上借款的过程为:(1)借款人在"e速贷"平台上完成注册后,借款人在平台上填写借款金额、利息、期限等向平台申请借款,点击"我要借款",确认借款申请;(2)汇融公司风控部审批完成后系统自动按照借款资料发标,供投资人投资;(3)投资人通过第三方支付平台充值到公司在第三方开设的账号,借款满标后,系统就自动提现并通知第三方平台将借款金额当天转到借款人指定的银行账户,第三方平台收到投资人资金第二天才结算到公司账号。被告人借款时,按照"e速贷"平台要求填写借款资料提出借款申请,平台在收到借款申请后,对借款人提交的借款资料进行审核。由平台制作借款标向"e速贷"平台的投资人进行公告。从以上可以看出,被告人借款时面对的是"e速贷"平台而非不特定的公众。"e速贷"平台将被告人的借款标向"e速贷"的投资人进行公告而非向不特定的对象进行宣传。因此郑敏郴没有向不特定的对象借款,而是向"e速贷"平台提出借款要求。被告人所借款项均是从"e速贷"平台取得。实质上借款人的银行账户从未收到投资人投资的款项,借款人收到的款项是广东汇融投资股份公司通过第三方平台(连连支付、丰某支付、汇潮支付、财付通等,以下同)直接转账给借款人,还款也是被告人直接充值还款到汇融公司开设在第三方支付平台的账户,所谓借款及居间电子合同上载明的借贷方并无真正实质的资金往来,并且按照第三方平台的充值提现规则,当天投资人充值的款项需要第二天才结算到汇融公司对应的银行账户,而借款人当天就拿到了所借的款项,这不可能是投资人第二天才真正到公司银行账户的款项,事实上进一步证明,被告人是向平台借款而不是向投资人借款,投资人的钱是借给"e速贷"平台,郑敏郴和借款合同上载明的投资人既没有在线下面对面商谈借款事宜,也从未有过直接接触,更没有资金上的往来。"e速贷"平台自动生成的《借款及居间合同》中,没有借款人和投资人的签名确认。出借人和借款人收到的合同中,均看不到对方的具体信息。实际上出借人与借款人也从未直接接触,产生借贷的合意。一旦出现借款纠纷,投资人无法直接向借款人主张自己的财产权利,其只能向"e速贷"平台主张权利。实际上这里存在两个独立的借款合同,即借款人与"e速贷"平台的借贷关系;"e速贷"平台与投资人之间的借贷关系。被告人借款时面对的是唯一的"e速贷"平台,"e速贷"平台面对的是平台上的多个投资人。

退一步讲,出借人与借款人通过平台实现了直接借贷。《促进互联网金融健康发展指导意见》第八条对网络借贷作了明确规定,个体网络借贷是指个体和个体之间通过互联网平台实现的直接借贷。在个体网络借贷平台上发生的直接借贷行为属于民间借贷范畴,受合同法、民法通则等法律法规以及最高人民法院相关司法解释规范调整。该案中如果认定被告人是向平台借款,则被告没有面对不特定的公众借款。如果认定被告人是向出借人借款,虽然面对的是多个出借人,但是是通过平台实现的直接借贷,按照以上《促进互联网金融健康发展指导意见》的规定,应当属于民间借贷的范畴。

3.被告人担任公司股东和董事的身份不能改变被告人面向"e速贷"平台借款的性质。公诉机关指控"郑敏郴利用担任公司股东和董事的身份,在'e速贷'平台通过发借款标的形式向平台投资人吸收资金的行为属于非法吸收公众存款罪",错误地将公司的行为归罪于被告人。如根据该案查明的事实,郑敏郴与其他在平台上的借款人在借款程序、方法、条件等方面均相同,唯一不同的是被告人作为股东可以不作实物抵押,使用公司股份进行质押借款,这是公司股东都具有的权利,而非针对该案被告人一人。有证据证明被告人确实持有公司的股份,在平台借款是以其所持有的公司股份发布财富标,借款后归自己使用,其所发标,是在其底层资产价值1500万元股份价值以内借款融资,是真实的底层资产,而非假标。被告人董事的身份在整个借款中未体现出特殊性。同时也有证据证明被告人不参与汇融公司的经营管理。被告人拥有汇融公司股东和董事的身份不改变其作为"e速贷"平台借款人的性质。不能将汇融公司利用"e速贷"平台向投资人吸收资金的行为归罪于被告人。被告人只是"e速贷"平台众多借款人中的一员。

4.被告人向平台所借款项在案发前均已按时偿还,案发后,由于平台关闭,资产被冻结导致无法还款。被告人向"e速贷"平台借款后用于正常的生产经营活动。根据《互联网金融犯罪纪要》规定,借款人将借款主要用于正常的生产经营活动,能够及时清退所吸收的资金,不作为犯罪处理。被告人在借款后未将资金用于法律明确禁止的投资股票、场外配资、期货合约等高风险行业,而是按照借款标约定的借款期限及时还款,直到案发后平台关闭,资产被冻结导致无法还款。

5.同样作为公司股东和投资人的借款人未被追究刑事责任,而将被告人相同的行为作为犯罪处理,违背刑法的基本原则。同为汇融公司投资人、股东、董事的借款人林某,网站ID为ambcid,案发时借款待还金额9654619元远高于郑敏郴待还本金595万元。同为投资人、股东的孙某,网站ID为sunfeng,案发时借款待还金额10761731元远高于郑敏郴待还本金595万元,其持有的股份在六年间也经常多于郑敏郴。同为投资人、股东的邹某,网站ID为粥粥e,累计借款笔数870笔远大于郑敏郴的466笔,累计借款金额23047854.68元,类似情况数不胜数。截至2016年5月20日案发后,对于同样的借款行为,惠州市惠城区人民检察院在2016年9月20日以事实不清、证据不足为由对林某、孙某、邹某、董某作出不批准逮捕决定。次日,惠州市公安局惠城区分局对上述四人变更强制措施为取保候审。2017年9月12日,惠州市公安局惠城分局已对上述四人解除取保候审。被告人的身份和行为与上述借款人相同,单纯将被告人的行为定为有罪,违背法律面前人人平等原则。被告人的行为无论从主观上还是客观上来看均不满足非法吸收公众存款罪的构成要件,将被告人普通的借款行为按照非法吸收公众存款罪处理,违反罪刑法定原则和罪刑相适应原则。

综上,被告人在客观上没有实施向社会公开宣传及向社会不特定对象吸收资金的非法吸收公众存款行为,在主观上亦没有非法吸收公众存款的故意,其涉案行为依法不构成非法吸收公众存款罪。

【法院裁判】

对被告人郑敏郴的行为,法院作如下评判:

(一)主观方面。

汇融公司是由简某等人注册成立的,经营范围是:互联网金融服务,信用风险管理平台开发,云平台服务等;并得到相关单位行业协会的好评和推荐。而被告人郑敏郴不是汇融公司的发起人,没有在公司上班,也没有参与公司的经营管理,其只是通过陆续购买汇融公司的股份成为股东和董事;该事实有简某的陈述与证人证言及郑敏郴的供述相印证;另证人余某2、曾某2的证言也证明,像郑敏郴这样的股东公司有206个。

汇融公司原技术总监余某1从"e速贷"平台网站提取的材料及在案的"借款及居间协议"等证据对投资人、借款人的身份作了明确界定,对借款标的发放及融资到账、违约责任也作了明确规定,这些证据证明了融资必须通过汇融公司的"e速贷"平台才能完成,最终也是由平台撮合出借人。对案发后尚有6200997.3元资金未归还的问题,被告人郑敏郴在侦查机关讯问时称,之前所借款项均已还本付息,尚未还款的部分是因为"e速贷"平台被查封。案件审理期间,被告人郑敏郴确认该部分款项未归还。

被告人郑敏郴作为公司股东、董事的身份问题。在案证据显示,郑敏郴并非公司的发起人,其虽是公司的股东、董事,但没有在公司上班,没有参与公司的经营管理,也没有参与借贷规则的制定。在汇融公司运营的几年时间,郑敏郴只参加了两次会议,一次以委托方式,委托了公司股东、董事林某参加董事会;另一次则参与了有81名股东共同参加的股东大会。从证据材料中的"会议记录"和"会议决议"的内容来看,股东会议表决的内容是股权变动情况;董事会决议表决的内容是《2016年经营预算目标修正案》和《2015年度利润分配预案》。此外,案发后,公司发起人之一董事长简某和参与公司经营管理的总经理助理方某2、财务郑某2被追究刑事责任,其他董事、股东未被追究责任;尤其是同为股东、董事的林某,检察机关作出了不予起诉的决定。

因此,指控被告人郑敏郴存在明知的主观故意,证据不足。

(二)客观方面。

"e速贷"平台是简某组织公司技术人员开发设立的,并指使公司员工采取在互联网发布集资广告、在街上派发小广告、拉横幅等方式,向社会不特定公众宣传投资该平台的借款标会有丰厚的收益回报。而被告人郑敏郴通过购买股份成为股东和董事,并没有参与汇融公司的经营管理。至于郑敏郴在"e速贷"平台注册后,通过发借款标的形式筹集资金26275164.75元的行为,相关证据材料证明郑敏郴并非直接向社会不特定公众吸收资金,而是向"e速贷"平台发借款标,"e速贷"平台向社会公众吸收资金后,最终三方以"借款及居间协议"的形式完成资金的筹集;还款时也由借款人将借款还给汇融公司,经由汇融公司归拢资金后,再还本付息给各出借人。

该案被告人郑敏郴并非直接向汇融公司的客户筹集资金,其只是在平台上投入资金,同时又利用该平台发借款标,是具有投资、借款双重身份的集资金参与人,而证明被告人郑敏郴参与汇融公司和"e速贷"平台向社会不特定公众宣传和吸收存款的行为的证据不足。因此,其行为不符合非法吸收公众存款罪的构成要件。

被告人及辩护律师提出无罪的辩护意见,与查明事实不符,法院予以采信。

对被告人郑敏郴尚未归还的6200997.3元款项,因是汇融公司非法吸收公众存款的款项,应由公安机关予以追缴。

法院认为,综合上述的评判意见,该案对被告人郑敏郴犯非法吸收公众存款罪的指控不成立。依照《刑事诉讼法》(2012年)第一百九十五条第(三)项、2012年《最高人民法院关于适用〈中华人民共和国刑事诉讼法〉的解释》(已失效)第二百四十一条第一款第(四)项的规定,判决如下:

被告人郑敏郴无罪。

【案例简析】

该案郑敏郴利用汇融公司的股东和董事身份,在"e速贷"平台注册账号(账号名为Easonday),使用该账号以资金需求、资金周转为由,通过发借款标的形式向"e速贷"平台的投资人吸收资金。共发标466笔,吸收资金26275164.75元,涉案人数达2340人,投资总人次达4877人,尚有6200997.3元资金未归还。公诉机关认为,应当以非法吸收公众存款罪追究郑敏郴刑事责任,因此提起公诉。辩护人提出无罪辩护意见:第一,被告人作为借款人向汇融公司提供的"e速贷"平台借款完全是基于对平台的信任,不存在非法吸收公众存款,扰乱金融秩序的主观故意。被告人的借款对象是"e速贷"平台而非不特定的对象。而汇融公司的行为经其他法院判决目前尚不涉嫌非法吸收公众存款罪。被告人作为公司股东和董事,属于投资人入股平台投资形式的挂名股东,既不参与管理,也不参与决策。即使平台涉嫌该罪名也无法改变被告人向平台借款的行为性质。第二,被告人未违反依法取得有关部门依法批准的规定。该案中没有任何证据证明被告人有向社会公开宣传的行为。因此,被告人的行为不符合非法吸收公众存款罪的客观要件。

法院最终判决郑敏郴无罪。从主观上来讲,融资必须通过汇融公司的"e速贷"平台才能完成,最终也是由平台撮合出借人。而被告人郑敏郴不是汇融公司的发起人,没有在公司上班,也没有参与公司的经营管理,其只是通过陆续购买汇融公司的股份成为股东和董事,没有明知的主观故意。从客观上来讲,郑敏郴并非直接向汇融公司的客户筹集资金,其只是在平台上有投入资金,同时又利用该平台发借款标,是具有投资、借款双重身份的集资参与人,因而证明被告人郑敏郴参与汇融公司和"e速贷"平台向社会不特定公众宣传和吸收存款行为的证据不足。

【问题研讨】

该案需要讨论如下问题:

一是非法吸收公众存款行为人明知的判断。依照《互联网金融犯罪纪要》的规定,在非法吸收公众存款罪中,原则上认定主观故意并不要求以明知法律的禁止性规定为要件。特别是具备一定涉金融活动相关从业经历、专业背景或在犯罪活动中担任一定管理职务的犯罪嫌疑人,应当知晓相关金融法律管理规定,如果有证据证明其实际从事的行为应当批准而未经批准,行为在客观上具有非法性,原则上就可以认定其具有非法吸收公众存款的主观故意。在证明犯罪嫌疑人的主观故意时,可以收集运用犯罪嫌疑人的任职情况、职业经历、专业背景、培训经历、此前任职单位或者其本人因从事同类行为受到处罚情况等证据,证明犯罪嫌疑人提出的"不知道相关行为被法律所禁止,故不具有非法吸收公众存款的主观故意"等辩解不能成立。除此之外,还可以收集运用以下证据进一步印证犯罪嫌疑人知道或应当知道其所从事行为具有非法性,比如犯罪嫌疑人故意规避法律以逃避监管的相关证据:自己或要求下属与投资人签订虚假的亲友关系确认书,频繁更换宣传用语逃避监管,实际推介内容与宣传用语、实际经营状况不一致,刻意向投资人夸大公司兑付能力,在培训课程中传授或接受规避法律的方法等。

二是P2P平台融资政策的变迁。非法吸收公众存款罪的非法性是指未经有关部门依法许可或者借用合法经营的形式吸收资金。根据《非法集资案件意见》的规定,人民法院、人民检察院、公安机关认定非法集资的"非法性",应当以国家金融管理法律法规作为依据。对于国家金融管理法律法规仅作原则性规定的,可以根据法律规定的精神并参考中国人民银行、中国银行保险监督管理委员会、中国证券监督管理委员会(已撤销)等行政主管部门依照国家金融管理法律法规制定的部门规章或者国家有关金融管理的规定、办法、实施细则等规范性文件的规定予以认定。而 P2P 平台融资的许可政策经历了从鼓励到严格禁止的转变。

《促进互联网金融健康发展指导意见》第一次从中央政策的角度肯定了基于互联网的金融创新,并系统勾勒了行政服务、税收、法律等基础框架层面的支持与鼓励举措。当时监管部门对于行业的具体监管办法并未出台,仅有宏观的指导标准,微观上还未制定明确的规定。然而 2016 年 4 月,国务院就部署开展了互联网金融风险专项整治工作,集中整治违法违规行为,防范和化解互联网金融风险。

2016 年 4 月 13 日,中国银行业监督管理委员会(已撤销)等十五部委印发《P2P 网络借贷风险专项整治工作实施方案》,将网贷机构划分为三类,并实施分类处置。一是合规类。该类机构严格遵守信息中介定位,稳健经营、运作规范,具有较强的管理技术和风险控制能力,基本符合《促进互联网金融健康发展指导意见》规定,未违反有关法律法规和规章制度。应对此类机构实施持续监管,支持鼓励其合规发展,督促其规范运营。二是整改类。该类机构大多数运行不规范,风险控制不足,缺乏持续经营能力和自我约束能力,大多异化为信用中介,存在触及业务"红线"的问题。此类机构应按照有关要求限期整改,整改不到位的,责令继续整改或淘汰整合,并依法予以处置。三是取缔类。此类机构涉嫌从事非法集资等违法违规活动,应对其严厉打击,坚决实施市场退出,并按照有关法律法规和规章制度规定,由相关部门给予行政处罚或依法追究刑事责任,政府不承担兜底责任。

2017 年,《互联网金融风险专项整治工作领导小组办公室、P2P 网络借贷风险专项整治工作领导小组办公室关于规范整顿"现金贷"业务的通知》规定,涉嫌非法集资、非法证券等违法违规活动的,分别按照处置非法集资、打击非法证券活动、清理整顿各类交易场所等工作机制予以查处。

八十四、为承包建设工程向工友吸收存款无罪案

盛昌桂非法吸收公众存款案[①]

【基本案情】

盛昌桂原系邻县芜湖县人,长期在建设工地从事木工职业,多年前移居至南陵县许镇镇,以承包建设工程木工项目为业,因此与均有木工职业背景的该案集资参与人即被害人秦某1、秦某2、秦某3、秦某4、秦某5、谈某、许某、王某、梁某存在工友关系或雇佣关系。2012年至2014年间,盛昌桂承包或承揽"双包"建设工程项目过程中因资金短缺,便向上述秦某1等九人集资借款并委托秦某1、秦某2二人联系亲属,共集资借得人民币103.56万元,其中承诺向部分人给予月利率1.5分至2分利息,向部分人没有明确约定月息。因其工程款债权未能获得清偿而无法归还上述集资借款,仅支付了部分受害人共计3万元利息。故为回避被害人的不断追讨,2015年年底后,盛昌桂采取不接电话、不见被害人的方式进行躲避,致被害人秦某1、秦某2等六人于2017年2月28日报案至公安机关。公安机关于2017年11月19日将盛昌桂抓获归案。

在上述时间段内,盛昌桂还向与其有雇佣和工友关系的章德生、俞林宝以及有熟人关系的邓齐红、张有栋四人集资借款,该四人借款先后于2016年间,经南陵县人民法院和芜湖市镜湖区人民法院判决确认共计本金50万元;2016年间,经南陵县人民法院判决确定盛昌桂作为民事诉讼原告和申请执行人,其2012年出借给工友方峥嵘的建设工程款130万元至今执行未果;2013年至2014年间,被告人盛昌桂(三分之一股)参与"双包"华捷塑料制品有限公司标的为400万元的工程建设因资金短缺停

---

① 参见安徽省南陵县人民法院刑事判决书(2019)皖0223刑初68号。

工,垫资款纠纷至今未处理结束。

2018年12月28日,在该案原审期间盛昌桂近亲属向法院代为退缴集资借款3万元。

【检察院指控】

安徽省南陵县人民检察院指控:盛昌桂因承揽"双包"建设工程需要资金,在未经金融管理机关批准的情况下,以1.5分至2分的月利率向被害人秦某1等人进行借款集资,并委托他人进行集资宣传。从2012年至2014年期间,先后向秦某1等九人借款共计103.56万元,后因其"双包"建设工程款未及时到位,无法偿还被害人出借款和利息,便采取回避被害人、不接电话进行逃避,致被害人报案至公安机关。

公诉机关就上述指控的事实,提出了被害人陈述、证人证言、书证等证据材料,认为被告人盛昌桂的行为触犯《刑法》(2017年)第一百七十六条的规定,提请法院以非法吸收公众存款罪对盛昌桂进行定罪,并根据其数额巨大、坦白等情节处以刑罚。

【辩护意见】

被告人盛昌桂对公诉机关指控其多次向多人借款的基本事实无异议,辩称自己是为承揽"双包"建设工程而借款,因建设工程相对方违约致自己无力还款,为回避出借人的不断谴责,不得已与出借人不联系,故不构成犯罪。

辩护人的辩护意见是:被告人盛昌桂的借款对象限定在工友,最多涉及工友的亲属范围,借款用途为承包建设工程,未向社会公众传播,仅是因为经营不善,其债权未获清偿而无力还款,属于普通的民间借贷,不构成非法吸收公众存款罪。

【法院裁判】

法院认为:被告人盛昌桂集资借款客观上用于生产经营,承包或承揽的建设工程因资金不足而筹资,不具有吸收存款、破坏国家金融秩序的主观故意;集资借款的对象特定、范围有限,虽有少量工友亲属借款,但是基于对工友的信任,不属于面向社会公众,其行为没有达到破坏国家金融秩序的程度。所以,被告人盛昌桂的行为不具备非法吸收公众存款罪的构成要件,公诉机关据此指控盛昌桂犯非法吸收公众存款罪缺乏事实根据和法律依据,不予支持,应宣告被告人盛昌桂无罪。该案经法院审判委员

会讨论决定,依照《刑事诉讼法》第二百条第(二)项的规定,判决如下:

被告人盛昌桂无罪。

【案例简析】

该案盛昌桂因承揽"双包"建设工程需要资金,在未经金融管理机关批准的情况下,以1.5分至2分的月利率向被害人秦某1等人进行借款集资,并委托他人进行集资宣传。从2012年至2014年期间,先后向秦某1等九人借款共计103.56万元。辩护人作出无罪辩护,认为被告人盛昌桂的借款对象限定在工友,最多涉及工友亲属范围,借款用途为承包建设工程,未向社会公众传播,仅是因为经营不善,其债权未获清偿而无力还款,属于普通的民间借贷,不构成非法吸收公众存款罪。最终法院判决盛昌桂无罪。法院认为被告人盛昌桂集资借款客观上用于生产经营,承包或承揽的建设工程因资金不足而筹资,不具有吸收存款、破坏国家金融秩序的主观故意;集资借款的对象特定、范围有限,虽有少量工友亲属借款,但是基于对工友的信任,不属于面向社会公众,其行为没有达到破坏国家金融秩序的程度。

【问题研讨】

该案需要讨论如下问题:

一是非法吸收公众存款中社会公众的界限。根据《非法集资司法解释》的规定,非法吸收公众存款的"公众性"表述为向社会公众即社会不特定对象吸收资金。"公众性"强调对公众投资者利益的保护。其中将社会公众表述为社会不特定对象,本案将工友及工友亲属视为对象特定,范围有限。法院解释虽有少量工友亲属借款,但是基于对工友的信任,不属于面向社会公众,因此,社会公众与特定对象之间以范围是否确定为界限,若吸收存款范围确定,且不存在扩散风险,则一般不认定为非法吸收公众存款罪中的社会公众。

二是非法吸收公众存款中主观故意的认定。对涉嫌非法吸收公众存款罪的犯罪嫌疑人、被告人主观故意的认定,《非法集资案件意见》第四条第一款规定:"认定犯罪嫌疑人、被告人是否具有非法吸收公众存款的犯罪故意,应当依据犯罪嫌疑人、被告人的任职情况、职业经历、专业背景、培训经历、本人因同类行为受到行政处罚或者刑事追究情况以及吸收资金方式、宣传推广、合同资料、业务流程等证据,结合其供述,进行综合分析判断。"主观故意的论证有赖于客观行为表现,但应避免陷入客观归责的错误。只有在遵循主客观相统一的前提下,综合审查上述各要素,才能得出正确的结论。具体而言,包括对行为人供述与其他言词证据的审查与判断。行为人对其主观故意的表述是最直接的证据,可以证明行为人是否明知或应知其行为会发生扰乱国家金融信贷秩序的后果,但仍然实施非法吸收公众存款的行为。

八十五、为经营烟酒门市向熟人及熟人介绍其他人吸收存款无罪案

刘某非法吸收公众存款案[①]

【基本案情】

2010年前后,刘某因经营烟酒门市需要,多次在马某经营的汽贸公司购买车辆,期间认识了马某及其兄弟马志峰、姑父李某。2011年至2014年,刘某多次向马某、李某及该二人介绍的其他人借款。

2011年至2014年,刘某分多次以资金周转为由向马某借款,除2011年5月一笔15万元借款月息为1.5分外,其余借款月息均为2.5分,后因刘某无力还本付息,二人于2017年1月26日通过算账,确定刘某欠马某120.6万元,其中包括2013年刘某向马某购买斯柯达晶锐轿车时的欠款7.7万元。

2011年12月份,马志峰出资10万元,让其兄马某借予刘某,并约定相应利息。刘某将该笔借款结息至2013年2月10日并于同日给马志峰单独出具一张本金10万元、月息2.5分的借条。刘某支付该笔借款利息共计2.5万元。案发后,刘某对于该笔借款的存在予以认可,但否认该笔借款系直接向马志峰所借,称该笔借款系从李某的借款中择出。

2011年10月1日、10月10日,刘某以资金周转为由分两次共向李某借款65万元,约定月息2.5分。2012年12月24日,刘某以资金周转为由向李某借款,李某将自己的25万元以张晋春的名义借给刘某,并约定月息2.5分。后刘某共计支付利息19.5万元。2015年,刘某给付李某99箱白酒用于抵顶欠款,但双方因为酒的价格及真伪等存在分歧,至今未能达成一致处理意见。

---

① 参见山西省保德县人民法院刑事判决书(2019)晋0931刑初88号。

2012年秋至2013年春,经马某介绍,刘某分两次向乔计表借款55万元,约定月息2.5分,并以别克车和1公斤黄金作抵押,刘某结息至2013年年底,后因无力还本付息,双方于2015年3月30日通过算账,约定以抵押的别克车抵顶25万元、1公斤黄金抵顶35万元后,刘某尚欠乔计表6.4万元,刘某于当日向乔计表出具6.4万元的借据。

2013年2月28日,经李某介绍,刘某向张晋春和冯俊仙夫妇借款30万元,约定月息2分,李某为担保人。借款到期后,经张晋春夫妇催要,李某于2013年12月31日还款5万元,刘某于2015年2月14日还款2000元。保德县人民法院于2015年12月16日受理了张晋春诉刘某、李某民间借贷纠纷一案,并于2016年2月24日作出(2015)保民初字第808号民事判决,判决刘某返还张晋春借款30万元,利息16.04万元,李某承担连带赔偿责任。

2013年4月23日,经马某介绍并担保,刘某向钱某和李艳东借款50万元,约定月息2.5分,刘某向钱某和李艳东出具借据,马某在担保人处签字捺印,刘某另以一辆丰田越野车作为借款担保。后经催要,刘某及马某未能还本付息,钱某从马某经营的汽贸公司开走一辆斯柯达明锐轿车,用以抵顶欠款。

另查明,2014年1月23日,刘某夫妇作为乙方与甲方马某、李某、张晋春、钱某、马志峰签订《借款抵押协议》,以自己承包的府谷县万荣商务酒店作为所借款项的抵押。

【一审裁判】

原审法院认为,被告人刘某违反国家金融管理法律规定,未经允许,以高息为诱惑向不特定人员吸收资金355.6万元,数额巨大,其行为触犯了《刑法》(2017年)第一百七十六条之规定,构成非法吸收公众存款罪。公诉机关指控的罪名成立,予以支持。被告人刘某系初犯、偶犯,可酌情从轻处罚。

关于辩护人的辩解意见,原审法院认为:

1. 关于被告人刘某是否向特定对象吸收存款的问题。经查,该案中的被害人除马某外,其余被害人均与刘某不是亲友关系,也不是单位同事关系,都是由马某和李某介绍的借款人,故不属于特定对象。

2. 被告人刘某明知马某、李某帮助其对外吸收存款而予以放任,客观上也吸收了马某、李某介绍来的存款,故应认定为向社会公众吸收存款。

3. 被告人刘某明知是被害人马某、李某为其吸收资金而予以放任,根据

2010年《非法集资司法解释》(已修改)第一条第一款第二项中的"向社会公开宣传",包括以各种途径向社会公众传播吸收资金的信息,以及明知吸收资金的信息向社会公众扩散而予以放任等情形,应认定为向社会公开宣传。

依据《刑法》(2017年)第一百七十六条、第六十四条之规定,判决:一、被告人刘某犯非法吸收公众存款罪,判处有期徒刑三年,并处罚金80000元;二、被告人刘某的犯罪所得355.6万元,予以追缴,返还各被害人。

【上诉及辩护理由】

一审判决后,原审被告人刘某提出上诉,理由如下:(1)上诉人刘某借款所针对的是自己认识或者通过关系认识的特定借款人,完全符合司法解释界定的不属于非法吸收公众存款的情形,不构成非法吸收公众存款罪;(2)原判认定的犯罪数额错误,部分欠款已还清或以其他财物抵顶,或者通过民事诉讼解决。

【检察院出庭意见】

出庭检察员发表意见:上诉人刘某多次在马某的汽贸公司说自己在府谷县新民镇修建宾馆和在榆林市开公司做白酒生意急需大量资金,月利息2.5分,借款可用酒店和车辆做抵押,保证还款,多次向马某、马志峰、李某吸收资金,并通过马某、李某向不特定对象传播自己吸收资金的信息,后向乔计表、钱某、李某、张晋春夫妇等吸收资金,累计吸收资金数额达355.6万元。根据相关法律规定,应当将刘某之行为认定为向社会公开宣传,向社会公众吸收资金,且数额巨大。综上,刘某的上诉理由不能成立,一审法院定性准确、量刑适当、程序合法,建议二审法院驳回上诉,维持原判。

【二审判决】

二审法院认为,非法吸收公众存款罪是指违反国家有关规定,非法吸收公众存款或者变相吸收公众存款,扰乱金融秩序的行为。客观方面表现为非法向社会公开吸收公众存款或变相吸收公众存款。该罪要求行为人的行为必须同时具备"向社会公开宣传"和"向社会不特定对象吸收资金"等条件。

(一)关于是否向社会公开宣传的问题。

马某、马志峰、李某均在侦查机关作过陈述,称刘某夫妇常来马某经营的汽贸公司,向购车的顾客介绍自己急需资金周转的情况,此外,无其他证据证明刘某有过宣传的行为。首先,考虑到上述三人与该案存在利害关系,其证明内容未得到其他证据的印证,上述证言对于认定刘某对外宣传借款事宜的证明力较为薄弱。其次,"向社会公开宣传"是指以各种途径向社会公众传播吸收资金的信息,如通过媒体、推介会、传单、手机短信等途径向社会公开宣传,以及明知吸收资金的信息向社会公众扩散而予以放任等情形。该案中,即使刘某在马某经营的汽贸公司向购车顾客介绍自己急需资金的情况,考虑其宣传的方式及信息接收人员的范围具有局限性等因素,亦不属于刑法意义上的"向社会公开宣传"。最后,该案中无证据证明马某、李某等人实施了向社会公开宣传的行为,故不存在刘某对于其吸收资金的信息向社会公众扩散而予以放任的情形。

（二）关于是否向社会不特定对象吸收资金的问题。

上诉人刘某共向六人借款,其中马某、马志峰、李某与刘某在借款前即已相识,其他三人分别与介绍人马某或李某存在特定关系,故该案中借款指向的对象明显不具有广泛性和不特定性,不具备非法吸收公众存款罪要求"向社会不特定对象吸收资金"的要件。

综上所述,现有证据不能证实上诉人刘某客观上实施了通过公开宣传向社会不特定对象吸收资金的行为,原判认定刘某犯非法吸收公众存款罪事实不清,证据不足,依法应宣告无罪。上诉人刘某的上诉理由,应予采纳。依照《刑事诉讼法》第二百三十六条第一款第(三)项、第二百条第(三)项之规定,判决如下:

一、撤销保德县人民法院(2019)晋0931刑初88号刑事判决;

二、上诉人(原审被告人)刘某无罪。

本判决为终审判决。①

【案例简析】

该案刘某因经营烟酒门市需要,多次在马某经营的汽贸公司购买车辆,期间认识了马某及其兄弟马志峰、姑父李某。2011年至2014年,刘某多次向马某、李某及该二人介绍的其他人借款,共计355.6万元。一审法院判决刘某犯非法吸收公众存款罪。刘某上诉,认为借款所针对的是自己认识或者通过关系认识的特定借款人,完全符合司法解释界定的不属于非法吸收公众存款的情形,不构成非法吸收公众存款罪。二审中出庭检察员发表

---

① 参见山西省忻州市中级人民法院刑事判决书(2019)晋09刑终369号。

意见认为,刘某之行为应当认定为向社会公开宣传,向社会公众吸收资金,且数额巨大,建议二审法院驳回上诉,维持原判。而二审法院最终判决刘某无罪。问题的焦点在于刘某是否向社会公开宣传以及刘某是否向社会不特定对象吸收资金。一审法院认为,该案中的被害人除马某外,其余被害人均与刘某不是亲友关系,也不是单位同事关系,都是由马某和李某介绍的借款人,故不属于特定对象。刘某明知是被害人马某、李某为其吸收资金而予以放任,应认定为向社会公开宣传。

对于"向社会公开宣传"的问题,二审法院认为,该案中无证据证明马某、李某等人实施了向社会公开宣传的行为。且马某、马志峰、李某因与该案存在利害关系,其陈述的证明内容未得到其他证据的印证,上述证言对于认定刘某对外宣传借款事宜的证明力较为薄弱。即使刘某在马某经营的汽贸公司向购车顾客介绍自己急需资金的情况,考虑其宣传的方式及信息接收人员的范围具有局限性等因素,亦不属于刑法意义上的"向社会公开宣传"。

对于"社会不特定对象"的界定,二审法院与一审法院认识不同。刘某共向六人借款,其中马某、马志峰、李某与刘某在借款前即已相识,其他三人分别与介绍人马某或李某存在特定关系,故该案中借款指向的对象明显不具有广泛性和不特定性,不具备非法吸收公众存款罪要求"向社会不特定对象吸收资金"的要件。

【问题研讨】

该案需要讨论以下问题:

其一,行为人明知亲友公开向不特定对象吸收资金而予以放任的,其集资行为符合公开性、社会性的特征。在一些案件中,行为人自己未直接通过媒体、推介会、传单、手机短信等途径,而是通过亲友向不特定对象吸收资金,或者经公开宣传后,同时向不特定对象公开宣传集资意图,也未直接向社会不特定对象吸收资金,而是通过亲友向不特定对象吸收资金。这种情况下,行为人与亲友之间事实上构成了非法集资的共同犯罪。行为人是非法集资犯罪意图的发起者,资金的使用者,其亲友则是非法集资行为的实施者。只要亲友面向不特定对象吸收资金的行为未超出行为人的主观故意范畴,就不构成实行过限,对两者的行为就应当作整体评价,行为人应对其亲友实施的非法集资行为承担法律责任。换言之,亲友向不特定对象集资时,行为人未指使、未参与且未放任的,不承担共犯责任。认定"放任"需证明行为人明知亲友向社会吸收存款而未予制止。

其二,"向社会公开宣传"的界定。依据《非法集资司法解释》规定,通过网络、媒体、推介会、传单、手机信息等方式向社会公开宣传,属于非法吸收公众存款或者变相吸收公众存款。未向社会公开宣传,在亲友或者单位内部针对特定对象吸收资金的,不属于非法吸收或者变相吸收公众存款。《非法集资案件适用法律意见》规定,"向社会公开宣传",包括以各种途径向社会公众传播吸收资金的信息,以及明知吸收资金的信息向社会公众扩散而予以放任等情形。在无法确定吸收存款的对象是否属于社会不特定对象时,"向社会公开宣传"的判断需要核查集资人是否系主动向亲友提出借款要求,而非此亲友系通过第三方宣传主动提出借款给集资人。

其三,"社会不特定对象"的范围。本案一审法院对"社会不特定对象"的范围作了扩大解释,除亲友关系与单位同事关系,其他都属于社会不特定对象,而二审法院认为与介绍人存在特定关系的借款指向的对象明显不具有广泛性和不特定性,不应当认为是"社会不特定对象"。因此,对于"社会不特定对象"范围的确定,不应当将标准局限于亲友关系与单位同事关系,而应当以不具有广泛性和不特定性的标准具体认定。

八十六、法定代表人、经营人、分公司在未取得建设工程施工许可证、建设工程规划许可证、商品房预售许可证的情况下，以签订借款协议的方式公开销售楼房变相非法吸收公众存款法定不起诉无罪案

纪某某非法吸收公众存款案①

【基本案情】

2019年5月27日14时，邓某某报警称，2016年9月份，其在青县××小区购买××号楼商品房一套，青县××小区老板纪某某在证照不全的情况下以签订借款协议的方式诈骗其人民币462049元。经侦查，2013年8月份，沧州市××房地产开发有限公司法定代表人、经营人纪某某在青县成立青县分公司，开发青县××小区。2016年年初，纪某某因公司资金短缺，不以真实销售房产为目的，并通过青县"××小区"售楼处，在未取得建设工程施工许可证、建设工程规划许可证、商品房预售许可证的情况下，以签订借款协议的方式公开销售××号楼商品房变相非法吸收公众存款26323537元，现已查实非法吸收公众存款7815700元，纪某某将款项均用于抵顶李某某的材料款以及其公司使用，至今××号楼未建。

【审查起诉】

本案由青县公安局侦查终结，以纪某某涉嫌非法吸收公众存款罪，于2019年10月24日向检察院移送审查起诉。检察院于2019年11月22日退回公安机关补充侦查。2019年12月19日，公安机关退查重报。

---

① 参见河北省青县人民检察院不起诉决定书青检公诉刑不诉[2021]Z2号。

【不起诉决定及理由】

经检察院审查认为,纪某某的行为不构成犯罪。依照《刑事诉讼法》第一百七十七条第一款的规定,决定对纪某某不起诉。

【案例简析】

该案沧州市××房地产开发有限公司法定代表人、经营人纪某某在青县成立青县分公司,开发青县××小区,纪某某因公司资金短缺,不以真实销售房产为目的,并通过青县"××小区"售楼处,在未取得建设工程施工许可证、建设工程规划许可证、商品房预售许可证的情况下,以签订借款协议的方式公开销售未建××号楼房获得款项26323537元,公安局认为其为变相吸收公众存款,以纪某某涉嫌非法吸收公众存款罪向检察院移送审查起诉,而检察院认为纪某某的行为不构成犯罪,对其作出法定不起诉决定。

【问题研讨】

该案需要讨论的问题是:在"未取得建设工程施工许可证、建设工程规划许可证、商品房预售许可证的情况下,以签订借款协议的方式公开销售楼房"的性质认定问题。从民事法律关系来说,未取得商品房预售许可证而签订的《购房协议书》因违反法律、行政法规的强制性规定而无效,而确认《购房协议书》无效需要由当事人提起消极确认之诉,由法院进行实质性判断后确认是否无效。根据《最高人民法院关于审理商品房买卖合同纠纷案件适用法律若干问题的解释》第二条的规定,出卖人未取得商品房预售许可证明,与买受人订立的商品房预售合同,应当认定无效,但是在起诉前取得商品房预售许可证明的,可以认定有效。从行政法律关系来说,根据《城市房地产开发经营管理条例》第三十六条的规定,违反本条例规定,擅自预售商品房的,由县级以上人民政府房地产开发主管部门责令停止违法行为,没收违法所得,可以并处已收取的预付款1%以下的罚款。但如若在未取得建设工程施工许可证、建设工程规划许可证、商品房预售许可证的情况下,以签订借款协议的方式公开销售楼房是否能够认定为变相吸收公众存款,不以该行为民事效力的判断和行政处罚为前提,而应以该行为是否满足变相吸收公众存款"四性"的特征进行判断,若不满足,则该行为不构成犯罪。换言之,以借款协议形式销售楼房,若不存在还本付息承诺,本质是预售合同关系,不满足非法吸收公众存款罪的"利诱性"要件。行政违法性不直接等同于刑事非法性。

八十七、抵账协议当事人在不具备真实销售楼房能力的情况下通过售楼处及自己对外销售楼房吸收存款无罪案

李某某非法吸收公众存款案[①]

【基本案情】

2016年1月份至2017年4月份期间,李某某与沧州市××开发有限公司纪某某签订部分待建楼房抵账协议,纪某某抵顶李某某在青县××小区××号楼32套待建楼房用于偿还李某某的××小区一期建筑款。××号楼至今未建成,李某某在不具备真实销售楼房能力的情况下通过××小区售楼处及自己对外销售楼房。经河北××会计师事务所有限责任公司审计,李某某实际折账开票金额12806004元,李某某统计收款金额8350877元,所收售楼款李某某均用于偿还或折顶其工程欠款,纪某某非法吸收购楼款26801205元。

【审查起诉】

本案由青县公安局侦查终结,以李某某涉嫌非法吸收公众存款罪,于2020年12月8日向检察院移送审查起诉。

【不起诉决定及理由】

经检察院审查认为,李某某的行为不构成犯罪。依照《刑事诉讼法》第一百七十七条第一款的规定,决定对李某某不起诉。

【案例简析】

该案李某某与沧州市××开发有限公司纪某某签订部分待建楼房抵账协议,纪某某抵顶李某某青县××小区××号楼32套待建楼房用于偿还李某

[①] 参见河北省青县人民检察院不起诉决定书青检公诉刑不诉[2021]Z3号。

某的××小区一期建筑款。××号楼至今未建成,李某某在不具备真实销售楼房能力的情况下通过××小区售楼处及自己对外销售楼房。李某某实际折账开票金额12806004元,李某某统计收款金额8350877元,所收售楼款李某某均用于偿还或折顶其工程欠款,青县公安局以李某某涉嫌非法吸收公众存款罪向检察院移送审查起诉,而检察院认为李某某的行为不构成犯罪,对其作出法定不起诉决定。

【问题研讨】

该案需要讨论的问题是:非法吸收公众存款刑民交叉问题的处理。分别从民法和刑法的角度出发,"在不具备真实销售楼房能力的情况下通过小区售楼处及自己对外销售未建楼房"的性质认定结果不同。不具备真实销售楼房能力的情况下,对外销售未建楼房因违反法律和行政法规的强制性规定而无效,但该种行为是否构成非法吸收公众存款罪应以非法吸收公众存款或变相吸收存款的"四性"进行具体判断。不具备真实销售楼房能力的情况下,李某某通过××小区售楼处及自己对外销售未建楼房的行为性质不满足"非法性"和"利诱性",即不满足经有关部门依法批准或者借用合法经营的形式吸收资金和承诺在一定期限内以货币、实物、股权等方式还本付息或者给付回报的情形,因而不构成犯罪。因此,抵账协议产生的债权债务关系属民事范畴。债权人销售抵账房产时,若未向社会公开宣传且对象特定,不构成变相吸收公众存款。

八十八、为经营粮食收购点资金周转并支付利息吸收存款全部归还法定不起诉无罪案

郑某某非法吸收公众存款案[①]

【基本案情】

2013年至2020年1月,郑某某向靖某甲、靖某乙等26人借入款项100.3万元,用于经营齐河县仁里集镇××粮食收购点资金周转并支付利息,现上述借款本息已全部归还。

上述事实有如下证据予以证实:(1)营业执照、粮食收购许可证复印件,证实郑某某有经营齐河县仁里集镇××粮食收购点的资质。(2)郑某某的供述和辩解、贷款条复印件等书证与靖某甲、段某某等人的证言,证实郑某某向靖某甲、段某某等26人借款共100.3万元用于经营齐河县仁里集镇××粮食收购点资金周转并支付利息(年利率5%至6%),已全部归还本息的事实。(3)郑某某的供述和辩解、靖某甲、段某某等人的证言,证实郑某某未向社会公开宣传吸收资金。(4)到案经过、郑某某的供述和辩解,证实郑某某经电话传唤到案并如实供述犯罪事实的情况。

【审查起诉】

本案由齐河县公安局侦查终结,以被不起诉人郑某某涉嫌非法吸收公众存款罪,于2021年5月7日向检察院移送审查起诉。

【不起诉决定及理由】

检察院认为,郑某某的上述行为,情节显著轻微、危害不大,不构成犯罪。依照《刑事诉讼法》第十六条第(一)项和第一百七十七条第一款的规定,决定对郑某某不起诉。

---

① 参见山东省德州市齐河县人民检察院不起诉决定书齐检二部刑不诉[2021]2号。

【案例简析】

该案郑某某向靖某甲、靖某乙等 26 人借入款项 100.3 万元,用于经营齐河县仁里集镇××粮食收购点资金周转并支付利息,现上述借款本息已全部归还。检察院认为,郑某某的上述行为,情节显著轻微、危害不大,不构成犯罪。其原因在于郑某某借款共 100.3 万元用于正常的生产经营活动,且已全部归还本息;郑某某未向社会公开宣传吸收资金,不符合非法吸收公众存款"公开性"的特征。因此,检察院对其作出法定不起诉决定。

【问题研讨】

该案需要讨论的问题是:如何判断"情节显著轻微、危害不大",即非法集资案件罪与非罪的界限。根据《非法集资司法解释》第六条第二款的规定,非法吸收或者变相吸收公众存款,主要用于正常的生产经营活动,能够在提起公诉前清退所吸收资金,可以免予刑事处罚;情节显著轻微危害不大的,不作为犯罪处理。因而行为人非法集资情节显著轻微的,不作为犯罪处理。这就涉及非法集资案件罪与非罪的界限。对此,应从有利于促进企业生存发展、有利于保障员工生计、有利于维护社会和谐稳定出发,依法妥善处理。

(1)资金主要用于生产经营及相关活动,行为人有还款意愿,能够及时清退集资款项,情节轻微,社会危害不大的,可不作为犯罪处理,或者免予刑事处罚。

(2)行为人按生产经营规模所需吸收资金,并主要用于合法的生产经营活动,因经营亏损或资金周转困难而未能及时清退本息引发纠纷,其资产足以还本付息,情节显著轻微的,可不以非法吸收公众存款罪处理。对于行为人前期所吸收资金用于合法的生产经营活动,因经营亏损或资金周转困难导致企业经营活动停止后,行为人又向不特定对象吸收资金的,对后期的行为可以认定为非法吸收公众存款罪。

(3)对行为人因资金周转一时陷入困境,仅为躲债、回避矛盾等而暂时躲避的,不能一概认定为具有非法占有目的。以非法占有为目的而逃跑的行为人,其愿意重新组织生产经营活动以清偿集资款的,可予以从宽处理。

综上所述,本案中,郑某某向 26 人借款共 100.3 万元用于资金周转并支付利息,已全部归还本息应被视为情节显著轻微、危害不大。

八十九、传销组织的参与者通过传销模式吸收存款法定不起诉无罪案

王某甲非法吸收公众存款案①

【基本案情】

2014年4月至11月间,王某甲以投资"JILD"公司(即翡翠环球投资控股有限公司)可以获得高额分红为诱饵,向社会不特定人群(李某某、王某乙、陈某某、张某某、蔚某某)吸收公众存款达2979410元,并造成被害人损失2234058元。经检察院审查认为:"JILD"公司的运营模式系传销模式,王某甲系该传销组织的参与者,其发展会员形成两个层级,下线14人,其行为不符合非法吸收公众存款罪的构成要件,应认定为传销行为。王某甲既不是"JILD"公司传销组织的组织者和领导者,也未对该传销活动的实施、传销组织的建立和扩大等起到关键性作用,故其不构成组织、领导传销活动罪。

【审查起诉】

本案由冀中公安局任南分局侦查终结,以王某甲涉嫌非法吸收公众存款罪,于2020年8月28日向检察院移送审查起诉。检察院于2020年9月28日第一次退回冀中公安局任南分局补充侦查,任南分局于10月28日再次移送审查起诉;检察院于2020年11月27日第二次退回任南分局补充侦查,任南分局于11月25日再次移送审查起诉。

【不起诉决定及理由】

检察院认为,王某甲的上述行为,情节显著轻微、危害不大,不构成犯罪。依照《刑事诉讼法》第十六条第(一)项和第一百七十七条第一款的规

---

① 参见河北省任丘市人民检察院不起诉决定书任检二部刑不诉[2021]Z1号。

定,决定对王某甲不起诉。

【案例简析】

该案两次退回补充侦查。王某甲以投资"JILD"公司可以获得高额分红为诱饵,向社会不特定人群吸收公众存款达2979410元,并造成被害人损失2234058元。公安局以王某甲涉嫌非法吸收公众存款罪向检察院移送审查起诉。而检察院认为"JILD"公司的运营模式系传销模式,被不起诉人王某甲系该传销组织的参与者,其发展会员形成两个层级,下线14人,其行为不符合非法吸收公众存款罪的构成要件,应认定为传销行为。王某甲既不是JILD公司传销组织的组织者和领导者,也未对该传销活动的实施、传销组织的建立和扩大等起到关键性作用,因此王某甲不构成组织、领导传销活动罪。检察院对其作出法定不起诉决定。

【问题研讨】

该案需要讨论的问题是:组织、领导传销活动罪与非法吸收公众存款罪的区分。根据《刑法》第二百二十四条之一的规定,组织、领导以推销商品、提供服务等经营活动为名,要求参加者以缴纳费用或者购买商品、服务等方式获得加入资格,并按照一定顺序组成层级,直接或者间接以发展人员的数量作为计酬或者返利依据,引诱、胁迫参加者继续发展他人参加,骗取财物,扰乱经济社会秩序的传销活动的,处五年以下有期徒刑或者拘役,并处罚金;情节严重的,处五年以上有期徒刑,并处罚金。根据《刑法》第一百七十六条的规定,非法吸收公众存款或者变相吸收公众存款,扰乱金融秩序的,处三年以下有期徒刑或者拘役,并处或者单处罚金;数额巨大或者有其他严重情节的,处三年以上十年以下有期徒刑,并处罚金;数额特别巨大或者有其他特别严重情节的,处十年以上有期徒刑,并处罚金。当行为人利用传销方式非法吸收公众存款时,其行为既构成非法吸收公众存款罪,也构成组织、领导传销活动罪,想象竞合。若传销活动参与人仅发展下线未掌控资金的,不构成非法吸收公众存款罪。若同时符合组织、领导传销活动罪要件(层级3级以上、人员30人以上),应以该罪论处;否则不作为犯罪处理。

依照《非法集资司法解释》第十三条的规定,通过传销手段向社会公众非法吸收资金,构成非法吸收公众存款罪或者集资诈骗罪,同时又构成组织、领导传销活动罪的,依照处罚较重的规定定罪处罚。

九十、向本县不特定老年人以开会宣讲形式公开宣传众筹,数额未达标法定不起诉无罪案

杜某某非法吸收公众存款案①

【基本案情】

杜某某于2017年8月18日在安康市注册成立了安康市××有限公司,杜某某为公司的法定代表人。该公司的经营范围为:企业咨询;健康管理咨询服务;保健食品的批发与零售;电子产品、日用百货销售;第一类、第二类医疗器械销售等。该公司无合法众筹资质。杜某某于2017年10月至2018年7月在岚皋县城××路开设"××服务中心",利用此平台向岚皋县老年人提供免费的理疗保健项目,推介磁疗产品,并发放小礼品,以此吸引人员参与并取得参与者的信任。后杜某某以公司资金短缺为由,在无合法资质的情况下向本县不特定老年人以开会宣讲形式公开宣传众筹,以向其投资可获得还本付息高额回报的方式吸收资金,杜某某宣称并许诺:投资1万元,第一年期满将获得1200元利息,第二年可获得1500元利息,第三年可获得1800元利息。杜某某分别于2018年1月21日至2018年3月6日期间,以安康市××有限公司的名义吸收岚皋县居民汪某某资金1万元、付某甲资金1万元、郭某某资金2万元、王某甲资金2万元(自述情况为3万元,其中有1万元是借给杜某某的,签订合同为2万元)、何某某资金1万元、谭某某资金1万元、李某甲资金1万元、马某资金2万元、李某乙资金2万元、刘某甲资金3万元、李某丙资金0.5万元、张某甲资金2万元、庞某某资金2万元、刘某乙资金2万元、杨某甲资金1.5万元、付某乙资金1万元、向某某1万元、肖某某资金0.5万元、喻某某资金1万元、王某乙资金1万元、黄某某资金1万元、赵某某资金1

---

① 参见陕西省岚皋县人民检察院不起诉决定书岚检一部刑不诉[2020]2号。

万元、张某乙资金 0.5 万元、胡某某资金 0.5 万元、王某丙资金 0.5 万元（2018 年 3 月中下旬已撤回投资）、江某某资金 0.5 万元、杨某乙资金 1 万元。所吸收资金均以公司名义与参与人签订了众筹合同。

综上，安康市××有限公司共计向 27 名群众非法吸收资金 33.5 万元，以上事实杜某某均供认不讳，案发后，杜某某主动将其违法吸收的 33.5 万元资金全部退还给了集资参与人。

【审查起诉】

本案由岚皋县公安局侦查终结，以杜某某涉嫌非法吸收公众存款罪，于 2020 年 8 月 11 日向检察院移送审查起诉。

【不起诉决定及理由】

检察院认为，杜某某以安康市××有限公司的名义非法吸收公众存款，吸收对象为 27 人，数额为 33.5 万元，且没有给存款人造成经济损失，根据《刑法》（2017 年）第一百七十六条、2010 年《立案追诉标准规定（二）》（已失效）第二十八条、2010 年《非法集资司法解释》（已修改）第三条的规定，安康市××有限公司直接负责的主管人员杜某某的行为未达到追诉标准，不构成犯罪。依照《刑事诉讼法》第一百七十七条第一款的规定，决定对杜某某不起诉。

【案例简析】

该案杜某某作为安康市××有限公司的法定代表人，在岚皋县城××路开设"××服务中心"，利用此平台向岚皋县老年人提供免费的理疗保健项目，推介磁疗产品，并发放小礼品，以此吸引人员参与并取得参与者的信任。后杜某某以公司资金短缺为由，在无合法资质的情况下向本县不特定老年人以开会宣讲形式公开宣传众筹，以向其投资可获得还本付息高额回报的方式吸收资金，安康市××有限公司共计向 27 名群众非法吸收资金 33.5 万元。案发后，杜某某主动将其违法吸收的 33.5 万元资金全部退还给了集资参与人。检察院认为，被不起诉人杜某某以安康市××有限公司的名义非法吸收公众存款，吸收对象为 27 人，数额为 33.5 万元，且没有给存款人造成经济损失，安康市××有限公司直接负责的主管人员杜某某的行为未达到追诉标准，不构成犯罪。因此对其作出法定不起诉决定。

【问题研讨】

该案需要讨论如下问题：

一是严格把握定罪处罚的犯罪构成要件及入罪标准,切实防止将经济纠纷作为经济犯罪处理。产权制度是社会主义市场经济的基石,保护产权是坚持社会主义基本经济制度的必然要求。《中共中央、国务院关于完善产权保护制度依法保护产权的意见》要求审慎把握处理产权和经济纠纷的司法政策,强调"充分考虑非公有制经济特点,严格区分经济纠纷与经济犯罪的界限、企业正当融资与非法集资的界限……准确把握经济违法行为入刑标准,准确认定经济纠纷和经济犯罪的性质,防范刑事执法介入经济纠纷,防止选择性司法。对于法律界限不明、罪与非罪不清的,司法机关应严格遵循罪刑法定、疑罪从无、严禁有罪推定的原则,防止把经济纠纷当作犯罪处理……对民营企业在生产、经营、融资活动中的经济行为,除法律、行政法规明确禁止外,不以违法犯罪对待。对涉及犯罪的民营企业投资人,在当事人服刑期间依法保障其行使财产权利等民事权利"。行为人非法吸收公众存款,构成犯罪的,要依法追究行为人的刑事责任,不符合犯罪构成要件的,不得基于各种目的将民事纠纷定性为非法集资予以刑事追诉。即使行为人实施了非法集资犯罪活动,但是集资款主要用于正常的生产经营活动,能够及时清退所吸收资金的,依法可以免予刑事处罚;情节显著轻微的,不作为犯罪处理。

二是对于众筹要通过实质判断的方法,准确认定案件事实及其法律性质。伴随着互联网的普及和发展,国家对小微企业大力扶持,众筹逐渐成为小微企业融资的一种新兴方式。根据回报形式的不同,众筹可以细分为奖励众筹、公益众筹、债权众筹、股权众筹等多种形式。奖励众筹本质上是预购,即以实物或服务回报投资者;公益众筹本质上是捐赠,即投资者不求回报地支持他人;债权众筹本质上是 P2P,即民间借贷的一种衍生形式;股权众筹本质上是入股,投资者先期购买创始企业的股权,后与发行人共负盈亏。股权众筹虽然大大降低了公众参与的门槛,高效地为发行人募集到了创始资金,但同时易触碰法律的高压线,如非法吸收公众存款罪、擅自发行股票罪等。在保障营商环境、促进金融创新发展的同时,对于假借众筹之名、实为违法犯罪的异化型众筹行为,坚决予以打击。

《刑法》第一百七十六条规定的非法吸收公众存款罪,是指违反国家金融管理法规,非法吸收公众存款或者变相吸收公众存款,扰乱金融秩序的行为。在新型案件办理中,要通过实质判断的方法准确把握新型案件中非法吸收公众存款罪的基本特征。具体而言包含两个方面:(1)资金池的形成。

《刑法》规定非法吸收公众存款罪的原因之一,就是保障投资人资金的安全。未经授权的发行人往往在归集投资人的出资后,建立自有资金池,以逃避政府的监管。一旦发行人使用资金造成损失,无法保障投资人的权益。(2)承诺还本付息。无论是奖励众筹、公益众筹、债权众筹、还是股权众筹等合规众筹形式,投资人均是因众筹标的本身的高盈利可能性而选择出资,从而以获取实物、服务、债权或者有盈利前景的公司股权作为对价,该回报具有一定风险,由投资人自行判断后承担,而非必然。

三是非法吸收公众存款单位犯罪的立案标准。2010年《立案追诉标准规定(二)》(已失效)第二十八条规定,非法吸收公众存款或者变相吸收公众存款,扰乱金融秩序,涉嫌下列情形之一的,应予立案追诉:(一)个人非法吸收或者变相吸收公众存款数额在二十万元以上的,单位非法吸收或者变相吸收公众存款数额在一百万元以上的;(二)个人非法吸收或者变相吸收公众存款三十户以上的,单位非法吸收或者变相吸收公众存款一百五十户以上的;(三)个人非法吸收或者变相吸收公众存款给存款人造成直接经济损失数额在十万元以上的,单位非法吸收或者变相吸收公众存款给存款人造成直接经济损失数额在五十万元以上的;(四)造成恶劣社会影响的;(五)其他扰乱金融秩序情节严重的情形。2010年《非法集资司法解释》(已修改)第三条第一款规定,非法吸收或者变相吸收公众存款,具有下列情形之一的,应当依法追究刑事责任:(一)个人非法吸收或者变相吸收公众存款,数额在20万元以上的,单位非法吸收或者变相吸收公众存款,数额在100万元以上的;(二)个人非法吸收或者变相吸收公众存款对象30人以上的,单位非法吸收或者变相吸收公众存款对象150人以上的;(三)个人非法吸收或者变相吸收公众存款,给存款人造成直接经济损失数额在10万元以上的,单位非法吸收或者变相吸收公众存款,给存款人造成直接经济损失数额在50万元以上的;(四)造成恶劣社会影响或者其他严重后果的。而2022年《立案追诉标准规定(二)》修订后、2022年《非法集资司法解释》修正后,非法吸收公众存款的立案标准不再区分单位和个人,追诉标准变为:(一)非法吸收或者变相吸收公众存款数额在一百万元以上的;(二)非法吸收或者变相吸收公众存款对象一百五十人以上的;(三)非法吸收或者变相吸收公众存款,给集资参与人造成直接经济损失数额在五十万元以上的。

九十一、传销参与人微信朋友圈投单传销吸收存款法定不起诉无罪案

蒙某某非法吸收公众存款案[①]

【基本案情】

江苏省江阴市良香小鲍集团对外宣传投资"良香小鲍"每单缴纳3200元至3800元不等的费用,投资人只需在微信朋友圈中发布关于"良香小鲍"产品的广告,就能每单每天领取63元返利,每单分红的期限是4个月,节假日除外,最终每单能赚取2000元左右;同时投资人发展一层下线会员可以获得每单180元的推荐奖,一层会员再发展二层会员时投资人还可以获得每单90元的推荐奖。2016年1月份,蒙某某开始向"良香小鲍"投单,后蒙某某又直接或间接发展任某某、白某某等8人参加传销组织活动,经查明,蒙某某名下共计投资43万余元,获得推荐奖金额1000余元。

【审查起诉】

本案由山西省偏关县公安局侦查终结,以蒙某某涉嫌非法吸收公众存款罪,于2019年11月13日向检察院移送审查起诉。

【不起诉决定及理由】

检察院认为,蒙某某的上述行为,未达到2010年《立案追诉标准规定(二)》(已失效)第七十八条之规定,"组织、领导以推销商品、提供服务等经营活动为名,要求参加者以缴纳费用或者购买商品、服务等方式获得加入资格,并按照一定顺序组成层级,直接或者间接以发展人员的数量作为计酬或者返利依据,引诱、胁迫参加者继续发展他人参与,骗取财物,扰乱经济社会

[①] 参见山西省偏关县人民检察院不起诉决定书偏检公诉刑不诉[2019]5号。

秩序的传销活动,涉嫌组织、领导的传销活动人员在三十人以上且层级在三级以上的,应当对组织者、领导者立案追诉"。蒙某某依法不构成犯罪。依照《刑事诉讼法》第十六条第(一)项和第一百七十七条第一款的规定,决定对蒙某某不起诉。

【案例简析】

该案江苏省江阴市良香小鲍集团对外宣传投资"良香小鲍"每单缴纳3200元至3800元不等的费用,投资人只需在微信朋友圈中发布关于"良香小鲍"产品的广告,就能每单每天领取63元返利,每单分红的期限是4个月,同时投资人发展一层下线会员可以获得每单180元的推荐奖,一层会员再发展二层会员时投资人还可以获得每单90元的推荐奖。2016年1月份,蒙某某开始向良香小鲍投单,后蒙某某又直接或间接发展任某某、白某某等8人参加传销组织活动,蒙某某名下共计投资43万余元,获得推荐奖金额1000余元。公安局以蒙某某涉嫌非法吸收公众存款罪向检察院移送审查起诉。而检察院认为,蒙某某的上述行为未达到组织、领导传销活动人员和层级的立案标准,依法不构成犯罪。因此检察院对其作出法定不起诉决定。

【问题研讨】

该案需要讨论的问题是:非法吸收公众存款罪与组织、领导传销活动罪竞合的处理。《非法集资司法解释》第十三条规定:"通过传销手段向社会公众非法吸收资金,构成非法吸收公众存款罪或者集资诈骗罪,同时又构成组织、领导传销活动罪的,依照处罚较重的规定定罪处罚。"当行为人是传销式吸存组织的建立者或者资金的占有、控制者时,应将其"下线"中所有缴纳资金的传销参与人认定为吸收存款对象,并把传销参与人缴纳的资金认定为吸收存款金额。其原因在于,传销式吸存组织的建立者应当对该犯罪组织的全部犯罪行为负责,而资金的占有、控制者应当对其占有、控制的全部资金负责。此时对行为人而言,其既是传销活动的主导者,又是非法集资活动的主导者,在两罪中所起的作用是一致的。但是,对于传销式非法吸收公众存款案件中单纯发展"下线"且对吸收资金没有占有、处分权的传销参与人而言,不能简单将其"下线"中的传销参与人数及缴纳的资金等同于其为犯罪组织吸收存款对象的人数和吸收的存款。

依照《立案追诉标准规定(二)》第七十条的规定,组织、领导以推销商品、提供服务等经营活动为名,要求参加者以缴纳费用或者购买商品、服务等方式获得加入资格,并按照一定顺序组成层级,直接或者间接以发展人员的数量作为计酬或者返利依据,引诱、胁迫参加者继续发展他人参加,骗取财物,扰乱经济社会秩序的传销活动,涉嫌组织、领导的传销活动人员在三十人以上且层级在三级以上的,对组织者、领导者,应予立案追诉。

九十二、投资者代表签订股权投资理财协议吸收存款无罪案

王某某非法吸收公众存款案[①]

【基本案情】

2011年初,冯某某(已判决)等人在天津空港经济区成立天津××股权投资基金合伙企业(以下简称"天津××企业")。该企业未经国家批准,以经营老年人用品为名,以签订股权投资理财协议的形式,允诺给予投资人高额利益,在全国各地向不特定社会公众非法吸收资金。

2011年至2012年间,王某某在投资天津××企业过程中,介绍其亲友以及亲友联系的其他人员投资天津××企业,并从中获取佣金。现阶段,已确定由王某某介绍的投资者9人,合同金额290余万元,实际投资金额190余万元。2012年初,天津××企业由于资金链断裂,无力偿还全国各地众多投资者钱款。王某某作为青岛地区部分投资者的代表,先后两次来到北京向冯某某等人追索钱款共计100余万元,后将上述钱款按照投资比例返还给部分投资者。因涉嫌非法吸收公众存款罪,被不起诉人王某某被依法上网追逃,并于2016年6月14日被公安机关抓获归案。到案后,王某某在其亲属的协助下,主动退缴非法所得37万元。

【审查起诉】

本案由天津市滨海新区公安局侦查终结,以王某某涉嫌非法吸收公众存款罪,于2016年12月1日向检察院移送审查起诉。检察院受理后,于2016年12月2日已告知被不起诉人有权委托辩护人,依法讯问了被不起诉人,审查了全部案件材料。因事实不清,证据不足,检察院分别于2016年12

[①] 参见天津市滨海新区人民检察院不起诉决定书津滨检公诉刑不诉[2017]14号。

月19日、2017年2月17日将该案退回公安机关补充侦查,公安机关补查后分别于2017年1月18日、3月17日再次移送审查起诉。

【不起诉决定及理由】

检察院认为,王某某的上述行为,情节显著轻微、危害不大,不构成犯罪。依照《刑事诉讼法》(2012年)第十五条第(一)项和第一百七十三条第一款的规定,决定对王某某不起诉。

【案例简析】

该案两次退回补充侦查。冯某某等人在天津空港经济区成立天津××企业。该企业未经国家批准,以经营老年人用品为名,以签订股权投资理财协议的形式,允诺给予投资人高额利益,在全国各地向不特定社会公众非法吸收资金。王某某在投资天津××企业过程中,介绍其亲友以及亲友联系的其他人员投资天津××企业,并从中获取佣金。实际投资金额190余万元。在天津××企业资金链断裂后,王某某作为青岛地区部分投资者的代表,先后两次来到北京向冯某某等人追索钱款共计100余万元,后将该钱款按照投资比例返还给部分投资者。到案后,王某某在其亲属的协助下,主动退缴非法所得37万元。检察院认为王某某的行为情节显著轻微、危害不大,不构成犯罪,因此对其作出法定不起诉决定。

【问题研讨】

该案需要讨论的问题是:集资参与人介绍其亲友投资的界定。一方面,集资参与人介绍其亲友投资可以被视为非法吸收公众存款的帮助行为,依照《非法集资案件适用法律意见》的规定,为他人向社会公众非法吸收资金提供帮助,从中收取代理费、好处费、返点费、佣金、提成等费用,构成非法集资共同犯罪的,应当依法追究刑事责任。能够及时退缴上述费用的,可依法从轻处罚;其中情节轻微的,可以免除处罚;情节显著轻微、危害不大的,不作为犯罪处理。

另一方面,介绍其亲友投资的数额也可能被认定为集资参与人非法吸收的数额。依照《非法集资案件意见》的规定,非法吸收或者变相吸收公众存款构成犯罪,具有下列情形之一的,向亲友或者单位内部人员吸收的资金应当与向不特定对象吸收的资金一并计入犯罪数额:(一)在向亲友或者单位内部人员吸收资金的过程中,明知亲友或者单位内部人员向不特定对象吸收资金而予以放任的;(二)以吸收资金为目的,将社会人员吸收为单位内部人员,并向其吸收资金的;(三)向社会公开宣传,同时向不特定对象、亲友或者单位内部人员吸收资金的。

九十三、经营者民间借贷吸收存款法定不起诉无罪案

陈某某非法吸收公众存款案[①]

【基本案情】

2013年3月至2015年4月期间,经营××××家具厂的陈某某为了解决经营中的资金周转问题,以2%至3%的月息向朋友、亲戚朱某某(50万)、邱某某(10万)、刘某某(10万)、李甲(48.5万)、李某乙(30万)、蒙某某(10万)、申某某(65万)、钟某某(40万)等8人借款,所借资金大部分用于家具厂的生产经营,陈某某支付各借款人利息至2015年5月。2015年6月17日,因无法归还到期的银行贷款、支付借款人的本息和供应商的货款,陈某某一家离开南康避居湖南常德,且关闭了手机等通讯工具。陈某某出逃后,赣州市南康区唐江镇政府联合相关部门对此事进行处置,后在陈某某弟弟陈某乙及债权人的参与下,对陈某某的厂房和库存货物进行了变卖,其中厂房等设施及陈某某位于名特优小区的主房由龙某某接管,由龙某某归还银行欠款160万元和支付工人工资等费用70万元;货物变卖所得的155万元按比例分配给各债权人,其中该案债权人共计获得61.9619元。经鉴定及审查,陈某某向朱某某等8人共计借款253.5万元,支付利息67.8万元,归还本金89.5579万元,给各借款人造成经济损失为96.1421万元。

【审查起诉】

本案由赣州市南康区公安局侦查终结,以陈某某涉嫌非法吸收公众存款罪,于2016年10月14日向检察院移送审查起诉。因事实不清,2016年11月14日检察院退回南康区公安局补充侦查,同年12月14日南康区公安

[①] 参见江西省赣州市南康区人民检察院不起诉决定书赣康检公诉刑不诉[2016]3号。

局补查重报。

【不起诉决定及理由】

检察院认为,陈某某向朱某某等8人借款的行为,属于民间借贷,情节显著轻微、危害不大,不构成犯罪。依照《刑事诉讼法》(2012年)第十五条第(一)项和第一百七十三条第一款的规定,决定对陈某某不起诉。

【案例简析】

2013年3月至2015年4月期间,经营××××家具厂的陈某某为了解决经营中的资金周转问题,以2%至3%的月息向朋友、亲戚朱某某(50万)、邱某某(10万)、刘某某(10万)、李甲(48.5万)、李某乙(30万)、蒙某某(10万)、申某某(65万)、钟某某(40万)等8人借款,赣州市南康区公安局以陈某某涉嫌非法吸收公众存款罪向检察院移送审查起诉,而检察院认为陈某某向朱某某等8人借款的行为,属于民间借贷,情节显著轻微、危害不大,不构成犯罪,因此对其作出法定不起诉决定。

陈某某出逃后,赣州市南康区唐江镇政府联合相关部门对此事进行处置,变卖了陈某某的厂房和库存货物偿还债务,按比例分配给各债权人,属于民事领域的强制执行。

【问题研讨】

该案需要讨论的问题是:民间借贷与非法吸收公众存款的区别。非法吸收公众存款罪因其借贷范围具有不特定性且扰乱了国家金融秩序,相比于民间借贷,具有严重的社会危害性。这是民间借贷与非法吸收公众存款的根本区别。

从行为的目的来说,在2010年中国人民银行发布的《存款统计分类及编码标准(试行)》中,将存款定义为"机构或个人在保留资金或货币所有权的条件下,以不可流通的存单或类似凭证为依据,确保名义本金不变并暂时让渡或接受资金使用权所形成的债权或债务"。民间借贷与存款并无实质性区别。但是金融机构吸收存款与民间借贷中因实际经营需要而向不特定主体借款的目的是不同的。依据《商业银行法》第二条规定,商业银行是指依照《商业银行法》和《公司法》设立的吸收公众存款、发放贷款、办理结算等业务的企业法人。从前述条款可以看出,吸收存款的代表金融机构商业银行的业务主要就是进行资金的融通,其吸收而来的款项并非用于自身的实业经营,而系用于发放贷款等金融业务。而用于实际经营需要的民间借贷,借款人对于借取的款项并非用于放贷等纯金融目的。

而在具体判断过程中,要结合非法吸收公众存款罪的犯罪构成要件,准确划分刑民界限。根据《刑法》及相关规范性文件的规定,非法集资犯罪主要包括非法吸收公众存款罪、集资诈骗罪等。《非法集资司法解释》第一条所规定的非法集资犯罪行为必须具备的"非法性、公开性、利诱性、社会性"四个特征,是判定非法集资行为构成非法吸收公众存款罪或者集资诈骗罪的基本标准。《非法集资司法解释》第三条所规定的犯罪数额和人数要求,是行为人在符合第一条规定的非法集资行为四个特征的前提下,所必须具备的具体个罪的入罪标准。实践中不应脱离《刑法》规定的犯罪构成要件,将《非法集资司法解释》第一条和第三条的相关规定割裂开来,仅以具体集资的人数或数额作为区分民间借贷与非法集资犯罪的界限,机械理解和执行相关刑事立案标准。换言之,《非法集资司法解释》第一条的规定界定了某一行为是否属于刑法意义上的非法集资行为,第三条则规定了某一非法集资行为构成非法吸收公众存款罪的具体入罪标准。

行为人所经营的公司、企业涉嫌非法集资,但尚能正常经营,且具有兑付能力的,应建议有关主管、监管部门采取行政、法律手段监督其尽快清退集资款项。对于公司、企业涉嫌非法集资,且已经出现经营困难的,如果经过综合评估认为尚有复苏可能,在政策允许的范围内可协调金融等有关部门,通过加大帮扶力度,加强管控,引导集资参与人与公司、企业签订分期还款协议,逐步清退集资款项。

行为人涉嫌非法集资犯罪,但有可能返还集资款项的,可以暂缓刑事立案。对于能够积极筹集资金,并在刑事立案前已经全部或者大部分兑付集资参与人的,后果不严重的,可以不予刑事案件立案,或者免予刑事处罚。

九十四、将他人存款借贷给非法集资人员酌定不诉无罪案

陶某某非法吸收公众存款案①

【基本案情】

2016年4月至2016年5月,陶某某明知朱某某、张某某非法集资,仍将蒋某某、丁某某、刘某某的存款借贷给朱某某、张某某二人,并以4分的月息从二人处支取利息,以3分的月息向蒋某某等三人支付利息,帮助朱某某、张某某非法集资,从中赚取利息差额。经鉴定:陶某某参与向集资参与人借款合计270000元,支付利息13500元,从中赚取利息差4500元,集资参与人尚未收到金额为256500元。

陶某某于2017年8月3日经萝北县公安局传唤到案,并如实供述其犯罪的主要事实。

【审查起诉】

本案由鹤岗市公安局侦查终结,以陶某某涉嫌非法吸收公众存款罪,于2017年10月26日向检察院移送审查起诉。检察院受理后,于同日已告知被不起诉人有权委托辩护人,依法讯问了被不起诉人,审查了全部案件材料。检察院分别于2017年12月11日、2018年2月26日退回侦查机关补充侦查,侦查机关分别于2018年1月11日、3月26日补充侦查完毕重新移送审查起诉。期间,检察院分别于2017年11月27日、2018年2月12日、4月27日延长审查起诉期限半个月。

【不起诉决定及理由】

检察院认为,陶某某实施了《刑法》(2017年)第一百七十六条规定的行

---

① 参见黑龙江省鹤岗市人民检察院不起诉决定书鹤检诉刑不诉[2018]1号。

为,但犯罪情节轻微,系从犯,能够如实供述自己的罪行,并取得集资参与人的谅解,具有免除处罚情节,根据《刑法》(2017年)第三十七条的规定,不需要判处刑罚。依据《刑事诉讼法》(2012年)第一百七十三条第二款的规定,决定对陶某某不起诉。

【案例简析】

该案陶某某在明知朱某某、张某某非法集资的情况下,仍将蒋某某、丁某某、刘某某的存款借贷给朱某某、张某某二人,并以4分的月息从二人处支取利息,以3分的月息向蒋某某等三人支付利息,帮助朱某某、张某某非法集资,从中赚取利息差额,陶某某参与向集资参与人借款合计270000元,支付利息13500元,从中赚取利息差4500元,造成集资参与人损失即集资参与人尚未收到金额为256500元。陶某某是朱某某、张某某非法集资共同犯罪的从犯,而检察院认为陶某某非法吸收公众存款的行为,犯罪情节轻微,系从犯,能够如实供述自己的罪行,并取得集资参与人的谅解,具有免除处罚情节,不需要判处刑罚。检察院因此作出酌定不起诉决定。

【问题研讨】

该案需要讨论的问题是:非法集资共同犯罪中的免除处罚情节。依照《非法集资案件适用法律意见》的规定,为他人向社会公众非法吸收资金提供帮助,从中收取代理费、好处费、返点费、佣金、提成等费用,构成非法集资共同犯罪的,应当依法追究刑事责任。能够及时退缴上述费用的,可依法从轻处罚;其中情节轻微的,可以免除处罚;情节显著轻微、危害不大的,不作为犯罪处理。依据《刑法》第二十七条第二款的规定,对于从犯,应当从轻、减轻处罚或者免除处罚。集资参与人的谅解可以作为酌定从轻情节,依据2021年《关于常见犯罪的量刑指导意见(试行)》规定,尽管没有赔偿,但取得谅解的,可以减少基准刑的20%以下。本案中陶某某参与向集资参与人借款合计270000元,支付利息13500元,从中赚取利息差4500元,造成集资参与人损失即集资参与人尚未收到金额为256500元,被视为犯罪情节轻微,具有免除处罚情节。

九十五、为赌博、挥霍吸收存款存疑不诉无罪案

黄某甲非法吸收公众存款案①

【基本案情】

2009年至2012年期间,黄某甲伙同黄某乙、卢某某(均已判决)以经营生意、做项目需要用钱为理由,向郑某某、葛某某、周某某等人借款人民币600余万元,所募集的集资款被黄某甲用于赌博、挥霍,至今未还。

【审查起诉】

本案由乐清市公安局侦查终结,以黄某甲涉嫌非法吸收公众存款罪,于2015年9月8日向乐清市人民检察院移送审查起诉。该院受理后,已于次日告知犯罪嫌疑人有权委托辩护人,并于同年10月8日将该案转至检察院审查起诉。检察院受理后,依法讯问了犯罪嫌疑人,审查了全部案件材料。其间因基本案情复杂,延长审查起诉期限一次(自2015年11月9日至11月24日),因事实不清、证据不足退回补充侦查一次(自2015年11月10日至12月9日)。

【不起诉决定及理由】

经检察院审查并退回公安机关补充侦查后,检察院仍然认为乐清市公安局认定的被不起诉人黄某甲构成非法吸收公众存款罪的犯罪事实不清、证据不足,不符合起诉条件。依照《刑事诉讼法》(2012年)第一百七十一条第四款的规定,决定对黄某甲不起诉。

【案例简析】

该案退回补充侦查一次。2009年至2012年期间,黄某甲伙同黄某乙、卢某某以经营生意、做项目需要用钱为理由,向郑某某、葛某某、周某某等人

---

① 参见浙江省温州市人民检察院不起诉决定书温检公诉一处刑不诉[2016]1号。

借款人民币600余万元,所募集的集资款被黄某甲用于赌博、挥霍,至今未还。黄某乙、卢某某已被判决,而检察院认为公安局认定的黄某甲构成非法吸收公众存款罪的犯罪事实不清、证据不足,不符合起诉条件,对其作出证据不足不起诉决定。黄某乙、卢某某构成非法吸收公众存款罪的共同犯罪被判决,而黄某甲难以构成非法吸收公众存款罪的原因可能在于公开性。

【问题研讨】

该案需要讨论的问题是:非法吸收公众存款罪"公开性"特征的把握。行为人向社会公开宣传,是判定其主观上具有向社会不特定对象集资的客观依据之一,也是非法集资犯罪活动区别于民间借贷的重要表现形式。公开宣传的具体途径多种多样,依据《非法集资司法解释》的规定,通过网络、媒体、推介会、传单、手机信息等方式属于向社会公开宣传。未向社会公开宣传,在亲友或者单位内部针对特定对象吸收资金的,不属于非法吸收或者变相吸收公众存款。《非法集资案件适用法律意见》规定,"向社会公开宣传",包括以各种途径向社会公众传播吸收资金的信息,以及明知吸收资金的信息向社会公众扩散而予以放任等情形。

关于"口口相传"是否属于公开宣传以及能否将"口口相传"的危害后果归责于集资人的问题,应根据主客观相一致的原则进行具体分析,区别对待。"口口相传"一般是指行为人通过亲朋好友或相关集资户,将集资信息传播给社会上不特定人员,以扩大集资范围。认定"口口相传"是否具有公开性,要从该行为是否系集资人以明示或暗示的方式主动授意,集资人获悉存在"口口相传"现象时是否进行控制或排斥,对闻讯而来的集资参与人是否加以甄别,是否设法加以阻止等主客观方面进行综合分析,查明集资人吸收资金的行为有无针对性,是否属于只问资金、不问来源。对于那些以吸收资金为目的,明知存在"口口相传"现象仍持放任甚至鼓励态度的,对集资参与人提供的资金均予以吸收的,应认定为集资人以"口口相传"的方式向社会公开宣传,具有公开性。

九十六、非法吸收公众存款退赔违法所得酌定不诉无罪案

修某某非法吸收公众存款案①

【基本案情】

2018年9月至10月间,修某某伙同他人,在北京市海淀区××信息大厦等地,以"北京××投资管理有限公司""浙江义乌××工艺品有限公司"发展需要借款为名义,以高额利息为诱饵,承诺保本付息,通过业务团队向社会不特定公众进行宣传,从事非法集资活动。经司法审计查明,修某某实施并参与非法吸收公众存款数额为人民币70余万元。修某某于2020年12月13日被公安机关抓获,后如实供述了上述犯罪事实,已退赔违法所得人民币4.3万元。

【审查起诉】

本案由北京市公安局海淀分局侦查终结,以修某某涉嫌非法吸收公众存款罪,于2021年3月31日向检察院移送审查起诉。其间,因部分事实不清、证据不足退回侦查机关补充侦查一次(自2021年5月15日至6月10日);因基本案情复杂,延长审查起诉期限两次(自2021年5月1日至5月15日、自2021年7月11日至7月23日)。

【不起诉决定及理由】

检察院认为,修某某实施了《刑法》(2020年)第一百七十六条规定的行为,但犯罪情节轻微,具有坦白情节,且已退赔违法所得,依照《刑法》(2020年)第三十七条、第六十七条第三款之规定,不需要判处刑罚。根据《刑事诉讼法》第一百七十七条第二款之规定,决定对犯罪嫌疑人修某某不起诉。

---

① 参见北京市海淀区人民检察院不起诉决定书京海检二部科技刑不诉[2021]Z68号。

涉案扣押钱款 4.3 万元移送北京市海淀区人民法院。

【案例简析】

该案修某某伙同他人,在北京海淀区××信息大厦等地,以"北京××投资管理有限公司""浙江义乌××工艺品有限公司"发展需要借款为名义,以高额利息为诱饵,承诺保本付息,通过业务团队向社会不特定公众进行宣传,从事非法集资活动。修某某实施并参与非法吸收公众存款的数额为人民币 70 余万元。检察院认为,修某某实施了非法吸收公众存款行为,但犯罪情节轻微,具有坦白情节,且已退赔违法所得,不需要判处刑罚,因此对其作出酌定不起诉决定。

【问题研讨】

该案需要讨论如下问题:

其一,非法吸收公众存款退赃退赔情节的法定化。退赃退赔是一个常见的犯罪后酌定量刑情节,《刑法修正案(十一)》对非法吸收公众存款罪设置的特殊退赃退赔情节将其法定化,扩大了量刑从宽的幅度。根据《刑法修正案(十一)》的规定,即《刑法》第一百七十六条规定的非法吸收公众存款罪中新增第三款,"有前两款行为,在提起公诉前积极退赃退赔,减少损害结果发生的,可以从轻或者减轻处罚"。

其二,非法吸收公众存款不需要判处刑罚的情形,即犯罪情节轻微,具有坦白情节,且已退赔违法所得。根据《非法集资案件适用法律意见》的规定,向社会公众非法吸收的资金属于违法所得。根据《非法集资司法解释》第六条第二款的规定,非法吸收或者变相吸收公众存款,主要用于正常的生产经营活动,能够在提起公诉前清退所吸收资金,可以免予刑事处罚;情节显著轻微危害不大的,不作为犯罪处理。该案中修某某实施并参与非法吸收公众存款的数额为人民币 70 余万元,被视为犯罪情节轻微,附加退赔违法所得、坦白等从轻或减轻情节,可以认定为不需要判处刑罚。

九十七、借款人形成资金池吸收存款酌定不诉无罪案

陈某某非法吸收公众存款案[1]

【基本案情】

深圳××××管理有限公司(以下简称"××××公司")于2014年12月11日注册成立,2015年2月份开始运营××××平台。××××平台自运营之日起,在未取得国家金融部门许可的情况下,通过网络向社会公开宣传,承诺年化利率7.5%至10.5%,以借款人在平台发布借款标的、集资参与人对标的进行投资的方式向社会不特定对象吸收资金。集资参与人通过连连支付、富友支付等第三方支付渠道或者存管银行给钱包账户进行充值,根据需求选择新手标、民宿标、餐饮标、优职贷、担保标等标的进行投资。平台在实际经营过程中,存在任某某、刘某某等中间账户,用来归集投资人及借款人的资金,形成资金池。

陈某某系××××平台的借款人,于2015年7月开始在平台借款。国家监管政策出台后,为了规避监管,陈某某与任某某等人商定,以深圳市A有限公司、深圳市B有限公司、深圳市C有限公司、深圳市D有限公司四家公司的名义在××××平台拆分标的,通过借新还旧的方式发标还款。经统计,××××公司账户流入陈某某账户共计13500000元,陈某某尚余标的本金2000000元未支付。截至2021年8月16日,陈某某已陆续还款2000000元至专案待收款账户。

经审计,2015年1月至2020年6月期间,××××平台通过四个第三方支付平台及十家公司账户累计收到42693名集资参与人转入金额1810035453.71元。截至2020年6月30日,尚余待偿投资人1759人,未兑

---

[1] 参见广东省深圳市南山区人民检察院不起诉决定书深南检刑不诉[2021]370号。

付本金 235927129.68 元。

2020 年 12 月 28 日,犯罪嫌疑人陈某某经民警电话通知后到案。

【审查起诉】

本案由深圳市公安局南山分局侦查终结,以陈某某涉嫌非法吸收公众存款罪,于 2021 年 7 月 26 日向检察院移送起诉。

【不起诉决定及理由】

检察院认为,陈某某实施了《刑法》(2020 年)第一百七十六条规定的行为,但其已清退该案资金,犯罪情节轻微,认罪认罚,具有从犯、自首情节,根据《刑法》(2020 年)第三十七条的规定,不需要判处刑罚。依据《刑事诉讼法》第一百七十七条第二款的规定,决定对陈某某不起诉。

【案例简析】

该案深圳××××公司在运营××××平台期间,在未取得国家金融部门许可的情况下,通过网络向社会公开宣传,承诺年化利率7.5%至10.5%,以借款人在平台发布借款标的、集资参与人对标的进行投资的方式向社会不特定对象吸收资金。陈某某系××××平台的借款人,在国家监管政策出台后,为了规避监管,陈某某与任某某等人商定,以四家公司的名义在××××平台拆分标的,通过借新还旧的方式发标还款。经统计,××××公司账户流入陈某某账户共计 13500000 元,也就是非法吸收款项为 13500000 元,陈某某尚余标的本金 2000000 元未支付。之后陈某某陆续还款 2000000 元至专案待收款账户。

检察院认为,陈某某在平台发布借款标的,吸引投资的行为构成非法吸收公众存款罪,但其已清退该案资金,犯罪情节轻微,认罪认罚,具有从犯、自首情节,不需要判处刑罚。因此检察院对其作出酌定不起诉决定。

【问题研讨】

该案需要讨论的问题是:在网络借贷领域,借款人非法吸收公众资金的处理。为了解决传统金融机构覆盖不了、无法满足的社会资金需求,缓解个体经营者、小微企业在生产经营当中的小额资金困难,《网络借贷信息中介机构业务活动管理暂行办法》允许单位和个人在规定的借款余额范围内通过网贷信息中介机构融资借款,并且对单一组织、单一个人在单一平台、多个平台的融资借款上限作了规定,个人借款余额合计不得超过 100 万元,单位借款余额合计不得超过 500 万元。从行为本质看,借款人通过网络借贷信息中介机构融资也属于向不特定对象吸收资金,上述规定实则授予了借款人在规定数额内通过网络借贷信息中介机构融资的许可。但是,超出规定数额通过网贷平台融资仍然具有非法性。《互联网金融犯罪纪要》规定,借款人故意隐瞒事实,违反规定,以自己名义或借用他人名义利用多个网络借贷平台发布借款信息,借款总额超过规定的最高限额,或将吸收资金用于明确禁止的投资股票、场外配资、期货合约等高风险行业,造成重大损失和社会影响的,应当依法追究借款人的刑事责任。对于借款人将借款主要用于正常的生产经营活动,能够及时清退所吸收资金,不作为犯罪处理。因此,清退非法吸收资金结合犯罪情节轻微、认罪认罚、从犯、自首等情节,可以不判处刑罚。

九十八、借款委托人吸收存款化解债务酌定不诉无罪案

周某某非法吸收公众存款案[1]

【基本案情】

周某某多次委托××公司向不特定公众借款。2015年6月12日,××公司因涉嫌非法吸收公众存款罪被立案侦查时,周某某有两笔非法吸收款项未清偿,共计120万元。第一笔:2012年10月15日,周某某与××公司签订《借款咨询居间服务合同》等协议,委托××公司帮其从不特定公众处借款50万元,借款期限为1年。该50万元借款到期后周某某未偿还,××公司代周某某向参加该项目的集资人进行了清偿。第二笔:2013年6月14日,周某某以唐某某名义与××公司签订《借款咨询居间服务合同》,委托××公司从不特定公众处借款70万元,借款期限1年,该70万元系周某某实际使用,立案时未归还,立案前××公司已对部分集资人进行了清偿,剩余未清偿集资人10人共计53万元。在该案侦查期间,由××公司总体出面向涉及的集资人进行清偿,该非法吸收公众存款项目9人共计50万元已清偿完毕,1人集资款3万元于2021年9月27日化解完毕。案发后,周某某采用现金、实物、抵偿使用权等方式向××公司清偿了该120万元非法吸收的公众存款债务。

另查明,2014年5月13日,周某某出具"借款借据",向××公司实际控制人陈某某借款500万元;2014年6月3日,周某某出具"借条",向××公司实际控制人陈某某借款200万元。该两笔借款立案时未归还,侦查期间周某某采用现金、实物、抵偿采砂船等方式归还了部分借款,目前尚余298.5万元未归还,已由公安机关建议陈某某和××公司以民事诉讼方式向被不起

---

[1] 参见四川省南充市顺庆区人民检察院不起诉决定书南顺检刑不诉[2021]141号。

诉人周某某主张债权。

上述事实,有工商资料、××公司部分账据、部分借款协议、还款清册、债务委员会资料、审计报告、借条、证人证言以及犯罪嫌疑人供述等证据证实。

【审查起诉】

本案由南充市公安局顺庆区分局侦查终结,以周某某涉嫌非法吸收公众存款罪,于2021年4月22日向检察院移送审查起诉。2021年9月30日,在辩护人谭某在场提供法律帮助的情况下,周某某自愿签署了《认罪认罚具结书》。

【不起诉决定及理由】

检察院认为,周某某实施了《刑法》(2020年)第一百七十六条规定的行为,扰乱了正常金融秩序,构成非法吸收公众存款罪。被不起诉人周某某案发时涉及非法吸收公众存款120万元,在侦查以及审查起诉过程中已将非法吸收公众存款产生的债务全部化解。周某某非法吸收公众存款的目的主要是维持其名下企业的运转,案发后积极化解非法吸收公众存款犯罪所形成的债务,认罪认罚,罪行较轻,决定对周某某不起诉。

【案例简析】

该案周某某多次委托××公司向不特定公众借款,构成非法吸收公众存款罪。因涉嫌非法吸收公众存款罪被立案侦查时,周某某有两笔非法吸收款项未清偿,共计120万元。在侦查以及审查起诉过程中已将非法吸收公众存款产生的债务全部化解。第一笔是,周某某委托××公司帮其从不特定公众处借款50万元,借款期限为1年,该50万元借款到期后周某某未偿还,××公司代周某某向参加该项目的集资人进行了清偿。第二笔是,周某某以唐某某名义与××公司签订《借款咨询居间服务合同》,委托××公司从不特定公众处借款70万元,借款期限1年,立案前××公司已对部分集资人进行了清偿。在该案侦查期间,由××公司总体出面向涉及的集资人进行全部清偿。以上两笔公司代周某某清偿的120万元非法吸收的公众存款债务,周某某采用现金、实物、抵偿使用权等方式向××公司进行了清偿。

周某某出具"借款借据"与"借条"向××公司实际控制人陈某某借款500万元和200万元,侦查期间周某某采用现金、实物、抵偿采砂船等方式归还了部分借款,剩余部分公安机关建议陈某某和××公司以民事诉讼方式向周某某主张债权。

检察院认为，周某某委托××公司向不特定公众借款的行为构成非法吸收公众存款罪。但周某某非法吸收公众存款的目的主要是维持其名下企业的运转，案发后积极化解非法吸收公众存款犯罪所形成的债务，认罪认罚，罪行较轻，因此对周某某作出不起诉的决定。

【问题研讨】

该案需要讨论如下问题：

其一，积极化解非法吸收公众存款犯罪所形成的债务与清偿退赔的区别。根据《非法集资司法解释》第六条的规定，非法吸收或者变相吸收公众存款的数额，以行为人所吸收的资金全额计算。在提起公诉前积极退赃退赔，减少损害结果发生的，可以从轻或者减轻处罚；在提起公诉后退赃退赔的，可以作为量刑情节酌情考虑。非法吸收或者变相吸收公众存款，主要用于正常的生产经营活动，能够在提起公诉前清退所吸收资金，可以免予刑事处罚；情节显著轻微危害不大的，不作为犯罪处理。因此积极化解非法吸收公众存款犯罪所形成的债务，可以从轻或者减轻处罚；而清退所吸收资金，可以免予刑事处罚。

其二，免予处罚的犯罪数额限制问题。换言之，是否仅限于第一档法定刑幅度内的非法吸收公众存款案件的问题。司法实践中，有的地方认为，判处免予刑事处罚，有必要对非法募集资金的数额加以限制，对于数额巨大的，不得免予刑事处罚。《非法集资司法解释》规定免予刑事处罚的目的，主要是引导行为人积极清退所吸收的资金，最大限度弥补集资参与人的经济损失。如果对犯罪数额予以限定，则难以起到积极的导向作用。因此，在非法集资犯罪案件中，行为人非法集资，根据其集资数额，所应当适用的法定刑幅度，无论是第一档，抑或是第二档，只要符合《非法集资司法解释》规定的免予刑事处罚的条件，均可以依法适用。

其三，就行为人清退部分资金的问题而言。非法集资犯罪案件的危害性主要体现在不能及时、全部归还所吸收的资金，以及由此引发的社会危害性等问题，因此原则上应当以行为人清退全部资金作为判处免予刑事处罚的前提。当然，如果行为人清偿了绝大部分所吸收的资金，未清偿部分限于向单位内部或者亲友所吸收的部分，且获得上述特定人员谅解的，也可以判处免予刑事处罚。

九十九、非法吸收公众存款提起公诉前积极全部退赔酌定不诉无罪案

薛某某、王某某非法吸收公众存款案[1][2]

【基本案情】

2012年4月27日,薛某某、王某某在绥德县工商行政管理局注册登记绥德县××投资有限公司(以下简称"××投资公司"),注册资本1000万元,注册号612727100004203。法定代表人薛某某持股比例50%,股东兼出纳王某某持股比例50%。公司类型:有限责任公司。公司经营范围:房地产、酒店、矿产开采投资。公司原经营地址位于绥德县东街县农机公司门市,会计为马某某。

从开业至2013年3月,薛某某、王某某在未经中国人民银行批准的情况下,利用"口口相传"的方式,以月利率1.5%、1.6%、1.8%、2%不等的利息向社会不特定对象吸收存款。2015年下半年,王某某将已兑付完毕的集资参与人的票据和账务资料交给薛某某。(薛某某供述将该投资票据和账务资料存放至家属楼地下室内。2017年7月26日,绥德县发生洪灾,公司账务资料和票据被水冲毁。)2020年7月15日,绥德县公安局依法扣押了薛某某、王某某提供的部分××投资公司账务资料和票据,后绥德县公安局依法对薛某某、王某某家中进行搜查,未发现其他账务资料及票据。

2020年11月4日,陕西西安康胜司法会计鉴定所对××投资公司现有账务资料、票据进行司法会计鉴定,鉴定意见为:2012年4月至2013年3月间,××投资公司共向75名社会不特定对象累计吸收资金人民币4954000元,已返还本金人民币4954000元,支付利息人民币25000元。

---

[1] 参见绥德县人民检察院不起诉决定书绥德检刑不诉[2021]19号。
[2] 参见绥德县人民检察院不起诉决定书绥德检刑不诉[2021]20号。

【审查起诉】

本案由绥德县公安局侦查终结,以薛某某、王某某涉嫌非法吸收公众存款罪,于 2021 年 1 月 6 日向检察院移送审查起诉。检察院于 2021 年 2 月 9 日第一次退回侦查机关补充侦查,侦查机关于 2021 年 3 月 9 日补查重报。

【不起诉决定及理由】

检察院认为,薛某某、王某某实施了《刑法》(2020 年)第一百七十六条规定的行为,但具有以下量刑情节:薛某某传唤到案后,自愿如实供述自己的犯罪事实,系自首,依法可以从轻或者减轻处罚;薛某某自愿认罪认罚,依法可以从宽处罚;本案在提起公诉前已积极全部退赔,减少损害后果发生,依法可以从轻或者减轻处罚;且薛某某具有初犯、无违法犯罪记录等情节,故犯罪情节轻微,根据《刑法》(2020 年)第三十七条的规定,不需要判处刑罚。依据《刑事诉讼法》第一百七十七条第二款的规定,决定对薛某某不起诉。

涉案款物均系物证,应依法处理。

【案例简析】

该案退回补充侦查一次。检察院认为,薛某某、王某某实施非法吸收公众存款行为,但薛某某、王某某传唤到案后,自愿如实供述自己的犯罪事实,系自首,依法可以从轻或者减轻处罚;薛某某、王某某自愿认罪认罚,依法可以从宽处罚;该案在提起公诉前已积极全部退赔,减少损害后果发生,依法可以从轻或者减轻处罚;且薛某某、王某某具有初犯、无违法犯罪记录等量刑情节,故犯罪情节轻微,不需要判处刑罚。因此对其作出不起诉决定。

【问题研讨】

该案需要讨论如下问题:

一是行为人"非法吸收或者变相吸收公众存款,主要用于正常的生产经营活动,能够及时清退所吸收资金",适用免予刑事处罚的必然性。审判实践中,行为人常以满足上述规定为由,请求判处免予刑事处罚。笔者认为,《非法集资司法解释》规定此种情形下是"可以"判处免予刑事处罚,而非"应当",是合理的。非法集资犯罪案件属涉众型经济犯罪案件,情况复杂,涉及人数多,金额大,所造成的金融风险,以及对我国金融秩序、金融安全的危害程度也不同,并且不同地区所面临的非法集资形势也不相同。对行为人能否判处免予刑事处罚,仍需要结合具体个案酌定分析。

二是非法吸收公众存款行为犯罪情节轻微,不需要判处刑罚的界定。依据《非法集资司法解释》的规定,非法吸收或者变相吸收公众存款,主要用于正常的生产经营活动,能够在提起公诉前清退所吸收资金,可以免予刑事处罚;情节显著轻微危害不大的,不作为犯罪处理。该案薛某某、王某某在提起公诉前清退所吸收资金,综合考虑自首、初犯、无违法犯罪记录等可以从轻、减轻处罚情节,可以认定犯罪情节轻微,不需要判处刑罚。依据《关于适用认罪认罚从宽制度的指导意见》的规定,办理认罪认罚案件,应当依照刑法、刑事诉讼法的基本原则,根据犯罪的事实、性质、情节和对社会的危害程度,结合法定、酌定的量刑情节,综合考虑认罪认罚的具体情况,依法决定是否从宽、如何从宽。对其中犯罪情节轻微不需要判处刑罚的,可以依法作出不起诉决定或者判决免予刑事处罚。

一百、专业合作社业务员协助吸收存款酌定不诉无罪案

朱某某、马某某非法吸收公众存款案①②

【基本案情】

2012年5月17日,沈某某(已判决)等人在汶上县工商行政管理局注册成立汶上县××种植农民专业合作社(以下简称"××合作社"),住所地位于汶上县××××路××花园,法定代表人为沈某某。

自2012年5月至2017年12月间,沈某某与张某某、秦某某等人,以××合作社的名义,未经有关行政管理部门批准,在汶上全县范围内,以高息为诱饵,由王某某担任全县业务经理,通过逐级发展乡镇业务经理、村级站长(业务员),在村、镇设立代办站点,进行公开宣传,采取交纳股金入社的形式,面向不特定群众,大肆吸收存款。截至2017年12月,有5953万余元未兑付,给群众造成重大损失。

朱某某任××镇××村站长(业务员)期间,协助××合作社××镇业务经理林某某(已判刑),帮助沈某某等人向群众宣传并协助办理存取款手续,其中朱某某协助吸收存款200余万元(含个人存款50余万元)。2020年9月2日,朱某某经汶上县公安局经侦大队电话通知主动到汶上县公安局接受调查。

马某某任××镇××村站长(业务员)期间,协助××合作社××镇业务经理林某某(已判刑),帮助沈某某等人向群众宣传并协助办理存取款手续,其中马某某协助吸收存款300余万元。2020年9月2日,马某某经汶上县公安局经侦大队电话通知主动到汶上县公安局接受调查。

---

① 参见山东省济宁市汶上县人民检察院不起诉决定书汶检二部刑不诉[2021]Z50号。
② 参见山东省济宁市汶上县人民检察院不起诉决定书汶检二部刑不诉[2021]Z51号。

【审查起诉】

汶上县公安局侦查终结后,以朱某某、马某某涉嫌非法吸收公众存款罪,于 2020 年 12 月 18 日向检察机关移送审查起诉。

【不起诉决定及理由】

检察院认为,朱某某、马某某的行为触犯了《刑法》(2020 年)第一百七十六之规定,构成非法吸收公众存款罪,但犯罪情节轻微,具有自首、从犯、认罪认罚,自愿签订认罪认罚具结书等情节,根据《刑法》(2020 年)第三十七条的规定,不需要判处刑罚。依据《刑事诉讼法》第一百七十七条第二款的规定,决定对朱某某不起诉。

被不起诉人如不服本决定,可以自收到本决定书后七日内向本院申诉。

【案例简析】

该案朱某某和马某某作为种植农民专业合作社站长(业务员),在任职期间,协助合作社镇业务经理林某某,帮助沈某某等人向群众宣传采取交纳股金入社的形式吸收公众存款,并协助办理存取款手续,其中朱某某协助吸收存款 200 余万元(含个人存款 50 余万元),马某某协助吸收存款 300 余万元。后两人经汶上县公安局经侦大队电话通知主动到汶上县公安局接受调查。

检察院认为,朱某某、马某某协助宣传和吸收资金的行为构成非法吸收公众存款罪,但犯罪情节轻微,具有自首、从犯、认罪认罚,自愿签订认罪认罚具结书等情节,不需要判处刑罚。因此对两人作出不起诉决定。朱某某和马某某的协助宣传和吸收资金的行为性质相同,而两人协助吸收数额存在差异,朱某某协助吸收存款 200 余万元(含个人存款 50 余万元),马某某协助吸收存款 300 余万元,但两人都因犯罪情节轻微而被酌定不起诉。具体而言,朱某某协助吸收存款 200 余万元可以分为两部分,一部分是朱某某作为集资参与人投资的 50 余万元;另一部分是朱某某作为业务员参与合作社非法吸收公众存款共同犯罪协助吸收的其余款项。

【问题研讨】

该案需要注意以下问题:

一是非法吸收公众存款数额的计算口径标准。根据《非法集资案件意见》的规定,非法吸收或者变相吸收公众存款的数额,以行为人所吸收的资金全额计算。集资参与人收回本金或者获得回报后又重复投资的数额不予扣除,但可以作为量刑情节酌情考虑。该数额的计算口径标准也同样适用于非法吸收或者变相吸收公众存款帮助行为的评价。

  二是非法吸收公众存款帮助行为不需要判处刑罚的界定。依据《非法集资案件适用法律意见》的规定,为他人向社会公众非法吸收资金提供帮助,从中收取代理费、好处费、返点费、佣金、提成等费用,构成非法集资共同犯罪的,应当依法追究刑事责任。能够及时退缴上述费用的,可依法从轻处罚;其中情节轻微的,可以免除处罚;情节显著轻微、危害不大的,不作为犯罪处理。该案中将朱某某、马某某协助向群众宣传吸收公众存款、协助办理存取款手续的行为视为犯罪情节轻微,具有自首等可以从轻、减轻处罚情节,可以认定为不需要判处刑罚。